项目名称

1. 洛阳师范学院旅游管理国家级一流本科专业建设点；

2. 洛阳师范学院旅游管理河南省特色骨干学科；

3. 河南省社会科学规划决策咨询项目（2022JC19）；

4. 河南省重点研发与推广专项软科学研究重点项目“推进我省文旅文创融合战略路径及对策研究”

基地名称

1. 中国旅游研究院县域旅游研究基地；

2. 智慧旅游河南省工程技术研究中心；

3. 智慧旅游河南省协同创新中心

文旅文创
融合发展

理论诠释与实践探索

INTEGRATED DEVELOPMENT OF
CULTURAL TOURISM AND CULTURAL INNOVATION

THEORETICAL INTERPRETATION
AND PRACTICAL EXPLORATION

程金龙　王淑曼　张　瑞　等／著

社会科学文献出版社
SOCIAL SCIENCES ACADEMIC PRESS (CHINA)

前　言

文化是旅游的灵魂，旅游是文化的载体，文化和旅游融合已成为一种趋势。当今世界面临着百年未有之大变局，政治多极化、经济全球化、文化多样化和社会信息化潮流不可逆转，文旅文创融合发展是加强文明交流互鉴的必然要求，是坚定文化自信的重大支撑，是现代化中国建设的重要支点。文化和旅游消费将成为引领消费升级的主战场，“文旅文创出圈出彩”将成为今后一个时期的新常态。

《文旅文创融合发展——理论诠释与实践探索》全书共分为十三章，从理论和实践两个层面对文旅文创融合发展进行系统论述。第一章背景阐释，介绍本书写作的选题背景与研究意义；在对国内、国外同领域研究进展进行回顾的基础上，对国内外研究内容做出述评，对未来研究做出展望；陈述文旅文创融合发展的理论依据。第二章内涵解读，辨析文旅文创融合发展的概念，阐释文旅文创融合发展的内涵特征，归纳文旅文创融合发展的主要类型。第三章发展历程，旨在理清文旅文创融合发展的历史脉络，明确发展阶段，对制度变革、价值判断、内在机理等进行详细阐述，探索未来的发展方向。第四章绩效测评，通过构建指标体系，搭建指数模型、综合模型、维度模型等，对文旅文创融合的发展状况进行定量评价。第五章时空分异，分别对 31 个省区市（以下简称“省份”）、黄河流域 9 省、长三角城市群、河南 18 地市的文旅文创融合成效进行测评，并得出结论。第六章特色模式，从典型城市、典型乡村、典型景区、典型工业场所着手，分析其历史演化、关键因素、绩效及模式凝练情况。第七章推进机制，通过对现有问题的诊断，得出文旅文创融合发展的动力系统及其发展模式，指出优化路径。第八章至第十三章为案例解析，包括文旅文创融合引领数字乡村产业振兴实践、文旅文创融合提升传统景区生活化消费实践、文旅文创融合盘活城市存量资产更新实践、文旅文创融合激发考古旅游市场实践、文旅文创融合助力公共文化服务创新实践、文旅文创融合推动沉浸式文旅项目建设实践，均从理论概述出发，再对典型案例进行解析，包括基本概况、主要做法和特色亮点。

全书由程金龙提出写作思路、拟定框架结构并负责统稿和组织编写，由卫慧敏协助统稿和书稿校对。洛阳师范学院国土与旅游学院王淑曼博士、樊纪洁博士、杨华夏博士、孙子文老师，中原旅游文化产品研发中心主任张瑞先生，开封文化艺术职业学院王露瑶讲师，洛阳师范学院学科教学（地理）硕士研究生史智文，河南大学旅游管理硕士研究生刘凯霞、卫慧敏、杨迪，河南科技大学旅游管理硕士研究生李小雨、王奕睿，河南师范大学农村发展硕士郭琴，参与了书稿各章节的撰写任务。全书共分为十三章，第一章由杨华夏撰写，第二章由樊纪洁撰写，第三章由杨迪、王淑曼撰写，第四章由孙子文撰写，第五章由孙子文、刘凯霞、陈绍珩撰写，第六章由王露瑶撰写，第七章由刘凯霞、王淑曼撰写，第八章由史智文、王淑曼撰写，第九章由王奕睿、程金龙撰写，第十章由卫慧敏、张瑞撰写，第十一章由王露瑶、王淑曼撰写，第十二章由李小雨、程金龙撰写，第十三章由郭琴、王淑曼撰写。

洛阳师范学院旅游管理专业入选河南省特色骨干学科建设行列，本书得到河南省特色骨干学科建设经费、旅游管理国家级一流本科专业建设点建设经费、河南省社会科学规划决策咨询项目（2022JC19）、河南省教师教育课程改革重点项目（2022JSJYZD022）、河南省高等教育学会高等教育研究重点项目（2021SXHLX152）、中原英才计划－教学名师、河南省教学名师工作室项目的资助，在此表示感谢。此外，在本书的编写过程中，参编人员在写作中引用了大量国内外学者的相关研究成果，在此深表谢意。

本书既具有较强的理论参考价值，也具有实践借鉴意义，可作为省、市、县（区）文化和旅游管理部门以及文旅文创融合发展开发和管理部门相关人员的参考书，也可作为高等院校旅游、休闲等相关专业人员的阅读书籍。由于作者水平有限，书中的疏漏和不妥之处在所难免，恳请读者批评指正，以便于本书的进一步修订和完善。

编 者

2022 年 6 月

目　录

第一章
文旅文创融合背景阐释

【案例导入】

洛阳文旅的新价值时代

洛阳是中国八大古都之一，也是著名的旅游名城，具有独特的资源禀赋和良好的产业基础，现有A级景区63家，其中5A级景区5家，4A级景区27家，就文旅产业而言，洛阳是河南最具发展潜力的城市之一。

2021年，伴随着《洛神水赋》《龙门金刚》的出圈和《登场了！洛阳》《风起洛阳》等影视节目的传播，洛阳这座十三朝古都的知名度和美誉度与日俱增，洛阳文旅文创融合也明显进入新的复兴周期。据人民文旅研究院发布的《全国重点旅游城市文旅传播指数榜》（2021年7月）显示，通过对网络媒体和社交媒体账号（微信、微博、抖音）数据分析，洛阳市以64.61分的综合影响力在全国50个重点旅游城市中排名第三。

洛阳立足“文旅融合”战略，大力发展文旅产业，尤其是在疫情背景下，充分发挥资源优势，推动文化旅游实现“三个转变”：门票经济向产业经济转变、旅游城市向城市旅游转变、“老三篇”向“新三篇”转变。

洛阳通过持续举办“两节一会一论坛”（洛阳牡丹文化节、河洛文化旅游节、中原国际文化旅游产业博览会、世界古都论坛），加强文旅品牌建设，不断提高国际影响力；同时，大力推进“古都夜八点”“古都新生活”活动的展开，刺激文旅消费，让“古今辉映、诗和远方”照进现实。

2020年末，在文化和旅游部召开的推动文化产业高质量发展电视电话会议上，洛阳被公布为首批国家文化和旅游消费示范城市。据支付宝平台发布的2021年“五一”假期消费数据显示，洛阳市是全国支付宝线下消费笔数增长最多的城市之一，消费笔数较2020年同期新增超150%。

2021年底，洛阳印发了《洛阳市文旅文创融合发展行动计划》（以下简称《计划》），明确提出到2023年，洛阳国际文化旅游名城和国际人文交往中心建设初见成效，青年友好型城市建设文旅工作全面展开；完成黄河文化公园洛阳片区、隋唐大运河国家文化公园、黄河流域非物质文化遗产保护展示中心等一批黄河文化地标建设，创建国家级河洛文化生态保护区、国家文化产业和旅游产业融合发展示范区等，洛阳城市品牌影响力持续提升；全市旅游收入占全省的比重达到18%，文化产业增加值达到400亿元。《计划》提出到2025年，洛阳国际文化旅游名城和国际人文交往中心初步建成，文旅文创助力青年友好型城市建设效果显著；建成隋唐洛阳城国家历史文化公园等一批文旅地标，创建国家文物保护利用示范区，历史文化遗产保护工作示范引领作用进一步彰显；全市旅游收入占全省的比重超过20%，文化产业增加值达到500亿元。《计划》还提出，实施“八大行动”（文化遗产保护利用行动、文化旅游品牌创塑行动、文化创意产业提振行动、新型文旅业态培育行动、乡村旅游发展提升行动、文旅消费促增提效行动、城市宣传营销推广行动、市场主体培育壮大行动），扎实推动文旅文创融合各项工作落地见效。

守正创新、行稳致远，念念不忘、必有回响。文旅基础本就较好的洛阳，有了政策的加持，更是如虎添翼，2021年所表现出的良好势头只是洛阳文旅新价值时代开启的表现，或者说是洛阳这座古都新一轮城市复兴开始的一些表征。未来，洛阳成为河南省乃至全国最具成长性和知名度文旅城市之一，将是大概率事件。

（来源：腾讯网，https://new.qq.com/rain/a/20220414A05H8O00，2022年4月14日）

新时代文化与旅游的关系越来越明晰，文化与旅游融合有着内生需求，文化是旅游的灵魂，旅游是文化的载体，文创或称文化创意借由创意行为，把文化资源转化为文化产品，并培育出新的文化消费群体。文旅文创融合发展是文旅深度融合发展的必然选择，通过文化创意创新，将历史文化资源优势转变为发展优势，有利于实现文化旅游高质量融合发展，进而促进经济社会高质量发展。本章首先通过阐释文旅文创融合的背景及研究意义，确定研究文旅文创融合的必要性。其次系统梳理国内外文旅文创融合相关理论和学术进展，找出学术研究热点和趋势，针对文旅文创融合概念及机理、路径模式、成效评估三个方面进行主题比较，并针对学界不足提出未来研究方向。最后对相关理论内容进行梳理和研究，并探讨相关理论在文旅文创融合中的实践运用。

第一节 研究背景

文化旅游发展政策为文化和旅游的融合发展奠定了制度基础，文旅市场消费升级促进文旅融合高质量提升，文旅实践创新变革支撑文旅融合高质量发展。以跨学科视角研究文旅融合，将推动文化和旅游深度融合、相互促进。文旅深度融合可以激发新动能、形成新优势、实现新发展，为更好满足人民对美好生活的新期待、为全面建设社会主义现代化国家做出新贡献。

一 政策背景

（一）国家层面：相关部委出台文件支持文旅文创融合高质量发展

在政策层面，国家对文旅融合给予高度关注。1993 年 11 月，国务院办公厅转发国家旅游局《关于积极发展国内旅游业的意见》（国办发［1993］75 号），首次在国家层面的政府文件中提到旅游业的发展对满足人民群众文化需求、带动文化事业发展的重要意义。2009 年 8 月，文化部和国家旅游局联合发布《关于促进文化与旅游结合发展的指导意见》，对文化与旅游的关系做出了重要论述，强调“文化是旅游的灵魂，旅游是文化的重要载体”。2009 年 12 月，《国务院关于加快旅游业发展的通知》提出，要加快文化资源的旅游化开发，大力推进旅游与文化融合，培育新的旅游增长点。2014 年 2 月，国务院发布《关于推进文化创意和设计服务与相关产业融合发展的若干意见》，强调了提升旅游发展文化内涵的要求。2016 年 12 月，国务院《“十三五”旅游业发展规划》，强调了文化旅游发展与旅游文化建设。

文化和旅游融合发展是以习近平同志为核心的党中央立足党和国家事业全局、把握文化和旅游发展规律做出的战略决策，是贯彻习近平总书记关于文化和旅游工作重要论述的重大实践。2018 年 3 月，中共中央印发《深化党和国家机构改革方案》，将文化部、国家旅游局职责整合，组建中华人民共和国文化和旅游部。随之，文化和旅游融合发展作为一项重要的机构改革任务、一个重要的社会经济现象和学术研究命题受到各方热切关注。2021 年 6 月，文化和旅游部印发《“十四五”文化和旅游发展规划》，明确提出了推动文化和旅游市场融合发展、健全文化和旅游市场信用体系、构建服务质量监管和提升体系、建设对外和对港澳台文化交流和旅游推广体系等主要任务。2021 年 8 月，中共中央、国务院印发《关于进一步加强非物质文化遗产保护工作的意见》，支持挖掘全国乡村旅游重点村的非物质文化遗产资源，利用非物质文化遗产资源发展乡村旅游等业态，支持推出一批具有鲜明非物质文化遗产特色的主题旅游线路、研学旅游产品和演艺作品，形成集教育、培训、旅游等功能于一体的传承体验设施体系。2021 年 9 月，中共中央宣传部、国家发展改革委等部门联合文化和旅游部印发《关于进一步推动文化文物单位文化创意产品开发的若干措施》的通知，要求建立和完善全国文化和旅游创意产品开发信息名录，推动将旅游商品质量保障、文化特色等要求纳入高等级旅游景区、旅游度假区评定标准内容和乡村旅游重点村镇遴选条件。2021 年 12 月，国务院发布了《“十四五”旅游业发展规划》，再次从国家层面强调了推动文化和旅游融合发展的重点任务，明确了文旅融合高质量发展的目标、内容和路径。

文化和旅游业是现代服务业的重要组成部分，相互融合性强，与其他产业关联度高，在经济社会发展中所起的作用越来越凸显。系列政策文件为加快促进文化和旅游更广范围、更深层次、更高水平融合发展，加速构建文旅产业新发展格局，促进文旅产业高质量融合发展提供了政策依据。

（二）地方层面：各地政府积极行动推动文旅文创融合高质量发展

根据《中国文化产业和旅游业年度盘点报告（2021）》，截至 2022 年 1 月，全国约 2/3 省级行政区的“十四五”文旅发展规划相继出台，积极布局“十四五”发展蓝图，为旅游业高质量发展、现代文化产业健全完善、社会文明程度提升、文物保护利用、科技创新发展等，提供了更为科学、牢固的政策保障体系。

在经济发展水平和旅游市场建设具有明显优势的省份出台的“十四五”时期文化和旅游发展规划中，北京提出加快建设世界旅游目的地城市，上海明确工作重心为深化世界著名旅游城市建设，江苏提出成为水韵人文魅力充分彰显的世界著名旅游目的地，浙江提出建设未来旅游先行地的目标。在旅游特色省份出台的“十四五”时期文化和旅游发展规划中，宁夏全力打造大西北旅游目的地，陕西建设传承中华文化的世界级旅游目的地、国际文化旅游中心、中华优秀传统文化示范区、革命文化继承弘扬样板区，江西力图打造红色旅游首选地、最美生态旅游目的地、中华优秀传统文化体验地，湖南努力建成全国文化和旅游融合发展示范区，黑龙江努力建成国际冰雪旅游度假胜地、中国生态康养旅游目的地、中国自驾和户外运动旅游目的地，海南将构建国际知名度假天堂、康养天堂、购物天堂和会展高地等。①

2021 年 9 月 7 日，河南省委工作会议提出全面实施文旅文创融合战略，加快建设文化旅游强省。河南作为一个“文化资源大省”，在迈向“文化强省”的过程中，“塑造全域旅游主题形象，打造国际级黄河文化旅游带，谋划建设休闲康养基地，发展特色鲜明的全链条文创产业，壮大文旅文创市

---

① 《旅游绿皮书：2021～2022 年中国旅游发展分析与预测》，http://wap.pishu.cn/zxzx/xwdt/579347.shtml。

场主体”是主要任务，也是必经之路。2021 年 9 月 10 日，河南省文化和旅游厅在郑州组织召开全省文旅文创融合战略动员会，会议强调要聚焦重点、强化责任，推动文旅文创融合战略全面落实；要坚持创新为要、结果导向，促进文化旅游高质量发展；要把创新摆在发展的逻辑起点、现代化建设的核心位置，引入新模式、优质团队，形成良性的推进机制，要上下一心、全力以赴抓好文旅文创融合战略的落实。2021 年 12 月 31 日《河南省“十四五”文化旅游融合发展规划》发布，提出到 2025 年底，全省旅游业综合贡献占生产总值比重超过 12%（游客接待量和旅游综合收入分别保持 15% 和 20% 的年均增长率），全省文化产业增加值占生产总值比重超过 5%，文旅文创成为全省战略性支柱产业。

二　市场背景

（一）探索供给侧结构性改革新模式，适应文旅文创融合高质量发展

国家大力推动发展旅游、文化、体育、健康、养老等“幸福产业”，其根本的交集在于民生领域，不仅仅是让人民过上富足的日子，更要让人民拥有丰富幸福的生活。其中，文旅产品供给充足、有品质，是人民生活水平提高的重要指标；人民广泛享有弘扬优秀文化、传承优秀文化、品读优秀文化的权利，是幸福生活的内容之一。我国的文旅产业还面临有效供给不足、市场秩序不规范、体制机制不完善等问题，人民的满足度、满意度不高。从注重增加文旅产品供给到注重文旅产品质量提升，是推动“幸福产业”发展、满足人民美好生活需要的必经之路。

在供给侧改革的背景下，需要解决旅游供给与游客需求多样化之间的结构性矛盾，如旅游多头监管与缺失并存，高层次景区少且同质化严重，文化体验旅游资源少，旅游业智慧化程度较低，旅游商品创新性不足及旅游业高端人才缺乏，旅游公共服务产品缺失，等等。需要采取措施，将资源要素从产能过剩产业释放出来，为旅游业发展提供更多劳动力、资金、技术等生产要素，为提高旅游供给质量和效率带来机遇；需要刺激和推动旅游业从根本上提升发展质量，并重构新面貌，为旅游业转型升级提供新

思路。具体而言，要持续扩大有效需求，提高旅游供给的质量；培育旅游要素优势，提高旅游供给的保障能力；强化开放带动，持续增强旅游经济发展的活力；保护生态环境，保障旅游供给发展的永续性；加快协调发展，构建旅游供给体系；高度重视创新发展，提升旅游资源配置效益；加强共享发展，增强民生的现实获得感。

（二）研究需求端个性化消费新特征，引领文旅文创融合高质量发展

从市场角度来看，文化和旅游的融合是由市场需求产生的一种主动融合，两者存在不可分割的天然联系。文化是旅游的灵魂，旅游业大家熟悉的是其带动性和经济性，但旅游业更是一种文化性产业。随着旅游业的发展，旅游业的文化属性正逐渐被挖掘和重视，其文化比重及其价值在区域经济社会发展中的作用不断扩大，文旅融合是必然的发展趋势。根据联合国世界旅游组织的调查统计，全世界旅游活动中约有37%涉及文化因素，文化旅游者正以每年15%的幅度增长。旅游是文化的载体，蓬勃发展的旅游产业在促进经济增长的同时，也为文化事业的繁荣拓展了途径。文化和旅游融合应当从需求侧引导、供给端发力，逐步应对市场变化，并制定相应的营销策略。

2021年，我国国民经济总量达114.4万亿元，突破110万亿元，稳居世界第二位。根据国家统计局数据[①]，2021年全国居民人均可支配收入为35128元，比上年名义增长（以下如无特别说明，均为同比名义增速）9.1%，扣除价格因素，实际增长8.1%；比2019年增长14.3%，两年平均增长6.9%，扣除价格因素，两年平均实际增长5.1%。消费方面，2021年全国居民人均消费支出为24100元，比上年名义增长13.6%，扣除价格因素影响，实际增长12.6%。其中，居民服务性消费支出恢复性增长。2021年全国人均服务性消费支出为10645元，比上年增长17.8%，增速快于全国居民人均消费支出4.2个百分点。

从需求侧来看，全面建成小康社会后，大众旅游需求从低层次向高品

---

① 《2021年居民收入和消费支出情况》，http://www.stats.gov.cn/xxgk/sjfb/zxfb2020/202201/t20220117_1826442.html。

质和多样化转变。根据2021年中国旅游研究院和上海创图公共文化和休闲联合实验室文化消费专项调研，文化创意推动了国潮文化的持续前行，文创、潮玩等购物占比57.4%，票务支出（演出演艺、活动赛事、光影秀等）占比28.9%，为热门消费支出。自2020年起，“盲盒经济”火热出圈，国潮国风爱好者对华服、特色文创等消费的投入不断增加，艺术节、音乐季、潮流艺术节、时装国风秀、光影艺术展、实景游戏体验馆等成功带动了文化消费。另外，随着数字化发展，线下和线上旅游产品和服务加速融合，旅游消费者对产品和服务偏好呈现新的变化，游客更加重视文化旅游带来的体验感，文化和旅游融合发展趋势更加明显。尤其是人数约为2.6亿（约占全国人口的19%）的“Z世代”（出生于1995～2009年的一代人），月均零花钱接近1680元，这些人在2021年国庆节旅游中的占比为48%，比2019年增长了3个百分点，已成为未来旅游业的市场主力。他们倾向于线上学习，通过网络感受世界和追求精神的充实，愿意为兴趣和带入感更强的产品买单。因此，文化产业和旅游产业应当用“兴趣、体验、审美和科技”的方式，打造具有时代感的文化品牌，通过数字化场景加强与消费者的互动，通过深入人心的文化IP输入内容与价值观，形成用户对未来品牌的忠诚度。

综上所述，在文化产业和旅游产业融合的过程中，应积极主动应对市场变化，不断开发新业态，如结合数字化开发沉浸式、周边游、乡村游、亲子游、夜间文旅、线上游等项目，重视本地旅游和社区场景，构建可持续的供求动态适配机制，实现文旅融合从理念到实践的创新发展。

三 实践背景

旅游除包含传统意义上的食、住、行、游、购、娱六大要素，还涉及非惯常环境下的商、养、学、闲、情、奇多个领域，几乎囊括了人们日常生活中所有的产业部门。旅游产业的综合特性是以市场需求为导向，以旅游资源为基础，与包括文化产业在内的其他产业融合发展。而文化产业把旅游产业作为载体，从实践意义来讲，通过旅游来传承、发展和传播文化，是实现人民美好生活精神层面需求的必经之路，文化产业和旅游产业的融合有利于区域文化、经济、社会的协调发展。[①] 据对全国6.5万家规模以上文化及相关产业企业调查发现：2021年，上述企业实现营业收入119064亿元，比上年增长16.0%；两年平均增长8.9%。[②] 文化和旅游融合有利于提升产业综合实力、促进创新发展、产业升级转型，其核心目标在于实现两大产业各资源要素的互换和整合，带动相关产业整合，包括资源整合、技术整合和市场整合。[③]

（一）资源整合是前提

摸清文化产业和旅游产业的共用资产，做好各类资源的梳理、整合与提炼应用，建立促进文化和旅游消费的长效机制，顺应居民消费升级趋势，积极培育网络消费、定制消费、体验消费、智能消费、时尚消费等消费新热点，支撑文旅永续发展。

第一，理念融合是先导。要从思想深处、从根子上打牢文旅融合发展的基础，推动文旅深融合、真融合。文旅融合顺应时代背景，文化让旅游不浅薄，旅游让文化不高冷；文旅融合让文化更接地气，更有旅游味，让旅游更有内涵，更有文化感。

第二，市场融合是基础。要以文化市场综合执法改革为契机，促进市场主体融合、市场监管融合，推动文旅市场培育监管工作一体部署、一体推进。为文旅领域小微企业、民营企业融合发展，营造良好政策环境。

第三，产业融合是核心。文化产业附加值高、变现能力强且最具融合力；旅游产业则消费感染力、产业带动力和经济拉动力更强。要寻求和匹配文旅产业的契合点和融合点，培育和发展新业态。

第四，业态融合是重点。以十二大旅游发展要素即“吃住行游购娱、闲情养商学奇”为架构，支持开发集文化创意、度假休闲、康体养生等主

① 张海燕、王忠云：《旅游产业与文化产业融合发展研究》，《资源开发与市场》2010年第4期。

② 《2021年全国规模以上文化及相关产业企业营业收入增长16.0%，两年平均增长8.9%》，http://www.stats.gov.cn/xxgk/sjfb/zxfb2020/202202/t20220208_1827252.html。

③ 张祝平：《以文旅融合理念推动乡村旅游高质量发展：形成逻辑与路径选择》，《南京社会科学》2021年第7期。

题于一体的文化旅游线路和项目，形成文旅消费新动能。

第五，服务融合是关键。服务融合既是完善基本公共服务、实现文化和旅游服务普惠于民的现实需要，也是支撑文旅产业发展、助推行业繁荣的强大动力。服务融合能最大限度地利用和节约资源，扩大产品、服务覆盖范围，提高渗透度，从而为文旅融合拓展全新空间发挥更大作用。

第六，职能融合是保障。要逐步打开文化单位和旅游单位之间的“围墙”，研究融合发展新思路，打破壁垒、全面融合，加强顶层设计，规划好方向和目标，制定好政策，整合好已有工作。确保相互兼容、不留空白、不留死角。

第七，场所融合是载体。一是可在公共文化服务建设转型中融入旅游要素，将设施空间打造为旅游目的地，研发适合旅游需求的文创产品；二是在旅游公共服务中加强文化赋能，包括在内部和外部交通、公路服务区、旅游集散中心、停车场、旅游标识系统、游客服务中心、旅游厕所、智慧旅游等方面。

第八，效能提升是目标。强化政府主导理念，树立成本和服务意识，优化整合存量资源，补齐各项短板，提升服务普惠性、覆盖性、人性化和可及性。借助市场力量，在做好服务和监管的同时，吸引更多的民营资本投入文旅基础设施建设和提供公共服务，以有限的财政投入撬动更多的社会资源。

（二）技术整合是手段

随着互联网和产业融合的互动发展，文旅文创产业已成为以数字技术为依托、以互联网为平台的新兴产业业态。伴随互联网和大数据技术的发展和应用，“文化＋科技＋金融＋旅游”等多个要素融合发展的态势将更趋明显。[①]

技术整合是文旅融合的有效手段，《关于推动数字文化产业高质量发展的意见》提出了培育云演艺业态、发展沉浸式业态等新型业态的要求，大

① 范建华、秦会朵：《文化产业与旅游产业深度融合发展的理论诠释与实践探索》，《山东大学学报》（哲学社会科学版）2020 年第 4 期。

数据、物联网、云计算、人工智能、虚拟现实技术（VR）、增强现实（AR）、混合现实（MR）、5G+4K/8K超高清、数字多媒体等技术，日益普及和运用在文旅文创中，为游客提供了全新体验，智慧旅游也给游客带来了更多便利。同时，科技创新从技术层面为文旅融合提供了有力支撑，为优秀文化旅游资源的保护和开发提供了数字化支持。具体来看，数字技术可以用在历史文化古迹、民俗文化村落、文化主题公园、博物馆、文化展馆、图书馆等载体上，把相对静态和单一的观看景点变成动态的、互动式体验的文旅产品和服务，并渗透从生产到消费的各个环节，从而丰富文旅文创融合新业态。[①] 例如，各地博物馆设计了虚拟旅游产品，借助数字技术突破空间限制，让观众实现“云看展”，给观众和游客提供丰富的沉浸式体验。2021年河南卫视推出的《唐宫夜宴》《洛神水赋》《龙门金刚》等节目，运用现代科技生动演绎了如何把文化遗产IP活化，在互联网上引起了巨大的反响，立足于文化背景，结合现代人的生活，讲述文化新故事，证明了文创IP的营销潜力。

（三）市场整合是基础

文化产业和旅游产业的市场融合，是以市场为导向，设计和生产满足消费者需求的文旅产品，并通过营销手段进行创新品牌的培育和传播，从而加快文旅文创产业的发展。从营销渠道和方式来看，一方面，文化产业和旅游产业深度融合促进了新的产业组织的形成和各类文旅信息平台的发展，通过信息共享来了解旅游者的文化需求，从而不断提升旅游者满意度。另一方面，文化产业和旅游产业深度融合也是有效利用和开发各种资源、形成各具特色的旅游产品从而提供给旅游者的过程，文化产业和旅游产业深度融合，可将旅游的“潜在需要”转变为“现实需求”。[②]

总体而言，以文化为主导、以旅游为载体，强调文化和旅游融合，通

① 周锦、王廷信：《数字经济下城市文化旅游融合发展模式和路径研究》，《江苏社会科学》2021年第5期。

② 李云鹏、王京：《需求泛化与信息共享驱动下的旅游产业深度融合》，《旅游学刊》2012年第27期。

过文化创意衍生和塑造旅游发展新业态，促使游客在旅游过程中感受到文化元素，同时创造文化效应（传承与创新）、社会效应（就业、需求满足）、经济效应和生态效应（环境美化与保护等）等多维度效应。

四　学术背景

20 世纪 80 年代，随着世界旅游的快速发展和世界旅游组织对“文化旅游”的关注，文化旅游成为新的热点，其概念和相关理论的研究逐渐兴起。20 世纪 90 年代，文化旅游成为旅游产业的重要经济增长点，逐渐成为旅游学科的一个分支，随着研究的深入，更多学者认为文化旅游并不是单一的文化产业或旅游产业，而是两者相互融合渗透的产物。文化和旅游各有内涵，各具特色，各有自身发展规律。学界认为，旅游中产生的文化差异、旅游目的地的生态保护、旅游者行为的心理现象等，单从经济学角度不足以解决，应重视各个专业领域学科的交叉研究，才能给文化旅游的研究注入新的活力。据统计，文化旅游研究涉及人类学、文化学、管理学、经济学、社会学、生态学、系统科学、心理学、地理学、营销学、运筹学、美学等 12 个学科。①

关于文化旅游的研究，学术界有两种观点。一种是从旅游的角度，认为文化旅游属于旅游的一种类型，旅游具有文化属性，旅游活动是一项文化性很强的活动，包括饮食文化、酒文化、茶文化、建筑文化、娱乐文化，宗教文化，服饰文化等；分支学科包括旅游文化史、旅游文学、旅游民俗学、旅游美学、旅游教育等。② 另一种是从文化的角度，认为文化旅游是属于文化系统内的一个分支，应从“文化”的角度将“旅游”与“文化”的关联要素作为逻辑点进行研究。③

关于文化和旅游关系的观点分为：一是“灵魂载体说”④，即认为“文

---

① 李竞爽：《文化旅游谱系追溯》，《河南教育学院学报》（哲学社会科学版）2019 年第 4 期。

② 范能船、朱晓松：《近十年旅游文化研究综述》，《旅游学刊》1992 年第 1 期。

③ 张国洪：《旅游文化学：研究选位与学科框架》，《旅游学刊》1999 年第 S1 期。

④ 周盼、李明德：《旅游文化是旅游理论研究的重要课题——旅游文化座谈会纪要》，《旅游学刊》1991 年第 1 期。

化是旅游的灵魂，旅游是文化的重要载体”；二是“诗和远方说”[①]；三是“资源市场说”，如“从经济和产业角度讲，文化是旅游最好的资源，旅游是文化最大的市场”等[②]；四是“身份认同论”[③]。尽管略有不同，但不可否认的是，文化和旅游具有天然的紧密联系。

文化是旅游的灵魂，文化产业促进旅游的发展，不断丰富旅游的文化内涵。通过文旅融合不断提高产业竞争力，不仅能够促进旅游产业优化升级，也能对文化进行推广而实现共赢。[④] 旅游是文化的重要传播载体，旅游使文化得以广泛传播，是文化场景化、活态化、生动化的传承途径。依托文化资源来发展文化旅游业，不仅能够提升文化旅游地的吸引力和产业竞争力，而且能够促进保护和传承优秀的文化旅游资源。以文化传承为目的，推动文旅融合，有利于满足人们美好生活需求、促进全球文化发展和人类命运共同体的形成。

第二节　研究意义

文旅文创融合发展是提高旅游发展质量的重要手段，是传播和弘扬中国优秀传统文化的有效途径，同时也是满足人民对美好生活需求的必然之路，对于解决现阶段中国社会主要矛盾有重要意义。因此，了解并熟悉文旅文创融合的深层次意义，对于更好地促进经济社会发展具有重要的引领作用。

一　理论意义

（一）丰富文旅文创融合研究成果

党的十一届三中全会以后，党中央高度重视物质文明与精神文明协调

---

① 李思瑾：《文旅融合奔向“诗和远方”》，《当代贵州》2018 年第 6 期。

② 范周：《文旅融合的理论与实践》，《人民论坛・学术前沿》2019 年第 11 期。

③ 张朝枝：《文化与旅游何以融合：基于身份认同的视角》，《南京社会科学》2018 年第 12 期。

④ 马胜清：《文化产业与旅游产业融合机理及经济效应》，《社会科学家》2021 年第 5 期。

发展。习近平总书记在论述中国现代化建设必须坚持的方向时强调，我国的现代化是“物质文明和精神文明相协调的现代化”。本节通过界定文旅文创融合发展的概念体系，确定文旅文创融合发展的价值判断依据与价值尺度，归纳和梳理文旅文创融合发展的政策体系、路径模式及基本原则，确立新发展理念下文旅文创融合发展的内涵和外延，审视文旅文创融合发展的本质特征、内在逻辑、制约因素及重大意义，丰富相关理论研究成果。

（二）阐释文旅文创融合机理路径

全面分析梳理文旅文创融合典型案例，准确阐述文旅文创融合机制。结合旅游公司、文化公司等典型文化企业或旅游企业向文化或向旅游扩展的过程和行为，反向论证构建文旅文创融合发展的动力机制，提炼文旅文创融合的典型模式和路径。并基于产业融合模式/融合路径是产业融合理论对企业及其经营环境结合结果的认知，剖析影响典型文化企业和旅游企业进行文旅文创融合发展的关键因素及作用机理，探索文旅文创融合背后的规律。

（三）测评文旅文创融合发展成效

构建文旅文创融合发展的绩效测评指标体系，以便对文旅文创融合成效有清晰的认识。基于文旅文创融合发展总体目标，进行指标细化与量化，建构多层次、多元化的评价指标体系。在经济层面，从形象、品质与竞争力提升，以及年接待游客人次、游客平均停留时间等方面，来评估文旅文创融合对城市、乡村、景区经济增长的贡献；在社会层面，从安置就业、促进乡村振兴、共同富裕等方面，来评估文旅文创融合对促进社会行为规范、风俗习惯、共识观念等精神层面发展的成效；在生态方面，评估文旅文创融合对旅游环境、居民生活环境的改善以及对遗址再利用的成效；在文化层面，评估文旅文创融合在文化身份认同、社会主义核心价值观的接受与认同、国民幸福感获得等方面的成效；在政治层面，评估文旅文创融合在促进居民对政治制度认同、提高对政府信任度等方面的成效。

（四）揭示文旅文创融合时空演化规律

对文旅文创融合进行时空分异调查研究，认识文旅文创融合时空规律。

从全国31个省份、黄河流域典型文化区、长江经济带、河南18个地市等不同空间尺度，探索文旅文创融合发展成效的时序变化、空间差异，揭示文旅文创融合的时空演进规律，探索文旅文创融合成效的影响因素及作用机制，为各地区推进文化和旅游融合高质量发展提供理论依据。

（五）完善文旅文创融合推进机制

为文旅文创融合政策推行提供基于实践效果的理论支撑。结合在宏观尺度和微观地域文旅文创融合实践中发现的问题的诊断以及探寻文旅文创融合价值最大化下各影响因素最优的组合模式，从政策需求、管理创新、利益驱动、科技推动等方面，提出在国家层面与政府、企业与公众等行为主体层面文旅文创融合高质量发展实践的推进机制、可推广模式及路径，并评估其适用性，指导各地文旅文创融合实践，促进文旅文创融合的高质量发展。

二 实践意义

（一）总结经验，检验成效

梳理不同类型典型案例地区文旅文创融合发展的历程，积累和整合我国不同区域文旅文创融合发展数据，推进文旅文创融合发展数据库、案例库、观测点、试验田的建立。构建集文旅文创融合数据、典型案例、计算模型、解决方案、典型模式于一体的综合性文旅文创融合发展成效分析系统，为相应治理主体、市场主体提供一个兼具现状评估、问题识别、方案制定、模式和路径选择的科学系统，实现文旅文创融合成效的科学评估与可视化。基于测评体系，对不同空间尺度下文旅融合的时空分异规律和发展成效进行实证分析。与此同时，对其进行成效评估，为文化旅游化、旅游文化化和文旅融合发展实践提供经验借鉴。

（二）实践应用，服务决策

结合中国不同类型区域的实践测定，研究我国文旅文创融合发展成效的时空差异。通过分析典型区域文旅文创融合偏向性，揭示影响文旅文创融合成效的空间差异和时间变化因素及其作用机制。遵循“提出问题→分析问题→解决问题”的研究思路，对我国文旅融合存在的问题进行全面诊断。然后，对文旅融合的推动机制、发展模式和实现路径进行系统性梳理和反思，为进一步促进文旅融合、提高发展实效以及实现我国文旅产业的高质量发展提供相应的政策建议。从融合机制、管理机制和组织架构机制等多个层面，深入分析文旅融合高质量发展的推进机制，为深入促进文旅产业的高质量发展提供相应的政策优化路径及对策建议。

（三）案例解析，推广经验

新时代推动文旅文创融合高质量发展的重要任务在于寻找文化和旅游的“最大公约数”和“最佳结合点”，归纳和提炼出可学习、可借鉴的文旅融合特色模式，从而在更多领域、更大范围推进文旅文创深度融合和创新发展。鉴于此，本课题采用案例分析、田野调查和问卷调查的方法，选择城市、乡村、景区和工业场所等四种典型类型的文旅融合案例，开展文旅文创融合历时性考察，认识其文化与旅游融合过程；结合在案例地开展的文旅文创融合发展调查资料和统计数据，开展文旅文创融合发展成效评估与动力机制分析，并在此基础上提炼和归纳可供借鉴、推广的文旅文创融合路径与发展模式，为推动文旅文创深度融合发展提供参考依据。

第三节　研究述评

学术期刊作为研究的重要载体，对于推动我国文化旅游相关主题学术研究的繁荣发展起到重要作用。根据对现有文旅文创融合研究文献的统计分析和评述，关于文旅文创的研究分为概念及机理、路径模式、成效评估等主题，并提出文旅文创融合研究的必要性，为后文各部分进行理论铺垫。

一　国外研究统计与历程

（一）国外文献统计

英文文献以“tourism”并含“culture”为关键词进行搜索，在 Web of Science（包括 SCI-EXPANDED，SSCI，AHCI，ESCI，CCR-EXPANDED，IC）

核心数据库中共找到文献 10664 篇；进一步用"tourism industry"并含"culture industry"在结果中进行检索；最后将发表时间自 2001 年至 2021 年相关文章收集起来，共有文献 1785 篇可进行分类统计；进一步选取 2010 年至 2021 年的 Web of Science 核心期刊进行筛选后，一共得到论文 411 篇。

随着文化产业与旅游业在世界范围内产业地位不断上升，文化与旅游融合发展在全球成为区域经济发展的新亮点。国际上对这一问题的研究热度与产业发展实践有较强的一致性。国际文献的来源期刊发文数量排名前 10 位的期刊是：*International Journal of Contemporary Hospitality Management*, *International Journal of Hospitality Management*, *Sustainability*, *Tourism Management*, *Current Issues in Tourism*, *Journal of Sustainable Tourism*, *Journal of Hospitality and Tourism Management*, *Worldwide Hospitality and Tourism Themes*, *Annals of Tourism Research*, *Asia Pacific Journal of Tourism Research*（见表 1－1）。

表 1－1　相关论文前十位来源期刊

排名	来源期刊	发文量
1	*International Journal of Contemporary Hospitality Management*	95
2	*International Journal of Hospitality Management*	93
3	*Sustainability*	83
4	*Tourism Management*	42
5	*Current Issues in Tourism*	23
6	*Journal of Sustainable Tourism*	23
7	*Journal of Hospitality and Tourism Management*	22
8	*Worldwide Hospitality and Tourism Themes*	22
9	*Annals of Tourism Research*	21
10	*Asia Pacific Journal of Tourism Research*	19

资料来源：笔者搜索后自制。

其中，根据搜索结果对论文被引频次的高低进行了排序，其中前十名的论文如表 1－2 所示。

表 1－2　国外文旅融合研究论文被引量前十名列表

排名	年份	作者	题目	期刊	被引量合计（次）	年均被引量（次）
1	2004	Cohen, E. and Avieli, N.	Food in tourism: attraction and impediment	*Annuals of Tourism Research*	538	28.32
2	2004	Briedenhann, J. and Wickens, E.	Tourism routes as a tool for the economic development of rural area—vibrant hope or impossible dream?	*Tourism Management*	362	19.05
3	2009	Hu, M. L. M.; Horng, J. S. and Sun, Y. H. C.	Hospitality teams: knowledge sharing and service innovation performance	*Tourism Management*	305	19.05
4	2013	Connell, J.	Contemporary medical tourism: Conceptualisation, cultureand commodification	*Tourism Management*	283	28.3
5	2010	Kusluvan, S. eds.	The human dimension: a review of human resources management issues in the tourism and hospitality industry	*Cornell Hospitality Quarterly*	260	20
6	2007	Fawcett, S. E. eds.	Information sharing and supply chain performance: the role of connectivity and willingness	*Supply Chain Management: An international Journal*	245	15.31
7	2018	Seraphin, H.; Sheeran, P. and Pilato, M.	Over-tourism and the fall of Venice as a destination	*Journal of Destination Marketing and Management*	223	44.6
8	2007	Yang, J. T.	Knowledge sharing: investigating appropriate leadership roles and collaborative culture	*Tourism Management*	216	13.5
9	2007	McDowell, L.; Batnitzky, A. and Dyer, S.	Division, segmentation, and interpellation: the embodied labors of migrant workers in a greater London hotel	*Economic Geography*	181	11.31
10	2010	Horng, J. S. and Tsai, C. T.	Government websites for promoting East Asian culinary tourism: a cross-national analysis	*Tourism Management*	172	13.23

资料来源：笔者搜索后自制。

（二）国外研究进展

从年度发文量来看（见图1－1），国外关于文化产业与旅游产业融合的研究大致分为三个阶段。

1. 初级阶段

2003年之前，关于文化与旅游关系的论文数量相对较少。文化旅游作为一种社会现象和学术研究对象的出现，可以追溯到二战后休闲旅游的激增。随着收入和消费在20世纪60～70年代的持续增长，国际旅游和文化消费也在增长。到了20世纪80年代，随着国际游客的不断增加，文化旅游开始引起学者的关注，文化旅游这一名词开始出现。文化旅游的早期学术研究在这个时期浮出水面，世界旅游组织对这一现象给出了第一个定义。在20世纪90年代初，世界旅游组织对文化旅游这个新的市场规模的第一次估值也出现了（占所有国际旅游业的37%）。

在整个20世纪80～90年代，受遗产繁荣、国际和国内旅游的增长以及有关方面将文化旅游视为刺激经济和帮助保护文化的良好旅游形式加以推动，人们对文化旅游的兴趣持续增长。20世纪90年代初是文化旅游转型期，与最初面向精英客户的定位不同，文化旅游在面向大众市场的定位中找到了新的发展机遇。文化旅游在许多旅游目的地已成为一种根深蒂固的现象，并日益成为学术研究的对象。随后，结合不同理论和方法，关于文化旅游的研究论文逐渐增多。

2. 发展阶段

2004～2015年，关于文化旅游的研究呈现逐步发展趋势。尤其是2008～2015年，该领域的研究增长速度加快，文化旅游业的研究增长体现在对一些新兴的细分市场，如遗产旅游、艺术旅游、美食旅游、电影旅游和创意旅游等相关行业的关注上，文化旅游概念的细分化也有助于推动文化旅游领域研究比例的激增，但文化旅游增长的同时也带来了一些挑战。第一，“过度旅游”现象，比如一些世界遗产地出现过度拥挤的问题，游客因拥堵而无法获得应有的旅游体验；第二，在保护有形遗产和游客体验需求日益增长之间出现了矛盾，当然该现象也有助于在旅游发展战略中提高对非物质文化遗产无形性体验的关注度。

续表

排名	年份	作者	题目	期刊	被引量合计（次）
2	2019	王世伟	《关于公共图书馆文旅深度融合的思考》	《图书馆》	153
3	2019	金龙	《文旅融合背景下公共图书馆研学旅游服务创新策略》	《图书馆工作与研究》	103
4	2019	傅才武	《论文化和旅游融合的内在逻辑》	《武汉大学学报》（哲学社会科学版）	95
5	2019	张朝枝、朱敏敏	《文化和旅游融合：多层次关系内涵、挑战与践行路径》	《旅游学刊》	95
6	2019	范周	《文旅融合的理论与实践》	《人民论坛·学术前沿》	93
7	2019	鄢莹	《公共图书馆文旅融合的典型实践与分析》	《图书与情报》	79
8	2019	李先跃	《中国文化产业与旅游产业融合研究进展及趋势——基于 Citespace 计量分析》	《经济地理》	76
9	2007	单红波	《公共图书馆与旅游融合的模式与路径研究》	《图书与情报》	75
10	2019	李国新、李阳	《文化和旅游公共服务融合发展的思考》	《图书馆杂志》	59

资料来源：笔者根据中国知网检索结果整理。

研究主题方面，对 2010～2021 年中国社会科学引文索引（CSSCI）和核心期刊上刊登的有关“文旅融合”研究的 408 篇文章进行逐篇分析梳理，从学科角度来看，与旅游学科相关的研究占比为 36.79%，与文化学科相关的研究占比为 23.36%，与图书情报与数字图书馆相关的研究占比为 17.71%，与农业经济相关的研究占比为 6.56%，与新闻传播相关的研究占比为 1.68%，与教育相关的研究占比为 1.22%，与区域经济相关的研究占比为 1.07%，其他相关的研究占比为 11.61%。

（二）国内研究进展

国内关于文化产业与旅游产业融合的研究大致分为三个阶段。

1. 萌芽阶段

2009 年之前，文化产业与旅游产业融合的相关研究成果较少，处于文化旅游产业融合研究的萌芽阶段，该阶段的研究主要关注提升城市形象，通过促进文化和旅游融合打开产业发展的新思路。

2. 发展阶段

2010～2017 年，国家一系列政策文件的发布与实施，使得该领域的研究文献发布量稳步增长，该阶段是文旅融合研究快速发展的阶段。2009 年 8 月，文化部、国家旅游局发布《关于促进文化与旅游结合发展的指导意见》，提出“文化是旅游的灵魂，旅游是文化的重要载体”，并推出十大举措加强文化和旅游的深度结合。2009 年 12 月，国务院发布《关于加快旅游业发展的意见》，标志着国家从政策层面开始大力推动文化产业和旅游产业的融合。2011 年国家颁布的《国民经济和社会发展第十二个五年规划纲要》首次将“振兴文化产业”提升到国家战略层面，并将“旅游业发展成为国民经济支柱性产业”作为战略发展目标。因而该阶段关于文旅融合的研究总体呈稳步增长态势，两个产业如何融合发展作为该领域基础研究的主旋律贯穿始终。研究以各地区文旅融合为背景，针对各地区历史旅游目的地保护、产业转型升级等提出了相应的文旅融合对策。总之从树立旅游目的地品牌形象到促进创新产业融合对文旅融合的研究在不断深入。

3. 深化阶段

2018 年组建了文化和旅游部，文化产业与旅游产业融合进入全面深化阶段，研究成果迅速增长（见图 1－2），2018 年发文量 174 篇，2019 年发文数量增加为 919 篇，2020 年增加到 1319 篇，2021 年高达 1945 篇，说明我国关于文化旅游融合的研究进入了全面深化时期。文旅融合与当下热点“全域旅游”“乡村振兴”的关联也引起了学者们的关注①，创新概念引入即新技术的运用，使得创新、创意旅游和文化创意产业等领域引起了学者广泛关注。2021 年 5 月 30 日，我国首届文化与旅游融合发展国际高端智库峰会在南京图书馆举行。参会的 130 余名专家、学者围绕“文旅融合 创新发展”的会议主题，共同就推进文化与旅游融合发展的相关议题进行了深入探讨。会议共收到 124 篇论文。这些论文中的 33 名作者分别在“文旅融

① 李先跃：《中国文化产业与旅游产业融合研究进展及趋势——基于 Citespace 计量分析》，《经济地理》2019 年第 12 期。

合理论探究”和“文旅融合案例分享”两个分论坛做了现场交流。与会者一致认为文化与旅游相互渗入、互为支撑、协同并进、深入融合，这是满足新时期人们追求高品质旅游和美好生活需求的必由之路，并指出文化和旅游的深度融合需要持续用力的长期建设，更要从科学决策层面进行宏观布局。①

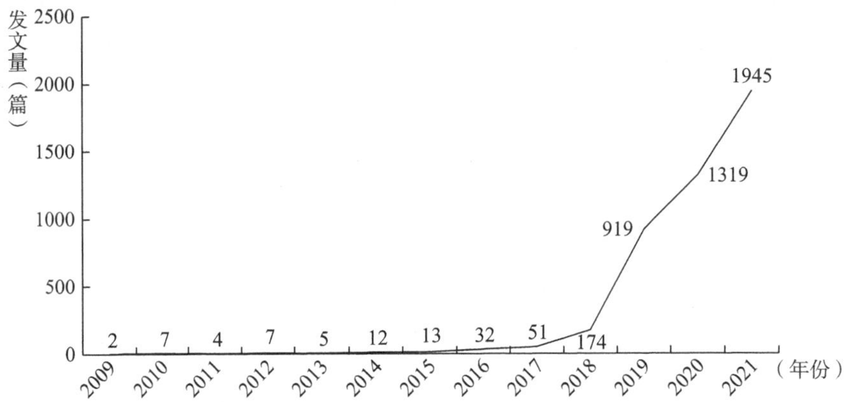

图 1-2　CNKI 发文量年趋势图（2009～2021 年）

资料来源：笔者根据有关资料整理。

三　国内外研究主题比较

（一）概念及机理研究

1. 概念方面

国外于 20 世纪 80 年代开始关注文化遗产和旅游的关系以及相关的概念，联合国世界旅游组织（UNWTO）1985 年对“文化旅游”的定义有广义和狭义之分，广义是指“为了满足个体的多样性需求而参与的增长见识、拓宽视野、增加体验的一切移动”；而狭义是指“人们为了满足基本文化需求而开展的活动，包括民俗旅游、古迹旅游、节庆旅游和朝圣旅游、演艺旅游等”。20 世纪 90 年代，UNWTO 首次对文化旅游的规模进行了计算，即文化旅游收入大约占据全球旅游业收入的 37%。旅游与休闲研究协会（AT-

① 本刊编辑部：《首届文化与旅游融合发展国际高端智库峰会圆满落幕》，《新世纪图书馆》2021 年第 7 期。

LAS）对文化旅游的定义是："人们离开日常居住地，为获得新信息与新体验来满足文化需求而趋向文化景观的移动。"[①] 随着对文化旅游的理解不断深入，学者也从更深层的角度对文化旅游进行了解读。Richards 认为："文化旅游是一种旅游活动，游客的基本动机是学习、发现、经历、体验和消费旅游目的地中的有形和无形文化景点或产品。这些景点或产品涉及一个社会一系列独特的物质、知识、精神和情感特征，包括艺术和建筑、历史和文化遗产、饮食、文学、音乐、创意产业等。"[②] 该定义认为旅游并不单单与景点有关，更是一种生活方式和创造力以及"日常文化"的体现。

"文创"即文化创意，是在经济全球化背景下产生的以创造力为核心的产业。文创产业是基于知识的创造性活动，利用技术、人才或技能将生产者、消费者和场所联系起来，产生有意义的非物质文化产品、创意内容和体验，依靠创意人的智慧、技能和天赋，借助于高科技对文化资源进行创造与提升，通过知识产权的开发和运用，产生出高附加值产品。文创产业是具有创造财富和就业潜力的产业，其核心在于能最大限度地发挥人的创造力。"文创 + 文化"指要在文化这个领域创出新意，或指文化创新的成果；"文创 + 旅游"是指文创要与旅游产品、特色节日、文化影视以及文化演义等相结合，以推动旅游业的进一步发展。

与国外相比，国内研究者近 20 年才开始关注文化旅游融合这一主题，主要是从文化产业和旅游产业的概念延伸到产业融合，并结合两者的关联要素，研究两者融合的可行性、必要性。最早提到"文化旅游"这个概念的是徐菊凤的《旅游文化与文化旅游：理论与实践的若干问题》一文，他强调旅游业的文化特点是使以经济目标为主的综合性目标得以更顺利实现，认为对于旅游者来说，旅游活动是经济性很强的文化活动，但对于旅游经营者来说，旅游业则是文化性很强的经济事业。[③] 1991 年，中国旅游文化学

① 转引自 Richards，G.，*Cultural Tourism in Europe*，Wallingford：CAB International，1996。

② Richards，Gre.，"Cultural tourism：a review of recent research and trends"，*Journal of Hospitality and Tourism Management*，Vol. 36，2018，pp. 12 – 21.

③ 徐菊凤：《旅游文化与文化旅游：理论与实践的若干问题》，《旅游学刊》2005 年第 4 期。

术研讨会以“旅游文化概念”为重点展开讨论，认为“旅游文化”是人类过去和现在所创造的与旅游有关的物质财富和精神财富的总和，是旅游主体、旅游客体和旅游媒体相互作用所产生的物质和精神成果，是以一般文化的内在价值因素为依据、以旅游诸要素为依托，作用于旅游生活过程中的一种特殊文化形态。马波首次在《现代旅游文化学》一书中指出旅游文化与文化旅游是两个截然不同的概念，不能混淆，旅游文化属于文化的范畴，是文化的一个门类；文化旅游是旅游的一种类型。①

李朝军和郑焱从旅游学科视角，对文化旅游和旅游文化的概念进行了区分（见表1-4），他们认为“文化旅游是旅游者离开惯常生活环境，对异地异质文化景观的观赏，是以感受异质文化为目的而进行的旅游活动”；旅游文化是“旅游者、旅游从业者和旅游目的地居民在旅游（产业）活动过程中所创生的一种新型文化形态，是旅游者通过旅游活动在旅游过程中以旅游目的地作为最终极的载体相互作用、共创共生的过程和结果，是由旅游（产业）活动引致并迸发出来的形式多样的各种文化现象的总称，其实质是旅游引致的文化过程及其结果”。②

表1-4　文化旅游与旅游文化概念区分

	本质	文化的来源	学科归属	基本范畴	研究内容
文化旅游	愉悦	文化旅游中的“文化”不因旅游是否存在而客观存在	旅游管理应用学科	旅游（产品、类型与活动）	文化旅游对象物的开发、经营、营销与管理
旅游文化	旅游引致的文化过程及其结果	旅游文化中的“文化”基于旅游（产业）活动的发生而形成	文化学基础学科	文化	旅游所引致的旅游文化现象及其运动规律

资料来源：李朝军、郑焱：《旅游学科视角下的旅游文化概念研究》，《中南林业科技大学学报》（社会科学版）2013年第5期。

国内学者对文化旅游概念的讨论大致分为三种类型③：一是从市场学角

① 马波：《现代旅游文化学》，青岛出版社，1998。

② 李朝军、郑焱：《旅游学科视角下的旅游文化概念研究》，《中南林业科技大学学报》（社会科学版）2013年第5期。

③ 任冠文：《文化旅游相关概念辨析》，《旅游论坛》2009年第2期。

度认为文化旅游是一种产品，其中文化创意是指文化旅游融合过程中，利用优质文化艺术资源，为消费者创造的文旅产品；二是从旅游经营者与旅游者角度出发认为文化旅游是一种“意识或理念”；三是从旅游学来认识文化旅游，认为文化旅游属运动范畴，是旅游的一种类型。文化旅游属于旅游的一种类型，即旅游者主要通过消费文化旅游产品，体验与享受旅游活动中的文化内涵，从而获得身心愉悦的一种旅游活动。

从文旅融合角度来看，王乃举将文旅融合归纳为“融合”和“产业”两类，前者强调“融合”，如文化产业与旅游产业融合、文化与旅游融合等；后者强调“产业”，如文旅产业等。[①]

国内目前关于文创方面的研究集中在文创产品的开发与设计上。[②][③] 中国传媒大学文化产业管理学院副院长刘江红指出我国文创发展经过了三个阶段，第一阶段是以功能为主，即以工业设计满足具体使用功能的产品；第二阶段是以审美为主，即从中国优秀传统文化中提取文化符号，并将其附着在具体的生活或产品中，比如融入传统文化符号的美妆产品；第三阶段以个性化创意为主，即满足某些群体价值、情绪表达的文创产品，如虚拟偶像、数字时装就是最好的例证。

相关理论基础在本章第四节进行了分类总结，包括产业融合理论、创意经济理论、体验经济理论、生命周期理论、耦合理论和系统动力学理论以及在文旅融合中的运用。

2. 机制机理方面

国外研究几乎没有涉及文旅融合机制机理的研究。仅有中国学者 Qu Jinghui[④]在国际学术会议上发表了关于文旅融合作用机制的论文，认为

---

① 王乃举：《文化场域与文化分层组合理论下文旅融合机制与高质量发展》，《山西农业大学学报》（社会科学版）2022 年第 2 期。

② 周致欣、刘安琪：《文化创意语境下天津非物质文化遗产旅游产品发展研究》，《包装工程》2022 年第 6 期。

③ 乌日勒：《地域文化创意产品设计研究》，《包装工程》2022 年第 8 期。

④ Qu, Jinghui, “Mechanism and research methods on the integration of cultural industry and tourism industry”, *2017 International Conference on Innovations in Economic Management and Social Science (IEMSS 2017)*, Atlantis Press, 2017.

文旅融合作用的外部驱动因素包括科技创新、个性化服务、企业合作和政府放松管制；内部动力因素包括市场驱动、产业价值、文化延伸和旅游转型。

国内较多学者从融合机制出发，从不同视角分析了产业融合机制与不同产业之间的融合机理。文化和旅游的融合是指建立在一定的资源基础和市场环境之上，在内外驱动力的推动下，进行资源优化配置、产业组织再造所形成的内在动力机制和运行体系，从而是兼具旅游和文化双功能的新型产业。[①] 宋瑞基于文化对旅游的影响和旅游对文化的影响两个视角理解文化和旅游融合的机理。[②] 厉新建和宋昌耀认为文化和旅游高质量发展需要三大创新机制，即推动文化和旅游融合的要素供给机制创新、市场主体建设机制创新和资源保护机制创新。[③]

研究内容涉及文旅教体融合发展、乡村旅游与文创产业融合、文化资源与旅游产业融合、体育文化与旅游产业融合、非物质文化遗产演艺业发展、文旅文创示范园区建设等的驱动机制和响应机制。黄益军和吕振奎从文旅教体融合的角度提出“政策规制、市场机制、技术创新、消费需求”等要素之间的相互作用和协调创新发展，推动着文旅教体融合的发展，并提出产业激励、消费引导和技术创新是文旅教体融合运行的三大机制。[④] 龙井然等从乡村振兴和文旅融合发展的视角分析认为，文旅融合沿着“要素—结构—功能”脉络通过资源、产业与功能路径在要素增值机制、结构优化机制与功能提升机制下助推乡村振兴。[⑤] 汪逢生等对体育产业与文旅产业融合发展机制、模式及路径进行研究，认为融合发展机制包括要素渗透

① 张海燕、王忠云：《旅游产业与文化产业融合运作模式研究》，《山东社会科学》2013 年第 1 期。

② 宋瑞：《如何真正实现文化与旅游的融合发展》，《人民论坛·学术前沿》2019 年第 11 期。

③ 厉新建、宋昌耀：《文化和旅游融合高质量发展：逻辑框架与战略重点》，《华中师范大学学报》（自然科学版）2022 年第 1 期。

④ 黄益军、吕振奎：《文旅教体融合：内在机理、运行机制与实现路径》，《图书与情报》2019 年第 4 期。

⑤ 龙井然、杜姗姗、张景秋：《文旅融合导向下的乡村振兴发展机制与模式》，《经济地理》2021 年第 7 期。

机制、资源共享机制、功能互补机制、规制创新机制。[①] 周刚志、王星星针对公共图书馆和文旅融合讨论了宏观上的政府指引机制和微观上的法人治理机制以及区域联动机制和社会公众参与机制，为公共图书馆文旅融合的发展提供了机制保障参考。[②] 周雪针对泸州市董允坝现代农业示范园进行实证研究，提出构建具有稳定、弹性、互补特性的文旅融合榫卯机制，以促进乡村旅游提档升级，创造旅游扶贫和生态扶贫的新模式。[③]

总之，在现有研究的基础上，需要不断关注和解决文旅融合的动力问题，通过新的机制例如资源重组和利用、开发创新产品和扩大市场需求来提升产业竞争力和产业活力。

（二）路径与模式研究

1. 融合动力

国外众多学者从不同学科角度，运用定性和定量的方法探索促进文化和旅游融合的动力。国外研究认为文旅融合的动力因素主要包括旅游资源（如文化遗产）、金融投资、技术创新和人力等方面（见表 1－5）。其中旅游资源是文化旅游发展的最重要驱动因素之一。[④] 在文化遗产和旅游融合的可持续发展方面，Loulanski 和 Vesselin 采用综合民族质化方法对 483 份文献进行研究，发现文化和旅游融合的 15 种因素，包括居民的参与，教育和培训，真实性和解释性，以可持续性为中心的旅游管理，综合规划，对更广泛可持续发展框架的考虑，控制下的增长，决策和利益相关者参与，市场和产品分类，提供适合的投资资金渠道，国际化决策和支持系统，以遗产为资本的方法，有效的场地管理，目的地管理和有效的理论化/研究化基础。[⑤] 从游

---

① 汪逢生、王凯、李冉冉：《体育产业与文旅产业融合发展机制、模式及路径》，《体育文化导刊》2022 年第 1 期。

② 周刚志、王星星：《图书馆信息网络传播权研究》，《图书馆工作与研究》2018 年第 5 期。

③ 周雪：《泸州董允坝农业示范园乡村旅游与文创产业融合发展机制探究》，《当代旅游》2021 年第 23 期。

④ Ezenagu, N., "Heritage resources as a driver for cultural tourism in Nigeria", *Cogent Arts & Humanities*, Vol. 7, No. 1, 2020.

⑤ Loulanski, Tolina, and Vesselin Loulanski, "The sustainable integration of cultural heritage and tourism: a meta-study", *Journal of Sustainable Tourism*, Vol. 19, No. 7, 2011, pp. 837－862.

客需求角度来看，除了文化吸引力外，住宿、交通、电力、水资源等综合文化旅游设施和服务，是文化旅游目的地吸引游客的驱动力。①

表 1-5 文旅融合动力因素和相关文献

定性因素	定量因素	相关文献
资源	文化遗产价值	Andrea and Luis (2012), Kim, Wong, and Cho (2007), Mazzanti (2003), WTO (2004), Zhou, He, Zhang, and Gong (2001)
资本	金融投资、捐赠、个人投资	Andrea and Luis (2012), Billington (2004), Bodlender (1987), Richards (1996), Wang and Xu (2011)
技术创新	文化产品创新	Aoyama (2009), Blake and Sinclair (2006), Chhabra, Healy, and Sills (2003), Lindroth, Ritalahti, and Soisalon-Soininen (2007), Paiola (2008), Richards and Wilson (2006), Zuo and Bao (2008)
人力	旅游地居民参与度、社区文化人才、旅游量	Aas, Ladkin, and Fletcher (2005), Borg, Costa, and Gotti (1996), Cao (2004), Chen and Chen (2010), Lordkipanide, Brezet, and Backman (2005), Qiao (2007)

资料来源：Liu, Gaifang, and Joseph S. Chen. "A dynamic model for managing cultural tourism." *Asia Pacific Journal of Tourism Research*, Vol. 20, No. 5, 2015, pp. 500-514.

国内研究认为文化和旅游融合动力主要分为外部动力和内部动力。外部动力包括国民经济水平、人口发展状况、人们对文化旅游活动的需求以及政府对文化旅游产业的支持力度；内部动力包括企业、旅游者、政府、中介机构和市场等相关者的驱动。② 黄先开从文旅融合的内部和外部动力视角，围绕产业关联、市场需求、技术创新和政策保障四个方面，剖析了文旅融合的动力。③ 理论方面，赵嫚和王如忠提出"技术进步和需求驱动""产业内效应最大化驱动""产业间要素驱动"三种类型分别为由外到内、由内到外以及内外融合"双循环"动力机制。④ 姜永常认为旅游业在源生动

① Frauke Kraas, eds. "Sustainability in Myanmar", *Southeast Asian Modernities*, Vol. 15, 2016, pp. 319-345.

② 王兆峰、黄喜林：《文化旅游创意产业发展的动力机制与对策研究》，《山东社会科学》2010 年第 9 期。

③ 黄先开：《新时代文化和旅游融合发展的动力、策略与路径》，《北京工商大学学报》（社会科学版）2021 年第 4 期。

④ 赵嫚、王如忠：《中国文化产业和旅游产业融合发展动力机制与发展评价》，《生态经济》2022 年第 2 期。

力、内在动力、外在动力和驱动力的共同作用下形成了与文化产业融合发展的动力机制。[①] 实践层面，张魏等运用美国学者 Michael E. Porter 提出的"钻石模型"，将影响非遗旅游开发系统发展的因素分为政府行为、非遗资源、旅游开发企业和游客行为四个方面，从而将非遗旅游开发系统分解为四个子系统。[②]

陈炜和黄碧宁从推力、拉力、支持、中介四个角度，分析了广西跨境民族文化旅游合作的驱动路径，据此构建了广西跨境民族文化旅游合作的驱动机制模型。[③] 倪明辉和鲁啸军依托黑龙江省文化资源和相关资源以及文旅产业协作的驱动机制，构建了内部推力（文旅产业升级、文旅市场需求、区域经济发展速度、民族文化特色传承、跨境旅游合作业务）、外部拉力（交通便利条件、文旅产品创意、文化旅游品牌、文旅综合服务设施、旅游示范区文化科技创新应用）、辅助支撑（自然资源保护、旅游者身份认同、金融支持力度、政策支持、旅游安全问题）和助力保障（文旅新闻媒介、参与行业协会助力、旅游人才培养、旅游公司或企业、地理区位条件）四个动力机制系统，对两者进一步融合提出相关建议。[④] 吕宁等进一步验证了外部环境支持力、市场需求拉动力以及市场供给推动力的相互影响和相互作用，形成了两大产业融合发展的动力机制。[⑤]

从相关者的角度来看，张海燕和王忠云[⑥]认为文旅融合发展的驱动因素包括：企业行为驱动、旅游者需求驱动、政府引导驱动、中介机构发展驱

---

① 姜永常：《旅游产业融合发展的动力、机制与策略研究——以文化旅游业为例》，《哈尔滨商业大学学报》（社会科学版）2013 年第 4 期。

② 张魏、张锦贤、和丽春：《非物质文化遗产旅游开发系统的模型研究》，《中国商论》2020 年第 7 期。

③ 陈炜、黄碧宁：《广西跨境民族文化旅游合作的驱动机制研究——基于"一带一路"背景》，《贵州民族研究》2019 年第 8 期。

④ 倪明辉、鲁啸军：《文化资源与旅游产业协作的驱动机制及建议——以黑龙江为例》，《开发研究》2020 年第 3 期。

⑤ 吕宁、黄迪、王欣、冯凌、王金伟、刘霄泉：《北京市冰雪运动产业与文化旅游产业融合发展动力机制与模式》，《中国生态旅游》2021 年第 6 期。

⑥ 张海燕、王忠云：《旅游产业与文化产业融合运作模式研究》，《山东社会科学》2013 年第 1 期。

动和市场机制驱动。王江萍和张立凡运用系统动力学理论，对韩国江原道乡村旅游发展利益者要素进行分析，“政府、市场、研究、资源、村民”五要素，构建以政府政策创新、市场需求拉动、研究规划支撑为外生动力和以资源优势引领、村民主体运作为内生动力的动力系统模型，进而提出我国乡村旅游在加强政策引导、强化市场逻辑、科学规划设计、培育资源优势、坚持村民主体五个方面的建议。[①]

研究方法方面，国内外学者采用定性和定量对文化和旅游融合动力进行研究。定性分析方面，国外学者主要针对特色文化旅游地，如特定城市、乡村、事件旅游、相关者等进行梳理[②]；而国内定性分析较多，主要是在政府相关政策和发展理念的基础上，结合文献分析，运用不同的理论，指出文化和旅游融合的动力和针对性策略。定量分析方面，国外根据文献和实地考察，运用系统动力学理论等，形成文化旅游融合系统动力的评估体系，提出动态模型；国内方面主要借鉴国外的系统动力学方法，如周春波通过计量实证分析，指出政府规制力、消费需求力、技术创新动力共同促进我国文化和旅游融合发展，且市场化程度高的地区更容易发展[③]，梅蕾等根据系统动力学原理，构建内蒙古文化旅游产业资源子系统、环境子系统、经济子系统及流量图，对内蒙古文化旅游产业发展进行评价[④]。

2. 融合模式与路径

国外有关文化和旅游模式与路径的研究中最有代表性的是理查德对文化创意与旅游融合发展模式和路径的研究。[⑤] 他指出文化产业和旅游产业的融合面临新时代的挑战和机遇，文化旅游不再是一个旅游细分市场，而是

---

① 王江萍、张立凡：《利益相关者视角下乡村旅游动力系统构建——以韩国江原道为例》，《华中建筑》2019 年第 12 期。

② Csapo, Janos “The role and importance of cultural tourism in modern tourism industry”, *Strategies for Tourism Industry-Micro and Macro perspectives*, Vol. 10, 2012, pp. 201 - 212.

③ 周春波：《文化产业与旅游产业融合动力：理论与实证》，《企业经济》2018 年第 8 期。

④ 梅蕾、雷莹、王薇：《内蒙古文化旅游产业发展评价的系统动力学因素研究》，《经济界》2019 年第 5 期。

⑤ Richards, Greg, “Creativity and tourism: the state of the art”, *Annals of Tourism Research*, Vol. 38, No. 4, 2011, pp. 1225 - 1253.

融入“日常生活”的新模式。他认为，融合的模式主要分为“虚拟文化旅游”“创意性文化旅游”“关系性文化旅游”“叙事性文化旅游”“策展性文化旅游”“事件性文化旅游”。第一，虚拟文化旅游方面，是考虑到文化旅游可能引起的拥挤和破坏，因而利用数字技术，使用户可以通过智能手机或平板电脑看到其感兴趣的旅游项目。用户用附加的3D图形将古迹重建到原来的状态，从而得到充满活力的旅游体验。Zhang在第四届信息系统和计算机辅助教育国际会议上也提出了旅游业与信息技术深度融合发展的模式。[①] 第二，创意性文化旅游模式会增加旅游目的地文化体验的范围，未来文化旅游将越来越多地采用创意技术，在游客和旅游目的地之间建立联系。第三，关系性文化旅游即为满足游客与“当地人”建立关系的愿望而推出的新型旅游方式。社区文化与旅游融合的模式也越来越引起学者的关注。[②] 第四，叙事性文化旅游是通过“讲故事”来让游客理解旅游目的地的文化，并获得切实的体验。第五，策展性文化旅游是通过展会吸引旅游者。第六，事件性文化旅游如主题年、展览、演出等已成为文旅融合的重要组成部分。Richards、Greg和Lénia Marques对世界上具有代表性的城市（阿姆斯特丹、里斯本、哥本哈根、蒙特利尔、罗马）的文化与旅游融合进行了一系列研究，提出文旅融合的路径包括文化政策和可持续发展的方法，从文化角度反思城市模式，为积极参与文化生活建立空间，通过调解和营销影响旅游业，将旅游业的经济收益再投资于可持续的文化生态系统。

融合模式方面，国内研究以国家和区域政策为依据，研究内容和范围颇为广泛。严伟从产业链协同角度分析，认为文旅产业融合模式的实质是旅游产业链与文化产业链间解构、重组和协同的结果。[③] 周锦和王廷信提出

① Zhang, Hua, “The application of information technology in the deep integration of culture and Tourism”, *2021 4th International Conference on Information Systems and Computer Aided Education*, 2021.

② Mitchell, Ross E., Donald G. Reid. “Community integration: island tourism in Peru”, *Annuals of Tourism Research*, Vol. 28, No. 1, 2001, pp. 113 - 139.

③ 严伟：《产业链协同视角下旅游产业融合模式及机理分析》，《商业经济研究》2016年第10期。

城市文旅融合发展基于三种模式：一是供给侧改革驱动下产业链重组模式；二是文化需求导向下产业链价值共创模式；三是数字技术推动下产业链延伸模式。[①] 从产业运作模式来看，具体体现为文化旅游圈融合运作模式、项目开发融合运营模式、文化旅游节庆与会展推广模式、文化旅游产品创新吸引模式等。另外，对区域方面的模式研究较多，如程晓丽和祝亚雯通过对安徽省旅游产业和文化产业融合发展的分析，认为文旅融合存在渗透型、延伸型、重组型三种融合模式。[②] 邢启顺研究了西南民族地区的文旅发展模式，认为以参加节庆活动和体验文化品牌为目的的旅游是文旅融合的基本模式。[③]

路径方面，国内研究以"以文促旅、以旅彰文"理念为指导，充分挖掘文化产业和旅游产业资源特色、功能差异和技术优势，以各领域、多方位、全链条的深度融合来构建文旅融合路径，以便实现资源共享、优势互补、协同并进，形成发展新优势。

麻学锋等提出四种融合路径：资源融合、技术融合、市场融合和功能融合。[④] 张海燕和王忠云提出了体制观念整合引导市场整合，进而促进两大产业资源整合的融合发展路径。胡慧源认为应通过开发旅游创意产品丰富旅游目的地产品内涵和借助文化旅游扩大文化创意空间品牌知名度来实现文旅融合。[⑤] 霍艳莲基于产业融合理论和定位文旅融合属性，提出文旅融合路径包括加强顶层设计、做好载体融合、发挥市场作用、建立人才机制等。[⑥] 黄先开认为应当因地制宜地构建形式多样化的产业融合模式，以便在

---

① 周锦、王廷信：《数字经济下城市文化旅游融合发展模式和路径研究》，《江苏社会科学》2021 年第 5 期。

② 程晓丽、祝亚雯：《安徽省旅游产业与文化产业融合发展研究》，《经济地理》2012 年第 9 期。

③ 邢启顺：《西南民族文化产业与旅游融合发展模式及其社会文化影响》，《云南民族大学学报》（哲学社会科学版）2016 年第 4 期。

④ 麻学锋、张世兵、龙茂兴：《旅游产业融合路径分析》，《经济地理》2010 年第 4 期。

⑤ 胡慧源：《文化创意产业与相关产业融合路径研究》，《中国出版》2016 年第 7 期。

⑥ 霍艳莲：《产业融合视阈下文化产业与旅游产业的融合效应、机理与路径》，《商业经济研究》2015 年第 12 期。

资源、技术、市场和产品等要素与行政管理融合中确定融合发展的路径，包括优化升级文旅融合的产品体系；通过业态组合促进提质增效；大力培育新时代文旅融合的复合型人才队伍；深化体制改革，完善文旅融合的服务机制。陆明明、石培华构建了文化和旅游在理念、职能、产业、市场、服务和交流方面的六大融合矩阵，具体路径为吸收优秀理念，推动精神价值统一；完善体制机制，坚持分层分类融合；创新产业供给，打造融合产品体系；优化市场环境，促进市场主体融合；统筹城乡发展，加强服务空间建设；对接国家战略和倡议，推进交流平台建设。① 厉新建等认为高质量文旅融合发展路径可扩展为资源组合、产品整合、渠道结合和体制磨合。② 匡红云、谢五届基于虚拟旅游体验的文旅线上线下融合发展，提出三条数字化文旅融合发展路径，即塑造虚拟旅游环境、激发虚拟旅游体验、促进虚拟旅游的游后行为（意向）。③

周锦和王廷信从城市文旅融合视角提出发展路径：加强顶层设计，落实融合理念；创新数字化转型，推动虚拟旅游；立足城市工业遗产，推进城市复兴；创新文旅项目和活动，加强区域合作。关旭、陶婷芳、陈丽英基于扎根理论，提出我国大型城市旅游业与演艺业融合路径：一是单要素融合路径，如旅游演艺等，是产品单要素融合；二是多要素融合路径，如场馆演艺、演艺节庆和名剧名家等，是产品、业务、资源、功能、市场等多要素融合。④ 周雪、龚佳基于乡村旅游与文化产业融合视角，认为融合路径为以政府主导发挥政策协调与激励作用；挖掘文化潜力，提升旅游产品文化附加值；鼓励多种经营主体，促进产业融合与聚集；加强专业人才培养，发挥人才作用。⑤ 龙井

① 陆明明、石培华：《文化和旅游的关系网络及其融合路径研究》，《资源开发与市场》2021年第3期。

② 厉新建、宋昌耀、殷婷婷：《高质量文旅融合发展的学术再思考：难点和路径》，《旅游学刊》2022年第2期。

③ 匡红云、谢五届：《基于虚拟旅游体验的文旅企业线上线下融合发展路径》，《企业经济》2021年第6期。

④ 关旭、陶婷芳、陈丽英：《我国大型城市旅游业与演艺业融合路径及选择机制——企业层面的扎根研究》，《经济管理》2018年第1期。

⑤ 周雪、龚佳：《乡村旅游与文化创意产业融合发展的路径研究》，《农业经济》2020年第7期。

然、杜姗姗和张景秋以文旅融合为导向，提出促进乡村振兴发展的融合路径可细化为产业融合、主体融合与功能融合。①

区域层面，黄蕊、侯丹基于东北三省文化产业和旅游产业的融合发展视角，提出辽宁省应该选择文化资源驱动的技术融合型产业发展路径，吉林省应该选择旅游资源驱动的技术融合型产业发展路径，黑龙江省则应该选择旅游资源驱动的市场融合型产业发展路径。② 程晓丽、祝亚雯以安徽省为例，认为应采取完善政府机制、建设示范基地、培育产业集群、加强市场营销、重视人才培养等路径来促进两者融合。③ 邢启顺以云南为例，提出五大基本路径，即技术融合、产品融合、业务融合、空间融合、市场融合。④ 孔永和从河北文旅融合实际出发，提出文旅融合路径：科学制定两大产业融合发展规划；全力提升旅游目的地的文化知名度；多重并举搞好旅游文化营销活动；挖掘经济领域的历史文化遗存；构建新型旅游演艺产业发展模式；培育旅游与文化复合型人才队伍。⑤

从文献分析，可以看出学者们从不同角度探讨了文化旅游产业融合的模式和路径，但是缺少更加凝练的模式总结和理论模型。从研究方法来看，国内关于融合模式与路径的研究多为基于理论分析的定性研究，而国外则是定性研究和定量研究相结合。

（三）融合成效评估

国外研究认为，文化旅游具有重要的经济影响。Soeroso 等对印度尼西亚科塔吉德（Kotagede）地区文化资本进行量化并对其经济效益进行评估，

---

① 龙井然、杜姗姗、张景秋：《文旅融合导向下的乡村振兴发展机制与模式》，《经济地理》2021 年第 7 期。

② 黄蕊、侯丹：《东北三省文化与旅游产业融合的动力机制与发展路径》，《当代经济研究》2017 年第 10 期。

③ 程晓丽、祝亚雯：《基于点 – 轴理论的皖南国际旅游文化示范区旅游空间结构研究》，《地理科学》2013 年第 9 期。

④ 邢启顺：《西南民族文化产业与旅游融合发展模式及其社会文化影响》，《云南民族大学学报》（哲学社会科学版）2016 年第 4 期。

⑤ 孔永和：《旅游产业与文化产业融合发展的路径选择——以河北省为例》，《社会科学论坛》2016 年第 10 期。

通过头脑风暴、专家会议和焦点小组讨论表明，科塔吉德的文化资本价值巨大，预期具有较高的经济价值，对科塔吉德地区文化资本的保护刻不容缓。① Yang 等人从体育文化旅游融合视角，提出了一个多准则决策（MCDM）模型，使用贝叶斯优化法整合多个专家的判断，以生成群体最优准则权重，将改进的 Visekriterijumska Optimizacija i Kompromisno Resenje（VOIKR）技术与抱负水平的概念相结合，以确定体育文化的性能及其优先级，从而建立可持续体育旅游的综合旅游评价框架，验证了旅游业结合体育文化可以吸引更多的顾客，并能促进当地的经济发展和当地文化的推广。②

在旅游经济研究方法学领域，Fuchs 和 Matthias 将数据包络分析法（data envelopment analysis，DEA）引入对旅游目的地服务生产过程的效率评估。③ 随后，学者们开始关注文化旅游的经济影响，尤其是从 *Journal of Cultural Economics* 2017 年出版了关于文化旅游的经济发展研究特刊之后，涌现了大批关于文化旅游与经济关系的研究。Falk 等通过对欧洲 800 个城市和 34 个文化活动举办方的研究分析，讨论了大型文化活动对欧洲文化旅游业的影响，使用了分位数差异估计值，认为大型文化活动对一部分城市（如埃森、吉马莱斯、萨拉曼卡和塔林）存在长期影响④，该研究进一步验证了文化旅游所产生的经济效益。Artal-Tur 等认为，文化活动在吸引长期游客和首次游客到西班牙旅游方面发挥着主导作用。⑤

---

① Soeroso, Amiluhur, Dewi Turgarini, "Cultural capital value as a mode for redevelopment of tourism in Kotagede cultural heritage area", *International Journal of Culture and Tourism Research*, Vol. 4, No. 1, 2011, pp. 1 – 17.

② Yang, Jen-Jen, eds., "Establishing a sustainable sports tourism evaluation framework with a hybrid multi-criteria decision-making model to explore potential sports tourism attractions in Taiwan", *Sustainability*, Vol. 12, No. 4, 2020, p. 1673.

③ Fuchs, Matthias, "Strategy development in tourism destinations: a DEA approach", *Poznan University Economics Review*, Vol. 4, No. 1, 2004, pp. 52 – 73.

④ Falk, Martin, Eva Hagsten, "Measuring the impact of the European Capital of Culture programme on overnight stays: evidence for the last two decades", *European Planning Studies*, Vol. 25, No. 12, 2017, pp. 2175 – 2191.

⑤ Artal-Tur, A., eds., "Tourism, Cultural activities and sustainability in the Spanish mediterranean regions: a probit approach", *Tourism & Management Studies*, Vol. 14, No. 1, 2018, pp. 7 – 18.

Su zhen 等建立了一个从效率角度综合衡量技术效率、可持续生产力增长和耦合协调度的研究框架，采用了数据包络分析（DEA）基于松弛度的测度（SBM）模型、全要素生产率（TFP）的马尔奎斯特指数和耦合协调度模型，在由耦合协调度和效率相关指数组成的坐标系中，发现了U形和倒U形曲线。揭示了文旅产业融合过程中存在磨合效应，文化产业的参与使旅游业的技术效率显著提高，尤其是经济欠发达地区在技术效率方面有机会赶上发达地区，在可持续生产力增长方面表现得更好。① Tomal 等考察了2003～2019年波兰各市镇的地方发展进程，运用耦合协调度（CCD）模型研究地方发展维度的变化过程是否协调，结果显示，波兰绝大多数城市的发展存在严重或轻微的不平衡。② Li 等以深圳为研究区域，运用耦合协调模型探讨了2008～2017年文旅产业的耦合协调度，发现文化创意产业与旅游产业以互动耦合的方式发展，文化创意产业增强了旅游产业的创造力，旅游产业为文化创意产业提供了平台支撑。③

国内学者陈波和刘宇基于全国31个省份的情况建立文化旅游融合指数评价体系，围绕文化旅游体制融合效率、文化旅游市场活力、文化旅游公共服务效能和文化旅游融合支撑体系四个一级指标，通过数据处理、权重计算和指数测算进行了实证研究，结果表明：我国文化和旅游融合梯队分布明显，整体潜力较大；经济发展水平、文化资源潜力、人才资源等是影响文化和旅游有效融合的重要因素；地区协同和产业协作对文化和旅游融合发展有重要影响。④

① Su, Zhen, eds., "Sustainable Synergies between the cultural and tourism industries: an efficiency evaluation perspective", *Sustainability*, Vol. 11, No. 23, 2019, p. 6607.

② Tomal, Mateusz, "Evaluation of coupling coordination degree and convergence behaviour of local development: a spatiotemporal analysis of all Polish municipalities over the period 2003 – 2019", *Sustainable Cities and Society*, Vol. 71, 2021 (102992).

③ Li, Chunfeng, Peng Ju, "Coupling coordinative degree analysis of cultural and creative industry and tourism industry under the background of cultural and tourism integration", *Journal of Service Science and Management*, Vol. 13, No. 1, 2020, p. 97.

④ 陈波、刘宇：《文化和旅游融合指数评价体系研究——基于全国31个省（市、区）的考察》，《学习与实践》2021年第11期。

区域层面来看，对文旅融合测评的实践进行了充分的研究，分别从不同尺度研究了大运河文化带文旅融合水平，河北省、江苏省、河南省、山东省、辽宁省、甘肃省升级文旅融合水平，以及石家庄市和苏州市文旅融合发展水平。

王秀伟运用熵值法对大运河文化带文旅产业发展水平进行综合评价，得出大运河文化带文旅融合的水平测度与发展态势特征。[①] 吕姝园研究了文旅产业融合度分析的关键技术，站在游客角度构建了测算文旅产业融合度的评价指标体系，重点研究了其中的两个指标，即游客对景点评论的情感倾向和文旅产业竞争力水平，并以河北省为例，综合各个城市文旅融合景点的可进入性、景点等级、各个网站月销量的数据、游客评论的情感倾向以及文旅产业竞争力五个指标分析河北省各个城市的文旅产业融合水平。[②] 石燕、詹国辉通过构建文旅融合高质量发展的指标体系，并借助江苏省2015～2019年的数据进行测量，以确定江苏省各地文旅融合的现实样态，在此基础之上，对文旅融合发展指数影响效应进行建模。研究发现，江苏省文旅融合产业发展总体呈现显著性递增趋势，且内部差异较为明显，个体收入、经济发展和交通便利等水平显著影响文旅融合高质量发展指数。[③] 程雨等依据文化产业与旅游产业耦合协调机理，从产业规模、产业产出、产业接待、产业潜力四个维度构建指标体系，并结合耦合协调模型对河南省2010～2018年的文旅融合发展水平进行测度和分析，结果显示文化产业和旅游产业的发展水平呈上升趋势，整体为文化滞后型；旅游产业的规模水平和文化产业的接待水平较本产业的其他维度相对落后；耦合协调度呈现逐渐上升的趋势，耦合协调度类型从严重失调逐渐发展为优质协调。[④] 田

① 王秀伟：《大运河文化带文旅融合水平测度与发展态势分析》，《深圳大学学报》（人文社会科学版）2020年第3期。

② 吕姝园：《文旅产业融合度分析关键技术研究》，河北工程大学硕士学位论文，2021，第5页。

③ 石燕、詹国辉：《文旅融合高质量发展的指数建构、影响因素与提升策略——以江苏为例》，《南京社会科学》2021年第7期。

④ 程雨、杨淑雅、程丽：《河南省文化产业与旅游产业融合发展水平的测度与评价》，《旅游纵览》2021年第13期。

媛选取山东省为研究对象，采用熵值法、耦合度模型等方法对文旅融合度进行测算，认为文旅融合类型逐渐从文化产业落后型向旅游产业落后型转变，并指出了影响融合的因素①。徐飞、李彬用系统耦合理论，针对辽宁省构建文化和旅游耦合模型，利用 28 个指标，分析 2007～2018 年辽宁省文化产业与旅游产业的耦合协调度以及文旅产业发展的同步性情况。研究发现，辽宁省文化产业和旅游产业耦合度很高，呈高度耦合发展状态，耦合协调性逐年上升，近年来达到了高级耦合协调阶段；从文旅同步性上看，近年有文化产业发展滞后于旅游产业发展的趋势。② 陈兵建、吕艳丽选取甘肃省 2012～2018 年时间序列数据，基于耦合理论构建耦合协调度模型，测评文化产业与旅游业的融合程度，发现甘肃省文化产业和旅游业发展水平综合评价指数逐年攀升，文化产业发展快于旅游业；文化产业与旅游业处于高水平耦合阶段，两个产业系统间协调发展水平稳步向好。③。赵静以石家庄为例，采用熵值法确定指标权重值，利用耦合协调度模型对结果进行剖析，计算出石家庄文化产业与旅游产业融合度，提出搭建文旅产业链融合发展的核心理念，根据现行政策、资源、技术、商圈、销售、市场五大途径推进文旅融合。④ 郑奇洋、年福华从资源要素、生产要素、流通要素和消费要素四个角度入手构建文化与旅游产业融合发展评价指标体系，指出苏州文化和旅游融合发展水平在经过短暂的快速提升后陷入停滞，文化资源旅游化不足与流通渠道落后是文旅融合陷入发展停滞的主要原因。⑤

此外，从时空分异视角来看，篇名搜索“旅游时空分异”筛选出国内关于文旅融合时空发展主题研究的期刊论文 196 篇，其中，2017 年后相关

① 田媛：《山东省文旅产业融合度及提升对策研究》，《河北旅游职业学院学报》2021 年第 2 期。

② 徐飞、李彬：《基于耦合模型的辽宁省文化与旅游产业融合态势测度》，《辽宁大学学报》（哲学社会科学版）2021 年第 2 期。

③ 陈兵建、吕艳丽：《文旅强省战略下甘肃省文化产业与旅游业融合水平测评研究》，《兰州文理学院学报》（社会科学版）2020 年第 5 期。

④ 赵静：《基于耦合协调度模型的石家庄文旅融合评价与发展对策研究》，广西师范大学硕士学位论文，2021，第 29 页。

⑤ 郑奇洋、年福华：《苏州市文化与旅游产业融合发展的测度与评价》，《江苏建筑》2020 年第 4 期。

的核心论文有35篇。如中国省域生态文化旅游协调发展时空分异及影响因素研究[①]、中国西部地区旅游环境效率时空分异及影响因素研究[②]、河南省旅游服务质量时空分异研究[③]、长江经济带旅游经济的时空分异研究[④]、山东省节庆旅游时空分异及驱动力研究[⑤]、内蒙古A级旅游景区时空分异及影响因素研究[⑥]、江苏省旅游经济时空分异及收敛性研究[⑦]、淮河生态经济带旅游经济时空分异与收敛性研究[⑧]等。

在对文化和旅游融合分异现象探索方面，吴丽、梁皓等人以我国31个省份2012~2017年文化产业和旅游产业发展的相关面板数据为基础，运用耦合协调度模型，分析了中国文化和旅游融合发展的耦合协调度，并探讨其空间分异规律。结果显示：2012~2017年我国文化与旅游耦合协调度呈现"波动上升"的时序特征；文化与旅游协调发展是公共资本、社会资本投入、科技手段使用、社会消费支撑等因素共同驱动的结果。[⑨] 肖黎明、于翠凤基于绿色发展理念构建文旅融合指标体系，运用ESDA、地理探测器等方法，考察2004~2017年中国31个省份及分区域的绿色文旅融合发展时空特征及影响因素，发现绿色文旅融合发展整体表现为基本协调，区域发展存

---

① 贾垚焱、胡静、刘大均、朱磊、李亚娟：《中国省域生态－文化－旅游协调发展时空分异及影响因素研究》，《世界地理研究》2021年第3期。

② 覃小华、李星明、时朋飞、唐明贵：《中国西部地区旅游环境效率时空分异及影响因素》，《资源科学》2022年第1期。

③ 薛宝琪：《河南省旅游服务质量时空分异及提升对策研究——基于游客投诉视角》，《地域研究与开发》2020年第5期。

④ 乔花芳、高茜茜、谢双玉、冯娟：《长江经济带旅游经济的时空分异及影响因素研究》，《华中师范大学学报》（自然科学版）2019年第5期。

⑤ 栾福明、王芳：《山东省旅游节庆时空分异及驱动力》，《西北大学学报》（自然科学版）2018年第1期。

⑥ 周海涛、张雨惠、宁小莉、臧淑英：《内蒙古A级旅游景区时空分异特征及影响因素》，《干旱区资源与环境》2021年第12期。

⑦ 于秋阳、颜鑫：《区域旅游经济的时空分异及收敛性研究——以江苏省为例》，《华东经济管理》2019年第1期。

⑧ 颜俊、崔瑞鹏：《淮河生态经济带旅游经济时空分异与收敛性研究》，《地域研究与开发》2020年第4期。

⑨ 吴丽、梁皓、虞华君、霍荣棉：《中国文化和旅游融合发展空间分异及驱动因素》，《经济地理》2021年第2期。

在较明显差异；空间上呈现“东部—中部—西部”梯度递减趋势；空间集聚整体上呈良好发展态势，但区域发展存在空间相关性分异；旅游产业基础、文化产业基础、绿色文化消费、旅游产业收入、文化产业经营对绿色文旅融合协调发展具有较强贡献率，而旅游环境建设的贡献率则较小。①

（四）国内外研究述评

从文旅融合概念和机理的研究方面来看，国内外已有了丰富的研究，并且思路多样、观点纷呈。国外对文化旅游的研究较早，认为文化旅游是一个快速增长的领域。国内主要从文化产业和旅游产业的概念延伸到产业融合，并结合两者的关联要素研究融合的可行性、必要性，但相关文献缺乏针对性、系统性，对文旅融合的机理研究尚不完善。

从文旅融合模式与路径来看，在融合动力方面，国内主要借鉴国外系统动力学理论，进行定量实证分析，从而制定动力学模型，在方法上国内定性研究相对较多，在政府相关政策和发展理念的基础上，结合文献分析，运用不同的理论，提出促进文化和旅游融合的动力。而国外则是将定性与定量相结合，针对不同区域案例采用计量模型加以系统化讨论，但均未能提炼和总结出更深层次的理论和影响文化旅游系统经济发展的因素。在融合模式和路径方面，国外研究较少，主要从创意经济视角，对文化旅游融合的日常化模式进行分类，并提出相应的路径。而国内的研究相对丰富，主要是从产业融合以及多要素融合视角，结合不同区域案例，有针对性地提出不同的路径和策略，但是内容相对零散，缺乏深层次的理论思考，缺乏系统化和达成共识的标志性成果。

从文旅融合的成效评估来看，国外研究重点在于评估文化旅游对当地经济的影响。国内关于文旅融合成效评估的相关论文，虽从不同角度构建指标体系对文旅融合成效进行评估，运用耦合度、耦合协调度、融合度等实证模型对特定区域（如长三角地区、东北三省、大运河文化带、华中地区等）的融合水平进行测算，但在文旅融合的实践方面，缺乏完整的指标

---

① 肖黎明、于翠凤：《中国绿色文旅融合发展的时空特征及影响因素分析》，《生态经济》2021 年第 8 期。

体系，更缺少对中国31个省份文旅融合发展成效时空差异的把握。

研究方法方面，国外研究理论与方法更加多元，研究视野更加开阔，而国内研究开始较晚，注重借鉴国外研究方法，从定性研究转向定性与定量研究相结合。总体而言，首先，针对文旅融合概念及机理的研究国内外较为一致，主要是通过文献分析法，结合不同区域实际情况进行细分，并形成狭义和广义的概念以及提出相应的文旅发展机理。其次，模式与路径方面，国内关于融合模式与路径的研究多为基于理论分析的定性研究，而国外则是定性和定量相结合。最后，文旅融合成效评估方面，国内外的研究方法趋向一致，均为定量研究，通过耦合理论以及耦合协调率等模型进行成效评估。

（五）未来研究展望

未来对文旅文创融合发展的研究要向四个方面拓展，即向深层次拓展、向时空差异拓展、向机制体制拓展、向新技术拓展。

1. 向深层次拓展

首先，要继续深化文化和旅游产业融合的基础理论研究，借鉴不同的理论，从供给和需求、意义和测量等维度进行更加综合性和更加完善的理论构建。其次，要注重将理论和实践相结合，构建文化和旅游产业内部和外部系统的影响机制。Richards指出，应形成所有要素相互关联、相互依赖的体系（见图1－3），包括资源（有形和无形资产、当代文化、创意产业、

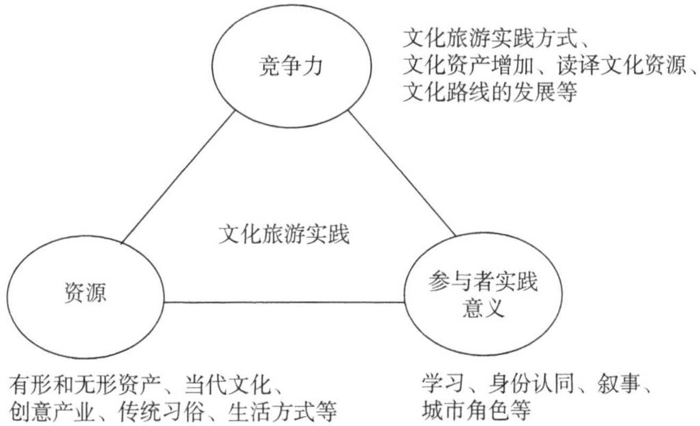

图1－3　文旅融合内外部关联要素体系

资料来源：笔者根据有关资料整理。

传统习俗、生活方式等），参与者实践意义（学习、身份认同、叙事、城市角色等）和竞争力（文化旅游实践方式、文化资产增加、读译文化资源、文化路线发展等）。

2. 向时空差异拓展

应重视文旅文创融合成效评估体系的构建和实证研究，丰富学科的研究方法。可综合运用耦合理论等相关理论，通过调查更广泛的区域和案例，建立指标体系和相关评价模型，拓展空间尺度，使得文旅文创融合研究成为更加系统化的研究。

3. 向机制体制拓展

继续深化文旅文创融合的制度安排、治理模式，推进机制研究。当前对于文化旅游融合机制的研究不足，未对文化旅游产业融合的内在关联进行深入研究，而融合机制是促进文化和旅游产业融合的动力机制和运行体系[①]，文化旅游的价值重心取决于治理模式，但是有关文化旅游治理模式、制度、运作方式和影响的研究较少，应从制度建设和相关者参与渠道等多方面来促进文旅融合，因此未来应当重点探讨文化和旅游产业的推进机制。

4. 向新技术拓展

科技与文旅的融合是未来的研究方向。虚拟现实、增强现实、云计算、物联网、人工智能等领域的技术发展迅猛，虽然相关技术研究并不少见，但在文旅融合方面如何开发与应用这些技术、“智慧旅游”存在哪些重要问题，以及游客的数字性体验是否会提高他们参与度的研究等方面，尚待进一步探讨。

第四节　理论基础

“以文促旅，以旅彰文”已成为推进文旅文创融合发展的基本共识和总

① 李梦子、隋鑫：《文化产业与旅游产业融合发展研究综述》，《旅游纵览》（下半月）2019年第22期。

体思路。文旅文创融合是产业转型升级的内在要求，也是人民对美好生活的需求。然而，推动文化和旅游融合真正走深、走实仍需要更多的理论支持。

一　产业融合理论

（一）理论演化

产业融合思想最早源于20世纪60年代罗森伯格（Rosenberg）对美国机械设备演化进行的研究。罗森伯格认为，各种各样的产品（如枪支、缝纫机、自行车）实际上是使用相同类型的机器和基础技术进行生产的，即标准化生产技术。这意味着从市场的角度来看，那些看起来不相关的行业，实际上其相互关系最终在技术基础上变得非常密切（技术上融合）。[①] 罗森伯格第一次使用“融合”这个词来描述行业融合，使用“技术融合”来描述19世纪末美国机械设备的发展方式。他认为一些独立化的生产技术如钻孔、打磨等通用机械制造技能，可以广泛运用于众多行业。他进而把产品功能无关的产业因采用通用技术而有所关联的这种过程称为技术融合。

20世纪70年代，随着以信息技术为核心的高新技术快速发展，一些基于工业时代大规模生产分工而出现的产业边界逐渐模糊和消融，并在原有的产业边界处融合成为新的产业业态，成为价值的主要增长点和经济增长最主要的推动力。

20世纪80年代，融合开始日益受到学者重视，从产业间渗透、产业边界融合、产品整合到市场融合，从原本的电信、印刷、计算机等延伸到金融服务业、房地产业、旅游业、文娱业等相关行业，产业融合的研究不断扩展，同时不断深入。1978年，麻省理工学院的Nicolas Negroponte借助多环形图重叠形式展示了计算机业、出版印刷业和广播电影业三大产业的相互交叉和边界，通过趋于融合的过程，展示了三大板块的重叠趋向，并指出核心重叠部分将成为未来创新效率最高、创新技术聚集的新兴产业领域。

① Rosenberg, Nathan, “Technological change in the machine tool industry, 1840 - 1910”, *The Journal of Economic History*, Vol. 23, No. 4, 1963, pp. 414 - 443.

随后，哥伦比亚公司主席威廉·帕雷在广播年会上阐述了新闻信息传播机制融合带来的新变革。1983 年，伊契尔·索勒·普尔提出传播形态聚合电子技术，将把所有的传播形态融入一个系统之中。

20 世纪 90 年代，国外关于产业融合的理论主要集中于 IT、电信、媒体和娱乐行业[①]，随后不断延伸到化学、医药和食品行业。不同产业与信息技术产业之间的融合除了涉及技术问题，更涉及相关服务和商业模式运作的新方式，产业融合被视为新条件下促进就业与增长的强有力的发动机，并扩展至整个信息市场。产业融合的例子在过去几十年来俯拾皆是，例如，合并化学、农产品和制药行业的融合，化妆品和药品融合成为“药妆品”，以及通过使用相应技术和制作过程来生产功能性食品或营养品，使得制药和食品行业之间也出现了融合。

近年来，产业融合的创新性发展开始体现在各个行业中，融合一词的使用频率也在不断增加，国内外学者关于产业融合的研究层出不穷。

（二）主要内容

1. 产业融合概念

尽管产业融合一直被广泛讨论，但关于产业融合的概念，至今尚未形成统一的表述。狭义来讲，产业融合是在数字融合的基础上出现的产业边界模糊化现象。这一定义局限于以互联网为标志的计算机、电信、广播传媒业的融合。1997 年欧盟委员会的一本绿皮书中指出，产业融合是三个角度的重合，即产业联盟合并、技术网络平台和市场，并有针对性地提出了发展趋势，认为融合不仅涉及技术发展，而且也是一种促进就业的新方法。[②] 马健认为，产业融合是“由于技术进步和放松管制发生在产业边界和交叉处的技术融合，改变了原有产业产品的特征和市场需求，导致产业企业之间竞争合作的关系发生改变，从而导致产业界限模糊化甚至重划产业

① Lind, Jonas, “The Convergence hype cycle: usage in management practice during an impending market re-definition”, *ITS Biannual Conference*, Berlin, Sep. 5 - 7, 2004.

② European Commission, *Green paper on the convergence of the telecommunications*, media and information technology sectors, and the implications for regulation, http://www.ispo.cec.be, 1997.

界限”[①]。傅玉辉认为：“产业融合在产业边界的突破——新产业形态中都起到了革命性作用，在物质融合、结构融合、组织融合、制度融合等协同合作基础之上，电信和传媒产业之间实现了产业融合。”[②] 产业融合的“扩展化”理解，建立在更多的产业信息化或整改产业经济信息化的基础上，过程实质上是以信息技术为核心，在产业经济中将信息化平台转化为主导资源、核心技术和基础平台的过程。因此，产业融合的范围是有界限的，只能是在与信息有关的部门及产业关联环节中扩展，而不能无限制地扩展到所有领域及物质方面。[③] Lind（2004）则认为融合无处不在，他将原来仅用于定义信息通信业融合的概念扩展到了更广泛的领域，认为融合是分离市场间的一种融汇合并，是跨越市场和产业边界壁垒的消除，只要某些“关联性因素”引起了产业边界的模糊，就是产业融合。[④] Stieglitz 综合研究后认为，市场既可以用需求因素，也可以用供给因素来定义，因而市场（产业）融合就可以区分为供给方技术融合和需求方产品融合。用相似的技术支持来生产不同产品和服务，即为技术融合；而通过使用不同的技术提供替代性或互补性产品，即为产品融合；这两种类型的融合，又分别可进一步分为替代性和互补性融合。[⑤]

上述定义对产业融合范围的界定虽有不同，但学者普遍认为有四个主要的融合点：科学（知识）、技术、市场和工业。融合是一种现象，在这种现象中，科学（知识）、技术、市场和工业在两个或多个不同领域或部门之间的界限变得模糊。这种现象导致聚合实体之间的互换性和联通性增加，这可以从协作、许可、专利和出版等活动中看出。[⑥]

---

① 马健：《产业融合理论研究评述》，《经济学动态》2002 年第 5 期。

② 傅玉辉：《大媒体产业：从媒介融合到产业融合》，中国广播电视出版社，2008，第335 页。

③ 周振华：《信息化与产业融合》，上海三联书店、上海人民出版社，2003，第 94、109 页。

④ 陈家海：《产业融合：狭义概念的内涵及其广义化》，《上海经济研究》2009 年第 11 期。

⑤ Stieglitz, N. , “Industry dynamics and types of market convergence”, Paper to be presented at the DRUID Summet Conference on “Industrial Dynamics of the New and Old Economy-who is embracing whom!”, Copenhagen/Elsinore, 2002, pp. 1 –6.

⑥ Curran, C. -S. , Leker, J. , “Patent indicators for monitoring convergence-examples from NFF and ICT”, *Technological Forecasting & Social Change*, Vol. 78, 2011, pp. 256 –273.

因此，产业融合可以被定义为：两个或两个以上完全不同的细分行业，朝着它们的结合、统一或合并的方向移动，将不同的科学知识、技术、设备、市场和价值链整合成一个统一整体的过程。也就是说，产业融合使不同行业之间的界限越来越模糊化。

2. 产业融合原因

技术革新与放松管制是促进产业融合的主要原因。第一，技术革新是产业融合的主要驱动力，包括互联网等综合技术平台的出现和信息技术发展速度的不断加快，技术革新开发出了关联性的技术、工艺和产品，它们之间相互渗透和扩散，从而融合其他产业或者改变原有产业生产技术方式，不仅改变了原有产业所需的生产成本，而且提供了更多动力，丰富了原有产业的经营内容和形式，同时，给原有产业带来新的市场需求，扩大了市场空间。在产业融合的情况下，技术标准的制定和采用是不可或缺的，因此，技术融合是产业融合的核心驱动力。第二，放松管制是产业融合的外在原因，它指的是政策制定者希望通过降低新竞争者进入的门槛来诱导竞争，这些新竞争者将原有技术或商业模式引入一个新的行业。由于市场需求的扩大和技术的不断改进，自然垄断特征变弱，政府管制的理论依据也逐渐消失，管制放松导致其他相关产业加入本产业的竞争，从而逐渐走向产业融合。

3. 产业融合类型

Greenstein 和 Khanna（1997）首次提出，产业融合类型分为替代融合和互补融合两种类型。替代融合指的是当不同的、可互换的产品共享功能并为最终用户提供相同的功能时，替代品就会趋于融合。例如，随着个人计算机能力的提高，大型计算机行业和小型计算机行业逐渐融合。互补融合则是指当不相关的产品被捆绑在一起时，两者就会趋于形成一个新的组合集成类产品。例如手机制造商把众多技术（摄像头、数字音乐播放器、GPS 等）集成于手机中，从而使得之前功能性互补的不同产品融为一体。

4. 产业融合过程

从产业融合过程来看，根据 Weaver（2007）对产业融合的理解，将产业融合视为开始从两个或两个以上分立产业融合的过程，合并后的行业有几种不同的结果（见图 1－4）。例如，存在清晰产业边界的不同产业 A 和 B 两种产业，随着技术的创新，促使行业 A 与行业 B 不断降低或消除壁垒，产业边界变得模糊，行业 A 和行业 B 融合后，其结果可能是出现一个新的行业 AB；原始行业 A 和原始行业 B 共享的子细分市场，导致 AB 产业永久性半融合或重叠发展，比如电视和互联网的融合；也可能会导致出现哈默尔和普拉哈拉德所谓的“非结构化竞技场”，也就是行业边界不断变化，永远无法被定义。

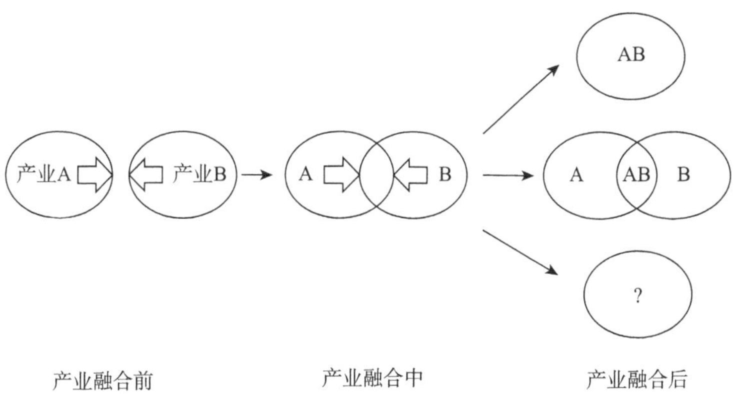

图 1－4　产业融合过程

资料来源：Weaver，B.，“Research proposal：industry convergence-Driving forces，factors and consequences”，Paper presented at 19th Business Administration Conference（NFF），2007，Bergen，Norway.

总体来讲，产业是由提供类似产品或服务、在相同或者相关价值链上活动的企业组成；融合是两个或多个元素的聚合，将不同事物整合为一体的复杂、多变且不以人的意志为转移的长期发展过程。

5. 产业融合意义

产业融合的意义主要体现在两个方面。第一，提高产业绩效，推动传统行业高质量发展。产业融合对原有技术生产路线、业务流程、管理及组装等进行全面调整，以实现资源共享，改善成本结构，增强核心技术和提供业务能力，改善原有产业的绩效，推动传统行业高质量发展。第二，有利于传统产业结构调整和创新升级，提高产业竞争力。产业融合有助于加快现有产业结构的重组进程，并导致出现新的创新型产业，将高技术融入其他产业中影响和改变该产业产品生产特点和市场竞争状况以及价值创造过程，从而改变原有产业产品的市场需求和产业核心能力。因此，发达国家和大型跨国公司越来越多地将产业融合视为获得竞争优势的关键因素，并从2000年以来一直在制定和实施产业融合战略。

（三）实践应用

1. 文化产业和旅游产业融合遵循产业融合原理

从属性上来看，文化产业和旅游产业在传统意义上是独立的产业。根据国家统计局2012年的解释，文化产业主要是指为居民生产文化和与文化相关产品的产业，包括文化服务、文化产品制造和文化产品经营三大行业，覆盖了新闻服务、出版发行、广播电视电影、文化艺术、网络文化服务、文化休闲娱乐、文化用品的生产和销售业务等；旅游产业是指以当地旅游资源为依托，为旅游者提供食、住、行、游、购、娱等相关旅游产品和服务的综合性产业，主要涉及景区、酒店、交通、购物等。但是，在文化产业和旅游产业各自具备独立性的前提下，人们忽视了两者之间也有共同点，随着相关政策的出台，学者们不断重视文化产业和旅游产业的相关性，进一步促进了文化产业和旅游产业的融合。

2. 文化产业和旅游产业具备产业融合条件

文化产业和旅游产业同属第三产业部门，其产业属性相似、无明确的产业边界等内在特质决定了它们具有天然耦合性，在文化旅游需求、文化旅游产品和服务供给以及外部环境氛围等共同作用下，二者的融合不断深入。这种天然耦合性成为文旅产业融合的巨大推动力。文化产业和旅游产业资源共享、相互渗透、相互促进，这种融合提高了各自市场的附加值。随着经济社会的不断发展，文化产业和旅游产业的融合趋势更为明显。此外，文化和旅游的融合是由市场需求引发的一种主动融合。人们对旅游的消费需求从单一到多元、从低层次到高层次发展，人们不仅要在旅游活动中欣赏自然景观，而且要增长知识和体验当地的风俗习惯，所以需要赋予旅游更为丰富的文化内涵。文化增加了旅游的附加值，文旅融合能够增加旅游者对当地文化的了解和继承，也促进了文化产业的繁荣发展。

3. 文化产业和旅游产业融合促进创新业态发展

推动文化产业和旅游产业融合，可促进创新业态发展，创造新的产品，扩展新的市场，延长产业的生命周期，进一步促进社会经济发展。文化产业和旅游产业融合是一种复杂产业重构的行为，不仅改变了微观层面的市场结构，促进各个子行业参与如娱乐、酒店、购物等旅游项目的开发，而且衍生出新的具备文化要素的文化旅游产品，比如一些文创手工艺品，同时在宏观层面上转变了两大产业的增长方式，从而优化了旅游产业和文化产业，形成新的业态发展趋势。文化产业和旅游产业都是拥有经济、文化属性的综合性产业，又具有互补性，文化产业和旅游产业融合，能够带动产业转型升级，催生新兴产业，满足人民多样化的需求。同时，独特的地方文化和优势旅游产品叠加可以形成巨大的潜力市场，能够最大限度地整合地方旅游资源优势，吸引人才和资金的流入，带动地方经济的发展，提升地方整体软实力，推动国民经济高质量发展。

二　创意经济理论

（一）理论演化

创意经济的研究有两个不同的方向：一个是地方创意经济研究；另一个是产业创意经济研究。

地方经济导向的创意经济研究始于美国学者哈维·佩洛夫（Harvey Perloff）研究团队的一篇论文——《城市经济生活中的艺术》和他自己在1985年的研究以及美国新泽西港务局和文化援助中心（1983年）发表的《将艺术作为产业：对纽约－新泽西大都会区的经济重要性》一文。当时在欧洲，学者、规划者和政客都开始支持拓展文化空间和发展文化活动，认为这是振兴非工业化中心的一种方式。

产业经济导向的创意经济研究始于20世纪90年代，英美社会学家、地理学家和经济学家开始探索文化创意经济，认为这是一个独特的能够促进区域和国家经济增长并跨越制造业和服务业的领域。

1997 年，英国学者霍斯金（Howkins），首次向英国政府提出应重视发展创意产业。英国政府接纳了他的建议，并成立了创意产业特别工作组。1998 年在其发布的《英国创意产业专题报告》中首次提出，创意经济即“创意产业”，特指“那些从个体创造力、技能和天赋中获取发展动力的企业，以及通过对知识产权的创造和开发，来创造潜在财富和就业机会的产业”。2001 年，霍斯金在其首次出版的《创意经济》一书中提出“创意经济”。随着全球经济更加迅速和深入地向创意经济流动，同时经由咨询工作、会议以及国际契约等方式对创意产业概念的传播，美、欧、日等发达国家和地区纷纷将推进创意产业发展提高至国家战略层面，或提出创意立国或提出以创意为基础的经济发展模式。创意经济也变得越来越重要，与此同时，知识和服务的可交易性得到了提升。

近年来，对创意产业的研究取得了突破性的进展。哈佛大学理查德·凯夫斯的《创意产业经济学》和美国理查德·佛罗里达的《创意阶层的崛起》相继问世。前者是论述文化产业和创意经济领域关联的开篇巨著，研究了不同文化产业，如电影、音像制品、图书出版业、视觉艺术和表演艺术等领域创意产业的组织形式；后者主要从创意阶层——即人才的集聚——角度讨论如何推动创意经济的发展。亚洲关于创意经济的研究，以 2006 年 Kong 等人的研究为代表，针对亚洲代表性的国家及地区，如日本、新加坡、韩国、中国香港和台湾地区，采用后实证主义的扩散理论框架，批判性地解释了创意经济知识的流通、变异和适应它的重要性以及重点领域。[①]

（二）主要内容

1. 创意经济概念

创意经济又被称为创造性产业、创意产业、创新经济、创意工业等，其在整个经济中的重要作用日益凸显，但关于创意经济、创意阶层、文化产业的概念以及衡量标准，一直存在争议。

---

① Kong, Lily, eds., “Knowledges of the creative economy: towards a relational geography of diffusion and adaptation in Asia”, *Asia Pacific Viewpoint*, Vol. 47, No. 2, 2006, pp. 173 - 194.

最初，关于创意经济的相关产业通常包括文化艺术类、手工类、广告策划等，但随着社会的不断发展，它的内涵和外延越来越宽泛。从研究“创意”本身逐渐延伸到以创意为核心的相关产业，即“创意产业”“创意资本”；又拓展到以创意为基本动力的经济形态和社会组织，即“创意经济”；接着逐渐聚焦在具有创意的人力资本上，即“创意阶层”。[①]

一般来讲，创意产业主要和文化产业相关（见图 1－5），Richards 从文化的视角来定义创意产业：“以知识为基础的创意活动，通过利用技术、人才或技能来产生有意义的非物质文化产品、创意内容和体验，将生产者、消费者和场所联系起来。它们包括许多不同的部门，包括广告、动画、建筑、设计、电影、游戏、美食、音乐、表演艺术、软件和互动游戏，以及电视和广播。”

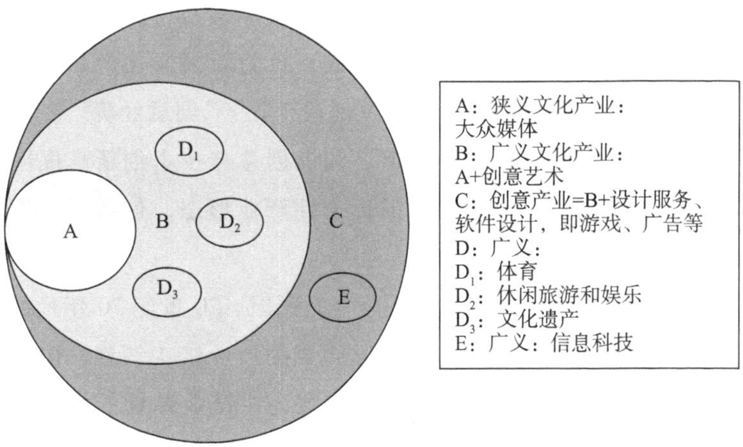

图 1－5　创意文化范畴

资料来源：笔者根据有关资料整理。

贺广景（2018）在其博士学位论文中将创意经济的内容进行了总结：“创意经济通常包括时尚设计、电影与录像、交互式互动软件、音乐、表演艺术、出版业、软件及计算机服务、电视和广播等。此外，还包括旅游、

① Markusen, A., eds., “Defining the creative economy: industry and occupational approaches”, *Economic Development Quarterly*, Vol. 22, No. 1, 2008, pp. 24－45.

博物馆和美术馆、遗产和体育等。”① 兰斓和葛夫财综合国内外关于创意经济的研究得出以下定义：“创意经济是基于知识和创新，在整个经济体中通过文化、科技、创意和全社会彼此作用的网络，来实现由传统经济模式向高附加值经济模式转化的所有经济活动和相关社会活动的总和，以及由此在全社会形成的一种文化具有向心力、社会具有融合力、发展具有持续性的状态。”② 简言之，创意经济就是将本来没有经济价值的创意，通过某种方式或系统转化为具有经济价值和社会价值的新经济形态。

2. 创意经济发展原因

第一，技术进步是创意经济发展的关键因素。从现代经济发展趋势来看，创意经济的发展壮大离不开技术的进步。20 世纪 40 年代至 70 年代初，达到高潮的第三次科技革命，使人类经济社会发展进入了创新驱动阶段，技术创新、知识创新成为经济社会发展的主要驱动力，高新技术为文化产业的信息化提供了发展与壮大的技术基础，也为新兴文化产品和新兴文化产业类型的出现创造了条件，催生了“创意产业”“创意经济”的概念。因此，在技术进步的推动下，文化生产、知识创意与技术创新高度融合的创意产业，越来越成为知识经济时代的标志性产业形态，创意经济则成为知识经济的核心内容和主要动力。

第二，产业结构调整是创意经济产生的原因。20 世纪 70 年代的去城市化（产业向低成本郊区转移）现象引起必要的产业结构调整，由于产业结构演变的不可逆性，在已经建立以第三产业为主产业结构的发达国家中心城市，实现产业结构调整的重点必须是推动第三产业内部结构的优化升级。创意产业以创新应用为核心、以创意资源为关键要素、以现代科技为支撑，体现出高文化附加值和高技术含量特征，渗透于从第一产业到第三产业的各个生产环节，使全球经济的竞争方式和资源概念发生深刻转变，从而成为第三产业内部结构优化升级和推进城市复兴的全新动力，这就是创意产

① 贺广景：《城市创意经济发展理论与模式优化研究》，中国地质大学（北京）博士学位论文，2018，第 29 页。

② 兰斓、葛夫财：《中国创意经济基础性研究及展望》，《经济问题探索》2015 年第 3 期。

业和创意经济兴起的直接历史原因。

第三，需求升级是创意经济产生的重要条件。随着社会进步和经济发展，恩格尔系数总体上呈不断下降趋势，人们对于精神方面的需求变得越来越多样化，对于文化产业消费的内容、品质、服务的要求越来越高，崇尚个性化、时尚化消费，在重视商品使用价值的基础上，更加注重商品的文化含量，而创意经济时代的创意产业可以满足人们的这些需求。

3. 创意经济基本特征

第一，创造性思维是创意经济的核心要素和内在动力。在创意劳动过程中，创意劳动者利用大脑中的创意构想和设计引领整个劳动过程，并使劳动过程的每一环节都服务于这一创意构思和设计，最终实现创意成果的新颖性、原创性和独特性。因此，创意经济是“以人为本”的经济形态，人的创造力或者说创造性思维是其核心要素。

第二，创意环境是创意经济的外在动力。创意阶层倾向于选择环境优美、生活便利、具有包容性和多元化的城市，作为自己发展的平台。而创意企业往往也拥有与众不同的办公空间，因为创意从准备、孕育、洞察到明晰的不同阶段对于工作的实体空间有不同要求，很多创意企业根据创意不同阶段的学习和创造性特点，精心设计和布局办公场所，以此激发创意者的创意思维和创造力潜质。

第三，创意产业是创意经济的表现形式。创意产业是创意经济的核心部分，是创意经济的主要表现形式。经济全球化背景下产业结构调整的需要是催生创意产业的直接原因，而创意的产业化过程和产业的创意化过程，反过来又推动产业结构的优化升级，进而巩固创意产业的发展基础，创意经济也应运而生。

第四，知识产权是创意经济的核心资产。知识产权的保护是推动创意企业加快创新、促进创意经济更好发展的重要保障。霍金斯将创意经济和知识产权的关系概括为：知识产权是创意经济的“货币”，知识产权保护就是创意经济的“中央银行”。由此可见知识产权在创意经济中的核心地位。

第五，技术支持是创意经济发展的基础。良好的创意必须有技术的支撑，技术改变了创意经济系统的运作模式，带来的是创意阶层的“民主化”和创意群体的快速扩张，以及创意市场组织结构的演化和转化。创意产品的生产、复制、传播模式、知识产权问题以及相应的交易成本、生产成本等都发生了或将发生显著的变化。

（三）实践运用

1. 创意经济理论与文化旅游产业密切相关

文化旅游融合背景下，创意经济相关理论得到了充分重视。首先，文化旅游产业属于文化创意产业，是创意经济的一部分。[①] 旅游的创意经济是指通过开发吸引人的创意内容和体验，使旅游目的地具备更独特的吸引力，从而提供了增值的潜力。[②] 关于旅游业与创意经济之间关系的研究越来越多，涉及创意经济政策、特定创意行业和活动的发展、知识和网络在旅游业中的作用以及特定“创意旅游”体验的增长等。通过创意产业、创意集群和创意阶层的增长，旅游业和创意经济（文化）在许多领域发生自然的融合。

创意经济与文化旅游发展密切相关，旅游目的地也试图吸引“移动的创意阶层”，特别是对创意氛围和设计感兴趣的游客群体，将其作为一种新的文化旅游者。旅游目的地也被包装成“创意集群”，吸引世界各地的游客，例如，凭借《迷失在泰国》这部电影的影响力，在 2013 年有 400 多万中国游客到泰国旅游，凸显了电影在吸引旅游者以及改变刻板印象方面发挥的重要作用。另外，将当地美食作为一种标签或开发美食路线，运用科技手段提升体验感，如开发创意文化音乐节、博物馆穿越时空等项目，在艺术领域开发美术手工、手创制作体验项目以及民俗文化节日旅游元素等，均被视为促进文化旅游的重要创新手段。

2. 创意促进传统文化旅游产业转型

创意也改变了传统文化旅游概念，从只重视有形遗产更多地转向也重

---

① 李建伟：《论创意经济中文化旅游产业的价值体现》，《经济论坛》2009 年第 13 期。

② Richards, G., “Cultural tourism: a review of recent research and trends,” *Journal of Hospitality and Tourism Management*, Vol. 36, 2018, pp. 12 – 21.

视非物质文化，并将其更多地融入目的地的日常生活中。创意旅游还促使高雅文化旅游（古迹、博物馆、艺术旅游）向地方娱乐文化旅游（娱乐、休闲、宗教、生态、节庆活动）和地方日常文化旅游（习俗、养生、生活方式、手工艺旅游）延伸，增加了文化的体验价值，开拓了文化旅游的蓝海市场。在文化旅游融合创新过程中产生了“创意旅游”的概念，这是一种可持续的新型旅游形态，是文化产业“文化加值、创意赋能”在文化旅游业中的综合应用。[①]“创意旅游”的出现，反映了旅游业与创意产业、创意城市和创意阶层之间的日益融合。文化旅游产业以创意为核心，提高了传统旅游的文化价值。

我国经济社会发展面临升级换代，文化的重要性日益凸显，特别是与科技相关的电影、动漫、游戏等文化创新领域已成为社会经济的重要支撑力量之一。创新、创意、创造是新时代人类“自由自觉的生命活动”，与文化产业相关的无论是美学、艺术、非遗保护、广告，还是城市规划、乡村振兴等，乃至与科技相关的网红经济、视频直播、VR/AR、网络剧或网络大电影等，都需要对其进行创意文化品格的提升。因此，必须提高认识，促进产业融合，鼓励创新，增强人力资源能力，创造有利于创新的环境，及时应对创业经济的挑战。[②]

三　体验经济理论

（一）理论演化

体验经济理论始于1999年美国经济学家约瑟夫·派恩（Joseph Pine）和詹姆斯·吉尔摩（James H. Gilmore）在《哈佛商业评论》上发表的《体验式经济时代来临》一文[③]，其核心观点是行业收入的增加与消费者体验性的增加成正比。文中指出销售指的并不只是交易中的商品或服务，而且关

① 向勇：《创意旅游：地方创生视野下的文旅融合》，《人民论坛·学术前沿》2019年第11期。

② 金元浦：《我国当前文化创意产业发展的新形态、新趋势与新问题》，《中国人民大学学报》2016年第4期。

③ Pine, B. J., Gilmore, J. H., *The experience economy: Work is theatre & every business a stage*, Boston: Harvard Business Press, 1999.

涉享乐的体验，并强调应根据消费者享乐特质来制定价格的策略。该观点得到了 Addis 和 Holbrook 的支持，他们认为这种现象反映了后现代社会中的消费者已从功能性消费转向享乐型消费，希望通过多种感官体验、幻想、感觉和乐趣来寻求刺激。[①]

关于旅游业和体验经济的理论研究最早始于 Vittersø, eds. [②]，他们首先定义了“体验时刻”这一名称（和 1979 年 Kahneman & Tversky 定义的“享乐品质”类似），这是第一个根据享乐状态对游客体验进行分类的研究，该研究中原始流量模型被简化为两个领域，即与流动性相关（愉快、有趣、挑战性）和与流动性无关（简单、无聊、令人沮丧）的状态，其中游客和景点的类型分布各不相同。2005 年，Uriely 从后现代主义的角度阐述了旅游体验，后现代主义的解构性、主观性和相对性特征与极其多样化的旅游兴趣、动机和活动有关，“后现代游客”从该行业提供的所有不同的有形和无形产品中重建自我的体验，并在另一个领域创造新的体验。[③] 众多学者支持该观点，同时将“网络市场和电子学习”作为后现代旅游体验的一部分或“基于技术的服务设计和审美体验”。[④] 后来，旅游体验研究侧重于探索与特定旅游类型相关的体验价值，如赌场体验、农场旅游体验、狩猎体验，美食旅游体验、购物中心体验和精品酒店体验等。[⑤]

（二）主要内容

1. 体验经济概念

约瑟夫·派恩和詹姆斯·吉尔摩认为体验经济与传统工业和服务经济

① Addis, M., Holbrook, M. B., “On the conceptual link between mass customisation and experiential consumption: an explosion of subjectivity”, *Journal of Consumer Behaviour*, Vol. 1, No. 1, 2001, pp. 50 – 66.

② Vittersø, J., eds., “Tourist experiences and attractions,” *Annals of Tourism Research*, Vol. 27, No. 2, 2000, pp. 432 – 450.

③ Uriely, N., “The tourist experience: conceptual developments”, *Annals of Tourism Research*, Vol. 32, No. 1, 2005, pp. 199 – 216.

④ Tussyadiah, I., “Toward a theoretical foundation for experience design in tourism”, *Journal of Travel Research*, Vol. 53, No. 5, 2004, pp. 543 – 564.

⑤ Chang, Seohee, “Experience economy in the hospitality and tourism context”, *Tourism Management Perspectives*, Vol. 27, 2018, pp. 83 – 90.

在功能、特征、属性、卖家、买家和组件方面存在区别。工业经济和服务经济的功能是制造商品和提供服务，而体验经济则是积累经验。[①] 商品、服务和体验分别是有形、无形和令人难忘的，它们的属性分别被描述为标准化、定制化和个性化。服务型经济的消费者以客户的身份追求利益最大化，而体验型的买家则以客人的身份追求感官体验。

体验经济的规定性有如下要点：一是生产者有意识地创造体验价值；二是消费者以身心感受状态（美好的感觉）为品质；三是生产者以“体验价值”获得经济报酬。依据这一逻辑，体验经济可以被定义为：作为经济模式，其通过文化包装或创意设计，利用网络等科技手段，实现大规模的定制服务，创造出满足大众个性化体验感受需要的某种提供物，并以蕴含其中的体验价值来获取经济利益。如将其看作一个经济时代，它则与服务经济、工业经济、农业经济相对应。从微观角度上看，它是现代企业的一种经营方法；从宏观上讲，它又属于经济增长方式、经济结构以及经济形态的范畴。

2. 体验经济内涵

为了说明在体验经济中不同体验类型中的享乐价值的最大化，派恩和吉尔摩将他们对体验类型的描述细化为一个理论化的分类图（见图1-6)，从消费者的参与程度和与消费者与活动的相互联系程度两个维度进行梳理，横轴表示消费者的参与程度（主动—被动)，纵轴表示消费者与活动的联系程度（吸收—沉浸)。被动参与者被描述为观察者或倾听者的角色，而主动参与者则会影响产生体验的表现，比如滑雪者。在垂直线上，吸收是一种状态，在这种状态下，一个人的注意力完全被体验占据；沉浸被描述为一个人正在身体上或思想上经历的一种状态。将体验分为娱乐体验、教育体验、逃离体验和审美体验四个要素。娱乐发生在吸收—被动领域，教育体验发生在吸收—主动领域，逃离体验发生在沉浸—主动领域，审美体验发生在沉浸—被动领域。派恩和吉尔摩指出，娱乐体验与顾客的“享受”欲望有关，但与娱乐本身无关，只是让他们参与进来；教育体验是指与客户的

① Pine, B. J., Gilmore, J. H., *The experience economy*, Boston: Harvard Business Press, 2011.

“学习”欲望相关，提供最大化的学习体验；逃离体验与顾客“去做”某事的欲望有关，包括在线体验和借旅游逃离日常等；审美体验与在某个特定地方（如美术馆）获得美感的“渴望”有关。

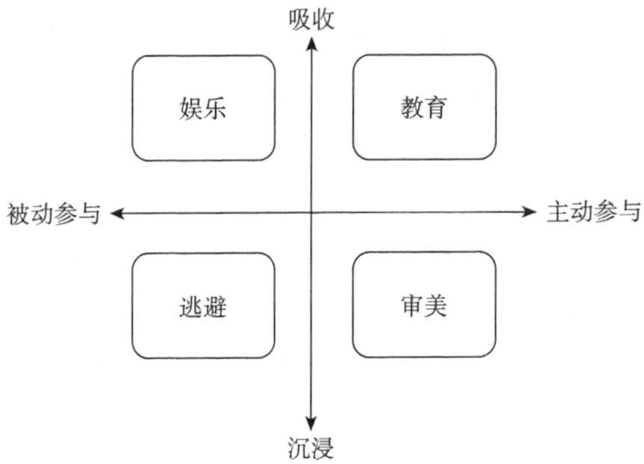

图 1－6　体验经济分类

资料来源：Pine，B. J.，Gilmore，J. H.，*The experience economy*，Boston：Harvard Business Press，2011。

根据这四个要素进行开发的产品相对于其他产品更能够体现差异性，成为占据竞争优势的产品，对于产品的开发和设计者来说，理解这一理论的重要性不言而喻。

3. 体验经济的特性

体验经济与其他经济的主要不同点在于体验经济以满足消费者个性需求为出发点。

第一，体验经济的消费过程具有持久性。体验经济主要针对人类的精神层面，是伴随人的记忆而存在，目的是给消费者以“美好”“难忘”的感觉，因此体验经济多以无形产品的形式存在。无论是以有形还是无形的方式提供“体验品”，其产出都会在消费者的精神上具有一定的持久性，其体验价值会在人的思想意识中延续。

第二，体验经济生产过程具有更短的生产周期。通常情况下，在农业经济中，由于受到自然条件和科技水平的制约，其生产过程的周期较长，多数是以年作为单位，即便到了现代，其生产过程至少也需要以季度来计算。而在工业经济中，生产周期多是以季度或月份为单位的，服务经济相对较短，可以以天或小时计算。但在以网络为发展基础的体验经济中，则可以分钟甚至以秒来计算，具有更短的生产周期。

第三，体验经济提供定制化的服务。产品经济和服务经济提供的大多是标准化产品，而体验经济提供的是“大规模量身定制”服务。定制化是指按消费者本身的要求，为其提供适合其需求同时又让其感受“美好”的服务。这种服务是一种高水平的服务，它需要生产者具备相对更高的技能、知识与素质才可为消费者带来个性化的感受。这种感受因个体的差异而又有所不同，同样的产品会使不同的人有不同的体验。体验的“个性化”是体验经济的灵魂，而“大规模量身定制”则是体验经济的本质特征。工业经济依靠蒸汽机实现了大规模的产品生产，而体验经济则依靠现代网络技术的支持来实现大规模的定制服务。

第四，体验经济使消费者直接参加生产活动。传统经济的生产过程不需要消费者参与，体验经济所带来的美好感觉，消费者不会独享，而是会与他人分享，他们会自觉地积极地进行传播或成为体验氛围中的一分子，进而产生放大效应，吸引更多的消费者参与体验生产的过程。在体验活动中，生产者与消费者是强烈互动的，从而形成更具感召力和影响力的“体验品”。

第五，体验经济依据体验感受形成不同的“体验价值”。产品经济与服务经济在产品和服务产出后，其价值就固定下来了，体验经济则只有在不同的消费者体验活动结束后，才能获得相应的价值。这个体验价值是因人而异的，因此对于生产者来说，可以实现某种意义上的“完全价格歧视”，消费者则依据自己的不同需要而为“体验”支付费用。①

（三）实践运用

1. 文化旅游与体验经济密不可分

从上述理论可以看出，文化和旅游产业的发展与体验经济密不可分，

① 赵放、吴宇晖：《体验经济的思想基础及其规定性的阐释》，《吉林大学社会科学学报》2014 年第 2 期。

文化旅游产业是以顾客为出发点，并由顾客体验作为评价标准，文化旅游的目的在于获得一种愉悦难忘的精神文化体验。在旅游过程中，人们购买旅游商品和服务时更看重的是能够获得愉悦美好的体验和留下历久弥新的回忆。可见，旅游业必须树立以“顾客体验”为中心的运营原则。一般而言，旅游者的体验需求主要有：放松减压、扩展眼界、感受自然、艺术感知、收获启示等。因而，旅游产品开发成败之关键，在于其所蕴含“体验”的丰富程度以及能否满足顾客差异化的体验需求。

2. 文化旅游研究中的体验经济

国内外学者研究了体验经济在文化旅游产业中的运用。国外学者如 Cetin 和 Bilgihan 指出影响文化旅游者体验的因素包括社交互动、真实场景、服务水平、文化遗产和遇到的挑战等。[①] Oh eds. 根据 Pine 和 Gilmore 的四种体验（娱乐、教育、逃避现实和美学）以及唤醒（对刺激的生理反应强度）、记忆（通过感官增强体验）、整体感知质量和客户满意度开发了一个量表，结果显示所有内容都是获得商业成功的重要因素。后来，Loureiro（2014）采用了该量表，他以葡萄牙一个乡村文化旅游区的客人为样本，研究了体验成分是否可通过愉快的唤醒和记忆来影响地方依恋和行为意向。[②] 结果显示，体验价值观更强的客人更有可能感受到对乡村的情感依恋和产生重游的意图，并推荐和传播关于乡村文化的正面口碑。这种效应是由愉快的唤醒和美好的记忆导致的。

国内学者谢彦君于 1990 年首次从体验经济与旅游中找到结合点，其出版的《基础旅游学》率先在国内旅游理论研究中提出了“旅游体验”的命题，并在 2000 年提出旅游体验质量的交互模型。艾佩和梁留科从文化遗产旅游实践出发，认为需要深入核心文化层以使游客形成令人难忘的穿越时空与对话历史的文化体验。[③] 文化的体验要通过旅游体验载体系统来实现，

---

① Cetin, Gurel and Anil Bilgihan, “Components of cultural tourists' experiences in destinations”, *Current Issues in Tourism*, Vol. 19, No. 2, 2016, pp. 137 – 154.

② Loureiro, S. M. C., “The role of the rural tourism experience economy in place attachment and behavioral intentions”, *International Journal of Hospitality Management*, Vol. 40, 2014, pp. 1 – 9.

③ 艾佩、梁留科：《基于体验经济理论的文化遗产旅游研究》，《许昌学院学报》2007 年第5 期。

并给游客提供综合性体验。陈岩英认为旅游服务体验载体系统包括旅游目的地食、住、行、游、购、娱六个环节的服务行为以及针对旅游者的行业管理服务（比如旅游咨询、投诉管理等），从业人员的服务态度也影响游客的体验，在此基础上应进行服务文化内涵的深层挖掘，力争实现服务文化和当地旅游文化协调互补，丰富旅游者的体验。[①] 田勤思等将体验经济理论运用到历史文化名村的旅游发展中，并提出了相应的发展对策。[②]

3. 文创产品满足消费者体验

文创方面，旅游文创产品是旅游者感知文化和多维体验的载体。为了满足体验经济时代消费者的需求，文旅文创产品分为四种类型：一是感官体验类，即以旅游消费者感知方式为切入点，将与视觉、嗅觉、听觉、味觉、触觉相联系的设计元素运用到旅游文创产品的载体中，消费者在主动或被动参与的过程中获得一定的体验效果，满足其感观需求；二是认知体验类，即通过文创产品的外部造型或使用功能将不同类型的知识或文化信息融入其中，增加其文化属性，最终达到一定的教育作用，提升消费者的认知能力；三是情绪体验类，即通过对产品的外观、功能和内涵设计来增加产品的情感属性，从而使旅游者通过文创产品的使用将体验与经历相融合，感受不同的情绪，并引起共鸣；四是分享体验类，即运用网络和新媒体工具，让消费者在产品使用中或使用后进行交流分享，产生互动，分享体验感。[③]

综上，文化旅游的本质是一种文化的经历与体验，是向游客提供一种离开惯常居住地的令人难忘的关于文化的经历，是以物质条件为依托的服务，让旅游者得到的是旅游过程中的感受和体验。体验经济是继产品经济、商品经济、知识经济、服务经济后的一种新的经济形态。越来越多的消费者渴望得到体验，越来越多的企业精心设计与销售体验产品。体验经济理论为后续文旅产业融合体系的构建提供了理论参照。

---

① 陈岩英：《旅游地的吸引力系统及其管理研究》，《旅游科学》2004 年第 3 期。

② 田勤思、王野、朱珠、何平：《历史文化名村体验式旅游发展策略》，《农业经济》2017 年第 6 期。

③ 杨咏：《基于体验视角的旅游文创产品优化方法》，《包装工程》2022 年第 6 期。

四 旅游目的地生命周期理论

（一）理论演化

一般认为，旅游目的地生命周期理论始于1963年克里斯特勒（W. Christaller）在研究欧洲旅游发展时撰写的论文——《对欧洲旅游地的一些思考：外围地区·低开发乡村·娱乐地》。他观察到旅游目的地都会经历一个相对一致的演进过程：发现、成长、衰落。

旅游目的地生命周期理论的萌芽产生于1972年在加拿大渥太华会议上一篇未发表的论文，该论文预测了旅游目的地的承载力达到极限时可能发生的情况。其中一个假设是，由于过度开发和利用，会导致旅游目的地的质量下降，随后新的旅游目的地将会被开发。

1980年，巴特勒借鉴营销学界著名的产品生命周期理论和生物学生命周期理论并在此基础上第一次提出了"旅游目的地生命周期"（Tourism Area Life Cycle, TALC）理论。[①] 文章以游客数量和接待容量饱和阈变化为指标，绘制了旅游地发展的"S"曲线模型，展示了旅游目的地演变的过程。旅游目的地的演化被划分为 六个阶段，包括探索阶段、参与阶段、发展阶段、稳固阶段、停滞阶段、衰退或复兴阶段。旅游目的地发展的不同阶段中，旅游者需求、旅游者数量、旅游产品的供给数量、旅游产品的内涵、东道区社会、外来资本、当地环境等旅游目的地系统要素，随着旅游业发展呈现规律性的变迁。

有部分学者对旅游目的地生命周期理论提出质疑。Wall认为，旅游目的地的游客容量理论上是不应该下降的，而生命周期理论则认为一些下降是不可避免的。事实上，两者并不矛盾，因为旅游目的地的资源有限，过度使用可能会导致游客满意度下降，而使得游客数量减少或者他们的体验感下降。[②]

---

① Butler, R. W., "The concept of a tourist area cycle of evolution: implications for management of resources", *The Canadian Geographer/Le Géographe Canadien*, Vol. 24, No. 1, 1980, pp. 5－12.

② Wall, "Cycles and capacity: A contradiction in terms?", *Annals of Tourism Research*, Vol. 10, No. 2, 1983, pp. 268－269.

Haywood 对生命周期理论提出质疑，主要认为在旅游目的地发展和运营的过程中，会受六种不同因素的影响，即分析单元、相关市场、旅游地发展形势和阶段、不同阶段的确定、测量因素、时间单位。[①]

尽管如此，不可否认的是旅游目的地生命周期理论作为一种对旅游目的地发展过程进行描述性的工具，具备一定的可行性和合理性，国内外学者一般公认该理论并广泛使用 Butler 的六阶段周期模型。

国内学者关于旅游目的地生命周期理论的研究起步较晚，最早源于 1995 年，保继刚首次利用旅游目的地生命周期的表现，对喀斯特溶洞穴旅游目的地进行实证分析。[②] 随后，他又运用该理论对主题公园、城市以及乡村等类型的旅游目的地进行了深入分析和有益的研究。余书炜在 1997 年提出了双周期理论，认为旅游目的地从起步到衰落的过程为长周期。[③] 以"旅游目的地生命周期理论"为关键词，可以检索到学位论文 86 篇、学术期刊 308 篇，可见近年来关于该领域的研究越来越深入和广泛，基于多学科的视角，对该理论提出了具体的应用和批评，不断丰富和完善了该理论体系。

（二）主要内容

1. 旅游目的地生命周期概念

巴特勒（Butler）对旅游目的地生命周期模型的描述分六个阶段（见图 1－7）。第一，旅游目的地的生命周期始于一小部分具有冒险精神、不喜欢商业化旅游的旅游者的"早期探索"，该阶段的旅游目的地几乎没有旅游设施，其自然环境和社会环境未因旅游业的发展而发生变化。第二，"参与"阶段，由于当地居民积极参与，向旅游者提供一些简单的休闲设施以及随后的广告宣传，旅游者数量不断增加，当地政府开始改善设施和交通状况，旅游市场基本形成。第三，"发展"阶段，旅游市场的开拓初步形成，外来投资增多，住宿餐饮等相关设施被迅速改善，规模不断扩大，旅

---

① Haywood, K. Michael, "Can the tourist-area life cycle be made operational?", *Tourism Management*, Vol. 7, No. 3, 1986, pp. 154－167.

② 保继刚：《喀斯特洞穴旅游开发》，《地理学报》1995 年第 4 期。

③ 余书炜：《"旅游地生命周期理论"综论——兼与杨森林商榷》，《旅游学刊》1997 年第 1 期。

2. 旅游目的地生命周期演化的影响因素、作用机制研究

国内学者关于旅游目的地生命周期理论应用研究的第二类是“旅游目的地生命周期演化的影响因素、作用机制研究”。对旅游目的地生命周期的确定，有利于对旅游目的地的预期和管理，有利于提前制定相应的发展策略。旅游目的地的发展需要各部门协调和当地居民的配合，需要采取创新和发展的对策，其中文旅文创融合是创新和可持续发展的必由之路，能够有效地避免旅游目的地进入衰退阶段，有利于促进旅游目的地的生命周期复苏。①

从早期探索、参与到发展阶段是旅游地开发的初始阶段，该阶段要树立良好的旅游目的地品牌形象，统筹推进文化旅游产业融合发展政策，优化旅游的发展环境，采取以市场为主导的开发战略，确保旅游目的地可持续发展。

从发展到巩固阶段是旅游目的地快速成长的阶段，为了保持游客持续增加，该阶段应当运用文化旅游的理念综合性地重视游客体验活动，从产品的研发设计到旅游目的地的体验服务，都要随时关注市场需求、不断整合资源，以实现资源合理配置，并实施营销战略，扩大旅游目的地的品牌影响力，努力推动旅游消费进一步升级。

从巩固到停滞阶段，旅游目的地的功能性区分明显，当地居民可能会对游客产生反感。为了避免进入衰退期，旅游目的地应当全面深入落实文旅融合政策和综合考虑旅游资源的可持续发展，通过制定创新战略，增强游客体验感和全面改善相关行业服务水平，重塑吸引力，增强旅游目的地后续发展动力。

五　耦合理论

（一）理论演化

“耦合”即产业一体化概念，源于罗森伯格 1963 年对美国机械工业发展的研究②，产业耦合对于产业联盟和产业融合的继承、发展和扩张非常重要。如

① 马胜清：《文化产业与旅游产业融合机理及经济效应》，《社会科学家》2021 年第 5 期。

② Rosenberg, N., “Technological change in the machine tool industry, 1840 - 1910”, *Journal of Economic History*, Vol. 23, 1963, pp. 414 - 443.

今关于耦合理论的研究已经扩展到各个领域，包括生命地球科学、农业、生态、地理、人类、社会生态和社会技术领域等，普遍认为系统耦合是跨学科相互影响和作用的结果。[①] 把耦合运用于自然或社会经济两个（或两个以上）具有因果关系的系统，通过相互作用形成一个新的整体系统时，称之为系统耦合。[②]

关于旅游业的耦合理论研究，主要集中在旅游与区域经济、旅游与环境和创新的关系，以及旅游目的地的文化、经济和环境。[③] 重点研究了经济与旅游业、经济与社会的耦合协调程度，以及对环境、旅游业和经济结构的调整，主要关注某些地区而忽视了时空演变。[④] 随着时间的推移，文化产业和旅游产业之间的耦合协调关系越来越引起学者的重视。

（二）主要内容

1. 耦合理论的概念

在物理学中“耦合”是一个基本概念，指两个或两个以上的系统之间彼此作用、相互影响，因而彼此间产生相互促进或者制约的现象和规律。具体来说，当系统之间相互依存、相互促进时，为良性耦合。在良性耦合系统中，一方的发展将有利于其他部分和整体的发展，具有正外部性；反之，若二者相互制约、相互摩擦，则为恶性耦合，此时将阻碍彼此的发展进程，产生负外部性。[⑤]

2. 系统耦合的特点

在耦合理论中，系统的耦合具有自组织性、协同性、可度量性等特点。

---

① Kunz, N. C., eds., “Conceptualising “coupling” for sustainability implementation in the industrial sector: a review of the field and projection of future research opportunities”, *Journal of Cleaner Production*, Vol. 53, 2013, pp. 69 – 80.

② 黄剑坚、王保前：《我国系统耦合理论和耦合系统在生态系统中的研究进展》，《防护林科技》2012 年第 5 期。

③ Tang, Zi, “An integrated approach to evaluating the coupling coordination between tourism and the environment”, *Tourism Management*, Vol. 46, 2015, pp. 11 – 19.

④ Zhou, Zhaoxing, eds., “An empirical study on coupling coordination between the cultural industry and tourism industry in ethnic minority areas”, *Journal of Open Innovation: Technology, Market, and Complexity*, Vol. 6, No. 3, 2020, p. 65.

⑤ 邹伟进、李旭洋、王向东：《基于耦合理论的产业结构与生态环境协调性研究》，《中国地质大学学报》（社会科学版）2016 年第 2 期。

第一，系统耦合具有自组织性，即系统内部子系统自动形成一定结构或功能，当外部环境变化时，在系统的协调效应和自身涨落力量影响下，系统会形成新的时空结构，向新的耦合方向发展。第二，系统耦合具有协同性，即系统通过内部各要素间的协同作用产生内作用力，这种作用力将系统杂乱无序的状态转化为时空与功能上的有序状态。第三，系统耦合具有一定的可度量性，通常用耦合度来反映系统的间的耦合程度，系统变相点分为慢弛豫变量和快弛豫变量，慢弛豫变量是决定系统发展根本进程的有序参量。①

3. 产业耦合协调度

产业耦合不仅仅是企业间技术和知识的共享和整合不同的行业，也有市场、生产的全面合作及产品研发和技术创新。“耦合协调度”是用来反映系统从杂乱无序到协调有序过程中的阶段变化趋势、度量系统间相互作用的程度，可以反映系统的协调程度。耦合度越高，说明两个产业之间的关联性越强。不同产业之间的耦合是指相互关联的两个或多个系统，通过良好的协调、和谐和良性循环关系，确保协调的系统健康发展。② 黄剑坚和王保前将两个或两个以上独立的子系统交互部分发生耦合作用使得原来的系统发生进化，从而形成新的系统，称为耦合系统，并认为存在三个特征：一是系统之间的独立性会导致耦合障碍，但同时又是机遇和潜力；二是耦合会产生结构和功能变化，产生系统耦合效应，程度取决于外部环境和新结构的合理性；三是能量为系统耦合的核心。

（三）实践运用

产业之间的耦合是一种更高效、更全面的发展，具有开发成本低、机制灵活、产业结构合理等优点。耦合理论的运用实际上就是将文化产业和旅游产业视作一个完整的系统，通过对系统内各个要素的把控，调节要素

① 闫超：《基于耦合理论的高技术产业金融供给侧改革研究》，中国科学技术大学博士学位论文，2016，第6页。

② Zhou, Zhaoxing, eds.,“An empirical study on coupling coordination between the cultural industry and tourism industry in ethnic minority areas”, *Journal of Open Innovation: Technology, Market, and Complexity*, Vol. 6, No. 3, 2020, p. 65.

之间的关系并进行合理化设计，以提升系统的完整性，加强耦合作用，进行优势互补。

1. 文化旅游与耦合理论

文化产业和旅游产业的重要性在不断增长，耦合性问题日益突出，它们的协调关系越来越受到关注。文化和旅游可以看作一定区域中彼此独立又密切关联的两个系统，文化系统和旅游系统间相互关联的度量可以引入耦合理论，以特定区域文化系统与旅游系统的耦合协调状态来衡量创新驱动发展战略的实施效果。文化产业和旅游产业的耦合性存在价值耦合（政治、经济、社会价值）、效益耦合（经济效益、社会效益）和路径耦合（文化治理、多元化参与）。[①] 以文化产业和旅游产业融合为基础，发挥两产业的耦合协调作用，不仅可以促进文化产业和旅游产业的高质量发展，而且可以促进区域经济的发展，增强旅游目的地的竞争力，共同提升社会效益和经济效益，从而促进经济社会的发展。

2. 评估文化和旅游耦合协调关系

学术界使用耦合模型评估行业之间的耦合协调关系，分析评估结果，然后提出对策。耦合度可作为评估系统之间相互影响和相互作用程度的指数，以文化产业和旅游产业耦合度的大小来评估文化产业和旅游产业的融合程度。如果两者相互依赖、协调和促进，那么，文化产业和旅游产业的融合发展就会更好。

一个区域内不同产业之间通过资源配置、信息共享、人才流动、政策支持等方式，相互作用、相互影响，形成规模效应，可以极大地提高多个产业的发展水平。为了保证文化产业和旅游产业健康、持续、快速发展，有必要根据不同的发展阶段，采取相应的发展战略。

综上，学者们的研究主要集中在旅游与区域经济、环境、创新的关系上，但他们主要关注部分地区而忽略了时空演变，耦合理论尚未得到充分的应用，因此研究文化产业和旅游产业的耦合度已成为一个紧迫的问题。

---

① 吴理财、郭璐：《文旅融合的三重耦合性：价值、效能与路径》，《山西师大学报》（社会科学版）2021 年第 1 期。

本研究通过确立耦合系统的发展指标，创建耦合度模型，再根据耦合度和耦合协调度的动态演化状况，制定不同阶段的发展策略。

六 系统动力学理论

（一）理论演化

最初，系统动力学（System dynamics，SD）由美国麻省理工学院的福瑞斯特（Jay W Forrester）教授用于飞机等工业建模的模型设计分析，他也因此被称为“系统动力学之父”。1961 年，他出版了《工业动力学》，其中包括了一些基础动力学的概念。1968 年，他出版了《系统的原理》一书，之后的第二年，他通过和波士顿市市长 Collions 的会谈，第一次运用系统动力学来分析美国的城市危机，如失业问题和系统停滞问题，并出版了新书《城市动力学》。他在这本书中提出，对城市居民来说最具破坏性的是建造低成本住房或者廉租房，从经济角度来讲，还有更多领域需要去支持，建太多的住房会导致城市更加贫困而并不能缓解贫困，当时这种说法很难被当地官员接受，后来则被认为是影响城市复兴的关键，影响了当时美国经济的发展。从 1968 年开始，系统动力学的焦点从工业建模转移到社会经济系统。① 1970 年，在瑞士伯尔尼的一次国际会议上，经过两周讨论，委员会接受了麻省理工学院的研究结果，并将系统动力学运用到世界经济领域，出版了《世界动力学》。20 世纪 70 年代是系统动力学高速发展的时期，系统动力学被引入教育系统，在全世界范围引起了巨大反响。

随着理论的不断完善，近年来，系统动力学成了研究的热点方法，即将一些简单的原理结构运用在不同的企业、职业和现实生活中，打破了学科之间的界限。②

我国的系统动力学研究始于 20 世纪 80 年代，但具体运用到旅游学等相

---

① Forrester, Jay W., *System dynamics and the lessons of 35 years: A systems-based approach to policy-making*, Boston, MA, Springer, 1993, pp. 199 – 240.

② Zhou, Zhaoxing, eds., “An empirical study on coupling coordination between the cultural industry and tourism industry in ethnic minority areas”, *Journal of Open Innovation: Technology, Market, and Complexity*, Vol. 6, No. 3, 2020, p. 65.

关领域的时间较晚。1990 年，孙多勇和王银生首次应用系统动力学与自组织理论探讨了旅游经济系统的发展战略问题；1995 年，赵英魁和张秀清将系统动力学模型运用在白洋淀地区，找出各子系统之间的反馈关系及子系统的描述变量（包括水平变量及状态变量），构筑了白洋淀系统仿真模型。① 1997 年，邹慧萍应用系统动力学原理，构建了旅游生产服务系统模型。② 进入 21 世纪，徐红罡等人引入系统动力学的模型和方法来研究旅游产品的生命周期③、旅游规划④、城市旅游增长机制⑤等。王云才采用系统动力学的理论与方法，探讨了旅游经济系统内在的因果关系、系统响应与过程，建立了旅游经济系统运行的系统动力学模型。⑥ 2009 年，尚天成等运用系统动力学理论对生态旅游资源承载力子系统、生态旅游环境承载力子系统、生态旅游参与者承载力子系统以及生态旅游业承载力子系统进行分析，为生态旅游系统承载力研究提供了参考。⑦ 张春香和刘志学将系统动力学方法应用于文化旅游产业研究，在构建系统动力学模型的基础上，以河南省文化旅游产业为背景，利用 Spreadsheet 软件进行模拟分析，揭示文化旅游产业发展的内在机制和趋势特征。⑧

（二）主要内容

1. 系统动力学概念

系统动力学是一门分析研究信息反馈系统的学科，也是一门认识系统

---

① 赵英魁、张秀清：《白洋淀系统动力学模型的建立与应用》，《地理学与国土研究》1995 年第 3 期。

② 邹慧萍：《现代旅游生产服务系统的系统模式研究》，《管理工程学报》1997 年第 3 期。

③ 徐红罡：《潜在游客市场与旅游产品生命周期——系统动力学模型方法》，《系统工程》2001 年第 3 期。

④ 徐红罡、保继刚：《系统动力学原理和方法在旅游规划中的运用》，《经济地理》2003 年第 5 期。

⑤ 徐红罡，田美蓉：《城市旅游的增长机制研究》，《中山大学学报》（自然科学版）2006 年第 3 期。

⑥ 王云才：《旅游经济系统运行动力学过程与机制探讨》，《旅游学刊》2002 年第 2 期。

⑦ 尚天成、孙玥、李翔鹏、张利容、肖岚：《系统动力学的生态旅游系统承载力》，《天津大学学报》（社会科学版）2009 年第 3 期。

⑧ 张春香、刘志学：《基于系统动力学的河南省文化旅游产业分析》，《管理世界》2007 年第 5 期。

问题和解决系统问题的交叉综合学科。它基于系统论吸收了控制论、信息论的精髓，阐述了社会系统中各要素之间主要的相互依赖关系。

2. 系统动力学模型

系统动力学模型描述了反馈系统，由水平、速率、辅助变量和流量组成。“水平”指系统中物质的积累，例如人口，并且是在描述系统时使用的主要指标。“速率”表示以时间为单位的流量，可以改变等级；当系统的表达式复杂时，使用辅助变量描述系统的各个部分；系统中有许多类型的流，例如物流、订单流、资金流和信息流。使用动力学模型构建系统是为了找到杠杆点，这些都是使整个过程顺利进行的关键因素，使系统形成良性循环。通常实现这一目标有两种方法：系统仿真和概念模型分析。①

将系统动力学理论和方法应用于社会系统分析的“产品”是模型。系统动力学模型中的所有变量代表真实世界的对象；模型包含假设存在于现实中的对象之间的链接。换句话说，良好的系统动力学模型可以对特定现实问题进行有效的描述。

系统动力学在演进过程中脱胎于“结构主义”，即更多地关注系统要素之间的联系与结构，而非重点关注系统要素数值。这种特性使其能够较好地耦合其他理论与方法。

3. 系统动力学特点

系统动力学本质上是基于系统思维的一种计算机模型方法。它的基本特点有以下几点。第一，应用范围广。开放的系统为其主要研究对象，包括生命系统和非生命系统，它可应用于分析复杂而缺少数据信息的系统问题，同时，灵敏度分析和信息性检验通过对其系统进行反复调试，确保其稳健性、可操作性和合理性。第二，方法的综合性。在解决问题方面采用了定量和定性相结合的研究方法，将结构、功能和历史的方法统一起来。它主要利用计算机构建技术动态仿真模型，这一过程包括创建系统方程式以及绘制系统流程图。之后运用模型进行仿真试验和有效性检验，如果该

① Liu, Gaifang and Joseph S. Chen, “A dynamic model for managing cultural tourism”, *Asia Pacific Journal of Tourism Research*, Vol. 20, No. 5, 2015, pp. 500 - 514.

模型通过检验，则能够制定科学的决策和建议。第三，研究对象的开放性。系统动力学研究的对象是一个开放的系统，被划分为相互联系、相互影响的多个子系统，从整体出发，代替过去只考虑单一要素的研究视角，对各个子系统之间可能存在的动态因果关系进行分析研究，梳理其复杂的联动关系，解决其系统问题。第四，结果的最优化。系统动力学通过最后的数学建模得出的结果不是一个精确的结果，而是一个最优的结果。在对未来的预测上，我们往往并不需要最准确的数字，而是找出一个最优的解决问题的办法。系统动力学强调的是提供具有长期效力的发展策略，而不是对未来发展趋势和具体情况做精准预测，因此它是一种有条件的最优化预测。[①]

（三）实践运用

1. 系统动力学研究文旅产业融合的必要性

旅游中存在“高阶次、非线性、多重反馈、复杂时变系统的关系特性”，应当采用一种结构性的视角，对各种关系进行精准的量化分析。[②] 因此，采用系统动力学的方法具有必要性和可行性，可以不断丰富旅游研究的理论和方法，对于研究旅游企业、区域旅游和城市规划、旅游可持续发展等都具有重要的意义。

国外学者对系统动力学在旅游中的应用主要体现在建模分析上，应用于旅游目的地研究，以及生态环境、旅游发展、社会经济系统、旅游供应链研究等方面。文化旅游融合方面，Liu，Gaifang 和 Joseph S. Chen 采用系统动力学方法开发破解利益集团之间发展冲突的模式，在不同的文化遗产地开展各种调查，提出了一个动态模型，确定了与文化旅游系统演化相关的关键因素，指出文化旅游管理者应评估文化资产，将保护性投资的效益比率、拥挤率和居民旅游参与率作为关键杠杆点，以促进文化旅游持续发展。

① 滕宇思：《基于系统动力学的西安市土地综合承载力评价与预测研究》，西北工业大学博士学位论文，2016，第 73 页。

② 王妙妙、章锦河、张秀玲：《系统动力学在旅游研究中的应用》，《云南地理环境研究》2010 年第 1 期。

Richard 指出，除了应考虑将当地资源作为开发资源，还必须强调“创造力的生产者”（人才）共同创新的能力。

2. 文化旅游融合动力机制

国内学者如张春香和刘志学构建了文化旅游产业的系统动力学模型基础，认为文化旅游产业可以分为需求模块、文化产业模块、旅游产业模块、政府模块和文化旅游产业模块，对这 5 个模块进行模拟分析，它们之间相互关联、相互影响，通过某种渠道、某些因素之间的关系相互交织在一起，从而构成要素研究的大系统，揭示文化旅游产业发展的内在机制和趋势特征。① 文化产业和旅游产业融合主要是在内外两大驱动因素的推动和引导下构建动力机制。外部因素包括国民经济水平、人口发展状况、人们对文化旅游活动的需求以及政府对文化旅游产业的支持。内部因素包括企业行为、旅游者需求、政府引导、中介机构发展、市场机制的驱动等。赵嫚和王如忠在对文化产业和旅游产业融合的驱动力进行分析的基础上，构建了文旅融合的“双循环”动力机制，并在此基础上引入了文化产业与旅游产业融合发展水平评价指标体系。文创方面，麦咏欣等人使用定性系统动力学方法，通过质性数据构建因果循环图，对珠海北山社区的空间再生产过程进行分析，最终得到由 5 个正反馈回路与 1 个负反馈回路构成的空间生产动力机制，并提出相应的对策。②

因此，系统动力学理论对文旅融合产业指标体系构建及效率测度提供了重要的理论基础，同时也为本研究进一步分析文旅融合产业协调发展问题提供了重要的研究范式与逻辑框架。

七　制度经济学理论

（一）理论演化

沃尔顿·汉密尔顿（Hamilton, Walton H.）1918 年在美国经济学学会第

① 张春香、刘志学：《基于系统动力学的河南省文化旅游产业分析》，《管理世界》2007 年第 5 期。

② 麦咏欣、杨春华、游可欣、徐嘉琪、郝小斐：《“文创 +”历史街区空间生产的系统动力学机制——以珠海北山社区为例》，《地理研究》2021 年第 2 期。

31 届年会上提出“经济理论的制度分析方法”。他认为其具备以下几个特点。第一，统一经济学。尽管每个学科倾向于发展成为一个独立的学科体系，但需要一种力量进行统一，这只有制度经济学可以实现。第二，经济学理论应当解决当代经济问题或使问题得到控制。第三，经济学理论的适当主题应当和制度相结合。第四，经济理论和发展有关。第五，经济学理论必须建立在可接受的人类行为理论基础上。①

在不同时期，学者对制度经济学研究的热情以及在分析方法上存在较为明显的差异。制度经济学也根据演进被划分为早期的旧制度经济学和改进后的新制度经济学。

旧制度经济学以凡勃仑和康芒斯等为主要代表，主要指的是两次世界大战之间，不同学者提出的对经济学引入制度的分析，由此产生了许多学术观点的分歧，例如，凡勃仑主要研究社会心理学派，而康芒斯为社会法律学派的代表人物。② 旧制度经济学直面分析和解决社会重要问题，法律制度、社会权利、社会保障、公共事业以及道德习俗、传统、规范等，这些也是这个时期的研究重点。③

二战后，制度经济学经历了寒流，转折点出现在 20 世纪 70 年代以后，随着凯恩斯主义的衰落，制度对经济运行的重要性再次受到学者们的重视。“新制度经济学”一词最早由威廉姆森（Wiliamson）④ 提出，用于修正早期的旧制度经济学。经过多年发展，新制度经济学理论体系日趋成熟，主要包括交易费用理论、产权理论、契约理论、企业理论、国家理论、集体行动理论以及制度演化和制度变迁理论等。⑤

---

① Hamilton, Walton H., “The institutional approach to economic theory”, *The American Economic Review*, Vol. 9, No. 1, 1919, pp. 309 – 318.

② 黄凯南、程臻宇：《制度经济学的理论发展与前沿理论展望》，《南方经济》2018 年第 11 期。

③ Abdul-Rahman, Aisyah, eds., “Failure and potential of profit-loss sharing contracts: a perspective of New Institutional, Economic (NIE) Theory”, *Pacific-Basin Finance Journal*, Vol. 28, 2014, pp. 136 – 151.

④ Williamson, O. E., *Markets and Hierarchies: Analysis and Antitrust Implications, A Study in the Economics of Internal Organization*, New York, NY: Free Press, 1975.

⑤ 刘超：《新制度经济学与系统科学的融合性研究》，《东岳论丛》2011 年第 10 期。

20 世纪 70 年代以来，学者将产权理论和交易费用理论运用到对企业制度、经济史、人力资本的研究，分别形成了以张五常为代表的企业性质理论、以阿尔钦和德穆塞茨为代表的企业产权结构理论、以诺思为代表的制度变迁理论以及人力资本产权理论。

20 世纪 90 年代以来，先后有科斯、诺斯、威廉姆森、奥利弗·哈特等多位新制度经济学家获得诺贝尔经济学奖，使制度经济学受到广泛关注，在深度和广度上都得到不断发展。①

（二）主要内容

1. 制度经济学概念

“制度经济学”通常是指不同的分配为一些人带来更多（或更少）的净收益，而制度形式的选择是为了使这些净收益最大化，最大化取决于社会成本与经济增长的一致性。② 制度经济学是研究制度本身产生、演变及其与经济活动关系的分支学科，既研究规则如何形成，也研究规则及其变化如何影响人们的行为及收入分配和经济增长。

“制度”是人类为减少不确定性和控制环境而设计的成文或不成文的规则、规范和约束，包括正式约束（法令、法规等）、非正式约束（行为规范、道德风俗和价值信念等）以及两者的执行特征。“旧制度经济学”关注的是不同的群体和组织通过遵守一定的规则和规范，更好地确保自己的地位和合法性制度环境。③ 而“新制度经济学”区别于传统经济学与新古典经济学，是研究在不确定性和有限理性的前提下组织互动与动态制度变迁问题，它试图定义制度的内涵、度量制度的绩效及制度对经济增长的影响，考虑制度兴起与组织行动的逻辑和治理的方向。④

① 黄少安：《制度经济学由来与现状解构》，《改革》2017 年第 1 期。

② Wallis, John J., “Towards a positive economic theory of institutional change”, *Journal of Institutional and Theoretical Economics* (*JITE*), 1989, pp. 98 – 112.

③ Abdul-Rahman, Aisyah, eds., “Failure and potential of profit-loss sharing contracts: a perspective of New Institutional, Economic (NIE) Theory”, *Pacific-Basin Finance Journal*, Vol. 28, 2014, pp. 136 – 151.

④ 卜偲琦、张卫东：《高质量发展下新制度经济学前沿问题探索》，《经济学家》2021 年第 9 期。

2. 制度经济学研究内容

制度经济学的研究内容包括以下几点。第一，制度起源理论。最初要探索的是用经济学方法考察企业理论、交易费用以及公司或组织的构成，包括企业的起源等。第二，制度比较与选择理论。经济学制度的选择是自然选择，但人们更相信是人有意识地进行选择。在社会里，相对于资源配置、经济增长、社会和谐来说，制度有好有坏。制度评价和选择的标准，就成了制度经济学的核心问题之一。第三，制度变迁理论。当原有的制度均衡被打破，制度变迁就会发生。以道格拉斯・诺斯为代表，提出了产权理论、国家理论与意识形态理论三位一体的制度变迁理论，认为制度对经济增长是至关重要的，国家通过强制性的制度安排来界定产权，降低交易费用，因此对经济增长负有责任。第四，企业理论。这是制度经济学的最重要的理论组成部分之一。新制度经济学假定企业为“黑箱”，企业虽然是一个组织，但它相对于市场和其他组织来说是一种制度安排，不同的企业组织形式也是不同制度的安排。所以，在企业与市场以及其他组织形式之间的选择和不同企业形式之间的选择，实质上是制度的选择，企业制度的演变也是制度的变迁，它们会影响经济绩效。第五，制度及其变迁与经济增长。制度及其变迁与经济增长理论即大体上属于制度的宏观分析，主要探索制度及其变迁通过什么内在机制影响经济增长。例如，马克思关于生产力与生产关系的理论就是解释所有制与技术和经济增长关系的理论。制度及其变迁会通过影响要素投入及所投入要素的利用率、收入分配等影响经济增长，还有很多重要问题有待研究。制度经济学在制度与经济增长的实证分析方面取得了丰富的成果。第六，国家理论和意识形态理论。国家在制度经济学的研究中占有重要的位置，国家理论关心的主要问题是国家的性质和起源、国家的范围和规模确定、国家在界定和维护产权及其经济绩效评价方面的作用、国家在制度变迁中的角色等。与国家理论紧密联系的是意识形态理论。意识形态作为一种非正式制度会在很大程度上影响制度安排和制度变迁，影响制度的运行及其成本，影响人们的行为方式和经济绩效，而国家可以有意识地推行或者限制某些意识形态，意识形态本身作为非正式制度其变迁及绩效也是非常值得关注的。

(三)实践运用

改革不合理的制度安排、推动制度创新与演进是我国“十四五”时期实现各个经济主体高质量发展的关键。提高效率、优化结构与改善治理是实现经济持续稳定健康发展目标的必要路径。新制度经济学认为，制度变迁是推动经济发展的重要内生变量，科学合理的制度安排对于经济发展有着强有力的推作用。

1. 完善旅游管理体制

旅游产业的发展史很大程度上就是政府主导下的旅游管理体制演变史，遵循制度变迁的成本 - 收益分析原则。[①] 2018 年文化部和国家旅游局的合并，是文旅治理体制的大变革，打破了原先文化和旅游管理的楚河汉界，为文旅融合破除了体制壁垒，是行政力量顺应市场行为的理性回归，必将有力推动文旅融合高质量发展。[②] 这也标志着文化产业和旅游产业发展已进入新的阶段。政府制度也经历了从文旅结合到文旅融合的转型，文旅部的成立就是要用制度来管理和实现文旅融合，做到“既有机融合，又权责分明”，同时制定好相应的法律法规，有效“实现整体性和系统性的融合”。[③]

2. 推进文化体制改革

从文化体制改革对文化旅游产业影响的角度来看，文化体制改革促进了文化产业和旅游产业的融合，激发了市场活力，带动了地区旅游业发展，并且丰富了文化旅游产品和服务以及相应配套产业的发展，尤其是对旅游资源丰富、旅游公共服务水平较高的地区，文化体制改革对当地经济的带动效应更强。[④] 政府应坚持“大文化”管理理念，对文化旅游产业的政策、法规条例、财政经费、信息资源等进行有效整合，并在此基础上有针对性

---

① 余凤龙:《制度变迁对旅游发展的效应及其研究框架——从一个新制度经济学的视角》,《资源开发与市场》2011 年第 6 期。

② 崔凤军、徐鹏、陈旭峰:《文旅融合高质量发展研究——基于机构改革视角的分析》,《治理研究》2020 年第 6 期。

③ 由少平:《理念融合、机制融合、创新融合——文旅融合发展的着力点》,《人文天下》2019 年第 1 期。

④ 刘瑞明、毛宇、亢延锟:《制度松绑、市场活力激发与旅游经济发展——来自中国文化体制改革的证据》,《经济研究》2020 年第 1 期。

地制定有效的政策、法规、条例，以保障和推进产业持续有序、健康发展，政府应坚持依法行政管理，为文化旅游深度融合发展提供有序的市场环境。

从制度和文化旅游发展的关系来看，一方面制度促进文化旅游经济的发展，是推动文化旅游发展的重要动力；另一方面，并不是所有制度都有利于发展，制度因素有时会限制或制约生产力的发展。因此，基于制度经济学的相关理论，旅游发展产生区域差异的根源是制度因素差异，缩小区域旅游发展差距的关键是构建切实高效的文旅融合制度体系，同时指出制度的制定不是数量多少的问题，关键在于制度的质量和性质。[1]

① 曹芳东、吴江、徐敏、姜海宁：《基于新制度经济学视角的区域旅游发展差异根源探析》，《工业技术经济》2011 年第 3 期。

第二章
文旅文创融合内涵解读

【案例导入】

警惕：人人都在谈的文旅融合，如何避免“为融而融”“假融合”

从 2018 年 3 月文化和旅游部的挂牌组建，到 2019 年 4 月全国市、县文化广电（体育）和旅游机构落地成立，“文旅融合”成了一个热门话题，纵横官产学、风靡学术道、频繁见报端，看上去力度空前、热闹非凡，但真正具备融合特质的成果却凤毛麟角。

在“2019 中国旅游科学年会暨第二届全国旅游管理博士后学术论坛”上，文旅部雒树刚部长就“文旅融合”连发 14 问，并将“文化和旅游最大、最佳的连接点在哪里?”摆在众问之首，再次引发了各界的广泛关注和深度思考。由此可见，各地各界在落实文旅部确立的“宜融则融，能融尽融”原则和理念过程中尚未跳出传统思维的藩篱。

值得警惕的正确“假融合”

自古以来，文化与旅游就是相生相伴的活动形态。纵观我国旅游业发展史，其实很早之前“文旅融合”就已经开始了，不过当时两者间的融合更多表现在产品层面和服务对象上。至今一些地区在推动“文旅融合”的过程中，因缺乏系统的理论支撑，也出现了一些“融而不合”的假象。

一是牵强附会做加法。众所周知，“文化 + 旅游”是一道特殊的加法题，最终目的是促进文化和旅游相关产业的转型升级。当前，一些地方在实施过程中，常常是概念主导行动，牵强附会做加法，不讲章法地搞混搭，这种融合非但没有带来效益优化，反而造成资源浪费，严重违背了“宜融则融，能融尽融”的原则。如有的地区在商业区修建了一座影院便以做到了“文旅融合”自诩。

二是以偏概全走极端。当前，在文化和旅游机构改革与文旅经济兴起的背景下，“文旅融合”俨然成为当下中国旅游业和文化产业的主流语境。在推动文化和旅游融合发展过程中，由于认知上的以偏概全，使文化产业或旅游产业大有被“文旅产业”替代的势头。例如，近年来，各地积极探索和加快特色小镇建设，不仅推动了乡村旅游经济发展，也实现了乡村与新型城镇化建设的有机结合。然而，随着文化旅游被推上了前所未有的高度，一些地方不切实际地一拥而上大搞旅游小镇、文旅小镇建设，这不仅仅偏离了特色小镇发展的方向，还让文旅融合陷入了以偏概全的误区。

三是纸上谈兵难落地。作为一个被缩略的行业术语，“文旅”及“文旅融合”频繁地出现在政府文书、行业研究和媒体语境中，从项目策划到规划，从各类活动、论坛主题到品牌营销传播，从企业纷纷更名到各种新组织机构的设立，“文旅融合”几乎成了核心的价值主张。然而，不得不承认，有些地方政府在制定文旅产业发展规划时，忽略本地当前文化产业和旅游产业的现状和实际，使得所谓的“文旅融合发展规划”变成了一种“为融而合”的“空中楼阁”，根本不具备可操作性。

四是急于求成上项目。近年来，文化和旅游机构改革顺利推进，打破了体制障碍这一桎梏，为文化和旅游这两大产业的深度融合注入了强劲动力。同时，对文旅产业的投资在各地也出现了群雄混战、急于求成的局面。有些地方简单照搬其他地方的经验，盲目跟风上项目，项目论证过程流于形式，既对项目实施缺乏成熟考虑，也对项目可能面临的风险防范不足；一些地方将文旅项目落地视为政绩，组织人力、物力、财力到处招商，但由于前期准备不充分，招商成效甚微。文旅融合是一个从内到外构建的系统项目，必须以“小火慢炖”的耐心整体谋划、深思熟虑，应少一些急躁猛进，多一些稳扎稳打。

五是千篇一律少生机。近年来，各地逐渐认识到本土民间文化的独特性和价值，纷纷推出各类主题的文化旅游节。然而，真正能够打响知名度、适应市场需求的文旅产品、旅游节庆却是极少数，千篇一律的雷同产品让游客感到“审美疲劳”。再如，随着全国旅游演艺的蓬勃发展，以“印象”系列、“千古情”系列、“山水盛典”系列、“又见”系列等命名的演艺节目成为文化旅游目的地及旅游景区的“标配”，并产生较好的经济效益。但是，也有不少地区出现人为模仿、盲目投资现象，导致旅游演艺项目扎堆，很多品质低劣或缺乏创意的旅游演艺项目入不敷出、生存堪忧。

综上所述，文旅融合并非“文化 + 旅游”或“旅游 + 文化”这么简单，两者间既有天然的契合性，也有相对的独立性。如果背离了事物发展规律，强拉硬扯的“拉郎配”，这些为融合而融合的“假融合”及“红皮白心”的标签化融合都不可能成功，只有“融得自然”，才能“合出效益”。

文旅融合需要“方程思维”

自“文旅融合”概念提出后，无论是学术专家、佛系学者，还是政府资政、业内大咖，对其解读和辨析各有不同，如“灵魂论”“载体论”“加法论”“产业论”等，但最终所得出的结论似乎如出一辙，那就是会实现“1 +1 >2”的效应。

2019 年全国文化和旅游厅局长会议上，雒树刚部长在讲话中再次明确文旅融合发展的原则和思路，即坚持“宜融则融，能融尽融，以文促旅，以旅彰文”，找准文化和旅游工作的最大公约数、最佳连接点，推动文化和旅游工作各领域、多方位、全链条深度融合。

由此可见，文旅融合在一定程度上代表了融合后形成的新途径、新环境、新产品、新形态，并在融合中形成和创造价值最大化。换句话说，文旅融合是把两个领域中的资源和载体加以合理利用，使其效果或者价值超过融合之前的过程。

基于此，笔者比较赞同世界城市旅游联合会首席专家魏小安老师的观点：“现在，旅游面临一个新的任务就是社会事业。旅游一方面需要产业化，另一方面也需要事业化，这个事业就是社会事业，这是旅游业的新时代、新定位、新要求，也是文旅融合的新任务。”

也就是说，新时代文化与旅游的融合，不是浅融合，而是兼容社会效益与经济效益、具有产业化与社会事业化的真融合和深融合。所以，如果脱离了“双效统一”的原则与“两化相融”的责任，文化和旅游的融合就失去了意义，更谈不上破题推进。

为此，推动文旅融合高质量发展，必须摒弃传统的“加法思维”，学会运用方程式思维来谋求融合发展的逻辑关系，在完成“审、设、列、解、答”五个步骤中，构建从目标到载体、再从内容到方法的完整的融合流程和机制。只有这样，文旅融合“1 +1 >2”的答题才能真正成立。

一是审：审清题意，分析寻找逻辑关系。文化与旅游之间的关系是辩证的。从属性上看，两者之间都具有社会效益与经济效益的双重属性。站在旅游产业的角度看，抓住文化就抓住了核心价值；站在文化产业的角度看，抓住旅游就抓住了一个巨大市场。由于历史遗留和传统划分方法，过去它们隶属于不同的机构。如今，文化部门和旅游部门隶属同一个机构，无论从事业角度还是从产业角度，均具有等量关系，并无轻重之分。

二是设：设未知数，弄清加什么的问题。文化与旅游融合，两者之间有着千丝万缕的关联点，既有“已知加”（文化 + 旅游），也有“未知加”（文化 +、旅游 +）。无论是“已知加”还是“未知加”，该方程式的结果具有一定的目标性（或市场效益或社会效益，抑或综合效益）。其实“设”的过程是一个科学判断的过程，即便是“假设”，也是建立在客观评判的基础上，而不是跟着感觉走，不能凭借“我觉得”这样的不确定词语来为判断寻找理由，而是必须建立在“X（文化） +Y（旅游）≥目标数（融合效果）”基础上的假设。

三是列：列方程式，推测融合矛盾点。党的十九大明确提出“我国社会主要矛盾已经转化为人民日益增长的美好生活需要和不平衡不充分的发展之间的矛盾”，并做出“满足人民过上美好生活的新期待，必须提供丰富的精神食粮”等重要部署。为此，文化和旅游融合发展必须从人民对美好生活的迫切需要出发，确立“市民和游客想要的就是我们该干的”的融合方向，并从文化和旅游发展现状和现实需求中梳理供需矛盾，进而列出解决矛盾的“方程式”，逐个进行攻关和突破，不能只是头痛医头、脚痛医脚。

四是解：找到根源，提出解决的方法。当前，文旅融合正处在众说纷纭的十字路口，厘清误区、回归源头的探索意义远远大于盲目冒进的形式主义。无论各界如何争议，如果忽略了文旅融合最关键的两大核心，即人的合理需求与文旅产品的创造生产，就会导致两者融合失去坚实的基础。所以，破解这道“方程式”，必须遵循严格的步骤和流程，不能图省事而简化或者省略某些步骤，从而引发新的问题。解答是核心的过程，两者间的融合就是解决问题的过程，这个过程决定了融合的效果。

五是答：检验作答，确保准确无误。产业融合是文化和旅游融合发展的重心，也是文旅融合中以市场之手推动资源优化配置、形成文旅融合可持续发展的重要领域。所以检验一个文旅项目，不仅仅是检查其是否按照规划完成了建设，而且要检验项目建成后的效果，这个检验的过程甚至比解答的过程更加重要。当前，很多文旅项目盲目上马、贪大求全，导致不少项目举步维艰，令投资者难以为继，有些甚至是折戟沉沙，血本无归。每个文旅企业、每个文旅项目都应该建立相应的审核机制，以确保项目进展的每一个步骤都符合科学规划。

文旅融合从逻辑学角度看，绝不是简单的加法或无限制的叠加。在推进落实的过程中会发现，文化和旅游的融合其实都是大大小小不同的方程式，只要有目标或需求牵引，总会有不同的论证方法或解答方法来获取对应的答案。只要解出了绝对值、相对值或范围值，也就找到了融合的路径。

文旅融合最佳连接点在哪里?

在新时代条件下，文化和旅游融合发展体现了文化发现创造价值与旅游体验分享价值的有机结合，是水到渠成、大势所趋。但是实现文化和旅游融合发展，不是喊出来的，而是干出来的，重要的是要坚持“宜融则融，能融尽融”的原则，找准最大公约数、最佳连接点，推动文化和旅游真融合、深融合。基于前文的现状分析和理性思考，笔者认为文旅融合的最佳连接点可试着从以下几个方面寻求。

一是要善于从国家政策中寻找连接点。国家各项政策的出台对于文化和旅游融合来说有着双重意义：首先是通过国家的行为，为融合发展提供必要的要素支撑，从而降低社会事业和经济发展的风险；其次是政策出台之前的相关论证，对发展的可行性有着较强的预测价值，政策鼓励往往意味着有更大的成功可能性。无论是政府性投资还是市场化运作都要顺势而为，国家政策就是非常重要的“势”。如，2019年全国文化和旅游厅局长会议提出，“推进红色旅游、旅游演艺、文化遗产旅游、主题公园、文化主题酒店等已有融合发展业态提质升级”。这些就是我们推动文旅融合的连接点和发力项。

二是要善于从资源优势中寻找连接点。文旅融合对于资源的约束是相当敏感的，同样的文旅项目，放在不同的地方，具备不同的资源，就会产生不一样的效果。城市的文化底蕴、历史遗存、非物质遗产、山水风貌等地域特色文化都是极难替换或复制的优势资源，在相当大的程度上决定着文化和旅游能否紧密融合，有时候甚至决定着文旅项目最终能否成功。推动文旅融合实现由“浅”到“深”的跨越，其优势不仅在于秀美的自然风光，还取决于意蕴深厚的历史人文资源的支撑力度。在做项目投资决策时，我们一定要问自己：这个项目在这些资源上有优势吗？

三是要善于从文化创意中寻找连接点。有的地方文化产业、旅游业做不大做不强，不是因为缺少旅游资源，也不缺少人文资源，缺少的是对资源的深度挖掘和创意表达。迪斯尼主题公园中最具吸引力的唐老鸭、米老鼠、狮子王等动漫形象，彰显的是文化创意。无锡灵山小镇·拈花湾从佛经中“佛祖拈花、迦叶微笑”的典故中汲取灵感，历经五年打造，使灵山从单一的观光景区一举蜕变为“网红”休闲度假胜地。实践表明，文化创意能够赋予旅游业最鲜活的元素，使旅游具有持久的吸引力和生命力。所以，要切实避免“抱着水缸找水喝”，要善于用文化提升旅游品位，用文化创意打造更多旅游精品。

四是要善于从市场前景中寻找连接点。需求的强度决定了市场的热度，这也是市场“供与需”的最大逻辑。推动文化和旅游融合发展离不开市场这个最直接的传导载体，投资一个文旅项目，最关键的还是要跟着市场走。众所周知，文化旅游项目资金需求大、周期长，通常投入期为3~5年，回收期为7~8年。这些年在文旅项目上有不少投资大佬铩羽而归，卖的卖，脱手的脱手，主要原因还是文旅项目资金周转期太长，成本支出与预期效益难成正比。所以在判断项目可行性的时候，必须对市场前景进行科学分析和研判，切实做到没有市场不投、没有前景不投、没有政策支持不投，万不可逆势跟风，盲目上马。

五是要善于从科技融合中寻找连结点。科学技术的进步不仅快速改变着游客的消费行为，也改变着文旅企业的商业模式和管理模式。虚拟现实、社交网络、云计算、大数据、网络与创意产业的快速发展，加速了文化旅游与技术融合的力度，同时也形成多维度、多视角、多元化的文旅体验项目。文化旅游创新与科技创新融合正在成为文化和旅游融合发展的催化剂。如文化演艺结合现代的声光电技术能更有美感、更震撼，消失的文化古迹通过高科技技术可以复原再现，这不仅弥补了地区文化资源匮乏的问题，还迎合了新时代大众消费心理。

“大道行思，取则行远；上德若谷，不弃不休。”文化旅游融合发展是从文化自信、文化自觉和文化自强的高度来构建国家文化治理模式，是从文化大国和文化强国角度构建的一种新的文化传承和传播方式，是从中国梦角度满足人民对美好生活的需求和向往。新形势下，人们对文化和旅游的需求日益呈现大众化、多样化、个性化的发展趋势，推动文化和旅游高质量融合发展，必须坚持以需求为导向，发展好、传承好、转化好、融合好文化资源和文明成果，通过事业和产业的双向驱动，把文旅融合这篇大文章做深、做实、做精彩。

（来源：网易，https://www.163.com/dy/article/EG1IKRAR05380P8J.html，2019年5月25日）

在“文化引领、创意驱动”成为社会发展重要驱动力的新文创时代，文化创意在旅游业转型升级中发挥着加速器、创新源、驱动力的作用，塑造旅游品牌，提升旅游价值，推动旅游市场创新，加速文化与旅游产业融合。文旅文创融合丰富了旅游产品载体的层次，提升了旅游和文化消费的多元性、娱乐性、符号性、实用性和虚拟性。本章结合相关政策及实践情况，对文旅文创的概念内涵、具体内容、基本类型等进行了归纳辨析。

第一节　概念内涵

为了能够对文旅文创融合发展有一个全面清晰的认识，本节在国内外权威定义研究的基础上，对文化旅游产业、文化创意产业、文旅文创融合发展及其战略的相关概念进行辨析，并得出明晰的界定。

一　概念辨析

（一）文化、旅游

文化的定义有多种表述，学界公认最为著名、经典的定义是由英国人类学家泰勒（1832～1917）提出的①，他在1871年出版的《原始文化》一书中指出：“文化或文明，就其广泛的民族学意义来讲，是一个复合整体，包括知识、信仰、艺术、道德，法律、习俗以及作为一个社会成员的人所习得的其他一切能力和习惯。”《现代汉语词典》对文化所做的定义是：人类在社会历史发展过程中所创造的物质财富和精神财富的总和，特指精神财富，如文学、艺术、教育、科学等。② 由此可见，文化是包括各种外显或内隐行为模式的一个有机的系统，它由外向内包括物态文化、制度文化、行为文化和心态文化四个层次。其核心是沉淀于特定文化群体心理的价值观念。

有关旅游的概念，至今尚未有公认的、权威的定义，没有统一完善的

---

① 〔英〕爱德华·泰勒：《原始文化》，连树声译，广西师范大学出版社，2005。

② 中国社会科学院语言研究所词典编辑室：《现代汉语词典（第7版）》，商务印书馆，2016。

阐述。如国际和国内、过去和现在、不同学者之间都有不同的理解或说法。目前，“艾斯特”定义被认为是“较为科学和影响广泛”的旅游定义，其由两部分内容构成：一部分是旅游活动，即旅游者往返于出发地与目的地之间的旅行（或空间转移）活动以及在目的地停留期间的访问活动；另一部分则是指由此而引起的各种现象和各种关系。所谓各种现象，主要是指由于旅游者的旅游活动所产生的有关经济现象、社会现象、文化现象乃至政治现象；各种关系主要是指旅游者、旅游企业、目的地政府以及目的地居民四者之间各种不同利益直接或间接的碰撞，在此过程中引发的错综复杂的关系。所以，“艾斯特”旅游定义是指人们为寻求精神上的愉悦而进行的非定居性的旅行，包括在游览过程中所发生的一切关系和现象的总和。国际上普遍认为，为了休闲、娱乐、探亲访友或者商务目的进行的旅行活动，可统称为旅游。

（二）文化旅游、文化创意

关于文化旅游，学术界尚无定论。关于文化旅游概念的研究可以追溯到 20 世纪 70 年代初[①]，1977 年麦金托什和格波特（Mcintosh & Gebert）提出“文化旅游”的概念，并认为文化是文化旅游的关键，其内涵包括旅游的各个方面，旅游只是一种形式[②]。联合国世界旅游组织（UNWTO）和欧洲旅游与休闲教育协会（ATLAS）将文化旅游定义为：人们为了获取新的信息和体验，以满足自身的文化需求，而前往其正常居住地以外的特定文化景点的所有活动。如游学、艺术表演、节庆活动、文化盛事、参观遗址遗迹等。以上两种定义，更侧重于从旅游动机的角度来定义文化旅游，从本质上说是受到文化动机的驱动而对文化吸引物和文化活动所进行的旅游活动。有学者提出动机性定义虽然界定了文化旅游者的旅行原因有别于其他旅游者，但是很难定义文化旅游者所使用的产品类型。

---

① Ritchie, J. R. Brent and Michel Zins, “Culture as determi-nant of the attractiveness of a tourism region”, *Annals of Tourism Research*, 1978.

② 〔美〕罗伯特·麦金托什、夏希肯特·格波特：《旅游学——要素·实践·基本原理》，薄红等译，上海文化出版社，1985。

为了能够既抓住旅游体验的本质，又能够利于目的地管理组织识别潜在访客，并能体现出合法的管理活动，学者将文化旅游定义为一种产品种类，并提出文化旅游是一种旅游形式，它依赖于目的地的文化资产并将它们转化成可供旅游者消费的产品。Csapo 认为文化旅游的总称可以涵盖多种旅游形式，包括遗产（物质如历史建筑和非物质如文学、艺术）旅游、文化主题路线（如精神、美食、语言）旅游、文化城市旅游、传统/民族活动和节日旅游、宗教旅游和创意文化（例如表演艺术、手工艺）旅游等①。

随着学者对文化旅游研究的进一步深入，有学者从旅游经营者和旅游者角度提出文化旅游的定义，文化旅游是以旅游经营者创造的观赏对象和休闲娱乐方式为消费内容，使旅游者获得富有文化内涵和深度参与旅游体验的旅游活动，即通过旅游实现感知、了解、体察人类文化具体内容之目的的行为过程。

联合国世界旅游组织大会第 22 届会议（2017 年 9 月 11 ~ 16 日），通过了对文化旅游的定义：文化旅游是一种旅游活动，游客的基本动机是学习、发现、体验和消费旅游目的地有形和无形的文化景点/产品；这些景点/产品与一个社会一系列独特的物质、智力、精神和情感特征相关，包括艺术和建筑、历史和文化遗产、烹饪遗产、文学、音乐、创意产业和生活文化及其生活方式、价值体系、信仰和传统。至此，文化旅游已经涵盖更加包容的领域。

综上，文化旅游可以理解为以文化为核心、以旅游资源为载体，通过提供旅游产品和服务来满足旅游者文化需求的旅游活动。

目前，国内外关于文化创意的定义较少，大多是结合文化、创意的概念以及文化与创意的关系，对文化创意的概念进行诠释。文化与创意之间的关系是密不可分的。首先，文化与创意之间是相互联系的。由于个体差异，不同人对文化的看法不同，这种差异主要来自人对外部世界的不同感受，而对此感受的不同表达方式就是一种创造的过程。其次，文化与创意

---

① Csapo, J., "The role and importance of cultural tourism in modern tourism industry", *Strategies for Tourism Industry-Micro and Macro Perspective*, 2012.

之间是相互作用的。从人类产生开始，人们就不断用创意改造着我们生存的世界。这些创意经过积累、传承和再造就成为一种文化。由此可见，文化与创意是密不可分的。文化包含在整个创意之中，文化是创意的精髓，创意是文化的生命力。总而言之，文化是创意的基础，创意是文化传承的动力之源。

文化创意产业是文化创意的表现形式，是文化创意的最高成果。

目前国内较公认的文化创意定义是：以知识为元素融合多元文化，整合相关学科，利用不同载体而构建的再造与创新的文化现象。①

本章认为文化创意是指以文化、创意理念为核心，采用信息技术、传播技术和自动化技术等方法，将人的知识、智慧和灵感在各类行业物化表现的一种形式。

（三）文化旅游产业、文化创意产业

在国外，对“文化创意产业”的表述更多的是创意产业、内容产业、版权产业。不同国家或地区对文化创意产业的命名不同，英国、澳大利亚、中国香港等将其命名为创意产业；德国、中国台湾等将其命名为文化创意产业；法国、韩国、芬兰等将其命名为文化产业；美国将其命名为版权产业；日本将其命名为娱乐观光业。根据研究发现，命名方式不一样，内涵也不尽相同；即使是同一命名方式，内涵也存在差异；甚至是同一个国家或地区的同一种命名，不同时期的内涵也有所不一样，各国在内涵和外延上的解读有相似之处。

以我国文化创意产业的官方命名为例，其内涵是在不断变化的。2000年，《中共中央关于制定国民经济和社会发展第十个五年计划的建议》中首次提出要“推动有关文化产业发展”，此时并未对文化产业的内涵进行界定；2002 年，我国第一部文化产业蓝皮书认为文化产业就是“为消费者提供精神产品或服务的行业”，同时也认可了联合国教科文组织的定义；2003年，文化部《关于支持和促进文化产业发展的若干意见》界定文化产业为“从事文化产品生产和提供文化服务的经营性行业”，同时提出文化产业与

① 白庆祥、李宇红：《文化创意学》，中国经济出版社，2010。

文化事业这组对应概念；2004 年，国家统计局发布了《文化及相关产业分类》，认为文化及相关产业就是“为社会公众提供文化、娱乐产品和服务的活动，以及与这些活动有关联的活动的集合”，内涵局限于文化娱乐及相关服务；2009 年，国务院出台《文化产业振兴规划》，将文化产业界定为文化创意、影视制作、出版发行、印刷复制、广告、演艺娱乐、文化会展、数字内容和动漫等类别，文化产业与文化创意开始有了区分；2012 年，国家统计局修订了《文化及相关产业分类》，认为文化及相关产业是“为社会公众提供文化产品和文化相关产品的生产活动的集合”，新增了“文化创意与设计服务”大类，其中提到的文化创意是指“建筑设计服务和专业设计服务”，提到的文化新业态是指“数字内容服务中的数字动漫制作和游戏设计制作，以及其他电信服务中的增值电信服务”，提到的软件设计服务是指“多媒体软件和动漫游戏软件开发”；2013 年，国务院发布了《关于推进文化创意和设计服务与相关产业融合发展的若干意见》，进一步强调了文化创意与设计服务，这里的文化创意与设计服务也是指“文化软件服务、建筑设计服务、专业设计服务、广告服务”；随后，北京、上海、深圳、杭州、苏州等城市纷纷发布了文化创意产业分类目录，不约而同地改变了之前对文化产业增加值的统计方式，界定了文化创意产业的内涵，统计了更加宽泛的文化创意产业增加值。可见，我国对文化创意产业内涵的界定，呈现从“行业”到“集合”的变化，由最初侧重于经济意义上的“行业”“产业”等范畴，演化至侧重于文化意义与文化相关的生产活动的集合。由此可见，我国在理论与实践方面都在推动文化创意产业的发展。

联合国教科文组织认为，文化创意产业是以文化或创意为基础，通过对知识产权的运用，能够创造更多财富和增大就业潜力，并提高生活环境的行业。中国人民大学金元浦教授认为文化创意产业就是在全球化条件下，以消费时代人们的精神文化娱乐需求为基础、以高科技技术手段为支撑、以网络等新传播方式为主导的，以文化艺术与经济的全面结合为自身特征的跨国跨行业跨部门跨领域重组或创建的新型产业集群，它是以创意为核心，向大众提供文化、艺术、精神、心理、娱乐产品的新兴产业。台湾实践大学李天铎教授认为文化创意产业就是一个生产体系，表意层面涉及文学艺术、历史政治、文化风俗等，实践层面涉及创作、发行、版权、消费以及影视、动漫、音乐、广告等相关产业。《北京市文化创意产业分类标准》指出，文化创意产业是以创作、创造、创新为根本手段，以文化内容和创意成果为核心价值，以知识产权实现或消费为交易特征，为社会公众提供文化体验的具有内在联系的行业集群。由此可见，对创意产业的研究并未仅仅以文化为出发点，而是强调人的创造力，不注重指向过去的文化意义与价值，而是注重面向未来的创新与创意。

文化创意产业既蕴含了文化意义与价值及其产业化格局，同时又能够融汇以创意为核心的新兴产业。总体来看，首先，文化创意产业呈现高知识性、智能化的特征，如电影、电视等产品的创作是通过光电技术、计算机仿真技术与传媒等相结合而完成的；其次，文化创意产业处于技术创新和研发等产业价值链的高端环节，是一种高附加值的产业，科技和文化的附加值比例明显高于普通的产品和服务；最后，文化创意产业作为一种新兴产业，是经济、文化、技术等相互融合的产物，具有高度的融合性、较强的渗透性和辐射力。

因此，文化创意产业即运用新技术、生产新产品、实现新的要素组合。

（四）文旅文创融合发展

文旅文创融合发展是旅游业与文化创意产业融合创新的产物，其相关研究最早始于20世纪90年代的文化创意旅游产业，其发展历史较短。2000年，新西兰学者格雷·理查德（Grey Richards）与克里斯宾·雷蒙德（Crispin Raymond）首次提出文化创意旅游的概念，即“旅游者在旅游过程中积极参与目的地国家或社区的文化或手工技巧学习，体验地方文化氛围，激发自身创意潜能，以体验目的地文化氛围的旅游形式”。① 随后，这一概念发生了变化。2004年，联合国教科文组织发起了“创意城市网络”倡议的产业实践，希望旅游者积极参与地方文化，感受地方传统。2006年，创意城市网络提出：“创意旅游是可为旅游者提供具有原真性、参与体验性的旅

① Richards, G., Raymond, C., “Creative Tourism”, ATLAS News, 2000.

游活动，学习当地艺术、传统以及具有特色的象征性文化。”同年，联合国教科文组织提出：“创意旅游是一种可为旅游者提供原真性、参与性与体验性的旅游活动，主要表现形式为学习当地艺术、传统以及具有当地特色的象征性文化，与当地居民互相交流，在生活中体验文化。”

国内学者基于产业和行业的视角，将文化创意旅游视为一种行业发展新路径和产业发展新模式，并归类于文化创意产业的衍生品。2007 年，我国学者厉无畏等提出：创意旅游是指用创意产业的思维方式和发展模式整合旅游资源、创新旅游产品、锻造旅游产业链，用以适应现代经济发展转型的全新旅游模式，并指出产业融合是指不同产业或同一产业内的不同产品相互渗透、相互交叉，最终融为一体，逐步形成新的产业的动态发展过程，是不同产业或同一产业内不同行业之间的相互渗透、相互融合使产业边界模糊化的经济现象。

在体验经济成熟、知识经济发展、文化和创新得到全球重视的时代背景条件下，文化创意旅游产业迅速发展起来。其具有的特殊文化附加值和精神体验价值，活化了多种旅游和文化要素的重组，拓展了产业发展空间。国外文化创意旅游产业的发展主要包括重大标志性或旗舰项目、大型事件活动、主题化产品以及遗产的开发等模式，其发展前景受到英国、联合国世界旅游组织、欧盟旅行委员会等的重视。例如许多旅游目的地用标志性建筑来彰显地方形象，如英国北部的 Gate shead 用北方天使雕塑；有些城市以经营某种文化主题来凸显自己，如纽约把自己定位于世界文化中心；英国谢菲尔德打造狂欢城市；还有新加坡、日本等国家或城市也高度重视文化创意旅游产业的发展。

我国国内人民日益增长的文化旅游需求，使文化创意产业通过旅游功能得以延伸，扩展了文化创意产业的休闲娱乐功能，增强了文化创意产品的体验性，而其较高的体验性、参与性、高附加值和高连带效应，不仅迅速吸引了大量游客，提高了国内文化创意产品的市场知名度，而且促进了文化创意产业的迅速发展。

我国各级政府出台政策引领旅游业和文化创意产业融合发展，文化创意产业、旅游产业以及城市经济的各个方面协调发展，离不开政府的大力扶持和推动。2011 年 10 月中共十七届六中全会通过的《中共中央关于深化文化体制改革推动社会主义文化大发展大繁荣若干重大问题的决定》明确提出：推动文化产业与旅游等产业的融合发展，以创意为核心增加相关产业文化含量以提高附加值。2014 年 5 月，《国务院关于推进文化创意和设计服务与相关产业融合发展的若干意见》明确提出：统筹各类资源，加强协调配合，着力推进文化软件服务、建筑设计服务、专业设计服务、广告服务等文化创意和设计服务与装备制造业、消费品工业、建筑业、信息业、旅游业、农业和体育产业等重点领域融合发展。根据不同地区实际、不同产业特点，鼓励先行先试，发挥特色优势，促进多样化、差异化发展。2022 年 1 月《国务院关于印发"十四五"旅游业发展规划的通知》明确提出：深入挖掘和阐释其中的文化内涵，把历史文化与现代文明融入旅游业发展，提升旅游品位；加强文化和旅游业态融合、产品融合、市场融合、服务融合，促进优势互补，形成发展合力；推进国家文化产业和旅游产业融合发展示范区建设，实施文化和旅游创意产品开发提升工程，支持博物馆、文化馆、图书馆、美术馆、非遗馆、旅游景区开发文化和旅游创意产品；推进旅游与科技、教育、交通、体育、工业、农业、林草、卫生健康、中医药等领域相加相融、协同发展，延伸产业链、创造新价值、催生新业态，形成多产业融合发展新局面。《河南省"十四五"文化旅游融合发展规划》提出：到 2025 年文旅文创成为全省战略性支柱产业，到 2035 年文旅文创成为高质量建设现代化河南的重要支点。一系列相关政策的出台为文化创意产业和旅游创意产业融合发展指明了方向。

总而言之，文旅文创融合是指用创意产业的思维方式和发展模式，推动文化、旅游产业及相关要素之间相互渗透、相互交叉、交融重组，逐步突破原有的产业边界或要素领域而形成新的共生体的现象与过程。文旅文创融合发展是为了满足游客在旅行过程中对文化产品的需求，以文化内容和创意成果为核心价值、以旅游资源为载体，通过技术手段、产品融合和市场结构转型的方式，将文化旅游与文化创意产业进行重新整合，以知识产权的实现或消费为交易特征，通过提供旅游产品和服务来满足旅游者各种需求的旅游活动并逐步形成新业态的发展过程。

（五）文旅文创融合发展战略

战略是指在环境分析的基础上对组织做出的具有统领性、全局性、长远性发展规划。战略的具体内容包括从目标到实现措施的一系列系统设计方案，具体有战略意图、战略方针、战略目标、战略步骤、战略重点和战略措施等基本内容。

根据产业竞争理论，文旅文创融合发展战略的制定应该在对当地及其周边省份文化旅游资源、文化创意产业发展战略和发展状况全面分析的基础上，应用产业竞争战略理论，制定适合当地实际情况的文化旅游产业发展规划，以提高目的地的文化内涵和旅游品牌影响力。

二　内在逻辑

文旅文创融合是建立在文化旅游与创意基础上的资源、属性、功能、服务及其对象等交集上的融合，一般通过对文化资源的梳理与挖掘、资源要素的整合、文化旅游产品开发融合、资本和市场要素的优化配置融合、服务的提升融合、综合效益的可持续发展融合等形式实现。“融”代表的含义其实就是要探寻其各自资源要素相互渗透、流动交换的合适路径；“合”首先要与区域发展战略相适应，其次与旅游目的地的形象设计相适应。通过创意，将文化产品化、业态化、主题化、品牌化、体验化、游乐化、互动化、情境化，进而促进文旅文创产业化。

文旅文创融合是要素资源的互动整合，共促共荣形成新的文旅文创产品业态。文化、旅游两种或两种以上的要素相互结合后，通过交叉渗透和整合重组，塑造文化特色，赋能文化品牌，活化文化展演，整合艺术工艺品以及 IP 价值，利用 IP 化思维、科技化思维和项目化思维突破原有的产业领域，使产业边界收缩、模糊或消失，共生共赢而形成新的文旅产品业态和产业体系。

文旅文创融合是产业价值的互补创新，以共治共享形成新型文旅文创产业体系。文化旅游和创意产业优势互补，在融合过程中通过功能重组和价值创新，形成涵盖文旅文创产业核心价值的新价值链，产生“1 +1 >2”的产业叠加效应，形成以文化丰富旅游内涵、提升旅游层次、增强旅游体验，以旅游传承交流文化、带动文化产业、促进文化繁荣的良好格局，文旅文创融合有利于构建新型文旅文创产业体系，推动文旅文创产业转型升级和高质量发展，更好地满足人民群众日益增长的文化和旅游生活需要。

文旅文创融合是一种动态优化过程，共商共赢构建文旅文创消费新场景。在文旅文创融合过程中会存在价值观念、体制机制、业务领域、运作方式等方面的矛盾和冲突，将经历“文旅文创磨合”→“文旅文创融合”→“文旅文创和合”的发展过程，需要通过调整各自角色，加强沟通交流，增进相互理解，培育文化自信，强化合作互动，动态优化调整，实现平等互惠和协调发展。

文旅文创融合是多元方式的系统交融，共建共兴服务异地美好生活需要。文化和旅游具有多元交叉的关系属性，文旅文创融合也是系统的多方融合，既包括文旅文创思想理念融合、体制机制融合、规划技术融合、资源产品融合、产业业态融合、功能效用融合、空间载体融合、服务管理融合等方面的全方位融合，也包括由文旅文创产业内部融合、产业之间相互融合和产业外部跨界融合构成的广角度融合。

三　重大意义

文化产业和旅游产业是第三产业中为人们提供精神服务消费的两个极具发展前景的产业，其内涵、外延、功能、性质都具有显著的差异，但两个产业又具有天然的共生互融性，有着不可分割的联系。文旅融合发展更是以国家机构改革为契机，近年来逐渐上升到国家战略层面，尤其是在当今国家积极推动稳发展、调结构、促改革、惠民生的时代大背景下，文旅融合的有效健康发展对于解决现阶段中国社会基本矛盾具有重要意义，其发展的实质是统筹文化的旅游性和旅游的文化性，实现旅游产业和文化产业的经济效益、社会效益以及其他效益的提高，进而促进两大产业的可持续发展。了解并熟知“文旅融合”的深层意义对于更好地促进经济社会发展具有重要意义。

（一）文旅融合利于传统文化的继承与发展，增强与彰显文化自信

中华民族经历五千多年沉淀发展形成的优秀传统文化，一直是中华民族和中国人民文化自信的来源，其无与伦比的智慧、神韵、理念、气度值得中华民族永远传承并发展下去。而旅游活动不仅是文化传承的重要渠道、文化繁荣的重要支撑和文化形象的重要载体，而且旅游活动一经开始，旅游者就会产生对目的地文化的感知以及对旅游者自身所处地区文化的唤起感知，两种文化感知相互比较，最终会增强文化认同与文化自信心。一般来说，旅游者进行旅游活动形成的文化自信有三个阶段：旅游者用自身所具有的原始地域文化来感知目的地新事物形成的基本文化自信；旅游活动进行过程中不断对自身原有文化进行解读反思后获得的文化自信；在更广阔的旅游体验与刺激下对文化形成了新的认同与认知从而形成新层次的文化自信。

由此可见，旅游活动本身对文化传播以及旅游者自身的文化认知和文化自信有着潜移默化的促进作用，而文旅融合会根据旅游市场的需要，将旅游目的地可利用的文化资源、文化遗产以及文化传统融入旅游产品的开发与服务设计当中，促进高品质的旅游活动与深层次的文化内涵相融合，将旅游活动赋予文化的灵魂，将文化产业赋予旅游的体验感和趣味性，让旅游者在旅游过程中不断地去感知、体验、认知不同的文化，这在一定程度上推动了目的地文化的传播与影响，促进了目的地传统文化的继承与发展，同时也增强了旅游者对自身原有文化以及对中华民族文化的感知和认同能力，促进旅游者形成良好的文化自信。

国家与地方政府要抓住文旅融合发展的契机，努力营造文旅融合发展的良好氛围，通过对传统文化的深度挖掘来不断增强文化软实力，通过文化的产业赋能优势来发展地区特色文化旅游产业，并形成一定的文化产业规模。地方节庆节日是发展文旅融合的特色资源，其本身凝聚着当地传统文化的精髓，在增强群体凝聚力和文化自信力以及保护与传承传统文化方

面具有重要的意义，因此地方政府应加大节庆旅游的力度，提高节庆旅游的发展水平，创新节庆旅游的表现形式，形成具有地方优势的节庆旅游活动品牌。文化自信的建构是一个任重而道远的工程，不可急于求成，应在创新中推进传统文化的继承与发展、推动“文旅融合”的发展，不断用旅游去推动文化自信的建构。

（二）文旅融合利于解决文化事业内生增长动力不足的问题

文化产业领域最常见的一个词就是“文旅”，很多大型的文化娱乐项目，既有文化项目的属性，也有旅游项目的属性。一些地方政府或开发商为了追求经济利益而建设了千篇一律的文化类场馆，这些文化类场馆由于缺乏创新性、体验性，支撑不了文化产业内生式的增长，导致“昙花一现”，在一定程度上阻碍了文化事业的良性发展。而文旅融合发展高度重视文化产业与旅游产业的融合度，以推动旅游产业发展来为文化产业提供强有力的支撑，为其提供源源不断的内生增长动力，从而也拓宽了文化事业的宽度与广度，使文化事业具有良好的发展前景。

从解决文化事业内生增长动力不足问题的角度去促进文旅融合发展。首先，文化事业的发展需要一定的文化载体，具有旅游潜力的文化遗产和文物保护单位都可成为发展文化事业的载体，文化与旅游部门要充分利用国家机构改革这一机遇，协调政府机构之间的交流与协作，合理配置资源，为文化事业的发展扫除机制障碍。其次，在文化事业建设发展的战略规划和实施项目的全过程中，要时刻兼顾旅游属性，并且促进产业的管理协调性、资源互补性，不断利用旅游产业去延长文化事业的产业链。最后，政府机构要严格监督文化事业的审核实施工作，严格卡住缺乏创新性和前景的文化事业申报项目，对于社会现存的不合格、功能重复的文化类事业项目要给予警告，同时鼓励与支持将旅游产业与文化产业完美结合且有巨大市场潜力的文化事业项目发展。

（三）文旅融合利于促进旅游产业的转型升级

中国旅游业在世界旅游产业中属于“流量经济”第一大国，其旅游规模与数量占世界首位。当前，实现旅游产业的质量跨越是中国旅游经济面临的重要难题，“渠道建设”“流量经济”的旅游经济特性，必定不能支撑整个产业的绿色可持续发展。文旅融合的发展将终结中国旅游业“流量经济”外强中干的状况，文旅融合将促进旅游产业与文创和服务设计的融合，将提升文化内涵贯穿旅游发展的整个过程，在保证旅游产业高质量发展的同时，促进旅游产业的转型升级，使旅游产业更具生命力与竞争力。近年来，红色旅游、主题公园、旅游演艺等与文化产业相融合的旅游新业态和产品得到快速发展。实践证明，用文化点亮旅游、促进旅游产业与文化产业的融合发展，是未来旅游产业高质量发展不变的生命线。

目前，人民群众的旅游和文化消费越来越注重个性化、品质化，需要不断探索新的文旅融合方式来创新旅游产品的形态，开创旅游发展新业态，以促进形成“文化提升旅游品质，旅游扩大文化消费”的良好发展格局。首先，要注重挖掘旅游产品的文化内涵，结合地方文化特色，通过现代科技手段，将更多的文化资源要素转化为旅游者喜爱的旅游产品，同时要注重旅游产品的文化个性和文化品位。其次，要推动文物、演艺、动漫以及文创等与旅游产业各细分行业的深度融合发展，重点引导产业结合基础好、群众需求强、市场潜力巨大的文旅融合领域，不断拓宽文旅融合的深度与广度，促进旅游产业的转型升级。最后，应促进公共服务体系的发展，从满足本地居民和外来游客的需要出发，统筹规划建设完整配套的旅游公共设施和公共文化设施，并将两个产业的公共服务设施一起纳入国家公共服务体系，建立稳定的投入机制和制定完善的发展规划政策。

（四）文旅融合利于促进文化产业与旅游产业的共赢

文旅融合发展是以文化带动旅游发展、以旅游促进文化进步的互惠共赢的过程，它不会单方面注重或强调旅游产业和文化产业中一个产业向另一个产业的植入和拓展，也不会强调一个产业取代或吞并另一个产业的恶性发展理念。文旅融合发展强调的是文化产业与旅游产业的共赢，其产生的互惠共赢理念，有助于两大产业的决策人员和从业人员以更加积极和开放的心态主动推进文化产业和旅游产业的深度融合，促进两大产业在新时代背景下实现产业的转型升级，找到适合未来经济发展的可持续发展道路，实现经济效益、社会效益、生态效益共赢的发展状态。

文旅融合发展是一个长期的过程，不可能一蹴而就，推动两大产业持久有效的融合发展，必须强化其一体化发展的共赢理念。首先，两大产业的基础资源、生产要素以及各细分产业环节要进行有效融合，在理念、市场、载体上实现共享通融。在组织管理和政策保障上实现你中有我、我中有你的一体化形式。其次，要不断拓宽文旅融合的深度与广度，增强促进两大产业共赢发展的自觉性和紧迫感，做到优势互补，相得益彰。既要将旅游产业作为挖掘文化内涵、保护与传承文化的重要途径，以旅游来提高文化软实力；又要将文化的内涵与价值贯穿旅游发展的全过程，渗透食、住、行、游、购、娱各个旅游要素环节，促进旅游产业向高质量发展。

四　基本原则

（一）宜融则融，能融尽融

尊重文化和旅游的发展规律及客观差异，找准文化和旅游融合发展的切入点，因地制宜地推进文旅文创融合，注重文旅文创融合的效果。

（二）以文促旅，以旅彰文

以文化为灵魂丰富旅游内涵促进旅游发展，以旅游为载体彰显文化魅力促进文化繁荣，形成旅游依文化兴盛、文化借旅游繁荣的局面。

（三）统筹协调，互补共赢

统筹推进文化事业、文化产业和旅游业融合发展，处理好文化资源保护和旅游发展的关系，坚持合作共赢，推动文化和旅游产业的相互促进、互补协调、共同提升和可持续发展。

（四）市场导向，项目带动

以人民对文化和旅游的美好生活需求为导向，积极推进文旅文创产业市场化进程，培育壮大文旅文创企业，加快文旅文创项目开发，以项目带动文旅文创融合，增强市场核心吸引力和竞争力。

（五）特色创新，质量发展

挖掘文化内涵，突出文旅文创特色，引导文旅文创融合特色化发展，打造特色鲜明的文旅新产品和新业态。创新文旅文创融合发展机制、产品、业态、模式和路径，以创新推动文旅文创产业融合发展。坚持走文旅文创高质量融合发展之路，提升文旅文创的品质、品位和品牌。

（六）以人为本，生活导向

推动文化旅游消费升级，推出更多个性化、品质化、精细化的文化旅游产品和服务。打造出有温度、可休闲的文化创意城市、人文旅居乡村、商业艺术街区等，满足人民群众对主客共享生活方式型文化旅游空间的消费和体验需求。

五　本质特征

从形式上看，文旅文创融合体现为“以文促旅，以旅彰文”的“体”“用”相互依存和相互促进关系，文化为旅游提供内容，旅游为文化提供渠道，“体”与“用”协调统一；但从本质上看，文化创意不是融入文化旅游的某个元素、环节或工具，而是一种生产模式，是内生于和内化为文化旅游发展本身的文化基因，其构成文化旅游最为根本的发展驱动力和本质属性。文化创意产业与旅游业的融合过程受到资源、创意、资本、政策等多种因素的影响，其中文化是核心，旅游是形式，创意是手段。旅游业在文化创意产业的延伸和渗透，赋予了文化创意产业区更多的旅游功能，为其提供了更大的发展空间。文旅融合过程中，需要处理好以下几组关系。

（一）共性与个性

文化和旅游是内涵丰富、外延广泛的两大领域。在现实发展中，二者的确存在很大交集，但并非完全等同。文化和旅游既有共同特征，也有各自特点。为此，文化和旅游部部长雒树刚提出按照“宜融则融，能融尽融，以文促旅，以旅彰文”的原则加以推进。对各级文化和旅游主管部门来说，既要克服惯性思维，避免画地为牢、貌合神离，也要防止简单思维，避免相互替代、违背规律。要实事求是，结合现实需要和发展阶段，逐步明确哪些领域适宜融合，哪些领域应各自发展，从而“和”“合”并举，既强调行政机构和组织管理的统一性，也尊重行业发展和各自规律的差异性。在突出本土文化的同时，通过跨文化交流和跨区域文化融合，实现独具特色的地域文化与开放包容的异地文化（或文化品牌）的完美结合。

（二）事业与产业

文化和旅游兼具事业属性和产业属性。在现实发展中，文化的事业属性更强而产业化程度略低，旅游的产业属性更强而事业性特征较弱。对旅游而言，要转变单一经济导向和增长主义导向，强调旅游业在满足人民美好生活需要、创造社会就业、促进社会和谐、改善民生福祉、保护生态环境、助力国家外交、促进人的全面发展等方面的社会功能，强调政府在保障公民休假权利和旅游权利等方面的重要职责。对文化而言，要重点解决文化企业规模小、分散化、实力弱、市场化程度低、产业链条不完整、融资渠道不畅通等问题，更好地激发文化市场的活力。对二者的融合发展而言，需要明确哪些设施、载体和事项具有纯公益属性，应划归事业范畴；哪些行业、事务和领域具有纯市场属性，应划归产业范畴。在动态融合过程中，既要避免混淆不清，更要避免错配、错位和错为。

（三）传承与创新

做好文化保护与旅游发展有机结合，坚持保护第一，做到有效保护、合理开发，确保文化旅游资源的永续利用，实现文旅产业可持续发展。尊重历史和传统文化，坚持古为今用，结合现实文化旅游需求，融入现代价值观念与现代生产生活方式，不断推陈出新，促进文化创造性转化和创新性发展，做到传承但不守旧，创新而不忘本。创新文化旅游的载体形式和表达方式，将抽象的文化开发为具象的文旅体验项目，通过住宿、饮食、购物、娱乐等载体的有效展示和合理表达，使之成为易被客人接受的具体文化符号和体验性产品。

（四）政府和市场

文化和旅游的融合发展，既需要政府引导，也需要市场支撑。在划分事业和产业的基础上，要明确区分政府和市场的边界。在产业层面，重点发挥“无形之手”的作用，发挥市场在资源配置中的决定性作用，同时通过“有形之手”健全市场规则，创造良好的竞争条件；在事业层面，重点发挥“有形之手”的作用，发挥政府在提供公共产品、促进基本公共服务均等化、保障不同群体文化和旅游权益等方面的作用，同时广泛利用社会力量，丰富公共产品的供给方式。政府是推动、指导文化和旅游融合发展的核心，而市场是实践、完成文化和旅游融合发展的关键。

（五）游客和居民

不管是当地的公共文化资源还是商业文化活动，均既可满足当地居民的需要，也会对外来游客形成吸引。当地居民与外来游客在共享资源、共用设施、共同参与活动的过程中，既有相互融合的一面，也存在发生矛盾或冲突的可能。文化和旅游的融合发展，要形成宜居宜游、主客共享的空间、氛围和文化，既尊重和满足当地居民的利益和需求，也要让更多游客享受当地独特的文化和资源；既要为外来游客提供优质服务，也要不断提高本地居民的生活质量。

六　总体目标

衡量文化和旅游融合发展的效果可以有多种维度。其中最重要的维度有两个：国家软实力和国民幸福感。

一是从国家层面来看。文化和旅游更广泛、更深入的融合可全面提升国家的文化吸引力和旅游竞争力。根据世界经济论坛《旅行和旅游业竞争力报告（2017）》，中国文化旅游资源丰富，其竞争优势居全球首位，旅游竞争力的综合排名全球第 15 位，而文化资源排名前 5 位，其他国家，如西班牙、法国、日本、意大利等，其综合旅游竞争力均排名全球前 10 位。

对于拥有世界规模最大的国内旅游市场，并连续多年保持世界第一大出境旅游客源国和全球第四大入境旅游接待国地位的中国而言，一方面，要利用好庞大的旅游市场，提升国家的文化软实力，扩大中华文化的国际影响力；另一方面，应在旅游发展的各个环节更广泛、更深入地注入文化内涵，全面提升国际竞争力。

二是从民众层面来看。文化和旅游更普遍、更紧密的融合能够更好地满足人民群众对美好生活的需求。中国特色社会主义进入新时代，人民群众生活由“生存需求”型向“精神需求”型转变，对包括文化和旅游在内的精神产品的需求日益增长。这不仅体现在对相关产品和服务数量的需求上，更体现在对其品质的要求上。

文化和旅游的融合发展必然以生产更加多样、更高品质的产品和服务为核心任务，从根本上解决精神产品和服务发展不平衡不充分的问题，充分发挥文化和旅游在满足人民美好生活需要、提升人民生活质量、提高幸福指数方面的重要作用。

第二节　具体内容

旅游业和文化创意产业的融合发展已经成为推动文化创意产业和旅游产业转型升级、优化发展的必然趋势。在此过程中，融合形式主要有理念融合、资源融合、市场融合、产业融合、业态融合、服务融合、职能融合、场所融合。融合内容遵循原则为：理念融合为先导，资源融合是前提，市场融合是基础，产业融合为核心，业态融合是重点，服务融合是关键，职能融合为保障，场所融合为载体，效能提升为目标。

一　理念融合

思想是行动的先导。要把理念融合放在首要位置，从思想深处、从根子上打牢文化和旅游融合发展的基础，推动文化和旅游真融合、深融合。文旅融合顺应时代背景，文化让旅游不浅薄，旅游让文化不高冷，文旅融合让文化更接地气、更有旅游味，让旅游更有内涵、更有文化感。要贯彻“创新、协调、绿色、开放、共享”的发展理念，坚持宜融则融，能融尽融的原则，着力推动文化旅游和文化创意产业的真融合和深融合。

（一）新发展理念

创新成为发展的第一动力，改变旅游业对资源开发和要素投入的过度依赖，依靠理念创新、手段创新、制度创新、环境创新、人才创新，实现从资源依赖向创新驱动的跨越。协调成为内生特点，从旅游发展全局出发，统一规划、统筹推进、整合资源、协调行动，国内旅游、入境旅游、出境旅游三大市场协调发展，城乡旅游协调发展。绿色成为普遍形态，从消费端倡导简约适度、绿色低碳的旅游方式，反对奢侈浪费和不合理消费；从供给端强化绿色开发与节能减排，形成节约资源和保护环境的旅游空间格局、产业结构、生产方式、生活方式，还自然以宁静、和谐、美丽。开放成为必由之路，统筹国内国际两个市场，形成对内对外旅游全面开放新格局，通过放宽旅游市场准入引入最好实践经验和有效竞争，缩小与其他地区的差距。共享成为根本目的，发展成果惠及各方，游客更满意、居民得实惠、企业有发展、百业添效益、政府增税收，形成文化和旅游共建共享新格局。

（二）以文促旅理念

文化需求是旅游活动的重要动因，文化资源是旅游发展的核心资源，文化创意是提升旅游产品质量的重要途径，文化的生产、传播和消费与旅游活动密切相关。

通过思想道德观念的提升、文化资源的利用、文化创意的引入，提升旅游品位、丰富旅游业态、增强旅游产品吸引力，拓展旅游发展的空间。通过公共文化机构、对外文化交流等平台的使用，促进旅游推广，为游客提供更加丰富的服务。

（三）以旅彰文理念

旅游是文化建设的重要动力、是文化传播的重要载体、是文化交流的重要纽带。发挥旅游的产业化、市场化优势，丰富文化产品供给方式、供给渠道、供给类型，带动文化产业发展、文化市场繁荣。发挥旅游公众参与多、传播范围广等优势，扩大文化产品和服务的受众群体和覆盖面，对内更好传播中国特色社会主义文化、弘扬社会主义核心价值观，对外增强国家文化软实力、提升中华文化影响力。

（四）文旅共生理念

“共生”是德国微生物学家德贝里在 1879 年提出来的一个重要的生物学基本概念，并把它定义为“共生是不同的生物密切生活在一起”。自 20

世纪50年代开始，这一理念应用于社会科学领域。在国内，我国学者袁纯清（1998）首先把共生理论向社会科学领域进行拓展，认为共生不仅是一种生物现象，也是一种社会现象。

文化是旅游的灵魂，旅游是文化的载体，二者相辅相成、互相促进。文化和旅游相互支撑、优势互补、协同共进，才能形成新的发展优势、新的增长点，才能开创文化创造活力持续迸发、旅游发展质量持续提升、优秀文化产品和优质旅游产品持续涌现的新局面，才能更好地满足人民对美好生活的新期待，促进经济社会发展，增强文化软实力，提高文化知名度与影响力。

二　资源融合

摸清文化产业和旅游产业的共用资产，做好各类资源的梳理、整合与提炼应用，建立促进文化和旅游消费的长效机制，顺应居民消费升级趋势，积极培育网络消费、定制消费、体验消费、智能消费、时尚消费等消费新热点，让文旅文创发展有支撑。

旅游资源与文化资源具有一定重合性，旅游资源既包括山水林田湖等自然景观，也包括楼台亭榭等人文景观。自然景观是有限的，而人文创造是无限的，文化资源为旅游业发展提供了最丰富、最深厚、最具魅力的元素。因此，要对当地所有的文化、旅游资源进行梳理和普查。改变文化资源与旅游资源分离的局面，通过挖掘和开发地区文化资源来促进旅游业发展，通过旅游业的发展实现对文化资源的保护性开发。

要找准文旅文创资源融合的切入点，打造新型的文化创意旅游资源。充分运用先进技术挖掘、保护、传承和开发有形文化资源和非物质文化遗产，打破资源壁垒，把资源优势转化为经济社会发展新动能。

结合文化创意旅游资源的门类开发旅游产品，开拓文化创意旅游产品的空间布局和产业链，形成品牌集聚效应。开发特色旅游商品、推出地方风味菜肴、建设文化主题酒店、提供特色交通服务、打造精品演艺活动，推动文化元素全面融入旅游各个环节，让旅游变得更有魅力。

三　市场融合

市场要素的融合是旅游产业与文化创意产业融合的动力和目标，具体表现为以消费市场、市场营销、品牌培育与整合等为融合要素，以市场空间的扩大、产品营销模式的创新、文化创意旅游产品品牌的产生为融合成果。

市场要素的融合推动企业主体融合，共享文化创意产业与旅游产业融合的红利。在市场融合过程中，应建立健全文化消费营销推广大数据应用体系。一是强化产（行）业内部的创意交流、设计合作，形成多层次、多样式、灵活度极高和交互性极强的融合产品；二是畅通市场需求与创意生产的信息渠道，确保产业融合最终产品的市场认可度及最大化激活其潜在价值；三是综上两点形成具有核心竞争力的核心产品（及服务），并面向对应的特定文化消费人群，构建符合市场需求的有效营利模式。

（一）市场主体融合

加强发展引导。推动文旅文创企业在发展定位、产品生产、营销推广等各个环节实践产业融合发展理念，推进文化产品的旅游转化和旅游产品的文化衍生，发展形成产业融合的内生动力。

鼓励对接合作。鼓励文化企业、机构与旅游企业、机构合作，支持文旅文创企业和机构在内容、载体、产品和服务上相互渗透，推动形成一批文旅融合发展、具有较强竞争力的领军企业、骨干企业。

优化营商环境。深化“放管服”改革，进一步优化文旅文创企业审批政务服务环境，为相关企业提供行业发展形势、政府政策导向、市场监管思路等资讯，尤其在后疫情时期，更要努力为文旅文创企业发展纾困解难。

（二）市场营销融合

打造品牌，促进市场营销融合，推动文化产业和旅游产业营销方式交叉渗透。创新旅游产品的销售模式和文化产品的消费方式，推进市场化运作、资本化运营、品牌化整合，为文旅融合发展提供持续的市场推力。创新文旅文创融合 IP 体系。建设旅游目的地 IP 创新体系，依托现有成熟 IP

带动区域未成熟目的地 IP，通过 IP 植入和构建，延伸旅游目的地 IP 价值。

进行媒体营销。通过与知名娱乐媒体，抖音、快手等短视频媒介和网红等自媒体的跨界合作，借助媒体平台吸引游客关注，提升游客对旅游品牌的认知。通过文化媒体进行跨界旅游营销，利用电视和网络的综艺娱乐节目、手机短视频传播等产生的高流量和传播力带动区域旅游发展。

（三）市场监管融合

建立文旅文创市场联合执法机制。落实《关于进一步深化文化市场综合执法改革的意见》《关于深化文化市场综合行政执法改革的指导意见》，规范文化和旅游市场投诉处理流程，联合各执法部门形成合力，推动执法队伍整合到位，加大文旅文创市场秩序整治力度，依法打击违法违规行为；建立文旅文创市场应急反应机制，制定文旅文创突发事件应急预案，督导文化市场、旅游景区等场所建立突发事件应急反应机制；建立文旅文创市场信息监督员制度，依据各地实际情况，建议在市、县、乡地区组织选任文化市场信息监督员，打造监管模式网格化、义务监督全员化、监督领域全面化的文旅文创市场监管体系。

要以文化市场综合执法改革为契机，促进市场监管融合，推动文化和旅游市场监管工作一体部署、一体落实。为文化领域和旅游领域小微企业、民营企业融合发展营造良好政策环境。

四　产业融合

产业融合是文旅文创融合发展的核心。文化产业附加值高、变现能力强且最具融合力，旅游产业消费感染力、产业带动力和经济拉动力强。要寻求文化产业与旅游产业的契合点和融合点，发挥各自优势，形成新增长点。扬长避短和取长补短，实现协同发展，整合延伸，集聚互补。具体可分为产业渗透模式、产业重组模式和产业延伸模式。

（一）产业渗透模式

产业渗透模式是指关联产业通过不同的融合路径，相互向对方渗透融合，实现产业一体化融合发展。文化消费的产业经济作用和市场基础作用促进了渗透型融合的出现。通过产业融合、产业转移创新和产业投资，文化创意产业与旅游产业相互渗透，形成产业渗透型融合。在渗透型融合中，现代技术、文化消费起了非常重要的作用，它们帮助实现了产业创新、产业转移，在创新和转移中实现了不同产业的价值链渗透，增加了产业渗透的新内涵，进而形成了新产业或新业态，新产业则更具文化内涵和技术特色。如创意产业园区旅游开发模式，表现为依托文化创意产业园区、文化产品生产基地，以参观、游乐、体验、购物等旅游活动为主要内容，促使创意产业园区探索一条向旅游景区转型发展的道路。目前我国文化创意产业园区主要有四种类型：以设计生产为主的园区，以文学与艺术品原创为特色的园区，以休闲娱乐为主的园区，以产品展示为主的园区。

（二）产业重组模式

产业重组模式主要是指旅游产业与文化创意产业通过内容或商业模式上的重新组合融合为一体的过程。产业的经济作用、文化消费的经济作用和市场的基础作用推动产业重组模式融合。产业的经济作用分解了产业原有的价值链，促使价值链重新组合和配对，新价值因而不断出现；文化消费的经济作用提取了文化创意产业与旅游的文化元素，将原有文化产业价值链中的核心增值环节提炼出来，进一步深化、加工；市场的基础作用则为重组型融合提供了市场需求支撑，这就是产业重组型的融合。产业重组模式包含了新的价值链，新的价值链包含了原来不同产业的核心价值创造活动，因而新的融合型产业兼具原来各产业的特征，但又开创了全新的商业模式，大大地推进了产业的升级换代。

近年来，各地兴起对创意旅游空间的打造与设计，这充分展现了产业重组模式的特性。注重融入代表本土文化的创意元素，注重完善创意旅游空间的创意交流、文化体验、产品展示和交易等功能，与城市商业消费空间、文化旅游休闲空间形成互动，吸引文化创意企业入驻，开展创意活动。创意旅游空间以城市文化主题公园、特色博物馆、特色街区、主题社区、村落等地理空间为依托，形成创意人群生活方式和以创意思维、创意文化为主的文化空间和生活空间，最终促使整座城市成为创意空间，实现旅游产业与文化创意产业在空间上的广泛融合。具体来说，一是在现有基础上，充分挖掘梳理当地文化内涵，开发以当地特色内涵文化为核心的文化主题公园，打造凸显当地特色的旅游景点；二是推进城市特色博物馆建设，活化文博产品，拓展博物馆互动体验功能，开发多样化的娱乐、休闲、体验项目；三是提炼具有当地特色的城市文化资源，打造符号化的城市文化创意特色街区，注重优化街区布局；四是依托当地村落、院落，形成各种创意社区或主题村落，最终形成创意景点，塑造当地文化创意旅游城市整体形象。

（三）产业延伸模式

产业延伸模式是指文化创意产业将其产业价值链延伸至旅游产业，实现两大产业的融合。文化消费的经济作用和产业的经济作用促进了文化创意与旅游的产业延伸型融合。文化消费的经济作用延伸了产业价值链，产业的经济作用使原有产业出现产业越界行为，文化创意产业向旅游产业越界，旅游产业向文化创意产业越界，进而通过文化创意产业和旅游产业的功能互补和延伸来实现产业间的融合，原有的产业融合了另一个产业的新附加值和功能，形成了带有融合特征的新产业，这就是文化创意产业与旅游的延伸型融合。根据延伸的方向，产业延伸融合分为两种方式，分别是旅游产业向文化创意产业延伸模式和文化创意产业向旅游产业延伸模式。

如景区旅游演艺模式，就属于文化创意产业向旅游产业的延伸型融合，主要是指两大产业的相关企业采用各种科学技术、制作手段及表现手法，依托知名旅游景区或景点，以资源为载体，以演艺活动为内容而发展形成的旅游产品或表现形式。这类模式的构建实现了文化产品与旅游产品的完美融合，既以现实的代表性景区为依托，又找到了凸显地方文化特色的演艺形式。首先，融入地方特色，扩充演艺项目，打造旅游演艺精品。在当地现有剧目的基础上，以文化创意为手法，依托当地景区，挖掘当地特色文化资源优势，创作大型实景剧等演艺剧目，打造一批具有地域文化特色、具有全国影响力和市场效益的旅游演艺产品。其次，整合优势资源，加快演艺娱乐载体建设。整合当地现有场馆优势资源，建设大型演艺娱乐中心。

同时扶持民营文艺演出团体的发展，鼓励大型演艺机构充分利用自有资源，搭建集演艺总部、演出经纪、影视制作、场馆经营、休闲旅游于一体的文化艺术经营综合体。此种形态，以旅游者为主要受众，依靠著名景区景点或相关历史文化，利用艺术与现代科技的深度融合，创造性和创意性地演绎历史或文化，注重演绎的体验性、文化性、艺术性和参与性，其本质是旅游业与文化创意融合的市场化与产业化，体现了文化消费的经济作用。

五　业态融合

业态融合是指将多种单一的业态形式在空间或服务方式、服务内容、服务对象上加以组合，复合成为一种能满足人们需求的新业态形式。[①] 市场需求变化的拉力、市场竞争的推力、科技进步的有力保障、产业链延伸和相关产业渗透的辅助动力、产业转型升级的压力，促进了文化旅游产业和文化创意产业的融合。根据融合后新产品分类的特点可分为：全新型融合、换代型融合、改进型融合。

（一）全新型融合

全新型融合是指利用科技新成果，运用新原理、新技术、新工艺和新材料，将不同产业形式加以融合，开发出新业态、新产品。此类业态具有显著的新特征和新性能，甚至能引起生产方式或消费方式的改变，比如信息技术产业下的数字旅游。现代科技的快速发展，数字技术、新能源、新材料为文旅文创产业的融合提供了新的手段和技术，丰富了文化旅游产品的供给，提高了旅游产品的科技含量。如利用 AR、VR、MR 和人工智能等创新文化旅游形式，给人们带来新的体验和感受，提高文旅文创产品的吸引力。

（二）换代型融合

换代型融合是指在原有业态的基础上，融入了新技术、新元素、新思想而更新为新业态形式。此类业态形式开发相对容易，投入资金较少，所需时间较短，能迅速取得较好收益，同时能满足消费者日益增长和变化的

---

① 蔡勇志：《零售业产业融合研究》，福建师范大学硕士学位论文，2006。

需求。此类业态是在原业态基础上产生的。例如博物馆等文博场所的数字化升级改造，博物馆把藏品开发成文创产品，并进行动漫化、音乐化、游戏化和影视化的演绎，培育壮大沉浸式文旅、研学旅游、考古旅游等新业态，通过新兴技术的突破，拓宽文化创意旅游的内涵和边界，衍生出音乐旅游、电影旅游、艺术旅游等形态。除了产品和内容层面的创新，在营销传播方面，利用新的媒介资源，创新表达方式，从文化传扬到旅游宣传，进一步开拓文旅市场，建立地方文旅爆款 IP。

（三）改进型融合

改进型融合是指在原有业态的形式、内容、功能等方面进行改进，以更加符合消费者多元化需求特点的一种模式。此类新业态是基于原有业态模式进行的改进或提升，在一定程度上不仅降低了开发的风险性，同时也缩减了市场推广普及的时长。将传统业态的功能转变成一种新模式的文化旅游，摒弃传统的单一、静态的观光旅游业态模式，形成各类符合市场细分需求的新型旅游产品，并有助于旅游市场的开拓和可持续发展。例如沉浸式文化体验，主要通过对民间舞蹈、民间音乐和民俗宗教活动等进行开发，形成综合性的旅游体验类活动。在此类融合中游客的参与性极强。

六　服务融合

服务融合既是完善基本公共服务、实现文化和旅游服务普惠于民的现实需要，也是支撑文旅产业发展、助推行业繁荣的强大动力。服务融合能最大限度地利用资源和节约资源，扩大产品、服务覆盖范围，从而为文旅融合拓展全新空间，发挥更大作用。

（一）城乡统筹发展

推进城乡文旅文创公共服务均衡发展，把城乡文旅文创公共服务均衡发展纳入国民经济和社会发展总体规划及城乡规划，推进城市提质扩容工程、卫生和交通等领域专项整治工程、城乡接合部美化亮化硬化工程、重点区域绿化工程、节能减排工程，打造新型农村示范社区、美丽乡村建设示范区等；优化城乡公共文化资源配置，利用文博展览车、流动舞台车等可移动设施设备，积极开展“流动”的文化服务，让乡村居民不出家门就能获得文化体验，与城市共享优质公共文化资源，打通公共文化服务“最后一公里”；进行“区—地区—街乡—社区（村）”四级公共文化服务网络建设，打造“15 分钟文化服务圈”。建立城乡公共文化资源双向流动机制，积极开展“文化进农村”活动，助力乡村振兴，组织优质文艺作品和公共文化产品走进乡村。合作搭建“农民文化进城市”平台，进一步挖掘乡村特色文化资源，让节庆文艺演出、非物质文化遗产展示和传统技艺演出等乡村艺术走进城市社区。

（二）场所设施建设

推进文旅文创公共服务网络建设，运用互联网、云计算、大数据等技术，丰富文旅文创公共服务网络资料，强化文旅文创公共服务数据分析，努力提供较为精准的数字服务。依托数字化信息平台，加强行业统计和经济运行监测，并利用大数据精准识别各种公共服务需求，提高公共服务效率，从而进一步打造智能化服务型政府。依托大数据智慧平台，将游客与目的地旅游服务相连接，维护旅游市场秩序，构建当地旅游市场的诚信体系，提升当地旅游综合服务能力，打造“文旅文创公共服务生态圈”。依托各地的旅游资源和人文优势，创新打造文旅文创公共服务融合示范点，深入推动文旅文创公共服务供给侧改革，统筹文旅文创公共服务设施、场馆、资源、服务的管理与利用，推出一批特色优质文旅文创公共服务体系平台，探索文旅文创公共服务融合的地区模式；做好文旅文创公共服务综合规划，统筹地区经济、人口、资源等因素，因地制宜综合考虑进行文旅文创公共服务场所设施建设；着眼于群众的内在需求和现实可操作性，分类别、多渠道征求意见，有重点、分层次地建造各类文旅文创公共服务空间和设施，实现文旅文创公共服务的优质、均等、共享。

（三）公共服务转化

将旅游宣传推广功能植入公共文化设施。在公共文化设施内设置旅游咨询台；与旅游企业合作，在各地区文化中心开展“带着图书去旅行”等一系列旅游分享活动；集合《公共文化服务保障法》《公共图书馆法》等线上闯关答题、文旅场馆线下互动解谜等寓教于乐的创新方式，吸引更多群众走进公共文化设施和旅游景点；将公共文化资源引入旅游场所，在酒店、民宿、景区等旅游场所创设公共阅读空间，开展面向公众的惠民文化活动；在游乐园、公园等旅游场所和景区举办讲座、演出、展览、庙会、灯会等活动，推动优质文化和旅游资源的双向转化；升级改造转化场馆功能，改造升级和新建扩建一批博物馆、图书馆、文化馆、音乐厅、美术馆、影（剧）院等，为民众提供更多更好的文化服务和产品；探索将乡镇（街道）综合文化站、农村文化礼堂、景区旅游服务中心等场馆，改造成为具有当地文化印记的文旅文创驿站，集当地历史文化与非遗展示、文旅文创商品售卖等功能于一体。

七　职能融合

职能融合即逐步打开文化单位和旅游单位间的“围墙”，深刻认识文化是旅游的灵魂，旅游是文化的载体，二者相辅相成、互相促进。要研究职能融合发展新思路，加强顶层设计，规划好方向和目标，制定好政策，整合好已有工作，确保相互兼容、不留空白。

（一）国家层面

通过形成政府保障、科技保障和社会保障，促进文旅部与其他部门职能的融合推进。

1. 强化政府保障

建立工作协调机制，统筹文旅文创及相关产业的规划衔接、政策支持、引资招商、项目建设、推广宣传等方面工作，推动文旅文创职能互促发展；引导文化产业和旅游产业资源开发，打造精品产品；扩大对外文化交流格局，提升我国文化的国际影响力和竞争力；打造结构科学、梯次鲜明、业务精湛、凝心聚力的文化旅游干部队伍，完善文旅干部知识储备，提升其工作技能，为文旅文创干部队伍建设制定规划；不断加强制度建设，为文旅文创融合发展提供根本保证。

2. 强化科技保障

运用现代信息技术不断提升旅游领域的数字化水平，形成科技保障。

支持在相关产业进行技术创新，推动实现技术层面的融合发展，并在项目研发、场景体验、营销推广等领域广泛应用；支持传统文旅文创龙头企业打造各类平台，以数字化、网络化、智能化为技术支点，实现文旅文创产品综合化服务、互动化传播、沉浸化体验；强化智慧景区建设，扩大基于5G、超高清、增强现实、虚拟现实、人工智能等技术的新一代沉浸式体验型文化和旅游消费内容。

3. 强化社会保障

一是积极引导民间资本参与文旅文创资源开发。依托各地资源实际，整合特色文化资源和旅游产品，推动资本对接资源，促进民间资本和民间资源的活化，激发民众自主创新创业，推动文旅文创产品个性化发展。二是加快人才培养和人才融合。包括文化管理人才、旅游管理人才、艺术创作人才、市场经营人才的培养，以及文化和旅游管理人才的融合、艺术创作与市场经营人才的融合，把相关人才“对接”在一起，提供人才支撑。三是充分调动民间力量参与文旅文创融合。激活民间力量，唤醒民众的保护意识，注重活态传承和生产性保护，实现文旅文创产品的生活化和共享化。如激活民间艺术力量，调动民间博物馆实现“没有围墙的博物馆”；鼓励民间收藏界、名人团队进行交易交流和志愿服务等。

（二）省级层面

完善体制机制，促进省级层面的文旅文创职能融合。

1. 坚持政府引导

充分发挥政府在政策法规上的引导作用，制定和完善推动文旅文创融合发展的相关产业政策，建立两大产业融合发展的地方法规体系，实施与两大产业政策相衔接的文化产业和旅游产业发展政策。

2. 做好产业规划指导

全面梳理省级层面的文化旅游和创意产业资源，制定产业融合发展总体规划，明确市场定位，落实发展总体目标和阶段性任务，为全省发展文旅文创产业提供切实指导；优化和丰富文旅产品供给，开展文化惠民活动，提供群众参与度高的文化服务；开展文化旅游精品建设，着力提升旅游产品的技术水平和文化内涵，优化游客场景体验；加强文化旅游新业态建设，依托已有资源升级产品，着力开发度假休闲游、场景体验游、温泉养生游、乡村民宿游等产品，提升旅游者的消费需求。

3. 创新管理体制

一是推动文化产业与旅游产业管理体制改革，建立协调、高效、互促的文旅文创产业管理体制，组建文化旅游创意产业集团，逐步建立起富有活力、符合市场经济规律的文化旅游管理体制；建立健全重大节假日文化旅游工作统筹协调机制，积极履行监管职责，分工协作，制定突发事件应急预案，做好突发事件处置工作，预防特重大事故发生。各类文旅文创活动运营机构应承担和履行主体责任，组建应急救援团队，积极主动进行隐患排查等工作。二是完善考核奖励机制。加大督查考核力度，持续关注重大项目建设进程，推进旅游示范区创建等重点工作。三是强化对国有景区、文旅文创产业园区的考核激励和动态管理，提升省级文旅文创产业发展能力和相关辐射带动作用。四是完善文旅文创品牌创建、文艺精品创作等方面的奖励扶持机制，尤其应加大对省级重大文旅文创品牌创建的奖励补助。

（三）市县层面

整合各类要素，促进市县层面文旅文创职能融合。

1. 资源整合

依托市县地区自然资源和文化资源，融合历史文化要素。在做好保护市县历史文化资源工作的基础上，深度挖掘历史文化资源，开发红色旅游等产品，加强场景体验建设。

2. 功能整合

市县社区居民的生产生活需求问题，是文化旅游景区打造和项目设计前要思量的第一要义。历史文化街区、古寨村落、宗庙祠堂、桥梁街道等设施天然兼具公共服务功能，在文旅文创融合发展过程中，要加强功能建设，带动旅游服务水平升级，坚持打造宜居宜游的旅游目的地及和谐发展的空间。

3. “三产”整合

一是与第一产业融合，发展农业采摘、乡村旅游、休闲观光游等，开展乡村旅游精品示范工程、乡村旅游扶贫带动工程、乡村旅游业态培育工程、乡村旅游“后备厢”工程、乡村旅游电商推进工程、百万乡村旅游创客工程等。二是与第二产业融合，发展工业旅游、场景体验游等。创建全国工业旅游示范点、产业品牌示范区，加快旅游户外用品、特色食品、美容保健品等的生产；打造工业博物馆和体验馆（含住宿、餐饮、体验式教育），改善土地资源利用和城镇风貌；鼓励企业利用工业园区、工业展示区等因地制宜发展工业旅游；建设旅游商品研发中心、工业旅游商品设计中心，强化上下游产业项目支撑，鼓励企业创新设计特色创意旅游商品，满足旅游者的个性化定制需求。三是与第三产业融合，发展旅游演艺、影视旅游、会展旅游等，推进旅游与交通运输、旅游与信息技术、旅游与租赁商务、旅游与教育娱乐等的融合。

八　场所融合

场所融合为载体，一是在公共文化服务建设转型中融入旅游要素，将设施空间打造为旅游目的地，研发适合旅游需求的文创产品；二是在旅游公共服务中加强文化赋能，包括旅游交通服务、旅游标识系统、游客服务中心、旅游厕所、停车场、外部交通、公路服务区等方面。

文化和旅游部门之间的主要合作领域如下。一是文化机构对历史遗迹、博物馆、画廊、剧院和音乐厅等旅游场所和旅游活动提供的专业咨询；通过人工智能新技术尤其是虚拟现实、增强现实技术在博物馆、文化馆、美术馆等文化和旅游场景的应用，丰富数字文化、智慧旅游的内容和表现形式，增强游客的参与感、互动性和体验感，激发文化和旅游消费活力，推动文旅文创产品发展。二是在旅游场所开发文化活动，如在古建筑物、古迹、历史街区、艺术画廊等空间载体里开展的活动。三是组织民俗活动、节庆活动、特色活动等，发展城市文化旅游部门之间的联合营销，旨在促进城市文化旅游品牌化发展。开辟文化空间，增加阅读推广、文化演艺、非遗展示、文创产品展销等公共文化服务功能，利用旅游数字服务系统发布当地公共文化服务信息，合作开展文化旅游和文旅节庆活动等推介活动。

第三节　基本类型

本节基于不同视角对文旅文创融合的类型进行梳理和归纳总结，主要从产业价值链角度、区域规模角度、表现形式角度和时间演化角度，梳理文旅文创融合的基本类型。

一　产业价值链角度

从产业价值链角度看，文化产业和旅游业融合发展有三种模式：互动延伸型融合模式、重组型融合模式、渗透型融合模式。有学者指出互动延伸型融合模式属于初级阶段，重组型融合模式属于中级阶段，渗透型融合模式属于高级阶段。

（一）利益驱动下的产业价值链互动延伸型融合模式

旅游产业和文化产业存在天然的耦合性和功能互补性。在利益的驱使下，功能互补的旅游产业和文化产业之间，通过产业价值链的互动延伸而实现产业融合的模式，称为互动延伸型融合模式，该模式是文旅文创产业的低层次融合。延伸融合后的产业，具有新的附加功能和更强的市场竞争力。如文化馆/博物馆/纪念馆、文化产业示范基地、文创/文化产业园、演艺、影视、古城/村/街文化、名人故居等向旅游功能的延伸，拓宽了文化产业市场范围，丰富了旅游产业内涵，满足了旅游者的精神需求。

（二）需求导向下的产业价值链重组型融合模式

所谓的重组型融合模式，是指具有密切联系的文化产业和旅游产业，为满足游客深层次的愉悦性需求，将各自独立的产品和服务通过产业价值链的重组，实现产品和服务创新的融合模式。该模式是文旅文创产业融合的中层次融合。文化产业和旅游产业重组型融合模式具有资本重组、业态重组、结构重组、商业重组等形式。产业创新是推动产业重组的核心驱动力，二者是互促互长的关系。通过产业重组可促进产业创新，通过产业创新可促进产业发展。两大产业的重组型融合模式可产生新的业态产品，如通过会展、体育、音乐、传统节日等文化业态与旅游活动的重组，可形成会展旅游、体育旅游、音乐旅游、节庆旅游等业态产品。业态产品的创新，可吸引大量人流、物流和信息流，带来产品所在地经济的大幅增长。

（三）科技推动下的产业价值链渗透型融合模式

随着现代高新技术的发展，文化产业和旅游产业相互向对方渗透融合以形成新产业形态的文旅一体化发展模式，被称为文旅融合的渗透型融合模式。在文旅文创融合一体化过程中，根据两大产业主导地位的不同，可以分为文化产业向旅游产业渗透的融合模式和旅游产业向文化产业渗透的融合模式两种形式。

二　区域规模角度

文旅文创产业融合受到资源、产业、体制等多方面因素的驱动，具有典型的时空演化特性。文旅文创融合早期表现为以文化旅游资源的开发为主，空间上呈现“点”状发展，形式表现为文化旅游产业主题景区；中级阶段表现为跨界融合，是文化旅游产业和其他文化创意产业的跨界融合，空间上呈现“线”状发展；文旅融合的高级阶段表现为地域融合，以挖掘文化要素促进文旅文创地域的空间发展，表现为“面”状发展。

（一）点状发展

文旅文创融合的初级阶段，主要以现有或挖掘旅游目的地的文化资源为基础开发文化旅游产品。其中主要的表现形式是文化旅游资源的开发，即深入挖掘地区文化旅游资源或增加现有旅游产品的文化内涵。通过文创业态的植入激活景区氛围，提高空间资源的使用效率，带动景区的文化转型发展。在发展实践中，世界文化遗产地、历史街区、民族特色旅游地、古镇旅游地等为这一阶段的主要产品形式，具有深厚文化底蕴的区域发展形成具有吸引力的文化旅游景观，实现区域风貌提升、内涵活化和产业升级，最终形成景区化发展路径。

（二）线状发展

文旅文创融合的中级阶段是产业融合发展。伴随文化产业的发展，文化旅游产业和文化创意产业边界交叉，形成耦合型产业，或出现兼顾两大产业职能的新型业态。与旅游产业最为密切的文化产业率先形成文化－旅游耦合型产业，随着时间的推移，更多的文化产业融入系统，整个系统具有由单一向综合性发展的演化特征。文化产业中的影视、动漫等，具备率先形成耦合产业的特性。产业基地、产业集群、社区－产业集群综合体，是“文旅文创耦合型产业系统”良性运转的主要途径；培育复合产业基地、多元产业集群、主题社区产业集群综合体等形式的经济增长实体是“文旅文创耦合型产业系统”的最终目标。此阶段形成的多是基于城市休闲和人文旅游的环产业融合园区公园游憩带模式和基于核心企业带动的产业融合园区集聚模式。

（三）面状发展

文旅文创融合的高级阶段由早期点状的文化旅游资源开发、中期线状的文旅文创产业耦合演变成为文化主题区域的面状发展。一方面，以地域性的文化主题为内涵，发展具有 IP 效应的地域文化主题游，在空间上构成面状发展格局，通过创意设计，集合地域文化特征和需求文化特征的双重属性，引领地域的整体发展，其基本表现为以地方或赋予的文化为主题进行地域化打造。另一方面，积极寻求文化差异定位，进行个性化发展。基于地域资源的内生性形成地域文化主题，抑或引进外联文化营造地域主题文化。通过个性化、地域化的打造和运营，对文旅地域化产品、设施及服务的设计，以及与主题相关的核心旅游产品及配套设施进行差异化地域融合，形成全域化的主题形象。

三　表现形式角度

（一）体验型文旅融合

主要开发如节庆活动、演艺和体验类旅游活动，通过市场手段吸引游客参与其中。对非物质文化遗产进行体验型开发主要是对民间舞蹈、民间音乐和民俗宗教活动等进行开发，形成综合性的旅游体验类活动。在这类活动中游客的参与性极强。

（二）保护型文旅融合

以文化线路为主要对象，通过对文化的保护和旅游的开发实现文旅融合。印加路网、立陶宛琥珀之路、日本纪伊朝圣之路以及丝绸之路等多处线性遗产先后被列入世界文化遗产。文化线路不仅能为旅游和文化的交流提供平台，还可通过对线路的开发促进区域旅游合作。文化线路具有巨大的潜力，可以鼓励城市居民与游客广泛参与文化活动，提高对共同文化遗产的体验性认识。

（三）创意型文旅融合

通过文化创意设计将文化与旅游结合起来，形成新的文化创意产业，促进旅游业发展。旅游与创意旅游之间的关键环节是文创产业。2007 年大英博物馆推出“秦始皇·中国兵马俑特展”，借展费用高达 30 万英镑，外界担心这是桩“亏本买卖”。然而，大英博物馆配合展览推出的兵马俑纪念品大受欢迎，其以此轻松赚回了借展费用。纽约现代艺术博物馆 MoMA 在馆内和馆外开设 3 家自营的艺术商店——MoMA Store（收藏品的衍生展台），通过售卖馆藏衍生品增加新的利润。“传统新造”不是新鲜话题，而在华语文化圈里，将馆藏衍生品开发为充满文创话题和经济效益的有台北故宫博物院。2013 年其推出风靡一时的康熙手书复制品“朕知道了”纸胶带，这是台北故宫博物院由“传统馆藏仿制品”制造走向“现代文创”开发之路的重要标志。

（四）重组型文旅融合

打破原有旅游和文化产业的界限，将旅游产业和文化产业重组构成新的产业链。以新加坡博物馆节、塞尔维亚世界音乐节、英国爱丁堡艺术节为代表的节事旅游，以日本为代表的动漫旅游，以韩国为代表的影视旅游等都吸引了大量游客。如参观奥地利布雷根茨音乐节的人数从 1987 年的 12.6 万人次增长到 2007 年的近 20 万人次。

（五）延伸型文旅融合

旅游业与文化产业互相延伸从而实现文化与旅游的交叉融合。在文化产业与旅游产业互动中，文化产业向旅游产业延伸所形成的影视基地、动漫主题乐园、创意设计园区、会展中心等，都属于文化产业向旅游业延伸所形成的文化产业景点，如美国好莱坞影视基地、东京海贼王主题乐园等。2017 年，全球十大主题公园游客总量同比增长 8.6%，好莱坞环球影城的哈利·波特主题区在首个运营全年中游客增长了近 100 万人次。

四　时间演化角度

自改革开放以来，我国旅游产业与文化产业有着非常明显的融合发展趋势。纵观 40 多年来旅游产业与文化产业融合发展的历程，其大致可以分成三个阶段：第一个阶段是以文化为基础的旅游产业，主要包括旅游景观、旅游商品、旅游酒店、旅游餐饮、旅游交通、旅游娱乐等产品形式；第二个阶段是文化产业和旅游产业联动发展，主要包括旅游演艺、文化节事、创意聚落、影视产业、博物馆事业、艺术产业等；第三个阶段是带动关联产业形成产业集群，主要包括教育培训、健康养生、生态农业、房地产业、休闲商业、宗教朝圣等关联产业。

（一）以文化为基础的旅游产业发展阶段

旅游产业是一个以旅游为核心，由多个行业构成的产业集群，主要包括餐饮、住宿、交通、游览、购物、娱乐等六个产品板块。文化旅游产业集群发展过程中的第一阶段主要集中在旅游产业内，表现为旅游六要素中的旅游景观、旅游餐饮、旅游酒店、旅游商品、旅游交通和旅游娱乐等，主要功能为形成文化特色。随着社会经济的发展，旅游产业六大板块也经历了由满足基本需求到满足个性化情感体验的发展过程，文化在其中所占的份额越来越大。

（二）文化产业和旅游产业联动发展阶段

旅游产业和文化产业融合发展过程的第二阶段，是文化产业与旅游产业紧密结合并联动发展的阶段。在这一阶段，创意的主要作用是营造旅游体验。“体验经济”的发展促使文化创意与旅游紧密融合，从而形成了一种文化与旅游交叉的文化产业形式。体验是人的一种深层次、高强度或难以言说的瞬间性生命直觉，体验是旅游活动的本质，任何旅游活动都可以归结到游客从旅游过程中获得的主观经历、感受与回忆。旅游体验是在旅游时发生的，是旅游者在经历了不同的旅游情境之后所获得的主观感受。通过创意的作用，旅游目的地的文化元素和文化特质被演绎成各类文化产品，形成文化空间和氛围，为旅游者制造出独特的文化旅游体验。

文化产业由于与旅游产业有深刻的耦合性和极强的产业关联度，可以与旅游产业进行联动发展。旅游产业能够带动文化产业发展，同时文化产业也能够带动旅游产业发展，在文化产业与旅游产业融合形成的文化旅游产业集群中，文化产业主要的表现形式包括演艺产业、文化节事、影视产业、创意聚落、博物馆业、艺术产业。

（三）带动关联产业形成产业集群阶段

旅游产业和文化产业融合具有非常强的综合带动作用，进入21世纪，我国旅游产业的发展日益呈现文化旅游产业综合体的发展态势，产业之间的界限不断模糊，并形成文化旅游产业高度融合并带动其他产业集聚所形成的综合产业集群。如西安曲江新区、深圳华侨城等，都是以文化创意为核心，并带动文化产业、旅游产业、教育培训、健康养生、生态农业、地产开发、宗教朝圣、城市发展等综合发展的大型文化旅游产业综合体。

第三章
文旅文创融合发展历程

【案例导入】

文旅融合，要有明确的战略意识

文化和旅游融合发展是从国家层面推动的关乎国家文化发展大计、旅游市场繁荣的战略性举措。由于文化发展领域与旅游发展领域分别是两个庞大的系统，两者在各自的发展轨道上又具有常年积累下来的发展逻辑和思维惯性，两者之间的融合涉及观念、制度、机制、市场、主体等多个方面。文化旅游融合发展是一个长期性、战略性任务，需要政、产、学、研、媒的协同努力。系统梳理和把脉文化旅游融合发展的战略性问题，分清主次，分清轻重缓急，从战略性问题的寻找、解决和突破入手，可能会起到事半功倍的效果。

首先，理解从国家层面推动文化旅游融合发展的战略意义。

第一，文旅融合发展是旅游消费升级的客观需求。中国旅游市场消费升级的动因主要来自几个方面。一是中国新一代主流旅游消费群体的崛起，即以“70后”“80后”为主体的新中产和“90后”“00后”新一代青年消费主体。他们不再满足于传统旅游形式，更喜欢个性化、多样化的旅游选择，由此对旅游内容的文化性、知识性需求不断提升。二是新一代旅游消费主体对文化类景点和景区文化属性的需求增长也离不开国家倡导的传统文化复兴的战略决策引导。改革开放40多年来，中国整体实力提升，人们在物质需求得到基本满足后，逐渐对中国文化的回归和求知产生需求。三是新技术革命飞速发展和快节奏、机械化的城市工作与生活，使更多的旅游者渴望回归乡野，催生了诗意栖居的文化需求。

第二，文旅融合发展是对旅游人文属性的体认。长期以来，人们比较注重对旅游行为经济学意义上的考虑，对不同游客的个性化需求关注比较少。但旅游本身是一种文化行为，是人类个体基于自身的文化、精神需求而开展的空间流动性的行为，游客不仅是经济学意义上的数字，更是人文学意义上的生命，旅游的决策、动机、体验与游客个体的审美趣味、文化背景等诸多人文因素息息相关。促进文化旅游融合发展，增强对旅游人文性的认知，是对每一个活生生的游客个体的生命特性、精神特性和行为特性的观照。

第三，文化旅游融合发展是国家与地方文化发展与产业转型的新动能。文化建设常年以来坚持文物保护、公共文化服务、文化产业发展三轮驱动模式，但是，在调研中发现，地方文物保护、公共文化服务更多依靠财政支持，缺乏活力。文化旅游融合发展有利于为地方协调和统合文物保护、公共文化服务、文化和旅游产业发展提供全新的发展思路，同时可为一些文化资源富集、经济欠发达地区的文化发展带来旅游市场因素的经济动能，激活地方的特色文化资源。文化旅游产业作为一种全新的低碳环保、无污染、高附加值的现代服务业产业类型，正在成为推动地方经济社会转型发展的新动能和新的生产力。

客观审视当前的文化旅游融合发展现状，有助于我们更为理性地推进文化旅游融合发展的战略实施。在宏观层面，有几个在推动文化旅游融合发展中需要审视的重要问题。

第一，地方文化旅游发展中过度的经济化考量，对文化的健康发展造成了压力。地方在推进文化旅游融合发展过程中，长期受GDP思维、土地财政等惯性影响，将文化旅游发展进行过度经济化的理解和阐释，“旅游压倒文化”的现象普遍存在，缺乏科学合理的融合机制设计和长远的发展思路，有些地方以旅游为名对文化遗产进行侵夺、占有，甚至带来不可挽回的损坏。一些文化遗产地的保护和研究机构为了应对旺盛的旅游需求，疲于奔命，文物的保护和学术研究工作都受到了不同程度的影响。

第二，对思想文化问题关注不够。随着文化旅游融合发展的热度不断上升，加之文化旅游发展直接与实际利益、商业因素挂钩，很多传统的文化研究机构、文化服务部门蜂拥而至，一些学者也四处跑场，使得很多更深层次的、需要坐冷板凳研究和关注的思想文化问题无人问津。要充分认识到，国家文化复兴和文化软实力的提升，不仅仅是文化旅游市场的繁荣，而且要有更深层次的思想文化理论创新、当代文化价值观的建构、文艺创作的高峰和文化制度的创新等。

第三，文化旅游融合的理论建设相对滞后。文化旅游融合的理论建设涉及两个主要的方面：一是文化理论与旅游理论的融合建设；二是应结合中国特色社会主义的文化管理制度、文化建设方法论和中国特色社会主义的旅游管理制度和旅游市场发展方法论，发展出一套符合中国国情的中国特色社会主义文化旅游融合发展制度、机制和方法论。没有理论建设，配套的、有效的文化旅游融合发展政策就规划不出来。同时，文化旅游融合的理论建设对于中国特色社会主义文化理论建设也具有重大的意义，是建立理论自信、文化自信的重要内容。

第四，地方文化旅游发展普遍存在外部指导内部、地方性生长不够的问题。在调研中发现，目前，很多地方文化旅游项目的文化叙事以无中生有、娱乐性为主，对当地的文化总结和挖掘不够，很多外部的规划设计机构、专家学者没有足够的时间沉下来体验、感受和研究在地文化，一下飞机就开始为地方指点江山、规划蓝图，这种“自上而下、外部指导内部”的现象，造成不少地方文化旅游规划千篇一律、缺乏特性的局面。每一个地方有独特的文化传统，包括地方性文化知识和地方性文化情感，而游客来到一个地方旅游，最感兴趣的往往就是在地性的文化体验，感受在地性的文化情感和文化味道，从而带来独特的体验和活在当下的感受。而对这些内容和内涵的挖掘和呈现，需要借助外在的启发，更需要借助对地方性知识、地方性叙事的整理和发掘。

第五，对地方文化遗产生态理解存在偏差。遗产保护不仅是一个本体性保护，更重要的是生态性的保护。很多地方在认知遗产生态保护与旅游开放之间的关系时往往存在两个方面的偏差。一是在文物属性方面，重物质性历史文化遗产，轻自然属性的景观性文化遗产，如在广大的西部地区，对戈壁滩、沙漠绿洲、冰山等自然景观生态遗产的保护措施和力度有限，过度开发的情况比较严重。二是文化遗产生态不仅指遗产内部的物理性范围，还包括文化遗产本身及周边生态的生态圈。以敦煌莫高窟为例，莫高窟的生态保护，不仅是莫高窟内部的环境状况，而且莫高窟周围的戈壁质量、鸣沙山的风向等因素，都会对莫高窟的生态产生影响。很多景点、景区周边的农家乐以品尝当地的野生动物为招牌，这就有破坏生态的嫌疑。

因此，当国家推动的文化旅游融合发展尚处于开启阶段，在没有足够的理论建构、制度建构和问题把脉之前，不宜“一窝蜂”地大干快上，被经济利益绑架。应秉持对历史负责的态度，积极系统梳理和把脉文化旅游融合发展的重要问题、战略性问题，加大文化旅游融合的理论性问题研究，制定出台文化旅游融合发展的法律法规和政策措施，着力解决制约文化旅游融合发展的机制性障碍，加强体制改革力度，释放国有文化旅游机构市场活力，增强民间力量参与文化旅游融合发展的动力，从顾全长远整体利益的视角审视问题、破除障碍、审慎决策，让文化旅游融合发展真正接续文脉、留住乡愁、惠及人民、造福地方。

（来源：中国文化报，http://guancha.china.com.cn/2019-12/16/content 40997363.html，2019 年 12 月 16 日）

文化旅游是一种古老的具有特色的旅游形式。“读万卷书，行万里路”，实际上就已将旅游和文化融合起来了。古人在游览名山大川时，留下世代传诵的名言佳句，实际上就是一种深度文旅融合的体现。新时代背景下，旅游业发展进入新纪元，文旅文创融合已成为政策的风口、行业的热点和经济社会的增长点。本章尝试探讨文旅文创融合的发展历程，挖掘文旅融合的内在逻辑和内在价值，推进文旅文创融合发展。首先通过对文旅文创融合发展的历史脉络和国家层面的文化和旅游政策文件的梳理，重演文化和旅游融合发展的过程，从中识别中国文旅融合阶段性特征、演进的驱动因素，阐释文旅文创融合的运行机制，探索文旅文创融合的存在性价值，并判识文旅文创融合的趋势，找到我国文旅文创融合的关键问题。

第一节 历史脉络

自从2000年党的十五届五中全会提出“推动有关文化产业发展”以来，我国的文化产业经历了体制改革攻坚期，已然步入高速发展期。2018年文化和旅游部成立，标志着文化旅游产业将进入高质量发展阶段。改革开放40多年以来，文化和旅游的融合发展经历了一段从低到高、由浅入深的过程。

一 探索期

1978～2000年为文旅文创融合发展的1.0期，即探索期。这一时期，中国文化和旅游的发展基本处在探索产业发展规律、学习国外先进国家和地区的发展经验、初步形成我国文化和旅游基本产业体系的阶段。文化产业和旅游产业的发展逐渐对经济的进步和社会的发展产生影响，虽然其产业地位和经济增长贡献尚不显著，但是，这一阶段作为我国未来文化和旅游融合发展的探索期和基本战略的定位期，对未来中国文化产业和旅游产业的迅速发展产生了深远影响。

1978年，原隶属外交部的中国旅行游览事业管理局改为中国旅行游览事业管理总局（简称“国家旅游局”），并直属国务院领导。1979年，全国旅游工作会议提出，旅游工作要从“政治接待型”转变为“经济经营型”。1983年，我国正式成为世界旅游组织成员。1985年底，国务院把旅游业纳入国家的国民经济和社会发展计划，确立了旅游业在我国国民经济中的产业地位。1986年初，国务院原则批准了国家旅游局编制的旅游业发展规划，做出了扶持旅游业发展的一系列决策。1990年，率先放开中国公民赴新加坡、马来西亚和泰国的自费旅游。文旅产业开始在国际市场得到发展。

1992 年，中共中央、国务院将旅游业确定为第三产业中的重点产业，由此，文化旅游融合在市场经济体制逻辑和邓小平建设有中国特色社会主义的理论双重支撑和引领下开始迅速发展。1992 年，国家旅游局以“中国友好观光年”为主题，拉开全国旅游主题年序幕，此后 20 年间，近半数的旅游年主题为观光旅游性质。1995 年 3 月，国家旅游局正式启动中国优秀旅游城市创建工作。

1985 年，中国加入《保护世界文化与自然遗产公约》，我国的世界文化遗产数量逐渐增至 23 处，成为具有国际影响力的文化旅游目的地；北京、上海、西安、杭州、桂林等少数具有世界级文化和自然资源的旅游区域快速发展，成了主要的入境旅游目的地。这一时期，文化与旅游产业主要是依托古都、古城、古镇、文物、遗址等高品级的历史文化资源，通过旅行社组织，形成了诸如故宫、长城、泰山、兵马俑、莫高窟等世界级文化旅游产品及线路。

这一阶段，是文化和旅游互相借力借势、双向奔赴的过程。在此时间段内，我国人均 GDP 从 299 美元增加至 945 美元，城镇居民国内旅游出游人均花费达到 678.6 元；入境旅游人数从 514.1 万人次增加至 3122.88 万人次，国内旅游人数从 2.7 亿人次增加至 7.4 亿人次。[①] 按照国际规律，当人均 GDP 低于 1000 美元时，观光旅游的发展处于初级阶段，旅游业的发展模式是典型的资源导向型。此外，这 20 余年我国旅游业发展的总体定位是外事接待和创汇产业，所以这一时期我国旅游业发展的基本方针是“以入境游为主，以国内游为辅”。

二　成长期

2001 ~2010 年为文旅文创融合发展的 2.0 期，即成长期。这一阶段是文化和旅游形成融合共识、累积融合势能的过程。中国文化发展和旅游发展都获得了长足的进步，文化和旅游融合发展的规模和水平有显著的提高，

---

① 张飞：《文旅融合：历程、趋势及河南路径》，《中国旅游报》2020 年第 6 期。

文旅产业业态成为我国尤其是中西部地区旅游产业发展的基本业态。同时文化旅游产业体系初步形成，文旅产业基础设施建设水平大幅提高，初步形成国内旅游、出境旅游和入境旅游三大市场结构。中国文化在以文旅产业为主线的发展进程中，逐步具备了全球影响力和传播力。可以说，通过纵向的深度融合，文化与旅游融合发展的基本格局业已形成，文化旅游产业已成为第三产业中重要的现代服务业和国民经济中的优势产业。

受1998年亚洲金融危机影响，旅游业成为我国扩大内需的重要抓手。2000年6月，国务院办公厅转发《关于进一步发展假日旅游的若干意见》，正式确立“黄金周”假日制度，国内旅游开始成为中国旅游业发展的主体。2005年，在国家旅游局的直接推动下，红色旅游成了旅游的热点。2006年，国务院发布《关于深化文化体制改革的若干意见》，文化产业开启大发展大繁荣时代。2004~2010年，文化及相关产业的增加值扩大了3倍多。2007年，国家旅游局批准故宫博物院等66家景区为国家第一批5A级旅游景区。2009年8月，国家旅游局和文化部发布了《关于促进文化与旅游结合发展的指导意见》，标志着文旅融合成为文化产业和旅游产业发展的必然趋势。在行业动态上，文化旅游业态呈现多元化，以《印象·刘三姐》（2004年公演）、《宋城千古情》（1997年首演）等为代表的实景演艺项目，深受游客的喜爱；以深圳欢乐谷（1998年）、常州恐龙园（2000年）等为代表的主题游乐园，吸引了大量游客；以丽江古城、平遥古城、江南古镇和南京夫子庙等为代表的古城古镇古街区文化旅游产品，集中涌现于文化旅游市场。

10年间，我国人均GDP从1042美元增加至4434美元，城镇居民国内旅游人均花费从708.3元增加至883元；入境旅游人数从3316.67万人次增加至5566.45万人次，国内旅游人数从7.84亿人次增加至21亿人次；文化及相关产业增加值从2004年的3345亿元增加至11052亿元，国内旅游收入从2001年的3522.4亿元增加至12579.77亿元。按照国际标准，观光游剧增（人均GDP超过1000美元）、休闲游骤升（人均GDP超过2000美元）、度假游渐旺（人均GDP超过3000美元）、文化娱乐消费增长（人均GDP1500~3000美元），表明文化旅游业已进入快速成长期。

三　快速发展期

2011 ~2017 年为文旅文创融合发展的 3.0 期，即快速发展期。在这一时期，文化和旅游在市场因素驱动下全方位快速地融合发展。文化和旅游相互赋能，在信息科技的支撑下迅速衍生出新型文旅产业业态；文创产品迅速占据市场，满足了国内旅游消费者的刚需；部分地区形成了以文旅产业为先导产业或重要产业的新型产业结构；提升文化旅游品牌质量和品牌影响力的能力逐渐加强，形成了一批有国际影响力的文化旅游 IP；中国成为全球第四大旅游目的地国家，文旅产业成为中国文化“走出去”“请进来”和国际文化交流的重要依托性产业。

2011 年，党的十七届六中全会做出《中共中央关于深化文化体制改革推动社会主义文化大发展大繁荣的若干重大问题的决定》。首次提出建设社会主义文化强国，系统地阐述了文化和旅游、科技等融合发展是中国特色社会主义文化发展和文化旅游产业发展的主要方向。同年，正式设立国家旅游日。2013 年中央全面深化改革领导小组成立时，旅游被划入了文化体制改革专项小组。2015 年，全国旅游工作会议提出了“商、养、学、闲、情、奇”旅游新六大要素。2015 年 8 月，《开明开放开拓 迎接中国“旅游 +”新时代》提出旅游业无边界，具有天然的开放性、动态性，“旅游 +”的对象、内容、方式可以不断拓展丰富。2016 年，全国旅游工作会议提出，中国旅游业发展要从“景点旅游”向“全域旅游”转变。

在此期间，文化产业和旅游产业双双进入爆发式增长期，资本、科技、创意等市场要素成为文旅融合的驱动力。华侨城、华强方特、广州长隆等主题公园成为全球化品牌，2017 年游客量分别达到 4288 万人次、3849.5 万人次、3103.1 万人次，成功入围全球主题公园前十强。宋城演艺、华夏文旅、山水盛典等旅游演艺项目逐渐品牌化，2016 年全国的旅游演出超过 5 万场，票房收入高达 34.04 亿元。设立各类文旅产业基金，截至 2016 年底，全国文旅产业基金数量超过 100 家，其中规模上百亿元的超过 10 家。各类文旅企业加快资本运作步伐，截至 2017 年上半年，有 25 家文旅企业在我国新三板上市；5G、VR 等科技手段在文旅产业中广泛应用；文旅小镇、主题度假酒店、民宿、文创园区等文旅业态逐渐兴起。

中国旅游投资项目库的数据显示，2013～2017 年，旅游业投资增长分别为 13%、37%、43%、29%、15%，投资增速明显高于全国固定资产投资增速。旅游业成为社会投资的热点和综合开发的引擎性产业，吸引了政府、民营企业、非旅游企业的跨界投资。全国旅游的投资规模不断扩大，投资结构逐渐改善，投资热点加快凸显。经过 2014～2016 年的野蛮增长，旅游业投资趋于回归理性。

这一时期，我国人均 GDP 从 5447 美元增加至 8836 美元，城镇居民国内旅游出游人均花费从 877.8 元增加至 1024.56 元；入境旅游人数从 5758.07 万人次增加至 6074 万人次，国内旅游人数从 26.4 亿人次增加至 50 亿人次；文化及相关产业增加值从 13479 亿元增加至 34722 亿元，国内旅游收入从 19305.39 亿元增加至 45700 亿元。按照国际经验，人均 GDP 超过 5000 美元以后，社会将全面进入休闲时代，度假旅游成为热点，科普类教育开始加速，文化娱乐消费占消费支出的 30%；人均 GDP 超过 8000 美元以后，社会的文物保护意识会形成，艺术、收藏品等市场会出现繁荣，文旅产业业态发展将迎来新契机。

四　全面发展期

自 2018 年至今为文旅文创融合发展的 4.0 期，即全面发展期。2018 年 4 月，国家旅游局与文化部合并，组建文化和旅游部，各省份的文旅主管部门相继挂牌，文旅融合进入全面深入阶段。2019 年 6 月，党的十九大报告《决胜全面建成小康社会 夺取新时代中国特色社会主义伟大胜利》再一次提出，推动文化事业和文化产业发展，满足人民过上美好生活的新期待；要深化文化体制改革，完善文化管理体制，加快构建把社会效益放在首位、社会效益和经济效益相统一的体制机制；要健全现代文化产业体系和市场体系，创建生产经营机制，完善文化经济政策，培育新型文化业态，并庄严宣称“当代中国共产党和中国人民应该而且一定能够担负起新的文化使命，在实践创造中进行文化创造，在历史进步中实现文化进步”。[①] 这标志着中国文化产业发展，文化与相关产业融合发展已全面进入新时代中国特色社会主义的战略架构中，成为全面建成小康社会、实现两个一百年奋斗目标和中华民族伟大复兴的“中国梦”的重要组成部分；成为实现供给侧结构性改革、促进经济转型升级发展的重要产业抓手；成为惠及民生、解决新时代“人民对美好生活的需求和发展不平衡不充分”基本矛盾的重要战略；成为构建新开放经济体系、提高我国文化软实力和国际影响力的重要途径。

在新型城镇化战略背景下，社会经济再次高速发展，为文旅产业提供了经济支撑和发展空间。五大城市群（京津冀、长三角、粤港澳大湾区、成渝和长江中游城市群）和九大国家中心城市（北京、上海、广州等）成为文化和旅游发展的高地，也是未来文旅融合发展的先行区和示范区。北京形成以故宫文创、798 艺术区为代表的文旅创意化发展模式；上海形成以迪士尼、国际艺术节为代表的文旅国际化发展模式；广州—深圳形成以华侨城、长隆为代表的文旅科技化发展模式；江浙地区形成以灵山大佛、乌镇为代表的文旅精品化发展模式；成渝地区形成以宽窄巷、春熙路为代表的文旅生活化发展模式。

大型文旅企业集团依托业已形成的市场占有度和品牌效应，推动旅游消费市场的升级。腾讯公司从“泛娱乐”到“新文创”，将打造更多中国文化符号；景域集团实施 IP 战略，致力打造文旅产业共同体，建立世界级旅游集团。在文旅演艺领域，“印象”“又见”“千古情”等知名旅游演艺品牌加快实现大集团化。在主题公园领域，华侨城、华强方特、大连海昌、广州长隆等不断向二三线城市布局，迪士尼、环球影城等世界一流主题公园入驻中国，主题公园再次成为业界热点。

随着文化旅游消费升级，众多主题鲜明的文旅融合业态开始形成。开发出许多以戏曲文化、工艺文化、民俗文化等非物质文化遗产为 IP 的文化

① 习近平：《决胜全面建成小康社会 夺取新时代中国特色社会主义伟大胜利——在中国共产党第十九次全国代表大会上的报告》，人民出版社，2017，第 44 页。

旅游产品，拓展文旅融合的内容产品；随着5G技术的成熟，VR（虚拟现实）、AR（增强现实）等科技手段被广泛应用于文创产品，极大地提高了旅游体验；博物馆、图书馆、文化馆、艺术馆、文创园等主客共享的公共文化空间，也逐步成为有代表性的文旅融合产品。在未来相当长的时间内，文旅融合将是政策的风口、行业的热点和经济社会的增长点。

第二节　制度变革

旅游产业政策旨在规范行业发展，引导产业上水平、优化产业结构成为调控旅游产业发展的重要手段。自1978年至今，我国旅游产业政策的变迁受多种因素影响，在研究文化和旅游产业政策的演变阶段时，通过梳理具体政策颁布的目的和时期，可以归纳总结出政策颁布和实施的演变情况，从而进一步了解其演变规律，为文旅文创产业发展指明方向。

一　变革历程

根据国内学者的研究成果，在重新梳理文旅产业变革的过程中，以改革开放为起点、以重大改革事件为依据，把文旅产业政策变革做以下阶段划分。

（一）萌芽阶段（1978～1989年）

1978年颁布《关于发展旅游事业的请示报告》，标志着对旅游产业以经济建设为中心的政策调控，确立了政府主导型的旅游产业发展模式。1979年，邓小平同志多次强调："旅游事业大有文章可做，要突出地搞，加快地搞。"[①] 同年出台了我国最早的旅游规划文件——《关于1980年至1985年旅游事业发展规划（草案）》。1981年，国务院常务会议提出"积极发展，量力而行，稳步前进"的旅游业发展方针，并确立了旅游业管理体制的原则。同年成立国务院旅游工作领导小组，10月，国务院发出《关于加强旅游工作的决定》，提出"从中国实际出发，逐步走出一条适合中国国情、日益兴旺发达的中国式的旅游道路"，并强调旅游业既是外事工作的一部分，

① 《邓小平年谱（一九七五——一九九七）》上卷，中央文献出版社，2004，第465页。

也是国民经济事业的重要组成部分。但此时的旅游业还属于行政事业单位，没有改变统一领导、统一经营和统一管理的计划经济模式。①

1982 年，中国旅行游览事业管理局变更为中国旅行游览事业管理总局（简称国家旅游局），自此国家旅游局、国旅社正式分开，不再一同办公，这标志着旅游的产业地位得到初步认同。1984 年，我国旅游业实施了一系列重大体制变革，管理机构名称和职责发生变化，逐步由政府主管的行政职能向政府主导的事业化、企业化转变；由领导型职能改为服务型职能；由政治性转为经济性；从独家经营模式到以国有经济为主体的多种经济形式并存模式；由原来的封闭式等客上门转变为开放式经营。1978 ~ 1984 年，旅游业实现了从外事接待向经济建设的转变，但该时期，我国旅游业仍较为零散，尚未形成较为清晰的产业体系。②

1985 年初，国家旅游局在《关于当前旅游体制改革几个问题的报告》中明确，我国将以“政企分开，统一领导，分级管理，分散经营，统一对外”作为旅游管理体制原则。同年，在国家统计局发布的《关于建立第三产业统计的报告》中，将第三产业划分为三个层次，将旅游业归于第二层次，即生产和生活服务部门。与此同时，各级政府以陕西省颁布的《关于大力发展旅游业的决定》为开端，开始制定省级旅游业政策，提倡以旅游业带动当地经济发展。

1986 年，“七五”计划即《中华人民共和国经济和社会发展第七个五年计划》首次把旅游业发展纳入国家发展规划，标志着旅游业在国民经济中的产业地位被正式认可。1986 年，国家旅游局颁布的旅游事业“七五”计划（《1986 年至 2000 年旅游事业发展规划》）表明旅游业被正式提出。1978 ~ 1988 年，旅游业实现了从计划经济单一接待行业走向市场经济多元服务行业的第一次跨越，这一阶段，旅游供需的矛盾是旅游供给的系统性短缺。③

---

① 熊素玲、周其厚：《论中国旅游业发展及其特征》，《旅游纵览》（下半月）2014 年第 6 期。

② 杨勇、程玉：《改革开放 40 年旅游业发展的中国道路及其世界意义》，《旅游学刊》2019 年第 34 期。

③ 董观志、张银铃：《中国旅游业、旅游学和旅游规划的 30 年述评》，《人文地理》2010 年第 25 期。

（二）初步发展阶段（1990～2000 年）

1991 年，《中华人民共和国国民经济和社会发展十年规划和第八个五年计划纲要》正式确立了旅游业的产业地位。此时，旅游业以一种独立的产业形态脱颖而出，在短时间内积累了进一步发展所必需的产业规模，奠定了我国旅游业发展的坚实基础，中国旅游业实现了“旅游经济产业”的观念突破。

1992 年 1 月，邓小平在南方谈话中提出，旅游业要向市场经济体制转变。6 月，在中共中央、国务院颁布的《关于加快第三产业的决定》中明确指出，要把旅游业列为第三产业中的重要产业。各级政府随之出台类似文件，为发展旅游业指明了方向。10 月，在中国共产党第十四次代表大会上提出了“一手抓海外促销，一手抓国内建设”的旅游业发展方针。此时，我国旅游业的经济功能逐渐凸显，初步形成了国内旅游和入境、出境旅游市场。

1993 年，国务院颁布《关于积极发展国内旅游业的意见》，极大地推动了国内旅游业的发展。1995 年，在党的十四届五中全会上将旅游业列在积极发展新兴产业的第一位，对旅游业的重视程度进一步提高。自 1995 年 5 月起，我国实行“双休日”工作制，1999 年 10 月，实行“黄金周”休假制度，再加上传统节日，我国职工全年依法享有 114 个休息日。此举大大刺激了国民的旅游消费，旅游市场出现“井喷”现象，国内旅游与入境旅游并驾齐驱，推动了中国旅游业的快速发展。

在经济作用的推动下，各级政府纷纷出台相关政策，激活旅游消费市场。1998 年，国务院在中央经济工作会议中再次明确了旅游的经济产业地位，并把旅游业列为国民经济新的增长点，旅游业发展环境得到了根本性的变化。同年，在全国旅游工作会议中，旅游业被确定为经济发展的支柱产业。此时的旅游产业政策以满足需求为导向，坚持市场经济条件下的政府主导型发展战略，强调要进行市场化改革。

与此同时，文化产业的地位也得到确立，政策不断完善。1998 年 8 月，文化部文化产业司成立，标志着我国文化产业的正式确立。2000 年 10 月，

《中共中央关于制定国民经济和社会发展第十个五年计划的建议》在中国共产党第十五届五中全会通过。“文化产业”和“文化产业政策”概念在中央正式文件中首次出现。2000 年 12 月，国务院出台《关于支持文化事业发展若干经济政策的通知》，制定了有利于我国文化产业发展的财政、税收和金融系列政策。这个时期，旅游产业和文化产业在各自的领域中快速发展。

（三）深化调整阶段（2001～2017 年）

2001 年，《国务院关于进一步加强旅游业发展的通知》明确提出把中国建设成旅游强国的发展目标，着重发展国内旅游，从国家层面上促进旅游业的快速发展。2001 年以来，旅游产业政策处于发展完善期和高密度出台期，同时，旅游产业结构失衡和配套政策缺失也带来了负面影响，所以重点针对国内旅游景区、旅游餐饮、旅游住宿、旅游交通等行业出台了一系列有规范性、针对性的政策法规。如国家旅游局对旅行社和导游的管理条例做出了全面修订，各项政策法规更符合产业的时代发展。自 2004 年起，开始关注单项旅游产业的发展，相继推出红色旅游、乡村旅游、生态旅游等新型旅游形式。

2006 年，我国旅游业发展“十一五”规划纲要明确提出将旅游业培育成国民经济主要产业的发展目标。2007 年颁布的《旅游资源保护暂行办法》《关于启动中国旅游强县创建试点工作的通知》、2009 年出台的《国务院关于加快发展旅游业的意见》、2014 年出台的《关于促进旅游业改革发展的若干意见》等，规范引领全国各个地区的旅游业发展，多数省区市将旅游业确定为未来发展的支柱产业或主导产业。2011 年，国务院确定“中国旅游日”，推动旅游业迈向大众旅游时代，并推动出境旅游的发展。2012 年，中国开启新一轮的改革开放。2013 年，中共中央做出《关于全面深化改革若干重大问题的决定》，标志着旅游业进入深化改革的新纪元。

为了迎合旅游消费市场和加大旅游产业的发展规模，2015 年，国家旅游局明确提出了“515 战略”，即要利用网络和信息技术带动我国旅游业的创新发展，由此出现了“互联网 + 旅游”的概念和模式。2016 年，《关于落实发展新理念加快农业现代化实现全面小康目标的若干意见》又明确指出，我国现阶段旅游发展的重点是休闲农业活动体验和乡村旅游，开发建设具有地域特征、历史文化内涵、民族风俗特色的特色小镇，由此带动乡村的经济发展，推动乡村旅游的发展。同年5月，国家体育总局和国家旅游局签订了《关于推进体育旅游融合发展的合作协议》，随之又出台《关于大力发展体育旅游的指导意见》，推动了体育旅游的蓬勃发展。12月，文化部响应政府号召，实施“一带一路”文化发展行动计划，推动中华文化“走出去”，扩大中华文化的国际影响力。2017年，国家旅游局相继下达《国家温泉旅游》、“国家体育旅游示范基地”和“国家体育旅游精品赛事”的有关通知，使得旅游产业更加多元化。2017年6月，国家旅游局发布了《全域旅游示范区创建工作导则》，此文件既是全域旅游示范区创建工作的行动指南，也是全域旅游实践工作的纲领性文件，其核心就是从“全时、全空、全民、全业、全制”五个方面进行全面融合发展。同年12月，又出台了推进特色小镇建设的相关政策和建议，为城乡旅游协调融合发展奠定了良好基础。

同一时期，文化产业也做出相应的改革。2003年9月，在文化部《关于支持和促进文化产业发展的若干意见》中提出要大力发展文化产业，明确文化旅游业是文化产业的一部分。2004年，文化部《关于鼓励、支持和引导非公有制经济发展文化产业的意见》从经济上明确了要对文化产业发展进行大力扶持。2005年，各级政府相继按照中央意见，因地制宜地制定了详细的文化产业发展纲要或战略。

文化产业与旅游产业的互动联系日益密切，积极开发文化旅游产品。2009年8月，文化部、国家旅游局《关于促进文化与旅游结合发展的指导意见》提出打造活动品牌、推出高品质演艺产品、进行品牌化经营、举办项目推介洽谈会、加强市场推广、积极培育人才、规范经营秩序等内容。9月，文化部颁布《关于加快文化产业发展的指导意见》，提出促进文化与旅游相结合，建立《文化旅游节庆活动扶持名录》和《国家文化旅游重点项目名录》。鼓励对演艺与旅游资源整合，在知名旅游景区打造高品质、有特色的演艺精品。9月，国务院又发布《文化产业振兴规划》，明确提出要扩大文化消费，这标志着发展文化产业已经上升到国家战略层面。

作为国民经济中的支柱产业和国家战略，旅游产业政策与文化产业政策呈现双向融合的特点。2009 年 12 月，国务院发布的《关于加快发展旅游业的意见》首次明确了旅游业作为战略性支柱产业的地位，提出要对旅游业的制度进行全面改革、优化旅游业的消费环境、加快旅游基础设施的建设、实现旅游产品多样化、培育新的旅游增长点等。2011 年 10 月，《中共中央关于深化文化体制改革 推动社会主义文化大发展大繁荣若干重大问题的决定》，提出推动文化产业与旅游等产业融合发展。积极发展文化旅游，促进非物质文化遗产保护传承与旅游相结合，发挥旅游对文化消费的促进作用。11 月，国家旅游局《关于进一步加快发展旅游业促进社会主义文化大发展大繁荣的指导意见》提出，要支持创建文化旅游活动品牌、推出一批非物质文化遗产旅游精品、提升一批旅游演艺精品、制作旅游工艺品等五点具体措施。2012 年 2 月，中办、国办《国家“十二五”时期文化改革发展规划纲要》提出，要加快发展文化产业，积极发展文化旅游，积极扩大文化消费等。文化部《“十二五”时期文化产业倍增计划》编制了文化旅游发展规划，提出要打造特色产业集聚区、国际知名旅游演艺及系列活动品牌，深度开发文化旅游工艺品。文化与旅游不断融合，其对国民经济的增长性、带动性和辐射性作用日益凸显。

（四）优化调整阶段（2018 年至今）

网络信息技术的高速发展和新技术的不断涌现使旅游产业发展的基础、结构、组织形态和空间布局等都发生了巨大变化。2018 年，国务院办公厅出台《关于促进全域旅游发展的指导意见》，要求全域旅游的发展工作要落实好八个方面的重点任务，并确定 2018 年为“美丽中国——2018全域旅游年”。同年 4 月，文化和旅游部正式成立，标志着文化旅游发展进入新阶段。11 月，文化和旅游部等 17 个部门联合印发了《关于促进乡村旅游可持续发展的指导意见》，文件较好地贯彻了文化旅游融合的思想。先后出现“旅游 + 农业”“旅游 + 体育”“旅游 + 文化”“旅游 + 房产”等新的产业模式，跨界融合的全域模式应运而生，且发展势头强劲，成效显著。

2019年，作为脱贫攻坚的关键年，消费扶贫成为文化旅游产业的热点。有关部门相继出台《关于深入开展消费扶贫助力打赢脱贫攻坚战的指导意见》《动员全社会力量共同参与消费扶贫的倡议》等文件，加大旅游消费扶贫力度。“文旅融合、全域旅游、夜游经济、5G+旅游、共享住宿”等2019年热点关键词，体现出旅游市场的活力。中共中央办公厅、国务院办公厅、文化和旅游部、国家统计局等相关部委纷纷发布相关政策，助力旅游业发展。国家发展改革委出台《2019年新型城镇化建设重点任务》，住房和城乡建设部颁布《风景名胜区总体规划标准》，国家林业和草原局出台《国家级森林公园总体规划审批管理办法》，农业农村部发布《2019年国家现代农业产业园创建名单》，自然资源部发布《关于加强村庄规划促进乡村振兴的通知》，文化和旅游部先后出台《国家全域旅游示范区验收标准（试行）》《关于促进旅游演绎发展的指导意见》《文化和旅游规划管理办法》《在线旅游经营服务管理暂行规定（征求意见稿）》等，中共中央办公厅和国务院办公厅也相继发布《关于以2022年北京冬奥会为契机大力发展冰雪运动的意见》《关于建立健全城乡融合发展体制机制和政策体系的意见》《关于建立以国家公园为主体的自然保护地体系的指导意见》《关于进一步激发文化和旅游消费潜力的意见》《长城、大运河、长征国家文化公园建设方案》等。不难看出，旅游产业政策呈现多部门联合、涉及范围广、紧跟市场发展动态的特征。

2020年，突如其来的新冠肺炎疫情改变了文旅产业规划的发展轨迹，文旅产业在困局中寻找变局与生机。1月，文化和旅游部办公厅印发《关于全力做好新型冠状病毒感染的肺炎疫情防控工作暂停旅游企业经营活动的紧急通知》。2月，文化和旅游部公共服务司首次印发《公共图书馆、文化馆（站）恢复开放工作指南》和《旅游景区恢复开放疫情防控措施指南》，指导全国旅游景区在做好疫情防控的基础上，稳步恢复景区开放工作。同时，文化和旅游部办公厅推出《关于暂退部分旅游服务质量保证金支持旅行社应对经营困难的通知》，帮助文旅企业渡过难关，支持文旅企业平稳健康发展。此外，2020年也是“十三五”向“十四五”跨越的历史交汇期。文化产业和旅游产业在高质量战略目标的指引下，进入提质增效的新阶段。3月，国家发展改革委等23个部门联合印发《关于促进消费扩容提质加快形成强大国内市场的实施意见》，重点提出“推进文旅休闲消费提质升级”。9月，文化和旅游部印发《关于深化“放管服”改革促进演出市场繁荣发展的通知》，采取一系列举措，推进演出市场繁荣发展。10月，文化和旅游部、国家发展改革委等三部门联合印发《关于开展文化和旅游消费试点示范工作的通知》，探索激发文化和旅游消费潜力的长效机制，培育壮大文化和旅游消费新业态新模式，尝试促进文化和旅游消费高质量发展，助力形成强大的国内市场。11月18日，文化和旅游部在总结近年来数字文化产业发展工作的基础上，结合产业发展新形势新趋势，研究制定了《文化和旅游部关于推动数字文化产业高质量发展的意见》。11月30日，文化和旅游部、国家发展改革委等十部门联合印发《关于深化“互联网+旅游”推动旅游业高质量发展的意见》，提出优化“互联网+旅游”营商环境，以数字赋能推进旅游业高质量发展。

2021年，在实现高质量发展的过程中，多个部门联合持续发力，继续支持旅游行业企业解难纾困发展，规范旅游行业发展。5月，文化和旅游部印发《关于加强旅游服务质量监管 提升旅游服务质量的指导意见》，从六个方面提出29条具体任务，有针对性地破解旅游业高质量发展的制约性因素。6月，文化和旅游部发布《“十四五”文化和旅游发展规划》，随后陆续出台一系列专项规划，并建立健全“十四五”规划实施机制。各省区市陆续出台本级“十四五”文化和旅游发展规划及专项规划。10月，文化和旅游部会同国家体育总局编制《滑雪旅游度假地等级划分》。11月，文化和旅游部出台《文化和旅游市场信用管理规定》等。

二　演变特点

通过梳理和总结各个阶段的价值导向以及围绕特定的价值导向所颁布的文化和旅游政策，可以发现，文化和旅游产业政策演变有一定的规律，并呈现如下的特征。[①]

（一）颁布主体从多元化向一体化转变

随着改革开放的不断深入和社会经济的高速发展，我国文化和旅游产业政策的颁布主体也发生了根本性的变化。在改革开放初期，由于党政不分，以党代政，导致旅游业管理政出多门，加上旅游业的关联效应，涉及各个产业，即农业、工业、第三产业等，其管理和规范涉及部门除了国务院、文化部和国家旅游局，还有国家林业局、水利部、农业部等，旅游产业政策的颁布主体多元化特征明显。但近年来，随着市场经济体制的不断深化改革，政出多门的现象逐步得到治理，各个部门的分工进一步明确，文化和旅游产业政策颁布主体逐步归为国务院和其领导下的文化和旅游部，这是文化和旅游产业政策制定和发布的权威主导部门，其他部门是配合推出相应分解性的产业政策，以落实国务院、文化和旅游部的相关政策，同时站在本部门的角度，更好地配合和落实本部门的工作。可以看出，文化和旅游产业政策颁布从过去的多元化向一体化转变，凸显了文化和旅游产业政策实施的权威性和针对性。

（二）实施工具从行政性向市场主体性转变

政府和市场是产业发展的两只手，政府通过相应产业政策协助弥补市场的不足，以确保市场这只“无形的手”更加有效和规范。在我国旅游产业发展的初期，在从接待型向产业型转变的过程中，旅游产业政策工具从最初简单的行政命令式，逐步向市场主体性转变。客观而言，在旅游产业规模弱小、基础条件差的时代，全国一心，上下合力，不折不扣地执行了行政命令式的旅游产业政策，在某种程度上促进了日后文化和旅游产业的发展，但在文化和旅游产业规模逐渐壮大和市场经济日益复杂的今天，过去那种强制性的文化和旅游产业政策已无法适应复杂多变的、日益融合的全球化市场，文化和旅游产业政策的实施工具也摆脱了单一性和行政性特点，逐步通过混合性多元政策的协同引导，依靠市场经济这只“无形的手”，

① 生延超、刘晴：《旅游产业政策演变及价值导向研究（1978～2018）》，《旅游研究》2019年第4期。

通过市场机制的自我调控，来实现产业政策的引导性和规范性。

（三）实施范围从宏观性向区域针对性转变

在旅游业发展的早期，为了调动资源、激发各部门的积极性，政府从宏观层面出台全局性的指导文件，以期快速发展旅游产业。1978 年 3 月中共中央发布的《关于发展旅游事业的请示报告》明确提出，要调动一切积极因素，使中国旅游业呈现全新的面貌。但是，将传统的旅游接待业当作一个国民经济的产业部门来发展，是没有任何经验可借鉴的，这个时期的旅游产业政策都是全局性的指导性政策，针对性不强，实效性较弱。但随着我国经济持续增长、旅游产业的不断成熟，这种“大而笼统”的旅游产业政策逐渐无法适用于旅游经济的发展，各个部门颁布的旅游产业政策越来越有针对性，内容越来越具体，可操作性也越来越强。从 20 世纪 90 年代开始的有中国旅游特色的旅游主题年活动就是一个最好证明，这种以产品为主导型的文化和旅游产业政策，有力地促进了专项旅游产品的迅速发展，红色旅游、生态旅游等迅速成为热点旅游产品，大大促进了旅游产业的发展。近年来，相继出台的针对乡村旅游、“旅游 + ”等的产业政策非常具体，科学性强，实施成效显著。可见，文化和旅游产业政策的实施改变了过去的宏观性，向针对性和科学性转变。

（四）实施目的从国家意愿向产业本身发展转变

产业政策的颁布和实施是随着产业的发展而逐渐完善的。新中国成立初期，旅游产业政策是为了赚取更多的外汇，为社会主义建设服务，因此这个时期的旅游产业政策要体现国家意愿，加大基础设施建设，以大力发展入境旅游。但随着经济社会的发展，国家需要刺激国内消费来实现国民经济持续健康发展，20 世纪 90 年代，国家开始通过刺激居民旅游消费来实现国内旅游市场的大发展，期待通过旅游业带动社会经济的发展，为实现这个目标，国家旅游局和相关的部门全力配合，纷纷站在本部门的角度出台相应的政策。进入 21 世纪以来，旅游产业的规模和影响力不断壮大，使得必须将旅游产业作为一个单独的产业来看待，要按照产业规律来颁布和出台相应的产业政策。因此，出台以产业自身发展为主导的产业政策成为趋势，各个部门开始制定新的产业政策，关注旅游产业的综合效应，重视其关联效应，刺激其融合效应，期待其在区域经济和谐发展、乡村振兴等战略中发挥更大的作用。

第三节 价值判断

新时代条件下，文化与旅游相互渗入、互为支撑、协同并进、深入融合是推动旅游高品质发展的必然要求。本节从目标识别、效益提升、实施路径等方面判断文旅融合的内在价值，并结合党中央确定的“五位一体”社会主义物质文明与精神文明建设理念，判定文旅融合的内在价值应综合表现在经济效应、社会效益和生态效应上。

一 目标识别

“十四五”规划中提出“以文塑旅，以旅彰文”的基本原则，文旅融合以文化和旅游为两大主体，两者间交互共生。通过主体关系分析，文旅融合的发展目标应分为以下几个方面。

（一）以文塑旅，形成“旅游＋文化”融合发展

“旅游＋文化”，也就是以旅游为基础，融合文化。一是旅游与文化元素相融合，深度挖掘当地的文化资源，开发以历史文化、红色文化、非物质文化、工艺文化等特色文化为文化元素的特色旅游。二是旅游与公共文化相融合，在旅游街区、景区、公园、游园等旅游场所内，建设图书馆、艺术馆、博物馆、纪念馆等公共文化设施，开展各类展览、演出、公益讲座等文化活动，在丰富旅游内容的同时，增加旅游活动空间的文化属性，提升旅游场所的文化氛围。三是旅游与文化产品相结合，大力开发旅游演艺、历史街区、文化主题公园等文化旅游产品，将文化创意融入设计开发中，提升旅游产品的文化品位与内涵。

（二）以旅彰文，形成“文化＋旅游”融合发展

“文化＋旅游”，也就是以文化为基础，融合旅游。一是加强文物的保

护开发利用，在充分保护文物的基础上，对文物进行旅游利用开发，活化文物资源，彰显文化底蕴。二是加强非物质文化的传承开发利用，以非物质文化遗产为重点，开发非物质文化展示、非物质文化技艺演示、非物质文化体验等旅游活动，在传承非物质文化遗产的同时，发展非物质文化旅游。三是加强公共文化设施场所的资源开发利用，提高博物馆、艺术馆、纪念馆、图书馆等公共文化场所的旅游功能，开发研学旅行、文化艺术交流等旅游产品，增加公共文化空间的旅游属性。四是文化与旅游产品相结合，在主客互动过程中将文化渗透到旅游产品中，无形中有形地推动文化的发展。

（三）文旅共生，形成"文旅+"融合发展

"文旅+"就是"文旅"作为一个主体，与其他产业和元素进行融合。一是加快文旅产业与其他产业融合，如"文旅+农业""文旅+工业""文旅+科技""文旅+教育""文旅+体育""文旅+养老""文旅+房产""文旅+金融"等，拓宽文旅融合发展的领域，培育文化旅游新业态。二是文旅产业与空间单位融合，推动"文旅+乡村""文旅+城市""文旅+大自然"等区域旅游发展，拓展文化和旅游融合的广度。三是文旅产品与流行元素结合，推动"文旅+电竞""文旅+综艺""文旅+直播""文旅+扮演"等多种新型融合模式，赋予"文旅+"多元化、时代化的特点。

（四）文旅共建，推动文化与旅游深度融合

文化和旅游的深度融合，不是单纯简单叠加的过程，而是要形成两者共生共荣、共建共享的状态。① 一是借助多方资源、多方力量共同参与文旅深度融合的过程，通过政策制定、资金支持、人才支撑、企业创新和行业组织引领等多方面的努力，为文旅高质量发展提供良好的发展环境。二是开发"沉浸式"文旅融合产品，借助 5G、VR、AI 等技术，设计出一批"沉浸式"的文旅产品，提高游客的体验感，体会文化和旅游融合的魅力。三是打造文化和旅游融合品牌，结合具有地方特色的文化旅游资源，提炼

---

① 廖海利：《文旅融合的角度、广度与深度》，《中国旅游报》2022 年 1 月 6 日。

文旅融合品牌形象，鼓励文化和旅游融合示范企业开发设计一批文旅融合龙头产品，逐步形成地方文化和旅游融合品牌。

二　效益提升

旅游需求主要是属于精神方面的享受和发展需要，是一定文化背景下的产物，是文化驱使的后果。[①] 当前，我国正处在物质消费向精神消费的跃迁期，旅游需求将更加强调文化品质与精神内涵，普通民众的旅游需求正从“有没有”向“好不好”、从“美丽风景”向“美好生活”转变。[②] 早在2009年12月，《国务院关于加快发展旅游业的意见》（国发〔2009〕41号）就明确提出要把旅游业培育成人民群众更加满意的现代服务业。[③] 如今，旅游业已成为我国衡量人民群众生活水平的重要指标。

文化作为经济价值和社会价值复合体，与旅游的融合可以加快旅游产业的产品升级、结构优化、效益提升，共同作用于社会效益和经济效益的同步提升。文旅融合发展的目的是实现经济效益与社会效益的统一，以更好地满足人民对美好生活的新期待。所以，文化与旅游的价值耦合与效益提升，可以体现在文化与经济间、文化产业和文化事业与旅游业间、社会性与经济性间三个层面。

（一）文化和旅游的要素互构

经济、政治、文化是社会生活的三个重要领域，其中，经济是基础，文化既是政治和经济的现实反映，也是政治和经济的构成要素。文化不仅具有价值引导功能和治理功能，而且具有经济功能。具体体现在文化可以将资源转换为经济势能，形成新的产业或经济业态。现阶段，文旅融合的实质就是文化和旅游在要素上的全面融合，宜融则融，能融尽融。

旅游是一种复杂的社会现象，涉及政治、经济、文化、历史、地理、

---

① 王明星编著《文化旅游：经营·体验·方式》，南开大学出版社，2008，第2页。

② 戴斌：《改革中蝶变，开放中成长——我国旅游业发展40年》，《前线》2019年第5期。

③《国务院关于加快发展旅游业的意见》（国发〔2009〕41号），中国政府网，http://www.gov.cn/zwgk/2009-12/03/content_1479523.htm。

法律等多个领域。旅游的本质是以经济支出为手段、以审美和精神愉悦为目的的文化消费活动。[①] 按照英国人类学家爱德华·泰勒在《原始文化》中的定义：文化或文明，就其广泛的民族学意义来讲，是一复合整体，包括知识、信仰、艺术、道德、法律、习俗以及作为一个社会成员的人所习得的其他一切能力和习惯。[②] 文化与旅游的融合，是以旅游业为载体，充分发挥文化的经济效能、社会效能和治理效能。因此，文化与旅游在宏观上的耦合性如图 3－1 所示。

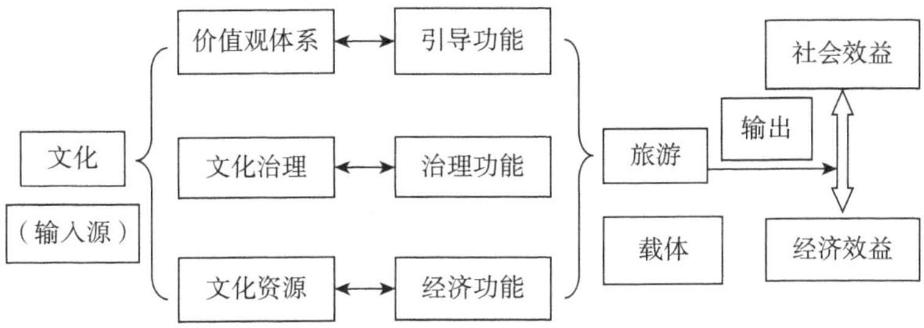

图 3－1　文化与旅游的关系

资料来源：吴理财、郭璐《文旅融合的三重耦合性：价值、效能与路径》，《山西师大学报》（社会科学版）2021 年第 1 期。

从微观角度看，通过文化价值观体系的引导功能，促使旅游从业者和游客之间产生有益互动，即旅游从业者为游客提供高品质的旅游服务和产品；反之，游客从旅游从业者提供的旅游产品和服务中感知价值观，从而提升自己的文化内涵。具有治理功能的文化，一方面可以以意识形态的方式规定旅游业的发展方向；另一方面则可以通过多元参与的方式，调整旅游业治理主体准入门槛，为旅游业的发展营造良好的政治社会环境。文旅融合即通过旅游的经济途径，实现社会效益与经济效益的互动，从而实现政治治理的目标。文化资源的经济功能是显而易见的，各类文化资源可以通过旅游业实现经济价值。最终，文化以旅游业为载体，实现社会效益和经济效益相统一的输出结果。

① 王德刚：《旅游学概论》，清华大学出版社，2012，第 21 页。

② 〔英〕爱德华·泰勒：《原始文化》，连树声译，上海文艺出版社，1992，第 1 页。

（二）文化产业、文化事业和旅游业的价值互补

我国文化管理部门将文化划分为文化事业和文化产业两大类型。前者是指为社会公益目的、由国家机关或其他公益组织在文化领域从事的研究、创作精神产品和公共文化服务；后者是指从事文化产品生产和提供文化服务的经营性行业。[①] 起初，游览历史遗址、博物馆、纪念馆等属于文化旅游，是依据旅游资源特性划分出来的一种旅游类型。而随着时代的发展，文化被赋予更多的内容与功能，文化的有形性元素开始出现在旅游产品中，给文化的发展注入了强大的动力。在旅游业发展的带动下，文化产业兴起，与旅游相互依附，逐步形成文化产业链。目前，文化与旅游的融合主要集中表现为文化产业与旅游产业的融合，比如，文化创意与设计服务产业、演艺产业、动漫产业、工艺产业等经营性产业合作。其实，文化事业也是可以与旅游业互补的。博物馆、文化馆、文化遗址等文化资源在旅游市场发展中被重新定义，成为文化传播的主要窗口，旅游业成为文化事业传承与保护的载体。目前，有学者对文化事业与旅游业融合发展进行可行性探析。例如，在山西省旅游发展规划中，有学者提出山西省旅游业可以依据山西丰富的非物质文化遗产资源进行非遗旅游开发，打造非遗活态化、数字化和品牌化，释放山西非遗旅游价值。也有学者指出，当前的侗寨传统体育文化与乡村旅游尚没有实现真正的融合，为此提出打造传统体育文化与乡村旅游品牌、传统体育文化保护与乡村旅游开发统筹兼顾的思路对策，促进侗族优秀传统体育文化的保护与传承，拓展侗寨乡村旅游内涵。总之，文化和旅游部的组建为更大范围的文化与旅游融合提供了契机，文化事业与旅游业的融合势必成为文旅融合的重点领域。

从当前的文化体制来看，文化与旅游的融合发展还有很大的合作空间，国有文化单位的文艺作品、演艺作品以及传统文化的保护与传承，都能与旅游展开有效的深度融合，一方面可以丰富旅游的文化内涵，提升旅游产品的经济附加值，另一方面通过旅游业可以放大文化的社会效益，满足人

---

① 文化部：《关于支持和促进文化产业发展的若干意见》，大众网，http://www.dzwww.com/xinwen/xinwenzhuanti/sdwhjs/cy/200801/t20080110_3151134.htm。

们的精神需求和游客的文化获得感，提升社会治理水平。[①]

（三）社会性效益、经济性效益、生态性效益和谐共生

文旅融合的价值耦合本质上就是文化与旅游间的经济要素、政治要素和社会要素的耦合，最终是为了实现社会效益、经济效益、生态效益的和谐共生。旅游业作为综合性的产业，包括了吃、住、行、游、购、娱等多个关联性产业，经济价值是旅游业的主要功能。同时，因为旅游可以满足人们对精神文化的需求，旅游业又成为幸福行业之首。所以，让游客在旅游过程中感受文明的力量，获得最大限度的精神满足，刺激游客的消费欲望和提升游客在旅游消费过程中的体验感、获得感，成为当下旅游业发展的重点。当前文旅融合就是通过旅游来体现文化的价值，在获得经济效益的同时扩大社会效益，以文促旅、以旅载文就是实现社会效益与经济效益的有机融合。

不能忽视的是，旅游业也具有生态价值，当文化和旅游实现深度高质量融合时，文旅产业的生态效应就会凸显。生态保护理念的增强使森林、湖泊、湿地等自然旅游景观在旅游发展中得到更多的保护，景区绿化已成为景区开发与管理的重要内容，随着生态价值理念的树立，旅游业将实现社会效益、经济效益、生态效益的有机统一、和谐共生。

三 实施路径

文旅融合的价值耦合和效益提升为文旅融合提供了合理性论证，发展路径则是为文旅融合提供可行性论证。实现文化与旅游的有机、深度融合是当下文旅文创融合需要思考的内容。

（一）注入文化理念，发挥治理效应

文旅文创融合的首要路径就是将文化理念注入旅游之中。文化理念就是价值观和文化治理理念。一是作为价值观的文化对行为起到引领作用；二是文化在政治、社会、经济等方面可以发挥治理效能。

---

① 吴理财、郭璐：《文旅融合的三重耦合性：价值、效能与路径》，《山西师大学报》（社会科学版）2021 年第 1 期。

在《文化的重要作用：价值观如何影响人类进步》一书中，学者们探讨了主观意义上的文化如何在经济发展和政治民主化方面影响社会的进展，其作用如何，又是怎样形成的。[①] 学者们普遍认为，文化有增进或抑制经济和政治发展的作用。不同国家、地区、种族、身份群体，都有自己的文化体系，在不同的历史时期，会产生不同的社会影响效果。价值观的正向性、正确性以及与所属国家、地区和群体内部文化的契合性，是价值观促进人类社会发展的重要因素。我国的社会主义核心价值观是对社会主义核心价值体系的高度凝练，是国家、社会、个人的价值目标和行为准则。如前文所述，文旅融合在价值上具有耦合性，体现在其政治、经济和社会效益的统一性上。社会主义核心价值观符合人类社会和国家发展的目标和需求，为文旅融合发展提供了明确的价值导向，从而形成具有中国特色的文旅融合发展模式。

文化和文化治理具备政治性。文旅融合是国家在文化和旅游发展上的一种意志表达，也是文化和旅游部门的重要职责。如今，文化治理已逐渐深入产业发展，常常以其经济面孔示人，许多国家都把文化直接视为经济增长的一个驱动力，表征为一个国家的软实力。[②] 应该认识到文化治理在政治、社会和经济中的价值，并把握、利用好文化的治理功能。在文旅融合过程中，应该避免文化沦为经济的附属品，避免让文化消费主义掩盖文化本身的意义和价值。用文化塑造统一的价值追求，实现国家利益的最大化，发挥文化在文旅融合中的治理效应。

（二）打造文化品牌，发挥产业效应

要实现产业融合，其关键是品牌的塑造。品牌是产品的价值、定位和形象的集中体现，是在消费市场众多产品中识别自身的渠道。旅游业作为经济能力较强的产业，同样需要用品牌来塑造自身。在全域旅游的背景下，

---

① 〔美〕塞缪尔·亨廷顿、劳伦斯·哈里森主编《文化的重要作用：价值观如何影响人类进步》，程克雄译，新华出版社，2010，第8页。

② 吴理财：《文化治理的三张面孔》，《华中师范大学学报》（人文社会科学版）2014年第1期。

各级政府尝试以地方特色旅游为重点，推出文化旅游品牌。旅游品牌既要彰显自身的文化特色，又要避免产品同质化。由于地理位置、历史发展、民族宗教等因素各异，不同地区文化各有不同，作为旅游体验的重要内容，文化品牌将是打造旅游品牌的有效手段。

打造文化品牌，发挥产业的聚合效应。具备特色文化品牌标识的旅游产品，在复杂的消费市场中卓尔不群，更容易得到投资商和游客的青睐。旅游业作为综合性产业，在拥有文化品牌之后，可以在旅游的食、住、行、游、娱、购等基本要素中添加其独特的文化元素，发挥文化对其他产业的聚合效应。例如，故宫博物院就成功地塑造了自己的文化品牌。北京市作为国家的政治文化中心，具有丰富的文化资源，政治意涵深刻，故宫博物院通过创新，制造出多个极具话题性的文化创意产品，并通过与美妆、电商、餐饮等行业的合作，将故宫中展示的历史文化内容以一种世俗易于接受的形式，融入民众的生活。不仅拉近了故宫文化与民众的距离，而且改变了故宫传统的观看游览形式。通过文创产品，旅游者更方便地领略到故宫及馆内展览品等蕴含的文化，故宫也打造出其专属的特色品牌。

当下，市场竞争日趋激烈，要想得到市场的青睐，首先就要通过塑造品牌来提升品质和服务内容。不管是作为政府发展经济的旅游领域，还是作为企业生产的旅游产品，都要树立品牌意识。品牌成为产品营销宣传过程中的辨识焦点，只有好的产品加上好的宣传，才能吸引游客前来体验和消费。

（三）引导多元参与，发挥互补效应

通过产业融合，文化与旅游的价值都得到了提升，接下来就需要事业和公共服务的融合。文旅融合不单是文化和旅游部门的工作，而且需要社会各行各业的广泛参与和支持。政府是文旅融合工作的管理者、指导者抑或是规划者，对文旅融合的发展负有价值导向的重任；在实践中，还要承担对资本和市场监管的责任。但仅靠政府一方，容易出现干预不当、监管不力、投力不够等政府失灵的现象。市场在资源配置过程中起到决定性的作用，但市场经济也存在盲目性和自发性，容易导致市场失灵，造成只追

求经济效益而忽视社会效益和生态效益的状况。

随着国家现代化治理能力和治理水平的不断提升，公众参与治理的主体意识不断增强，文旅文创的深度融合就需要政策研究院、专业研究人员、社会组织、地方民众、演艺团体等各类社会主体的参与。文旅文创融合市场面向的不仅是以游客群体为主的大众社会，而且文旅文创融合的环境、内容、形象也会被当地居民所感知。所以，在文旅文创融合中，要树立满足民众需求的高质量供给意识，把社会评价作为文旅融合产出的评价指标体系之一。

第四节　内在机理

文化产业与旅游产业之所以能够融合发展，在于二者之间存在融合发展的深层逻辑和内在机理。从影响和促成文化产业与旅游产业融合发展的诸多要素及其相互作用的关系来看，构建文旅文创融合的逻辑理路需要探析文旅文创融合的内在机理。

一　逻辑理路

（一）文旅文创融合的产业逻辑

文旅文创融合从初级形态发展到高端形态的重要标志是业态创新和业态升级。从产业属性来说，文化产业和旅游产业都可以给消费者提供满足精神需求的产品或服务，并且服务对象也出现重合，所以文化与旅游之间的跨界融合更容易产生。金元浦认为，通过“越界”促成不同行业、不同领域重组与合作，有利于文化创意产业内部各部类向高端形态的升级换代[①]；厉无畏提出旅游产业的有智增长（Smart Growth）新模式，其中两个主要实现路径是跨越产业边界联动发展和跨越区域界限联动发展[②]。“文化

① 金元浦：《三大设计之都引领中国创意设计走向世界》，《中国海洋大学学报》（社会科学版）2014 年第 5 期。

② 厉无畏：《创意改变中国》，新华出版社，2009，第 168～170 页。

创意”“旅游+”等概念的提出，也从侧面反映出文化与旅游之间的产业拓展和融合趋势。因此，跨界融合是文旅产业内部实现业态创新和升级的客观诉求。

胡永佳从威廉姆森的“资产专用性”（Asset Speci-ficity）概念中衍生出“资产通用性”定义，即在至少不牺牲生产价值的条件下，资产可以转为他用的程度。① 威廉姆森提出资产专用性有四种类型：专用地点、专用实物资产、专用人力资产以及特定用途的资产。② 反观文旅产业现状，可以发现在地点、实物资产、人力资产等方面都存在资产通用的情况，如博物馆、美术馆、纪念馆、艺术馆、图书馆、体育馆等场馆设施，既可以服务于文体爱好者，也可以供旅游或研学之用。在人力资产方面，随着旅游产品的开发，旅游场所内的文化内容日渐丰富，表演者、手艺人、志愿者等多种类的人才涌入旅游业中，呈现人才互补的现象。通用资产（通用技术、通用设施、通用人力资源等）在文旅产业中的广泛应用，促使文旅产业更多更广地融合。

（二）文旅文创融合的消费逻辑

马斯洛的需求层次理论显示，人在满足生理、安全需要后，会产生更高层次的需要，如归属感、自尊、自我实现等。这种需求层次的变化是缓慢有序产生的，并非突然的、跳跃的。因此，消费需求变化的基本轨迹是从物质需求出发，不断向文化、情感、精神等方面的高级需求演化。随着国民经济的发展，居民的生活水平日渐提高，精神消费需求的增长促使文旅产业进入快速发展期。在文旅文创融合产品开发设计过程中必然会加入更多的文化、情感、精神等内容，以满足游客的需求，提升顾客的体验感。

需求除了有层级的优化外，还要体现复合性。人的需求具有多样性和复杂性，作为群体会因为历史阶段、社会环境、发展水平的不同而产生不

---

① 胡永佳：《产业融合的经济学分析》，中共中央党校博士学位论文，2007，第10页。

② 〔美〕奥利弗·E. 威廉姆森：《资本主义经济制度》，段毅才等译，商务印书馆，2002，第88页。

同的需求。目前，我国社会主要矛盾已经转化为人民日益增长的美好生活需要和不平衡不充分发展之间的矛盾。美好生活就是多样化、个性化的生活消费方式，所以，讲究文化、愉悦、健康等综合性、复合性的体验产品会获得消费者的青睐。人们对旅游的认识不再停留在“看山看水看风景”阶段，而是开始走向“观文品史、体验生活”的新阶段。文旅融合是以产品或服务的形式，将文化认知、旅游体验与身心健康植入现代消费，是对需求复合化的现实回应。[①]

（三）文旅文创融合的创新逻辑

知识外溢使原来可能不相关产业的技术平台变得更为通用，不同产业的发展也越来越依赖于这些平台。[②] 新一轮的科技革命带来了互联网、数字化、大数据、人工智能、VR、5G 等新技术，这些技术也促进了文旅融合业态的升级和载体的创新。一方面，技术创新提供了新的融合载体。例如，移动短视频 App 使人们可以选择“云游”“线上游”，通过网络欣赏不同旅游目的地的美景；移动终端的广泛应用，改变了传统的景区管理办法，在线预约、在线导游、电子门票等管理办法，符合现代游客的消费习惯，提高了景区的管理能力，并可获得有研究价值的电子数据。另一方面，技术创新产生新的融合业态。例如，VR 和 5G 结合给游客带来视觉和听觉上的冲击，使他们能更深入地体验景区的美景和文化；“非遗 + 直播”打破了了解非物质文化遗产的时空局限性，非物质遗产得到了更好的保护与传承。

技术标准拓展了文旅融合的范围。一方面，技术标准给在变动环境下的企业或组织提供可预期的生产标准。通过国家对以信息技术为支撑的文旅新业态、新模式制定的标准，企业或组织获得生产参照，有利于采用同一技术标准的供给主体进入文旅融合领域。另一方面，特定技术标准约束

---

① 江小涓：《网络空间服务业：效率、约束及发展前景——以体育和文化产业为例》，《经济研究》2018 年第 4 期。

② S. Bornkessel and S. Broring and S. W. F. Omta. , Analyzing indicators of industry convergence in four probiotics innovation value chains, *Journal on Chain and Network Science*, 2014, Vol. 14, No. 3, pp. 213 – 229.

下的产业会形成更大的产业系统，产业之间的融合并不会破坏原有的价值链，这种“互补”式的融合会使文旅融合环境相对稳定，有利于更多非企业性质的供给主体（如文化事业单位、教育机构等）进入融合领域。

二　运行机制

（一）文旅文创融合的规制维度

文旅文创融合规制研究包括规制方式、规制方向和规制对象三个维度。

1. 规制方式

在文旅文创融合中，政府通过制定规划、审批制、投资运营等方式，直接干预文旅融合的资源调配和运行趋势；通过提供行政指导、税收减免、融资支持、信息服务、财政补贴等，间接引导产业融合。

2. 规制方向

在文旅文创融合中，鼓励和限制构成政府规制方向维度。政府可以建立有效的激励机制，激发各类供给主体从事开发融合新业态和创新融合技术的积极性；也可以通过约束机制对供给主体生产过时的技术及消费主体非理性的需求等进行限制。

3. 规制对象

在文旅文创融合中，供给和需求构成政府规制对象维度。企业是文旅文创融合业态的供给主体，消费者是文旅文创融合市场的需求主体。企业的产出是服务型产品，消费者需要通过体验才能完成消费，也就是说，生产与消费在时间、空间上具有同步性。所以，政府规制是文旅文创融合的外在驱动因素，通过作用于供给和需求两方对产业融合产生影响。

（二）文旅文创融合的作用机制

1. 产业激励机制

产业激励指政府通过直接或者间接的方式，对文旅融合供给方进行规制。周春波认为文化和旅游业在市场化的进程中，政府的多维调控与治理有利于文旅产业从边界模糊过渡到要素多尺度融合业态，政府可以通过鼓励文旅业态升级和提高资产通用性、限制不符合标准的供给主体等手段，直接或间接地影响文旅融合。①

2. 消费引导机制

推动文旅文创融合可以满足新时代人民群众对美好生活的需求。消费需求的导向和拉动作用是文旅产业实现融合的根本动力，政府可以通过促进消费需求高级化、复合化，以及加强市场监管的手段影响文旅融合。

政府通过政策直接刺激文旅市场消费和鼓励文旅消费升级，引领文旅消费市场的发展动态。例如，《关于进一步促进旅游投资和消费的若干意见》《关于进一步激发文化和旅游消费潜力的意见》《关于促进旅游演艺发展的指导意见》等若干政策文件，均起到鼓励和引导文旅产业发展的作用。

政府也可以通过政策间接地促进消费需求的升级。例如，各种社会福利制度、黄金周、带薪休假制度、教育课程改革等，为消费者提供了时间、条件保障。政府通过市场监管的手段治理过度消费、低俗化消费等不健康消费现象。例如，研学旅游出现游教分离、恶性攀比等现象，需要政府和相关部门加强对文旅市场的监管，正向引导消费者合理消费，形成良好的文旅消费氛围。

3. 技术创新机制

技术创新为文旅文创融合提供了发展动力，政府通过鼓励技术赋能和采用技术标准、淘汰过时技术等手段影响文旅文创融合。

政府通过政策直接扶持技术研发，鼓励新技术在文旅产业融合中的实践，制定行业标准促进企业积极开展技术创新。例如，2017 年《国家“十三五”时期文化发展改革规划纲要》提出要加强文化科技企业创新能力建设，加大科技支撑产业力度；2018 年《关于促进全域旅游发展的指导意见》指出要利用科技工程、科普场馆、科研设施等发展科技旅游。政府通过对与文旅密切关联的科研机构、技术创新中心、技术转移中心、知识产权服务机构等部门进行要素培育，以及在企业和科教机构之间搭建互动及合作平台等方式，从人才培养、技术转化、知识溢出等方面间接促进文旅融合领域的技术创新，从而形成文旅融合的技术竞争优势。政府通过执行技术标

① 周春波：《文化与旅游产业融合动力机制与协同效应》，《社会科学家》2018 年第 2 期。

准、采用推荐性标准、限制经营等途径，淘汰文旅融合领域中过时的技术，倒逼文旅融合业态供给主体提升技术创新水平，形成良好的科技创新氛围。

三　治理模式

（一）组织创新，构建文旅文创融合发展体制机制

文化旅游产业是一种跨界融合产业，产业的融合主体不仅有文化和旅游，还包括教育、工业、农业、科技、体育等。“宜融则融”的原则，让文旅产业融合被注入大量的元素，产业融合业态出现井喷现象。虽然文化和旅游部已于2018年正式成立，但是文旅产业的融合还涉及教育部、工业和信息化部、国家体育总局等国务院组成部门和直属机构，以及知识产权局等。因为涉及不同的目标和利益诉求，所以需要统筹政府相关职能机构，并建立跨界治理的协调机构，如成立融合发展委员会或产业协同联盟。以文化和旅游部为牵头单位，整合职能机构，成立融合发展委员会，作为融合产业实践的常态管理机构，负责制定融合发展规划、技术标准和实施意见，协调各部门资源。同时由融合发展委员会统筹文旅融合领域内的企业、知识机构、服务机构、行业协会等行为主体，组建文旅产业协同联盟，通过发布联盟章程、设置产业发展基金、建设大数据共享平台、联合宣传等形式，推进文旅产业融合发展。

（二）政策创新，加强文旅融合发展行政指导

政策是政府在市场调控中最常用和生效最快的方式之一。当文旅融合发展到一定阶段时，产业跨界融合的特点和规律日益凸显，会出现其他各类产业之间的跨界融合。此时，可以结合文旅融合发展的内在机理，从产业激励、消费引导和技术创新三个方面，出台制度性文件。以文旅教体为例，可以出台“1+3+N”制度性文件。[①] “1”是由国务院出台1份总规性文件如《关于推进文旅教体融合发展的指导意见》。从跨产业部门角度厘清融合发展的总体要求、融合方式、融合主体、重点任务、实践载体、推进

① 黄益军、吕振奎：《文旅教体融合：内在机理、运行机制与实现路径》，《图书与情报》2019年第4期。

机制和保障措施。主体内容应纳入《国家“十四五”时期文化发展改革规划纲要》；“3”是分别以文旅部、教育部和国家体育总局为主，联合相关部门（财政部、人社部等）出台文旅教体融合发展部门性政策文件，鼓励企事业单位转型文旅教体融合业务，以及制定文旅教体融合专项税收和金融扶持政策，引导资金流向融合产业聚集领域；“N”是指国务院其他部委为贯彻落实《关于推进文旅教体融合发展的指导意见》而出台的相关政策。如针对文旅教体消费，出台《文旅教体融合消费指导意见》，培育文旅教体融合消费增长点，通过配套鼓励措施和政策宣传引导，提升居民对文旅教体融合业态的消费预期。针对文旅教体技术创新，出台《文旅教体融合技术创新管理办法》，明确文旅教体融合领域技术创新重点领域，加强知识产权保护，鼓励技术创新和通用技术平台建设，提出技术成果孵化对接实施方案，并提供税收和金融优惠政策。

（三）人才创新，构建文旅融合发展人才体系

文旅融合是系统、专业性强的产业，产业复合性的特点要求具有创新能力、具备专业技能的复合型人才。文旅融合发展人才体系建构可以从培养和引进两个方面入手。在人才培养方面，利用高校的高层次人才培养主阵地优势，加快文旅融合人才培养。例如，在北京体育大学的体育休闲与旅游学院设置“体育旅游规划设计”和“体育旅游运营管理”专业方向。今后通过教育部学科专业目录的调整、政产学研的联合培养等措施，鼓励高校在优势学科的基础上增设文旅融合本科或研究生专业。也可以举办全国性的文旅融合创意大赛，筛选优秀团队，提供创业计划支持。在人才引进方面，重点引进国内外高校、科研机构、产业规划等领域的高级人才，建立文旅融合人才智库，提供人才绿色通道，给予优惠政策，助力人才在服务供给上的协同效应。

（四）载体创新，打造文旅融合发展示范项目

在文旅融合的初期，供给主体之间处于相互关注的探索阶段，此时的融合载体建设应该便于政府对示范项目的认定和推广，为运营资本的进入指明方向。载体创新是指依托文化旅游融合示范项目，使其成为政府推动

产业实践的抓手，带动供给主体投身业态创新，更好地满足民众对美好生活的需要和多元化的体验需求。例如，历史休闲街区以“文化 + 旅游 + 教育”为特色，文化运营商作为供给主体，依托街区、传统街巷、建筑群落等，融合景点参观、非遗体验、艺术表演、娱乐活动等，以文化业态带动旅游、教育、休闲的发展；研学旅行以“教育 + 旅游 + 文化”为特色，教育服务运营商作为供给主体，依托教育研学基地、科学考察基地、户外拓展基地、校外实践基地等，将其融入文化景点、民俗体验和体育项目中，以教育培训带动文化、旅游的发展；体育主题小镇以“体育 + 文化 + 旅游”为特色，体育服务运营商作为供给主体，依托现有的休闲小镇、体育产业示范基地、大型体育赛事落户地等，完善旅游基础设施，设计节庆活动，以户外体育活动带动文化、旅游的发展。

（五）平台创新，促进文旅融合发展业态转化

从目前政府规制角度来看，平台创新是指利用互联网等平台，增强业态供给主体，以技术创新主体与资本主体之间的互动，推动文旅融合业态的转化。一是依托现有的文化和旅游部数据库，建设文旅大数据应用平台，通过持续跟踪和数据监测建立专项数据库，发布文旅行业特点的结构性数据，培育和引领文旅融合业态健康发展。二是建设文旅融合业态孵化平台，通过项目招标、创意孵化、创新创业大赛等方式，实现政产学研联动，促进文旅融合业态供给方与资本方的互动。三是建设文旅融合科技服务平台，通过技术标准推广、技术升级服务、技术应用对接等方式，促进文旅融合业态供给方与科技创新主体的互动。

第五节　发展趋势

随着文旅融合理论和实践的推进，我国文旅文创市场正在稳步发展，但依然存在不少问题，仍有较大的市场上升空间。西方发达国家、日本、韩国的文旅产业发展较早，本节在分析国际和国内文旅产业发展经验的基础上，提出新时代背景下文旅文创融合发展的方向和特征。

一　规律与趋势

（一）“文化转向”是进入后工业社会的战略选择

从国际来看，美国、日本、德国、英国等发达国家在后工业时代初期（1971～1992年），服务业占GDP的比重从54.6%增加至65.4%，服务业占全部就业的比重从52.4%增加至65.1%。在这一时期（也称知识经济时代），发达国家的发展战略均出现了“文化转向”。美国学者约瑟夫·奈在20世纪80年代正式提出“软实力”（Soft Power）概念，文化、价值观、意识形态等文化软实力成为综合国力竞争的关键。美国、英国、日本、韩国等竞相将文化产业和旅游业上升到国家战略层面。美国的文化创意产品于1996年成为其最大宗的出口产品。日本于1996年制定《21世纪文化立国方案》，时任英国首相布莱尔1996年成立创意产业特别工作组，韩国于1998年提出“设计韩国”战略并设立文化产业局。2007年韩国文化产业占GDP的比重接近7%，英国2008年创意产业对GDP的贡献率达8%。日本、韩国的入境游客不断增长，分别从2004年的614万人次、761万人次增长至2019年的3188万人次、1750万人次。

从国内来看，以第三产业产值占GDP比重超过50%为进入后工业社会标志，北京（2000年占比达到55.6%）、上海（2000年占比达到52.4%）、深圳（2002年占比达到50.11%）、成都（2013年占比达50.2%）、杭州（2011年占比达到50.02%）等在进入后工业社会后，其发展战略也出现了“文化转向”。在联合国教科文组织发起实施的“创意城市网络中”，深圳、北京、上海分别于2008年、2010年、2012年被评为“设计之都”，成都于2010年被评为“美食之都”，杭州于2012年被评为“手工艺与民间艺术之都”。与此同时，进入后工业时代后，北京、上海、深圳、成都、杭州的游客接待量也进入较快增长期。

（二）“文化跃迁”是国内外消费升级的必然现象

从恩格尔系数来看，恩格尔系数低于30%后，会出现消费升级领域的“文化跃迁”现象，文化（含旅游）消费支出占居民消费总支出的比例大幅攀升，高质量的文化和旅游消费成为居民生活的必需品。按此划分标准，20世纪80～90年代，美国的恩格尔系数已降至20%以下（16%），进入极其富裕阶段；欧洲多数国家、日本、加拿大等国家的恩格尔系数一般在20%～30%，处于富足阶段。

从人均GDP与居民消费的国际经验来看，人均GDP超过5000美元以后，社会将全面进入休闲时代，度假旅游成为民众的首选，科普教育开始加速，文化娱乐消费占消费支出的比重达到30%；人均GDP超过8000美元以后，全社会的文物保护意识会真正形成，艺术、收藏品等市场会出现繁荣。1983～1994年，日本、德国、英国、法国、新加坡、韩国的人均GDP先后超过10000美元。

在这一时期（20世纪80年代中期至90年代中期），随着恩格尔系数的下降（低于30%）与人均GDP达到8000～10000美元，美国、日本、德国、英国、法国、新加坡、韩国等国家的文化和旅游消费呈现较大幅度增长。特别是从主要博物馆游客接待量和出境游指标来看，在这一时期均保持了7%～15%的持续增长。

（三）“文旅文创”是构建创新型社会的重大支撑

进入21世纪以来，科技化浪潮和新一轮产业革命加速推进，创新已成为重塑全球和区域竞争格局的关键变量。美国、德国、日本等发达经济体及印度、中国等金砖国家均将创新驱动作为国家战略，打造创新性人才高地，构建创新型社会。从国际国内建设创新型国家、创新型社会、创新型城市的实践来看，创意产业与城市更新之间最容易形成双向互动。一方面，城市通过发展文化旅游和文化创意能够形成创新经济，通过发展创新经济能够促进创新城市发展，城市创新发展又能激发新的创意文化产业。另一方面，通过城市更新能够吸引文化创意和高科技人才与机构，推动城市发展由投资驱动型向创意驱动型转变，将创新经济作为城市转型的新模式和新动力，继而进一步推动城市的更新和再生（成为创新中心和财富中心）（见图3－2）。如日本横滨市在20世纪末面临泡沫经济和“制造业空心化”问题，2004年实施“创造文化艺术城市·创意城市横滨”方案，提出以文化和艺术为支柱的城市振兴构想，实施 BankART 1929 计划（将市中心传统建筑委托给 NPO 管理运营），横滨市于2014 年被评为“东亚文化之都”。日本京都市 2006 年 4 月制定《京都文化艺术城市创造条例》，“打造历史城市京都”，2012 年以来接待游客连续 7 年超 5000 万人次，旅游消费总额高达 1. 13 万亿日元（约合 676 亿元人民币）。

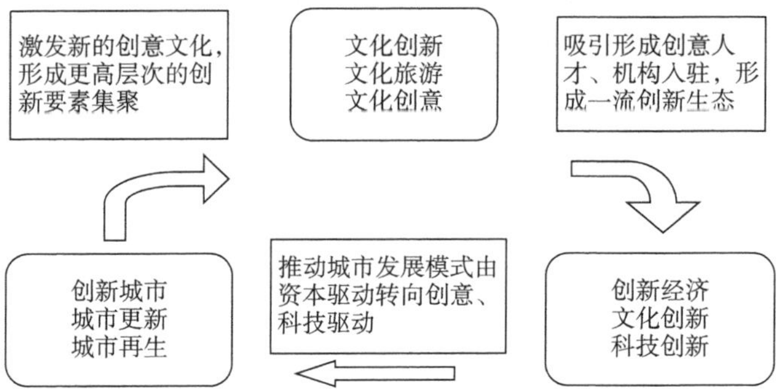

图 3－2　文化创新、创新经济、创新城市逻辑关系

资料来源：笔者根据有关资料自制。

（四）文旅文创的需求、业态、模式将快速迭代

当今世界正处于百年未有之大变局，新一轮科技革命和产业变革深入发展。我国已开启全面建设社会主义现代化国家新征程，社会主要矛盾变化带来新特征、新要求。文旅文创的需求、业态、模式等将进入快速迭代期，呈现以下五个方面的趋势。

1. 国际化

中华文化的世界影响力与日俱增，中国积极参与世界文化对话交流，在国际舞台的话语权不断提升。东方文化的国际表达广受认同，国家文化软实力进一步提升，成为展示中国形象、传播中国声音、讲好中国故事的重要载体。文化自信逐渐确立，中华文化所蕴含的中国精神、中国价值、中国力量得以构筑。

2. 创意化

文化的创造性转化和创新性发展成为时代命题。创意、设计、艺术等元素充分融入文化旅游发展全链条和各个环节。创意成为文化旅游融合发展的催化剂，以 IP 构建为核心的内容生产方式成为主流。传统文化的时尚化、趣味化表达不断涌现，新文创孵化更多中国文化符号。沉浸式文化旅游体验成为新常态。

3. 数智化

文化科技融合进入数字文化经济时代，成为建设文化强国的关键路径。VR、AR、MR、AI 等新技术在文化旅游领域充分应用，催生更多新业态、新场景和新模式。大数据、移动互联网等加快驱动文化旅游数字化转型，文化旅游的资源观、时空观、产品观均将重构。数字文旅成为文化和旅游产业未来发展的方向。

4. 品质化

人民群众对美好生活的需求牵引文化旅游供给侧结构性改革。境外消费回流倒逼国内文化旅游消费升级，文化旅游供应链迈向中高端。文化体验成为广大旅游者最重要的出行动机。Z 世代成为文化旅游消费主力军。高颜值、高品质的文化创意和休闲度假业态广受追捧。符合未来审美需求的个性化、定制化产品大行其道。

5. 生活化

文化消费成为群众日常生活的基本组成部分，融入衣食住行游购娱等各个环节。旅游成为人的基本权利和生活方式，休闲街区、度假社区、主客共享的公共文化空间等生活方式型文化体验旅游目的地发展迅速。基于原住户的社区改造、乡村建设等，成为重要的旅游吸引物。微度假、深体验型文化旅游广受欢迎。

二　经验及借鉴

（一）树立“抢滩”意识，将文旅融合作为战略性支柱产业来培育

20 世纪 90 年代以来，随着土地、劳动力、资本等传统资源对经济增长的带动作用放缓，以创意、科技和文化为主的内在动力逐渐成为经济增长的主导因素。世界上越来越多国家意识到文化创意在未来全球经济格局中

的地位，纷纷出台文化立国策略，以在全球竞争中抢占未来高地。美国以好莱坞电影和娱乐主流为主导的文化产业在全球处于主导地位，文化产业被美国确定为战略经济产业，其极大地提升了美国在全球的影响力。英国于 1998 年出台《英国创意产业路径文件》，意在推动经济产业结构从制造型向创意服务型转变。目前英国创意产业对 GDP 的贡献率已达 8%，英国创意产业相关从业人员超过 200 万人，仅在伦敦就集中了 50 万名创意相关产业链的从业人员。日本 1996 年制定《21 世纪文化立国方案》，2003 年将“观光产业”提升至国民经济支柱产业地位。日前，日本的电影和音乐创收分别列世界第二位，电子游戏软件产值居世界第一，动漫产业 2020 年营业额达 2511 亿日元（约合 148 亿元人民币，是日本第二大支柱产业）。据世界经济论坛发布的《旅行·观光竞争力报告书》显示，日本在 140 个国家和地区的排名中居第四位。欧盟在 2007 年出台《世界全球化中的欧洲文化议程》，提出要加强文化创意在发展和就业中的促进作用。

（二）建设“有为政府”，为文旅融合发展量身定做“政策包”

得益于金大中政府的《文化产业五年计划》、卢武铉政府“文化强国”理念、李明博政府“内容产业”体系、朴槿惠政府“文化隆盛”理念等，韩国 2007 年文化产业占 GDP 的比重近 7%，已成为世界文化强国之一。韩国每届政府都致力于逐步完善文化产业相关法律系统，坚持出台政策措施和发展战略，制定并多次修订《文化内容产业振兴基本法》《著作权法》《音影法》《演艺法》《观光基本法》《出版及印刷振兴法》等，推动文化创意版权保护和产业振兴。韩国 2019 年设立 2 兆 3544 亿韩元旅游振兴发展基金，其中 23.4% 用于为旅游企业融资。重视文旅文创领域的人才培养，设立研究机构，实施“院校培养复合型专门人才”“产学研联合办学”“人才奖励机制”“创业人才孵化”等人才培养计划。韩国文化体育观光部 2019 年围绕韩国 10 大主题精品旅游线路资助内容开发项目、本土 IP 开发、总策划师成长项目（48 亿韩元），并扶持数智化旅游服务项目（21 亿韩元）。近 20 年来，韩国文化体育观光部共资助优秀文化节庆活动 936.3 亿韩元，创造旅游收入 20 兆 257.7 亿韩元。

（三）转变资源观念，将文旅融合作为城市更新和乡村振兴的重要引擎

文化创意作为经济增长的内在驱动力，将打破传统资源观。城市发展不再完全取决于地理位置、自然资源、经济基础等客观因素，文化特色、文化创意和文化旅游成为城市竞争力的核心要素。在联合国教科文组织评选的全球创意城市网络中，中国共有 15 个城市入选创意城市，其中哈尔滨被评为“音乐之都”，景德镇被评为“工艺与民间艺术之都”，顺德、澳门、扬州被评为“美食之都”，这些城市不具备一线城市的经济基础和交通条件，但在文旅文创方面的鲜明特色使它们具备了弯道超车的可能性。国际方面，德国鲁尔作为资源枯竭型老工业城市，通过将废弃老工业建筑、废弃的钢厂和煤矿转变为文化和知识街区，聚集了大量文化创意人才，从而实现了老城复兴，并于 2004 年被评为“欧洲文化之都”。英国老工业城市纽卡斯尔将工业遗产改造成剧场基地、艺术博物馆、高档酒店等，为城市更新再造提供了新的途径。在我国，西安老城区改造采用腾笼换鸟的方式，在保留钟楼、碑林、小雁塔等文化遗存的同时更新城市业态，焕发城市活力。新的资源观同样为乡村振兴带来了新方式。以文化创意为引擎，带动各种现代发展要素进入乡村，推动乡村实现创新发展的乡创理念近年来受到市场普遍欢迎。北京平谷的多慢桃花坞就是由国际知名设计师马清运对村庄进行重新设计，吸引腾讯视频制作了网络综艺节目“五十公里桃花坞”，通过艺术设计、流量明星带动乡村发展，改变了传统乡村资源观，实现乡村文旅文创融合发展。

（四）坚持创新驱动，创意和科技贯穿文旅文创发展的各个环节

创新是科技与创意的融合。罗伯特・索洛认为，技术创新创造了 80% 的经济增长。20 年来，强调科技应用、知识投入的创意经济在欧美被置于国家战略的高度，创新引领、创意驱动效果明显。据英国学者约翰・霍金斯统计，近几年全世界创意经济每天可创造 220 亿美元的高附加值，并以每年 5% 的速度递增，在美国增幅达到 14%，在英国达到 12%。此外，在韩国、新加坡、日本、瑞典、意大利等国，创意产业对 GDP 增长的贡献率均已超过传统工业。在科技研发、文化增值的双重动力下，这些国家在全球软件、影视、新闻出版、旅游、设计等创意产业中拥有绝对优势的市场份

额。创意阶层是文旅文创得以发展的关键。国际上，伦敦的SOHO区因吸引了大量作家、音乐家、艺术家和思想家，成为世界上最成熟、最典型的文化产业集聚区。SOHO以中小型媒体企业为主，产业链相对完整，又能秉承国际化与本地化结合的原则，因此在电影制作和后期制作上成为全球王牌产业群。SOHO区逐渐变成休闲商区，有很多出色的餐饮店、酒吧、百货商店和高档酒店，从而又使SOHO成为世界著名文化旅游目的地。国内的景德镇、北京798艺术园区等，都因聚集了大量创意人才，实现了文化创意产业的集聚发展，进而带动本地成为文化旅游景区。

（五）全面深化改革，破除制约文旅文创发展的体制机制性障碍

破除体制机制性障碍是释放文化创造力和经济发展活力的关键。我国现代文化旅游市场体系还没有完全确立，需要破解文旅企业发展的制度困境，打破文化资源、文物资源和旅游资源之间的壁垒，树立文旅企业的市场主体地位。国际上创意产业发达的城市一般都有比较成熟的资金供给渠道、教育培训机构和行业协会组织。在资金供给上，伦敦的做法是由政府、私营企业、基金会和彩票基金共同组成创意产业扶持基金。纽约文创产业的发展，不仅得到政府和个人捐赠的资金赞助，而且许多基金财团也给予资金帮助和支持，如洛克菲勒基金会、摩根大通银行基金会、德意志银行基金会等。这些资金重点投向创意企业和非营利性的文化团体，帮助支持文化企业和创意个体的初期创业。在人才供给上，发达城市往往拥有具有国际影响力的教育培训机构，培养和吸引大量工程技术人员、艺术家和企业家，构成城市创意人才的集聚平台。如伦敦的伦敦大学、皇家舞蹈学校、皇家音乐学院、皇家艺术学院，纽约的美国芭蕾舞学院、茱莉亚音乐学院、纽约大学帝势艺术学院，硅谷的斯坦福大学和加州大学伯克利分校等。在服务供给上，通常由中介组织、行业协会、行业工会等为文创发展提供各种非市场服务。例如产业咨询和市场支持，为文创产业从业人员提供技能培训、劳工保护，在资金、人才和载体等方面为文创企业提供帮助等。例如，纽约的美国图文艺术研究会、美国广告经销协会、国家视觉艺术互助协会和纽约生产同盟和工会组织，伦敦的文化产业发展中心、“创意伦敦”工作组，东京的“日本动画协会”等。

第四章
文旅文创融合绩效测评

【案例导入】

广西着力打造“秀甲天下　壮美广西”文旅大品牌

2021年，广西先后推出“壮族三月三　相约游广西”“诗在壮乡何必远方——广西人游广西”“33消费节”“百越专列游广西”“山水暖你 壮乡等你——冬游广西”等多个旅游主题宣传推广活动，进一步激发文化和旅游市场活力，促进和拉动文化和旅游消费，打造“秀甲天下　壮美广西”文化旅游大品牌。2021年前三季度，全区共接待国内游客6.69亿人次，同比增长59.9%，实现国内旅游消费7734.29亿元，同比增长65.6%。

实施出台奖补优惠政策。2021年“冬游广西”活动期间，200多个旅游景区、乡村旅游区出台免票或票价折扣优惠；全区各地举办“冬游广西”文化旅游节庆活动近百场。

推出一批精品旅游线路。在2021年的“壮族三月三 相约游广西”活动期间，推出生态休闲游、民族风情游、锦绣八桂游等主题线路；在秋季，推出“赏迷人秋色”山水田园之旅、“享自在秋韵”休闲康养之旅、“品累累秋实”丰收寻味之旅；在“冬游广西”活动期间，推出“悦享冬日·山海览胜之旅”“怡然自在·休闲康养之旅”“踏歌八桂·民族风情之旅”“燃情冬日·魅力乡村之旅”“寻味暖冬·舌尖桂味之旅”。依据季节和节气变化，推出合适的生态旅游精品线路，全年无淡季地吸引游客来广西体验特色文化和旅游资源。

开展丰富多彩的主题活动。结合“壮族三月三 相约游广西”“冬游广西”等重要活动，先后开展“广西人游广西——八桂青年游广西”系列活动、广西文博旅游艺术活动周、广西汽车旅游大会、广西文化旅游创意展等系列主题活动，吸引游客积极参与。

助力桂林打造世界级旅游城市，推进旅游胜地升级发展。桂林市人民政府在桂林市融创国际旅游度假区举办推介会，重点推介“天赋山水·秀甲天下”“王城古韵·千载风华”等主题文化和旅游资源及精品线路。通过集成多元业态组合和“山水+文化和旅游”创新模式，发挥文化和旅游产业在城市品质提升中的积极作用，为正在建设世界级旅游城市的桂林提供文化和旅游产业发展的新思路，推动桂林国际旅游胜地建设升级发展。

（来源：人民日报网，http://wlt.gxzf.gov.cn/zwdt/mtsy/t10827321.shtml，2021年11月23日）

2021年3月12日，《中华人民共和国国民经济和社会发展第十四个五年规划和2035年远景目标纲要》发布，多处重要内容涉及文化建设和旅游发展，其中明确提出要推动文化和旅游融合发展。随着系列国家政策的大力支持，文旅文创融合形成的新业态迅猛发展，为文化产业和旅游产业带来新的驱动力，并形成新的经济增长点。

第一节　指标体系

文旅融合是指文化产业、旅游产业及相关要素之间相互渗透、交叉汇合重组，逐步突破原有的产业边界或要素领域，彼此交融而形成新的共生体的现象与过程。文化和旅游有着天然内在的联系，两者密不可分，文化是旅游的灵魂，旅游是文化的重要载体。两者能够有机结合和深度融合，这既是文化和旅游互动共赢的客观需要，也是文化和旅游发展的必然规律。

一　主要指标

（一）文化产业

文化产业这一术语产生于20世纪初。最初出现在霍克海默和阿多诺合著的《启蒙辩证法》一书之中。它的英语名称为culture industry，可以译为文化工业，也可以译为文化产业。文化产业作为一种特殊的文化形态和特殊的经济形态，不同国家从不同角度对此有不同的理解。联合国教科文组织关于文化产业的定义如下：文化产业就是按照工业标准，生产、再生产、储存以及分配文化产品和服务的一系列活动。即从文化产品的工业标准化生产、流通、分配、消费、再次消费的角度来进行界定，文化产业以生产和提供精神产品为主要活动，以满足人们的文化需要为目标，广义指文化意义本身的创作与销售，狭义主要指文学艺术创作、音乐创作、摄影、舞蹈、工业设计与建筑设计等。

文化产业基本上可以划分为三类：一是生产与销售以相对独立的物态形式呈现的文化产品行业，如生产与销售图书、报刊、影视、音像制品等的行业；二是以劳务形式出现的文化服务行业，如戏剧舞蹈的演出、娱乐、策划、经纪业等；三是向其他商品和行业提供文化附加值的行业，如装潢、装饰、形象设计、文化旅游等。

文化产业是一种特殊的产业形态，同时具备文化属性和经济属性，国家统计局数据显示，2020年，我国规模以上文化及相关企业共计6万多家，全年实现营收达9.85万亿元，比上年增长2.2%。其中，内容创作生产、文化消费终端生产、创意设计服务、文化传播渠道四大门类营收超万亿元，成为文化产业营收的主力军。2021年，全国规模以上文化及相关产业企业数量增至6.5万家，全年实现营业收入11.91万亿元，比上年增长21%，彰显出我国文化产业的较强韧性。[①]

（二）旅游产业

旅游产业是国家战略层面的幸福产业，是人们实现美好生活的刚需。

① 蔡强：《我国文化产业发展现状及对策研究》，《投资与创业》2021年第22期。

随着我国旅游业的迅速发展，传统的旅游产业要素进一步扩展，各要素相互交织形成了一个紧密的旅游产业链。旅游产业具有三大动力效应：直接消费动力、产业发展动力、城镇化动力。在此过程中，旅游产业的发展将会带来价值提升效应、品牌效应、生态效应、幸福价值效应。

党的十八大以来，我国旅游业取得了巨大成就，成为大众追求美好生活、提升幸福指数的重要途径，成为促进民间文化交流以及促进民族间交往交流交融的重要载体。2018 年，文化和旅游部成立，文旅融合、全域旅游进程加快。这进一步彰显了旅游业的政治功能与社会功能，明确了旅游业综合性产业的属性，旅游产业已开始从单纯的经济属性向更多非经济属性转化，成为集经济功能、政治功能及社会功能于一体的综合性民生产业。

（三）文化创意产业

文化创意产业（cultural and creative industries，CCI），是一种在经济全球化背景下产生的以创造力为核心的新兴产业，是一种强调主体文化或文化因素由个人（团队）通过技术、创意和产业化的方式开发并营销知识产权的行业，包括广播影视、动漫、音像、传媒、视觉艺术、表演艺术、工艺与设计、雕塑、环境艺术、广告装潢、服装设计、软件和计算机服务等多个方面。

文化创意不是空中楼阁，无法独立于世，必须依附于产业、产品，甚至营销。随着文旅融合高质量发展，以文塑旅，以旅彰文的形势不断向好，各大景区尤其是重点文物保护单位、博物馆等纷纷在文创产品方面发力。文创产品，指文化创意产品，是依靠创意人的智慧、技能和天赋，借助于现代科技手段对文化资源、文化用品进行创造与提升，通过知识产权的开发和运用而产出的高附加值产品。文创产品有广义与狭义之分，狭义文创产品是符合文化主题 + 创意转化 + 市场价值三特点的物质化产品，广义文创产品指任何能够满足人们精神需求的物质实体与非物质形态的文化服务。

（四）文化旅游产业

文化旅游产业就是以旅游经营者创造的观赏对象和休闲娱乐方式为消费内容，使旅游者获得富有文化内涵和深度参与体验的旅游活动的产业。

文化旅游产业以旅游文化的地域差异性为诱因，以文化的碰撞与互动为过程，以文化的相互融洽为结果，具有民族性、艺术性、神秘性、多样性、互动性等特征。文化旅游产业是一种特殊的综合性产业，因其关联性高、涉及面广、辐射性强、带动性强，而成为经济社会发展中最具有活力的新兴产业。文化旅游包括历史遗迹、建筑、民族艺术、宗教等内容。其涵盖性强，几乎可以囊括所有相关的产业。

自 2018 年文化和旅游部成立后，文旅部始终坚持贯彻落实党的宣传文化工作方针政策，研究拟订文化和旅游工作政策措施，统筹规划文化事业、文化产业、旅游业发展，深入实施文化惠民工程，组织实施文化资源普查、挖掘和保护工作，维护各类文化市场包括旅游市场秩序，加强对外文化交流，推动中华文化走出去。文旅融合已经成为时代的趋势，同时也引导着文化旅游产业的发展方向。通过这几年的发展，文旅融合已经不再是概念的陈述，而切切实实地成为产业生态和时代发展的创新思路，同时结合跨领域融合、技术驱动融合、双主业融合等，其已经成为全产业链发展的主体趋势。

2021 年 5 月，文化和旅游部发布《“十四五”文化和旅游市场发展规划》，该规划明确了文旅市场发展的总体要求、主要任务和保障措施，为促进文化和旅游市场繁荣发展，为建设社会主义文化强国，提出了 2025 年基本建成高标准现代化文化和旅游市场体系的发展目标。①

2021 年 12 月，作为“十四五”时期国务院 44 个专项规划之一的《“十四五”旅游业发展规划》正式印发，明确指出我国将全面进入大众旅游时代，旅游业在国民经济中的战略支柱性地位将进一步增强。

大众旅游时代，文化和旅游已从理念融合、机构融合转向市场深度融合的发展新阶段。旅游业与文化、康养、体育、教育等各领域的融合进一步凸显。全国各地积极发展文化、旅游等服务消费，文化旅游已成为提升人民生活幸福感的刚性需求，成为一种审美化的生活方式。

在“以文塑旅，以旅彰文”的基本原则指引下，文化和旅游融合模式

① 杨咏：《文旅融合下旅游文创产品发展策略研究》，《文化学刊》2021 年第 10 期。

逐渐从政府主导型转变为政府引导、市场驱动的双向互促型。2021年，红色旅游、研学旅游、冰雪旅游等特色旅游得到发展，“旅游+”和“+旅游”的跨界融合趋势更加明显，人们对美好生活的向往和高涨的出游热情推动着旅游业积极转型，向高质量发展迈进。伴随着数字经济的蓬勃发展，科技逐渐成为赋能文旅融合发展的重要支撑手段。科技创新不仅为文旅融合创新注入动力，为人们带来全新体验，而且能够创新消费场景，持续释放消费需求。随着文旅产业的数字化转型，数字文旅产品不再是疫情初期略显无奈的备选方案，而是逐渐成为拓展旅游消费新场景、新空间的主要阵地。

（五）文化旅游事业

文化和旅游兼具事业属性和产业属性。在现实发展中，文化的事业属性更强，而产业化程度略低；旅游的产业属性更强，而事业性特征较弱。

对旅游而言，要转变单一经济导向和增长主义导向，强调旅游业在满足人民美好生活需要、创造社会就业、促进社会和谐、改善民生福祉、保护生态环境、助力国家外交、促进人的全面发展等方面的社会功能，强调政府在保障公民休假权利和旅游权利等方面的重要职责。对文化而言，要重点解决文化企业规模小、分散化、实力弱、市场化程度低、产业链条不完整、融资渠道不畅通等问题，更好地激发文化市场的活力。对于二者的融合发展而言，需要明确哪些设施、载体和事项具有纯公益属性，应划归事业范畴；哪些行业、事务和领域具有纯市场属性，应划归产业范畴。在动态融合过程中，既要避免混淆不清，更要避免错配、错位和错为。

文化事业强调文化的公益性、公共性。公共文化需要政府来提供，因此这种文化供给基本上是免费的，或者是收费很少，带有优惠性质。文化事业虽然强调政府投入，但文化事业的根本目的是让更多的人分享文化建设的成果，进而实现文化建设的目标。因此，只要有利于文化事业发展的方式都可以采纳。这也意味着，发展文化事业并不等于要完全排除市场的内容。如果通过市场机制的方式能够促进文化事业的发展，同样也应该充分运用市场力量。发展文化事业主要涉及四大任务：构建公共文化服务体系；发展现代传播体系；建设优秀传统文化传承体系；加快城乡文化一体化建设。而旅游业对这四个方面的文化事业发展都能起到不同程度的积极作用。

第一，旅游业扩大了公共文化服务体系的覆盖范围。公共文化服务体系建设属于公共财政投入的内容。既然是公共财政投入，享受公共文化服务体系的人越多，其文化投入产出的效率就越高。国家规定，文化馆、博物馆、图书馆、美术馆、科技馆、纪念馆、工人文化宫、青少年宫等公共文化服务设施和爱国主义教育示范基地要逐步向社会免费开放服务。一般而言，享受公共文化设施的主体往往是设施所在地的居民。通过旅游业，可以引导更多外来游客享受当地的博物馆、美术馆、纪念馆等公共文化设施，有利于提高文化效益。

第二，旅游业拓宽了文化传播的渠道。传统媒体包括报纸刊物、广播、电视等，现代媒体包括互联网和以数字杂志、数字报纸、数字广播、手机短信、移动电视、网络博客、桌面视窗等为代表的媒体。从传播的角度看，媒体即信息传播的平台，其中，信息的覆盖面、信息被接受的程度、信息传播的速度都是衡量媒体传播效率的重要标准。实际上旅游在作为一种经济活动的同时，也在很大程度上扮演了信息传播媒体的角色，与其他媒体的不同之处在于，旅游传播信息的速度虽然相对较慢，但是旅游目的地信息传播的覆盖面很大，此外旅游目的地信息的传播还是一个持久的过程，游客在这一过程中可以更深入地感知和消化信息。同时，旅游作为一种新的传播媒体，它是旅游者对旅游目的地信息的主动选择，具有很鲜明的互动式的信息传播特点，不像其他媒体只是由一方被动接收信息。目前，社会普遍忽略了旅游在现代传播体系中扮演的独特角色，未来需要对此问题予以更多关注。

第三，旅游业促进了传统文化的保护与传承。其一，从旅游业发展本身而言，必然要把保护传统文化作为发展中的重要内容。此外，差异化发展是旅游业发展的基本规律，各个地方只有更多地保留传统的多元文化、异质文化，才能更好地吸引游客，从这个意义上讲，旅游业具有保护传统文化的内在动力。其二，旅游业对传统文化的保护与传承是在市场经济条件下，基于利益机制而实现的保护。在这个过程中，旅游业将利益机制传导给传统文化的传承者，通过经济动力促使其对文化进行保护和传承。其三，要找到旅游业发展与传统文化保护的一个平衡点。一方面通过示范引导，鼓励旅游业投资者和经营者在传统文化的保护和利用中实现旅游业的可持续发展；另一方面加大对旅游业发展中破坏传统文化行为的处理，建立和完善纠错机制，最大限度地保护好传统文化。

第四，旅游业可以促进农村文化事业的发展。城乡文化一体化建设的关键是要补上农村文化事业这一“短板”。发展农村文化事业，其落脚点在于提高农民的文化水平。这些年国家也在通过农村文化站、农家书屋等方式来加强对农村地区的公共文化服务。但除此之外，还有必要关注旅游业对农村文化事业发展的作用。这一点在许多乡村旅游业发展较快的地方有较明显的体现。比如，一些乡村旅游经营户通过接待城市游客，也不同程度地提高了自身的文化素质和服务意识。

第五，旅游业促进一些文化事业单位转化为文化产业经营实体，为文化事业发展方式转变提供了新的路径。事业转换为产业，最重要的是要有足够的市场空间。市场越大，其转换也越容易。

二　构建原则

文化产业和旅游产业综合发展水平指标体系的构建，应遵循科学性、系统性、可操作性、层次性原则。

（一）科学性

指标选取要保证指标的科学性和客观性，在选取之后要用科学的方法计算，科学地反映文化产业和旅游产业综合发展水平。要保证指标的客观性，选取的指标要尽可能地反映文化产业和旅游产业的综合发展水平。

（二）系统性

指标选取要保证指标的系统性，要将评价指标体系看作一个系统，而系统中的指标处在不同的层级形成一定的秩序，各层级指标之间要有清晰的逻辑关系。

（三）可操作性

评价指标体系选取的数据要真实有效，并且数据在获取的过程中要有较强的可操作性，要尽可能地选取统计年鉴以及国民经济和社会发展统计公报。

（四）层次性

评价指标体系的选取应当考虑指标的层次性，能够有效反映出系统内在的关联性。

三　关键要素

（一）确定依据

在人民美好生活需要日益增长的背景下，文化和旅游的融合协调发展显得越来越重要。旅游产业的发展离不开文化产业的支持，文化产业的发展也离不开旅游产业的带动。旅游是一种文化体验的活动，在旅游活动中势必会感受到文化的内涵，旅游在文化的加持下也会发展得更好，而文化也需要找到一个契合自己的载体去发展自身的产业。旅游是文化的载体，文化是旅游的内涵，文化产业和旅游产业的融合具有必然性。

1. 文旅融合呈现交叉融合态势

李凌雁等①提出，旅游产业和文化产业都是战略性新兴产业和“无烟产业”，两产业存在天然的相融性。一方面，文化是旅游产业的灵魂与基础，旅游地的形象、影响力与该地区拥有的文化资源数量、品质密切相关，文化特色是旅游地提升吸引力的重要支点。另一方面，旅游产业是文化的载体和重要传播途径，旅游产业的发展能够促进文化的交流，为文化产业的发展提供更好的平台。二者的融合对文化的传承、文化产业的发展具有重要意义。同时，旅游产业与文化产业的融合受到市场需求、企业发展、政策引导等众多内外因素的驱动，在众多内外因素的推动下，两产业呈现多

① 李凌雁、翁钢民：《我国旅游与文化产业融合发展水平测度及时空差异分析》，《地理与地理信息科学》2015 年第 6 期。

角度交叉融合的态势，这也是势在必行的发展趋势。旅游产业与文化产业的融合主要体现在资源融合、人才融合、市场融合、机构融合等方面，目的是实现政治、经济、社会、环境等综合效益。

2. 文旅融合需要建立发展机制

翁钢民等①认为，旅游产业与文化产业的融合发展需要从软实力和硬实力的多方面融合来实现。在软实力融合方面，旅游地的形象定位和该地区拥有的历史文化资源具有紧密联系，文化特色是旅游吸引力的重要支点。旅游业的发展能够促进文化的交流和传播，旅游经济收益可以为文化产业的发展提供更好的平台，古城西安、洛阳和“孔子故里”曲阜等都是旅游形象定位与文化精粹融合的成功典范。旅游产业和文化产业经营管理模式的协同合作，能够促进更多的理念碰撞和交流，产生新的业态；政策引导、经营合作价值链整合，能够促使两产业焕发新的活力，开辟新的发展途径。旅游产业的发展需要高新技术的支撑，需要宣传和推广，而文化媒体的发展正是旅游宣传的重要媒介，二者的有机结合能够极大提高两产业的发展速度。

硬实力融合包括资源整合、资金投入、基础设施和配套设施建设、产品创新设计等。资源整合方面，物质文化遗产地域风情、自然人文景观等非物质文化遗产资源能够促进两产业的共同发展。资金投入方面，旅游产业与文化产业的投资与设施建设具有明显的联动性，良好的合作将会产生众多文旅融合的新兴业态，例如演艺旅游、影视基地旅游、博物馆旅游、会展旅游等，拉动两产业的转型升级。产品设计方面，同时满足旅游需求与文化需求的多元产品能够更好地适应当前消费者的需求，是推动两产业融合发展的重要结合点。

通过软实力和硬实力多方面的协调和整合，旅游产业与文化产业融合的最终目标是建立管理部门、企业组织、社区居民、从业人员“四位一体“的全方位融合发展机制，实现政治、经济、文化社会、环境“五大综合效益”，促进旅游产业与文化产业的跨越式发展。

---

① 李凌雁、翁钢民：《中国旅游与文化产业融合发展的耦合协调度及空间相关分析》，《经济地理》2016 年第 1 期。

3. 文旅融合持续释放倍增效应

曲景慧①认为，文化产业与旅游产业在实际发展中是相互依存、相互融合、相互促进的。近年来，产业效益提高与科学技术进步，促使文化与旅游消费者的市场需求越来越复杂化、综合化、个性化，文化、旅游及相关产业企业间开始形成合作或竞争关系，为文化产业与旅游产业的融合发展提供了驱动力。具体表现为文化丰富旅游资源的内涵，为旅游项目的开发提供素材，吸引更多游客参与旅游活动；旅游活动的开展又为文化提供了更为广阔的传播渠道，文化产品与服务参与旅游业的各个价值链环节与消费者接触，来自不同地区的游客成为文化传播的载体，使当地的文化资源得到有效传播。

（1）文化产业对旅游产品具有丰富和提升功能

文化产业丰富旅游产品的文化内涵。中国历史悠久，文物古迹资源众多，有的被赋予了特定的历史含义，有的则蕴含着独特的民族风情，这为旅游产品提供了深厚的文化底蕴，也为其提供了开发多样旅游方式的基础。传统意义上的旅游产品多为静态的自然景观与古迹遗址，难以满足游客越来越高的精神需求，如今利用高科技手段将相关的文化元素融入旅游产品，使其呈现更为丰富的文化内涵，提高了其在旅游市场的竞争力，具有代表性的印象系列作品如杭州的《印象西湖》、云南的《印象丽江》、广西的《印象刘三姐》、福建的《印象大红袍》等，巧妙地将民俗文化表演融入自然景观，极大地丰富和提升了旅游产品的艺术价值。再比如建立在革命遗迹基础上的红色旅游（贵州的遵义会议会址、陕西的延安革命老区、江西的井冈山等），使游客在欣赏自然及人文景观的同时，也接受了爱国主义文化教育。

文化产业提升旅游产品的创新度。利用声光电等科技手段将当地特色文化渗入旅游产品，将其从静态变为动态，从无声变为有声，给予游客全新的视觉、听觉、触觉体验。近年来开创的主题公园即为这一旅游创新产

① 曲景慧：《中国文化产业与旅游产业融合发展的时空变动分析》，《生态经济》2016 年第 9 期。

品的代表形式，如香港的迪士尼乐园、深圳的方特系列主题公园、大连的发现王国等，将童话故事中的卡通形象在现实中重塑，带给游客全新的文化体验。

（2）旅游产业对文化产品具有传播和优化功能

旅游产业为文化产品的保存与传播提供载体。在历史发展中，文化资源极容易因外部环境的变化而被遗失或淡忘，得不到完整保留，但可以通过某种形式将文化资源融入旅游产品当中，创新出符合市场需求、具有市场经济价值的旅游产品，使无形的历史文化传统借助有形的旅游产品得到传承与发展，有形的文物资源影响力也可以利用旅游产业得到传播与扩散。

旅游产业为文化产品的发展与优化提供动力。旅游产业与其他服务业的关联性较强，如餐饮、住宿、交通、展览、节庆等，将文化产品运用到旅游产业时，文化产品可渗透旅游产业价值链的各个环节，文化产业的市场空间也因此得到充分扩展。此外，将文化资源变为具有一定价值的旅游产品，其带来的经济收益也可以为文化资源的进一步开发与优化提供资金支持。

4. 文旅融合源自内外动因驱使

陈波等①根据相关研究认为，产业融合的主导力量源于产业技术进步和政府管制放松；产业融合按照技术发展方向可划分为产业渗透、产业交叉和产业重组三种形式；产业融合应以市场融合为导向，一般要经过技术融合、产品与服务融合、市场融合三个阶段，最后才能完成产业融合的全过程。

赵嫚等②认为，文化产业和旅游产业的融合不是一蹴而就的，两个产业的融合是源自产业内部和产业外部的作用力，在产业间相互作用力的影响

---

① 陈波、刘宇：《文化和旅游融合指数评价体系研究——基于全国31个省（市、区）的考察》，《学习与实践》2021年第11期。

② 赵嫚、王如忠：《中国文化产业和旅游产业融合发展动力机制与发展评价》，《生态经济》2022年第2期。

下，内外合力作用于文化产业和旅游产业，最终实现两个产业融合的动态过程。文化产业和旅游产业融合的驱动力主要包括效益最大化追求（根本动机）、文化产业和旅游产业高度的关联性（融合内动力）、融合创新（支撑力）、消费者需求和市场需求（外部推动力）、技术进步和技术创新（直接推动力）、产业间竞争与合作（压迫力）、政府政策（引导力）、产业组织（组织调整力）等，上述驱动力根据其作用形式又可以分为以下三种。

（1）技术进步和需求驱动型：基于产业外部要素驱动的由“外”到“内”的融合

文化产业和旅游产业融合的外部驱动因子主要是来自产业外部的相关因素，主要是通过影响产业发展的外部环境引起产业的融合发展，文旅产业的融合发展离不开产业发展大环境的支持。技术进步和技术创新是文旅产业融合的直接推动力；消费者需求和市场需求是文化产业和旅游产业融合最重要的外部推动力；政府产业政策的实施为文化产业和旅游产业融合提供了产业发展方向。

（2）产业内效应最大化驱动型：基于产业内部要素驱动的由“内”到外”的融合

产业融合的内部驱动力是从产业自身发展的角度出发，基于产业自身发展的需求形成的产业内部融合作用因子，遵从由内而外的作用体制来促进文化产业和旅游产业的融合发展。文化产业和旅游产业内相关企业对经济效益最大化的需求，促使产业寻求新的方式和方法来提高产业经济利益；融合创新是文旅产业融合的重要支撑力，创新能够改变文化产业和旅游产业原本的产业链方式；文化产业和旅游产业的高度关联性，推动了产业价值链的扩展，是文旅产业融合的内动力。

（3）产业间要素驱动型：基于产业间作用力驱动的“内—外”互动融合

产业融合的产业间驱动因子主要是由于产业间相似的要素需求和相通的产业发展形势而产生的相互作用力，通过相互吸引、相互作用，引起产业的相互渗透、相互延伸，形成融合发展的产业态势，主要包括产业竞争与合作、组织网络化。文化产业和旅游产业企业制定产业战略决策时存在趋同现象，也就是说，文化产业和旅游产业内部的企业在信息不对称的背景下，当获取对方可能的决策意向时，有觉察力的旅游类企业和文化类企业的决策具有相似的一致性，这也造就了文化产业和旅游产业之间的互动更加频繁、合作共赢的态势更加明显，进一步促使文化产业的价值链与旅游活动产业链交互。同时，文化产业和旅游产业的产业竞争，不仅能够激发产业的创新意识，促使产业发展方向和产业重心的变动，还可以在竞争的压力下更加注重对资源的高效和合理利用，注重对产业内资源的挖掘和价值链的延伸，为文化产业和旅游产业的跨产业合作提供了保障，最终在产业发展中实现两个产业的融合发展。价值链分工与合作是产业组织网络形成的基础，文化产业链是产业的纵向产业链，在面向消费者的旅游横向产业链之间，文化产业和旅游产业的融合是产业链分工与产业协同的产物，通过组织网络化和组织机构的调整，能够实现文化产业链的横向延伸和旅游产业链的纵向拓展，实现两个产业的融合。

文化产业和旅游产业的融合过程，是一个相互作用的过程。“内—外”融合机制由效益最大化的根本源动力开始，通过对文化产业和旅游产业资源要素的交换与重组、价值链的调整优化、创新创意和技术的扩散，推动文化产业和旅游产业的结构升级，促使产业要素在两个产业之间自由流动和相互渗透，由内至外地推动文化产业和旅游产业的融合。同时，“内—外”融合的动力路径是通过消费者需求和市场需求，通过技术渗透、市场结构的调整和国家制度环境的优化，通过影响文化产业和旅游产业外部的相关产业要素，由外至内地推动文化产业和旅游产业的融合。通过内部作用力和外部作用力以及在产业间竞争与合作压力的共同作用下，促使文化产业和旅游产业向区域动态平衡演进，最终构成文化产业和旅游产业融合的“内—外”“双循环”动力机制系统。

通过对促进文化产业和旅游产业融合发展相关文献的研究，可以把推动文旅产业融合的机制要素分为三类，即拉动力、推动力以及支持力。其中拉动力主要体现在市场需求方面；推动力主要体现在市场供给方面；而支持力体现在政府政策的支持、政府对市场管理以及科技的创新。具体如图 4 – 1 所示。

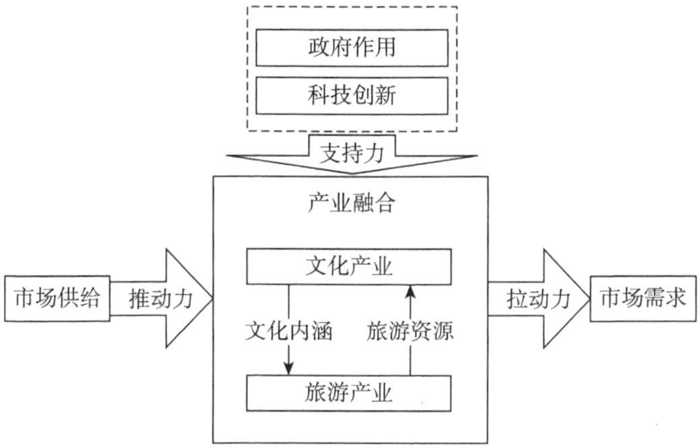

图 4 – 1　文化产业和旅游产业融合动力机制

资料来源：笔者根据有关资料整理。

（二）要素构成

文化产业和旅游产业融合的要素构成包括资源禀赋、市场需求、科技创新、政府作用、人力资源、运行环境等方面。

1. 资源禀赋

推动文旅产业融合的主要因素是市场供给。因为旅游者的需求改变，产业供给也会改变。旅游企业为迎合旅游者的需求，推出个性化、多元化的旅游产品，以提高旅游产品的竞争力、服务质量以及产品质量。其中最为重要的就是文化的融入，注入文化内涵的旅游业更能刺激旅游者的消费和满足旅游者的需求。旅游企业和文化企业合作，增强产品文化内涵，突出文化特色，展示文化底蕴，从而达到增进文化产业和旅游产业融合动力的目的。

文化产业和旅游产业融合后的新产业同时具备二者的产业属性，即经济性和文化性。与追求利润最大化的经济导向产业相比，文化旅游产业还具备了“以文化人”的文化传播和教育属性。从文化旅游产业的整体布局以及《中国文化和旅游统计年鉴》的分类来看，其产业内分工包括以追求经济效益为主的企业等市场性经营机构和以完善公共文化服务体系为目标的博物馆、美术馆等事业单位两类。刻意追求经济属性势必会削弱其文化属性，忽视其发展的文化使命。

在产业资源方面，旅游产业与文化产业之间密切联系、不可分割。文化遗产、古迹、影视基地、会展活动、宗教活动、博物馆、艺术表演场所等众多资源，既是旅游产业资源，又是文化产业资源。具有文化价值的旅游资源多属于高层级的旅游吸引物，能够极大地提高旅游地的知名度和旅游形象，而旅游产业的发展又能够促进文化交流和互动，扩大文化产业的发展空间。许多博物馆、展览馆、文化娱乐场所、影视中心、演艺基地、文化创意园区等，在规划建设及投入运营之初主要承担文化产业的功能，具有一定知名度和影响力后吸引了大量游客前来参观游览，迅速成为当地重要的旅游景区景点，从而既承担文化传播功能又承担旅游观光功能。因此，旅游产业与文化产业的融合为未来的机构建设和定位提出了新的命题。

2. 市场需求

有需求才会有动力。在经济高速发展的社会，人民的需求已经不满足于温饱，而是转变为更高层次的精神需求。目前的旅游者也已不再满足于游山玩水式的简单旅游，而是钟情有丰富内涵、有个性特色的旅游项目。为了满足旅游者旅游行为的个性化、多元化需求，旅游相关企业打破产业之间的壁垒，促进产业融合，实现产业升级，实现旅游产品的多元化、特色化，从而实现旅游相关产业和其他产业的良性发展。

市场融合带来了产业边界的收缩，进而产生新业态和新产品，促进产业生命周期的延长。旅游产业与文化产业的融合同样存在这样的优势，文物古迹游、文娱表演、影视旅游、旅游文化纪念品、旅游文化服务等均是两个产业融合形成的新业态、新产品。随着体验经济的迅速兴起，消费者对于旅游与文化市场的要求越来越高，非常注重精神享受和过程体验，既要求旅游产业兼具文化性，又要求文化产业兼具游览性，旅游产业与文化产业融合产生的新业态、新产品不仅极大丰富了两大产业的发展内涵，而且可以同时满足消费者的旅游需求和精神文化需求。

文化产业和旅游产业的融合是一种产业重组形式，其融合经历了技术、产品和服务及市场三个层面的融合。一方面，文旅融合的产业重组形式主要体现为文化和旅游“你中有我，我中有你”的紧密关系；文化产业和旅游产业均是隶属于第三产业的子产业；文化和旅游融合为新业态，是适应市场需求及提高产业效率的重要手段。另一方面，市场融合是产业融合的必要条件与重要表征。市场成为衡量文化和旅游融合的重要参照，文旅产业的市场运行机制越完善、市场活力越强劲，越说明其融合发展弥补了大众的消费空缺，适应了市场需求，体现了融合对经济增长和产业转型升级的推动作用。

3. 科技创新

有创新才能有发展。对于传统行业来说，在科技创新的加持下，能更轻易地模糊产业间的边界，产业间的融合更为顺畅。科技创新能带动文旅产业朝多元化的方向发展，也让文旅产业更加丰富，更能突出特色与科技内涵。文化产业通过现代科学技术，将文化演艺与旅游结合起来，扩大了文化的影响力；旅游产业通过现代科学技术，用大数据分析信息，发展智慧旅游，推出新的旅游产品吸引游客。所以说科技的创新，能更好地促进文化产业和旅游产业的融合。

科技创新能为产业提供无限可能，在文化和旅游融合发展过程中，有了科技的支持，更容易打破产业之间的壁垒，模糊产业之间的边界，给文旅产业融合提供支持力。

4. 政府作用

文旅产业在政策的支持下，发展迅猛。政府的引导与支持对文化产业和旅游产业的融合影响甚大。如 2001 年国务院发布《关于进一步加快旅游业发展的通知》，2009 年文化部和国家旅游局发布《关于促进文化与旅游结合发展的指导意见》，2014 年国务院发布《关于促进旅游业改革发展的若干意见》，2018 年中共中央、国务院印发《乡村振兴规划战略 2018—2022》等政府文件，其内容都是针对文化产业和旅游产业的发展路径。文件明确指出文旅产业想要大发展，必须走产业创新和产业融合之路，在旅游产业中突出文化特色，促进文旅融合发展，实现两个产业发展共赢。在政府政策的引导和支持下，文旅产业融合发展十分顺利。

政府关于文旅产业发展路径的政策，能够引导企业改变发展模式，2009年文化部和国家旅游局发布了《关于促进文化与旅游结合发展的指导意见》，文中指出要高度重视文化和旅游的结合发展，文化是旅游的灵魂，旅游是文化的载体，要加强文化旅游之间的深度结合，要相互融合、相互促进，推进文化体系改革，加快文化产业的发展，加速旅游产业的转型升级，满足消费群众的需求。政府加强对旅游市场以及文化市场的管理，为文旅产业融合提供了一个良好的发展环境。

政府的引导在产业融合过程中起到非常重要的作用，主要表现在对已发生变化的产业或放松经济性规制，或进行规制改革并制定合理的产业技术政策，为产业间的融合创造一个良好的技术平台和产业平台。文化部门和旅游部门的体制整合，也是文化和旅游融合的重要引擎，从机制和管理组织改革的角度，为二者创新性融合发展提供了平台；而文旅部的政策支持，则是影响文化旅游产业发展的直接因素，从经济性规制的角度赋予了二者融合的动力。

5. 人力资源

旅游产业与文化产业均对人力资源的素质有较高的要求，无论在技术才能、文化知识储备、服务能力方面，还是在经营管理能力、协调控制能力等方面，两个产业对人力资源的要求都有相通之处，并且从业人员所做的工作经常既承担旅游产业的功能，又承担文化产业的功能。如导游人员在履行导游服务时，通常对旅游地的文化、风俗等进行传播；影视基地的管理者既要合理安排影视作品的拍摄工作，又要对游览路线、观光产品和服务进行管理。文旅产业融合需要一批兼具旅游和文化才能的复合型人才。

6. 运行环境

运行环境是影响文化和旅游融合发展的宏观因素，主要包括政策环境、社会环境、经济环境、文化环境以及相关产业环境等。除上述提到的体制内发布的政策会对文化旅游产业产生向导性影响，经济发展水平、文化产业发展水平、文化资源的丰富程度、互联网等信息产业发展水平等，也会在一定程度上对文化和旅游的融合发展产生影响。如文化产业发展越成熟，消费者的文化消费水平及黏性越高，文化旅游的潜在市场就会越大，文化和旅游融合的外部引力也就越强。

四　具体指标

（一）基于文化产业和旅游产业分别分析

综合现有的代表性研究成果可以发现，文化产业和旅游产业融合评价指标体系主要有两种方式。第一种是从文化产业和旅游产业两个领域分别进行分析，其中代表观点有李凌雁等①基于全国 31 个省份旅游与文化产业融合发展水平构建的评价指标体系；吴丽等人②从多角度、多层次分别建立基于文化产业和基于旅游产业的服务人员、服务空间、服务受众和服务产业的"四位一体"文旅融合发展模型；董文静等人③基于耦合协调度理论构建的文化产业与旅游产业耦合评价指标体系等。

李凌雁等人通过对旅游产业与文化产业融合机理的分析，并结合融合度模型原理及科学性、系统性、数据可得性等原则，构建了旅游产业与文化产业融合度评价指标体系，包括资源融合、人才融合、市场融合、机构融合等 4 个一级指标，以及 40 个二级指标，具体见表 4－1。

表 4－1　文化产业与旅游产业发展评价指标体系

	旅游产业	文化产业
一级指标	二级指标	二级指标
资源融合	旅游景区数量	文化景区数量
	旅游资源丰度	文化资源丰度
	旅游资源级别	文化资源级别
	旅游资源密度	文化资源密度

① 李凌雁、翁钢民：《我国旅游与文化产业融合发展水平测度及时空差异分析》，《地理与地理信息科学》2015 年第 6 期。

② 吴丽、梁皓、虞华君、霍荣棉：《中国文化和旅游融合发展空间分异及驱动因素》，《经济地理》2021 年第 2 期。

③ 董文静、王昌森、张震：《中国文化产业与旅游产业耦合发展的时空演化及空间关联格局》，《西南民族大学学报》（人文社会科学版）2022 年第 3 期。

续表

	旅游产业	文化产业
一级指标	二级指标	二级指标
人才融合	景区从业人员	博物馆从业人员
	旅行社从业人员	图书馆从业人员
	星级饭店从业人员	艺术表演从业人员
	餐饮住宿从业人员	文化市场从业人员
	旅游从业人员	文艺科研从业人员
市场融合	旅游者人数	人均文化事业费
	旅游收入占 GDP 比重	文化市场营业收入
	星级饭店营业收入	文化制造业收入
	景区营业收入	文化服务业收入
	旅行社营业收入	文化产品销售收入
	餐饮住宿营业收入	艺术表演团体收入
机构融合	旅游景区个数	博物馆个数
	星级饭店个数	图书馆个数
	旅行社个数	艺术表演场馆个数
	住宿业法人数	文化市场法人数
	餐饮业法人数	文艺科研机构数

资料来源：李凌雁、翁钢民：《我国旅游与文化产业融合发展水平测度及时空差异分析》，《地理与地理信息科学》2015 年第 6 期。

文化产业和旅游产业的融合是一个兼具多维性和系统性的概念，有着极其丰富的内涵，根据全面性、系统性、可获取性原则，吴丽等人提炼并构建了包含 2 个维度、每个维度 4 个一级指标、共 21 个二级指标在内的文化产业与旅游产业融合协调测度指标体系（见表 4－2）。

表 4－2　文化产业与旅游产业发展评价指标体系

维度	一级指标	二级指标
文化	服务队伍	文化产业从业人员
		博物馆从业人员
		图书馆从业人员
		群众文化机构从业人员

续表

维度	一级指标	二级指标
文化	服务空间	博物馆个数
		图书馆个数
		艺术表演场馆
	服务受众	博物馆参观人次
		图书馆总流通人次
		艺术表演场馆演出观众人次
	服务产业	文化服务业企业营业收入
		文化批发零售业企业营业收入
		文化制造业企业营业收入
旅游	服务队伍	星级饭店从业人员
		旅行社工业人员
		A 级景区固定从业人员
	服务空间	旅游景区总数
		星级饭店
	服务受众	景区接待人数
	服务产业	景区营业收入
		星级饭店营业收入

资料来源：吴丽、梁皓、虞华君、霍荣棉：《中国文化和旅游融合发展空间分异及驱动因素》，《经济地理》2021 年第 2 期。

董文静等人在参考《关于促进全域旅游发展的指导意见》《国家“十三五”时期文化发展改革规划纲要》《“十四五”文化产业发展规划》及已有相关文献的基础上，结合实际研究需要，按照全面性、有代表性、可比性、科学性等原则，采用频度统计法、理论分析法筛选主要指标，构建文化产业与旅游产业耦合评价指标体系。其中，文化产业和旅游产业指标体系各包括产业基础、投入要素、产出绩效等 3 个一级指标 9 个二级指标，分别用于表征文化产业和旅游产业综合发展水平（见表 4－3）。

表 4－3　文化产业与旅游产业发展评价指标体系

系统	一级指标	二级指标
文化产业	产业基础	公共图书馆机构数
		博物馆机构数
		艺术表演团体机构数
	投入要素	文化及相关产业全社会固定资产投资
		文化及相关产业城镇单位就业人员
		地方财政文化及相关产业支出
	产出绩效	文化及相关产业增加值
		文化产业主营业务收入
		文化事业费
旅游产业	产业基础	旅行社数
		星级饭店数
		A 级景区数
	投入要素	住宿和餐饮业全社会固定资产投资
		住宿和餐饮业城镇单位就业人员
		旅行社从业人员
	产出绩效	国际旅游外汇收入
		住宿和餐饮业增加值
		接待国际游客数

资料来源：董文静、王昌森、张震：《中国文化产业与旅游产业耦合发展的时空演化及空间关联格局》，《西南民族大学学报》（人文社会科学版）2022 年第 3 期。

（二）基于文化和旅游融合水平综合测度

另一种构建方式是从文化和旅游融合的综合水平角度出发进行分析，以较为直观的数学视角评价其融合现状。陈波等人认为文化产业与旅游产业的融合是一种产业重组形式，并基于重组后的文化旅游产业，构建了文旅融合评价指标体系。陈波等人基于对我国文化和旅游融合现状目标的全面评价，以科学性、客观性、系统性和可操作性等为原则，结合数据的可获得性，构建了体制融合效率、市场活力、公共服务效能和支撑体系等 4 个一级指标、14 个二级指标和 29 个三级指标的指标体系（见表 4－4）。

表 4－4　文化产业与旅游产业融合水平综合测度指标体系

一级指标	二级指标	三级指标
体制融合效率	文化旅游机构整合	文化旅游行政主管部门
		机构移动新媒体平台搭建
	文化旅游政策公开	文化旅游政策文件发布数量
	文化旅游专项资金	文化旅游财政投入
市场活力	文化旅游市场投入成本	市场经营性机构
		劳动力
		资本
	文化旅游市场消费水平	旅游接待人次
		旅游总收入
	文化旅游市场发展潜能	市场增速
		国际吸引力
		景区竞争力
		品牌影响力
公共服务效能	公共文化旅游建设情况	公共文化旅游主要机构
		公共文化旅游主要机构从业人员
	公共文化旅游活动筹办	举办展览
		表演演出
	公共文化旅游居民参与	居民参与活动人次
支撑体系	经济发展水平	GDP 总量
		人均可支配收入
	文化产业发展水平	文化产业占 GDP 比重
		人均文化消费
		文化创新能力
	文化旅游资源禀赋优势	历史文化资源
		艺术文化资源
	文化旅游人才水平	文化旅游教育机构数量
		文化旅游教育机构专业技术人才
	文化旅游科技水平	互联网普及率
		经营性互联网文化单位数量

资料来源：陈波、刘宇：《文化和旅游融合指数评价体系研究——基于全国 31 个省（市、区）的考察》，《学习与实践》2021 年第 11 期。

第二节 模型构建

通过查阅文旅融合及时空分异的相关论文，综合众多学者的各种研究方法，本节从指数模型、综合模型、维度模型等方面来展开分析。

一 指数模型

（一）主成分分析法

主成分分析（principal component analysis）是 1901 年 Pearson 对非随机变量分析进行时引入的研究方法。1933 年 Hotelling 将此方法推广到对随机向量的研究。

主成分分析的主要目的是：用较少的变量去解释原来资料中的大部分变异，将手中许多相关性很高的变量转化成彼此相互独立或不相关的变量。通常是选出比原始变量个数少、能解释大部分资料中变异的几个新变量，即所谓的主成分来解释资料的综合性关键指标。由此可见，主成分分析实际上是一种降维方法。主成分分析试图在力保数据信息丢失少的原则下，对多变量的截面数据表进行最佳综合简化，即对高维变量空间进行降维处理。

主成分分析法主要包括以下四个步骤。

1. 对原始数据进行标准化处理

假设进行主成分分析的指标变量有 m 个：x_1、x_2、…、x_m，共有 n 个评价对象，第 i 个评价对象的第 j 个指标的取值为x_{ij}转换成标准化指标$\tilde{x}_{ij}$。

$$\tilde{x}_{ij}=\frac{x_{ij}-\overline{x}_j}{s_j},(i=1,2,\cdots,n;j=1,2,\cdots,m) \tag{4-1}$$

其中，$\overline{x}_j=\frac{1}{n}\sum_{i=1}^{n}x_{ij}$，$s_j=\sqrt{\frac{1}{n-1}*\sum_{i=1}^{n}(x_{ij}-\overline{x}_j)^2}$，（j=1，2，…，m），即$\overline{x}_j$，$s_j$分别为第 j 个指标的样本均值和标准差。与此对应，称$\tilde{x}_i=\frac{x_i-\overline{x}_i}{s_i}$，（i=1，2，…，m）为标准化指标变量。

2. 计算相关系数矩阵 R

相关系数矩阵 $R=(r_{ij})_{m*m}$

$$r_{ij}=\frac{\sum_{k=1}^{n}\widetilde{x_{ki}}*\widetilde{x_{ki}}}{n-1},(i,j=1,2,\cdots,m) \tag{4-2}$$

式中，$r_{ii}=1$，$r_{ij}=r_{ji}$，r_{ij}是第 i 个指标与第 j 个指标的相关系数。

3. 计算特征值和特征向量

计算相关系数矩阵 R 的特征值$\lambda_1\geq\lambda_2\geq\cdots\geq\lambda_m\geq0$，及对应的特征向量$u_1$、$u_2$、…、$u_m$，其中$u_j=(u_j,\ u_j,\ \cdots,\ u_j)^T$，由特征向量组成 m 个新的指标变量

$$\begin{cases}y_1=u_{11}\ \tilde{x}_1+u_{21}\ \tilde{x}_2+\cdots+u_{n1}\ \tilde{x}_n\\ y_2=u_{12}\ \tilde{x}_1+u_{22}\ \tilde{x}_2+\cdots+u_{n2}\ \tilde{x}_n\\ \cdots\cdots\\ y_m=u_{1m}\ \tilde{x}_1+u_{2m}\ \tilde{x}_2+\cdots+u_{nm}\ \tilde{x}_n\end{cases} \tag{4-3}$$

式中y_1是第 1 主成分，y_2是第 2 主成分，…，y_m是第 m 主成分。

4. 选择 p（$p\leq m$）个主成分，计算综合评价值

（1）计算特征值λ_j（j＝1，2，…，m）的信息贡献率和累积贡献率

称$b_j=\frac{\lambda_j}{\sum_{k=1}^{m}\lambda_k}$（j＝1，2，…，m）为主成分$y_j$的信息贡献率；$\alpha_p=\frac{\sum_{k=1}^{p}\lambda_k}{\sum_{k=1}^{m}\lambda_k}$为主成分$y_1$，$y_2$，…，$y_p$的累积贡献率，当$\alpha_p$接近于 1（$\alpha_p=0.85$，0.90，0.95）时，则选择前 p 个指标变量y_1，y_2，…，y_p作为 p 个主成分，代替原来 m 个指标变量，从而可对 p 个主成分进行综合分析。

（2）计算综合得分

$$Z=\sum_{j=1}^{p}b_jy_j \tag{4-4}$$

其中，b_j为第 j 个主成分的信息贡献率，根据综合得分值就可以进行评价。

（二）熵值法

熵值法是一种客观的赋权法，熵值法的出发点是根据各评价指标体系中指标值之间的差异程度，为指标体系确定权重系数。[①] 熵值法在确定指标体系权重的过程中，能够避免人为干扰的因素，客观地反映各评价指标在评价指标体系中的重要性。熵值法确定的指标权重与原始数据所含信息量的多少有关，权重越大信息量越多，权重越小信息量越少，所以熵值法能够确定评价指标所包含的信息量。

第一步，进行数据的标准化处理。因为指标体系的单位不同，指标体系存在差异化，所以要进行数据的标准化处理，取消数据的差异化。本文用的标准化处理方法是极值法，具体公式如下：

当数据指标为正向时公式为 4－5。

$$Xij' = \frac{Xij - Xj\min}{Xj\max - Xj\min} \tag{4-5}$$

当数据指标为负向时公式为 4－6。

$$Xij' = \frac{Xj\max - Xij}{Xj\max - Xj\min} \tag{4-6}$$

因为本文采用的指标全是正向指标，所以采用公式 4－5，式中 Xij 为第 i 年第 j 项的原始数值，$Xjmax$ 为第 j 项指标的最大值，$Xjmin$ 为第 j 项指标的最小值，Xij'为标准化处理后的数据。为了确保标准化处理后的数据不为 0，于是 Xij'向右平移 0.01，公式如 4－7：

$$X\mathrm{ij}'' = Xij' + 0.01 \tag{4-7}$$

第二步，计算标准化处理后的数值在指标中所占的比重。公式 4－1 中 Xij'是数据标准化后的数值。

$$P\mathrm{ij} = \frac{Xij'}{\sum_{i=2010}^{2019} Xij'} \tag{4-8}$$

① 王昌森、董文静：《创新驱动发展运行机制及能力提升路径——以“多元主体协同互动”为视角》，《企业经济》2021 年第 3 期。

第三步，计算指标的信息熵。公式 4－9 中 m 是年份数量，根据所计算文化产业和旅游产业耦合协调度的年份来确定 m 的值（假设计算 2010～2019 年文化产业和旅游产业耦合协调度，则 m 为 10。）

$$Eij = -(\ln m)^{-1}\sum_{i=2010}^{2019}(Pij \times \ln pij) \tag{4-9}$$

第四步，公式 4－10 计算效用值，公式 4－11 是指标的权重，公式 4－11 中 m 为指标的个数。

$$Dj = 1 - Ej \tag{4-10}$$

$$\omega_j = \frac{D_j}{\sum_{i=1}^{m} D_j} \tag{4-11}$$

第五步，通过文化产业和旅游产业综合发展水平模型计算文化产业和旅游产业综合发展水平。

旅游产业综合评价函数：

$$U1 = \sum_{j=1}^{m} \omega_i x_{ij}' \tag{4-12}$$

公式 4－12 中 U1 是旅游产业综合评价值，m 为旅游产业评价指标数，ωi 是旅游产业指标的权重，xij'是旅游产业评价指标标准化处理后的数值。

文化产业综合评价函数：

$$U2 = \sum_{j=1}^{m} \omega_j y_{ij}' \tag{4-13}$$

公式 4－13 中 U2 为文化产业综合评价值，m 为文化产业评价指标数，ω_j 是文化产业指标的权重，yij'是文化产业评价指标标准化处理后的数值。

二　综合模型

（一）计量经济模型方法

基于文旅融合成效指标体系，首先以效率指数为表征，采用 SBM 方向性距离函数和 Malmquist—Luenberger 模型，分别从静态和动态两个方面测度中国 31 个省份、黄河流域典型文化区、河南省 18 个地市的文旅融合成效。其次对文旅融合成效进行分解，从而探讨不同区域文旅融合无效率的根源。

最后，利用聚类分析揭示我国文旅融合成效的类型和层次。

1. SBM 方向性距离函数

根据 Fukuyama and Weber①，定义基于 SBM 的方向性距离函数为：

$$^{t}v(x^{t,k'},y^{t,k'};g^{x},g^{y}) = \mathrm{Max}s^{x},s^{y}1N\sum Nn=1S^{x}_{n}g^{2}_{n}+1$$

$$M\sum Mm=1S^{Y}_{m}g^{g}_{m}2\ s.t.\ \sum Kk=1\lambda^{t}_{k}x^{5}_{kn}+s^{x}_{n}=x^{t}_{k'n},\forall n;$$

$$\sum Kk=1\lambda^{t}_{k}y^{t}_{km}-s^{y}_{m}=y^{t}_{k'm}\ \forall m;\sum Kk=1\lambda^{t}_{k}=1,\lambda^{t}_{k}\geqslant 0,\forall k;s^{x}_{n}\geqslant 0,\forall n;s^{y}_{m}\geqslant \forall m. \qquad (4-14)$$

（$x^{t,h'}$，$y^{t,h'}$）代表了 t 时期省份k'的投入和产出向量，（g^{x}，g^{y}）代表了产出扩张，投入压缩的取值为正的方向向量，（s^{x}_{n}，s^{y}_{m}）代表了投入和产出的松弛向量。s^{x}_{n}和s^{y}_{m}为正值代表了实际的投入大于边界的投入但实际的产出小于边界的产出。当方向向量（g^{x}，g^{y}）和松弛向量（s^{x}_{n}，s^{y}_{m}）存在相同的测度单位时，可以把松弛向量标准化，然后把标准化的投入松弛和产出松弛分别相加，求其平均值。目标函数就是要将投入和产出无效率平均值之和最大化。

运用 SBM 方向性距离函数的另一个优点是，可以将无效率的来源进行分解，按 Cooper et al.② 的思路，可以将无效率分解为：

投入无效率：

$$1E_{x}=\frac{1}{2N}\sum_{n=1}^{N}\frac{s^{x}_{n}}{g^{x}_{n}} \qquad (4-15)$$

产出无效率：

$$1E_{y}=\frac{1}{2M}\sum_{m=1}^{M}\frac{S^{y}_{m}}{g^{y}_{m}} \qquad (4-16)$$

2. Luenberger 生产率指标

很多学者运用 DEA 方法中的 Malmquist 指数来进行生产率研究，但

① Fukuyama, H. and William L. Weber, "A Directional Slacks-based Measure of Technical Inefficiency", *Socio-Economic Planning Sciences*, Vol. 43, No. 4, 2009.

② Cooper, W. W., L. M. Seiford and K. Tone, *Data Envelopment Analysis*, Boston: Kluwer Academic Publisher, 2007.

Malmquist 指数构建于传统径向的和角度的距离函数，即无法同时考虑投入的减少和产出的增加，并且各变量必须等比例变动。Chambers et al.[①] 发展了一种新的生产率测度方法——Luenberger 生产率指标，这个指标弥补了 Malmquist 指数的不足，可以同时考虑投入的减少和产出的增加，且各变量无须等比例变动。

根据 Chambers et al. 的方法，t 期和 t + 1 期之间的 Luenberger 生产率指标为：

$$LTFP_t^{t+1} = \frac{1}{2}\{[\overrightarrow{S_C^t}(x^t, y^t; g) - \overrightarrow{S_C^t}(x^{t+1}, y^{t+1}; g)] + [\overrightarrow{S_C^{t+1}}(x^t, y^t; g) - \overrightarrow{S_C^{t+1}}(x^{t+1}, y^{t+1}; g)]\} \tag{4-17}$$

类似 Malmquist 生产率指标可以分解为技术进步、纯效率变化和规模效率变化，也可以对 Luenberger 生产率指标进一步分解[②③]，把 Luenberger 生产率指标分解为纯效率变化（LPEC）、纯技术进步（LPTP）、规模效率变化（LSEC）和技术规模变化（LTPSC）。

$$LTFP = LPEC + LPTP + LSEC + LTPSC \tag{4-18}$$

$$LPEC_t^{t+1} = \overrightarrow{S_V^t}(x^t, y^t; g) - \overrightarrow{S_V^{t+1}}(x^{t+1}, y^{t+1}; g) \tag{4-19}$$

$$LPTP_t^{t+1} = \frac{1}{2}\{[\overrightarrow{S_V^{t+1}}(x^t, y^t; g) - \overrightarrow{S_V^t}(x^t, y^t; g)] + [\overrightarrow{S_V^{t+1}}(x^{t+1}, y^{t+1}; g) - \overrightarrow{S_V^t}(x^{t+1}, y^{t+1}; g)]\} \tag{4-20}$$

$$LSEC_t^{t+1} = [\overrightarrow{S_C^t}(x^t, y^t; g) - \overrightarrow{S_V^t}(x^t, y^t; g)] - [\overrightarrow{S_C^{t+1}}(x^{t+1}, y^{t+1}; g) - \overrightarrow{S_V^{t+1}}(x^{t+1}, y^{t+1}; g)] \tag{4-21}$$

---

① Chambers, R. G., "Benefit and Distance Functions", *Journal of Economic Theory*, Vol. 70, No. 96, 1996.

② Grosskopf, S., "Some Remarks on Productivity and its Decompositions", *Journal of Productivity Analysis*, Vol. 20, No. 3, 2003.

③ 王兵、吴延瑞、颜鹏飞：《中国区域环境效率与环境全要素生产率增长》，《经济研究》2010 年第 5 期。

$$LTPSC_t^{t+1}=12\{[{}_C^{t+1}(x^t,y^t;g)-{}_V^{t+1}(x^t,y^t;g)-({}_C^t(x^t,y^t;g)-{}_V^t(x^t,y^t;g))]$$
$$+[({}_C^{t+1}(x^{t+1},y^{t+1};g)-{}_V^{t+1}(x^{t+1},y^{t+1};g))-({}_C^t(x^{t+1},y^{t+1};g)$$
$$-{}_V^t(x^{t+1},y^{t+1};g))]\} \tag{4-22}$$

每一时期 Luenberger 生产率指标的计算，需要在 CRS 和 VRS 两种假设下分别解出四个线性规划，从而得出八个 SBM 方向性距离函数。$\overrightarrow{S_C^t}$（x^t，y^t，g^t），$\overrightarrow{S_C^{t+1}}$（$x^{t+1}$，$y^{t+1}$，$g^{t+1}$），$\overrightarrow{S_C^t}$（$x^{t+1}$，$y^{t+1}$，$g^{t+1}$），$\overrightarrow{S_C^{t+1}}$($x^t$，$y^t$，$g^t$)，代表了在 CRS 假设下的四个 SBM 方向性距离函数。其中$\overrightarrow{S_C^t}$（x^t，y^t，g^t）和$\overrightarrow{S_C^{t+1}}$（$x^{t+1}$，$y^{t+1}$，$g^{t+1}$）是同期方向性距离函数，即基于当期的技术和当期的投入产出值算出的方向性距离函数，而另外两个则是跨期方向性距离函数，$\overrightarrow{S_C^t}$（x^{t+1}，y^{t+1}，g^{t+1}）代表了 t(t+1) 基于时期的技术，运用t+1(t)时期的投入产出值算出的结果。如果把下标 C 换成 V，则代表了在 VRS 假设下的四个 SBM 方向性距离函数。在计算混合方向性距离函数时，有可能出现 t+1 时期的投入产出值在 t 时期的技术水平下无解的情况，为了减少线性规划无解的数量，采用序列 DEA 的方法，即每一期的参考技术是基于当期及其以前所有可能得到的投入产出值决定的。

（二）空间技术分析方法

如基于文旅融合成效指数评价结果，利用探索性空间数据分析法中的全局空间自相关和局部空间自相关指数，测量我国 31 个省份整体区域的空间相关度和各个二级区域的空间关联，探究我国 31 个省份文旅融合成效空间格局特征；结合向量自回归模型（VAR）、面板数据模型、空间马尔科夫链分析法，分析黄河流域典型文化区文旅融合偏向性规律；基于协调分析与格兰杰因果检验等计量分析模型，并利用地理加权模型（GWR），分析自然环境与社会经济环境维度因子，对河南省 18 个地市文旅融合成效的影响，利用地理探测器方法分析河南省 18 个地市文旅融合成效时空分异的影响因素。

1. 探索性空间数据分析法

董文静等[①]运用探索性空间数据分析法（ESDA），探析文化产业与旅游产业融合协调度的空间异质性、空间依赖性等空间关联格局演化。ESDA 常用的空间自相关指标有：全局空间自相关（Global Moran's I），用以反映整体集群级别和分布；局部空间自相关（Local Moran's I），用以反映局部空间自相关和聚类区域。

其一，全局空间自相关（GMI）主要用于反映在不同研究省域文化产业与旅游产业的融合协调度的平均空间差异与空间关联情况，其公式为[②]：

$$I = \left[\left(\frac{N}{S_0} \right) \times \left\{ \sum_{i=1}^{n} \sum_{j \neq 1}^{n} Wij(Xi - \overline{X})(Xj - \overline{X}) \right\} \right] / \sum_{i=1}^{n} (Xi - \overline{X})^2 \tag{4-23}$$

式中：N 为省域单元数；X_i和X_j为省城 i 和 j 的观测值；S_0为标准化要素，S_0 = 权重矩阵要素；$\overline{X}$为文化产业与旅游产业融合协调度的平均值；W_{ij}为基于距离标准的空间权重矩阵，当$W_{ij}=1$表示相邻，当$W_{ij}=0$表示不相邻。全局 Moran's I 指数取值［-1，1］，若数值越趋近于 1，则空间集聚特征越明显，空间差异性越小；若数值趋近于 -1，则空间集聚特征不明显，空间差异性越大；为 0 时，表明空间随机分布。[③]

其二，局部空间自相关（LMI）可以弥补全局 Moran's I 检验结果过于笼统的缺点，主要用于测定省域间文化产业与旅游产业融合发展的空间关联的差异度，表征不同省域文化产业系统与旅游产业系统两大系统的局部空间聚集特征，公式为[④]：

$$Ii = Zj \sum_{j \neq 1}^{n} WijZj \tag{4-24}$$

式中：Z_i、Z_j为省域 i 和 j 观测值的标准化形式，W_{ij}为空间权重。局部

① 董文静、王昌森、张震：《中国文化产业与旅游产业耦合发展的时空演化及空间关联格局》，《西南民族大学学报》（人文社会科学版）2022 年第 3 期。

② Moran, P., "A test for the serial independence of residuals", *Biometrika*, No. 2, 1950.

③ 刘湘南、黄方、王平等编著《GIS 空间分析原理与方法》，科学出版社，2005，第 74 页。

④ Anselin, L., "Local Indicators of Spatial Association—LISA", *Geographical Analysis*, Vol. 27, 1995.

Moran's I 指数值可将目标省域及其周边省域间的局部空间自相关类型划分为四个象限空间集聚形式，并通过 LISA 显著性检验表征其显著程度：第一类为本省域与其周边省域水平均较高，简称高～高（H～H）；第二类为本省域与其周边省域水平均较低，简称低～低（L～L）；第三类为本省域水平较高且被低水平省域包围，简称高～低（H～L）；第四类为本省域水平较低且被高水平省域包围，简称低～高（L～H）。研究空间范围内，若局部 Moran's I 指数 <0，则表示"L～H""H～L"具有相异属性值的空间单元聚集在一起；若局部 Moran's I 指数 >0，则表示"H～H""L～L"具有相似属性值的空间单元集聚在一起。①

2. VAR 向量自回归模型

向量自回归模型是美国经济学家克里斯托弗·西姆斯（Christopher Sims）提出的一种著名的计量经济模型。VAR 模型的应用原理是所有当期变量对模型中所有变量的若干滞后变量进行回归。VAR 模型是在 AR 模型的基础上建立起来的，它能够估计一般内生变量的稳定性和动态比率，已被经济学家广泛接受。②

$$Y_t = A_1 Y_{t-1} + A_2 Y_{t-2} + \cdots + A_x Y_{t-x} \qquad (4-25)$$

其中，Y 表示内生变量矢量，A 表示系数矩阵，x 代表滞后阶数。

通过对 VAR 模型的设定，该模型比其他模型更为简单，但在利用该模型进行分析时需要注意几个细节。一是在变量的选取方面，尽可能选择数据数量适中的变量。在实际过程中，数据过多，会对之后的脉冲响应造成困难；数据过少，没有代表性，不能很好地揭示变量之间的线性关系和动态稳定性。二是在滞后阶数选择问题上，如果滞后阶数没有处理得当，会大大加大试验难度。对于一个含 n 个数据的模型，每增加一个滞后阶数，该模型的参数呈平方式增加，增加速度很快，在对滞后阶数确定过程中，通常会使用似然函数比例法和约束检验法。

① 刘湘南、黄方、王平等编著《GIS 空间分析原理与方法》，科学出版社，2005，第 74 页。

② 时吉利、李永福、纪凡荣：《新冠肺炎疫情对社会消费品零售额的影响分析——基于 VAR 向量自回归模型》，《经营与管理》2022 年第 3 期。

向量自回归模型不需要过硬的经济理论，通常使用很少的理论假设，以时间序列为主线，对整个经济系统做冲击响应。通过冲击响应，反映整个经济系统的动态稳定性和传导机制。该模型将理论知识和数据结合起来，利用基本的线性回归或非线性回归来确定变量之间的结构关系，使若干个方程组组成模型系统。相对于其他模型，VAR 模型更加简单明了，便于操作，适合中短期预测。当前，VAR 模型逐渐得到了世界各国经济学者的认可。

3. 空间面板数据模型

空间面板数据模型的一般形式如下①：

$$y = \lambda W_y + X\beta_{(1)} + WX\beta_{(2)} + \varepsilon \, |\lambda| < 1$$

$$\varepsilon = \rho W_\varepsilon + u \, |\rho| < 1 \tag{4-26}$$

其中，X 为随机回归变量的矩阵，W 表示外生的空间权重矩阵，$\varepsilon | X \sim i.i.d. N(0), \sigma^2_{\varepsilon n} I_n |$，$\lambda$、$\rho$、$\beta_{(1)}$、$\beta_{(2)}$为待估参数。$\rho$ 表示空间滞后系数，表示空间误差系数。依据空间面板数据模型中是否包含空间滞后项和空间误差项，空间面板数据模型又分为空间滞后模型、空间误差模型、空间杜宾模型。

当 $\lambda \neq 0$、$\rho = 0$ 时，为空间滞后模型（SLM）；

当 $\lambda = 0$、$\rho \neq 0$ 时，为空间误差模型（SEM）；

当 $\lambda \neq 0$、$\rho \neq 0$ 时，为空间杜宾模型（SEM）。

在考虑个体效应之后，空间面板数据模型表示为：

个体效应空间滞后模型：

$$y = \lambda W_y + X\beta_{(1)} + WX\beta_{(2)} + \alpha + \varepsilon \tag{4-27}$$

个体效应空间误差模型：

$$y = X\beta_{(1)} + WX\beta_{(2)} + \alpha + \varepsilon$$

$$\varepsilon = \rho W_\varepsilon + u \tag{4-28}$$

① 陈丰华、贝政新：《基于空间面板数据模型的我国金融体系与产业结构升级关系》，《苏州大学学报》（哲学社会科学版）2021 年第 4 期。

个体效应空间杜宾模型：

$$y = \lambda W_y + X\beta_{(1)} + WX\beta_{(2)} + \alpha + \varepsilon$$
$$\varepsilon = \rho W_\varepsilon + u \tag{4-29}$$

其中 α 表示个体效应。

4. 空间马尔科夫链

空间马尔可夫链是通过与“空间滞后”概念相结合的方法，弥补传统马尔可夫链方法忽视区域单元空间相互作用的不足。该方法通过引入空间权重矩阵，计算邻近单元的加权平均属性值（空间滞后），从而判断区域单元的空间邻域状态（空间滞后条件）。[①] 在不同空间滞后条件下建立马尔可夫链矩阵，可以有效地分析不同空间背景下区域单元的经济发展状况，是揭示趋同俱乐部成员构成变化形式和过程的有效工具。[②]

空间马尔可夫链转移概率矩阵以区域 i 在 t 年份的空间滞后类型（k 个类型）为条件，将传统的马尔可夫链分解 k 个 k * k 条件转移概率矩阵。对第 k 个条件矩阵而言，元素 m_{ij}（k）表示以区域在 t 年份的空间滞后类型 k 为条件，该年份属于 i 类型而在下一年份转移为类型 j 的空间转移概率。一个区域的空间滞后类型由其属性值的空间滞后值来分类确定。空间滞后值是该区域周边地区属性值的空间加权平均，通过区域属性值和空间权重矩阵的乘积来计算。公式[③]为：

$$Lag = \sum Y_i W_{ij} \tag{4-30}$$

式中，Y_i表示某区域单元的属性值，W_{ij}表示空间权重矩阵 W 第 i 行第 j 列的元素，即区域与周边单元邻近关系的矩阵。

5. 协整分析与格兰杰因果检验

协整理论是针对非平稳时间序列变量之间建立回归模型的基本理论，

① 陈培阳、朱喜钢：《中国区域经济趋同：基于县级尺度的空间马尔可夫链分析》，《地理科学》2013 年第 11 期。

② Rey S J. “Spatial empirics for economic growth and convergence”, *Geographical Analysis*, Vol. 33, No. 3, 2001.

③ Anselin L. “Local indicators of spatial association——LISA”, *Geographical Analysis*, Vol. 27, 1995.

其目的是避免建立的回归模型出现“虚假回归”。[①] 协整（Cointegration）是指两个或多个非平稳的变量序列，其某个线性组合后的序列呈平稳性，此时我们称这些变量序列间有协整关系存在。

Granger 因果检验是用来检验一个变量 X 是不是引起另一个变量变化的原因的方法，若变量 X 有助于预测变量 Y，则把这种关系定义为 Granger 因果关系。该检验只能适用于具有平稳性的时间序列数据模型的检验。检验 X 是不是引起 Y 变化的 Granger 原因的过程如下：

原假设 H0：X 不是引起 Y 变化的 Granger 原因

首先估计下边两个回归模型：

无约束回归（u）：

$$Y_t = \alpha_0 + \sum_{i=1}^{p} \alpha_i Y_{t-i} + \sum_{i=1}^{p} \beta_i X_{t-i} + \varepsilon_t \tag{4-31}$$

有约束回归（r）：

$$Y_t = \alpha_0 + \sum_{i=1}^{p} \alpha_i Y_{t-i} + \varepsilon_t \tag{4-32}$$

式中，α_0 表示常数项，p 和 q 分别为变量 Y 和 X 的 s 最大滞后期数，通常可以稍微取得大一点，ε_t 为白噪声。然后，用这两个回归模型的残差平方和 RSS_U 和 RSS_r 构造 F 统计量：

$$F = \frac{(RSS_r - RSS_U)/q}{RSS_U/(n-p-q-1)} \sim F(q, n-p-q-1) \tag{4-33}$$

其中，n 为样本容量。如果 $F > F_\alpha$（q，$n-p-q-1$），则 β_1，β_2，…，β_q 显著不为 0，需要拒绝原假设，反之则接受原假设。

6. 地理加权回归模型（GWR）

关于地理加权回归模型最早的认识，始于 1996 年由 Brunsdon 和 Fotheringham[②] 提出的变系数空间自回归模型[③]，借鉴局部光滑猜想而演变出的一

① 云分析之协整检验与 Granger 因果检验模型介绍，EPSDATA 官网，http://edp.epsnet.com.cn/html/20211029170203391.html。

② Brunsdon C，Fotheringham A S，Charlton M E. *Geographically weighted regression: a method for exploring spatial nonstationaarity* [J]. Geographical Analysis，2010，28 (4)：281－298.

③ 张辉国：《变系数统计模型研究进展》，《科技视界》2014 年第 7 期。

种新的回归模型。该模型为回归分析提供了一种空间非平稳性分析方法，它给出了不同点上存在的不同关系①。当前，地理加权回归模型在多个研究领域发挥着至关重要的作用。

GWR 是对普通线性回归模型的一种扩展，它是在普通线性回归模型的基础上将数据的空间位置坐标嵌入回归方程中，其一般形式如下：

$$y_i = \beta_0(u_i, v_i) + \sum_{k=1}^{p} \beta_k(u_i, v_i) x_{ik} + \varepsilon_i (i = 1, 2, \cdots, n) \quad (4-34)$$

其中，(u_i, v_i) 为采样点 i 的坐标，$\beta_k(u_i, v_i)$ 为采样点 i 上的第 k 个回归系数，$\varepsilon_i \sim N(0, \sigma^2)$，$\varepsilon_1 \cdots \varepsilon_j$（$i \neq j$）均为相互独立并且服从同一正态分布的随机变量。

GWR 模型的核心是空间权重矩阵，通俗来讲，就是根据所选要素之间空间距离的远近进行加权赋值，距离越近，权重分配越大。常见的空间加权函数有：距离阈值法、距离反比法、高斯函数法。加权函数一般为高斯函数法，其一般形式如下：

$$w_{ij} = \left[-\frac{1}{2}\left(\frac{d_{ij}}{b}\right) \right]^2 \quad (4-35)$$

其中，b 为带宽，d_{ij}为样本点 i 和 j 的直接距离。Fotheringham 提出，当 GWR 模型的 AICc（使用信息准则）最小时，带宽 b 达到最佳值。

7. 地理探测器方法

地理探测器是探测空间分异性，以及揭示其背后驱动因子的一种新的统计学方法。② 此方法无线性假设，具有优雅的形式和明确的物理含义，是为改进传统空间统计学中空间分异性较为缺乏的事实而提出的。③ 其基本思想是：假设研究区分为若干子区域，如果子区域的方差之和小于区域总方差，则存在空间分异性；如果两变量的空间分布趋于一致，则两者存在统

① 于志英、赵阳阳、张福浩：《稳健度量选权迭代的地理加权回归研究》，《测绘科学》2019 年第 11 期。

② 王劲峰、徐成东：《地理探测器：原理与展望》，《地理学报》2017 年第 1 期。

③ 翁钢民、李凌雁：《中国旅游与文化产业融合发展的耦合协调度及空间相关分析》，《经济地理》2016 年第 1 期。

计关联性。可以利用地理探测器 q 统计量来度量空间分异性、探测解释因子、分析变量之间交互关系，此方法已经在自然和社会科学多领域应用。

地理探测器是探测和利用空间分异性的工具，包括分异及因子探测、交互作用探测、风险区探测、生态探测 4 个探测器。

其中，分异及因子探测的模型如下：

$$q = 1 - \frac{\sum_{h=1}^{L} N_h \sigma_h^2}{N \sigma^2} \tag{4-36}$$

式中：h =1，…，L 为变量 Y 或因子 X 的分层，即分类或分区；N_h 和 N 分别为层 h 和全区的单元数；σ_h^2和σ^2分别是层 h 和全区的 Y 值的方差。q 的值域为（0，1），值越大，说明 Y 的空间分异性越明显；如果分层是由自变量 X 生成的，则 q 值越大表示自变量 X 对属性 Y 的解释力越强，反之则越弱。极端情况下，q 值为 1 表明因子 X 完全控制了 Y 的空间分布，q 值为 0 则表明因子 X 与 Y 没有任何关系，q 值表示 X 解释了 100 × q% 的 Y。

q 值的一个简单变换满足非中心 F 分布：

$$F = \frac{N-L}{L-1} \cdot \frac{q}{1-q} \sim F(L-1, N-L; \lambda) \tag{4-37}$$

$$\lambda = \frac{1}{\sigma^2}\left[\sum_{h=1}^{L} \overline{Y}_h^2 - \frac{1}{N}\left(\sum_{h=1}^{L} \sqrt{N_h}\,\overline{Y}_h\right)^2\right] \tag{4-38}$$

式中：λ 为非中心参数；$\overline{Y_h}$为层 h 的均值。根据式（4 −38），可以查表或者使用地理探测器软件来检验 q 值是否显著。

交互作用探测用以识别不同风险因子 *Xs* 之间的交互作用，即评估因子 *X*1 和 *X*2 共同作用时，是否会增加或减弱对因变量 Y 的解释力，或这些因子对 Y 的影响是相互独立的。评估的方法是，分别计算两种因子 *X*1 和 *X*2 对 Y 的 q 值：q（*X*1）和 q（*X*2），并且计算它们交互时的 q 值：q（$X1 \cap X2$），并对 q（*X*1）、q（*X*2）与 q（$X1 \cap X2$）进行比较。

风险区探测用于判断两个子区域间的属性均值是否有显著的差别，用 t 统计量来检验：

$$t_{\bar{y}_{h=1}-\bar{y}_{h=2}} = \frac{\bar{Y}_{h=1} - \bar{Y}_{h=2}}{\left[\frac{\mathrm{Var}(\bar{Y}_{h=1})}{n_{h=1}} + \frac{\mathrm{Var}(\bar{Y}_{h=2})}{n_{h=2}}\right]^{1/2}} \tag{4-39}$$

式中：$\bar{Y}_h$表示子区域 h 内的属性均值，如发病率或流行率；n_h为子区域 h 内样本数量，Var 表示方差。统计量 t 近似地服从 Student's 分布，其中自由度的计算方法为：

$$df = \frac{\frac{\mathrm{Var}(\bar{Y}_{h=1})}{n_{z=1}} + \frac{\mathrm{Var}(\bar{Y}_{h=2})}{n_{h=2}}}{\frac{1}{n_{h=1}-1}\left[\frac{\mathrm{Var}(\bar{Y}_{h=1})}{n_{h=1}}\right]^2 + \frac{1}{n_{h=2}-1}\left[\frac{\mathrm{Var}(\bar{Y}_{h=2})}{n_{h=2}}\right]^2} \tag{4-40}$$

零假设H_0：$\bar{Y}_{h=1} = \bar{Y}_{h=2}$，如果在置信水平 α 下拒绝H_0，则认为两个子区域间的属性均值存在着明显的差异。

生态探测用于比较两因子X_1和X_2对属性 Y 的空间分布的影响是否有显著的差异，以 F 统计量来衡量：

$$\mathrm{F} = \frac{\mathrm{N_{X1}}(\mathrm{N_{x2}}-1)\mathrm{SSW_{X1}}}{\mathrm{N_{X2}}(\mathrm{N_{X1}}-1)\mathrm{SSW_{X2}}}$$

$$\mathrm{SSW_{X1}} = \sum_{h=1}^{L1} \mathrm{N_h}\sigma_h^2, \mathrm{SSW_{X2}} = \sum_{h=1}^{L2} \mathrm{N_h}\sigma_h^2 \tag{4-41}$$

式中：N_{X1}和N_{X2}分别表示两个因子 X1 和 X2 的样本量；SSW_{X1}和SSW_{X2}分别表示有 X1 和 X2 形成的分层的层内方差之和；L1 和 L2 分别表示变量 X1 和 X2 分层数目。其中零假设H_0：$SSW_{X1} = SSW_{X2}$。如果在 α 的显著性水平上拒绝H_0，这表明两因子 X1 和 X2 对属性 Y 的空间分布的影响存在着显著的差异。

三 维度模型

（一）经济效益指标

反映相关产出对经济效益带来的影响和效果，包括相关产出在当年及以后若干年持续形成的经济效益，以及自身创造的直接经济效益和引领行业带来的间接经济效益。第三方机构容易忽略的是未来的经济效益和间接效益，未来的经济效益可以通过可行性论证获取，间接效益可以通过项目的投入所带来的影响来分析和测算。

（二）社会效益指标

反映相关产出对社会发展带来的影响和效果，用于体现项目实施当年及以后若干年在提升治理水平、落实国家政策、推动行业发展、服务民生大众、维持社会稳定、维护社会公平正义、提高履职或服务效率等方面的效益。同理，本指标也不能只看眼前的效益，应着眼长远。

（三）生态效益指标

反映相关产出对自然生态环境带来的影响和效果，即对生产、生活条件和环境条件产生的有益影响和有利效果，包括相关产出在当年及以后若干年持续形成的生态效益。该指标可以通过定性分析描述。

四　测评系统

国内外学者关于文化产业与旅游产业融合绩效测评的研究方法各有不同。国外学者的研究起步相对较早，主要是对文化和旅游的概念进行了探讨，如美国学者 Robert McIntosh 最先对文化旅游进行概念界定，他认为文化旅游是旅游的一个层面，旅游者可以从中获得他人的历史文化和历史文化遗产，进而了解他们的生活行为和思想活动。① Bob Mckercher 等在之后的研究中逐步丰富了该概念的内涵及外延，并强调了文化和旅游的多样性和复杂性。②

国内学者李凌雁等③结合 2004～2013 年的面板数据，采用融合度模型及探索性空间数据分析法，分析了我国各地区文旅融合发展水平及时空差异；曲景慧④从产业综合实力、经营收入、人才机构角度选择 20 个产业融

① 〔美〕罗伯特·麦金托什、夏希肯特·格波特：《旅游学：要素、实践、基本原理》，薄红译，上海文化出版社，1985，第 47 页。

② 〔加〕鲍勃·麦克切尔、〔澳〕希拉里·迪克罗斯：《文化旅游与文化遗产管理》，朱路平译，南开大学出版社，2006，第 198 页。

③ 李凌雁、翁钢民：《我国旅游与文化产业融合发展水平测度及时空差异分析》，《地理与地理信息科学》2015 年第 6 期。

④ 曲景慧：《中国文化产业与旅游产业融合发展的时空变动分析》，《生态经济》2016 年第 9 期。

合评价指标，采用耦合协调模型对中国 31 个省份（7 大区域）的文化产业与旅游产业融合时空变动进行了评价分析；古冰[①]运用投入产出法和人工神经网络模型对 1995～2012 年文化产业和旅游产业的产业融合度进行了分析；乔花芳等[②]利用长江经济带 11 个省市 2001～2017 年的面板数据，采用地理空间分析和多元回归分析方法研究区域旅游经济的空间分异特征及演化规律，并探讨其内在影响因素；陈波等[③]围绕文化旅游体制融合效率、文化旅游市场活力、文化旅游公共服务效能和文化旅游融合支撑体系，构建文化和旅游融合的评价指标体系及评价指数，并以 31 个省份为研究对象进行实证检验；吴丽等[④]以 31 个省份 2013～2017 年文化产业和旅游产业发展面板数据为基础，运用耦合协调度模型，分析中国文化和旅游融合发展的耦合协调度，并探讨其空间分异规律；赵嫚等[⑤]引入文化产业与旅游产业融合发展水平评价指标体系，采用熵权法、耦合协调度模型对 2000～2018 年中国省际文化产业和旅游产业融合水平进行了测度和分析；陈红玲等[⑥]采用仁慈型交叉 DEA 效率模型、冷热点分析、Tobit 模型等方法对 2010～2019 年中国文化产业和旅游产业融合效率的时空动态演化及驱动机理进行了全面探析；董文静等[⑦]选择线性加权法、熵值法、耦合协调度模型和空间数据分析法，测算 2009～2019 年中国 31 个省份文化产业与旅游产业综合发展水平的时空变化，分析其耦合协调度时空分异特点，并探析其空间关联格局特征。

---

① 古冰：《基于投入产出法及 ANN 模型的文化产业和旅游产业融合分析》，《商业经济研究》2017 年第 18 期。

② 乔花芳、高茜茜、谢双玉、冯娟：《长江经济带旅游经济的时空分异及影响因素研究》，《华中师范大学学报》（自然科学版）2019 年第 5 期。

③ 陈波、刘宇：《文化和旅游融合指数评价体系研究——基于全国 31 个省（市、区）的考察》，《学习与实践》2021 年第 11 期。

④ 吴丽、梁皓、虞华君、霍荣棉：《中国文化和旅游融合发展空间分异及驱动因素》，《经济地理》2021 年第 2 期。

⑤ 赵嫚、王如忠：《中国文化产业和旅游产业融合发展动力机制与发展评价》，《生态经济》2022 年第 2 期。

⑥ 陈红玲、郑馨、赵赞：《我国文化和旅游产业融合效率的时空动态演化及其驱动机理》，《资源开发与市场》2022 年第 1 期。

⑦ 董文静、王昌森、张震：《中国文化产业与旅游产业耦合发展的时空演化及空间关联格局》，《西南民族大学学报》（人文社会科学版）2022 年第 3 期。

（一）耦合协调度模型

耦合协调度模型用于分析事物的协调发展水平。耦合度指两个或两个以上系统之间的相互作用影响，实现协调发展的动态关联关系，可以反映系统之间相互依赖、相互制约的程度。协调度指耦合相互作用关系中良性耦合程度的大小，它可体现出协调状况的好坏。

耦合是一种间接测评产品融合的方法，耦合的概念最初来自物理学科，表示不同系统之间通过相互作用而彼此影响从而产生协同的现象。因为耦合评价法较好的适用性和简便性，其是目前应用于不同经济系统之间演化关系测算的主要方法。

文化产业与旅游产业属于两个不同的系统，直观、精确测度文化产业和旅游产业融合的水平是一个困难的过程，但是两个产业高度的关联性及其产业特征是影响文旅产业融合最重要的因素，两个产业的天然耦合性使得对影响因素加以衡量就能较为准确地衡量文化产业和旅游产业的融合程度。

多系统（或元素）相互作用得到的耦合度模型如下：

$$C_n = \left\{ \frac{u_1 * u_2 * \cdots * u_m}{(u_1 + u_2 + \cdots + u_i)^i} \right\}^{\frac{1}{i}} \quad (4-42)$$

式中：u_i（i＝1，2，3…m）为各子系统综合评价函数。

鉴于本研究只涉及两个系统，即文化产业系统和旅游产业系统，因此，可以将系统做如下简化：

$$C = \left\{ \frac{u_1 * u_2}{(u_i + u_j)^2} \right\}^{\frac{1}{2}} \quad (4-43)$$

式中：C 为文化旅游耦合度；u_1代表旅游系统综合发展水平；u_2代表文化系统综合发展水平。

耦合度反映出系统之间的相互关联程度，但在有些情况下并不能说明各系统之间的协同效应。因此，通常需要再构建一个文化产业系统和旅游产业系统的耦合协调度模型，用以分析文化产业系统和旅游产业系统之间的协调发展程度，其公式如下：

$$D = \sqrt{C * T} \tag{4-44}$$

$$T = \omega_1 u_1 + \omega_2 u_2 \tag{4-45}$$

式中：D 为耦合协调度；T 为文化旅游系统综合发展水平；C 为文化旅游耦合度；ω_1为文化系统权重系数；ω_2为旅游系统权重系数。

为方便比较地区旅游产业与文化产业的协调度，在参考他人研究的基础上①，采取均匀分布函数法将两类产业的耦合协调度指标进行等级划分。具体划分情况见表 4－5。

表 4－5　耦合协调度等级划分标准

协调度 D	协调等级	协调度 D	协调等级
0.00～0.09	极度失调	0.50～0.59	勉强失调
0.10～0.19	严重失调	0.60～0.69	初级失调
0.20～0.29	中度失调	0.70～0.79	中级失调
0.30～0.39	轻度失调	0.80～0.89	良好失调
0.40～0.49	濒临失调	0.90～1.00	优质失调

资料来源：笔者自制。

（二）投入产出模型

投入产出模型即投入产出数学模型，是根据投入产出原理建立的一种经济数学模型。投入产出模型是通过编制投入产出表，运用线性代数工具建立数学模型，从而揭示国民经济各部门、再生产各环节之间的内在联系，并据此进行经济分析、预测和安排预算计划。②

投入产出分析由美国经济学家瓦西里·列昂惕夫（Wassily Leontief）首次提出，其在经济领域的应用十分广泛。投入产出模型存在三个平衡关系：

① 廖重斌：《环境与经济协调发展的定量评判及其分类体系——以珠江三角洲城市群为例》，《热带地理》1999 年第 2 期。

② 惠翔翔：《基于投入产出模型的中国各省市区碳排放分析》，西北师范大学硕士学位论文，2018，第 32 页。

行平衡关系：中间使用+最终使用=总产出

$$\sum_{j=1}^{n} x_{ij} + Y_i = X_i \tag{4-46}$$

列平衡关系：中间投入+初始投入=总投入

$$\sum_{i=1}^{n} x_{ij} + N_j = X_j \tag{4-47}$$

总量平衡关系：总产出=总投入

$$X_i = X_j \tag{4-48}$$

（三）DEA 交叉评价模型

数据包络分析方法（简称“DEA”）由 Charnes、Cooper 和 Rhodes 于 1978 年首次提出，是一种“数据导向”（dataoriented）型评价工具，用于评价一组同类实体的效率。[①] 它是根据多项投入指标和多项产出指标、利用线性规划的方法、对具有可比性的同类型单位进行相对有效性评价的一种数量分析方法。具有原理简单、适用范围广、评价客观、指标不需要量纲化等优点，现已成为效率评价中使用广泛的分析工具。[②] 在实际效率测算中，传统 DEA 模型基于自评思想，最大化本单元决策效率，忽略了其他单元对其的驱动，且往往存在多个决策单元都能取到最优效率，从而不能有效区别各个单元的优劣。产业融合是产业间相互渗透协调发展的过程，因此传统 DEA 方法不能很好测度产业融合效率。[③] 为了克服 DEA 方法的自身缺陷，Silkman、Sexton 于 1986 年提出了 DEA 交叉效率评价模型，它是一种基于自评和他评相结合的评价方法，所有决策单元计算的权重均值作为公共权重，各个单元公共权重下的效率值即为交叉效率。[④]

---

① 苏航：《DEA 交叉效率评价模型研究》，吉林大学博士学位论文，2013，第 21 页。

② 郑兵云、杨宏丰：《“一带一路”中国沿海城市港口效率评价——基于 DEA 博弈交叉效率-Tobit模型》，《数理统计与管理》2021 年第 3 期。

③ 闫绍花、苗建军：《长江中游城市群高技术产业与传统工业融合效率研究》，《科技管理研究》2017 年第 12 期。

④ 杨锋、夏琼、梁木梁：《同时考虑决策单元竞争与合作关系的 DEA 交叉效率评价方法》，《系统工程理论与实践》2011 年第 1 期。

DEA 交叉效率方法又可分为仁慈型交叉效率和进取型交叉效率。仁慈型交叉效率是将所有决策单元视为合作关系，不但可最大化自身效率，而且可最大化其他单元效率；而进取型交叉效率将各个决策单元视为竞争关系，在最大化自身效率的基础上最小化其他单元的效率。① 本文认为，文化产业与旅游产业融合效率二者相辅相成，故选取仁慈型 DEA 模型对文化产业和旅游产业融合进行评价。具体步骤为：

假设决策单元有 n 个，每个决策单元有 m 种投入、s 种产出，选取一个决策单元记为 j，x（i = 1，2，…，m）为决策单元 j 的第 i 种投入，y_{ri}（r = 1，2，…，s）为决策单元 j 的第 r 种产出。

计算传统 DEA 模型决策单元 d 的效率θ_d（陈红玲）：

$$\theta_d = \max \frac{u^T y_d}{v^T x_d}$$

$$\text{s. t. } \frac{u^T y_d}{v^T x_d} \leqslant 1, i = 1, 2, \cdots, n$$

$$u \geqslant 0, v \geqslant 0 \tag{4-49}$$

式中，u，v 为投入产出权重向量，最佳权重记为θ_d^*、v_d^*、u_d^*。

运用最佳权重计算决策单元 k 的效率E_{dk}：

$$E_{dk} = \frac{y_k^T u_d^*}{x_k^T v_d^*} \tag{4-50}$$

计算决策单元 k 相对于决策单元 d 的仁慈型 DEA 交叉效率：

$$\max Y_k^T u$$

$$s.\ t.\ Y_j^T \mu \leqslant X_j^T \overline{\omega}$$

$$X_k^T \overline{\omega} = 1$$

$$Y_d^T \mu - \frac{u^T Y_d}{v^T X_d} X_d^T \overline{\omega} = 0$$

$$\mu \geqslant 0, \overline{\omega} \geqslant 0 \tag{4-51}$$

---

① 赵玉林、李丫丫、李永立：《我国生产性服务业融合质量研究：基于 DEA 交叉效率方法的实证分析》，《商业研究》2014 年第 12 期。

构成交叉评价矩阵：

$$E=\begin{bmatrix} E_{11} & E_{12} & \cdots & E_{1n} \\ E_{21} & E_{22} & \cdots & E_{2n} \\ \cdots & \cdots & \cdots & \cdots \\ E_{n1} & E_{n2} & \cdots & E_{nn} \end{bmatrix} \tag{4-52}$$

计算 E 各行元素均值，得到$(e_1, e_2, \cdots, e_n)^T$。其中，$e_i$为第 i 个决策单元的效率值。

第五章
文旅文创融合时空分异

【案例导入】

驻马店全力推进文旅融合高质量发展

嵖岈山、宿鸭湖……河南省驻马店市的一张张文化旅游名片不仅为游客勾勒出一幅美好的山水田园景象，更擦亮了驻马店“千年古驿站 生态文明城”的旅游品牌。

推进“千年古驿站 生态文明城”品牌建设

近年来，驻马店市委、市政府抢抓中部地区高质量发展和大别山革命老区振兴发展等重大机遇，深入挖掘传统文化，讲好天中文化①故事，文化旅游产业高质量融合发展不断加快。高起点完成《驻马店市全域旅游发展规划》编制，对全市的文化旅游发展进行整体设计，统筹协调红色旅游资源、生态资源、历史文化旅游资源开发，着力构建驻马店旅游“一心一带四组团”全域旅游发展新格局。规划建设驻马店文化旅游创意产业园、皇家驿站文旅综合体、方特熊出没旅游度假区，推动驻马店由文化旅游资源大市向文化旅游产业强市迈进。

驻马店是全国文明城市、中国优秀旅游城市、国家园林城市、国家卫生城市、全国双拥模范城。经过多年发展，驻马店市已形成以“奇山、秀水、名寺”为代表的精品旅游景区和以“登山、赏花、沐温泉”为代表的

① 天中文化是河南驻马店市的古代文化总称，包括盘古文化、女娲文化、伏羲文化、梁祝文化、重阳文化等，是中原文化的重要组成部分。

休闲度假旅游线路产品。

驻马店大力推进“引客入驻”工程，通过转型提质树品牌，旅游专列接踵而至。2019年，驻马店陆续迎来北京、湖北、福建等地的23趟旅游专列。2021年，先后接待成都、武汉等跨省旅游专列6趟，加快推动驻马店市由旅游客源地向旅游目的地转变，开创了全市旅游业转型发展的新局面。

全力推动文化旅游融合发展

2021年，驻马店坚持以文塑旅、以旅彰文，打造独具魅力的天中文化旅游体验。围绕“一心一带四组团”全域旅游发展格局，积极打造文旅产业品牌，谋划了一批新的文旅公共设施类、基础设施类、产业发展类和5G数字化文旅类项目。加快推进方特熊出没旅游度假区、中国渔都小镇、关王庙豫剧小镇等重点文旅项目建设。

2019年以来，驻马店市已建成并投入使用城市书房50座，计划2021年底前再新建30座，全市中心城区“15分钟阅读圈”初步形成，为广大市民提供方便的公共阅读环境，积极打造“书香天中”。近年来，驻马店市坚持文化旅游大融合、高质量发展理念，深入实施文化惠民工程，全面推动驻马店城市文化综合体和市美术馆、市图书馆等项目建设，夯实公共文化服务基础。

加快文化和文艺繁荣发展

2021年6月16日，第十五届河南省戏剧大赛获奖名单公示，驻马店市参赛的四部剧目《樊粹庭》《金凤归来》《追梦》《杏花寨》均获得河南文华大奖。

近年来，驻马店市坚持“二为”方向和“双百”方针，深入挖掘特色文化资源，设立精神文明建设“五个一工程”专项资金，指导广大文艺工作者守正创新，高唱发展主旋律，创作出一批思想精深、艺术精湛、制作精良的作品。

在2020年度河南省现代公共文化服务体系绩效考核中，驻马店市考核结果优秀。驻马店市全国重点文物保护单位总数达18处19项。女娲传说、天中火笔画、刘氏老土布纺织技艺、胡琴制作技艺等项目入选第五批河南省非物质文化遗产代表性项目名录。

（来源：人民日报网，http://paper. people. com. cn/rmrb/html/2022-05/27/nbs. D110000renmrb_01. htm，2021年8月11日）

自 2018 年文化和旅游部设立以来，文化产业和旅游产业的融合发展已经成为关注的热点话题，专家学者也从多角度、多层次、多范围对文旅融合发展展开研究。研究者基于科学性、系统性、可操作性以及数据可得性等因素，选取不同研究区域展开研究。根据现在已有的研究成果可将主要代表性研究区域分为四类区域：一是 31 个省区市（以下简称省份）；二是黄河流域 9 省；三是长三角城市群；四是河南省 18 地市。

第一节　31 个省份时空分异

党的十八大以来，我国经济逐渐从高速增长阶段转向高质量发展阶段，高质量发展将成为我国经济发展的主旋律。文化产业和旅游产业作为产业转型的重要力量，具有较强带动效应，占国民经济比重较高，是经济发展的重要增长点。在新发展格局、新发展理念和社会经济新常态背景下，产业融合是未来产业演进的重要方向。

对我国 31 个省份的代表性研究成果主要有以下几个方面：李凌雁等[①]基于 2004～2013 年的面板数据，运用融合度模型及探索性空间数据分析法，对我国 31 个省份的旅游产业与文化产业的融合发展问题进行研究，结果表明：我国文旅产业融合发展水平逐步提高，各地区呈正向集聚状态，且集聚程度不断提高。曲景慧[②]从产业综合实力、经营收入、人才机构角度选取 20 个产业融合评价指标，采用耦合协调度模型对中国 7 大区域（31 个省级行政区）的文化产业和旅游产业融合时空变动进行了评价分析，并从多方面提出了推动融合发展的相关建议；陈波等[③]围绕文化旅游体制融合效率、文化旅游市场活力、文化旅游公共服务效能和文化旅游融合支撑

① 李凌雁、翁钢民：《我国旅游与文化产业融合发展水平测度及时空差异分析》，《地理与地理信息科学》2015 年第 6 期。

② 曲景慧：《中国文化产业与旅游产业融合发展的时空变动分析》，《生态经济》2016 年第 9 期。

③ 陈波、刘宇：《文化和旅游融合指数评价体系研究——基于全国 31 个省（市、区）的考察》，《学习与实践》2021 年第 11 期。

体系4个一级维度，构建了文化和旅游融合的评价指标体系及评价指数，并基于2018年的截面数据，以31个省份为研究对象进行了实证检验，研究结果表明：我国文化和旅游融合梯队分布明显，整体潜力较大。吴丽等[①]以31个省份2013~2017年文化产业和旅游产业的面板数据为基础，运用耦合协调度模型和地理探测器模型对中国文化和旅游融合发展空间分异进行探究与分析，并得出文化和旅游协调度呈现“波动上升”的时序特征等结论。陈红玲等[②]采用仁慈型交叉DEA效率模型、冷热点分析、Tobit模型等方法对2010~2019年我国文化产业和旅游产业融合效率的时空动态演化及驱动机理进行了全面探析，结果发现：2010~2019年我国文化产业和旅游产业融合效率出现波动上升趋势，呈“东部—中部—西部”依次递减态势，且表现出区域差异性和集聚性，融合效率增长率整体不高。赵嫚等[③]构建了文旅产业融合的“双循环”动力机制，并在此基础上引入了文化产业与旅游产业融合发展水平评价指标体系，采用熵权法、耦合协调度模型对中国省一级的文化产业和旅游产业融合水平进行了测度和分析，并由此提出了相应区域发展策略。董文静等[④]从产业融合视角构建文化产业与旅游产业耦合发展评价指标体系，选择线性加权法、熵值法、耦合协调度模型和空间数据分析法，测算2009~2019年中国31个省份文化产业与旅游产业综合发展水平的时空变化，分析其耦合协调度时空分异特点，并探析其空间关联格局特征。考虑到对研究对象进行研究时的时间跨度，本节以董文静等人的研究为例，对中国31个省份展开分析。

---

① 吴丽、梁皓、虞华君、霍荣棉：《中国文化和旅游融合发展空间分异及驱动因素》，《经济地理》2021年第2期。

② 陈红玲、郑馨、赵赞：《我国文化和旅游产业融合效率的时空动态演化及其驱动机理》，《资源开发与市场》2022年第1期。

③ 赵嫚、王如忠：《中国文化产业和旅游产业融合发展动力机制与发展评价》，《生态经济》2022年第2期。

④ 董文静、王昌森、张震：《中国文化产业与旅游产业耦合发展的时空演化及空间关联格局》，《西南民族大学学报》（人文社会科学版）2022年第3期。

一 结果与分析

（一）指标体系构建

董文静等人在参考大量相关文献的基础上，结合实际研究需要，按照全面性、有代表性、可比性、科学性等原则，采用频度统计法、理论分析法筛选主要指标，构建文化产业与旅游产业耦合评价指标体系。其中，文化产业系统指标体系和旅游产业系统指标体系各包括产业基础、投入要素、产出绩效 3 个一级指标和 9 个二级指标，分别用于表征文化产业综合发展水平和旅游产业综合发展水平（详见本书第四章表 4 - 3）。为更加科学地反映各指标的权重大小，采用熵值赋权法对各指标进行赋值。

（二）时空分异分析

利用耦合协调度模型及中国（未包括港澳台地区）31 个省份 2009 ~ 2019 年的评价指标数据，可计算出 2009 ~ 2019 年中国 31 个省份文化产业系统、旅游产业系统的综合评价函数、耦合度和耦合协调度，并分析两者耦合协调的时空演化。

1. 文化产业与旅游产业综合发展水平

（1）综合发展水平时序变化特征

分析文化产业与旅游产业综合发展水平，将 31 个省份的文化产业与旅游产业综合发展水平划分为三个类型：旅游产业滞后型、文化产业滞后型、文化产业与旅游产业平稳型。

由图 5 - 1 可知，2009 ~ 2019 年中国文化产业与旅游产业综合发展水平时序曲线总体呈增长趋势，可划分为三个发展阶段：2009 ~ 2013 年，中国文化产业发展落后于旅游产业，属于文化产业发展滞后型；2014 年，两大产业基本同步发展，表现为文化产业与旅游产业平稳型发展状态；2015 ~ 2019 年，中国旅游产业发展速度较慢，属于旅游产业发展滞后型。这表明中国文化产业与旅游产业综合发展水平处于初级耦合阶段，两大产业尚未呈现明显的协调良性发展状态。

分析发现：2009 年以来，中国文化产业与旅游产业综合发展能力显著增强，这既得益于中国经济的持续平稳快速发展，也与国家大力推进两大产业融合发展有密切关系。为应对 2008 年全球金融危机对中国文化产业、旅游产业发展的严重冲击，2009 年，国家相继出台了《文化产业振兴规划》《国务院关于加快发展旅游业的意见》等政策扶持文件。2014 年，面对严峻的经济下行压力，国家坚持“宏观政策要稳、微观政策要活”的调控思路，出台了《国务院关于推进文化创意和设计服务与相关产业融合发展的若干意见》《国务院关于促进旅游业改革发展的若干意见》，大力推进两大产业融合。2015 年以来，随着《国务院办公厅关于进一步促进旅游投资和消费的若干意见》《“十三五”旅游业发展规划》《国务院办公厅关于发挥品牌引领作用推动供需结构升级的意见》《国务院办公厅关于促进全域旅游发展的指导意见》《国务院办公厅关于进一步激发文化和旅游消费潜力的意见》《“十四五”文化产业发展规划》等一系列政策扶持文件的出台，文化产业与旅游产业综合发展水平稳步提升。

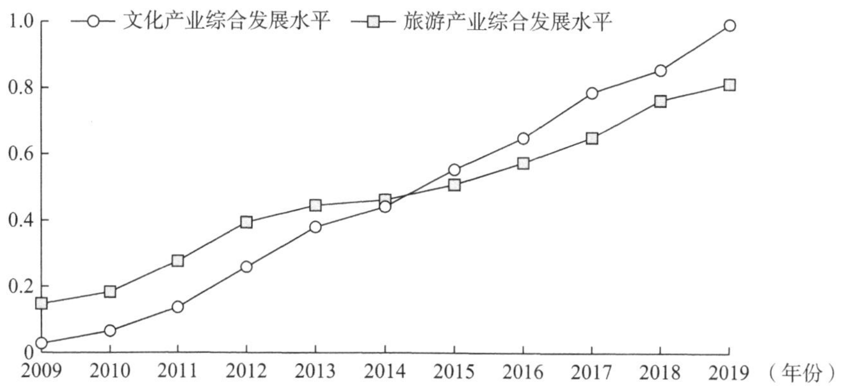

图 5-1　2009~2019 年中国文化产业与旅游产业发展水平综合评价值

资料来源：笔者根据有关资料整理。以下未加说明处均为此，不再标注。

（2）综合发展水平空间格局特征

以 31 个省份为研究对象，选取 2009 年、2014 年、2019 年的数据为研究样本，研究中国文化产业与旅游产业综合发展水平空间格局特征（见图 5-2 和图 5-3）（由于数据缺失，本次研究没有展示西藏这三个年份的文化产业数据和山西省这三个年份的旅游产业数据）。从空间分异格局来看，两大产业综合发展水平整体呈现从沿海到内陆递减的趋势，不同梯队的区域分布具有重叠性。两大产业综合发展水平领先区域主要集中在广东、上海等经济发展水平较高的省份，落后区域主要集中在新疆、江西等经济发展水平相对欠发达的省份。表明中国文化产业和旅游产业综合发展水平与区域经济发展水平密切相关。

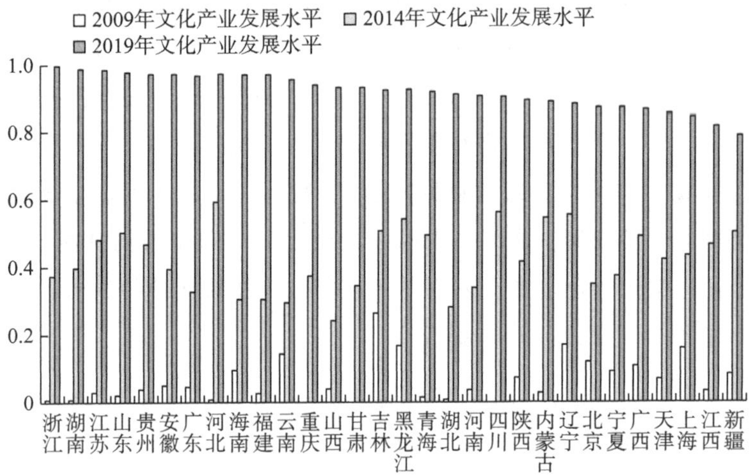

图 5－2　2009 年、2014 年、2019 年 31 个省份文化产业发展水平对比

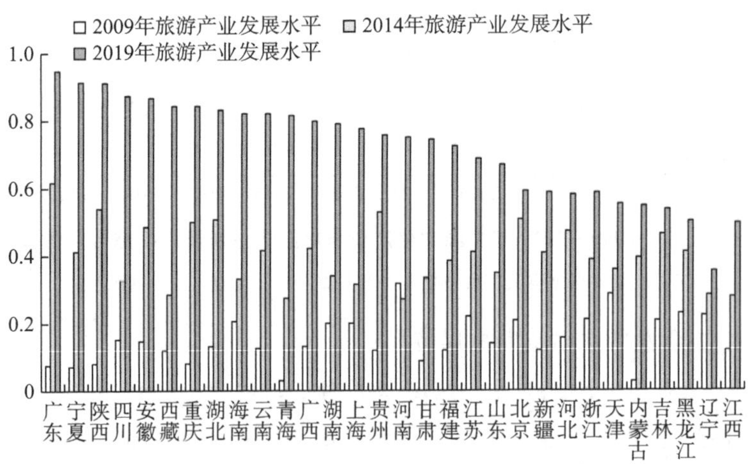

图 5－3　2009 年、2014 年、2019 年 31 个省份旅游产业发展水平对比

从发展差距来分析，中国大部分省份文化产业与旅游产业综合发展水平差距明显。北京、江苏、浙江、山东、上海等省份属于历史文化资源丰富或者文化交流耦合度较高的地区，文化产业和旅游产业发展水平均较高，但文化产业具有更强的发展优势；陕西、宁夏、西藏等省份得益于其得天独厚的旅游资源优势，旅游产业发展水平优于文化产业发展水平。由此可知，文化产业发展水平与一个地区的历史文化积淀和文化交流密切正相关，而旅游产业发展水平与一个地区的资源禀赋具有更强的关联性。

2. 文化产业和旅游产业耦合协调的时空分异

（1）文化产业和旅游产业耦合协调度的时序演化态势

从时间序列上来看，中国文化产业与旅游产业耦合发展阶段性特征明显（见图 5－4）。

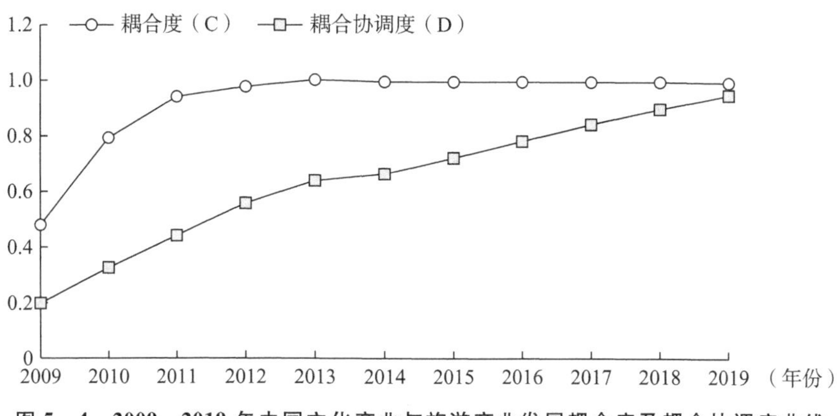

图 5－4　2009～2019 年中国文化产业与旅游产业发展耦合度及耦合协调度曲线

①2009～2019 年中国文化产业与旅游产业耦合度

中国文化产业与旅游产业的耦合度一直呈上升趋势。2009～2019 年，两大产业耦合度在总体上趋向良性耦合状态。基于耦合度分类及其波动特点，划分为两个不同阶段：一是 2009 年，为低水平耦合阶段，这是因为受 2008 年全球金融危机的影响，中国文化产业与旅游产业发展均处于复苏阶段，两大产业相互促进的作用并不显著；二是 2010～2019 年，处于高水平耦合阶段，这一时期，随着国家经济发展形势平稳向好，以及文化产业与旅游产业发展扶持政策不断出台，二者融合发展逐渐迈进高水平阶段，初步实现良好协调，创造了两大产业融合发展的红利期，但两大产业系统互相抗衡特征较明显，未实现理想状态下的优质协调。以上表明，加强相关政策和环境因素的协调，深度挖掘自身的资源禀赋优势，能够有力推动文化产业与旅游产业进入更高水平的融合阶段。

② 2009～2019 年中国文化产业与旅游产业耦合协调度

2009～2019 年，中国文化产业与旅游产业耦合协调度整体上呈现逐年上升态势，D 值为 0.2～0.9，平均值不超过 0.69。这表明中国文化产业与旅游产业相互抗衡特征明显，未进入理想的耦合阶段。从数据分析结果来看，两大产业耦合协调度经历了极度失调、轻度失调、濒临失调、勉强协调、初级协调、中级协调、良好协调，定基为优质协调。基于耦合协调度分类及其波动特点，划分为两个不同阶段：一是 2009～2011 年，两大产业耦合协调度不断提高，从极度失调转变为濒临失调，表明两大产业整体协同效应属于低度耦合协调；二是 2012～2019 年，两大产业耦合协调度逐年上升，由勉强协调转变为优质协调，表明两大产业协同效应不断增强，正在步入健康有序发展轨道。由此看来，中国文化产业与旅游产业综合发展水平各自提升的过程，也是两大产业耦合协调度不断提高的过程。两大产业在各自发展过程中不断耦合，增强了相互关联度，为迈进高度耦合协调发展奠定了基础。

（2）中国文化产业与旅游产业耦合协调度空间分异特征

为探究中国文化产业与旅游产业耦合协调度等级省份差异特征，选取 2009 年、2014 年、2019 年的数据为研究样本绘制空间格局。

2009 年 31 个省份文化产业与旅游产业耦合协调度等级均处于失调状态，其中处于濒临失调等级的有 3 个，处于轻度失调等级的有 9 个，处于中度失调等级的有 10 个，处于严重失调等级的有 6 个，处于极度失调等级的有 3 个。表明该时期两大产业耦合协调度整体偏低。2014 年 31 个省份文化产业与旅游产业耦合协调度等级结构优化明显，整体达到较好状态。与

2009 年相比，两大产业省份耦合协调度等级空间差异略有缩小。勉强协调等级由 0 个省份增加至 15 个省份（北京、天津、上海、浙江、福建、江西、湖南、湖北、海南、河南、山西、西藏、青海、甘肃、宁夏），初级协调等级由 0 个省份增加至 14 个省份（新疆、内蒙古、黑龙江、吉林、山东、江苏、安徽、广东、广西、云南、贵州、四川、重庆、陕西）且主要集中在西部地区，中级协调等级由 0 个省份增加至 2 个省份（河北、辽宁）。这一变化既与该时期中国经济社会持续稳定发展密切相关，又与中国持续强化文化和旅游基础设施建设，出台文化和旅游融合发展利好政策有关。

2019 年，31 个省份文化产业与旅游产业耦合协调度等级结构进一步优化。同 2014 年相比，两大产业省份耦合协调度等级空间差异趋向均衡，整体呈现南、北部地区差距比较显著，东、西部地区差距逐步缩小的特点。处于中级协调等级的省份明显减少，仅剩 4 个省份，处于良好协调等级的省份达到 9 个，18 个省份从初级协调和中级协调升级为优质协调等级。这一变化与同期中国持续深化供给侧结构性改革，加快文化产业和旅游产业耦合发展，经济运行总体平稳，居民收入稳定增长有显著关系。同时，受省份经济社会发展水平、历史基础、资源禀赋、区位条件等因素影响，不同省份两大产业耦合协调度等级存在明显的空间差异。

（三）中国文化产业与旅游产业耦合发展的空间关联格局

为深入探究中国文化产业与旅游产业耦合发展的时空演化特征，将两大产业的耦合协调程度作为观测指标，运用探索性空间数据分析法、ArcGIS 和 GeoDa 软件对两大产业的耦合协调程度进行空间相关分析。

1. 全局自相关指数检验

运用全局空间自相关公式和 GeoDa 软件，可得到 2009 年、2014 年、2019 年中国文化产业与旅游产业耦合发展的全局 Moran's I 指数值（见表 5－1），用以进一步反映两大产业耦合发展的空间趋同性布局。由表 5－1 可知，研究年份全局 Moran's I 指数值均大于 0，且均通过 1% 或 5% 显著性水平检验。虽然中国文化产业与旅游产业耦合协调度在不同年份表现出不同的集聚特点，但是耦合协调度高值和低值均呈现明显的集聚趋势。从空间格局变化来看，两大产业耦合协调度空间格局呈现显著的正向空间关联性，邻近省份间的空间集聚特征明显，表现出明显的“空间溢出效应”和“马太效应”，即高耦合协调度省份在空间上趋向聚集分布，低耦合协调度省份在空间上相互邻近。从时间维度变化来看，全局 Moran's I 指数呈逐年上升趋势，表明两大产业耦合发展呈现良好上升态势，且随着时间的推移，省份之间耦合协调度空间分布集聚性逐步增强。

表 5-1　2009 年、2014 年、2019 年自相关指数检验结果

年份	2009	2014	2019
全局自相关指数	0.083447	0.1224	0.175177
z 得分*	2.197181	2.936535	3.943832
p 值	0.028008	0.003319	0.00008

注：z 得分为 2.19718080204，则随机产生此聚类模式的可能性小于 5%；z 得分为 2.936535182，则随机产生此聚类模式的可能性小于 1%；z 得分为 3.94383204904，则随机产生此聚类模式的可能性小于 1%。

2. 局部自相关指数检验

全局自相关指数是对中国文化产业与旅游产业耦合发展整体空间集聚效应进行的总体统计，不可避免会掩盖省份之间空间集聚的某些关键特征。因此，需要进一步运用局部自相关指数检验两大产业耦合发展的省份局部空间依赖性特征和异质性空间格局。鉴于此，根据局部空间自相关公式并借助 ArcGIS 和 GeoDa 软件生成 2009 年、2014 年、2019 年的省份局部空间集聚格局分析图及变化对比图，从省份层面分析两大产业耦合协调度的局部集聚特征。

可以看出，中国文化产业与旅游产业耦合协调度呈现从中部地区省份向周围省份渐次降低的特征，耦合协调度高的省份数量较多，且全部为中级协调及以上等级。2019 年有 14 个省份（黑龙江、吉林、辽宁、内蒙古、山东、四川、重庆、云南、贵州、湖南、江西、福建、广东、广西）通过了 LISA 显著性检验。在这 14 个省份中，7 个省份（四川、重庆、云南、贵州、福建、广东、广西）的“H～H”空间集聚形式通过了显著性检验，其中，四川、云南、贵州、广西4个省份的显著性水平为0.01，广东、福建、重庆3个省份的显著性水平为0.05，表明西南地区和东南沿海地区文化产业和旅游产业集聚的“空间溢出效应”较为明显；1个省份（山东）的“H～L”空间集聚形式通过了显著性检验，显著性水平为0.05，表明山东两大产业耦合发展势头良好，但集聚效应尚未得到有效发挥，与东南沿海地区和西南地区相比仍有一定差距；4个省份（黑龙江、吉林、辽宁、内蒙古）的“L～L”空间集聚形式通过了显著性检验，其中黑龙江的显著性水平为0.05，其余3个省份显著性水平为0.01，表明虽然这些省份文化产业和旅游产业发展的耦合协调度并不是最低的，但是由于被周围耦合协调度较低的省份包围，与耦合协调度较高省份开展交流合作以形成集聚效应存在一定困难；2个省份（江西、湖南）的“L～H”空间集聚形式通过了显著性检验，显著性水平为0.01，表明江西处于耦合协调度较高和较低省份的过渡带，既享受不到相邻省份的“空间溢出效应”，也没对相邻省份的耦合协调发挥带动作用。

经过计算发现，随着时间的推移，中国各省份文化产业与旅游产业耦合协调度均有所提高，但又表现出一定的差异性。

由以上分析可知，一是中国文化产业与旅游产业耦合协调度呈现局部正向空间集聚关联特性的省份比例在增加。由2009年的22.58%（其中12.9%的省份呈现“H～H”集聚类型，9.68%的省份呈现“L～L”类型）增加到2019年的35.48%（其中“H～H”占比22.7%，“L～L”占比12.78%）。二是中国文化产业与旅游产业耦合协调度空间协同发展有待提升。“H～H”空间集聚形态的扩散效应区主要分布在西南地区，且逐年增加；而“L～L”空间集聚形态的低速增长区主要分布在东北地区。这是因为西南地区省份文化产业发展较为成熟，旅游产品技术创新能力较强，文化产业和旅游产业耦合发展水平较高，两大产业的空间集聚产生明显的“空间溢出效应”；而东北地区省份近年来经济发展相对缓慢，旅游产品虽然丰富，但是文化产业粗放式发展特征较为明显，文化产业和旅游产业耦合发展水平相对较低。

二　结论与建议

（一）结论

从产业融合视角构建文化产业与旅游产业耦合发展评价指标体系，选择线性加权法、熵值法、耦合协调度模型和空间数据分析法，运用 GeoDa 等工具，测算 2009～2019 年中国（未包括港澳台地区）31 个省份文化产业与旅游产业综合发展水平的时空变化，分析其耦合协调度时空分异特点，并探析其空间关联格局特征。可以得出如下结论。

从中国文化产业与旅游产业综合发展水平时序变化特征来看，中国旅游产业发展速度较文化产业发展速度慢，表现为旅游产业滞后型发展状态，文化产业对旅游产业的影响和推动作用尚未充分发挥出来，两大产业还未形成协调发展的特征；从中国文化产业与旅游产业综合发展水平空间格局特征来看，两大产业空间分异显现从沿海到内陆递减的规律，且各梯队分布区域具有显著的重叠性，大部分省份两大产业发展水平存在较明显的差距。

从中国文化产业和旅游产业耦合协调度时序演化态势来看，两大产业耦合度及耦合协调度整体呈上升趋势，初步实现了相互促进的良好协调，但两大产业互相抗衡的特征仍较明显，未实现理想状态下的优质协调；从中国文化产业与旅游产业耦合协调度的空间分异特征来看，两大产业发展省份耦合协调度等级空间差异趋向均衡，整体表现为南、北部地区差距比较显著，东、西部地区差距逐步缩小。

从中国文化产业与旅游产业耦合发展的空间关联格局来看，两大产业耦合发展呈现显著的全局和局部正向空间集聚格局，整体空间关联特征存在明显的“空间溢出效应”和“马太效应”。“H～H”空间集聚形态的扩散效应区主要分布在东南沿海地区和西南地区，“H～L”和“L～H”空间集聚形态的扩散效应区主要分布在中部地区，“L～L”空间集聚形态的扩散效应区主要集中于东北地区。

（二）建议

第一，坚持“以文塑旅，以旅彰文”，积极探寻文化产业和旅游产业链条各环节的对接点，深化文化产业和旅游产业耦合协调发展。持续深化旅游产业供给侧结构性改革，加快推进旅游资源优质供给、弹性供给、有效供给，借力旅游产业建设成果推动文化产业转型升级与深入发展。继续加强并充分发挥文化产业既有的发展优势，综合协调各类生产要素，助推旅游产业发展转型升级，提升文化产业对旅游产业发展的贡献度。东部地区需要依托既有的经济社会文化资源优势，深度挖掘旅游产业的人文价值，以文化赋能旅游产业，积极发展文化产业和旅游产业融合新业态；西部地区需要充分发挥旅游资源禀赋优势，突出文化特色和地域特点，打造文化产业和旅游产业融合发展载体，进一步拓展两大产业融合协调发展空间。

第二，综合考虑各省份经济社会发展水平、历史基础、资源禀赋、区位条件等因素的差异，因地制宜地探索文化产业和旅游产业融合发展政策措施，推动资源整合、市场共享、人力资源共育等的融合发展，进一步提升中国文化产业与旅游产业的耦合度和耦合协调度。东南沿海省份需要充分发挥先发优势，强化两大产业集聚带来的“空间溢出效应”，推动东部和西部地区省份之间、南部和北部地区省份之间两大产业生产要素双向流动，进一步提升全要素生产率，实现两大产业融合均衡联动发展。

第三，重视文化产业和旅游产业融合发展的全局和局部正向空间关联作用，优化中国文化产业与旅游产业融合发展的空间关联格局。在尊重不同省份经济社会文化发展差异的基础上，结合省份优势进行两大产业差异化布局，促进均衡发展，增强省份自身两大产业耦合协调高质量发展能力；牢固树立新发展理念，鼓励相邻省份协同开展两大产业融合发展综合规划，推动省份间协同发展新格局的形成。东南沿海地区和西南地区等“H～H”空间集聚形态省份，应在继续保持良好发展势头的前提下，重视两大产业创新发展，探索两大产业融合发展新业态、新模式、新路径，促进两大产业转型升级。与此同时，积极发挥既有的资金、技术、市场、管理等优势，通过产业培育、资源开发、人才培养等形式发挥对相邻省份及远距离省份的辐射带动作用。东北地区等“L～L”空间集聚形态省份、中部地区等“H～L”和“L～H”空间集聚形态省份，需要坚持修“内功”与借“外援”相结合，从历史地理、人文景物、民情风俗、文化传统、区位优势等方面寻找本省份两大产业融合着力点，深度挖掘本省份的两大产业发展特色，注重提升两大产业融合发展的能力；同时，需要积极学习“H～H”空间集聚形态省份的先进经验和发展模式，主动融入这类省份两大产业耦合发展综合规划，积极争取与这类省份在人才、技术、市场和产业链等方面开展合作，在合作过程中增强本省份两大产业融合发展的内生力。

第二节　黄河流域9省区时空分异

2021年10月8日，中共中央、国务院印发的《黄河流域生态保护和高质量发展规划纲要》中提出，要打造具有国际影响力的黄河文化旅游带。黄河流域高质量发展已上升为国家战略，得到国家的高度重视。黄河荟萃了漫长悠久的历史文明，凝聚了中华民族传统优秀文化。黄河流域横贯东西，跨越中国西部、中部、东部等地，汇集了游牧文化、农耕文化、海洋文化等文化，自然资源与文化景观得天独厚，地域特色突出。有“绿色产业”“幸福产业”之称的文化产业和旅游产业融合发展有利于促进公共空间的丰富与构建，有利于增加居民的归属感、获得感，有利于“让黄河成为造福人民的幸福河”。

黄河发源于青藏高原巴颜喀拉山北麓的约古宗列盆地，自西向东分别流经9个省区，包括上游区域的青海、四川、甘肃、宁夏，中游区域的内蒙古、陕西、山西，以及下游区域的河南、山东，涉及115个地级市（州、盟），全长5464公里，总面积200.63万平方公里。黄河流域具有以下特点。其一，景观特色突出。黄河跨越三大地形区，景观资源优势凸显，高原荒漠、地质遗迹、瀑布峡谷类型多样且价值独特；流域内高级别景区1010处，国家级公园、国家生态功能区、国家级历史文化名城、国家级非物质文化遗产等优质旅游资源充裕。① 其二，文化资源禀赋丰厚。“百川之首”黄河，是中华文明的“魂”之所系，是民族精神的“根”之所附。独特的自然环境孕育了甘青文明、新石器文明、中原文明，灿烂的游牧文化、农耕文化、海洋文化、黄河文化、运河文化、齐鲁文化、非遗文化、民俗文化异彩纷呈。其三，文旅发展水平差异较大。2020 年，9 省区 GDP 如下：青海为 3005.92 亿元、四川为 48598.8 亿元、甘肃为 9016.7 亿元、宁夏为 3920.55 亿元、内蒙古为 17359.8 亿元、陕西为 26181.86 亿元、山西为 17651.93 亿元、河南为 54997.07 亿元、山东为 73129 亿元，入海口山东省的 GDP 是源头青海省的 24 倍。由于各省区的经济发展水平、产业基础条件以及政策倾向的不同，黄河流域各省区文化与旅游产业综合发展水平也存在一定差异。

一　结果与分析

基于 2010 ~ 2018 年文化旅游产业相关数据，以黄河流域沿线 9 省区为研究对象，在借鉴上述学者成果的基础上，采用多指标综合评价分析法，构建文化产业与旅游产业发展评价指标体系。各产业各包括产业资源、人力资本、市场规模、经济效益 4 个一级指标，共 28 个二级指标（见表 5 - 2），并选用熵权法和耦合协调模型展开研究。

表 5 - 2　文化产业与旅游产业发展评价指标

	一级指标	二级指标	权重	指标性质
文化产业	产业资源	群众文化机构数量（个）	0.0458	+
		公共图书数量（个）	0.0303	+
		艺术表演场馆数量（个）	0.0678	+
		博物馆数量（个）	0.0544	+
		艺术表演团体数量（个）	0.0809	+

① 李冬花、张晓瑶、陆林、张潇、李磊：《黄河流域高级别旅游景区空间分布特征及影响因素》，《经济地理》2020 年第 5 期。

续表

	一级指标	二级指标	权重	指标性质
文化产业	人力资本	公共图书馆从业人员（人）	0.0395	+
		群众文化机构从业人员（人）	0.0458	+
		博物馆从业人员（人）	0.0604	+
		艺术表演团体从业人员（人）	0.0624	+
	市场规模	艺术表演团体观众人次（万人次）	0.0833	+
		博物馆参观人员（万人次）	0.0713	+
		群众文化机构组织文化活动次数（次）	0.0659	+
		公共图书馆总流通人次（万人次）	0.0717	+
	经济效益	文化事业费（万元）	0.0432	+
		文化市场经营机构营业收入（千元）	0.0936	+
		艺术表演场馆团体演出收入（千元）	0.0837	+
旅游产业	产业资源	旅行社总数（个）	0.0596	+
		星级饭店个数（个）	0.0514	+
		景区数量（个）	0.0662	+
	人力资本	星级饭店年平均从业人数（万人）	0.0726	+
		旅行社从业人员（人）	0.0612	+
	市场规模	景区接待人次（亿人次）	0.0934	+
		国内旅游人次（万人次）	0.0843	+
		入境旅游人次（万人次）	0.0950	+
	经济效益	国内旅游收入（亿元）	0.0879	+
		入境旅游外汇收入（万美元）	0.1094	+
		星级饭店营业收入（亿元）	0.0841	+
		景区营业收入（亿元）	0.1348	+

说明：“+”表示正向，“-”表示负向。

（一）空间分布特征分析

1. 资源与产业分布特征

黄河流域文化资源禀赋整体呈现阶梯状。晋中、烟台、洛阳、南阳、成都、阿坝藏族自治州、西安、延安评价指数在0.4~0.5，位于第一梯队，处于领先地位，文化资源丰厚。山西的长治、晋城、运城、忻州、临汾、吕梁，内蒙古的赤峰、呼伦贝尔，山东的济南、淄博、潍坊、济宁，河南的郑州、焦作，四川的广元、宜宾、甘孜藏族自治州，陕西的渭南、汉中、甘肃的天水、酒泉等城市位于第二梯队，评价指数总体位于0.2～0.3。第三梯队的城市评价指数在0.1左右，包括太原、大同、阳泉、呼和浩特、鄂尔多斯、青岛、泰安、开封、平顶山、安阳、三门峡、信阳、周口、驻马店、自贡、泸州、乐山、南充、巴中、宝鸡、咸阳、榆林、安康、兰州、武威、张掖、平凉、甘南藏族自治州、海东、黄南藏族自治州、海南藏族自治州、银川、吴忠等市。其余城市则处于第四梯队，多分布于内蒙古、青海、宁夏等省区。

旅游产业发展空间布局区域差异更加明显。青岛、郑州、成都、西安的旅游评价指数在0.4～0.8，遥遥领先。其次是太原、呼伦贝尔、济南、烟台、潍坊、济宁、临沂、洛阳、西宁，旅游评价指数在0.2～0.3。紧接着是大同、长治、晋中、运城、忻州、临汾、吕梁、呼和浩特、赤峰、鄂尔多斯、淄博、泰安、威海、日照、德州、聊城、焦作、许昌、南阳、信阳、泸州、绵阳、广元、乐山、南充、宜宾、雅安、阿坝藏族自治州、甘孜藏族自治州、凉山彝族自治州、宝鸡、咸阳、渭南、汉中、兰州、张掖、银川，评价指数为0.1。其余城市旅游评价指数则低于0.1。

2. 文旅耦合分布特征

黄河流域城市中文旅处于良性耦合阶段的占比达90.4%。处于磨合阶段的占比为9.6%，包含内蒙古自治区的乌海市，山东省的德州市，四川省的内江市，甘肃省的嘉峪关市、金昌市、庆阳市，青海省的西宁市、黄南藏族自治州、果洛藏族自治州、玉树藏族自治州，以及宁夏回族自治区的石嘴山市。

整体而言，黄河流域沿线城市大都处于中等及以下耦合协调类型，且旅游产业滞后城市占据了很大的比例。具体而论，高水平耦合协调阶段的城市占比7%，包含晋中、洛阳、郑州、济南、烟台、青岛等，且旅游业多属于超前发展；中度耦合协调城市占比44.3%，旅游业发展滞后；低水平耦合协调城市占比48.7%，旅游业滞后。

就不同区域而言，黄河流域协调度上中下游平均发展水平分别为0.2855、0.2590、0.3512，整体处于低水平状态，下游耦合度平均水平最高，上游次之，中游最低。上游地区，平均协调度水平排序依次为四川、青海、宁夏、甘肃。中游地区平均协调度水平由高到低分别为山西、陕西、内蒙古，但中游地区的西安、晋中市属于高水平协调阶段。下游地区中，涌现出济南、青岛、烟台、郑州、洛阳等协调度处于高水平阶段的城市。

（二）空间关联格局特征

1. 全局空间关联格局

以文旅耦合协调度为基础数据，借助 Open Geoda 软件测度黄河流域协调的 Moran's I 值和标准化的 Z 值，发现 Moran's I 值为 0.153，Z 值为 2.6965，P 值为 0.006，通过 5% 显著性水平的 Z 检验，表明黄河流域文旅协调发展呈现显著的空间集聚特征。

2. 局部空间关联格局

为进一步研究黄河流域文旅协调发展的空间分异格局，借助 Open Geoda 软件得到黄河流域文旅协调发展的 LISA 局部图。可以看出，黄河流域各地市分布在四个象限上，呈正向集聚特征，这与全局空间特征分析结果相符。“L～L”型城市主要包括阿拉善盟、武威、中卫、固原、海西蒙古族藏族自治州、海南藏族自治州、甘南藏族自治州，仅有阿拉善盟通过了显著性检验。受限于地理位置、经济发展水平等影响，协调发展水平仍需要资金、技术等要素支持。“L～H”型城市主要包括阳泉、日照、济源、三门峡、商洛、雅安，通过了显著性检验。这些城市呈分散化分布，靠近“H～H”城市，受其“虹吸效应”影响，反而流失了资本、技术等资源。“H～L”型城市主要包括兰州、张掖，通过了显著性检验。兰州的显著性水平为 0.01。虽然自身协调发展水平不低，但受限于周边邻近区域发展水平，无法实现新的突破，因此需要借助外部力量的合作与协助。“H～H”型城市主要包括吕梁、临汾、泰安、济南、淄博、潍坊、烟台、威海，均通过了显著性水平为 0.05 的显著性检验。这些城市主要分布在经济发展水平较高地区，文旅融合发展水平较高，“空间溢出效应”明显，成为带动黄河流域文化旅游发展的前沿阵地，是拉动其他区域城市发展的重要增长极。

（三）耦合影响因素识别

利用 ArcGIS，按照自然断点分级法将自变量因子划分为 7 个等级，借助地理探测器探求耦合协调度（Y）与 GDP（X_1）、第三产业生产总值（X_2）、专利授权数（X_3）、公路里程数（X_4）、普通高校在校生人数（X_5）、一般公共预算支出（X_6）6 大因子之间的关系，以及各驱动因子间的交互作用关系，为进一步促进黄河流域城市文化资源与旅游产业融合发展提供一定参考借鉴。

通过探测结果发现，所有探测因子均通过了显著性检验（见表 5－3），对应的驱动作用大小排序为：第三产业生产总值 > 一般公共预算支出 > GDP > 普通高校在校生人数 > 专利授权数 > 公路里程数。

表 5－3　黄河流域文化资源与旅游产业耦合协调度影响因子分析

变量	驱动因子	因子表征	q（p）
X_1	经济带动	GDP	0.514436（0.000）
X_2	产业发展	第三产业生产总值	0.530663（0.000）
X_3	创新驱动	专利授权数	0.410847（0.008476）
X_4	基础设施	公路里程数	0.263257（0.000）
X_5	人才资源	普通高校在校生人数	0.479875（0.000）
X_6	政府调控	一般公共预算支出	0.527165（0.000）

各影响因子对协调度的解释力呈现层级化特征。其中，产业发展、政府调控、经济带动对耦合协调度的解释力度大于 50%。首先，产业发展为主要驱动力。旅游业是服务业的重要组成部分，第三产业的发展能够促进旅游业在资源、技术、市场、功能上实现多途径融合。其次为政府调控。黄河流域生态脆弱，各城市在文旅融合相关政策和实践中各有不同，政策调控在统一发展理念、制定战略规划、协调资源统筹、市场调控监管等方面起着至关重要的作用。最后是经济带动。经济发展水平的不断提高，从供给层面来说，促进供给提质升级，刺激市场需求；从需求层面来说，收入的增长意味着人们会越来越注重文化精神层次的消费。同时，文旅消费

推动市场供给的调整优化。人才资源、创新驱动解释力则为 40% ~50%。首先是高校持续不断地提供人才支撑和智力支持。其次，文旅发展中的业态创新、技术创新、产品创新等是区域获得竞争优势的不竭动力与坚强后盾。基础设施的解释力度相对较弱。公共服务配套设施、景区配套设施可为游客提供便捷、舒适的体验，提高了景区内外部的可进入性。

交互探测可以识别出两个因素叠加作用对文化产业和旅游产业耦合协调度的影响力强度。表 5 -4 中所选的因素对协调度的影响都不是独立的，而是共同作用于并影响协调发展水平的。交互作用后的解释力 q 值要强于各因子单独作用。其中，经济带动（X_1）∩基础设施（X_4）、产业发展（X_2）∩基础设施（X_4）、创新驱动（X_3）∩基础设施（X_4）、基础设施（X_4）∩政府调控（X_6），其交互解释力度达 70% 以上。这也意味着黄河流域文化资源与旅游产业协调差异性主要表现为产业发展型。

表 5 -4　两个影响因素对耦合协调度的交互作用

两两交互	交互值	对比值	交互结果
$X_1 \cap X_2$	0.576615	> max (X_1, X_2) = 0.530663	双因子增强
$X_1 \cap X_3$	0.610797	> max (X_1, X_3) = 0.514436	双因子增强
$X_1 \cap X_4$	0.737872	> max (X_1, X_4) = 0.514436	双因子增强
$X_1 \cap X_5$	0.621486	> max (X_1, X_5) = 0.514436	双因子增强
$X_1 \cap X_6$	0.677983	> max (X_1, X_6) = 0.527165	双因子增强
$X_2 \cap X_3$	0.583442	> max (X_2, X_3) = 0.514436	双因子增强
$X_2 \cap X_4$	0.765233	> max (X_2, X_4) = 0.530663	双因子增强
$X_2 \cap X_5$	0.637182	> max (X_2, X_5) = 0.530663	双因子增强
$X_2 \cap X_6$	0.662164	> max (X_2, X_6) = 0.530663	双因子增强
$X_3 \cap X_4$	0.733952	> max (X_3, X_4) = 0.410847	双因了增强
$X_3 \cap X_5$	0.613643	> max (X_3, X_4) = 0.479875	双因子增强
$X_3 \cap X_6$	0.648969	> max (X_3, X_6) = 0.527165	双因子增强
$X_4 \cap X_5$	0.698002	> max (X_4, X_5) = 0.479875	双因子增强
$X_4 \cap X_6$	0.717719	> max (X_4, X_6) = 0.527165	双因子增强
$X_5 \cap X_6$	0.682713	> max (X_5, X_6) = 0.527165	双因子增强

（四）耦合影响机制分析

文化资源与旅游产业的协调发展受到多种机制因素的影响（见图5－5）。一是经济带动。经济发展水平的提高促进市场主体合作，以谋求更高程度的规模经济，更多的企业加入产业融合，丰富了文化旅游产品的供给；同时，经济发展带来品质化消费，文化产品可以满足高层次的情感需求，从而扩大了公众对文旅产品的消费。二是产业发展。文旅产业属性相同，具有互动共生的强关联性。文化的内涵优势与旅游业的产品和市场优势彼此促进，推动资本、土地、人才、技术、信息等生产要素优化配置，建立文旅一体化发展的产业体系。三是基础设施。基础设施的完善能够提升游客的体验感。区域旅游发展以基础设施建设为依托，基础设施的便捷程度以及完善程度直接影响着游客体验。四是创新驱动。文化旅游的创新是通过价值链的解构与重构、功能的整合与优化、产业的再生产与加工来实现产业的激活与增值，以增强竞争力。五是人才资源。产业融合对跨行业、综合型人才的需求更多。创意人才、高端人才、复合型人才为文旅融合提供人力资源保障与智力支持。六是政府调控。市场机制有时会存在失灵的情况，此时需要政府机制的干预与调控。区域政策整合为文旅市场发展提供良好的外部环境；整体战略规划为跨区域资源配置提供依据与遵循；市场监管与控制可以保障融合发展实践顺利推进。

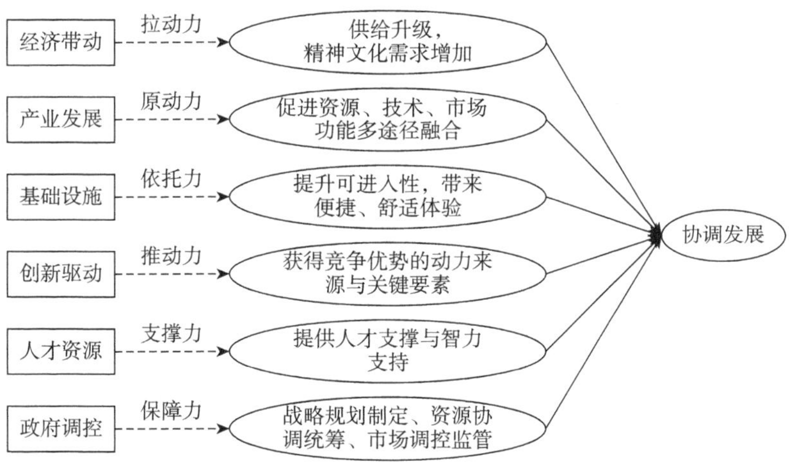

图5－5　文化资源与旅游产业协调发展的影响机制

二　结论与建议

（一）结论

本研究以黄河流域115个城市为研究对象，基于年度截面数据，采用了耦合协调模型、旅游优先度模型、探索性空间数据分析以及地理探测模型等方法，对115个城市的协调发展、空间分布特征、影响机制进行了研究，主要结论如下。

1. 核心城市协调发展水平突出，区域发展存在差异

黄河流域的平均耦合协调度为0.3225，整体处于中度耦合协调水平。其中，济南、烟台、青岛、郑州、成都、西安、晋中、洛阳等8个城市为高水平耦合协调城市，在黄河流域文旅协调发展中起到核心增长极的作用。就不同区域范围而言，黄河流域上中下游地区协调度平均发展水平分别为0.2855、0.2590、0.3512，总体处于低水平协调状态，下游文化资源与旅游产业协调发展水平明显高于上游、中游地区。黄河上游、中游地区的文化资源丰厚，但受地理位置、区域经济发展水平影响，旅游业发展水平较低。下游地区则具有广阔的市场以及良好的经济基础。因此，应深化不同流域内的合作，放大各区域优势效应，实现资源互补，共同发展。

2. 旅游业滞后城市占据较大比例，区域产业发展不均衡

总体来看，在旅游产业发展方面，旅游滞后占比为49.6%，同步发展占比为20.9%，旅游超前占比为29.5%，旅游业发展滞后占据较大比例。上游地区、中游地区、下游地区文化资源与旅游产业发展不平衡，上游地区旅游滞后占比为54.1%，同步发展占比为33.4%，旅游超前占比为12.5%；中游地区旅游滞后占比为56.3%，同步发展占比为28.1%，旅游超前占比为15.6%；下游地区旅游滞后占比为41.2%，同步发展占比为23.5%，旅游超前占比为35.3%。旅游已越来越成为人们追求幸福美好生活的刚需，应将旅游业的发展提到非常重要的地位。一方面，应该深度挖掘黄河流域独特的地域文化资源，提炼区域文化要素，将其转化为可感知的文化符号；另一方面，在注重保护黄河生态文化的同时，必须对文化资

源进行创新性活化，将其转化为可购买、可体验的文创产品，并借助旅游的形式加以传播，提升旅游业的文化内涵，助力旅游业的协调健康发展。

3. 城市空间集聚出现“两极化”分布

从空间关联格局特征来看，黄河流域文化资源与旅游产业协调发展呈现“两极化”分布状态，中下游城市属“H～H”集聚类型，上游城市属“L～L”集聚型，区域集聚差异特征明显。在今后文旅融合发展中，应充分发挥高水平协调城市的引领作用，推动以点带线、带面，全面促进黄河流域城市文化产业与旅游产业的整体协调发展。宜成立区域协作组织，建立智库联盟、城市联盟，组织学术论坛，充分发挥共同体的作用，打通平台往来。开展跨区域、跨部门、跨机构、跨学科的协作，促进政策协同、产业协同，实现教育资源、科技创新、人才建设等各方面的优势互补，推动黄河流域相邻省区重点城市间的合作与交流。

4. 六大因素均通过显著性检验，各影响因素对文旅协调发展的解释力出现层级化特征

第三产业生产总值、一般公共预算支出、GDP、普通高校在校生人数、专利授权数、公路里程数均对协调发展具有显著驱动作用。经济带动、产业发展、政府调控的影响作用更为强烈；人才资源、创新驱动的影响作用有待强化；基础设施的影响作用表现较弱，但仍是黄河流域城市协调发展过程中不可忽视的基础要素。

（二）建议

城市间的协同高效发展是实现黄河流域高质量发展的重要途径。现有研究多聚焦于全国大尺度范围以及省区市等个案的文旅融合研究，而基于地级市视角下的黄河流域文化产业与旅游产业融合研究的成果相对较少。本研究综合运用耦合协调模型、旅游优先度模型、地理探测器模型等方法，在文化产业与旅游产业融合发展水平的基础上，证实了核心城市在促进黄河流域文旅协调发展中具有增长极作用，明确了区域协调发展的“两极化”特征，验证了六大因素对协调发展的驱动作用。

黄河流域文旅协调发展涉及区域多、影响因素复杂，在推进黄河流域

高质量发展过程中，首先要顺应时代发展潮流与国内外环境发展趋势，深化供给侧改革，超前布局科技创新、人才资源等要素投入，推动黄河流域实现绿色转型发展。其次应立足生态文化保护，充分挖掘丰富厚重的黄河文化资源，发挥核心城市的联合带动作用，连点串线，以线带面，促进区域资源优势互补，打造国际著名黄河文化旅游带。最后，本研究囿于数据可得性，仅采用了截面数据，动态展示协调发展的过程不足。未来可扩大数据来源，增加不同阶段文化产业与旅游产业协调发展的对比分析与进程演化。

第三节　长三角城市群时空分异

长三角城市群是我国经济较发达的地区之一，也是国内具有较强吸引力的旅游目的地。同时，长三角地区属吴越文化区，有着厚重的历史文化底蕴，对文化资源的挖掘是推进该地区旅游发展的重要措施，因而这里也是文旅发展耦合协调程度值得检验的代表性区域。对长三角城市群的代表性研究主要有：侯兵和周晓倩①对长三角地区 16 个城市 2010～2014 年文化产业和旅游产业融合发展程度进行了评价和分析，其研究表明各城市之间两个产业的融合发展特征差异性不大，耦合协调度普遍偏低；洪学婷等人②以长三角 26 个城市为研究对象，建立耦合协调度模型，对长三角地区2000～2018 年文化产业与旅游产业的耦合协调关系进行分析，结果表明长三角城市群文化资源与旅游产业耦合协调存在时空分异，且耦合协调度的动态演变较少；周锦③基于长三角地区 3 省 1 市 2012～2019 年数据，构建文旅融合耦合协调度模型，并对耦合协调状况进行分析，结果表明 3 省 1 市文化产业和旅游产

① 侯兵、周晓倩：《长三角地区文化产业与旅游产业融合态势测度与评价》，《经济地理》2015 年第 11 期。

② 洪学婷、黄震方、于逢荷、沈伟丽：《长三角城市文化资源与旅游产业耦合协调及补偿机制》，《经济地理》2020 年第 9 期。

③ 周锦：《文化产业与旅游产业发展评价和耦合协调分析——以长三角地区为例》，《阅江学刊》2021 年第 4 期。

业的发展存在地区性差异，且耦合协调程度不高，仍有提升空间。考虑到研究区域的覆盖范围、时间跨度等因素，本节以洪学婷等人的研究成果为例，对长三角城市群展开分析。

一　结果与分析

洪学婷等人在对文化资源与旅游产业发展水平的评价中，综合前人研究成果，以 2000 ~ 2018 年长三角 26 个核心城市为研究对象，构建文化产业和旅游产业系统的指标体系，共选取 5 个一级指标和 22 个二级指标（见表 5 – 5）。并在已构建指标体系的基础上，建立耦合协调度模型，分析两系统之间的耦合协调关系。

表 5 – 5　文化资源与旅游产业发展评价指标

一级指标	二级指标
物质文化	国家级文物保护单位
	省级文物保护单位
	历史文化名城
	历史文化名镇名村
	A 级以上旅游景区数量
	4A 级及以上旅游景区数量
	博物馆数量
	图书馆数量
	文化馆数量
非物质文化	国家级非物质文化遗产数量
	省级非物质文化遗产数量
生态文化	国家级自然保护区数量
	国家级风景名胜区数量
	风景名胜区数量
	国家地质公园数量
	国家森林公园数量

续表

一级指标	二级指标
旅游绩效	旅游总收入/亿元
	国际旅游创汇/亿美元
	国内旅游人次/万人次
	国际旅游人次/万人次
旅游要素	旅行社数量
	住宿设施数量

资料来源：参见洪学婷、黄震方、于逢荷、沈伟丽《长三角城市文化资源与旅游产业耦合协调及补偿机制》，《经济地理》2020 年第 9 期。

（一）文化资源与旅游产业耦合度的时序变动

依据 2000～2018 年的指标数据，分别计算出各个年份长三角地区的文化资源评价指数、旅游产业评价指数、耦合度和耦合协调度均值，如图 5－6所示。耦合度总体呈现上升趋势，波动幅度较小。从耦合度数值（C）来看，地区均值都处在 0.7～1.0，主要处于磨合与良性耦合之间。2000～2002 年，C 主要处于 0.7～0.8，处于磨合阶段；2003～2013 年，C 处于 0.8～0.9，2013 年之后，C＞0.9，处于良性耦合阶段。耦合度是对系统之间关联程度的反映，表明文化资源与旅游产业的评价指数之间存在较强的关联性，文化资源有利于提升地方旅游的特色、品质与效益，旅游的发展也有利于文化资源的挖掘、保护与扩展。其中，2003 年受到“非典”疫情的影响，上海市的旅游受到较为显著的影响，极值减小，使得长三角地区旅游发展水平趋于平均，呈现了旅游发展综合系数较高，产生耦合协调度虚高的情况。

长三角地区文化资源与旅游产业耦合协调度（D）不高，地区均值处于 0.3～0.4，属于中度耦合协调。耦合协调度能反映区域内城市的耦合协调水平，整体来看，区域内旅游发展与文化资源之间的协调程度还处于中低水平，但呈现不断协调发展的趋势。文化资源与旅游发展之间具有一定的互动关系，多数城市旅游产业与文化产业之间的相互作用与反馈并没有形成良性发展，两个产业之间的协调状况相对较差。

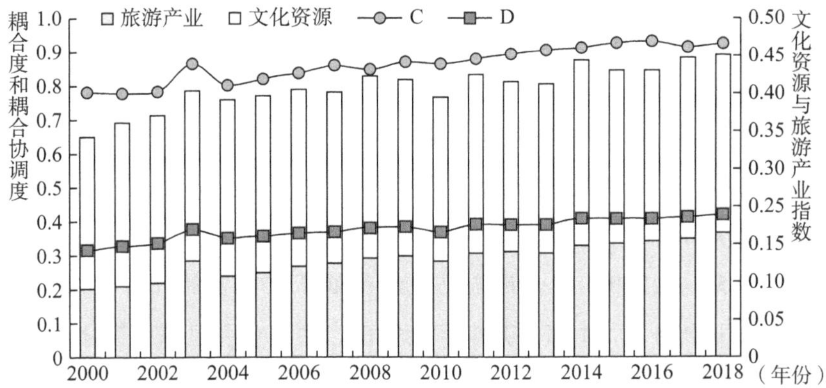

图 5－6　文化资源与旅游产业评价指数与耦合度、耦合协调度变化趋势

资料来源：参见洪学婷、黄震方、于逢荷、沈伟丽《长三角城市文化资源与旅游产业耦合协调及补偿机制》，《经济地理》2020 年第 9 期。

结合旅游发展与文化资源综合参量曲线可以看出，长三角地区历年的文化资源指数呈波状起伏，增长缓慢，文化资源的形成相对缓慢。而随着近年来国家对文化资源的重视与保护，文化资源指标显著增长，文化资源指数也呈现总体增长趋势。旅游产业综合评分逐年增长，但是，区域内旅游发展滞后于文化资源增长的水平，旅游发展对文化资源的利用不完全、不充分，这是文化资源与旅游发展处于低度协调的主要原因。同时，旅游发展与文化资源评价指数之间的差距呈现缩小趋势，主要是旅游产业的发展增速相对较快，旅游产业的发展依赖于地方文化资源，未来旅游业的评价指数将超过文化资源指数，旅游业对文化资源的利用水平将显著提升。

（二）文化资源与旅游产业耦合协调度空间分布

时序演化是通过时间序列数据纵向比较长三角地区文化资源和旅游产业子系统以及耦合度和耦合协调度的时序变化趋势，为了更加全面分析文化资源与旅游产业的空间分异，选取 2000 年和 2018 年的文化资源和旅游产业的综合评价系数以及 2000 年、2010 年和 2018 年的耦合协调度作为评价对象，运用 ArcGIS 绘制长三角城市耦合协调度空间分布色彩分异图。

1. 文化资源与旅游产业评价指数空间分布

长三角地区文化资源禀赋较高，2000 年，上海市（0.608）、苏州市

(0.536）的文化资源处于区域领先地位，杭州市、南京市文化资源也较为丰厚，文化资源评价指数处于0.4～0.5。区域文化赋存较低的城市是铜陵市、泰州市、芜湖市、马鞍山市等，评价指数均处于0.1之下。上海市文化评价指数是芜湖市的10.24倍。2018年，上海市、杭州市、苏州市文化资源处于领先地位，评级指数高于0.5，南京市、宁波市、金华市、绍兴市、台州市和安庆市文化资源禀赋较高，评价指数处于0.3～0.5，南京市评价指数为0.445。舟山市、泰州市与马鞍山市处于文化资源评价较低的状态，上海市是舟山市的10.01倍。其中，金华市、台州市与宣城市文化资源禀赋首末年差值较大，增长较快。

旅游产业发展的空间布局呈现不断变化的趋势，2000年，旅游发展以上海市和杭州市为主力，旅游评价指数分别为0.990和0.393，上海市的评价指数高，且作为省级行政区划，旅游经济处于绝对优势地位；南京市旅游产业评价指数处于0.2～0.3，位于第二梯队；宁波市、苏州市、无锡市处于第三梯队，旅游产业评价指数处于0.1～0.2。安庆市、绍兴市、金华市等城市评价均值均小于0.1，马鞍山市、泰州市、铜陵市、芜湖市评价值最小。2018年，形成以上海市、杭州市、苏州市领先发展，南京市、合肥市、宁波市、嘉兴市同步发展的格局。旅游产业评价指数分别处于0.3～1和0.2～0.3。其中，合肥市、杭州市、宁波市与嘉兴市旅游产业综合评价指数增长较快。合肥市经济发展迅速，作为省会城市，旅游地位日益凸显，同时，也受到行政区划调整的影响。杭州市创新旅游举措，旅游业取得长效发展。

2. 耦合协调度空间分异分析

为进一步演示长三角城市文化资源与旅游产业耦合协调度的空间分布特征，基于3个时间截面的耦合协调度数据，绘制了文化资源与旅游业耦合协调度的空间分布。总体上，长三角地区的文化资源与旅游产业交互耦合状态处于不断发展变化的过程中，耦合协调度存在显著的地域分异。2000～2018年，长三角城市耦合协调度主要位于低度和中度耦合协调状态。上海市与省会城市如杭州市、南京市耦合协调度相对较好，上海市为极度耦合协调地区，耦合协调值在0.8以上；杭州市、苏州市、南京市与宁波市次之，为高度耦合协调地区；东、南部耦合协调度较高，苏北城市和安徽省部分城市耦合协调度较低。从空间分布来看，大致呈现中间突出、南部高于北部、东部高于西部的规律。

①极度耦合协调地区

2000～2018 年上海市一直为极度耦合协调地区。上海市是全球著名的旅游城市，依托其独特的地理优势和经济基础，旅游产业发展处于绝对的优势地位，入境旅游人次遥遥领先，同时具备较高水平的文化资源，文化资源评价与旅游产业评价均维持在较高水平，一直处于极度耦合协调的状态。

②高度耦合协调地区

2000 年高度耦合协调地区包括南京市、苏州市、杭州市。依赖于地区丰厚的历史文化资源和良好的经济基础，形成高度发达的旅游产业，文化资源与旅游产业的耦合度较好。2010 年宁波市也成为高度耦合协调地区，2018 年依旧保持不变。

③中度耦合协调地区

2000 年，无锡市、扬州市、镇江市、绍兴市和宁波市均为中度耦合协调地区。2010 年，南通市、金华市、台州市、湖州市、嘉兴市、常州市、安庆市与铜陵市成为中度耦合协调地区。2018 年，合肥市、池州市、芜湖市成为中度耦合协调地区。

④低度耦合协调地区

2000 年低度耦合协调城市较多，至 2018 年只剩下滁州市、马鞍山市、宣城市、泰州市、盐城市以及舟山市，这些城市的旅游发展水平与文化赋存值互动较差，形成较低的耦合协调度。舟山市的旅游发展主要依赖地方的海洋资源，与文化资源互动较为匮乏；而宣城市虽然文化禀赋较好，但是旅游发展对文化的助力较差，未能有效开发利用地方文化资源。随着城市旅游的发展以及对文化资源的挖掘与利用，文化资源与旅游产业耦合协调度在不断增加。嘉兴市、合肥市、台州市、金华市与湖州市是首末年协调度变动值最大的城市，这说明这一地区的文化资源与旅游产业之间的互动协调呈现向好趋势。

长三角城市的文化资源与旅游产业的耦合协调度可划分成两类。第一类是$U_i > E_i$，即旅游发展落后型，文化资源评价指数大于旅游产业的评分值，文化资源对旅游产业的贡献大于旅游产业对文化产业的贡献，长三角地区的城市主要为这种类型。旅游产业高度依赖地区文化资源，但是旅游的开展对文化资源的挖掘和利用有待深化，对文化资源的推进较为滞后。第二类是$U_i < E_i$，即文化发展落后型，文化资源小于旅游产业评分值，地方文化资源对旅游产业的支持不能满足旅游的发展需求，上海市和2012年后的合肥市是主要的代表城市，该类城市旅游的发展不完全依赖于文化资源，而是更加依赖于地方的市场规模、旅游投资、市场营销、基础设施、区位等其他因素。

（三）耦合协调度的空间演变

利用空间马尔科夫链，得到2000～2018年耦合协调度的空间转移矩阵（见表5－6）。矩阵中，高值主要位于对角线上，说明耦合协调度具有较强的稳定性。通过对角线上的数据可知，耦合协调度保持原有类型的概率至少是89.7%。耦合协调度的不同类型间发生变化的最大可能性为10.3%，即从低度耦合协调转移为中度耦合协调。从高度向中度耦合协调度转移概率大于从中度向高度耦合协调的转移概率，说明城市的耦合协调度转移存在反复的过程，转移升级较为困难。耦合协调度只有邻近的转移，没有跨越式的变化。

表5－6　耦合协调度空间转移矩阵（k＝4）

t_i/t_i+1	n	低度耦合协调	中度耦合协调	高度耦合协调	极度耦合协调
低度耦合协调	185	0.897	0.103	0.000	0.000
中度耦合协调	194	0.046	0.948	0.005	0.000
高度耦合协调	71	0.000	0.014	0.986	0.000
极度耦合协调	18	0.000	0.000	0.000	1

资料来源：参见蒲英霞、马荣华、葛莹《基于空间马尔可夫链的江苏区域趋同时空演变》，《地理学报》2005年第5期。

空间马尔科夫链能够探测邻近地区的水平对本地区变动的影响作用。考虑空间效应，空间中的事物是相互影响和关联的，城市耦合协调度的转移会受到邻近地区状态的影响。建构2000～2018年邻近地区耦合协调度的空间转移矩阵，探究城市的文化资源与旅游产业的耦合协调度在周边地区影响下的转移概率（见表5－7）。

表5－7　邻近地区耦合协调度的空间转移矩阵（k＝4）

空间滞后	n	t_i/t_i+1	1	2	3	4
1	81	1	0.889	0.111	0.000	0.000
	39	2	0.103	0.897	0.000	0.000
	20	3	0.000	0.050	0.950	0.000
	0	4	0.000	0.000	0.000	0.000
2	88	1	0.909	0.091	0.000	0.000
	118	2	0.000	0.958	0.034	0.008
	38	3	0.000	0.000	1.000	0.000
	8	4	0.000	0.000	0.000	0.000
3	16	1	0.875	0.125	0.000	0.000
	37	2	0.027	0.973	0.000	0.000
	13	3	0.000	0.000	1.000	0.000
	10	4	0.000	0.000	0.000	1.000
4	0	1	0.000	0.000	0.000	0.000
	0	2	0.000	0.000	0.000	0.000
	0	3	0.000	0.000	0.000	0.000
	0	4	0.000	0.000	0.000	0.000

资料来源：参见洪学婷、黄震方、于逢荷、沈伟丽《长三角城市文化资源与旅游产业耦合协调及补偿机制》，《经济地理》2020年第9期。

邻近地区的耦合协调度水平对地区的影响作用是存在的。不同的邻近地区耦合协调水平对地区耦合协调水平演变的影响不同，与低水平的耦合协调度地区为邻，耦合协调度向下转移的概率将增加。在空间滞后为1即周边地区为低度耦合协调的情况下，从中度耦合协调向低度耦合协调转移的概率为10.3%，高于原有的4.6%；从高度耦合协调向低度耦合协调转移的概率为5%，高于原有的概率1.4%。与高水平的耦合协调度地区为邻，耦合协调度向上转移的概率也将增加。在周边地区为中度耦合协调的情况下(空间滞后 =2)，中度耦合协调向高度耦合协调转移的概率从 0.5% 增加至 3.4%。在空间滞后为 3 的情况下，从低度耦合协调向中度耦合协调转移的概率为 12.5%。地区同等水平间转移的概率变化随着其邻近地区水平的提高而增加。在空间滞后为 1 也就是邻域水平较低时，同等水平间的转移概率较低，空间滞后为 4 的情况下，同等水平间的转移概率相对较高。

（四）耦合协调度的影响因素

地区文化资源与旅游产业的耦合协调度不仅依赖于地区的文化资源和旅游产业发展水平，同时也依赖于地区的经济发展水平、市场需求、基础设施、城市环境、人才等要素，分别通过城市人均 GDP（X_1）、固定资产投资（X_2）、家庭人均可支配收入（X_3）、第三产业从业人员（X_4）、公路里程数（X_5）、年末实有出租车（X_6）、城市绿地面积（X_7）、普通高等学校数（X_8）和高等学校在校生人数（X_9）指标进行模型的检验，数据单位不同，通过极差法进行无量纲化。对数据进行基本的平稳性检验（见表 5－8），选择同根单位根的 LLC 和检验不同单位根的 Fisher-ADF 进行检验，均在 0.1% 水平上通过一阶平稳性检验。

表 5－8　单位根检验结果

变量	*Method*	*Statistic*	*Prob*
D	*LLC*	－23.381	0.000
	ADF	363.546	0.000
X_1	*LLC*	－14.072	0.000
	ADF	242.307	0.000
X_2	*LLC*	－23.348	0.000
	ADF	430.210	0.000
X_3	*LLC*	－23.716	0.000
	ADF	359.043	0.000
X_4	*LLC*	－11.937	0.000
	ADF	－14.939	0.000

续表

变量	Method	Statistic	Prob
X_5	LLC	-15.166	0.000
	ADF	-14.079	0.000
X_6	LLC	-10.879	0.000
	ADF	236.651	0.000
X_7	LLC	-41.904	0.000
	ADF	1 173.630	0.000
X_8	LLC	-16.268	0.000
	ADF	289.102	0.000
X_9	LLC	-21.523	0.000
	ADF	375.026	0.000

为确定模型是固定效应还是混合效应进行 F 值检验，F 统计量定义为：

$$F=\frac{\frac{(S_2-S_1)}{[(N-1)K]}}{\frac{S_1}{[NT-N(K+1)]}}\sim F[(N-1)K,N(T-K-1)] \qquad (5-1)$$

式中：$S_1=0.571$，$S_2=2.689$，N=26，T=18，K=6，F=7.072>$F_{0.01}$(150，286) =1.384，拒绝了原假设，因此，拒绝了混合效应模型。为确定模型是固定效应还是随机效应，进行了 Hausman 检验。研究结果显示 $P=0.000$，拒绝原假设，固定效应模型较为合适。固定效应模型检验结果（见表 5-9）。调整后的$R^2=0.972$，F 统计值显著，$D.W=1.053$，自相关非常显著。

表 5-9　固定效应模型检验结果

影响因素	解释变量	路径系数
常数	C	0.547*** (9.341)
经济发展	X_1：人均 GDP	0.068** (3.312)
	X_2：固定资产投资	0.026 (1.797)

续表

影响因素	解释变量	路径系数
市场需求	X_3：家庭人均可支配收入	0.053* (2.551)
	X_4：第三产业从业人员	0.345*** (5.513)
基础设施	X_5：公路里程数	0.053*** (4.498)
	X_6：年末实有出租车	0.223* (2.267)
城市环境	X_7：城市绿地面积	0.045*** (3.915)
人才因素	X_8：普通高等学校数	0.139** (3.018)
	X_9：高等学校在校生人数	0.108* (2.160)

注：***、**、*分别表示路径系数通过了0.1%、1%、5%的显著性检验，括号内为T统计值。

耦合协调度和经济发展水平、市场需求、基础设施、城市环境、人才因素显著正相关。其一，人均GDP在1%的置信水平下显著正向影响地区的耦合协调度，人均GDP越高，耦合协调度越高，固定资产投资的影响通过10%的显著性检验。经济发展水平会影响文旅耦合协调程度，文化作为上层建筑依赖于经济基础，旅游开发中对文化资源的挖掘也依赖于地方的资金、技术等要素，经济基础越好越能增强文化资源与旅游产业的融合。其二，市场需求分别在5%和0.1%的水平下显著影响因变量。地方市场越广阔，越有助于推进旅游产业对文化资源的创新、开发，增强旅游对文化资源的反馈。其三，基础设施分别在0.1%和5%的水平下显著。地区的基础设施影响地区旅游对文化资源的开发利用，尤其是在对较为封闭地区的文化资源进行旅游开发时，完善的设施是文旅耦合协调的基础条件。其四，城市环境的要素对文化资源和旅游产业的耦合协调度有正向引导作用，城市环境也是文化资源与旅游产业融合的基础。其五，人才也是重要因素。人才因素分别在1%和5%的水平下显著影响耦合协调度，从业人员的素质能够影响对资源的有效利用程度，在文化资源活化、创新营销、提升旅游文化内涵等发面发挥作用。

从个体对总体的偏离结果（见表5-10）来看，不同个体的影响因素差距较大。安徽省的城市多为负值，江苏省、浙江省的城市多为正值，高度耦合协调的城市偏离较大，如苏州、杭州、宁波等，自我调节能力强，受到经济发展等因素影响较少，而文化滞后型城市和低度耦合协调地区偏离值多为负值且绝对值较小，耦合协调度的独立性差，如合肥市、上海市等，更多依赖于地区的经济水平、市场需求等外部因素。

表 5－10　各城市影响因素对耦合协调度偏离系数

城市	偏离系数	城市	偏离系数
苏州	0.219	池州	0.013
宁波	0.127	南京	－0.020
杭州	0.126	舟山	－0.037
金华	0.105	宣城	－0.044
绍兴	0.095	南通	－0.049
扬州	0.064	上海	－0.065
安庆	0.047	常州	－0.053
台州	0.041	马鞍山	－0.083
嘉兴	0.039	盐城	－0.099
无锡	0.039	泰州	－0.108
湖州	0.033	滁州	－0.115
镇江	0.024	芜湖	－0.116
铜陵	0.015	合肥	－0.181

二　结论与建议

（一）结论

基于耦合协调模型、马尔科夫空间矩阵以及固定效应模型，分析了长三角城市文化资源与旅游产业耦合协调的时空分异、演变特征以及影响因素，得出以下结论。

从时间趋势来看，2000～2018 年长三角城市文化资源与旅游产业耦合度水平较高，耦合度与耦合协调度均呈现缓慢增长的趋势。从空间结构来看，文化资源与旅游产业之间存在较强的重叠性，文化资源丰厚的城市旅游发展水平较高。形成以上海市为中心，杭州市、苏州市、南京市、宁波市为副核心的空间结构。耦合协调类型中，上海市和合肥市等属于文化资源滞后型，其他城市均属于旅游产业滞后型，有待深入挖掘地方文化资源。

耦合协调度保持原有类型的概率较高，跨状态转移中从低度耦合协调转移为中度耦合协调概率较高。转移概率还受到空间滞后的影响，与低水平的耦合协调度地区为邻，耦合协调度向下转移概率将增加，反之亦然。

耦合协调度受到经济发展水平、市场需求、基础设施、城市环境、人才因素的正向影响。高度耦合协调的城市偏离较小，耦合协调度具有稳定性，而中度耦合协调地区和低度耦合协调地区偏离较大，更受到地区经济、人才、创新等因素的影响。

（二）建议

在文旅融合的时代背景之下，文化资源的活化利用是提升旅游品质、促进文旅融合的重要举措。通过对文化资源与旅游产业的耦合、演化和影响因素进行分析，有效评价地区对文化资源的利用程度，同时证实了文化资源与旅游产业之间不具有资源诅咒效应，文化资源与旅游产业之间具有较高的耦合性，耦合协调度也具有空间异质性。本研究也存在局限，文化资源的动态变化要显著弱于旅游产业的发展，文化资源的动态变动较差，且是通过政府发布的数据进行统计，存在一定的滞后性和惰性。后续研究中可建构更加详细的文化资源数据库，通过大数据等技术与手段，从不同的时空尺度探究文化资源与旅游产业之间的耦合关系。

第四节　河南省 18 地市时空分异

2022 年 1 月，河南省人民政府印发《河南省“十四五”文化旅游融合发展规划》（以下简称《规划》）。《规划》明确以“文化创意 + 科技创新”为基本路线和主攻方向，强力实施文旅文创融合战略，加快将河南省建设成为中华文化传承创新中心、世界文化旅游胜地。本节通过研究河南省各地市文旅产业耦合发展情况，对比分析各城市的耦合协调度、产业发展水平，对河南省文旅产业融合发展提出一些建议，助力河南省文旅文创融合发展。

通过梳理相关领域学者研究成果，结合河南省的省情，构建旅游产业和文化产业评价指标体系，旅游产业综合发展水平指标包括旅游总收入、国内旅游收入、国外旅游收入、国内旅游人数、入境旅游人数、A 级以上旅游景区数量、旅行社数量、星级饭店数量、旅游总收入占 GDP 的比重以及占第三产业增加值的比重，具体见表 5 – 11。

表 5 – 11　河南省旅游产业综合发展水平指标体系

	指标
旅游产业	旅游总收入（亿元）
	国内旅游收入（亿元）
	国外旅游收入（万美元）
	国内旅游人数（万人次）
	入境旅游人数（万人次）
	A 级以上旅游景区数量（个）
	旅行社数量（个）
	星级饭店数量（个）
	旅游总收入占的 GDP 比重（%）
	旅游总收入占第三产业增加值的比重（%）

文化产业指标体系，由文化事业费、文化及相关产业企业法人数、文化及相关产业企业营业收入、文化及相关产业企业从业人员、艺术表演团体数量、图书馆数量、博物馆数量、文化馆数量、文化及相关产业企业营业收入占 GDP 的比重以及占第三产业增加值的比重构成，具体见表 5 – 12。

表 5 – 12　文化产业综合发展水平评价指标体系

	指标
文化产业	文化事业费（亿元）
	文化及相关产业企业法人数（个）
	文化及相关产业企业营业收入（亿元）

续表

	指标
文化产业	文化及相关产业企业从业人员（万人）
	艺术表演团体数量（个）
	图书馆数量（个）
	博物馆数量（个）
	文化馆数量（个）
	文化及相关产业企业营业收入占 GDP 的比重（%）
	文化及相关产业企业营业收入占第三产业增加值的比重（%）

一　结果与分析

（一）总体分析

1. 发展水平分析

根据文化产业和旅游产业相关指标数据，计算文化产业和旅游产业指标的权重，计算出 2010～2019 年河南省文化产业和旅游产业发展水平综合得分，如图 5－7 所示。

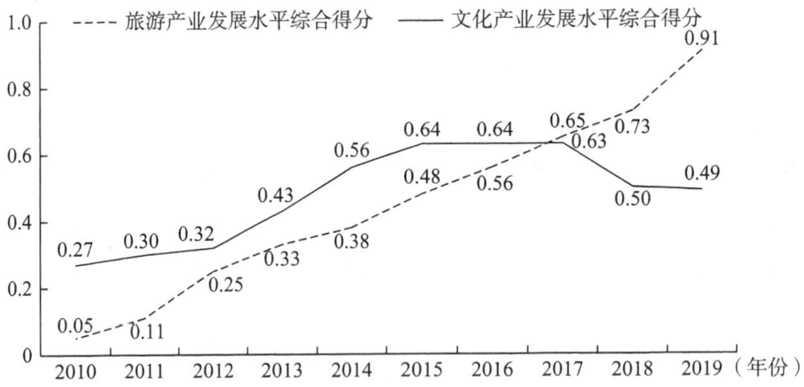

图 5－7　河南省文化产业和旅游产业发展水平综合得分

旅游产业得益于政府政策，从 2010 年到 2019 年保持上涨，从 0.05 增长到 0.91。而文化产业自 2010 年至 2016 年保持增长趋势，从 0.27 一直增长到 0.64，达到顶峰，但是在 2016 年之后，文化产业发展水平综合得分从

0.64 一直下降至 0.49。对比旅游产业和文化产业发展水平综合得分，可以看出：在 2017 年之前，文化产业综合发展水平得分始终大于旅游产业，也就是说，在 2017 年之前文化产业的发展要优于旅游产业。但是在 2017 年之后，旅游产业综合发展水平得分逐渐拉开与文化产业的差距，并在 2019 年拉开 0.42 分的巨大差距。可见，在 2017 年之后，旅游产业的发展呈上升趋势，而文化产业的发展则呈下降趋势。

根据同步性公式，计算得出河南省文化产业和旅游产业的同步性类型，具体见表 5－13。从同步性类型也可以看出，在 2010～2016 年文化产业和旅游产业同步性类型为旅游滞后型，说明河南省在 2010～2016 年旅游产业的发展不如文化产业。在 2017～2019 年，文化产业和旅游产业的同步性类型为文化滞后型，此时河南省文化产业的发展略差于旅游产业。

表 5－13　2010～2019 年河南省文化产业和旅游产业同步性类型

年份	U1/U2	同步性类型
2010	<1	旅游滞后型
2011	<1	旅游滞后型
2012	<1	旅游滞后型
2013	<1	旅游滞后型
2014	<1	旅游滞后型
2015	<1	旅游滞后型
2016	<1	旅游滞后型
2017	>1	文化滞后型
2018	>1	文化滞后型
2019	>1	文化滞后型

2. 耦合度分析

根据耦合度的测算公式，计算得出河南省文化产业和旅游产业的耦合度，耦合度的大小能够反映文化产业和旅游产业之间互动作用的强弱。2010～2019 年河南省文化产业和旅游产业的耦合度具体见表 5－14。

表 5－14　2010～2019 年河南省文化产业和旅游产业耦合度及等级

年份	文化产业和旅游产业耦合度	耦合度等级
2010	0.3726	拮抗阶段
2011	0.4420	拮抗阶段
2012	0.4954	拮抗阶段
2013	0.4952	拮抗阶段
2014	0.4910	拮抗阶段
2015	0.4952	拮抗阶段
2016	0.4989	拮抗阶段
2017	0.5000	拮抗阶段
2018	0.4921	拮抗阶段
2019	0.4777	拮抗阶段

如图 5－8 所示，自文化部和国家旅游局发布《关于促进文化与旅游结合发展的指导意见》后，河南省文化产业和旅游产业的耦合度从 2010 年到 2012 年一直保持上涨趋势，但是在 2012 年之后产业的发展趋于平缓，耦合度的趋势明显平缓。2018 年国家机构改革，文化部和国家旅游局合并，致使产业发展不稳定，所以 2018 年较之前文化产业和旅游产业耦合度下降。2010～2019 年河南省文化产业和旅游产业的耦合度并不是很高，都保持在 0.5 以下，按照本文对耦合度等级的划分，2010～2019 年河南省文化产业和

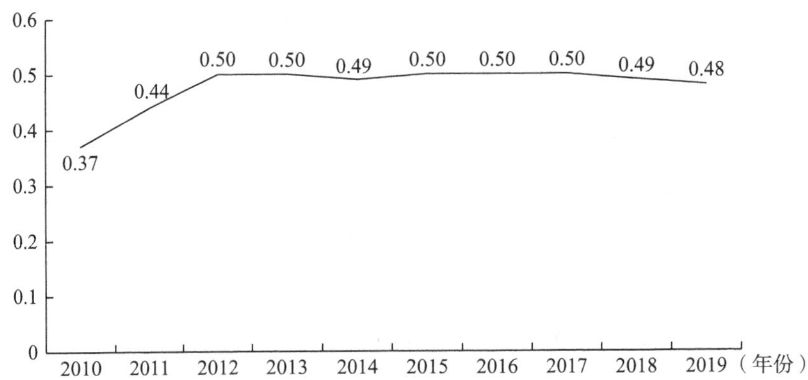

图 5－8　2010～2019 年河南省文化产业和旅游产业耦合度

旅游产业耦合度均处在拮抗阶段，尚未上升到磨合阶段。虽然说文化产业和旅游产业存在耦合，但是耦合程度不高，说明河南省文化产业和旅游产业之间相互作用程度较弱，且二者之间的作用力在下降。

3. 耦合协调度分析

耦合协调度能反映系统或者要素之间发展水平的高低和发展协调的高低，体现系统或者要素之间协调状况的好坏。耦合协调度越高，证明产业之间协调发展的水平越高，耦合协调度越低，证明产业之间协调发展的水平越低。根据耦合协调度模型，计算出河南省文化产业和旅游产业的耦合协调度，各个年份的耦合协调度具体如表 5－15 所示。

表 5－15　2010～2019 年河南省文化产业和旅游产业耦合协调度及等级

年份	文化产业和旅游产业耦合协调度	耦合协调度等级
2010	0.2467	中度失调
2011	0.3014	轻度失调
2012	0.3764	轻度失调
2013	0.4361	濒临失调
2014	0.4824	濒临失调
2015	0.5249	勉强协调
2016	0.5470	勉强协调
2017	0.5687	勉强协调
2018	0.5510	勉强协调
2019	0.5787	勉强协调

如图 5－9 所示，河南省文化产业和旅游产业耦合协调度除 2018 年有所下降，其余年份都保持上升趋势。在国家政策的影响下，文化产业和旅游产业之间耦合协调关系逐步提升。2018 年耦合协调度下降则是因为国家机构的改革对产业耦合产生一定影响。在 2010～2019 年，河南省耦合协调度经历 2 个阶段。2010～2014 年河南省文化产业和旅游产业耦合协调度等级为失调或濒临失调状态，说明文化产业和旅游产业之间相互作用不强且协调关系不好，特别是 2010 年为中度失调。2015～2019 年河南省文化产业和

旅游产业耦合协调度等级为勉强协调状态，产业间相互作用的关系比前几年要好很多。

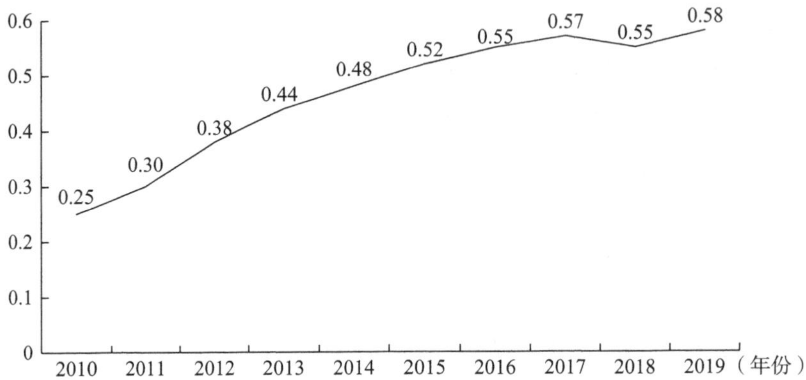

图 5－9　河南省文化产业和旅游产业耦合协调度

（二）各地市分析

1. 发展水平分析

运用熵值法为河南省各地市文化产业和旅游产业赋权，评价河南省各地市文化产业和旅游产业的综合发展水平，并根据同步性等级划分标准，为河南省各地市 2010～2019 年文化产业和旅游产业的综合发展水平划分等级，具体情况如下。

(1) 旅游产业发展水平综合分析

如表 5－16 所示，2010 年在河南省各地市旅游产业发展水平综合得分中，商丘的旅游产业发展水平综合得分为 0.3053，排名第一，比排名第 18 的洛阳高了 0.2332。2015 年洛阳的旅游产业发展水平综合得分为 0.4816，排名也从第十八上升到了第三。2010 年排名第六的新乡上升到了第一位。2010 年旅游产业发展水平综合得分排名十二的鹤壁在 2015 年下降到了最后一位。到 2019 年，在 2010 年和 2015 年名次丝毫没有变化的郑州旅游产业发展水平综合得分排名第一，可见郑州 2010～2019 年旅游产业的发展在持续提升。在 2015 年排名倒数第一的鹤壁虽然旅游产业综合得分保持上涨趋势，但是在 2019 年依然名列最后一位。

从10年来各地市旅游产业发展水平综合得分整体来看，在国家大力倡导旅游业发展与国民需求转变背景下，各地市部门和企业共同推进旅游产业的发展，故河南省18个地市旅游产业发展水平综合得分均呈现上升趋势。从得分排名整体来看，商丘、开封、济源、许昌、鹤壁因旅游产业的发展速度不如其他城市，一直保持排名下降的趋势；郑州、平顶山、安阳以及驻马店旅游产业的发展速度高于其他地市；焦作、漯河、濮阳三个地市旅游产业综合发展水平排名呈先降后升；新乡、三门峡、周口、信阳、南阳以及洛阳等市的排名则先上升后下降。

表5-16　河南省各地市旅游产业发展水平综合得分

2010年			2015年			2019年		
地市	旅游产业发展水平综合得分	排名	地市	旅游产业发展水平综合得分	排名	地市	旅游产业发展水平综合得分	排名
商丘	0.3053	1	新乡	0.6191	1	郑州	0.9303	1
济源	0.2891	2	三门峡	0.5216	2	濮阳	0.8957	2
开封	0.2818	3	洛阳	0.4816	3	三门峡	0.8386	3
许昌	0.2700	4	安阳	0.4401	4	安阳	0.8352	4
焦作	0.2215	5	开封	0.4325	5	平顶山	0.8297	5
新乡	0.2128	6	商丘	0.4040	6	新乡	0.8288	6
漯河	0.2117	7	驻马店	0.3821	7	驻马店	0.8235	7
濮阳	0.1938	8	信阳	0.3765	8	焦作	0.8127	8
三门峡	0.1926	9	周口	0.3752	9	信阳	0.8040	9
郑州	0.1708	10	郑州	0.3622	10	开封	0.7874	10
周口	0.1589	11	平顶山	0.3418	11	周口	0.7776	11
鹤壁	0.1574	12	济源	0.3199	12	洛阳	0.7661	12
信阳	0.1382	13	南阳	0.3194	13	漯河	0.7529	13
安阳	0.1331	14	漯河	0.3120	14	南阳	0.7474	14
平顶山	0.1218	15	许昌	0.2751	15	许昌	0.7083	15
南阳	0.1203	16	焦作	0.2653	16	商丘	0.6787	16
驻马店	0.1029	17	濮阳	0.2006	17	济源	0.6415	17
洛阳	0.0721	18	鹤壁	0.1547	18	鹤壁	0.4971	18

从总体空间格局来看，2010 年，河南省旅游产业发展水平呈现中间高南北低的空间格局，2010 年，河南省中部旅游产业的发展优于其他地区，其中商丘的旅游产业发展水平最高。2015 年，河南省旅游产业发展水平呈现北部地区高、南部地区低的空间格局，其中新乡的旅游产业发展水平最好。2019 年，河南省整体旅游发展水平高于前几年，整体呈现以郑州市为中心向周围降低的空间格局，而郑州市作为河南省的省会拥有地理优势、交通优势，旅游产业的发展迅速提升。

（2）文化产业发展水平综合分析

如表 5 - 17 所示，2010 年文化产业发展水平综合得分排名第一的是南阳，得分 0.4379，排名末位的是济源市，得分 0.0263，在 2010 年河南省 18 个地市中有 6 个地市文化产业发展水平综合得分没有超过 0.1，说明在 2010 年河南省各地市并没有大力发展文化产业，文化产业的发展水平都偏低。2015 年，在 2010 年排名第十六的洛阳排名第一，综合得分增长了许多倍，在 2010 ~ 2015 年，洛阳旅游产业发展迅速，为了能更好地发展旅游产业，洛阳深挖文化内涵，带动其文化产业大力发展。而 2010 年排名末位的济源在 2015 年的排名还是末位，虽然排名最后，但是济源文化产业的发展水平综合得分增长了 0.127 分。到了 2019 年，商丘文化产业大力发展，以 0.7934 的综合得分排在了第一，而在 2015 年排名第二的濮阳在 2019 年排名下降至第十八，不但排名下降，文化产业的发展水平也降低了。

从这 10 年各地区文化产业综合得分整体来看，2010 ~ 2015 年旅游产业的迅猛发展急需文化资源的支撑，所以 18 个地市的文化产业发展水平综合得分均处于上升趋势，而在 2015 ~ 2019 年，濮阳、安阳、南阳、新乡等地没有深挖文化内涵，所以文化产业发展水平综合得分均有所下降，证明这些地区的文化产业发展水平低于其他地区。从 10 年整体排名来看，南阳、新乡、鹤壁三个地市排名一直下降；开封、周口、驻马店、济源、漯河 5 个地市的排名一直上涨；平顶山、信阳、许昌、三门峡、商丘 5 个地市的排名先下降再上升；安阳、濮阳、焦作、郑州、洛阳 5 个地市的排名先上升后下降。

表 5－17　河南各地市文化产业发展水平综合得分

2010 年			2015 年			2019 年		
地市	文化产业发展水平综合得分	排名	地市	文化产业发展水平综合得分	排名	地市	文化产业发展水平综合得分	排名
南阳	0.4379	1	洛阳	0.6785	1	商丘	0.7934	1
新乡	0.3784	2	濮阳	0.6693	2	洛阳	0.7451	2
平顶山	0.3569	3	焦作	0.576	3	漯河	0.7405	3
鹤壁	0.2656	4	漯河	0.519	4	信阳	0.668	4
信阳	0.2382	5	安阳	0.5118	5	周口	0.6593	5
许昌	0.2306	6	郑州	0.5072	6	焦作	0.6587	6
安阳	0.2167	7	南阳	0.4644	7	开封	0.6513	7
濮阳	0.189	8	周口	0.4343	8	许昌	0.6408	8
商丘	0.1664	9	新乡	0.417	9	三门峡	0.6392	9
开封	0.1580	10	开封	0.3829	10	郑州	0.5475	10
周口	0.1326	11	许昌	0.3728	11	济源	0.427	11
焦作	0.101	12	信阳	0.3209	12	驻马店	0.3964	12
郑州	0.0967	13	商丘	0.2873	13	新乡	0.3543	13
三门峡	0.079	14	驻马店	0.2007	14	南阳	0.2924	14
驻马店	0.0636	15	鹤壁	0.1872	15	平顶山	0.2722	15
洛阳	0.0432	16	平顶山	0.1855	16	安阳	0.2651	16
漯河	0.0326	17	三门峡	0.1782	17	鹤壁	0.2554	17
济源	0.0263	18	济源	0.1533	18	濮阳	0.2034	18

2010 年，河南省文化产业发展水平呈两边高中间低的空间格局，虽然郑州、洛阳、开封市文化底蕴深厚并且是历史文化名城，但是在文化产业的发展中并没有体现出文化优势，相反，比开封、洛阳文化资源少得多的南阳的文化产业发展水平最好。2015 年，河南省文化产业发展水平呈北部地区高、南部地区低的空间格局。洛阳、郑州等市在 2010～2015 年深挖文化内涵，利用文化资源丰富的优势，大力发展文化产业，文化产业的发展水平获得了提高。2019 年，河南省文化产业发展水平从 2010 年的两边高、中间低的空间格局发展成为中间高两边低的空间格局，位于河南中

间地区的洛阳、郑州、开封等文化资源丰富的城市，充分发挥文化优势，2019 年文化产业的发展势头较强。

（3）文化产业与旅游产业发展同步性类型划分

同步性主要是比较文化产业和旅游产业发展水平的高低，根据同步性指数公式计算河南省各地市同步性指数，表 5 – 18 展示了 2010 年、2015 年、2019 年河南省 18 个地市的同步性类型。

如表 5 – 18 所示，2010 年郑州、开封、洛阳、焦作、濮阳、许昌、漯河、三门峡、商丘、周口、驻马店以及济源的同步性类型为文化滞后型，说明这些地市旅游产业的发展要高于文化产业的发展；平顶山、安阳、鹤壁、新乡、南阳、信阳几个地市文化产业的发展水平要高于旅游产业的发展水平。到了 2019 年有 17 个地市的旅游产业发展都要优于文化产业，而商丘在 2019 年文化产业的发展水平要好于旅游产业。

表 5 – 18　河南省各地市文化产业和旅游产业同步性类型

地市	同步性类型		
	2010 年	2015 年	2019 年
郑州	文化滞后型	旅游滞后型	文化滞后型
开封	文化滞后型	文化滞后型	文化滞后型
洛阳	文化滞后型	旅游滞后型	文化滞后型
平顶山	旅游滞后型	文化滞后型	文化滞后型
安阳	旅游滞后型	旅游滞后型	文化滞后型
鹤壁	旅游滞后型	旅游滞后型	文化滞后型
新乡	旅游滞后型	文化滞后型	文化滞后型
焦作	文化滞后型	旅游滞后型	文化滞后型
濮阳	文化滞后型	旅游滞后型	文化滞后型
许昌	文化滞后型	旅游滞后型	文化滞后型
漯河	文化滞后型	旅游滞后型	文化滞后型
三门峡	文化滞后型	文化滞后型	文化滞后型
南阳	旅游滞后型	旅游滞后型	文化滞后型
商丘	文化滞后型	文化滞后型	旅游滞后型

续表

同步性类型			
地市	2010 年	2015 年	2019 年
信阳	旅游滞后型	文化滞后型	文化滞后型
周口	文化滞后型	旅游滞后型	文化滞后型
驻马店	文化滞后型	文化滞后型	文化滞后型
济源	文化滞后型	文化滞后型	文化滞后型

2. 各地区耦合发展分析

（1）耦合度分析

根据耦合度模型计算出河南 18 个地市的文化产业和旅游产业耦合度，具体如表 5－19 所示。

表 5－19　河南省各地市文化产业和旅游产业耦合度

2010 年			2015 年			2019 年		
地市	耦合度	排名	地市	耦合度	排名	地市	耦合度	排名
濮阳	0. 500	1	开封	0. 4991	1	漯河	0. 500	1
许昌	0. 4984	2	周口	0. 4987	2	许昌	0. 4994	2
周口	0. 4979	3	安阳	0. 4986	3	洛阳	0. 4988	3
驻马店	0. 4859	4	信阳	0. 4984	4	商丘	0. 4985	4
安阳	0. 4855	5	鹤壁	0. 4977	5	周口	0. 4983	5
洛阳	0. 4840	6	许昌	0. 4943	6	信阳	0. 4979	6
鹤壁	0. 4834	7	郑州	0. 4930	7	开封	0. 4978	7
信阳	0. 4820	8	商丘	0. 4928	8	焦作	0. 4973	8
郑州	0. 4804	9	洛阳	0. 4927	9	三门峡	0. 4954	9
新乡	0. 4800	10	南阳	0. 4914	10	济源	0. 4900	10
开封	0. 4798	11	新乡	0. 4904	11	郑州	0. 4829	11
商丘	0. 4778	12	漯河	0. 4824	12	鹤壁	0. 4735	12
焦作	0. 4638	13	平顶山	0. 4775	13	驻马店	0. 4684	13
三门峡	0. 4542	14	驻马店	0. 4752	14	新乡	0. 4580	14
平顶山	0. 4355	15	济源	0. 4680	15	南阳	0. 4496	15
南阳	0. 4112	16	焦作	0. 4647	16	平顶山	0. 4313	16
漯河	0. 3401	17	三门峡	0. 4357	17	安阳	0. 4276	17
济源	0. 2765	18	濮阳	0. 4212	18	濮阳	0. 3883	18

根据表 5－19 对河南 18 个地市耦合度排名，2010 年，濮阳以 0.5 的耦合度排名第一，说明濮阳市的文化产业和旅游产业之间耦合较好，比排名第十八的济源高了 0.2235 分。到了 2015 年，全省 18 个地市的耦合度都在 0.4 以上，并且相差不多，开封以 0.4991 排名第一，濮阳则下降为最后一位。2019 年度，除濮阳之外其余皆在 0.4 以上，漯河耦合度以 0.5 排名第一。

从整体来看，耦合度的变化差距不大，除了 2010 年的漯河、济源，2019 年的濮阳，其余均在 0.4 以上，并且 2010～2019 年 18 个地市的耦合度均没有超过 0.5 的，可以看出河南 18 个地市文化产业和旅游产业之间虽有耦合的现象，但是耦合度并不高，根据本文对耦合度等级的划分来看，河南 18 个地市除 2010 年济源处在低水平耦合阶段其余均处在拮抗阶段，没有上升到磨合阶段，具体耦合度等级划分见表 5－20。

表 5－20　河南省各地市文化产业和旅游产业耦合度等级

耦合度等级			
地市	2010 年	2015 年	2019 年
郑州	拮抗阶段	拮抗阶段	拮抗阶段
开封	拮抗阶段	拮抗阶段	拮抗阶段
洛阳	拮抗阶段	拮抗阶段	拮抗阶段
平顶山	拮抗阶段	拮抗阶段	拮抗阶段
安阳	拮抗阶段	拮抗阶段	拮抗阶段
鹤壁	拮抗阶段	拮抗阶段	拮抗阶段
新乡	拮抗阶段	拮抗阶段	拮抗阶段
焦作	拮抗阶段	拮抗阶段	拮抗阶段
濮阳	拮抗阶段	拮抗阶段	拮抗阶段
许昌	拮抗阶段	拮抗阶段	拮抗阶段
漯河	拮抗阶段	拮抗阶段	拮抗阶段
三门峡	拮抗阶段	拮抗阶段	拮抗阶段
南阳	拮抗阶段	拮抗阶段	拮抗阶段
商丘	拮抗阶段	拮抗阶段	拮抗阶段
信阳	拮抗阶段	拮抗阶段	拮抗阶段

续表

耦合度等级			
地市	2010 年	2015 年	2019 年
周口	拮抗阶段	拮抗阶段	拮抗阶段
驻马店	拮抗阶段	拮抗阶段	拮抗阶段
济源	低水平阶段	拮抗阶段	拮抗阶段

(2) 耦合协调度分析

根据耦合协调度模型，计算出河南省各地市文化产业和旅游产业的耦合协调度，具体如表 5－21 所示。

表 5－21　河南各地市文化产业和旅游产业耦合协调度

2010 年			2015 年			2019 年		
地市	耦合协调度	排名	地市	耦合协调度	排名	地市	耦合协调度	排名
新乡	0.3767	1	洛阳	0.5346	1	洛阳	0.6656	1
许昌	0.3532	2	新乡	0.5040	2	漯河	0.6110	2
南阳	0.3388	3	安阳	0.4871	3	商丘	0.6057	3
商丘	0.3357	4	开封	0.4511	4	信阳	0.6053	4
开封	0.3248	5	周口	0.4493	5	三门峡	0.6050	5
平顶山	0.3229	6	漯河	0.4486	6	焦作	0.6049	6
鹤壁	0.3197	7	焦作	0.4421	7	开封	0.5984	7
濮阳	0.3094	8	南阳	0.4388	8	周口	0.5983	8
信阳	0.3012	9	郑州	0.4347	9	郑州	0.5974	9
安阳	0.2914	10	濮阳	0.4280	10	许昌	0.5804	10
焦作	0.2735	11	信阳	0.4169	11	驻马店	0.5345	11
周口	0.2694	12	商丘	0.4127	12	新乡	0.5205	12
郑州	0.2535	13	许昌	0.4002	13	济源	0.5116	13
三门峡	0.2484	14	三门峡	0.3904	14	平顶山	0.4875	14
漯河	0.2039	15	驻马店	0.3721	15	安阳	0.4850	15
驻马店	0.2011	16	平顶山	0.3548	16	南阳	0.4835	16

续表

2010 年			2015 年			2019 年		
地市	耦合协调度	排名	地市	耦合协调度	排名	地市	耦合协调度	排名
洛阳	0.1671	17	济源	0.3328	17	濮阳	0.4620	17
济源	0.1577	18	鹤壁	0.2917	18	鹤壁	0.4221	18

2010 年，河南省各地市的耦合协调度并不是很高，都没有超过 0.4，均处在失调状态，洛阳和济源的旅游产业和文化产业之间的耦合协调关系更是处在严重失调状态。2010 年，新乡以耦合协调度 0.3767 排名第一，高出排名最后的济源 1 倍多。2015 年，从整体看，整个河南省各个地市两产业的耦合协调度虽然有所提升，但是仍然处在失调状态，洛阳以耦合协调度 0.5346 排名第一。在 2010 年处在第七位的鹤壁 2015 年排名最后一位。2019 年，有 6 个地市的耦合协调度摆脱失调状态，上升为协调状态，其余的 12 个地市虽然有增长但仍为失调状态。洛阳以 0.6656 排名第一，鹤壁仍排在末位。

从整体来看，在国家政策支持与国民需求转变的背景下，文旅产业融合度逐步提升，文旅产业耦合协调关系逐步变好，产业之间的发展逐渐协调。从 2010 年、2015 年、2019 年耦合协调度增长或下降情况来看，2010～2015 年，除鹤壁耦合协调度下降了，其余均有不同程度的增长，鹤壁市文化旅游资源不够丰富致使协调水平下降，其余 17 个地市文化产业和旅游产业同步发展，且水平逐渐接近。2015～2019 年除安阳的耦合协调度有所下降，其余地市均有增长。从整体排名来看，新乡、南阳、鹤壁、濮阳名次一直在下降；许昌、商丘、平顶山、信阳的排名先下降再上升；焦作、郑州、三门峡、漯河、驻马店、洛阳、济源的排名一直在上升；开封、安阳、周口的名次先上升再下降。

从空间格局来看，2010 年，河南省各地市文化产业和旅游产业的耦合协调度分布呈东北、西南高，其他地区低的空间格局。2010 年，开封、濮阳等文化产业和旅游产业的耦合发展水平优于其他地市，产业间的相互作用关系较强。2015 年，河南省各地市文化产业和旅游产业的耦合协调关系整体好于2010年，且文旅产业耦合协调度的分布呈北高南低的空间格局。2019年，河南省各地市文化产业和旅游产业的耦合协调度分布呈东西高、南北低的空间格局。2019年，三门峡、洛阳、焦作、商丘、信阳等地市充分挖掘文化内涵，以文化内涵、旅游为载体，双赢发展使得文化产业和旅游产业的耦合协调水平高于其他地市。

本文对河南省各地市文旅耦合协调度的等级划分见表5－22。

表5－22　河南各地市文化产业和旅游产业耦合协调度等级

耦合协调度等级划分			
地市	2010年	2015年	2019年
郑州	中度失调（3级）	濒临失调（5级）	勉强协调（6级）
开封	轻度失调（4级）	濒临失调（5级）	勉强协调（6级）
洛阳	严重失调（2级）	勉强协调（6级）	初级协调（7级）
平顶山	轻度失调（4级）	轻度失调（4级）	濒临失调（5级）
安阳	中度失调（3级）	濒临失调（5级）	濒临失调（5级）
鹤壁	轻度失调（4级）	中度失调（3级）	濒临失调（5级）
新乡	轻度失调（4级）	勉强协调（6级）	勉强协调（6级）
焦作	中度失调（3级）	濒临失调（5级）	初级协调（7级）
濮阳	轻度失调（4级）	濒临失调（5级）	濒临失调（5级）
许昌	轻度失调（4级）	濒临失调（5级）	勉强协调（6级）
漯河	中度失调（3级）	濒临失调（5级）	初级协调（7级）
三门峡	中度失调（3级）	轻度失调（4级）	初级协调（7级）
南阳	轻度失调（4级）	濒临失调（5级）	濒临失调（5级）
商丘	轻度失调（4级）	濒临失调（5级）	初级协调（7级）
信阳	轻度失调（4级）	濒临失调（5级）	初级协调（7级）
周口	中度失调（3级）	濒临失调（5级）	勉强协调（6级）
驻马店	中度失调（3级）	轻度失调（4级）	勉强协调（6级）
济源	严重失调（2级）	轻度失调（4级）	勉强协调（6级）

如表5－22所示，2010年、2015年河南省18个地市均处在不同程度的失调状态；2015年河南省18个地市失调状态的等级比2010年的失调等级

高，只有鹤壁的失调等级下降。2019 年的耦合协调度等级均比 2010 年、2015 年有所提高，但安阳、新乡、濮阳、南阳的耦合协调度等级没有提升，平顶山、安阳、鹤壁、濮阳、南阳还处在濒临失调状态，其他地市都已提升到协调状态。

（三）问题分析

根据测算出的数据，2010～2019 年，河南省各地市在政策引导以及消费者需求转变的背景下，旅游产业的发展水平逐年上升；文化产业发展水平的提升没有旅游产业大，并且个别地市文化产业的发展水平还有所下降。河南省各地市对于旅游产业的发展十分重视，但是对于文化产业的重视程度明显没有对旅游产业那么高，并且没有深度挖掘文化内涵，导致文化产业的发展不好，致使文化产业拉低了文旅产业之间的耦合程度，这也正是 2010～2019 年河南省各地市文化产业和旅游产业之间耦合度较低、协调度也较低的原因。从空间布局上来看，2019 年文化产业发展水平较高的地区都集中在中部，南部和北部地区的文化产业发展水平较低，安阳、南阳、平顶山等地市没有发挥文化资源丰富的优势，文化产业发展水平较低，从而导致文旅产业之间的耦合程度没有其他地市高。总之，河南省各地市文旅产业之间发展不太平衡，旅游产业的发展好于文化产业，文旅产业之间不够协调。

二　结论与建议

（一）结论

以河南省为研究案例，通过提取河南省文化产业和旅游产业指标，计算得出河南省 2010～2019 年文旅产业综合发展水平、耦合度、耦合协调度以及文旅产业的同步性，分析河南省在 10 年间文旅产业发展水平以及耦合协调度的变化，并由此提出针对河南省文化产业和旅游产业融合发展的建议。

测算河南省以及河南各地市 2010～2019 年文旅产业发展水平综合得分，结果表明：河南省整体旅游产业的发展水平保持增长趋势，文化产业的发展水平呈先增长后下降的趋势。2010 年，商丘市旅游产业发展水平较好，南阳市文化产业发展水平较好。2015 年，新乡市旅游产业发展水平较好，洛阳市文化产业的发展水平优于其他地市。2019 年，郑州市旅游产业的发展好于其他地市，商丘市文化产业的发展水平较好。

通过构建的耦合度模型、耦合协调度模型，测算出河南文化产业和旅游产业的耦合度以及耦合协调度并为其划分类型。河南省整体文化产业和旅游产业耦合度较低，各地市文旅产业的耦合度也较低，耦合度等级均处在拮抗阶段。河南省整体文旅产业耦合协调度保持增长趋势，耦合协调度等级在 2015 年升为协调阶段；各地市文旅产业耦合协调度在 10 年间持续增长，在 2010～2015 年各地市均处在失调状态，2015 年之后各地市文旅产业耦合协调度较之前有所好转，2019 年，大部分地市的耦合协调度处在协调阶段。

（二）建议

1. 发挥政府作用，促进文旅融合协调发展

我国的产业发展主要是由政府主导，文化产业与旅游产业的融合发展也要由政府来引导。2010～2019 年，在政府政策的影响下河南省的旅游产业飞速发展，旅游产业发展水平综合得分从 0.0544 增长到 0.908，产业的发展对产业之间耦合协调具有重大的促进作用。由此可见，政府政策的支持有利于促进文旅产业耦合协调发展。政府首先应当推出有利于产业发展的政策，加快产业融合，促进产业发展。其次，政府应当放宽产业间的管制，过于严格的管制会加厚产业间的壁垒，从而影响文旅融合，适当放宽产业间的管制有利于破除产业间的壁垒。

2. 发挥区域优势，加快文旅融合协调发展

河南省是一个文化大省，文化资源十分丰富，曾有 20 多个朝代在此建立都城，18 个地市中有 8 个地市是全国历史文化名城，全国 8 座古都河南就占有 4 个。河南也是旅游资源十分丰富的省份，5A 级景区有 14 家，还有多处国家地质公园、国家自然保护区等。河南省地处中原，交通十分便利，郑州更是我国铁路中心枢纽，交通的便利能促进旅游产业的发展，进而促

进文化旅游产业的融合。

郑州在区域优势下，10 年间旅游产业发展水平综合得分增长 0.7595。洛阳在文化资源丰富的优势下，文化产业发展水平综合得分在 10 年间增长 0.7019，同时洛阳文旅产业耦合协调关系也提升为协调状态。所以河南省应当利用交通便利的优势以及旅游资源和文化资源丰富的优势，深度挖掘旅游业的文化内涵，丰富旅游业的文化故事。对于还未开发的旅游资源，应当结合文化内涵来开发，比如黄河中下游河南段。大运河文化带的河南段也是非常好的文化旅游资源，可开发出大运河旅游景区，讲好大运河故事。同时应充分利用河南丰富的国家级非物质文化遗产项目，把非遗元素加入旅游业中。

3. 注重人才培养，助力文旅融合协调发展

专业性的人才对于产业发展十分重要，目前旅游企业从业者的水平参差不齐，政府旅游部门的专业性人才也十分稀少，所以目前应大量引进专业人才，特别是复合型的人才。政府不但要创造吸引复合型人才的环境，还应该加大对复合型人才培养的投入力度，制订培养复合型人才计划，建立并完善文旅产业的人才市场。

同时也要加强对旅游从业者的管理。有些景区一线旅游从业者服务态度不好，工作态度懒散，工作热情度不够，需要有专人对一线旅游从业者进行监督管理。要不断提升一线人员的综合素质，可以请专业人员对一线人员进行培训，包括教授河南历史文化、当地民俗等。对于专业性很强的岗位，应要求必须经培训考核通过后持证上岗。

4. 借助科技创新，实现文旅融合协调发展

在当今科技飞速发展的背景下，科技与文旅产业结合成为促进文旅产业融合发展的新路径和新模式。

借助创新科技，文化产业将文化演艺与旅游结合起来，更加突出文化特色。开封清明上河园借助科技手段，推出大型的“大宋东京梦华”水上实景演出，向游客展示一千多年前的文化场景。开封大宋武侠城通过演艺的方式，向游客展示名著《水浒传》中的情节，以旅游与文化互动的方式

吸引游客，助力旅游产业的发展。在科技助力下，旅游与文化能够更好地结合，2010～2019 年开封市旅游产业发展水平迅速提升，同时开封市文化产业和旅游产业耦合协调水平由 2010 年的轻度失调提升为勉强协调。运用现代科学技术和大数据分析信息将旅游业整合为智慧旅游，提升旅客的旅游体验。对于一些历史上曾经存在但在现实中已很难还原的文化，比如开封的城摞城，可以采用虚拟现实技术实现历史文化的重现，使游客在游览中体验古时风光。科技的创新能促进文化产业和旅游产业更加完美地融合。

第六章
文旅文创融合特色模式

【案例导入】

洛阳市各县区持续深化文旅融合　抢抓文旅产业发展新风口

2022年2月21日，位于老城区的隋唐大运河文化博物馆正在加紧施工。按照计划，在2022年牡丹文化节期间，该博物馆将正式面向公众开放，成为洛阳市又一处文旅新地标。

2022年洛阳市的政府工作报告提出，要深化文旅融合，打造沉浸式文旅目的地。洛阳市着力打造“颠覆性创意、沉浸式体验、年轻化消费”文旅新业态，争创国家文化旅游产业融合发展示范区，力争全年接待游客1.2亿人次、旅游总收入超1000亿元。按照相关部署，当前洛阳市各区县正在持续深化文旅融合，积极推进隋唐洛阳故城历史中轴线贯通等15个项目，在牡丹文化节前建成隋唐大运河文化博物馆，9月底前启动建设小浪底库区港工程，10月底前实现黄河流域非遗中心开馆试运营，助力洛阳市打造全国沉浸式文旅产业发展新高地。

文旅文创产业是老城区的优势产业。老城区区委经济工作会议提出，要积极抢抓产业发展新风口，全力塑造“梦里隋唐·尽在洛邑”品牌，推动文旅文创成支柱。该区正持续推进古城保护与整治项目，加快推进古城六大片区改造提升、洛邑古城一期续建等工程，谋划实施长夏门、建春门、跨中州路城墙等复建项目，重现洛阳古城历史风貌。同时，强化运营思维，顺应年轻化消费新趋势，引入高水平运营团队，推动“梦里隋唐·尽在洛邑”实景剧本体验项目尽快落地，将沉浸式体验贯穿街区、园区的整个业态布局。

洛龙区也在着力打好“盛世隋唐”牌。洛龙区区委经济工作会议透露，该区将以建设“沉浸式文旅目的地”为目标，推进12个总投资143亿元的重点文旅项目，年内完成投资不低于40亿元。例如，以隋唐里坊数字文化馆和里坊光影秀为主要牵引，高标准实施聂湾文旅小镇项目；抓好隋唐洛阳故城历史中轴线复原展示，9月底前完成天街北延和建春门大街东延建设项目。同时，培育动漫、电竞、潮玩、国风、音乐等文创产业，支持三彩艺、牡丹瓷、金银器等特色产品产业化发展，谋划举办中国剧本行业峰会、奇石博览会、青春音乐会等系列活动，为洛龙区文创产业注入新活力。

瞄准沉浸式文旅产业，嵩县计划实施9个重大文旅项目，让“湖山圣域、嵩县爱你”叫响全国。按照嵩县县委经济工作会议部署，该县将以无目的地旅游、康养民宿集群为抓手，打造一批沉浸式旅游产业项目；以白云山创建国家旅游度假区为依托，积极谋划建设白云山时光隧道项目，采用裸眼3D、VR、元宇宙等高科技手段，打造沉浸式文旅网红打卡点；推进1万间民宿（含100家精品民宿）的建设，积极打造伏牛山国民休闲旅游度假地。

文旅IP是社交媒体的“热点”。孟津区区委经济工作会议提出，要创新文旅营销，坚持移动优先、视频为主，加强交互传播，启动青年社交媒体推广计划，利用微博、微信、抖音、快手、小红书等渠道传播历史文化，推动“文化出圈”向“IP输出”转型，叫响文旅融合特色品牌。

（来源：河南省人民政府网，http://www.henan.gov.cn/2022/02-22/2402560.html，2022年2月22日）

新时代推动文旅文创融合高质量发展的重要任务在于寻找文化和旅游的“最大公约数”和“最佳结合点”，并在此基础上提炼和归纳可学习、可借鉴、可推广的文旅文创融合路径与发展模式，探究文旅融合催生的新业态、新模式，为新时代推动文旅深度融合发展、高质量发展提供参考依据。本章以城市、乡村、景区、工业四类若干个典型案例为研究对象，展开文旅融合方式的调查，探究典型文旅融合案例地旅游文化化、文化旅游化的历史过程，识别和总结影响文化和旅游融合的物质基础和关键因素，分析文化资源如何转变成旅游产品、在旅游产品中如何赋予文化内涵和打造文化或旅游 IP，揭示文化与旅游融合的资源与产品基础，总结文化与旅游融合的典型模式。

第一节　城市文旅文创融合模式

随着我国旅游产业的发展，城市已经成为旅游发展的重要区域。旅游发展为城市文化的传播起到了重要的作用，可以促进城市文化创意的价值变现。城市文化与旅游产业的融合发展，还不断推动着城市内部产业结构、空间结构的演变，为城市的创新发展注入新活力和新动能。通过对城市文化内涵进行创意性和创造性开发，能够拓展城市功能、塑造城市品牌，为城市发展塑造良好形象，进而有效提升城市的旅游吸引力和旅游竞争力。

一　历时演化

（一）起步阶段

在城市文化旅游融合发展的初级阶段，旅游目的地要对城市的文化旅游资源进行识别与开发。这些资源包括建筑与设施、历史遗迹、旅游商品、人文活动等。通过对城市固有的文化资源、文化传统进行开发，打造文化旅游景区、历史文化街区、民族文化村镇、民俗文化节庆活动等，吸引旅游者前来参观游览。

这一阶段的文旅文创融合发展主要是依托对历史文化资源的旅游开发。各城市之间文化旅游的竞争，主要是以现存的文化资源来进行。

（二）发展阶段

随着旅游产业的不断发展，城市之间的竞争越发激烈。只有不断挖掘城市文化内涵、彰显城市文化底蕴、打造独具特色的文化旅游产品和创意文旅空间，才能对旅游者形成更强的吸引力。城市文化旅游融合进入了大发展的阶段，文化产业与旅游产业出现了交叉融合，形成了具有文化和旅游双重属性的融合产品，实现了文化资源的创新和增值。

旅游产业是一个文化性较强的产业，旅游者在进行旅游消费的时候，本身就有文化知识提升、异域文化体验等精神上的需求。文旅产业融合发展带来了一些兼具文化属性和旅游属性的旅游新业态。如依托城市人文特色和文化资源，聚焦城市传统文化的表达与活化，举办创意文化旅游活动，聚焦文旅产品创维升级，构建多元化产品体系，特别是联动商业、教育、文娱等高频消费业态，形成文娱产业融合。

此阶段的文化旅游发展，更多依靠“无中生有”，即以创新创意、科技发展为旅游插上文化的翅膀，在资本的推动下，打造出独特的旅游景区和城市街区。

（三）提升阶段

城市文旅文创融合发展的提升阶段是打造特色文化主题旅游地，通过创造地域 IP 和 ICON，将区域范围内的文化资源、旅游资源、创意资源进行融合发展，推动全域化旅游和区域化联动，打造文旅融合型功能区域。

在本阶段，城市的文旅发展侧重于“聚合”。许多城市在文旅融合发展的提升阶段，以文化融合为依托，以城市文脉、文化基因、文化元素提炼为核心，以创意设计为手段，对城市的自然生态资源、文化旅游资源、相关产业资源等进行深度整合，打造文化、生产、生活、生态等有机融合的城市旅游空间，进而实现文旅产业特色和社会经济发展相协调，实现对城市旅游空间的有机整合和对城市文化的传承发展。

这一阶段的城市文旅融合，侧重于打造将文化展览展示、公共服务等多种功能集于一体的城市客厅，集中展示城市产业、文化、旅游、生态等特色内容，使之具备展览展示、商务商贸、文化娱乐、旅游综合的多种功能。

二　关键因素

（一）市场需求变化

随着物质生活的改善和科技水平的进步，自 20 世纪 90 年代起，传统的观光旅游已不再是旅游者唯一的选择。[①] 旅游需求的多元化对旅游产品的个性化和精品化提出了更高的要求。旅游者新的消费理念和消费习惯也对城市旅游产业和旅游产品的发展提出了新要求。通过文旅文创融合发展，改造、优化、创新现有的城市旅游产品已成为急迫的任务。

例如，当今占据旅游市场比重越来越高的是以“95后”“00后”为代表的Z世代消费群体，他们在旅游的过程中更加倾向于选择能够满足其社交需求的消费场景，偏好沉浸式旅游和体验式旅游。随着亲子旅游的不断兴起，居民对城市主题乐园、研学旅游产品的开发也提出了更多的要求。广大城市居民日益增长的文化休闲消费需求，也需要通过对博物馆、图书馆、科技馆、文化馆、美术馆、规划馆、城市书房、休闲绿道等城市公共文化空间的持续打造来加以满足。

（二）政府政策支持

2009年8月31日，文化部与国家旅游局联合发布《关于促进文化与旅游结合发展的指导意见》，提出要通过城市产业集聚区的建设，促进文化旅游融合发展。2019年8月12日，国务院发布《关于进一步激发文化和旅游消费潜力的意见》，指出到2022年，要建设100个国家文化和旅游消费试点城市和30个示范城市，建设30个国家文化产业和旅游产业融合发展示范区。这些政策为城市文旅融合发展提供了明确指导，提出了相关量化指标，并指出要充分发挥财政资金的引导作用，对城市文旅文创融合发展给予有效支持。

除国家出台的相关政策，地方政府也根据上位文件，出台了一系列的行动计划、行动方案，例如《天津市促进旅游业发展两年行动计划（2019～2020年）》《关于推进北京市文化和旅游融合发展的意见》《西安市关于加强文化建设促进文化旅游融合发展的三年行动方案（2020～2022）》《洛阳市“十四五”文化旅游融合发展规划》等。这些政策与方案，对各自城市文化旅游融合发展的融合目标、时间安排、职责界定等进一步加以明确，推动了各城市文旅文创的融合发展。

---

① 唐代剑：《国内旅游市场呈显“四化”特征》，《旅游学刊》2008年第5期。

（三）产业结构优化

旅游产业结构的优化升级是文旅文创融合的内在原动力。通过城市文化旅游产业的融合发展，可以促进城市活力的提升。文旅文创融合发展可以带来城市产业结构的优化，通过休闲产业激发城市内在消费能力，通过旅游产业吸引外来游客，带来外部消费能力。

（四）技术创新驱动

技术创新为城市文化旅游业态的创新和发展提供了重要支撑，同时也为城市旅游营销和旅游服务带来了新的可能性。数字科技的进步与科技应用的创新，不断推动文旅产业的优化升级，通过 VR、AR、人工智能等科技手段和元宇宙等新兴理念，提升了旅游目的地城市智慧化、个性化、沉浸式的旅游体验，为城市树立了新的形象。

过去城市的旅游营销主要依托于传统媒体，例如电视广告、报纸广告、广告箱牌等，广告费用高昂，且营销效果有时也不尽如人意。随着科技的发展，微博、微信等社交平台和抖音、快手、小红书等新媒体日益成为旅游目的地城市进行推广营销的主要渠道。旅游目的地城市在进行营销推广的过程中，要侧重于通过文旅融合的方式，采用短视频的手段，借助网红流量，提升旅游目的地城市的知名度。

三 效应分析

（一）拓展城市功能

旅游功能是城市功能的重要组成部分，文旅文创融合发展可以进一步拓展城市功能，使原本单一的城市功能向多元化发展。文化产业与旅游产业的融合发展会促使城市新建博物馆、美术馆、歌剧院等文化设施，推动城市交通、金融、通信等行业服务接待能力的提升，从而使城市在文化、科教、休闲及旅游等方面的功能得到强化和提升。

文化旅游业的融合发展可以使原本使用频率低、功能单一的文化设施，通过创意文化发展的方式，形成新的旅游吸引力，进而丰富城市文化旅游产品的内涵与种类，为城市休闲产业发展提供载体，实现城市文化和休闲功能的提升。

（二）提升城市价值

文化产业与旅游产业的融合发展，通过对城市历史文化资源的深度挖掘与利用，形成了多元化的旅游业态和多样化的发展模式，提升了城市文化产业和旅游产业的产业价值，延展了城市产业链条，完善了城市产业结构，有助于地方经济的多样化发展。

文旅文创融合发展可以有效挖掘城市文化遗产内涵，实现城市文化遗产的活化与利用，通过举办各类大型的节事活动对城市形象进行宣传，通过对建筑群、历史街区等城市空间的改造，使之焕发生机，形成新的经济增长点。

（三）塑造城市品牌

在城市发展的过程中，城市品牌的塑造是一个长期、复杂的系统过程。文旅文创融合发展有助于塑造城市发展品牌。文化旅游的融合发展，既可以为城市发展带来生态效益、文化效益、经济效益和社会效益，又具有较强的宣传推广作用，可以促进城市文化品牌的创建与形成。

以南京为例。2019 年，联合国教科文组织宣布南京入选“世界文学之都”，南京的旅游宣传口号是“人文绿都，博爱名城”。近年来，南京创建了 5 家国家级文化和科技融合示范基地，通过“文化 + 旅游 + 科技”的融合发展，形成了南京的文化产业化运作路径，促进了南京文化产业和旅游产业的高质量发展。文化旅游业的融合发展也通过对城市特色与优势文化资源的利用，彰显了城市的个性形象和文化形象。

（四）传播城市形象

通过文旅融合发展，可以有效提升城市的竞争力。文化旅游融合发展，一方面可以形成带动区域经济增长的文化资本，提高文化产业的经济价值，带来巨大的物质收益，形成经济增长的硬实力；另一方面，可以美化提升城市环境，优化城市文化氛围，形成城市文化发展的软实力。

文旅文创融合发展，既为外来游客提供了丰富多样的旅游产品，也为本地居民带来了丰富多彩的文化生活，开阔了本地居民的视野，提高了本地居民的文化素质，形成其对本城市的自豪感。通过创意经济与文化旅游的融合，还可以提高城市的旅游竞争力，促进产业繁荣和业态多元化发展，并为城市提供更多的就业岗位。

四　发展模式

（一）文旅产业园区模式

文旅产业园区指聚集了一系列与文化、旅游关联的产业和企业的地理空间，在此空间范围内有一系列与文化相关的不同业态，具有生产、交易、休闲、娱乐、旅游等功能。在我国城市发展的过程中，文旅产业园区是各级政府、企业、开发商等各方面共同探索、运作形成的综合性园区。文旅产业园区发展模式对经济发展有着明显的带动作用。通过文旅产业园区模式对旅游进行开发，能够整合城市旅游资源，为游客提供集文化性、娱乐性、休闲性于一体的旅游体验。

文旅产业园区在建设过程中，根据其依托的核心资源、核心产品或核心功能，可划分为以下类别：温泉旅游综合体，如珠海海泉湾、北京温都水城等；滨海旅游综合体，如海南清水湾等；高尔夫旅游综合体，如深圳观澜湖、杭州富春山居高尔夫度假村等；文化创意旅游综合体，如杭州南宋御街、上海新天地、楚雄彝人古镇等；休闲商业旅游综合体，如上海豫园等；主题酒店旅游综合体，如西溪天堂、澳门威尼斯人度假村等；生态休闲旅游综合体，如东部华侨城、恩龙世界木屋村等；休闲新城旅游综合体，如甘肃冶力关、京津新城等。

以开封市文化旅游产业园区发展为例，其主要依托于文化创意旅游综合体建设发展。2008 年，开封市在旧城改造的基础上，依托开封丰富的文化资源，设立了宋都古城文化产业园区，该园区在 2008 年被河南省文化厅命名为“河南省文化产业示范园区”，2011 年被文化部命名为“国家级文化产业示范园区”。园区的规划范围包括 14.4 公里长的古城墙以内全部区域和古城外的清明上河城影视产业基地和区域生态休闲度假区，以及城摞城大宋文化博物馆体验展示区、开封朱仙镇国家文化生态旅游示范区。[①]

① 李艳平：《开封市文化产业园区开发模式探究》，河南大学硕士学位论文，2015，第 24 页。

从开发主体看，宋都古城文化产业园区在文化旅游开发的过程中，由政府部门牵头成立开封市宋都古城建设投资有限公司和开封市文化旅游投资集团有限公司，两个公司分别负责园区文化旅游产业运营管理和园区建设运营管理。政府负责项目的统一规划和包装，成片推进、分步实施，实行一项一策，制定有针对性的优惠政策，统一对外招商。

从开发内容看，宋都古城文化产业园区管委会对文化旅游资源进行了分类，并打造了各具特色的文化产业区，包括宫廷文化区、宗教文化区、商业文化区、民俗文化区和府衙文化区。在这些特色文化区内，文化资源的开发大多以宋文化为核心，促进了文化旅游产业、文艺表演产业、书画工艺美术业和饮食文化的融合发展。

通过文旅产业园区的模式来发展文旅文创，能够吸引大批非物质文化遗产传承人和文化从业者进行文化创新创业，有效实现政策、土地、产业项目等的资源聚合，发挥文化企业和旅游企业的规模效应，推动城市基础设施完善，改善城市人文环境，促使城市走出一条文化内涵深、文化创意足、技术含量高、经济效益好的文化旅游产业融合发展路径。

（二）沉浸式文旅体验模式

沉浸式体验指通过环境渲染、场景塑造、内容 IP 打造等，使受众在有限的物理空间参与高科技互动性体验的娱乐项目，最终达到实现“心流”的状态。[①] 在沉浸式文旅体验模式中，各方主体通过场景塑造、科技融入、主题串联、特色活动等形式，为游客提供多元化的体验。

沉浸式文旅体验模式指在城市文旅发展的过程中，景区、主题公园、博物馆等文旅场所，充分运用 VR、AR 等高科技手段，打造多个沉浸式体验空间，为游客提供具有场景感、叙事感的旅游体验，满足旅游者对互动性、参与性旅游产品的需要。

2021 年，洛阳市立足特色历史文化资源，抢抓文旅产业新风口，着力打造具有颠覆性创意、沉浸式体验、年轻化消费的文旅新业态，持续优化

① 《沉浸式文旅，开启中国文旅 4.0 时代》，腾讯网，https://new.qq.com/omn/20220215/20220215A0752500.html。

文化产业发展环境，加大对相关企业的培育和招商力度，力争实现沉浸式项目县区全覆盖，不断提升城市旅游热度和关注度，积极将洛阳打造为沉浸式文旅目的地。

2022 年 2 月，龙门石窟推出“盛世隋唐 · 千年龙门”大型沉浸式灯光秀夜游活动。灯光秀以盛世隋唐为历史背景、古都历史轴线为故事脉络，运用数字化影像及声效系统，以龙门古街龙门楼墙体为幕，让游客与龙门典籍中那些璀璨的人物开启“时空对话”。同时在龙门伊阙之畔设置 420 平方米的高清 3D 裸眼全彩 LED 大屏，点亮古都历史轴线南端“天阙”地标，让游客在摇曳的光影中体验历史故事、在行进中沉浸于隋唐盛景。

网剧《风起洛阳》在持续热播，其取景地洛邑古城与爱奇艺签订合约，共同对《风起洛阳》IP 进行系列旅游产品开发。在洛邑古城中落地《风起洛阳》系列场景，推出全感电影、剧本杀、主题酒店三大实体店，为游客提供有故事、有情感的沉浸式剧目体验。

除此之外，洛阳市依托《唐宫夜宴》《洛神水赋》《龙门金刚》等优质文旅 IP 积极打造沉浸式体验项目，打造“数字龙门”“数字隋唐”等数字化场景场馆；紧抓隋唐洛阳故城历史中轴线复原展示和宫城区、里坊区遗址公园建设项目，积极开发隋唐洛阳故城文旅文创主题公园等一批沉浸式体验项目，加快九洲池二期、大河荟、唐宫市场文旅商综合体等文旅沉浸式项目落地运营；支持创作“梦里隋唐 · 尽在洛邑”等实景剧本杀作品，在打造沉浸式文旅目的地上不断取得新突破。

通过创新潮玩 IP 孵化机制，洛阳市文创品牌形象店“洛阳礼物”文创设计已突破 1000 款。洛阳还拟举办沉浸式文旅产业发展论坛、第三届世界研学旅游大会，以连锁模式推动“文化出圈”向“IP 输出”转型，打造全国沉浸式文旅产业发展新高地。

沉浸式文旅体验项目的打造可以有效地为城市旅游产业发展赋能，通过数字创意、旅游演艺、景区打造等多领域合作发力，不断拓展旅游产业边界，聚焦城市旅游文化的沉浸式表达。同时也为旅游者提供了“沉浸式”城市旅游体验，使旅游者可以深入了解当地的特色文化。

（三）夜游发展模式

夜间旅游作为现代城市旅游的重要组成部分，在许多区域都得到了快速发展。夜间旅游能够延长旅游者在城市中的滞留时间、丰富旅游者的旅游行程、增加旅游者的消费支出、带动相关产业协同发展，进而提升旅游目的地城市的旅游竞争力。在旅游文创融合开发的过程中，延长旅游景点开放时间、推出专门夜游旅游线路、打造独具特色的夜间表演项目和大型演艺演出、开辟夜间休闲娱乐消费区域，可以有效推动城市夜游经济的发展，促进旅游者在城市的旅游消费。

2020 年 4 月 3 日，郑州市政府出台了《郑州市关于促进消费增活力稳增长的若干举措》①，提出要打造夜经济消费新场景，培育消费新业态，促进特色商业街区和社区的消费发展，以此来为消费者创造消费环境。2020 年 12 月 24 日，郑州市委宣传部、郑州市财政局、郑州市文化广电和旅游局发布了《关于进一步激发文化和旅游消费潜力创建国家文化和旅游消费示范城市实施意见》，提出要大力发展文化和旅游夜间经济。

在郑州市发展文化和旅游夜间经济的过程中，特别注重对夜游、夜购、夜宴、夜饮等“夜游郑州”系列产品和特色夜间消费项目的打造，推出了“醉美夜郑州”“最佳夜游街区”“最佳夜娱空间”“最佳夜购天堂”“最佳深夜食堂”等特色夜间消费精品。德化步行街、二七德化小吃一条街、健康路小吃街、花园路酒吧一条街以及东风渠、CBD 等区域都为夜游经济提供了巨大的发展机会。

郑州鼓励有条件的景区开展夜间游览服务，鼓励文旅消费集聚区、公共文化服务场馆、商业区（商场）和书店等延长夜间营业时间，推进 24 小时书店、深夜影院等健康发展，推出一批夜间文旅消费打卡地，着力打造夜间旅游吸引物。此外郑州还通过夜间灯光美化工程、夜间临时停车场建设工程等，为夜游经济发展提供良好的配套设施；通过完善夜间公共交通服务和延长公共交通末班车运营时间等，为夜游经济发展提供相关配套服

① 《郑州市关于促消费增活力稳增长的若干举措》，河南省人民政府网，http://www.henan.gov.cn/2020/04-02/1312356.html。

务。郑州还编印“夜游郑州”消费指南，为消费者夜间文化旅游消费提供消费引导。

通过文旅文创融合发展，可以有效提升夜游经济业态融合度，加强对城市夜游旅游资源的整合开发，活跃夜间消费氛围，促进“夜经济”发展，能够有效提升城市消费需求，促进产业结构有力调整。

（四）主题公园模式

经济快速发展和消费需求升级使国内旅游逐渐向品质化转变。主题公园作为美好休闲旅游中的重要环节在国内快速发展。具有特色的主题公园在展现城市文化和IP内容的同时可以串联城市核心区景点，发挥聚集效应，延长游客在城市停留的时间。

主题公园是围绕某个特定主题塑造环境、设施与氛围，打造娱乐、体验等活动，满足游客多样化休闲娱乐需求的现代旅游目的地形态。主题公园园区内往往包含多个具有不同故事线的区域，各个区域内的景观、建筑、人造景点及活动设施多基于某一个或多个特定主题进行设置。主题公园通过打造多种IP形成品牌效应，保持品牌及IP的持续竞争力。我国已建有多种类型的主题公园，包括模拟或微缩自然景观和人文景观的主题公园，如深圳锦绣中华景区等；仿古文化景观主题公园，如开封清明上河园、西安大唐芙蓉园等；影视基地主题公园，如横店影视城、无锡影视城等；高科技游乐体验主题公园，如方特梦幻王国、长隆欢乐世界等。

目前我国主题公园收入主要来自门票收入，主题公园内二次消费贡献度较低，因此许多主题公园逐步开始向度假综合体转变，通过扩建场馆、叠加街区场景、开发新项目以及配套旅游设施，打造休闲度假业态，不断延长客人在主题公园的停留时间，刺激游客在主题公园内的二次消费。通过开发假日经济、夜间经济，助力主题公园突破季节、日照时长的限制，在园区内部形成新的营利增长点。

例如杭州宋城景区，作为仿古文化景观主题公园，不断开发体验化旅游项目活动，通过“钱塘仙侠会”“我回大宋全民穿越”等主题项目，将演艺化主题IP与景区活动、项目进行深度结合，取得了良好的市场效应和社会反响；通过科技手段让《清明上河图》动起来，在近200平方米的幕布上，通过动态环境的组合，将繁忙的漕运、喧闹的街市、祥和的宅院以及昼夜的交替表现出来，动态展现了宋朝的都市风情，为游客提供了良好的参观体验。

总体来看，主题公园对城市经济发展有明显的拉动作用，通过主题公园的建设可以有效带动城市交通、酒店、餐饮行业的发展。各地政府积极通过发展主题公园的方式，丰富城市旅游业态，提升城市旅游吸引力。受疫情影响，主题公园市场遭遇较大冲击，但随着疫情被控制，国内旅游市场正在快速恢复，与此同时国际旅游受限，因此人民群众的旅游需求集中在国内释放，近郊游、周边游、亲子游受到越来越多的青睐，主题公园作为周边游的重要目的地，在疫情之后将得到迅速发展。

（五）特色小镇模式

特色小镇是指依据某一特色产业和特色环境因素打造的具有明确产业定位、文化内涵、旅游特征和一定社区功能的综合开发项目。特色小镇按照地域文化、区位优势、自然风貌等因素，可以分成历史文化型、城郊休闲型、新兴产业型、特色产业型、交通区位型、资源禀赋型、生态旅游型、高端制造型、金融创新型和时尚创意型等类型。通过发展特色小镇，能够有效助推旅游、商贸物流、科技、健康、双创、农业、教育、制造等相关产业的发展。

自2014年浙江省杭州云栖小镇首次推出“特色小镇”并成功运行后，全国掀起了特色小镇建设潮，国家及地方纷纷出台政策支持特色小镇的创建和发展。特色小镇具有“聚而合”的功能，能够将产业、文化、旅游和社区四种功能融合发展，实现区域的空间整合和文化传承。

通过发展特色小镇，可以将生态、生产、生活融合发展，实现工业化、信息化和城镇化共同驱动，有效促进产城文旅融合，推动功能聚合叠加。发展旅游小镇可以对区域历史文化旅游资源、民族文化、工业文化旅游资源等进行传承和保护，打造宜业宜游的新型城市空间。

在浙江省特色小镇的建设过程中，其文化元素得到了充分的体现。当地依托茶叶、丝绸、瓷器、木雕、中药等传统文化要素，打造了龙坞茶镇、湖州丝绸小镇、龙泉瓷器小镇、龙游红木小镇、磐安江南药镇等。这类特色小镇的发展一般为“X+旅游”的形式，X为本地传统文化产业，既对传统工艺技艺进行传承，又推动其创新发展，并带动旅游等相关产业的发展。西湖龙坞茶镇，就是以茶文化为核心，积极探索培育乡村旅游、文化创业、休闲养生等第三产业，发展“茶+运动”“茶+养老”“茶+旅游”“茶+创客区”等文化旅游体验项目和活动，如开设茶文化展览馆、举办千人茶园骑游活动等。充分挖掘了茶叶的附加值，并将传统文化与特色小镇建设紧密结合。

浙江省还依托新兴创意文化元素，借助影视基地、动漫产业等创新型文化业态，结合市场需求和区域优势，打造了一批创新文化特色小镇。例如凭借影视文化打造的新桥影视旅游小镇、象山半岛星光影视小镇，以及凭借动漫文化打造的杭州湾前湾新区动漫小镇、临海华强熊出没动漫小镇等。通过影视IP和动漫IP，为特色小镇发展赋能，发挥浙江省影视产业、动漫产业的产业优势，实现区域文旅融合发展。

总体来看，特色小镇以微型产业集聚区为空间进行培育发展，在建设过程中，侧重于选择某一产业或产业的某一部分作为主攻方向，将其发展成特色文化产业，重点发挥核心产业的引领作用和文化资源的聚集效应，不断延长特色小镇的产业链条，增强城市竞争力和区域文化产业带动力。

（六）文化节庆模式

节庆目前已成为旅游目的地资源的重要组成部分。文化节庆模式指城市依托区域历史文化资源、特色地域文化资源等开展节庆活动，以深厚的文化底蕴吸引游客参与，发挥精品文化节庆的带动作用，通过举办节庆节事活动促进当地旅游业发展。节庆活动在开展的过程中，通常与城市物质文化遗产、非物质文化遗产等结合，通过丰富多彩的参观、游览、体验等文化活动，为游客提供独特的文化体验和旅游体验。著名节庆活动包括中国洛阳牡丹文化节、曲阜国际孔子文化节、中国运城关公文化节、安阳殷商文化节、郑州少林武术节等。

以山东省青岛市为例。青岛市在每年不同季节都会举办不同主题的节庆活动，例如青岛国际啤酒节、青岛海洋节、青岛国际沙滩节、青岛国际热气球节等。这些节庆活动依托青岛市不同的文化资源，通过不同的方式给青岛市的经济社会发展带来广泛而深刻的影响。

以青岛国际啤酒节为例，1991 年青岛市举办了由青岛啤酒厂发起的第一届青岛国际啤酒节。自此以后，每年 7～8 月，青岛市都会举办啤酒节。青岛国际啤酒节以啤酒为媒介，融经贸、旅游、文化为一体，是亚洲最大的啤酒盛会。自举办以来，历届都有数十个国家和地区以及国内诸多啤酒厂家参加，每年都接待来自全球各地的游客达百余万人。

在啤酒节期间，会举办大型的开幕式、闭幕式、文艺演出、艺术巡游、经贸展示、时尚创意展示、体育竞演等多种活动。近年来，青岛国际啤酒节每年都有不同的品牌主题，例如“2015 年海上啤酒节”“2016 年智慧啤酒节”“2017 年音乐啤酒节”“2018 年上合啤酒节”“2019 年活力啤酒节”“2020 年时尚啤酒节”“2021 年华彩啤酒节”，每年有不同的活动主题和特色，实现了青岛国际啤酒节品牌的丰富和特色化。

2021 年举办的第 31 届青岛国际啤酒节累计接待游客 207. 06 万人次，消耗啤酒约 1450 吨，青岛国际啤酒节的网络总曝光量高达 20. 17 亿次。在金沙滩啤酒城内设置啤酒文化博物馆、海小青茶集旗舰店、跨境电商免关税商城、哈舅大本营、国际啤酒汇超市、不是书店、雅设美学生活馆、爱情海湾、鲸落咖啡、梦幻岛游乐场、机器人城市公园等多业态场馆，以满足游客多元化的消费需求。

青岛国际啤酒节从场景出发，通过识别消费者的真实需求，链接多元业态，构建了丰富的服务场景，提升了文化节庆的延展性，延长了啤酒节的文化产业链条，引领青岛市形成了多元消费的新格局。青岛国际啤酒节对青岛市经济的拉动作用逐年扩大，带动了旅游产业的迅速发展，尤其是对餐饮业和酒店业的拉动作用十分突出，激发了城市消费新活力。

主题鲜明的文化节庆活动的开展，能够充分发掘城市的自然、人文、历史旅游资源，创新融合文旅、体育、会展、文创、休闲等相关产业，对城市知名度的提升有极强的促进作用。文化节庆的持续健康发展对于城市来说非常重要，只有不断创新节庆活动内容、形式，才能够使文化节庆具有持久的生命力。

（七）旅游休闲街区模式

2021 年 1 月 4 日，文化和旅游部发布行业标准《旅游休闲街区等级划分》。该标准指出，旅游休闲街区是指具有鲜明的文化主题和地域特色，具备旅游休闲、文化体验和公共服务等功能，融合观光、餐饮、娱乐、购物、住宿、休闲等业态，能够满足游客和本地居民游览、休闲等需求的城镇内街区。目前我国旅游休闲街区按照等级可以划分为国家级旅游休闲街区和省级旅游休闲街区。

2022 年 1 月 30 日，文化和旅游部、国家发展改革委公布首批国家级旅游休闲街区名单，北京市东城区前门大街、天津市西青区杨柳青古镇街区等 54 家街区入选（见表 6－1）。首批国家级旅游休闲街区名单的推出，是对周边游产品和本地休闲产品供给的有效扩充，能够满足人民群众本地化的旅游需求，满足人民群众日益增长的对美好生活的需要；同时可以更好地发挥文化与旅游的融合优势，进一步刺激旅游休闲消费。

表 6－1　首批国家级旅游休闲街区名单

序号	名称
1	北京市东城区前门大街
2	北京市朝阳区三里屯太古里
3	天津市西青区杨柳青古镇街区
4	河北省唐山市路北区培仁历史文化街
5	河北省承德市双桥区金龙旅游休闲街区
6	山西省忻州市忻府区古城文旅休闲生活街区
7	内蒙古自治区呼和浩特市玉泉区塞上老街旅游休闲街区
8	辽宁省沈阳市沈河区中街旅游休闲街区
9	吉林省长白山管委会白桦旅游休闲街区
10	黑龙江省哈尔滨市道里区中央大街步行街
11	上海市黄浦区思南公馆街区

续表

序号	名称
12	上海市徐汇区武康路－安福路街区
13	江苏省南京市秦淮区夫子庙步行街
14	江苏省无锡市梁溪区清名桥历史文化街区
15	江苏省苏州市姑苏区平江历史街区
16	浙江省杭州市上城区清河坊历史文化街区
17	浙江省宁波市江北区老外滩街区
18	浙江省温州市鹿城区五马历史文化街区
19	安徽省合肥市包河区罍街
20	安徽省黄山市屯溪区黎阳映像街区
21	福建省福州市鼓楼区三坊七巷历史文化街区
22	福建省福州市台江区上下杭历史文化街区
23	福建省泉州市晋江市五店市传统文化旅游区
24	江西省上饶市鄱阳县饶州古镇旅游休闲街区
25	山东省济南市历下区百花洲历史文化街区
26	山东省淄博市周村区古商城历史文化街区
27	河南省郑州市二七区德化步行街
28	河南省洛阳市老城区洛阳古城历史文化街区
29	湖北省襄阳市襄城区襄阳北街
30	湖南省长沙市天心区太平街
31	湖南省常德市柳叶湖区河街
32	广东省广州市荔湾区永庆坊
33	广东省潮州市湘桥区牌坊街
34	广西壮族自治区南宁市兴宁区老南宁·三街两巷历史文化街区
35	广西壮族自治区桂林市秀峰区东西巷历史文化街区
36	海南省海口市龙华区骑楼建筑历史文化街区
37	重庆市江北区大九街旅游休闲街区
38	重庆市沙坪坝区磁器口街区
39	重庆市南岸区弹子石老街
40	四川省成都市武侯区武侯祠·锦里
41	四川省成都市锦江区春熙路

续表

序号	名称
42	四川省成都市青羊区宽窄巷子
43	贵州省黔东南苗族侗族自治州镇远县镇远古城文化步行街
44	云南省丽江市古城区大研花巷旅游休闲街区
45	云南省红河哈尼族彝族自治州建水县临安古城主题特色街区
46	西藏自治区拉萨市城关区慈觉林藏院风情街
47	西藏自治区昌都市卡若区茶马城街区
48	陕西省安康市石泉县秦巴老街
49	甘肃省临夏回族自治州临夏市八坊十三巷
50	青海省西宁市城西区唐道·637 休闲文旅步行街
51	宁夏回族自治区银川市西夏区怀远旅游休闲街区
52	新疆维吾尔自治区乌鲁木齐市天山区大巴扎旅游休闲街区
53	新疆维吾尔自治区伊犁哈萨克自治州伊宁市六星街历史文化街区
54	新疆生产建设兵团第八师石河子市幸福路步行街

资料来源：笔者根据有关文件整理。

旅游休闲街区在开发建设的过程中，对城市文化资源进行梳理，对城市文化特色进行深入挖掘，并将文化元素融入休闲体验的各个环节，充分展示了城市与街区的历史文化风貌。注重打造鲜明的标志性景观，如名人故居、博物馆、文化馆、书店和小剧场等。业态布局种类丰富，有特色文化主题业态、地方餐饮文化业态、地方非物质文化遗产、特色节庆活动、多样化街头艺术展示等文化体验业态。

以江苏省苏州市姑苏区平江历史街区为例。平江历史街区位于苏州古城东北隅，是苏州迄今保存最完整、规模最大的历史街区。平江历史街区从格局上保持“水陆并行，河街相邻”，展示了江南水城“小桥流水，粉墙黛瓦”的独特建筑风貌，具有丰富的历史遗存和人文景观。对传统建筑坚持修旧如旧的保护和修缮，打造了“真苏州”和“慢生活”的体验式休闲街区。为了更好地建设旅游休闲街区，平江历史街区不断提升街区的文旅特色、环境特色、业态布局和服务设施，引进了一大批文化旅游休闲企业，丰富了一批文博、手工、时尚休闲、餐饮、民宿等业态，充分发挥文旅融合优势，扩大休闲产品供给，满足游客和居民的旅游休闲需求。

旅游休闲街区目前已成为提升城市品质的重要载体，通过多元场景融合的方式，既满足了游客的文化旅游、购物消费等需求，又满足了当地居民日常休闲娱乐的需求。许多城市的旅游休闲街区还通过打造夜经济的方式，激发夜间文化和旅游消费活力，进一步拉动城市经济发展，促进居民就业，具有良好的经济效益、社会效应和环境效应。

第二节　乡村文旅文创融合模式

近年来，随着我国乡村振兴战略的实施，乡村成为旅游产业和文化产业融合发展的重要空间，乡村旅游也成为文旅融合背景下重要的经济增长点。实现乡村的文旅融合，其实质是以乡村旅游发展为基础，将文化的内涵注入其中，以旅游为载体对乡村文化进行保护、传承，在乡村旅游产业发展过程中，使文化产业与旅游产业融合，实现乡村文化旅游业态升级，同时助力乡村振兴发展。在乡村旅游发展的初级阶段，人们到乡村主要为了休闲观光，随着乡村文旅业态的不断升级，游客更加注重乡村文化体验的多元化。不同地域的乡村旅游目的地，要寻找适合当地发展的文化要素和文化产业，通过“文化 + 旅游 +”的业态模式，促进乡村文旅融合发展，如开展乡村研学文化游、乡村民俗节庆游、乡村康养健身游、乡村工业产业游等多种方式，丰富乡村旅游内容，打造乡村文旅文创精品，促进乡村文旅产业多元化发展。

一　历时演化

乡村的自然环境、资源禀赋、区位条件、文化氛围等是乡村文旅文创融合发展的基础。依据我国乡村发展的阶段特征，并综合考虑乡村旅游发展、乡村振兴战略等政策，可将我国乡村文旅文创融合发展的演化过程分为四个阶段。

（一）乡村观光阶段

从 20 世纪 80 年代开始，乡村旅游在一些景区周边逐步发展起来。这一阶段乡村旅游与文化的结合，主要体现在生态文化和自然文化的融合方面，各地也因地制宜地筹办各类乡村农业观光旅游项目。1988 年，深圳通过举办“荔枝节”的方式开展乡村旅游，开办采摘园，并进行招商引资。

乡村观光是乡村旅游发展的初级阶段，这一阶段以各种赏花节（梨花会、桃花节、杏花节、油菜花节等）和农业观光园、花卉园为主要形式。在旅游产品服务方面，依托乡村花卉、果蔬等农业资源作为旅游吸引物，开发家庭庭院餐饮、住宿等旅游服务项目。

在乡村观光阶段，乡村的田园生态文化与农业发展有机结合，各地多彩的农耕文化、朴实的乡土文化是重要的旅游吸引物。乡村田间生产活动仍然是主要内容，旅游仅是乡村农业季节性的附属功能。

（二）乡村休闲阶段

从 20 世纪 90 年代开始，国家政策给予乡村旅游发展更多的支持，乡村旅游的市场需求也逐步扩大，乡村旅游发展逐步迈入乡村休闲阶段。这一阶段乡村旅游与文化的结合，主要体现在对乡村特殊的自然资源和乡村地区独特文化的发掘方面。安徽省皖南地区的西递宏村和云南少数民族地区的乡村旅游等，就是在这一阶段发展起来的。

1995 年的旅游主题是“中国民俗风情游”，宣传口号是“56 个民族的家”，吸引了诸多游客到少数民族聚居地参与乡村旅游。1998 年的旅游主题是“中国华夏城乡游”，宣传口号是“现代城乡，多彩生活”，引导游客开展乡村旅游。在这一发展阶段逐步涌现出休闲农业、观光农场、市民农园、民俗庄园、水乡旅游等多种形式的乡村旅游业态。

在乡村休闲阶段，民俗文化、民族文化、乡村文化、农耕文化、区域文化等与乡村旅游发展深入结合，农业、文化产业与旅游业的发展逐步融合，以休闲、观光、采摘和农耕体验为主要特征，以休闲体验为主导功能。进入乡村休闲阶段后，旅游业成为一些乡村的主导性功能，而田间生产则成为乡村的附属功能。

（三）乡村度假阶段

随着社会经济的不断发展，城镇化的水平得以提高，我国乡村旅游发展步入乡村度假阶段。2000 年，国务院提出了“黄金周”的概念，游客进行休闲度假有了更充裕的时间。2006 年的旅游主题是“乡村旅游年”，进一步促进了我国乡村旅游建设。随着“夜经济”的打造，游客在乡村旅游目的地的停留时间也明显拉长，加之假期增加，小长假、周边游和周末游也变得异常火爆。于是乡村旅游发展进入乡村度假阶段，出现了为游客提供精品民宿的洋家乐、农家乐，乡村度假成了乡村旅游的发展方向，也成了旅游市场上的热点。如洛阳重渡沟、桐庐荻浦花海等。

在此阶段，城市近郊、城乡接合部涌现出了成规模的乡村旅游目的地，江南古镇、中西部山村、少数民族村落等独具特色的乡村，充分发挥文化资源优势，保留原汁原味乡愁，坚持差异化发展，突出文化元素在乡村旅游产业开发中的重要作用。

以浙江省莫干山裸心谷为例，在建设的过程中，裸心谷重点把汤显祖文化深度融入乡村旅游的建设中，“将汤显祖—莎士比亚”国际人文交流上升为政府对外开放战略举措，推进乡村旅游国际化交流，将中国的乡村旅游度假理念推向全世界。

（四）乡村旅居阶段

随着乡村旅游的进一步发展，国内乡村旅游市场需求旺盛，乡村旅游发展步入了乡村旅居阶段。因为富民效果突出、发展潜力巨大，乡村旅游被国家提到了新的战略高度，乡村文化旅游产业得到极大重视。2015 年中央一号文件《关于加大改革创新力度加快农业现代化建设的若干意见》提出，要推进农村一、二、三产业融合发展，挖掘乡村生态休闲、旅游观光、文化教育潜能。2017 年党的十九大报告提出了乡村振兴战略，乡村旅游作为乡村振兴战略的重要实施方式之一，得到大力发展。

在乡村旅居阶段，文化与旅游的互动融合发展得到进一步推进，乡村旅游在发展的过程中更加注重求新求异，乡村文化得到了深度挖掘，出现了田园综合体、乡村民宿、乡村研学、自然教育、康体养生、沉浸式民俗文化旅游等旅居度假产品。进一步拉伸了乡村产业链条，促进乡村一、二、三产业融合发展。与此同时，借助“数字乡村”等方式，助推乡村文旅产业实现智慧化转型。

二　关键因素

乡村文化产业与旅游产业融合的驱动力源于乡村旅游发展的多个方面，既有来自内部的内生动力，又有来自外部的外生动力。内生动力主要包括乡村旅游市场消费升级，乡村追求经济利益、谋求乡村特色发展，产业结构调整升级等；外生动力主要包括技术创新、政府支持和市场竞争。在乡村文化产业与旅游产业融合的过程中，其影响因素主要包括乡村旅游需求升级、乡村经济发展驱动、乡村旅游政策支持和现代科学技术发展等。

（一）乡村旅游需求升级

从乡村旅游市场需求方面来看，随着乡村旅游活动的广泛开展，旅游者对乡村旅游服务内容有了更高的要求和需要。普通的乡村农业观光、农家乐等旅游产品形式，已不能满足旅游者的消费需求，旅游者的需求更加倾向于对乡村文化、民俗风情等的精神消费和文化体验，对于乡村旅游产品文化属性的要求有所提高，个性化的需求越来越明显，而乡村文化产业和旅游产业融合形成的新业态，可以满足旅游者在这方面的旅游需求。此外，旅游者的经济收入和消费能力不断提升，这也使得消费者对于乡村旅游产品的品质有了更高的要求，进一步驱动了乡村旅游产品的转型升级和产业结构调整。

为了更好地满足旅游者的乡村旅游需要和文化体验需求，乡村旅游在产业发展的过程中，必须更加注重对乡土文化的发掘和运用，借助文化元素进行产品研发创新，不断调整旅游产品的形式和内容，提升乡村旅游服务的文化性和体验性，丰富旅游商品的种类和文化内涵。既要满足旅游者基本的乡村观光需要，又要满足旅游者对于乡村田园生活的向往，渴望获得高质量、高品位旅游产品的需求。旅游者乡村旅游需求的升级，既导致了激烈的市场竞争，也促进了市场结构的调整，进一步驱动乡村文化产业与旅游产业的融合发展。

（二）乡村经济发展驱动

乡村旅游本身就有良好的富农效应，是各地乡村经济发展的重要抓手之一。各地为了谋求乡村经济更快的发展，也主动将文化产业与乡村旅游产业进行融合。文化产业与乡村旅游产业的融合，使得乡村旅游因为文化的注入提升了品位和内涵，而旅游产品和旅游商品数量及种类的扩大直接促进了乡村旅游经济收入的提高。

一些闲置的农村资源，例如老旧房屋等，通过文化元素的注入和旅游开发，形成了民宿经营的基础，扩大了村民的收入来源，实现了农民家庭收入的提高和资本的积累。文化产业与乡村旅游产业融合之后，旅游作为乡村文化发展的载体，进一步扩大了文化产业的市场空间，衍生出更多的文化产品、文化商品，有效实现了乡村文化的经济效益和文化价值的增值。

（三）乡村旅游政策支持

政府相关政策的出台，为乡村文化产业与旅游产业的融合提供了具体依据，从宏观层面有效扶持了乡村文化旅游产业的融合发展，为产业融合提供了强有力的保障。例如，2017 年 12 月国务院出台的《关于探索建立涉农资金统筹整合长效机制的意见》、2017 年 12 月国土资源部和国家发展改革委出台的《关于深入推进农业供给侧结构性改革做好农村产业融合发展用地保障工作的通知》、2018 年 4 月出台的《农业农村部关于开展休闲农业和乡村旅游升级行动的通知》、2018 年 6 月出台的《农业农村部实施农村一二三产业融合发展推进行动》等文件，从资金、土地、产业发展等方面，为乡村文化旅游产业融合发展提供了大量的政策支撑，有效促进了乡村文化产业和旅游产业的融合发展。

（四）现代科学技术发展

随着科学技术在乡村旅游中运用场景的增多，乡村文化旅游的内容也借助科技的发展日新月异，科学技术的发展有效地促进了对乡村旅游文化内涵的深入挖掘，加速了文化产业和乡村旅游产业的业态创新和产品迭代。

VR 虚拟现实、AR 增强现实、全息影像、空间沉浸、5D 光影、3D 打印等科技在乡村文化空间的运用，明显提升了乡村旅游的互动感和场景感，为游客提供了更好的交互体验，更好地满足了旅游者在乡村旅游消费中的个性化需求；运用大数据、云计算、人工智能对乡村旅游者的消费行为和购买行为进行分析，有助于乡村文旅产业有针对性地进行市场营销。

三　效应分析

（一）传承保护乡村文化

乡村文旅文创融合能有效保护传承乡村传统文化，丰富乡村文化的内涵，促进乡村传统文化的传播与继承。在文旅文创产品开发的过程中，可通过传统文化申遗、传统工艺振兴、非物质文化遗产保护等方式，对传统工艺等进行传承与保护。在乡村传统习俗活动开展的过程中，对乡村节庆、民俗活动、乡村赛事、民俗表演等风俗习惯进行保护。通过乡村文旅产业的发展，可以将乡村闲置房屋、古建筑等进行景观化开发利用，对乡村的建筑文化进行保护，打造成乡村独特的旅游资源。

少数民族地区的乡村文旅融合，能对少数民族的特色传统文化进行深入挖掘和保护。在少数民族较多的地区，如云南、贵州、广西、四川、西藏、宁夏等地，乡村文旅融合发展可以通过仪式化的展演、对居住场所的保护和文化旅游产品的开发，对少数民族的农耕文化、游牧文化、民俗节庆、宗教信仰等文化资源进行保护和传承。

（二）乡村旅游业态升级

文化产业与旅游产业的融合，能够更好地满足游客的旅游需求和文化需求，通过多元化的业态升级，为乡村旅游产业的发展带来生机和活力，丰富乡村旅游产业的内涵，促进乡村旅游产业结构的优化调整，推动乡村发展。

在乡村旅游产业与文化创意产业融合的过程中，依托乡村生产生活资源、民俗文化资源，对乡村遗产、乡村庙会、节庆展览、体育赛事等进行开发，融入教育、研学、运动、康养等功能元素，形成乡村遗产游、民俗节庆游、博物馆旅游、文创小镇游、农业体验游、茶文化观光体验游、休闲康养游等多种文旅融合业态，衍生出丰富多样的乡村旅游产品，延展了乡村旅游与乡村文化产业的产业链条。

（三）助力乡村实现振兴

乡村文旅文创产业的融合，对于乡村社会结构变迁有着极强的促进作用，对乡村的社会、经济、文化各方面都有显著的积极影响。有利于实现“产业兴旺、生态宜居、乡风文明、治理有效、生态富裕”的总体要求，能够助推乡村经济振兴、生态振兴、文化振兴和社会振兴，对乡村旅游目的地的乡村振兴有显著促进作用。

乡村文旅文创产业的融合，能进一步提高农业的附加值，促进培育农村新兴产业，带动乡村产业兴旺，有助于农民经济收入和生活品质的提高。文旅文创产业的融合，为乡村传统文化提供了优质的空间载体和传承方式，能够有效地实现乡村文化复兴，创新发展乡村文化，进而实现乡风文明新风尚的培育和提升。文旅文创产业的融合，推动了村民素质和服务意识的提高，促进了乡村环境的优化和保护，有助于构建乡村和谐文明的生活环境、健康舒适的生产环境和绿水青山的生态环境。

（四）推动乡村智慧发展

乡村文旅文创产业发展，离不开对物联网、互联网信息科技的依赖。乡村文旅产业发展，可促进乡村信息化基础设施的建设。从营销方面来看，许多乡村在文旅发展过程中，依托 OTA 和自媒体平台开展网络营销，依托电子商务平台进行采购和旅游商品的网上销售。此外，在乡村旅游发展过程中，通过一云多屏的形式，实现乡村旅游目的地与游客之间的信息互通，为游客提供便捷的智慧体验和服务。结合 GPS 定位、电子导游、虚拟旅游等高科技及游客动态监测系统，能够有效提高乡村旅游服务质量和运营水平，推动乡村的智慧化发展。

如浙江淳安县以“旅游 +”和“互联网 +”推动千岛湖有机生态农产品、旅游纪念品的线上线下销售，探索出农旅融合的特色电子商务新模式。国家旅游局数据中心推出的“千岛湖民宿及乡村旅游观测站”于 2017 年正式授牌，作为国家级旅游大数据观测站，对淳安县全域乡村旅游数据进行精细化、实时化和标准化采集。通过对相关信息的采集和发布，及时调整乡村旅游的运营模式，促进了各项资源在乡村旅游运行过程中的有效部署。

四　发展模式

（一）景区带动型“景区＋农家”模式

景区带动型“景区＋农家”模式是在景区周边发展乡村旅游的模式。这种模式多出现于成熟景区周边，利用3A级以上成熟景区的辐射效应，发展乡村旅游和农业体验项目，为景区旅游发展提供食宿等配套设施，为游客提供特色化的餐饮服务和住宿服务，满足游客的休闲、娱乐、购物需要。农家食宿体验与景区观光游览相互补充，开放式的乡村体验与封闭的景区观光形成了鲜明的对比。

“景区＋农家”模式深度契合依托景区品牌的理念，依托景区的客源市场开展经营活动，农户住宅为景区游客提供食宿，当地村民积极参与旅游接待服务，促进了旅游景区和乡村旅游协调互动发展，使景区游客在乡村空间感受到淳朴的民俗风情，拓宽了乡村居民的增收渠道。

例如，河南省云台山风景名胜区内的岸上村就是依托云台山风景区来发展旅游服务接待业务。岸上村于2011年入选河南省“百村万户”旅游富民工程特色旅游村，于2020年入选第二批全国乡村旅游重点村。随着修武县以“美学经济”为引领，岸上村邀请国外知名设计师在岸上村打造民宿美学新亮点，引导普通酒店向优质民宿转型，推动乡村度假小镇的建设和发展。通过精品民宿的建设为游客提供更高质量、更高水平的住宿服务。

（二）旅游服务型“种养＋工艺”模式

旅游服务型“种养＋工艺”模式是指在乡村旅游过程中，对乡村种植和养殖的农产品进行加工，为游客提供旅游购物服务、旅游餐饮服务和旅游体验服务。随着工业化进程的不断推进，传统工艺在乡村发展的过程中不断被遗忘。对当地农产品进行传统手工艺加工的方式使乡村传统工艺在旅游发展过程中得以展现，走进游客的生活，进而传承了传统文化。

这些工艺加工品包括传统技艺和传统美术等多方面的产品。例如风筝、木板年画、面塑、布老虎、剪纸、扎染、竹编柳编、陶艺制作、手工棉被、女红针线等。游客既可以对这些工艺品进行购买，又可以参与工艺品的加工环节。这些乡村工艺品区别于批量化工业生产的旅游产品，避免了模式化和同质化，为游客提供了独特的乡村旅游购物体验。

以陕西省渭南市合阳县洽川葫芦烙画为例，5A级景区洽川风景名胜区位于合阳县洽川镇，葫芦本是洽川当地人舀水、舀面的日常用品，但当地民众还发展出了葫芦雕刻工艺。随着旅游业的不断发展，当地村民建立了葫芦种植专业合作社，集葫芦种植、加工、雕刻烙画及展示销售于一体，打造了西北葫芦工艺品牌。洽川的葫芦雕刻，画面内容多为花鸟山水、吉祥图案、历史人物、诗词书法等，近年来还创新开发了葫芦灯等工艺品。

旅游服务型“种养＋工艺”模式，利用乡村生产的生态化原材料，制作出独特的乡村工艺品，能够充分发挥乡村传统工艺的技术价值、应用价值和审美价值，将传统文化中的匠人智慧、审美思想运用到现代化的乡村旅游发展中，进而保护了传统工艺，促进了乡村文化振兴。

（三）美丽乡村型“乡韵＋康养”模式

美丽乡村型“乡韵＋康养”模式是指对乡村中的乡韵文化进行挖掘，对乡村的乡土氛围进行营造，通过“乡韵＋康养”融合发展赋能美丽乡村建设，促进乡村旅游发展。相对于城市而言，乡村生态优美，自然条件优越，有丰富的水资源和森林资源，有传统的田园风光和浓郁的乡土特色，生态环境优势明显，适宜发展乡村康养旅游。“乡韵＋康养”模式的最大特点就是集健康、旅游以及养生文化于一体。

在“乡韵＋康养”模式发展过程中，以乡村农业为基础，以康养旅游为亮点，根据旅游者的消费需求，将农业生产、健康疗养、民俗体验、生态旅游、健康产品等业态复合叠加，为旅游者提供乡村旅游与健康养生服务。这种模式的乡村旅游发展，有的是依托当地的长寿文化，形成食疗养生、森林养生、气候养生等乡村旅游养生产品体系；有的是依托当地的温泉水资源，发展温泉养生特色产业，如“温泉＋疗养”“温泉＋养生”“温泉＋会议”“温泉＋运动”等；还有的是依托当地的医药产业，如中草药种植，发展医养特色村落。

例如四川省巴中市恩阳区恩阳古镇万寿村通过农旅融合发展乡村旅游

及文旅康养产业。在开发的过程中，恩阳古镇积极推动农商旅产业融合发展，打造了“生态农业、农事体验、休闲康养”农旅结合的万寿养生谷景区，有2500亩的生态农业种植园，并建有5处农事体验区以及“寿文化”展览馆，着力打造生态康养融合发展示范区。

这种模式侧重于借助乡村原生态自然环境和无公害食材的种植和养殖，建设康养型民宿和度假型村落，开发康养型系列餐饮，将乡村生产、生活、生态融合发展，让游客在旅游活动中感受乡韵、乡情，打造以农耕文化为魂、以田园风光为韵、以村落民宅为形、以生态农业为本的集文化旅游、休闲度假、健康养生于一体的美丽乡村。

（四）休闲农庄型“农庄＋游娱”模式

休闲农庄型“农庄＋游娱”模式指在交通区位优势较好、休闲农业资源丰富的城市近郊，开发具有区域特色的高品质农业观光和休闲度假庄园，为游客提供田园观光、蔬果采摘、农业体验、科普教育、特色餐饮、民俗体验、休闲娱乐等旅游产品。这种模式主要依托乡村所具有的独特旅游资源和乡村民俗文化，为城市居民提供身心回归大自然、体验农村乐趣的休闲旅游方式。

如上海沥江农家园（原沥江果园）位于嘉定工业区北端与江苏交界的新浏河畔，有独特的地理环境和优美的自然风光，一年四季瓜果飘香，主要种植桃、梨等各种瓜果和有机蔬菜，兼养草鸡、鸽子、水禽等，在园区内建设了亭台楼阁，有小桥流水，在水田旁建设了长达千米的“田野长廊”，在岸边搭建了可以吃饭喝茶的凉亭，为游客提供拾鸡蛋、摘瓜果、挑野菜、酿酒、磨豆腐、钓鱼、吃农家饭、品农家菜等活动体验。

通过建设休闲农庄的方式，可以美化乡村农业生产环境，加强对基本农田的保护，促进当地村民进行生态农业的发展，保护农业生物的多样性，保障休闲农庄的可持续发展。在休闲农庄开展游娱活动，为游客提供多种多样的粮食、水果、蔬菜等农副产品的种植采摘体验，提供家禽、水产的喂养、垂钓体验，可以满足当代人对休闲农业旅游产品的需求。

（五）历史文化型“古村＋传承”模式

历史文化型“古村＋传承”模式是指依托村落厚重的文化底蕴和朴实

的民风民俗，以乡土气息浓郁的乡村生活、生产空间为载体，进行乡村村落的文化旅游开发。这些传统村落包括历史文化名村、少数民族村落、特色景观旅游名村等，它们均具有宝贵的物质文化遗产与非物质文化遗产。古村落中的乡村建筑、风俗传说、民俗活动等非物质文化遗产，可以通过乡村文化旅游融合进行开发与保护，实现对乡土文化的继承与发扬。

传统村落在文旅文创融合发展中具有优势条件，但是在开发过程中，必须要保护为先，合理开发，不能因为过度商业化而损害乡土文化的原真性，要注意规避过度开发对传统村落带来的不良影响。在满足旅游者现代文化消费需求的同时，也要留住“乡愁”和“乡韵”。平衡好传统村落保护与开发的关系，推动传统村落文化旅游融合发展。

例如江西婺源的西递村。西递村的建筑主要是明清时期留下的徽派建筑，至今仍完好保存了120多座明清邸宅，保留了建筑和村落的多样性，被称作“活的古民居博物馆”。西递村的旅游开发，依托保存完好的村落形态，充分挖掘了徽派建筑的建筑内涵，鼓励群众通过自营、出租、流转等方式，吸引民间资本开发乡村民宿，积极发展民宿集群，推动西递村旅游模式从遗产观光向休闲度假转型。

（六）环城休憩型“农事＋旅居”模式

随着城市居民对乡村环境和旅游产品的需求规模日益扩大，环城休憩型“农事＋旅居”模式在许多城市周边落地开花。这种模式主要依托城市的区位优势、市场优势等，在环城市区域的乡村形成了一批规模较大、发展较好的环城市乡村旅游圈。许多城市居民不再满足于只到乡村品尝农家饭菜、体验田园生活、购买农特产品，而是将乡村作为日常的第二居所，在工作之余到城市周边的乡村享受田园生活。

相对于城市的空间拥挤、环境嘈杂、生活节奏快，乡村具有开阔的环境、淳朴的民风民俗、原生态的景观、悠然自得的生活节奏，强烈的城乡反差使得城市居民向往“工作在城市，生活在乡村”的生活状态。环城休憩型“农事＋旅居”模式，建立了乡村与城市的良好互通、互动关系，通过推广“后备厢工程”，吸引游客在工作之余，通过自驾游的方式到郊区的乡村进行休闲娱乐，然后在重回城市之时，将农副产品和土特产品装满后备厢。

以重庆市武隆区芙蓉街道堰塘村为例，堰塘村距武隆城区仅十余公里，从堰塘村可以俯瞰整个武隆城区，能将碧绿的乌江尽收眼底，拥有良好的自然生态环境和乡村建筑环境。山村庭院掩映在绿荫之中，乡村建筑墙体壁画充满童趣，茶壶、石磨、碾子等景观小品点缀其间，堰塘村被评为第二批全国乡村旅游重点村。

环城休憩型“农事＋旅居”模式，满足了城市居民日常或周末短期就近休闲、微度假的需求，这种模式的发展充分发挥了乡村景观的旅游价值和休闲价值，侧重于满足人们体验乡土、乡愁、乡情的休闲需求。

（七）民俗体验型“民宿＋文创”模式

民俗体验型“民宿＋文创”模式的核心吸引力是特色民俗文化和传统古朴的乡村氛围，这些特色民俗文化包括建筑文化、餐饮文化、服饰文化、曲艺文化、技艺文化等。民俗体验型“民宿＋文创”模式特别注重文旅文创融合发展，注重将特色民俗与旅游发展相结合，通过第三产业的发展带动第一产业和第二产业的发展。

民宿所承载的文化意义是其最主要的核心吸引力所在，通过打造乡村民宿，为游客提供具有地方文化色彩的农家生活场域，能够盘活乡村闲置建筑资源，促进乡村青年劳动力回乡创业，激发乡村发展活力，同时有效提升民宿的文化附加值，推动乡村整体面貌的改善与发展。

例如，陕西咸阳袁家村就是将民俗文化、饮食文化、创意文化与旅游文化产业进行了融合发展，形成了以餐饮业、食品加工业、工艺品加工业为主导的多元化旅游业态。2007 年，为了更好地发展乡村旅游、改变贫穷落后的面貌，袁家村确立了打造“关中印象体验地”的发展规划。在袁家村民俗旅游项目开发的过程中，重点打造了体现关中生产生活方式的参与性作坊，创设了体现关中饮食文化的美食街区和集休闲度假饮食于一体的仿古乡村院落，开办了以展现田园风光的果园采摘、烧烤垂钓及娱乐活动为主的游乐场。

袁家村在建设发展过程中，坚持以关中文化为发展主题，以关中小吃文化为发展核心。袁家村的关中美食是其旅游发展的重要吸引物。关中小吃一条街上每家店铺的经营主题和经营范围均不相同，真正实现了一店一品，每户商铺都各有特色，能够和谐共处并产生集聚优势。各家商铺都进行全开放式的食品制作过程展示，各家的灶台位置、大小和设计风格各具特色，使游客在游览过程中能够观看正宗的食品制作工艺，品尝原汁原味的食品，得到感官和精神的双重享受。

在乡村民宿的打造方面，袁家村通过对具有关中特色的村民住宅进行改造，打造由当地村民自主经营的特色民宿，突出地方特色，如大炕房、地坑院、下沉院等，为游客提供了一种真实的关中生活体验，使其可以深度感受关中传统的风土人情，满足了游客的精神诉求和心灵需求。

（八）艺术推动型“田园 + 文艺”模式

有一些普通的乡村没有独特的文化资源，在开发过程中，可以由艺术家在乡村进行艺术创作，将艺术与乡村建设发展融合，改造乡村景观，美化乡村空间，发展乡村特色文化产业。一些地区乡村居民艺术修养不够高，对于地方文化特色没有足够强的辨识能力，但是通过艺术家在乡村进行艺术创作，可以促进对乡村自然景观和人文环境的空间改造，打造乡村特色文化艺术资源。

以河南省洛阳市三彩国际陶艺村为例。陶瓷艺术大师郭爱和 2015 年 4 月偶然来到洛阳市洛宁县罗岭乡一个叫作“花树凹”的小山村，这里柏树成林、两山一河、绿地缓坡，自然环境优美，满足了他对“陶花源”的向往，于是他就在这里住下来搞艺术创作。在郭爱和的号召和努力下，通过三彩艺术为乡村建设赋能，将三彩瓷植入当地景观中，花树凹村被打造成为爱和小镇。经过艺术雕琢的山村，仍保留着醇厚的天然趣味，传统民房、窑洞点缀其间，以陶缸为原料的创意作品随处可见，艺术景观与自然景观遥相呼应，吸引了众多游客前来参观游览。

艺术推动型“田园 + 文艺”模式是将艺术融于乡村自然环境中，依托传统村落建筑，将文化艺术与乡村传统文化、地域文化相结合，建立起艺术与乡村发展之间的融合关系，实现乡村经济发展、艺术形式创新、乡村环境美化、村民文艺修养提高，进而促进乡村文化振兴。

（九）科普教育型“乡村＋研学”模式

科普教育型“乡村＋研学”模式是指依托农业观光园、农业科技生态园、农产品展馆、农业博览园或博物馆等，为游客提供学习农业历史、观摩农业生产技术、增加农业知识的科普教育、农事体验、研学旅行的旅游发展模式。

农业园区主要包括观光农业、观光渔业、观光畜牧、观光园艺等，将乡村的田园、水系、动植物等自然资源进行旅游化的开发，实现传统农业文明与研学旅行的有机结合，使得青少年能够在研学旅行的过程中回归自然，体验农耕文明和自然文化，满足他们生态观光、研学求知、休闲娱乐等多种需求。

例如，深圳华侨城光明欢乐田园以高科技农业合作、农产品开发、农田生态涵养项目为基础，以自然学科教育为平台，以弘扬中华农耕文化和推广农业教育为核心，重视对青少年的核心素养培养，创建了以农业教育为核心的研学体系。其研学体系以“农业＋”为特色，研发了农科教育、生态教育、科创教育、民俗教育等16类教学课程，组建师资团队，创建研学项目“绿色星球”品牌，打造了5000米长的供亲子游客体验的自然研学游览路径，开展“欢乐自然学堂”“稻米课堂劳动教育”“欢乐小农夫”等各类农业科普、农事体验、田间教学等活动，让广大市民和青少年在田园中学习农业知识、体验村风民俗、热爱农耕文化。

科普教育型“乡村＋研学”模式是以农业教育为核心，为青少年提供学习农业科普知识、体验农耕劳作的机会。这种模式的发展注重让青少年在研学旅行的过程中，领略不同地域的生态文明、农耕文化的多样性，体验农事劳作、收获的意义和价值。科普教育型“乡村＋研学”模式，一方面实现了对基本农田的保护利用，另一方面实现了对农耕文化的传承与弘扬，推动了农业教育振兴。

第三节　景区文旅文创融合模式

旅游景区是旅游目的地的重要组成部分，是旅游者开展旅游活动的重要场所。根据旅游发展所依托的资源类型和开发主体的不同，可分为人文类旅游景区、自然类旅游景区、主题公园类旅游景区和社会类旅游景区。

人文类旅游景区主要是指以历史演进过程中留下的遗迹、遗址为资源主体的景区，如故宫、长城、三星堆等。自然类旅游景区是指以名山、大川、湖泊、海洋、森林等自然资源为主体的旅游景区，如云台山风景区、鄱阳湖风景区等。主题公园类旅游景区是指依托某个主题，以人造景观为主体的景区，如深圳华侨城、清明上河园等。社会类旅游景区是指随着社会的发展产生的旅游景区，包括城市公园、产业（农业、工业等）旅游示范点、教育型旅游吸引物等。

2020 年以来，受新冠疫情等因素影响，全国旅游企业的发展受到了极大的冲击。许多旅游企业选择借助文旅文创融合的方式方法，依托新兴旅游科技手段，打造新场景、新活动、新体验，提升旅游者在景区内的二次消费，全面推动景区创新发展，实现旅游产品内容升级、业态升级，推动产品开发创新，促进业务复苏、收入结构转型等一体化升级。

一　历时演化

（一）萌芽发展阶段

我国旅游景区的雏形是传统园林，中国古代的皇家园林、私家园林、宗教园林等具有独特的建筑风格和高超的造园艺术，这些园林向公众开放，成为最初供大众游玩的景区景点。新中国成立初期，政府为了继承传统、弘扬文化、改善环境和丰富人民生活，在各个城市发展过程中建设了大量的休闲公园，在公园内除了有自然景观的营造和亭台楼阁的设立，还为人们开展球类、健身、舞蹈等体育运动开辟了活动场地，打造了相应的游憩设施。

在这一发展阶段，北京、上海、西安、杭州、桂林等少数具有世界级文化和自然资源的旅游区域成为公认的热点，依托古都、文物、遗址等历史文化资源，形成了诸如故宫、长城、颐和园、兵马俑、莫高窟、黄山和桂林山水等世界级的文化旅游产品及线路。历史文化资源和生态文化资源成为吸引旅游者的重中之重。

（二）粗放开发阶段

改革开放以后，大批海外游客到中国参观游览，国内旅游也日渐兴起。为了接待国内外游客，各地开始兴建食、住、行、游、购、娱等相关旅游基础设施，形成了基本的旅游接待条件，旅游景区开始兴起和发展，主要表现为对自然景观、人文景观和人造景观的粗放式开发。

当时的旅游者消费能力不强，消费观念保守，对旅游景区只是走马观花地参观游览，对景区的文化没有过多的关注和深入的理解。旅游景区的开发缺乏科学规范的旅游规划，没有对旅游产业发展进行长远的考虑。有的旅游景区在开发过程中盲目模仿，导致近距离重复建设，最终使景区开发项目失败。有的景区在开发过程中，不注重对资源和环境的保护，导致对资源的破坏比较严重。

在这一阶段的景区开发中，文化与旅游的结合初见萌芽，但是对旅游资源的研究、评价不够深入，对景区的文化挖掘不深入，游客的旅游形式仍主要以游览观光为主，缺乏对文旅文创的融合开发，文化主要作为旅游吸引物存在于旅游景区的建筑和陈设之中，互动性旅游体验项目较少，给游客带来的文化旅游体验不够丰富。

（三）规划开发阶段

随着旅游产业的不断发展，旅游者的需求呈现个性化、多元化的特点，这也促进了旅游景区朝着产品多样化、特色化的方向发展。旅游产业规模越来越大，旅游活动范围越来越广，旅游景区的投资建设逐步走上了规范化道路。各旅游景区通过在建设前编制开发规划的方法，避免了无序发展，保证了景区的良性发展。

景区的类型逐渐走向多样化，国家公园、自然保护区、风景名胜区、森林公园、湿地公园、国家沙漠公园、动物园和水利风景区等自然资源型旅游景区，历史文化名城名镇名村、古园林、博物馆、红色旅游景区、主题公园、旅游特色小镇等人文资源型旅游景区，乡村度假、海滨度假、温泉、滑雪、滑水、高尔夫等特色主题景区，共同形成了旅游景区的产品体系。

这一阶段的旅游景区在规划开发、经营管理过程中，融入了可持续发展理念，既追求经济目标的实现，也注重景区的经济效益、文化效益和自然效应的共同发展，更加注重对景区资源环境的优化和保护。

在这一发展阶段，传统古建筑街区、主题文化公园等人文类旅游景区和具有独特自然景观的自然类旅游景区，受到了游客的热烈追捧，文化元素为旅游产品内涵的提升和景区的品牌塑造做出了巨大贡献。许多景区开发了大型室内演艺演出和室外实景演艺演出，除可以对旅游景区进行观光游览，游客还可以在景区中观看剧目表演，可在景区配套住宿设施处进行休闲度假。

（四）创新发展阶段

随着国内旅游经济的不断发展和旅游业态的不断创新，国内旅游人数以及国内旅游收入等指标都创下新高，资本、科技、创意等市场要素对文旅融合的驱动力越来越强，国内景区旅游进入创新开发阶段。在这一阶段，游客更加成熟，人们对于旅游的选择不再仅满足于自然和人文景区的观光游览，旅游活动逐渐向体验式旅游发展，旅游景区逐步开发出各种富有创意和内容新奇的旅游产品，为游客提供更多互动体验。

景区在发展过程中更加注重对文化内涵的挖掘和对文化创意的凸显，深度文旅文创融合已成为这一时期的主要特征。旅游业通过与其他产业的不断融合互动，形成了更多社会类旅游景区，例如工业旅游景区、农业旅游景区、研学旅游景区等。

在这一发展阶段，各种旅游演出大行其道，各类文旅产业基金相继设立，文旅企业加速资本运作步伐，以主题游乐公园、主题度假酒店、文旅小镇、民宿、文创园区等为代表的文旅新业态逐渐兴起。2015 年全国旅游工作会议报告提出了“商、养、学、闲、情、奇”的旅游新六要素，这促使各景区在旅游产品开发过程中更加注重对商务旅游产品、养生旅游产品、研学旅游产品、休闲度假产品、情感旅游产品和探险旅游产品的创新发展，推动了旅游新业态在旅游景区中的应用与开发，带动了旅游景区的高质量发展。

二　关键因素

（一）科技创新运用

科学技术的创新为文旅产业增添了许多新内容。旅游产品创新需要依托技术手段，科技的创新与进步极大地促进了文化产业与旅游产业的融合发展，为文化创意的实现提供了技术路径和落地可能。从旅游科技创新方面来看，声、光、电等传统多媒体手段与3D、4D、5D技术融合发展，VR（虚拟现实）、AR（增强现实）、MA（混合现实）等高科技手段与景区内文化演艺、旅游者体验等项目相结合，能够为游客提供沉浸式的景区游览和演艺节目观看体验。

以VR技术的创新应用为例，VR技术与旅游演艺、5D影院、过山车等项目结合，能够超越物理现实的局限，将虚拟世界与真实世界完美结合，为游客提供“以假乱真”的现实体验。这种技术创新的方式，一方面为旅游产品的开发者提供了更多的创作空间，另一方面也降低了景区大型游乐设施和固定资产的投入成本。

（二）消费需求升级

随着经济的不断发展和工作效率的不断提升，人们的可支配收入和可支配闲暇时间得以增加，旅游者对旅游产品的需求也在不断升级。传统静态的旅游观光形式已不能满足旅游者的需要，个性化、体验化、多样化的旅游产品受到了市场的认可和民众的追捧。在旅游者的消费需求升级之后，如果景区还是因循守旧，不注重景区旅游产品的迭代升级，势必会被市场淘汰。因此，各旅游景区均在研究市场需求的变化之后，对景区旅游产品进行了更新与优化。对于旅游景区来说，只有深挖文化内涵，将文化元素与旅游产品开发相结合，打造能为游客提供深度体验的旅游项目、满足人们的文化旅游需求，才能实现旅游景区的可持续发展。

（三）追求经营利润

旅游景区发展的目的包括经济效益、环境效益和社会效应。其中，追求经营利润的最大化是景区发展的重要目标，这也是市场经济发展的必然要求。景区为了谋求更好的发展，会选择与相关文化、文创企业进行合作，开发出更多的文化旅游项目和文化旅游商品，进而提升景区旅游产品的品质和文化价值，为旅游者提供更多种类的旅游产品和旅游服务。

从文化节庆活动、文化演艺演出、文化主题公园等景区运营的宏观层面，到文化旅游景点、文化旅游项目、文化旅游商品等景区运营的微观层面，再到旅游景区的品牌传播、市场营销等方面，通过文化与旅游融合，能够降低旅游景区的日常运营成本、宣传营销成本、产品研发成本，同时能够增加景区文化旅游产品的文化附加值。

（四）相关政策支持

政府出台的相关政策为景区的文化旅游融合发展提供了依据，指明了道路。例如，2009 年 8 月 31 日，文化部和国家旅游局出台了《关于促进文化与旅游结合发展的指导意见》，提出要打造文化旅游系列活动品牌，打造高品质旅游演艺产品，鼓励文艺娱乐企业在主题公园和旅游度假区开设文艺娱乐场所，丰富文化主题内容，创新文化传播体验方式，提升主题公园和旅游度假区的感染力和吸引力，打造一站式旅游消费和文化娱乐园区。

2019 年 8 月 12 日，国务院发布了《关于进一步激发文化和旅游消费潜力的意见》，重点提出要推动旅游景区提质扩容，推动景区设施设备更新换代、产品创新和项目升级，并打造一批高品质旅游景区、重点线路和特色旅游目的地。2020 年 11 月 18 日，文化和旅游部《关于推动数字文化产业高质量发展的意见》出台，指出要促进文化旅游资源数字化，鼓励景区景点开发数字化产品和服务，要加强数字文化企业与旅游企业的对接合作。2021 年 4 月，文化和旅游部出台《“十四五”文化和旅游发展规划》，提出未来要完善现代旅游业体系，鼓励定制、体验、智能、互动等消费新模式发展，打造沉浸式旅游体验新场景。这些相关政策为新形势下景区文旅融合发展提供了重要的政策保障和制度支撑。

三　效应分析

（一）优化景区产品结构

文化与旅游的深度融合促使新型旅游产品诞生，调整了景区旅游产品数量、类型、层次之间的关系，优化了旅游景区的产品结构，为游客提供了更加多元丰富的旅游体验。创意驱动在旅游产品的开发过程中越来越重要，对传统文化的挖掘和对旅游产品的创新，成为旅游景区发展的重要任务。

随着旅游者旅游观念和理念的日趋成熟，走马光花似的观光型旅游已经不再能满足游客的需要。旅游景区需要大力开发参与型产品，对现有产品进行深层次开发，以更新换代，进而调整和优化旅游产品的结构。

例如，1998 年 10 月，依照北宋著名画家张择端的传世之作《清明上河图》为蓝本建造的清明上河园正式对外开放。20 余年来，依托《清明上河图》所承载的中国传统历史文化，清明上河园景区旅游产品一直在进行不断的优化升级。2008 年 4 月，推出大型水上实景演出《大宋 · 东京梦华》，年游客接待总量突破 100 万人次。2014 年打造实景演出《岳飞枪挑小梁王》和《大宋 · 东京保卫战》，助推游客接待量首破 200 万人次。2017 年以来，清明上河园首次开放夜游项目，真正进入了全天候旅游发展新阶段，游客量突破年 300 万人次。2019 年以来，清明上河园还引进了 10 多家民间博物馆和展馆，提升和创编了 30 余场演艺剧目，设计开发了 50 余种文创商品，增加了上百间宋式精品客房。

（二）宣传景区品牌形象

品牌是旅游景区的特色和核心，在旅游景区的发展过程中起着举足轻重的作用。通过文化旅游融合发展，可以将文化内涵挖掘与景区品牌形象塑造结合起来，有利于旅游景区特色品牌的打造或重塑，还可通过多种渠道、多种媒体，对景区的旅游形象进行宣传和推介。

随着智能手机和4G、5G技术的普及，手机短视频已经成为重要的内容传播方式。很多旅游景区都选择通过抖音、快手等短视频平台进行景区品牌形象宣传推广。通过邀请网红到景区现场进行深度体验，在抖音或快手平台上发布有关景区的特色线路和特色玩法，打造景区内游客追捧的“打卡”地，在吸引更多网络观众的同时，潜移默化地宣传品牌形象，扩大景区影响力。

（三）提升景区经济收益

随着体验式消费旅游的到来，景区的收益也从过去仅依赖门票，向扩大门票经济之外的二次消费倾斜。景区服务升级所带来的游客服务优化也成为增加传统景区收益“新价值”的重要途径。文化旅游融合发展有助于深入挖掘景区文化内涵，进而促进景区扩增量、提质量，丰富传统景区业态吸引力，激发景区产品更新的内生动力，促使旅游者在景区内进行二次消费。

景区在旅游产品结构调整的过程中，格外注重将文化体验消费需求与景区内产品相结合，注重对文化IP衍生品的开发与售卖，注重游客量的提高和游客停留时间的延长，通过良好的商业业态布局，吸引旅游者进行更多的购物消费，从而实现从门票经济向复合经济的转变发展。

（四）优化游客消费体验

伴随着游客的消费需求不断升级，传统旅游景区静态的旅游产品和动态的旅游演艺已无法满足游客要求，游客不再满足于单向的“观赏”“观看”，而是希望参与其中。通过对旅游目的地的文化旅游资源进行深入挖掘，并与VR、AR等科学技术开发相结合，对旅游景区产品内容进行更新，在景区内营造虚实结合的空间，打造出沉浸式景区游览环境，可以为游客提供强烈的感官震撼和情感共鸣。通过剧本杀、密室逃脱等方式，引导游客通过空间沉浸、互动游戏、叙事体验等方式，去体验景区的生态文化、历史文化和地域文化，优化游客在景区内的旅游消费体验。

四　发展模式

（一）“景区为核，内修外拓”的深度提升发展模式

针对资源优势突出、辐射带动力强的旅游景区，通过内部提升和外部

扩张建设景区。以原有景区为核心，对景区进行内部项目业态丰富升级，提高景区吸引接待能力；在外部拓展延伸产业链条，构建多元产业模式，借力核心景区带动区域发展，形成以景区为吸引核的旅游圈，并与外围形成的休闲聚集区内外联动，打造内外兼修的高品质旅游目的地。

传统的旅游景点多是将原生态的自然景观旅游资源或人文古迹旅游资源加以修缮和保护，以静态的方式展现给游客，缺少吸引游客的文化内涵或互动参与的旅游体验活动项目。必须在已有景区的旅游资源、文化特色、所处区位条件的基础上，通过对景区旅游产品及形象的创新，挖掘文化内涵，进行产品开发，以满足旅游者对新、奇、异的追求。对现有景区进行创意化、游憩化、参与化、互动化提升，开展科普教育、科研考察、文化体验等活动。

在这种模式下，可通过不同的产业融合方式开发出多元化的文化旅游项目类型，并利用文化产业的相关要素和高科技手段，将静态的旅游资源动态活化，将最具特色和时代生命力的旅游产品呈现给游客，把传统的旅游景点挖掘改造为具有新意的文化旅游景点产品，极大地丰富旅游景点产品的内容，提升景区品质，增加对游客的吸引力，给传统的旅游景点带来新的吸引力、生命力和震撼力。

（二）“文化为魂，产业为体”的文旅产业综合体模式

针对文化底蕴深厚、文化关联度强的旅游景区，通过核心文化引领多元产业整合建设。以区域文化为线索，挖掘文化根源，理顺文化脉络，以文化旅游产业体系构建为落脚点，全方位、多角度地呈现文化资源，聚合产业，打造文化旅游氛围独特浓郁的文旅产业综合体。深圳东部华侨城就是依托景区发展、挖掘景区文化内涵打造的文旅产业综合体。

深圳东部华侨城坐落于中国深圳大梅沙，是国内首个集休闲度假、观光旅游、户外运动、科普教育等主题于一体的大型旅游综合体，主要包括大峡谷生态乐园、茶溪谷度假公园、云海谷体育公园等景区。大峡谷生态乐园以“人与自然”为主题，实现了自然景观、生态理念与娱乐体验、科普教育的创新结合；茶溪谷度假公园为游客提供了一个绿的世界、花的世

界、中西文化交融的世界和休闲度假的世界，包括茵特拉根、湿地花园、三洲茶园、茶翁古镇；云海谷体育公园建设有高尔夫球场，以休闲健身、生态探险、时尚运动、休闲娱乐、奥运军体运动为主线，体现户外运动旅游文化。

东部华侨城酒店群拥有多个主题酒店，有约1400间客房，包括以瑞士文化为主题的茵特拉根酒店、以房车为设计理念的房车酒店、以“水”元素为主题的瀑布酒店、以德国黑森林咕咕钟为主题的黑森林酒店、以集装箱概念为主题的咖酷旅馆和大华兴寺内以佛教为主题的菩提宾舍酒店等。以不同的文化内涵和文化类型为入住游客提供多种多样的文化体验。

这种模式是景区在原有文化资源的基础上，进行文化创意和资源整合，引进外来文化，发掘文化资源的文化内涵，丰富体验项目，展开特色餐饮、特色住宿项目的开发，使游客从短暂观光游升级为过夜游。推动旅游景区聚合化发展，实现单一观光景区度假功能、休闲娱乐功能的提升，打造复合型文化产业综合体，为游客提供多元化、复合型的旅游产品。

（三）“核心保护，外移开发”的保护性开发模式

针对核心旅游资源比较脆弱、资源保护要求高的区域，通过圈层布局，分级开发建设景区。通过规划分区的方式，划分核心保护区、适度开发区、产业布局区。在核心区创新保护性开发模式，提升资源吸引力和号召力；在适度开发区进行适度开发，建设旅游副吸引核；在产业布局区完善旅游产业体系，构建完善的旅游综合服务产业体系。

尤其要加强对自然保护区核心区自然生态资源的保护，加强对世界遗产旅游资源的遗产保护，加强对少数民族地区民族文化资源的保护。避免因旅游业发展，对旅游景区生态环境、文物遗产和地域文化造成破坏性的影响。找到资源保护、文化传承和旅游开发之间的平衡点与契合点，在追逐经济效益的同时，兼顾环境效益和社会效应，推动旅游资源比较脆弱的景区旅游产业健康稳定、可持续的发展。

（四）“游憩为脉，极致体验”的沉浸式体验模式

针对体验内容相对较弱、旅游承载力较强的区域，通过对游憩方式的

极致设计和全方位构建建设核心景区。依托资源情况创意游憩体验方式，以游憩丰富旅游内容，以沉浸式的体验方式提升景区品质，构建融观光、游憩、体验、感悟多层次体验为一体的旅游目的地。

游憩模式设计是景区旅游策划的主体内容，对景区的发展起着至关重要的作用。在主题确定、项目落实的前提下，主要通过对游憩节奏、游憩方式的创新来实现。在景区升级的过程中，要注重对游憩节奏的把握，在充分调研、考虑游客需求的基础上，进行合理的游览线路设计，在景区旅游产品的设置过程中，注意凸显鲜明的阶段性和富有节奏感的空间序列变化。创新设计参与性和体验性强的项目，提高游客的体验性，使游客主动参与、立体感受。

沉浸式旅游景区最初兴起于各地仿古街区和影视城，通过古代场景和影视场景的打造、互动旅游产品的提供，为游客提供穿越时空的旅游体验。随着科技的发展，沉浸式景区和主题公园通过场景塑造、科技融入、主题串联和特色活动等形式，为游客塑造了沉浸式旅游空间。

例如，坐落于河南郑州、总占地面积为 622 亩的“只有河南 · 戏剧幻城”景区，为游客提供了良好的沉浸式旅游体验。“只有河南 · 戏剧幻城”设置有 56 个院落空间和 21 个大小不一的剧场，3 场主剧和 18 场小剧在这里交替上演，剧目总时长近 700 分钟。该景区以厚重深远的中原文化为题材，以沉浸式戏剧艺术为手法，以独特的“戏剧幻城”为载体，打破了历史的空间维度，让游客在景区内移步换景，以人物群像的方式展现了中原文化的广博与兼容并包，讲述河南故事，让受众感受到戏剧文化和中原文化的魅力。

在项目营收方面，沉浸式旅游景区比传统旅游景区更有优势，能够促进文旅产品业态提质增效。在沉浸式旅游景区开发的过程中，多是对传统文化进行挖掘，通过高科技手段和戏剧表演等方式重现历史、思考历史，既实现了业态多元化的发展，又实现了对传统文化的宣传和发扬。

（五）“多核吸引，整合提升”的区域联动发展模式

此种模式适宜于旅游资源富集、景点距离相近、业态类型多样的区域，

通过多点连线、以线带面建设综合景区。培育壮大核心景区，辐射带动周边景区，形成多元互动游线，以线路整合区域内各种旅游资源、旅游产业要素、基础设施和配套服务设施，形成内部联动融合的区域旅游目的地。

受制于原有景区规模、文化类型、服务业态的限制，很多景区选择了与周边景区联动发展模式。这种发展模式实现了从单一景区景点建设到区域统筹建设转变，有效提升了区域旅游整体效益。在景区的区域联动发展过程中，需要重视推进景区量的增加和质的大幅度提升，要强化区域间景区联动运营，通过主题链接法、地域链接法、文化链接法、互补链接法等方式，树立景区旅游整合发展的思想，形成景区协作运营机制，实现区域旅游整体发展水平的提高。

（六）“IP 引领，多元发力”的文化创新发展模式

在旅游产业创新发展的背景下，旅游景区与文化 IP 的融合共生具有极强的现实意义。文化 IP 有助于推动旅游景区差异化发展，实现旅游景区产业链条的延伸，进而对旅游景区的商业模式进行优化。许多旅游景区都拥有自己独特的 IP，例如迪士尼动画 IP、环球影城的哈利·波特魔法 IP、华强方特的熊出没 IP 等。

对于旅游景区的开发来说，动漫 IP 很容易转化为文旅 IP，因为动漫 IP 本身具有极强的辨识度、鲜明的角色性格，能够为旅游景区发展提供故事性和体验性，对粉丝群体具有聚集能力。游客在景区游览之余，也能体会到文旅 IP 所带来的沉浸式体验。

例如，主题乐园是迪士尼 IP 最大的衍生品，动画电影是迪士尼 IP 资产库的重要来源。迪士尼 IP 衍生产品的销售收入占比非常高。迪士尼在全球共设置有 6 个度假区，迪士尼的虚拟人物 IP 大致可分为以下 4 个系列，主打可爱的卡通形象米奇系列、针对女孩儿市场的公主系列以及漫威系列和星球大战系列。在拥有了众多虚拟人物 IP 之后，迪士尼没有故步自封，而是不断发布新的 IP 形象，充实自己的 IP 形象系列。

上海迪士尼在 2021 年 9 月 29 日发布了 IP 形象玲娜贝儿（LinaBell）。玲娜贝儿的人物设定是达菲在森林里迷路时偶遇的一个朋友。她是一只粉

红的毛绒狐狸女孩，拥有星空蓝的大眼睛和又大又蓬松的狐狸尾巴。虽然玲娜贝儿并没有连贯的故事背景和独立的影视作品，但是迪士尼为她做了定期曝光的营销策略，不断在微博上放出视频，通过碎片化的细节连续营造其人设性格。在形象设计上，她迎合了年轻人的审美，因而迅速走红网络。玲娜贝儿曾引发抢购热潮，多款热门商品都卖到断货，形成了饥饿营销的效果，激发了消费者的消费热情。

再如，华强方特打造的原创动画 IP《熊出没》。《熊出没》的诞生来自市场需求倒推，华强方特主题乐园在市场上已经打开局面，但需要一个喜闻乐见的动漫形象进行宣传，于是从华强公司的系列动画《十二生肖闯江湖》中选取了备受观众喜爱的笨狗熊的形象，制作出了《熊出没》。华强方特将多地的方特主题乐园园区建设与熊出没 IP 相结合，打造了形式新颖的特色主题活动，实现了动漫 IP 与主题公园双赢发展。

除了熊出没 IP，华强方特还特别重视对中国传统文化的挖掘，将《女娲补天》《水漫金山》《大闹天宫》《聊斋故事》等传统文化 IP，运用独特的艺术手法和科技手段进行展现，打造了全方位展现中国传统文化精粹的“美丽中国三部曲”的第一部——“东方神画”主题乐园。

现在华强方特正重点对我国红色文化进行开发，将经久不衰的红色经典和英雄事迹打造成了《致远致远》《巾帼》《东方欲晓》《铁道游击》《岁月如歌》等红色文化 IP，通过一系列高科技互动体验项目，以高科技互动形式生动演绎经典红色故事，为游客带来与众不同的红色旅游新体验。

对于旅游景区来说，打造景区形象 IP、通过 IP 引领景区发展、将 IP 形象与景区文化内涵相结合，要特别注重用科技赋能文旅，从而提升游客体验。通过营销的方式进行 IP 形象渗透，增强旅游者对 IP 的认知。通过 IP 发展带动景区发展的同时，带动影视产业、动漫产业、文化衍生品的共同发展。

（七）“产业联动，集群发展”的泛旅游产业整合模式

针对地缘关系相近、共享旅游资源的区域，通过旅游泛化、多集群互动建设综合景区。以旅游资源为发展极，充分挖掘各景区特色，将景区发

展与城市发展和乡村建设相结合，通过泛旅游产业整合形成发展集群，实现旅游景区与地方经济社会其他产业的良性互动发展，形成产业积聚，带动整个区域的开发。

在景区发展的过程中，形成跨产业运营机制，延伸旅游产业链条，使旅游产业与其他相关产业深度融合，发挥文化旅游产业融合的示范效应和带动效应，提高旅游产业的综合价值和运营效益。

（八）“景城一体，全域开发”的城市旅游化发展模式

针对新城建设、旧城改造的需求，把旅游发展与城市建设紧密结合，通过景城一体化、产城一体化建设景区，明确旅游在城市发展中的积极作用，树立旅游整合理念，推动城市旅游发展，把旅游发展融于城市建设全过程，做到城市即景区、景区即城市。

这种方式可以促进城市景区从单一观光旅游向全域旅游、休闲度假旅游转型升级。这种发展模式注重对品质更高的主客共享的生活、旅行、游憩空间的打造。景区的打造既能够为游客提供独特的旅游体验，又能够满足当地人的休闲娱乐需求。

以杭州市为例，杭州市西湖景区东南、西南、西北三面环山，东北部为杭州市区，形成了“三面云山一面城”的景城一体空间格局。在2002年10月西湖景区开放之后，景区内部道路与城市道路一体化对接，实现了城市休闲旅游与景区观光游览的互相补充。作为全国第一个免费开放的5A级景区，开放之后吸引了国内外众多游客的参观游览，整个西湖景区的游客总数、总收入都逐步攀升，西湖周边商铺的收入和景区范围内的商业景点、游览车船等旅游服务设施的年租金收入也逐步提高，其所带来的“免费+周边消费”的经营模式，使得旅游景区放弃的门票收入从其他业态方面得到了弥补。

这种“景城一体，全域开发”的城市旅游化发展模式，能够有效推动景区业态经营方式的提质升级，实现公共文化产品和旅游资源的全民共享，打造了城市旅游的独特品牌，提高了城市旅游产业链条的综合影响。

第四节　工业场所文旅文创融合模式

工业文明是18世纪中叶以后逐渐发展的现代文明，虽然我国工业起步较晚，但随着科技和经济的不断发展，我国已经成为全球制造业第一大国，建立起独立完整的的现代工业体系，成为全世界唯一拥有全部工业门类的国家，我国的工业旅游也成为旅游发展的新增长点。工业旅游发展的过程既包括工业文化遗产的旅游产品开发，又包括对工业现场的旅游产品开发。这些工业旅游产品既能让旅游者感受到工业遗产的怀旧魅力，又能让旅游者体验现代工业的震撼冲击。

典型的工业场所旅游模式主要包括利用工业企业园区发展工业旅游模式，利用工业文化遗产发展形成创意园区模式，以博物馆、科技馆为载体发展工业旅游模式，利用重大工程发展工业旅游模式等。工业场所文旅活动的开展，是工业文化与旅游文化融合后对工业产业链条的延展，能更好地展示、传播、传承工业文化与工业精神。工业精神作为工业旅游的核心吸引物与文化内核，是工业旅游的文化性所在。工业旅游是工业文化的延伸，也是工业文化的载体。工业场所的文旅开发，为旅游者提供了不同于日常游览观光的体验，实现了对工业场所、工业遗产文化资源经济价值、文化价值和社会价值的开发。

一　历时演化

在工业旅游发展的过程中，工业场所的物质文化、制度文化和精神文化共同构成了工业文化的体系，工业场所的文旅融合对工业旅游的发展起到了决定性的作用。挖掘工业文化，发展工业旅游，可以展示我国的工业化成就，提升国民的工业化素养，打造中国工业新形象。根据我国工业旅游发展的阶段特征，以及我国各级政府提出的工业旅游发展政策、做出的工业旅游发展举措，可以大致将我国工业场所文旅融合过程分为三个阶段。

（一）起步萌芽阶段

20世纪80年代以前，我国的工业旅游是以政府机关、社会团体或科研院所有关人员到具有先进经验的企业进行参观、考察和学习的形式出现，部分企业为此开辟了专门的参观通道。严格意义上的工业旅游，起步于20世纪八九十年代，这一阶段的工业旅游大多由工业企业自发组织，工业旅游内容主要以工厂观光为主，依托工厂企业车间、在建工程、工业流水线等工业设施设备，组织旅游者对各类工业企业和工厂的生产过程、生产风貌、工作场景等进行参观游览，了解工业产品的生产制作过程。部分企业还专门建设了见证本企业发展历程的博物馆、科普馆和展览馆。

例如，山西杏花村汾酒集团于1987年成立了厂史展览馆，1990年开办了杏花村酒都宾馆，1993年开设汾酒博物馆；1992年古井集团建成古井酒文化博物馆；1993年江苏隆力奇公司在上海成功举办万人游蛇园活动，依托销售火爆的隆力奇纯蛇粉等产品，组织上海顾客到隆力奇工厂参观游览；1994年长春第一汽车集团设立一汽实业旅行社，向公众开放了卡车生产线、红旗轿车生产线、捷达轿车生产线和汽车研究所样车陈列室；1999年四川长虹集团对外开放生产线供游客参观。这些工业企业通过在工厂内设置参观通道、设置展馆等方式，为游客提供参观、游览、购买价格优惠的产品等服务，展示了企业独特的工业文化。虽然其他配套旅游接待设施并不完善，但已具备了工业旅游的雏形，能够为旅游者提供一定的旅游服务和企业文化、传统文化、工业文化的文化体验，但体验互动产品不多，质量不优。

在工业旅游发展的萌芽阶段，部分工业旅游活动属于政府接待、同行业相互参观学习，另一部分工业企业希望通过组织消费者参观的方式提升产品的销量。工业企业组织开展旅游活动的时候具有一定的自发性，总体还处于初级阶段，主要侧重对企业文化进行宣传，其作用主要是为企业进行品牌营销。

（二）快速发展阶段

随着工业旅游产业规模的逐渐扩大，2001年，国家旅游局出台了《工业旅游发展指导规范》，支持工业旅游的发展，推动旅游业发展与新型工业化、文化产业化相结合。自此工业旅游进入由政府部门管理的规范化发展阶段，工业旅游发展初具规模，形成了一批旅游示范点和旅游线路，逐步成为我国新的旅游开发热点和消费热点。

2001 年国家旅游局确定了 41 个工业旅游示范点单位，2004 年确定了 104 家工业旅游企业示范单位，2005 年增加到 181 家，2006 年增加到 272 家，2007 年达到 345 家，这些工业旅游企业涵盖了钢铁、煤炭、汽车、服装、食品、饮品、水电、酿造等数十个行业。从这些工业旅游示范点的空间布局来看，主要集中在经济实力雄厚、工业体系完善、区位交通便利的华东地区、华北地区和中南地区。涉及最多的行业是工业园区和酿造业；其次是水力、发电、食品、饮料类；排名第三的行业是汽车、机车、船舶、飞机等交通制造类。这些行业在工业文化与旅游文化结合发展方面具有一定的优势，对广大旅游者和消费者有较强的吸引力。许多城市将工业旅游作为城市旅游发展战略的重要组成部分，并制定了相关工业旅游线路，例如 2000 年上海制定了 10 条现代工业旅游线路。

在这一发展阶段，对工业遗产的保护利用也受到了政府部门和社会各界的重视。2001 年，大庆油田第一口油井、第一个核武器研制基地旧址、武汉市大智门火车站、水井街酒坊遗址、四连碓造纸作坊等古代手工业遗产和近现代工业遗产，成为首批被列入国务院公布为全国重点文物保护单位的工业遗产。2006 年，有 9 处近现代工业遗产入选第六批全国重点文物保护单位，包括黄崖洞兵工厂旧址、中东铁路建筑群、青岛啤酒厂早期建筑、汉冶萍煤铁厂矿旧址、石龙坝水电站、个旧鸡街火车站、钱塘江大桥、酒泉卫星发射中心导弹卫星发射场遗址和南通大生纱厂。2006 年 4 月，在无锡举办的“中国工业遗产保护论坛”通过了《无锡建议——注重经济高速发展时期的工业遗产保护》，该文件也成为工业遗产保护研究的纲领性文件。

工业企业的旅游产业链条不断延长，由单纯的工厂参观延伸到工业购物游、工业科普游、企业文化游、工业遗产游等。旅游活动内容、品质不断提升，旅游的体验性不断增强。一些工业旅游景区在开发时，更加注重对工业文化的深度挖掘。对工业遗产资源的保护和开发受到了社会各界的广泛重视，对工业遗产资源的保护、活化和利用也有效地打造了地方工业文化地标，推动了工业遗址公园、工业博物馆和特色街区的建设。

（三）创新发展阶段

随着中国工业产业的不断发展和转型升级，许多工业产业也都在进行工业产业结构调整，这进一步提升了工业产业的新兴价值。通过发展工业旅游的方式，推动工业产业与文化产业、旅游产业、服务业融合发展，能够为区域带来新的经济增长点。2016 年，国家旅游局发布《全国工业旅游发展纲要（2016—2025 年）》，提出要在全国创建 1000 个工业旅游示范点、100 个工业旅游基地、10 个工业旅游城市，工业旅游进入了快速发展阶段。目前我国已经初步形成了工业遗产旅游、工业科普旅游、工业企业文化旅游和工业购物旅游等工业旅游系列产品体系。

2016 年和 2017 年，国家分别召开了两届全国工业旅游创新大会，这为工业旅游带来了新的发展机遇，国家各部门及各地旅游局也纷纷出台相应政策，从财政资金、政策引导等方面支持鼓励工业旅游的发展，进一步促进了工业场所文旅融合。2017 年 11 月，国家旅游局出台了《全国工业旅游创新发展三年行动方案（2018 - 2020）》，为我国工业旅游的创新发展指明了方向。

为推动工业遗产保护利用，发展工业文化，2017 年以来，工信部先后发布了四批共 164 项国家工业遗产名录，并于 2018 年 11 月 5 日出台了《国家工业遗产管理暂行办法》，鼓励利用国家工业遗产资源，建设工业文化产业园区、特色小镇（街区）、创新创业基地等，培育工业设计、工艺美术、工业创意等业态，促进工业文化繁荣发展。2021 年，工信部、文旅部等部门联合印发《推进工业文化发展实施方案》，提出要打造一批具有工业文化特色的旅游示范基地和精品线路。

从行业协会的建设方面来看，2019 年 7 月 9 日，全国工业旅游联盟成立大会在上海举行，该联盟有 100 多家会员单位。一些省市也建立了工业旅游联盟或协会，如上海工业旅游促进中心、辽宁省工业文化发展中心、成都工业文化发展促进会等。这些协会和联盟的成立有助于促进工业场所文旅文创融合的发展，有助于优化工业旅游产品的线路组合，有助于区域工业旅游协同发展，打造工业旅游名城形象与品牌。通过区域工业旅游联合体的形式，可以更好地发挥客源市场优势。

在工业旅游创新发展阶段，不再是单个工业企业旅游开发的单打独斗，而是强调整合区域工业旅游产品资源，引入全域旅游的思维方式来关注整个地区的工业旅游发展，开展主题策划，注重对工业生产和工业遗产进行开发，工业旅游观光和工业旅游体验互补发展，形成工业旅游产品体系。这一阶段的工业文旅文创融合更加侧重思想理念的创新，强调在文旅文创产品开发方面体现人性化设计、个性化服务和互动性体验。

工业遗产是城市文化传承的载体、城市文脉延续的桥梁。随着全域旅游的开展，各地应借助本土优势，将当地工业遗产打造成工业景观，让工业遗产具有历史价值、技术价值、社会价值和利用价值。可以通过建设产业小镇、打造行业企业博物馆、推广工业旅游等方式，活化利用、展示推广工业遗产。东方红农耕博物馆就是一个典型案例，它丰富了中国一拖的文化品牌，并成功传播和弘扬了农耕文明。各地在发展中，可将旅游的概念、艺术的概念和文化的概念相结合，在对工业遗产进行挖掘、整合、传承、创新的基础上，把工业遗产转换为可观赏、可触摸、可参与、可体验的产品、项目、活动，进而形成创意景观，塑造城市品牌。

二　关键因素

（一）工业旅游精品线路打造

在工业旅游开发的过程中，要针对具体的文化主题，对工业遗产和工业场所进行包装，设计精品线路，集中展现工业发展的峥嵘岁月。一方面，将废弃的生产设施改建成工业遗产博物馆、购物设施、住宿设施等，打造主题工业旅游区、文化娱乐休闲区，为当地居民和旅游者提供文化服务和旅游服务；另一方面，对正在使用的工业场所进行展示，为游客提供生产线观光、特色项目体验、企业展览馆参观等文化旅游服务，同时为工业企业提供宣传营销、经济创收的方式。

打造工业旅游精品线路的方式包括有效地串点成线，将文化主题寓于工业游线路之中，从多方面、多层次对工业文化、工业资源进行深度挖掘和开发，打造出兼具知识性、文化性和休闲性的工业旅游线路，促进工业文化与旅游的充分融合。以北京市已发布的工业旅游线路为例，这些线路涵盖了多种工业旅游资源，串联了众多特色旅游点，将工业文化与研学旅游、智慧生活、餐饮美食和城市记忆等相结合（见表 6－2）。

表 6－2　北京发布的 12 条工业旅游线路

分类	工业游线路	核心景点	线路特色
工业精品游	工业历史溯源之旅	中国铁道博物馆（正阳门馆）、京奉铁路正阳门东站、正阳门（箭楼）、中国冠帽文化博物馆、红星源昇号博物馆、六必居博物馆	铁路文化＋老字号文化
	工业新文化之旅	中国美术馆、77 文化创意产业园、和敬公主府、钟鼓楼、恭王府	工业文化＋老北京文化
	工业休闲之旅	二七厂·1897 科创城、北京园博园、永定河休闲森林公园、首钢工业遗址公园	遗址公园＋文创园区＋自然生态景区
	工业艺术之旅	中国铁道博物馆东郊馆、798 艺术区、751 D·park 北京时尚设计广场、望京 SOHO、红砖美术馆、318 国际艺术园	多元艺术
工业主题游	知识新学·工业科普之旅	北京三元食品股份有限公司、中国印刷博物馆、北京汽车博物馆	专业讲解＋沉浸式体验
	智慧生活·工业智能之旅	京东集团总部、北京亦庄生物医药园、北京亦庄经济技术开发区	经开区新貌
	未来探秘·工业新科技之旅	北京航空航天博物馆、上地信息产业基地、中关村科技园、中关村软件园、中关村壹号	尖端科技
	生产新貌·工业生产线之旅	北京现代汽车有限公司、北京燕京啤酒集团公司、顺鑫创新食品分公司、顺鑫牛栏山酒厂	生产线特色体验
	寄情诗酒·工业酒文化之旅	北京燕京啤酒集团公司、红星二锅头酒博物馆、张裕爱斐堡国际红酒庄园	品酒＋购物休闲
	城市记忆·工业发展之旅	北京市珐琅厂、北京胶印厂、北京航空航天博物馆、中关村软件园	从制造转向智造
工业遗产夜游线路	夜间休闲之旅	金融街、西单、北海公园	夜景＋购物
	夜间味蕾之旅	77 文化创意产业园、簋街、三里屯酒吧街	夜景＋美食

资料来源：笔者根据有关资料整理。

（二）区域工业旅游联合开发

在工业旅游开发的过程中，不能仅仅依靠单一的工业旅游项目，而且要与区域内其他旅游资源进行联合开发，进行资源互补与组合包装，提高旅游产品的综合性，进而在后续竞争中形成集聚效应与规模优势。

在旅游产业发展过程中，从空间上来讲要注意以点带面、从线到片的空间形态发展逻辑，通过区域之间的优势互补进行差异化联合开发，打造跨区域的工业旅游项目。京杭大运河江南段工业遗产廊道构建，就是整合了京杭大运河江南段 7 个重点城市及 5 个重点镇的工业遗存，将中国近代以来沿运河的民族工业发展史和工业文化进行了全面梳理，对各个时期遗留下来的工业遗存进行了保护和开发，系统性地进行了区域工业旅游的开发。

（三）工业旅游创新驱动发展

科技创新推动了工业的发展，也对工业旅游的发展起到了巨大的驱动作用。随着我国工业化和信息化深度融合进一步加快，智能制造发展取得了积极成效，制造业数字化、网络化、智能化水平不断提升。通过工业旅游的发展方式，可以彰显现代工业科技创新创造的智慧，凸显企业现代化、智能化管理的智慧。

当前，现代化的工业企业较之以往更为注重进行网络化协同、服务型制造，互联网、大数据、人工智能在工业企业中的运用逐步增多，工业企业中的工业技术、信息科技、工业流程、工业氛围等，都体现出创新发展的现代科技魅力，可以给旅游者带来良好的学习、认知体验，使旅游者在工业旅游的过程中，学习了解工业技术发展变迁的路径，感受科技创新的磅礴之力。

除了科技在工业企业被广泛应用，VR、AR 等技术也推动了工业旅游的文旅文创融合发展。工业旅游企业应根据自身的特点，对工业旅游的整体构思和创意投入富有个性的智慧，设计广泛的互动参与性活动，以赢得游客的认同。如蒙牛集团在工业旅游产品打造的过程中，特别注重智慧景区的建设，游客可以模拟牧场挤奶过程，并通过计时器来挑战熟练工的操作速度；专门为游客设立牛奶时空舱 VR 体验，游客在时空舱内可佩戴 VR 眼镜观看 720°全景 VR 大片——《蒙牛工厂奇妙之旅》。

（四）会展节事促进工业旅游发展

会展业是会议和展览业的总称，涉及工业、农业、商贸等诸多产业，能够有效推动产业发展和消费增长，属于现代高端服务业的重要组成部分。

会展业与工业产业有着密切的关联，与产业链条的上游、中游、下游都有密切的相关性，能够打通产业链条，促进工业产业协同发展，稳定和优化工业产业的供应链。

工业会展节事活动的发展，一般都会与当地优势工业产业相结合，进而打造具有独特地域色彩和产业特点的节事活动。通过各类工业会展节事活动的举办，打造助推工业发展的窗口和平台，塑造区域工业博览、节事活动品牌，为游客提供舒适、便捷的工业旅游观光环境，带动当地工业旅游发展。例如青岛国际啤酒节、长春国际汽车博览会、杭州国际纺织服装供应链博览会、上海国际家具博览会等。

三　效应分析

（一）保护利用工业遗产

工业遗产是指在工业长期发展进程中形成的，具有较高历史价值、科技价值、社会价值和艺术价值的工业遗存，包括物质遗存和非物质遗存。物质遗存包括作坊、车间、厂房、矿区等；非物质遗存包括工艺流程、管理制度、企业文化、工业精神等。通过工业场所的文旅融合发展，可对工业遗产进行有效保护、传承与发展。

将工厂、矿山、重大工程等宏大的工业场景进行旅游开发，可以实现空间功能的嬗变，将之打造成为展示地区文化魅力的重要载体和吸引物。以洛阳涧西苏式建筑群为例，通过发展工业旅游观光，打造工业博物馆与文化创意园，开展商业综合开发等模式，对“一五”时期的重工文化、红色记忆进行文化内涵的挖掘，打造了独具特色的工业旅游产品，满足了旅游者工业怀旧的情感需求。

（二）传承传播工业文化

工业文化是伴随工业化进程而形成并渗透工业发展中的物质文化、制度文化和精神文化的总和。工业旅游综合开发把工业参观与自然景观、文化古迹等相结合，能够将工业场所所在地的文化、自然生态文化与企业文化、工业文化进行有机结合。工业旅游有助于推进工业化教育，提升工业化素养，能够将工业场所变成传播工匠精神、创业精神、科学精神的重要课堂。

工业企业开展工业旅游，不仅是一种营利方式，也是一种营销方式，可通过工业旅游的方式传播企业文化、构建企业形象、宣扬企业价值、提升企业的知名度和美誉度，进而得到社会的广泛认可。海尔集团、奇瑞汽车制造厂、伊利集团、蒙牛集团等知名企业，都是通过工业旅游的方式，向旅游者展示产品的生产环节和生产工艺，让游客在游览的过程中，了解企业的生产流程和企业文化，增强对企业的信任度。

工业企业通过开展工业旅游，可以继承发扬传统文化，实现工业企业产品内容、品牌价值的进一步提升。以四川泸州老窖旅游区为例，泸州是中国浓香型白酒发祥地，泸州老窖旅游区在旅游开发方面，以国家级非物质文化遗产“泸州老窖酒传统酿制技艺”为旅游线的灵魂，以物质文化遗产暨全国重点保护文物“1573 国宝窖池群”为核心旅游吸引物，深入挖掘泸州历史悠久的酒文化，依托优雅清新的厂区环境，打造了诸多景点，开发了品评原窖酒、现场灌装 68 度国窖 1573 原窖酒、中华传统酒道表演等丰富的旅游项目。

（三）促进区域经济发展

对于工业衰落地区，依托工业遗产如老工业基地、老厂房设施等，通过打造创意产业园区、公共游憩空间、开发工业旅游项目等方式，发展文化创意、工业旅游、演艺会展、公共文化服务等产业，能够让工业遗产更好地焕发生机，促进旧工业区的转型升级，促进区域经济恢复。

以德国鲁尔区工业遗产旅游发展为例，鲁尔区曾是世界上规模最大的工业区之一，但是在 20 世纪 50 年代后逐步衰落，出现了逆工业化和逆城镇化的趋势。在此背景下，鲁尔区通过发展工业旅游的方式，使得鲁尔区的老旧厂区和建筑重新发挥价值，实现了鲁尔区的区域经济恢复、文化发展以及产业升级。

我国东北地区等一些老工业基地，也正在通过深入挖掘传统工业文化的方式，开发汽车船舶等制造工业旅游、机械工业旅游、石油工业旅游等项目，综合利用工业文化遗产，抢救保护我国的“工业文明史”。在此过程中，工业旅游业已成为振兴东北老工业基地经济的重要抓手之一。

四　发展模式

（一）企业工业旅游开发模式

工业企业是工业旅游发展的主体和关键。企业工业旅游开发模式依托企业的厂房建筑、工业设备、生产流程等开展产业观光，企业将注重特定产品的生产加工过程打造成为旅游资源，使游客在参观的过程中感受工业化、规模化、智能化生产的现代化气息。这种方式将现代化的科学技术和先进的生产工艺开发模式相组合，组织游客在工业园区开展综合化的旅游。

企业工业旅游产品的开发主要集中在单一的企业，将企业文化、行业文化与旅游产品相结合。这种模式注重对企业文化内涵的深度挖掘，强调工业旅游产品的参与性和体验感，强调文化、创意、科技等要素的投入。例如山西省汾酒集团，就是依托杏花村汾酒悠久的历史文化，开发以酒文化为核心的旅游产品，打造汾酒博物馆、复古生产线、现代化汾酒酿造车间、汾酒工业园林等，向旅游者展示源远流长的酒文化和汾酒酒传统酿造工艺。

（二）现代产业园区模式

现代产业园区模式是指游览多个工业企业聚集在一起的园区。这种模式涉及企业数量、企业种类更多，具有文化上的差异性和功能上的互补性，在较为广阔的空间内展示不同的工业文化类型和工业文化要素，能够给旅游者带来多样化的旅游体验。

例如，南京市南钢工业文化旅游区主要由南京钢铁博物馆、JIT + C2M 智能工厂、第一炼钢厂组成，旅游者既可以在这里了解新中国钢铁发展历史、南钢发展史，感受坚定不移、不断追求、勇于创新的南钢文化、南钢信念和百炼成钢的钢铁精神、工匠精神，又可以参观、了解现代化的钢铁制造过程，还可以在工厂花园、滨江湿地公园的生态园区内徜徉。

（三）文化创意旅游开发模式

文化创意旅游开发模式指利用工业遗产发展形成创意园区，也是我国各地普遍采用的一种工业旅游开发模式。工业建筑内部空间尺度较大，适用于大型创意文化企业展览馆、会展场所的设立。通过将废弃的工厂、厂房打造成创意园区，吸引艺术家和文化机构入驻，聚集画廊、艺术展示空间、艺术工作室、设计公司、时尚店铺、餐饮酒吧等文化艺术机构，打造文化创业园区丰富的业态，能够盘活工业遗产，形成文旅创意园区。既通过构建创意产业的发展平台保护了工业遗产，又能够保留城市文化底蕴，凸显文化特色，通过打造文化节、艺术节、博览会等形式，对城市文化形象进行宣传和传播。

这种模式注重将工业遗址固有的场所与新兴创意文化相结合，从而实现老旧建筑文化价值、经济价值的提升，同时形成新的文化概念，为城市文化多元化发展提供内生动力。如上海卢湾区“8 号桥”工业创意园，就是在上汽集团汽车制动器生产基地废弃厂房的基础上进行改造升级，吸引了国内外近百家设计公司和知名品牌落户。“8 号桥”工业创意园打造历史文化长廊，开展工业旅游，向旅游者展示园区发展史，使旅游者了解园区如何从工业年代向后工业年代转变，并加深对创意文化的认识。

（四）商业综合开发模式

商业综合开发模式指将工业遗存等改造为商业园区。这种模式对于工业遗产建筑的保护程度不高，更注重新兴商业业态的引入，注重休闲娱乐、餐饮旅游、商务办公、商业运营模式的植入，较适用于区位优势较好，即位于城市中心黄金地段的老厂房、旧仓库等。

以德国奥伯豪森市中心购物区为例，奥博豪森原是一个占地面积不到 5 平方公里的旧工业区，其中旧厂房和仓库被改造成现代气息十足的咖啡馆、酒吧、餐厅、影视娱乐中心；宽广的车间被改造为体育场；废旧的矿坑被改造为湖泊。奥博豪森购物区现已成为人们娱乐、休闲、购物和旅游的胜地，是整个欧洲最大的商业中心之一，每年吸引游客多达 2000 万人次。

（五）行业企业博物馆模式

行业企业博物馆模式主要是依托工业遗址或既有的工业空间对工业遗产、遗址进行保护性和创造性开发，打造以行业工业文化为主题的博物馆，组织游客到博物馆参观游览。这种类型的博物馆可以对区域范围内可移动和不可移动工业遗产、物质与非物质工业遗产进行整体性的保护，通过大型露天工业遗址保护、展示的方式，将工业历史、工业遗存、工艺技艺、工业精神等工业文化与旅游相结合，重现当年的工业生产场景，宣传弘扬工业文化，让旅游者身临其境地体验工业生产流程。

例如由唐山矿矿井改建而成的开滦博物馆，坐落在有着 130 年历史、具有“中国第一佳矿”美誉的开滦唐山矿区内，是开滦国家矿山公园的标志性建筑。在开滦博物馆内，游客可以从第四层乘坐模拟罐笼直达井下，来一番“井下探秘游”，在纵横交错、面积达 5000 平方米的古巷道遗址内，参观时空画廊、采掘再现、地质世界、时空穿梭等八大景点，亲身体验从原始采煤到现代采煤的历史演变进程。开滦博物馆作为以中国近代工业跌宕起伏历史为主题的工业遗址类博物馆，通过展品的展示，展现了中国近代工业发展的工业史、民族屈辱与抗争史、党领导下的工人运动史、新中国发展史和改革开放的发展历程。

（六）特色工业小镇模式

特色工业小镇模式是指以某一类型的工业产业带动相关产业集聚发展，形成工业产业特色鲜明、工业文化气息浓郁、生活环境优美、具有产业聚集能力和人口承载能力的小镇。特色工业小镇的建设需要从小镇的地理环境、资源禀赋和现实情况出发，选择合适的工业发展工业旅游。这种特色工业小镇所依托的产业包括高端制造业、传统工业、重工业、轻工业等，如矿产小镇、陶瓷小镇、红木小镇、食品小镇、酿酒小镇等。

特色工业小镇要形成系统的产业规划，做好工业小镇产业布局，在区域范围内，实现不同产业或行业主题的工业小镇差异化、特色化、系统化发展。例如湖南省在 2009 年和 2010 年分别公布了第 1 批和第 2 批省级特色工业小镇名录（见表6－3），充分利用特色产业项目推动区域经济发展，促进当地乡村振兴战略的实施。

表6－3　湖南省省级特色工业小镇名录

序号	名称	序号	名称
1	宁乡市煤炭坝门业小镇	9	双峰县永丰农机小镇
2	浏阳市大瑶花炮小镇	10	新化县洋溪文印小镇
3	醴陵市五彩陶瓷小镇	11	益阳市沅江市船舶制造小镇
4	衡阳珠晖区东阳渡国际眼镜小镇	12	永州市祁阳县白水纺织小镇
5	常宁市水口山铜业小镇	13	株洲市芦淞区白关服饰小镇
6	邵东市仙槎桥五金小镇	14	长沙市浏阳市社港正骨医药小镇
7	临湘市浮标小镇	15	常德市临澧县新安钙质新材料小镇
8	嘉禾县塘村精铸小镇		

目前生产、生态、生活的融合发展已经成为特色工业小镇的新发展趋势，许多特色工业小镇都将休闲娱乐、文化创意与工业旅游紧密结合，提供贴近公众需求的工业旅游产品。例如浙江省建德寿昌古镇，依托2003年已经破产的横山钢铁厂和2006年建成的建德千岛湖通用机场，打造了建德航空小镇，是集飞机组装制造、维修培训、航空旅游及航空体育赛事于一体的航空产业主题特色小镇。在旅游开发方面，航空小镇设置了“水”“陆”“空”三大系列产品，打造了航空小镇温泉、航空小镇汽车公园和空中游览“打飞的”旅游模式及跳伞旅游项目等。

第七章
文旅文创融合推进机制

【案例导入】

传统文化和潮流文化融合“出圈”

“我从新疆乌鲁木齐来到‘只有河南·戏剧幻城’，只为那血脉相连！”

“我是乘高铁从上海过来的，发现这个地方真是宝地，传统文化和潮流创新融合，可以尽情地互动。”

“‘只有河南·戏剧幻城’以一种前卫形态，带领我们走回了中华民族的老家。”

开业4个多月的“只有河南·戏剧幻城”，正以一种神奇的魅力，让来自全国的观众，为了看一部戏抵达一座城，流下了感动的热泪，也留下了这些发自肺腑的心声。

建业新生活集团助理总裁、建业文旅运营公司总经理姚培告诉记者，“只有河南·戏剧幻城”已累计接待游客超45万人次，其中省外游客占比达1/3，年轻游客占比达40%，在此停留“一晚两日行程”的游客占比达25%。

为了看一部戏，不少观众第一次来到河南，并爱上河南。“只有河南·戏剧幻城”以中原文化为魂，推动优秀传统文化创造性转化、创新性发展，构建出令人耳目一新的中原文化新IP、新地标，迅速“出圈”。

投资近60亿元的“只有河南·戏剧幻城”，占地622亩，拥有21个大大小小的剧场、总时长近700分钟的剧目、近千名演员，是目前世界规模最大、演出时间最长的戏剧聚落群。在这里，328米长的夯土墙让人心潮澎湃；“声”“光”“电”“画”等表现形式科技含量高、视听沉浸感强；讲的是故事，折射的是河南人舍小我取大义的优秀品格。

“只有河南·戏剧幻城”有三部主剧，《幻城》表现的是河南在五千年中华文明中的历史荣光，《火车站剧场》和《李家村》则以1942年河南大饥荒为背景，讲述了中原大地的创痛和忧伤。苦难和辉煌在这里交织，观众不时泪目。

用创新的艺术形式、年轻人喜爱的科技手段，去诠释中原文化、黄河文化的深刻内涵，“只有河南·戏剧幻城”走出了一条全新的文旅文创融合发展之路。

（来源：《光明日报》，https://whcy.gmw.cn/2021-11/03/content_35283589.html，2021年11月03日）

2021年6月，文化和旅游部发布《“十四五”文化和旅游发展规划》，将推进文化和旅游融合发展作为重点任务之一，提出坚持以文塑旅、以旅彰文，推动文化和旅游深度融合、创新发展，不断巩固优势叠加、双生共赢的良好局面。文旅文创融合战略是文旅深度融合发展的必然选择。实施文旅文创融合战略，有利于通过文化创意，凝聚政府、企业、社会组织等各方力量，做大做强文旅文创产业，将文化资源优势转化为发展优势，推动文化旅游融入经济社会高质量发展之中，满足人们对美好生活的现实追求与精神向往。

第一节　问题诊断

文化和旅游具有天然的融合性，在旅游发展中，文化以民俗、故事、文创等不同形式融入旅游产品中。但是，以往的融合一般属于自发性融合，缺乏系统和科学的理论指导。目前的文化旅游产品存在许多问题，且没有形成完整的产品体系，主要表现在如下方面。

一 文化内涵挖掘不够

在国内外消费升级背景下，“文化跃迁”成为必然现象。[①] 恩格尔系数低于30%以后，会出现消费升级领域的“文化跃迁”现象，文化（含旅游）消费支出占居民消费总支出的比例大幅攀升，高质量的文化和旅游消费成为居民生活必需品。按此划分标准，20 世纪 80 ~90 年代，美国的恩格尔系数已降至 20%以下（16%），进入极其富裕阶段；欧洲、日本、加拿大等地区和国家一般在 20% ~30%，处于富足阶段。如今，我国的恩格尔系数为 28.2%，其中城镇为 27.6%，农村为 30.0%。对高质量精神消费的需求迅速增长。[②]

文创产品旨在满足广大旅游者对目的地文化的体验需求，因此必须具有文化特色，让旅游者能够把旅游目的地文化带回家，延长旅游体验感。文旅文创产品的文化性是其产品存在的核心价值，其意义在于借助文创产品搭建起沟通的桥梁，通过住宿、饮食、购物、娱乐等载体的有效展示和合理表达，使之成为易被客人接受的具体文化符号和文化体验。而许多文创企业依旧停留在对可见文化的浅层次复制、生搬硬套，以及大批量生产同质化的工艺品上，未曾深度挖掘文化深处的“优秀基因”“特色基因”，也没有考虑到文化背后的深层含义和能够带给人们的启发。

二 功能业态创新不足

随着生活质量和经济水平的不断提高，人们外出旅游已经不再满足走马观花式的视觉享受，而是越来越注重文化和精神层面的追求，将更多的注意力放在过程体验上，对高品位、高水平文化产品的需求日益增大。Z 时

① 徐虹、范清：《我国旅游产业融合的障碍因素及其竞争力提升策略研究》，《旅游科学》2008 年第 4 期。

② 《2019 年国民经济和社会发展统计公报》，国家统计局，http://www.stats.gov.cn/tjsj/zxfb/202002/t20200228_1728913.html。

代消费者（1995～2009 年间出生的人）作为文旅文创的主流消费人群，更加看重文创产品的个性和特色，更加注重文旅文创产品带来的情感与精神体验。不断拓展的市场空间对文创产品的设计与研发提出了更高的要求。

中国旅游研究院在 2022 年发布的《2021 年旅游经济运行分析与 2022 年发展预测》（中国旅游经济蓝皮书 No. 14）中提到："都市休闲、乡村度假、文化消费需求上升，但是旅游供给的产品创新和项目研发不足……旅行服务领域去旅行社化、旅游住宿领域去星级酒店化、旅游休闲领域去景区化趋势进一步加速，然而旅游企业适应新需求的新产品和新业态尚未形成基础支撑的商业力量。"随着国内旅游需求的日益增长，文化和旅游产品设计总体上还处于跟随阶段，存在设计雷同、简单仿造、审美落后等问题，缺乏满足人民日益增长的文化需求的个性化产品、引领时尚的创意产品以及融合科技的高端产品。虽然打造了一些文旅文创融合的产品，如文旅特色小镇或古村落、文旅特色街区、游乐园、实景演出、网红文创产品等，但在特色、价值、主打文化和核心吸引物上真正有所创新的较少。

三　文创产品类型单一

在文化创意产业中，文化是土壤，创意是种子，产业是果实。单一化的旅游资源和产品即便具备较高美誉度与知名度，其市场竞争力也缺乏长效性。唯有借助文化创意，最大限度发挥文旅资源赋值与增值作用，将创意和创新附着于产品及服务层面，充分扩能与释能，才能为游客带来深刻的旅游体验与感受，从而强化文旅产业融合的市场竞争力。现阶段，许多地区在文旅文创融合层面已经进行了一定程度的探究与实践，但文创产品种类在市场中存在明显同质性，缺乏差异性。如文创雪糕火了之后，全国各大景区都在卖雪糕，甚至出现雪糕"撞脸"现象，圆明园、北海公园、杭州西湖曾推出同款荷花雪糕。旅游产业的文化创意引领力度不足，对旅游资源缺乏深度开发和有效利用，难以催生优质文旅创意产品，导致区域文旅文创的融合发展脚步放缓。

优秀的文创产品应是对中国故事的生动讲述、对文化内涵的艺术呈现与对社会价值观的准确传递。文创产品之所以广受年轻人欢迎，一方面是它千变万化的外在形式与打开方式符合受众多元的审美诉求与消费心理；另一方面在于它饱含古史传说、诗词酬唱、艺术珍品等人文元素。手抚“李太白邀月夜灯”，一轮唐时明月便皓然当空；轻摇“蜀国孔明羽扇”，三国群雄的样貌便浮现眼前……优秀的文创产品，不仅能让公众在潜移默化中深入感知历史、品读文化，还能唤起集体记忆、凝聚情感共识。文创二字，文居词首，创随其后。唯有以文促创、以创彰文，才能让文创产品不落贴标签、仿形式的窠臼，摆脱形式化、同质化的桎梏。如此，文创市场才能走得更远、更好。

四　产业链条不够完善

虽然我国文旅文创融合的类型多样，但是融合的广度和深度略显不足，产业链的前端聚焦、中间协同、后端转化不畅。一是产业链条不长，“门票经济”仍占主流。“吃、住、行、游、购、娱”要素配置不平衡，大多数文旅项目还停留在将游客“引进来”，而没有解决让游客“留下来”的问题，“一日游”占比较高。以文旅大省河南为例，在游客的旅游费用支出结构中，门票花费约占40%，食、宿花费约占40%，交通花费约占15%，而购物和娱乐两项花费仅占5%左右。二是产业附加值不高，产业链条的重心放在初级文旅产品上，而在跨产业延伸方面较为欠缺，尚没有形成上下游高效衔接的文旅产品体系，并且缺乏“政产学研用”相结合的协同创新机制以及关键共性技术的联合攻关机制。三是缺乏龙头企业的引领带动，缺乏大资本、大项目的支撑，上市企业、具有国际影响力的跨国旅游企业较少，大部分企业都是营业收入在500万元以下或职员在50人以下的中小微企业，企业竞争力普遍不强。

2019年8月，清华大学文化经济研究院和天猫联合发布了《2019博物馆文创产品市场数据报告》，报告内容显示，近年来，我国博物馆文创市场呈现高速增长态势，2019年整体规模相比2017年增长了3倍；博物馆正出现“集体上网潮”，目前，已有24家博物馆入驻天猫，仅故宫就在天猫开了6家网店。故宫博物院在文创产品方面取得了良好的效益，也吸引越来越多的博物馆和文创企业效仿、借鉴，进入文创产品市场。近年来，故宫深度挖掘明清皇家文化元素与丰富文物资源，大力开发文创等衍生品，累计开发文创产品超1.2万种，网红爆款层出不穷，文创产品销售额快速增长，从2013年的6亿元，增至2017年的15亿元，4年时间增长1.5倍，至今产品销售额仍在持续攀升。故宫博物院的文创产品“消费热”，反映出近年来市场环境的转变以及人们文化消费意识、消费心理的变化和消费群体的变化等。

五　产品品质有待提升

虽然国内文创产品越来越丰富多彩，但文创创意与设计服务的载体形态还相对局限，产品品质也未得到保障，很多文创产品的实用性较弱，创意符号与实物载体的融合设计还有很大的提升空间。此外，文创跨界成为产品开发的一个重要渠道，但在食品、日用品等的相关设计中，往往过于强调“颜值至上”，比如为追求品位和时尚感，将农产品包装在各式各样的小盒子中，这些停留在表面设计上的包装造成实际上的浪费。文化与旅游都是幸福产业，根本的交集在于民生领域，应将文创产品融合在幸福产业和美好生活之中。[①] 文旅文创产品不应是纯粹的艺术性展示，而应该形象化、故事化、场景化、体验化、生活化，“飞入寻常百姓家”，才能将文化创意转化成消费者的购买欲望，覆盖更广阔的消费群体。

当下，“文创”成为生活中的热词，冬奥会期间，吉祥物冰墩墩爆款走红，一“墩”难求；金沙遗址博物馆4款“数字文创产品”上架即售空……文创产品走俏市场，折射出人们日益高涨的文化消费热情，也显示出文创市场的广阔发展空间。好的文创产品能让人感慨于历史场景的创意呈现，如在培育小麦盆栽时，体验种植谷物的过程；能让人惊叹于多重感官的奇妙联结，如在品尝文创雪糕时，咀嚼出时令与文化的滋味。无论是玩偶、日历、挂件等日常器物，还是新技术新应用呈现的多元场景，优秀

---

① 孙维明：《新时代旅游产业和文化产业的融合发展对策研究》，《普洱学院学报》2022年第1期。

的文创产品都凝结着审美特质与价值理念，并能走进大众的日常生活。

文创产品重“形”，更要以“意”取胜。文化资源与制造工业的双向赋能，让文创产品的大量涌现成为可能。但要看到市场上依然存在许多产品内容粗糙化、形式同质化的现象。文创产品要想脱颖而出、形成差异化的竞争优势必须聚焦优势资源、精准打造 IP、完成创意呈现，或是找到破局之道。以《千里江山图》为例，这几年，从故宫博物院研发的镇纸、茶宠等系列到“画游千里江山——故宫沉浸艺术展”，从歌曲《丹青千里》到舞蹈诗剧《只此青绿》……通过品类纷呈的文化产品，《千里江山图》走进了广阔的公众视域。

六　品牌意识观念淡薄

不少旅游景区、旅游文创企业缺乏品牌意识。旅游产品市场的各种不规范以及准入门槛低，一方面，使得消费者在挑选旅游纪念品及文创产品时，品牌认知的意识不强，往往无所适从；另一方面，山寨及伪劣商品充斥市场，让创新产品的研发举步维艰，难以在混杂的市场中获得生存空间。随着科技的发展，商品的科技含量日益提高，信息技术传播速度加快，制造商的模仿能力提升，商品同质化、雷同化现象严重，同质产品间的差别越来越小，人们对差异化的需求更加强烈，而文创产品蕴含不同的文化内涵与故事背景，能够运用不同的创意，巧妙地将各种元素融合，形成产品差异，满足消费者的个性心理需求。

故宫博物院的文创产品能够在众多博物馆和其他文创企业中脱颖而出，文创产品销售额持续居高，离不开其对人们品牌消费心理的把握。余阳明教授曾在其《品牌战略》一书中提到：“品牌是公众和社会对一个组织及其产品认识的总和，对诸多媒体集团而言，其本身就是一种品牌，品牌是媒体自立自新的基石。”品牌形象是一个企业的无形资产，品牌所承载的商品属性、品牌文化、品牌形象等是消费者选择时的重要衡量指标。文创产品也是一种心理价值的消费对象，是消费者对品牌及商品无形价值的选择。口碑营销一直是营销行为中重要的一环，尤其目前网络群体的大传播，更是带动了消费者的购买动机。知名品牌的产品和服务更加有保障，形成了良好的口碑，更容易赢得消费者的信赖与支持。

七　运行机制不够健全

开发文化创意旅游资源需要大量的财力物力，尤其是在项目的规划和开发初期，投入尚未见到收益、滚动发展的效应尚未显现之际，需要大量的资金支持。旅游涉及众多产业，开发中需要一定的服务配套设施支持，有较大的资金需求，且旅游投资回报周期长，融资相对而言较为困难。在特色资源挖掘不够、资金投入不足的背景下，文化旅游产品的包装、宣传等市场运营方面也会受到很大影响。资金匮乏导致难以建立完善的宣传机制，无法进行多角度、大范围的宣传。小微企业作为文旅行业的发展主体，由于产品确权困难、自主创新能力弱、自主知识产权核心技术相对缺乏和交易变现机制缺少等问题往往被边缘化，普遍面临融资难、融资慢、成本高等问题。

要想保证文创产品能红火得更持久些，必须明确文化产品创意的限度。举例来说，博物馆以引入火锅、安装灯饰来吸引大量人流，会带来安全隐忧，超越了安全限度；文创产品售价太高昂、创意太低端或制作太廉价，会造成超级 IP 价值稀释，逾越价值限度；博物馆文创产品开发，本质上是对“独一无二”作品的复制，但过度复制又会产生价值流失。此外，少数文创 IP 并不代表产业整体情况，大部分产品会落得个籍籍无名的结局。在设计每款文创产品时，一方面需要冷静下来，以科学的态度分析相关市场数据，精准判断每一款文创产品的市场前景，并在此基础上设计新产品；另一方面，必须本着工匠精神，精益求精地发掘、生产和营销具有独一无二的故事和价值观的文创产品。

第二节　动力系统

促进文旅文创融合的动力或要素是多方面的，这些动力或要素相互交织、彼此联系、共同作用，构成了文旅文创融合的动力机制。将这些因素进行归纳、总结，可以划分为融合发展的基础力、市场供给的内生力、市场需求的原动力、政府主体的扶持力以及科学技术的支撑力。

一　融合发展的基础力

（一）产业融合的关联

从文化事业、文化产业和旅游产业的界定范围看，文化产业和旅游产业具有交叉性。2018 年，国家统计局新修订的《文化及相关产业分类（2018）》将旅行社服务、游览景区文化、室内娱乐、游乐园、休闲健身娱乐等文化休闲娱乐服务归于旅游业范畴；将文化体育、短期教育（培训）、宗教朝拜等相关活动，归于文化活动的范畴。旅游是人们利用闲暇时间对非惯常环境的一种体验，是一种短暂的生活方式和生存状态。旅游除了包含传统意义上的食、住、行、游、购、娱六大要素，还涉及非惯常环境下的养生保健、运动探险、修学朝觐、商务谈判、会议展览等多个方面，几乎囊括了人们日常生活中所有的产业部门，这使旅游与其他产业具有融合共生的天然属性。因此，文化和旅游具有相同的产业属性，即同属于情感产业、内容产业、创意产业，存在着互动共生的强关联性，这也是推动二者融合发展的动力。①

同时，文化产业与旅游产业也存在差异性，旅游产业侧重于异地性和观赏性，文化产业侧重于娱乐性和文化性。② 文旅融合过程中，文化的优势在于文化的丰富内涵，旅游的优势体现为多样化的产品和市场。两者通过融合发展，可以发挥各自优势，相互促进，推动资本、土地、人才、技术、信息等各种生产要素优化配置，建立文化产业和旅游产业一体化发展的产业体系，为文旅融合提供源源不断的动力。

（二）创新理念的激活

产业要发展就需要创新，没有创新就会被淘汰。文化旅游业的创新是不

---

① 姜永常：《旅游产业融合发展的动力、机制与策略研究——以文化旅游业为例》，《哈尔滨商业大学学报》（社会科学版）2013 年第 4 期。

② 黄先开：《新时代文化和旅游融合发展的动力、策略与路径》，《北京工商大学学报》（社会科学版）2021 年第 4 期。

断集成其他产业的技术、产品和市场要素，通过价值链的解构与重构、功能的整合与优化、产品的再生产与加工，实现产业的激活与增值。一方面，创新变革通过营造良好的产业融合外部环境，引导社会优质资源向文化旅游产业适度倾斜，保障文化旅游市场的竞争性与要素流动性，使得文化和旅游市场需求曲线和市场结构发生变化，进而打破市场、技术融合边界，释放产业融合的内生动力。

另一方面，科学技术水平的提高也使得文化资源和旅游资源相似的“融合点”更加凸显，许多旅游企业开始探索旅游产业与文化产业融合发展的“战略需求点”和“现实突破点”，并期望通过文旅融合，使文化产业和旅游产业在分享日益扩大的旅游客源市场的同时，实现文化资源和旅游资源的优化配置，获得规模经济效应和协同经济效应，以便使融合后的文化旅游产业表现出价值的最大化、资源的创新化、产品的多样化和业态的提升化。

二　市场供给的内生力

（一）经济利润的驱动

企业是文旅产业融合的主体力量，也是旅游需求的供给体，供给与需求交互协调推动旅游产业的发展，驱动文旅产业的融合。文旅游产业融合的初期更多的是企业之间的合作，通过整合各自的优势资源，发挥整体优势，促进合作共赢。[①] 旅游业的综合性特点决定了文旅产业融合需要各类企业深入合作。企业间通过合作扩大经济规模，企业能以较低的成本提供更多的产品和服务种类。[②] 企业通过谋求合理利润与保持持续竞争优势来助推产业融合，继而成为产业融合的主体。

企业作为营利性的经济组织，首要前提和根本目标是实现利润最大化。[③] 一是企业对利益的寻求，驱使文化旅游产业融合朝纵深和外延拓展，通过跨

① 曹世武、郑向敏：《旅游产业融合动力机制研究——博弈论的解释框架》，《求索》2011 年第 12 期。

② 丁雨莲、赵媛：《旅游产业融合的动因、路径与主体探析——以深圳华强集团融合发展旅游主题公园为例》，《人文地理》2013 年第 4 期。

③ 郭峦：《基于产业融合路径的旅游创新产生机理》，《江苏商论》2011 年第 11 期。

越产业边界开发新的消费市场，以获取更多利润，并推动大量新业务和新产品的出现。二是旅游企业通过采用信息技术，改进经营管理的方法和过程，可以降低经营管理成本，实现高效率，获取高利润。三是企业进行跨产业的多元化经营可以实现规模经济，即以较低的成本提供更多的产品或服务种类，取得高额利润，这自然会促使大量企业加入文旅产业融合，更加丰富文化旅游产品的供给。

（二）市场竞争的推动

产业融合化发展可以突破产业间的条块分割，减少产业间的进入壁垒，加强产业间的竞争合作关系，降低交易成本，提高企业生产率和竞争力。市场经济社会里竞争无处不在。旅游产业天生的开放性、较低的进入壁垒、企业间的合作等，都成为促进旅游产业与其他产业融合发展的有利条件。企业要在激烈的竞争中生存和发展，就需要通过产业融合的途径，进行旅游创新，获取竞争优势。首先，激烈的旅游市场竞争以及知识、人才等方面的限制，促使企业寻找新增长点，与相关产业进行融合，进行创新性发展。其次，在产业融合过程中，企业较易找到市场的契合点和产业间的耦合点，容易形成自己的特色服务，在市场中获得竞争优势。如旅行社在接待会展旅游者过程中，很容易发现会展旅游者的需求特点，开发出新型的会展旅游产品，提升产品的专业性，形成特色服务，从而获取市场竞争优势。

只有不断集成其他产业的要素和功能，通过产业价值链的解构、整合与优化，对文化资源进行生产与再生产，才能在文化旅游产业融合中对文化资产进行有效的传承、开发、利用、激活与增值，使融合各方在分享日益扩大的旅游客源市场的同时，优化资源配置，获得规模经济和协同经济效应，使融合后的文化旅游产业表现出价值的最大化、资源的创新化、产品的多样化和业态的提升化。

三　市场需求的原动力

（一）消费需求的拉动

旅游日益成为人们日常生活的重要组成部分，成为全新的生活方式、学习方式和成长方式。随着生产力的进步，社会呈现一种“贫困社会→温饱型社会→小康型社会→全面小康型社会”的高级化发展进程。[①] 国民旅游更加普及，不仅城镇居民每年出游频次在增加，越来越多的农村居民也成为旅游大军的一部分。在该进程中，物质产品不断丰富，文化产品和服务的需求加速扩大。随着我国旅游产业体系供给不断完善，品质不断提高，旅游需求的方向发生了转变。根据马斯洛的需求层次理论，在满足基本身体生理需求之后，消费者更加关心的就是心理和精神层面等高层次的需求，具体表现在文化娱乐、广播影视、旅游休闲等各个方面，而这些新的需求主要就是对文化创意产品的需求。社会高级化进程带来的需求升级在文化旅游中表现为文化旅游的体验升级，体现为从“表层文化体验→中度文化体验→深度文化体验”的升级过程。

中国旅游正在进入品质消费时代，个性化、多样化、精神化、品质化、体验化的旅游产品越来越受到人们的喜爱，其核心是在满足功能性消费的基础上，满足日益增长的内心情感需求。只有引发情感触动、促进情感体验、激发情感认同，才能最终满足情感需求。由此，文化价值转化为消费需求，成为推动文旅文创融合的原动力。这也促使旅游业要实时关注游客需求的变化，掌握市场动态发展过程，赋予旅游产品更多的文化价值和内容，促进更多诸如旅游景区文创、博物馆文创等文创产品的产生，达到以文促旅、以旅养文的发展目标。

以东京迪士尼乐园为例，以孩子为中心的家庭是迪士尼乐园永恒不变的市场主体，同时产品以童话性和浪漫性以及纪念商品的精致性和可爱性为特点，吻合了女性消费者的偏好。围绕市场主体及产品定位，迪士尼乐园通过固有超级 IP 不断衍生迭代商品，进行多维变现，比如依靠唐老鸭和米老鼠等 IP，研发多样化的商品，如玩偶、帽子、冰箱贴、水杯等，从必需品到奢侈品、从节庆产品到园区专属产品，为满足游客多元化的需求而不断创新衍生商品。

---

① 傅才武、申念衢：《新时代文化和旅游融合的内涵建构与模式创新——以甘肃河西走廊为中心的考察》，《福建论坛》（人文社会科学版）2019 年第 8 期。

（二）城市发展的推动

城市竞争力是受经济、社会、文化、政治制度等诸多因素综合作用的，其本质上是城市在其所从属的区域内进行资源优化配置的能力，战略目标是促进区域和城市经济的高效运行和持续高速增长。对旅游产业与文化产业进行融合，优化资源配置，促进产业转型，拉长产业链，增加新的消费热点，刺激经济持续增长，实际上就是提高城市核心竞争力的一种有效途径。

城市功能多元化是社会发展的必然，现代城市已不仅局限于居住、生活、商业、行政等一些基本的功能，更多是朝着与外部发生物质、信息、能量交换的方向发展，而旅游本身具有这种特质，有了文化产业的注入，将更有利于人流、物流、资金流、信息流等通过各种方式汇集于城市，在城市中经过优化组合，产生极大的能量聚集效应，更好地推动城市发展。

四　政府主体的扶持力

（一）产业政策的保障

旅游业是一个关联性极强的综合性产业，其发展易受各种因素影响，诸如经济、政治、文化等外部因素和旅游产业自身内部因素，以及企业、社区居民以及利益相关者之间的关系，还有政府等层面的影响。政策支持一直是促使文旅融合的外在支撑力，产业政策是产业融合演变的基础动力源之一。产业政策是调节产业间和产业内资源配置的一种手段，是政府为了实现某种经济和社会目标，以产业为对象，通过对产业的保护、扶持、调整和完善，影响区域产业布局和产业发展政策的总和。不同的产业政策指向必然会对产业发展以及产业变动方向产生很重要的影响。例如支持企业重组、促进企业集团化发展，提供重大旅游发展项目配套的基础设施建设资金，激励旅游企业与现代数字信息技术有机结合，充分发挥创意作用等都可在不同程度上促进旅游业的发展。

随着旅游业综合带动作用凸显，政府认识到旅游业在拉动内需、促进消费等方面的重要作用，相继出台了一系列关于加快旅游业发展的政策措施。河南省第十一次党代会提出的“十大战略”之一就是文旅文创融合战略。2021 年 12 月 31 日，河南省人民政府印发《河南省“十四五”文化旅游融合发展规划》，明确提出实施文旅文创融合战略，通过创意激活和科技赋能，将河南得天独厚的历史文化资源加速转化为文化旅游产品，使其成为坚定文化自信、讲好中国故事的重要载体。

（二）政府管制的调控

政府干预能够弥补市场失灵。在市场经济背景下，市场机制起到很大的作用，各种资源主要是通过市场渠道进行自由配置，但是市场机制并不完全有效，有时也会存在失灵的情况，此时就需要政府体制机制对经济活动进行相应的干预。文旅文创融合发展所形成的旅游新业态，要求相关行政管理部门必须通过规制市场行为和规范市场秩序来维护旅游企业公平、公正的竞争，为旅游产业与其他产业的融合发展提供良好的市场环境。政府为了更好地实现其社会职能，也必须对市场进行必要的干预。

此外，政府的支持在很大程度上能够推动产业融合的进程，这主要是通过降低产业壁垒，进而推动产业间的渗透、交叉和融合。

五　科学技术的支撑力

（一）数字化激活动力

科学技术的迅猛发展使数字技术在各行各业都得到了广泛的应用，尤其是利用5G技术、大数据技术和云计算技术，能够实现技术与资本的有效对接，培育数字文旅消费新业态，实现数字文化产品消费带动上下游产业的发展，加快产业协作效率。① 以数字化为核心的数字经济带来的新技术、新业态、新产品、新服务已成为驱动和引领经济高质量发展的新动力，也是推动文旅产业实现高质量发展的重要支撑。

“科技＋文旅”成为文化旅游数字化建设的主要形式，这里的“＋”并不是简单的罗列和叠加，而是充分遵循信息社会数字经济的发展规律，打造能够使旅游者深度体验和互动的“文字型”数字产品和服务。② 如北京故

① 陈思羽、何瑛：《关于数字旅游产业发展的机遇与优化策略分析》，《产业创新研究》2021年第13期。

② 周湘鄂：《文化旅游产业的数字化建设》，《社会科学家》2022年第2期。

宫博物院的数字展馆、故宫数字馆，陕西兵马俑数字博物院等，运用清晰度下的场景沉浸式显现，产生流畅即时的交互效果，同时设计优美便捷的导览视图，以简单易懂的方式进行图文并茂的专业化介绍，为游客带来全新的感受。①

（二）云旅游注入活力

新冠肺炎疫情期间，线上旅游消费成为新热点、新趋势，云演艺、云看展、旅游直播等的用户猛增，各大在线旅游平台纷纷推出“云旅游”项目，众多5A级旅游景区开辟线上游览功能，给宅在家的人们带来新的文化和旅游体验。② 云旅游是指消费者在互联网上通过视频、直播、虚拟现实、实时图文信息等方式，完成对目的地和景区全方位的了解与探索。③ 这是旅游业在移动互联网时代实现个性化、专业化、品质化和现代化的集中体现，也是最大化满足大众旅游新消费需求的旅游模式。

通过云旅游，公众不仅可以获得相关旅游景点的图片和文字、信息和旅游策略，还可以通过 VR 和 AR 这两种高科技技术的展示获得个性化体验。旅游业数字化发展是顺应时代发展的趋势，而云旅游的发展有利于促进旅游业转型升级，为旅游业注入持久的活力。④ 一是“科技＋付费”。打造在线文旅业态消费新空间，结合数字传送新技术开展线上演唱、高清视频、付费直播等特色产品，注重实时性和互动性。二是文旅融合的线上赛事产品，呈现旅游经济发展亮点，如属技能性文化旅游形态的冰雪运动，特别是北京冬奥会恰好邂逅中国春节，更是极大地促进了冰雪旅游活动。文旅融合活动运用了8K超高清技术，注入了更多的智慧内容，文体和文化消费的骤然升温带动了周边酒店、温泉旅游等业态。三是众多景区创新开启智能夜游模式，丰富了夜间文化、焰火晚会、游船画廊、戏曲演出等，

① 柳萍：《基于数字化视角的文旅融合促进绍兴经济高质量发展的路径研究》，《营销界》2021年第9期。

② 牟琳、崔子瀛：《数字化助力旅游业高质量发展》，《标准科学》2021年第S1期。

③ 李珊珊：《新冠肺炎疫情背景下“云旅游”价值评估及对策建议》，《价格月刊》2021年第3期。

④ 邬江：《数字化视域下文旅融合推动智慧旅游创新研究》，《经济问题》2022年第5期。

多元文化形态各具特色，丰富了智慧旅游的样式和业态。

第三节　发展模式

模式是指某种事物的标准形式或使人可以照着做的样式，是解决某一类问题的方法，并把解决某类问题的方法总结归纳到理论的高度。基于概念的模式与基于现象总结的模式不同，前者依据概念本质的区分而进行界定，后者则主要基于某一类现象特征的总结而进行区分。基于概念的模式在类型划分上，具有概念本质区分性和完备性，体现了不同模式之间在概念内涵上的本质区别，同时涵盖了所有的实践现象。因此基于概念的模式研究更具有理论价值和实践意义。理论上能够更加深入地认识概念的本质特征，实践上能够针对不同模式下的现象提出相应的指导建议。

一　按照融合过程划分

按照文旅文创融合的具体过程，可划分为三种模式，即延伸型融合模式、渗透型融合模式、重组型融合模式。①

（一）延伸型融合模式

延伸型融合模式是指产业的经济活动出现了功能延伸，它发生在产业的价值链活动上，融合的结果是增加了原有产品的新价值，使产品通过创新变得焕然一新，新产品不仅可以满足市场的需求，还能够促进产业的升级。②

文化产业向旅游产业延伸融合。旅游产业要加快发展，除了要深层次挖掘现有旅游资源，还要加入文化产业的价值链，文化产业有自身的优势，主要包括独特的文化资源、营销模式和技术条件等，对这些文化优势加以利用后能创造新的旅游产品。旅游产业与文化产业进行融合后，延伸了其

---

① 程晓丽、祝亚雯：《安徽省旅游产业与文化产业融合发展研究》，《经济地理》2012 年第 9 期。

② 刘江涌：《贵州文化与旅游产业融合发展研究》贵州财经大学硕士学位论文，2017，第 16 ~ 17 页。

原有的价值链，文化产业的资源和功能融入旅游产业之中，旅游产业因而拥有了深厚的文化内涵和较大的影响力，能够实现价值的增值。主要产品融合类型有以“印象·刘三姐”为代表的实景演出，这种融合模式现已在我国各地被广泛应用，为文化产业向旅游产业延伸融合奠定了坚实的基础。

旅游产业向文化产业延伸融合。主要是指文化产业的企业出于寻找新的增长点的目的，根据现有的资源、技术和市场条件，在文化产业中延伸了旅游产业的运作模式，在文化产业中增加了旅游的功能，实现了文化产业的旅游化，主要表现在文化产业园区被赋予了旅游功能，其更多的表现方面是在融合环节中的产品设计构思和生产制作上。主要代表类型有以北京 798 艺术区为代表的文化创意产业园区和以浙江横店影视城为代表的影视旅游主题公园群。

（二）重组型融合模式

重组型融合主要是指原来并不相关的产业的服务或产品打破原有边界，通过重组逐渐融为一体的过程。文化产业和旅游产业都属于第三产业，但是两者又有很大的不同，两产业经过重组融合之后能够打破两者原有固定的产业价值链，融合彼此产业价值链中的重要和核心环节，进行产业的重组和资源的融合之后形成新的文化旅游产业链，两产业不仅具有各自原有的价值创造能力，而且会衍生出新的商业运作模式，从而创造出新的产品和服务，构筑文化旅游产业新业态，促进产业的优化升级，其直接表现就是文化旅游产业的出现。典型案例有以青岛啤酒节为代表的节庆旅游和会展旅游，这种融合对当地经济发展起到了极大的促进作用。

（三）渗透型融合模式

渗透型融合模式是指关联产业通过不同的融合路径，相互向对方渗透融合，实现产业一体化融合发展，包括文化产业向旅游产业的渗透融合、旅游产业向文化产业的渗透融合。[①]

文化产业向旅游产业的渗透融合。这一渗透融合主要靠的是进步的技

① 李洋洋：《我国文化创意产业与旅游业融合模式研究》，北京第二外国语学院硕士学位论文，2010，第 33～34 页。

术和创新的管理。市场需求在迅速增长的同时，需求的个性化也在凸显，旅游产业凭借创意手段和创新技术来丰富自己的产品，把符合市场需求的文化元素和文化符号融入旅游产业之中，一方面，原来具有的产业边界被打破，旅游企业为了达成营销传播成本少且效果好的目的，运用文化企业所具有的高效传播方式；另一方面，旅游景点也有了更为深度的文化内涵，而且还有创新的旅游产品。这种模式可以为旅游增添很多的产品及类型，在内容和渠道方面实现两个产业的深度融合。例如各地在旅游区域极力打造包含当地文化的旅游纪念品和小吃等，就是文化产业向旅游产业渗透融合的典型例子。

旅游产业向文化产业的渗透融合。文化产业也希望自身创造出来的文化产品能够有创新性，这就需要在文化产品的开发中融入旅游产业的优势资源，并结合文化产业所具有的独特资源和技术优势，进而创造并生产出新文化产品，这种新文化产品必须要有影响力。这种模式具体表现为依托文化创意产业园区、文化产品生产基地，以参观、游乐、体验、购物等旅游活动为主要内容，探索促使创意产业园区向旅游景区转型发展的道路。最典型的代表是网络游戏《大唐风云》，它巧妙地将网络动漫与旅游景点结合起来，将真实的旅游景点，设计成虚拟游戏中的环境，增强了游戏的体验性。一方面，借助著名景点提高了自身游戏产品的高度，使玩游戏者能够身临其境地获得体验，增强对游戏的认同感；另一方面，还能有效地宣传旅游景点，玩游戏者在玩游戏的同时知道了这些景点，他们在虚拟游戏环境中体验后，往往会有更大的兴趣去现实中的景点游览参观。

（四）各种模式间的关系

从文旅文创融合的三种方式可以看出，延伸型、重组型和渗透型三种融合模式是递进的关系，融合的深度与广度在不断加强。[①]

延伸型的文化创意旅游融合产品，可以通过产业融合深度的不断加深，逐步演变成重组型的产业融合模式，产业价值链由原来的生产制作或者消

① 李洋洋：《我国文化创意产业与旅游业融合模式研究》，北京第二外国语学院硕士学位论文，2010，第 35～36 页。

费的某一环节，延伸到另外一个产业的价值链条中，延长了产业价值链条。旅游需求的拉动效应、文化创意企业和旅游企业的推动效应，逐步将产业价值链条中的各个环节加以调整，将某一产业链条中的核心价值链与另一条产业价值链的核心环节相组合，打开了另外一种商业模式，这就是由延伸型融合模式向重组型融合模式的演变递进过程。例如，在艺术区成立初期，形成了一种延伸型的融合模式，通过在艺术区内举办艺术节、个人作品展、摄影主题展等活动，推动延伸型融合模式向重组型融合模式递进，产业融合的程度不断加深。

渗透型融合模式是在技术和管理创新的推动下，将原属于不同产业的价值链环节，全部或者是部分无摩擦地渗透另一产业中，相互交融，形成一种新型的产业。重组型融合模式是将原来的产业价值链环节打乱，不同产业价值链中的核心环节重新组合，构成一种新型的产业链条。可见，渗透型融合模式比重组型融合模式的融合程度更深，其融合过程已不是产业之间的中度融合，而是产业间的深度融合，这种融合的前提条件就是技术进步与管理创新。如深圳华侨城、深圳中国民俗文化村、锦绣中华等大型主题公园就是目前文化创意产业和旅游业融合最成熟的产物。这种融合模式需要更多的资金与技术支持，因此一般出现在比较发达的城市。

三种产业融合模式之间的关系是逐步深化的关系，从开发的角度考虑，延伸型融合模式是最容易的，产业融合的障碍小、时间短，不需要太多的资金，但需要政府的政策支持，政府的支持起到很重要的作用。而渗透型融合模式是最难开发的，需要高新技术的支持、大量资金的投入，管理模式的创新等，以及企业间的合作或建立跨产业的战略联盟。此外，也需要既懂旅游又懂文化创意的复合型人才来进行产品的创意设计与开发。

二　按照资源形态划分

结合文化资源的存在形态与利用方式，有再现型、开发型、创意型和体验型这四种文旅文创融合模式。①

① 张雷：《地方文化资源与创意经济的融合机理分析》，《理论学刊》2009 年第 7 期。

（一）再现型融合模式

再现型融合模式是对物质文化资源的选择性复制和重现，以契合消费者对传统物质文化资源的内心认同与追求。如西安曲江文化产业投资集团致力于重现长安古城之“大唐盛世”的“大唐芙蓉园”“大明宫”“大唐不夜城”“大唐丝路风情园”等系列文化产业项目，成都置信集团开发的以川西民居为主，承载芙蓉文化、茶文化、街市文化、地域文化的“传统住宅产业＋现代旅游产业”复合地产“芙蓉古城”，都是融地方文化特色和历史文化资源于一体的文化创意项目，得到了市场的认可。

（二）开发型融合模式

开发型融合模式是从更为多元的角度，融入现代高新科技等要素，对历史或当代文化资源进行深度开发和资源再利用。如河南广电唐宫文创集团自2021年成立以来，依托“中国节日”系列节目，倡导“IP＋文化＋科技”运营的唐宫夜宴、洛神水赋、龙门金刚三大IP，最近全部入选中国十大IP。成立一年来，唐宫文创集团营收突破6000万元，利润1000多万元，开发产品200多种。

（三）创意型融合模式

创意型融合模式是文化资源在常规性产品和创意设计中的体现，是一种看似“无中生有”，其实是对文化资源“兼容并包”的更富有原创意味的综合创意。如杭州宋城《千古情》舞台演出，深圳东部华侨城和世界之窗项目，北京奥运会中富有中国传统元素的会徽、吉祥物、奖牌及相关纪念品等。

（四）体验型融合模式

体验型融合模式是侧重发挥文化资源的体验功能，是一种“老瓶装新酒”的运作模式，让现代的消费内容蕴含历史文化资源的精髓。如迪士尼乐园的建设及附属动画片的制作、用京剧昆曲演绎现代生活的青春版《牡丹亭》，以中华文明中源远流长的神话传说、武侠故事为题材而推出的《西游记》《虹猫蓝兔七侠传》等动画片、虚拟形象和衍生产品，实现了非物质文化遗产的物质化开发与利用。

三　按照运作方式划分

按照文旅文创融合的运作方式，可划分为资源要素融合运作模式、项目开发融合运营模式、节庆会展产业推广模式、产品创新吸引开发模式四种。①

（一）资源要素融合运作模式

这一模式是一种集约化的经营开发模式，即为了获得最佳经济效益、社会效益和环境效益，以文化旅游资源为核心组成具有一定地理范围的集聚区域，各方协作对区域内的文化要素和旅游要素进行有机整合和包装，再以某种载体集中展示给游客，最终达成本土文化旅游圈内交通和通信联系网络化、文化旅游资源开发利用集约化、旅游经济发展规模化、旅游接待规范化等目标，如文化主题公园、文化旅游村、文化博物馆等就是运用此种模式。该模式的成功运营有利于整合旅游圈内文化旅游资源，促使圈内各功能区的旅游功能更为合理，实现文化旅游资源优势向文化旅游竞争优势的有效转化，这对于具有良好文化旅游资源禀赋的地区是最优的选择。如张家界利用民族文化打造的《魅力湘西》被盛赞为“旅游文化演艺经典”。其以独特的文化创意策划吸引世界眼球，举办节庆文化提升景区影响力，成功跻身国家文化产业示范基地名录，这标志着世界自然遗产地武陵源风景区的文化旅游产业迈上了一个新台阶。

（二）项目开发融合运营模式

这种模式的基本思路是将特有的文化精品资源和相关文化以及可以借助的其他旅游元素进行有机整合，通过文化创意和技术创新策划，设计包装成文化深厚、内涵丰富，具有极强视觉冲击震撼力、沁人心脾感染力的文化艺术项目，再通过项目的市场化运作展现给游客，以项目管理的方式培育其成长，实现项目的经济价值、生态价值和社会价值。在这种模式中，可以针对不同目标市场及文化旅游资源的存在形态，通过旅游线路、节庆、主题公园、购物、旅游年等功能各异的旅游形式，向游客集中展示文化旅

① 赵华：《旅游产业与文化产业融合运作模式研究》，《兰州教育学院学报》2014 年第 12 期。

游项目或服务所释放出的文化与旅游有机融合的魅力，塑造旅游目的地的特色形象，提高旅游目的地在国内外市场上的整体形象、知名度和市场竞争力，为当地文化旅游经济注入新的活力。

（三）节庆会展产业推广模式

节庆会展产业推广模式是通过产业活动重组的方式，来实现文化和旅游两者的有机融合，主要是借助以文化为主题的各种节庆旅游、会展旅游平台和旅游演艺平台，通过旅游景点和历史文化、民俗文化等相关产业活动的重组或集成彰显文化特色，渲染人文色彩来实现两大产业的有机融合。现代旅游可以利用传统的民族节日在旅游景区内开展大型的节庆活动，同时开展会展活动和旅游演艺活动，通过精心策划的市场化运作，形成“节日＋会展演艺”模式。特别是旅游演艺延长了游客停留时间，增加了经济价值，增强了游客对旅游目的地的了解和留恋感。这种模式以各种互动式的文化旅游创意体验活动打造出全新的文化旅游产业新业态，既可提升举办地的旅游整体形象，吸引各方游客，又可有效地传播民族节庆文化，提升文化产品价值，推动文化和旅游两大产业的快速发展。

（四）产品创新吸引开发模式

此模式是在旅游资源的文化特色、当地区位条件以及经济条件都不是特别优越的情况下，通过对文化旅游产品及形象的创新，挖掘文化内涵，或是利用时事动态等进行产品开发，以满足旅游者对新、奇、异的需求或突发性需求。传统的旅游景点多是将原生态的自然景观资源或人文古迹资源加以修缮和保护，以静态的方式展现给游客，缺少吸引游客互动参与的旅游体验项目。在产品创新吸引开发模式下，可通过不同的产业融合方式，开发出多元化的文化旅游项目类型，并利用文化产业的相关要素和高科技手段，将静态的旅游资源动态活化为极具特色和时代生命力的旅游产品呈现给游客，把传统的旅游景点挖掘改造为具有新意的文化旅游景点产品，极大地丰富旅游景点产品的内容，给传统的旅游景点带来新的吸引力、生命力和震撼力。如张家界《魅力湘西》旅游演艺业的兴盛，彻底改变了到张家界旅游“白天爬山头，晚上抱枕头”的尴尬局面，如今，“白天看美景，晚上赏大戏”已成为新的旅游文化体验消费方式。文化旅游产品创新模式促进了张家界旅游产业扩容的提质升级，满足了游客不断增长的文化需要。

四　按照设计定位划分

（一）按照购买心态定位

通常情况下，消费者购买产品基于三种心理。[①] 首先，在冲动心态下购买产品。在这种心态下，游客往往更加在意设计者的创意，往往被设计中的亮点所吸引，并不考虑产品的实用价值。具有这种消费心理的人群通常年龄比较小，对新鲜事物充满好奇，大多为青少年或学生。虽然这种消费普遍附加值不高，但是购买数量较大。其次，理智型消费心理。具备这种消费习惯的游客往往对产品的使用价值、观赏价值和收藏价值都进行了综合衡量，在确定产品价值符合心理预期的情况下才会选择购买。最后，即时性消费。这类消费者通常更关心实用性，往往在选择使用价值后才考虑产品的文化性，这种人群年龄普遍偏高，具有即买即用的特点，设计这种产品时，设计者需要将产品的耐用性和使用便捷性作为首要条件。

（二）按照感官设计划分

五感设计遵循“以人为本”的设计理念，在产品设计中强化五感之间的联系，关注产品使用主体不同感官的反馈，注重提升用户的使用体验。[②] 五感设计的理论和方法目前主要运用在景观和包装设计中，其设计原则可以简单归纳为视觉主导原则、综合运用原则和语境统一原则。在现代产品设计过程中引入五感设计理念，可以丰富产品形式、增添产品趣味性及提升用户体验感，五感设计为产品的开发提供了多种可能性，使产品以多角度、多层次、多方面的形式进行展现，给消费者带来多维的感官享受，促进不同设计领域创新性发展。

---

① 徐媛、陈婧：《文旅融合背景下的文创产品开发设计研究》，《智库时代》2020 年第 5 期。

② 刘晓彬、朱庆祥：《基于五感体验的文创产品设计策略研究》，《包装工程》2022 年第 6 期。

1. 视觉之行

视觉在人体所有感知系统中占据主要地位，人们每天接触大量的文字、图表、色彩、图画等信息，都需要视觉系统来进行处理。在海报设计中，设计师对文化符号进行创造性编排，将点状的文字连接成线，再结合图形的穿插形成面状的视觉效果，突出性的视觉信息可以更好地表达宣传内容，同时有利于吸引观者的注意力。书籍装帧设计中也大量采用视觉化的形式展现内容，例如针对儿童类的书籍设计采用较多色彩鲜明、可爱生动的动植物形象，同时这些色彩和形象也可以锻炼孩子的思维能力，激发孩子的想象力。

2. 听觉之韵

听觉在室内设计和包装设计中发挥重要作用，声音的轻重缓急、刚强凌弱和粗细高低等，对人体听觉感官形成不同程度的刺激。在室内空间设计中，通过摆放小景、设计隔断、布置声源可以打造一种移步换景、沉浸体验的效果，例如水流的设计结合舒缓的音乐可以营造出小桥人家、流水潺潺的氛围，漫步其中给人一种身心放松，仿佛置身世外桃源的感觉，让消费者真正融入寄情于景、情景交融的境界，产生丰富的情感体验。

3. 触觉之感

触觉是五种感觉中最特殊的一种，它是建立在与物体表面实际接触的基础上，人体所获得的真实感受。随着科学技术的发展和新型材料在艺术交叉学科中的应用，一种新的触觉形式——视触觉诞生了，视触觉与触觉是对立统一的，指的是在视觉的基础上远距离感受到物体表面的材质和肌理给人的一种知觉反馈。例如有些包装的表面采用植物、动物表皮的形式，让人们在视觉上感受到包装的粗糙、细腻、柔软、坚硬的质感，这样既丰富了产品的形式，又增添了有趣的体验感受。

4. 嗅觉之绪

嗅觉在人体感观中的表现比较隐秘，每个人对特定的事物都有自己的嗅觉记忆。一个好的产品依靠气味就可以激起用户的情绪，例如“酒香不怕巷子深”这句话就深刻说明了人们对气味的刺激更加敏感，也比较容易察觉到气味的来源。因此经常通过提取相关物品的气味做成特殊形状的产品包装，在用户体验商品的时候调动用户情绪，唤醒气味记忆，营造良好的产品使用氛围，从而使用户在体验的过程中享受惊喜。

5. 味觉之欲

味觉是人们在长期生活经历中所累积的一种感观体验。味觉在产品中主要体现为色彩、形状，“观其色知其味”很好地诠释了味觉感受是建立在知识经验的基础上，红色代表火辣滚烫，橙色代表酸味，蓝色代表冰鲜感等，这种依靠人们最初形成的味觉色彩经验进行设计的思路在行业内被广泛传承运用。同时产品的形状也给消费者带来味觉暗示，圆形代表柔软滑嫩，三角形代表坚硬，采用不同形状的味觉包装可以让用户很好地理解产品，拉近产品与消费者之间的距离。

五　按照产品类型划分

（一）依据产品级别划分

旅游文创产品可分为低、中、高三个档位。①

1. 低档位文旅文创产品

低档位文旅文创产品为纪念册、文件袋、帆布包、纸胶带等以文具为主的日常生活用品，这类产品具有直接的纪念意义，并以相对低廉的价格占据了有利的市场，成为青年消费者喜欢的产品。

2. 中档位文旅文创产品

中档位文旅文创产品大多数是各类提高生活情趣的餐具、小首饰、电子产品以及较为流行的彩妆系列产品等。此类商品具有鲜明的设计感，同时与科技、工艺牢牢结合，消费者在考虑其美观的同时，对产品质感也有比较高的要求，可增加生活情趣或者当作礼物赠送。

3. 高档位文旅文创产品

高档位文旅文创产品多以复制的工艺品、高档首饰珠宝为主，此类商品虽然做工精美，但因为价格昂贵使多数消费者望而却步。我国地方文化

① 汪慧娴：《北京旅游文创产品的设计研究》，北京建筑大学硕士学位论文，2020，第13页。

创意产业的发展正处于起始期，但经过对原产业的拆分重组，某些旅游文创产品已经开始走向品牌化、系统化。

（二）依照产品内容划分

1. 景区文化开发模式

在文化旅游快速发展的背景下，游客对于旅游景区文化体验的需求日益增加。具有景区文化代表性的文化创意产品逐渐成为旅游景区市场营销与文化传播的重要载体，能够让游客对景区文化有更为深刻的体验感与认同感，实现文化资源创收与品牌形象的构建。

以景区文化为导向的文化创意产品，是以旅游景区自然资源与人文资源为依托，结合当代人的旅游产品审美偏好，运用动漫、图画形式，对旅游景区的建筑元素、自然景观轮廓、民俗文化等进行创意展示，将旅游景区的文化元素与产品本身的创意相结合，形成一种新型的创意产品。[①] 如手提袋、包装盒、盲盒、文化创意胶带、文化创意雪糕等，促使旅游景区文创具有更为丰富的展现，再现旅游景区人文之美。景区文创产品是二次消费的主力军，不仅是景区营收增长的重要方式，也是提升景区整体品牌、价值和口碑的最佳途径之一。旅游文创产品的打造对景区营收的重要性不言而喻。

自 2019 年故宫推出神兽雪糕，文创雪糕被推上了热搜，全国各地景区开始纷纷“参赛”文创雪糕，从景区建筑到独特植物、从民间传说到历史文化，文创雪糕代表了景区的历史文化。如杭州西湖雪糕、北京故宫神兽雪糕、沈阳故宫博物馆文创雪糕、无锡灵山大佛文创雪糕、武汉黄鹤楼楼宇雪糕、南昌滕王阁雪糕……小小的雪糕精致可爱，游客争相“购买”“拍照”“打卡”，带动了景区的经济发展。

2. 博物馆式旅游模式

文化和旅游部成立之后，博物馆和旅游业融合发展更为迅速，博物馆已日益成为推动文化旅游业和拉动经济增长的主要力量，博物馆旅游已成

---

① 潘齐欣、王贵文、唐型基：《旅游景区文化创意产品开发策略研究》，《环境工程》2021 年第 11 期。

为文化旅游的新热点。博物馆文创产品作为商品，不同于普通消费品，而是在人们解决了衣食住行等基本需求之后，出于审美和文化认同而购买的高层次商品。博物馆文创产品是以博物馆藏品等资源为依托，在深刻理解藏品的历史价值、艺术价值基础上，对其文化元素加以提炼和升华而形成的。其根植于中国优秀的传统文化，展示具有特色的地方文化，较之一般消费品，其所承载的人文情结更加浓厚。① 博物馆文创产品具有较高的艺术性，充满设计感，工艺精美、制作精良，能够在审美趋向上对购买者起到引导作用。除了审美价值，使用价值也是文化创意产品的重要考量。

博物馆对旅游业有着良好的促进作用，它在旅游者和博物馆所在地之间建立起密切关系，并为当地贡献相当可观的经济效益。在很多国家和地区，博物馆已经成为重要的旅游目的地，北京故宫博物院、巴黎卢浮宫艺术博物馆、伦敦大英博物馆吸引游客的数量，历来都是排在所在城市的前三位，并逐渐向休闲、娱乐、体验等功能方面发展。② 随着博物馆营销理念的日益深入，附属于博物馆的衍生品也成为博物馆文化创意产业的主角，成为吸引游客前来参观的重要因素之一。博物馆文创产品是立足市场需求，充分挖掘藏品特色，将藏品内涵和审美情感物化，打造出的兼具馆藏特色、具有市场价值的文创产品。

博物馆文创产品是文化传播、教育和娱乐的重要载体，实现文化资源的创造性转化和创新型发展，使文化得到润物无声的传播。博物馆文创产品可以分为两大类。一是基于馆藏重器开发的博物馆文创产品。如台北故宫博物院开发的翡翠白菜、东坡肉等相关文创产品销量最大。湖北省博物馆则围绕镇馆之宝——曾侯乙编钟，开发了七大类百余个品种，其中最能体现其古代乐器本质和有声特质的是一批独具特色的有声衍生品，既有实物也有音像制品，满足了受众对于古代音乐“百闻不如一见”的心理，深受观众喜爱。二是基于文化创意开发的博物馆文创产品。如苏州博物馆的文创产品在产品设计中成功地融入了明清文士风雅、工匠精神与审美趣味，

① 钱倩：《基于市场环境下的博物馆文创发展途径探索》，《中国博物馆》2020 年第 1 期。

② 赵迎芳：《论文旅融合背景下的博物馆旅游创新发展》，《东岳论丛》2021 年第 5 期。

使得这些纪念品获得了诗意的重构。

2018 年 11 月 9 日，故宫博物院与北京电视台联合爱奇艺共同推出一档文化综艺节目——《上新了·故宫》，节目采用“文化探索 + 文创运营”的模式，将文创产品的设计展示融入综艺节目中，展现了从发现传统文化符号，到进行文创产品设计，再到文创产品最终制成的全过程，实现了影像作品、文化符号和产品三者间的创新性结合。

3. 乡村旅游发展模式

在乡村振兴的社会背景下，立足地域文化与自然资源开发具有地方特色的文化创意产品，是传承地方优秀文化与实现乡村振兴的双赢战略。在体验旅游的发展趋势下，旅游者更加注重旅游产品所带来的身心体验，乡村旅游因其独特的资源禀赋，正好能够满足游客在这方面的需求。

乡村旅游文创作为一个新型领域，是在经济全球化背景下产生的以创造力为核心的新兴产业。[①] 乡村特色文创的设计开发主要基于当地优势文化资源，如民族服饰、民俗习惯、饮食文化等，对这些文化元素进行提炼、重组以及再开发后融入产品设计。在设计中要立足当地实际情况，寻求文创设计与特色文化的平衡点，实现文创产品内在文化价值的完美展示，这有利于乡村特色的创新性表达，实现乡村文化的持续性发展与传承。乡村旅游文创产品具体表现为以下主题内容。[②]

一是原生文化的活化创意。原生文化是指产生于某特定地域并在当地进行独特传承的文化形态，具有较强的地域性，特色鲜明，对游客及外来人有着强烈的吸引力。原生文化的活化，就是对那些当地人习以为常的文化进行保护与旅游开发，使其焕发新的生命力，并给当地带来经济收益。如日本的合掌村，有着独特的民居与民俗，1995 年被列为世界文化遗产。合掌村从传统乡村文化中挖掘了一些具有本地特色的民俗文化，如开发了

---

① 顿文昊、张东升：《地方特色文创拓宽乡村振兴之路》，光明网，https://www.gmw.cn/xueshu/2021-06/03/content_34897656.htm。

② 王爱玲、赵静娟、郑怀国、串丽敏：《日本乡村文化的创意开发及其经验借鉴》，《浙江农业科学》2021 年第 3 期。

大型节日庆典——浊酒节，这是以祈求神来保护村庄、道路安全为主题的传统节日，对祝酒词、假面歌舞、乐器演奏、化装游行等内容以及服装道具等进行了系统的创意设计，使浊酒节更具仪式感、文化韵味和趣味性；举行隆重的仪式——插秧节，迎接谷神，祈求丰收，在保留仪式原汁原味的基础上，又融入了幽默的表演成分，使得节庆更具观赏性，从而吸引游客。

二是特色资源的创意开发。特色资源的开发是指利用当地与农业有关或无关的特色资源，进行创意开发，形成具有当地特色的乡村文化，从而带来就业和经济效益。如日本长野县小布施町，日本著名的浮世绘大家葛饰北斋在晚年曾居住于此，并创作了许多集大成的经典画作。小布施町在1976 年建成了北斋馆，收藏了葛饰北斋晚年居住小布施町时所创作的 40 多件作品，其中许多画作只有到北斋馆才能欣赏到，这就造就了北斋馆的唯一性与独特性。当地政府以北斋艺术为抓手，进行了文化创意开发，将小布施町打造成名副其实的艺术小镇，最终形成了“文化艺术 + 庭院景观 + 栗子之乡”3 个核心旅游业态要素。

三是无中生有的文化创意。无中生有的文化创意是指对那些根本没有任何特色和资源的村庄进行创意开发，即引入新的文化元素进行创造开发，从而形成当地的文化特色。河南洛阳嵩县的三合村被高山所困，地势崎岖，交通闭塞，耕地稀少，是伏牛山深处最穷的村，“行路难、吃水难、看病难、上学难、娶妻难”成为村庄最真实的写照。2016 年，从小学习美术的年轻人冯亚珂返乡创业，将三合村打造成写生基地。随后，在当地政府支持下，该村依托村内原生态、纯天然的山水资源，把写生基地做成产业、打造“手绘小镇”，最终三合村成为集写生、摄影、研学、培训于一体的旅游综合体。截至 2020 年 10 月，三合村已注册了“手绘小镇”商标，陆续设计、生产、上线柿子醋、辣椒酱、粉条、花生油、菜籽油等特色手工作坊农产品，村民们开始过上幸福美好的生活。

4. 非遗旅游发展模式

非物质文化遗产主要包括口头表演艺术、传统工艺和民俗三大类，其中口头表演艺术以传统戏剧和曲艺类非遗项目为代表，传统工艺以传统手工技艺和传统美术类非遗项目为代表，民俗则以岁时节日和人生礼仪类非遗项目为代表。[①] 这些非遗类别和项目都可以与旅游文创产品的开发紧密结合起来，无论是旅游景区的主题设置、旅游景区的活动体验，还是旅游纪念品的开发、旅游景区所在地的文化特色宣传等，都可以从当地非物质文化遗产中，选取重要元素和代表性项目。通过邀请非遗传承人现场展示、设置游客参与活动、增加互动体验环节、销售非遗文创商品等，可以优化旅游景区的参观体验，让游客在旅游过程中可以更加深入地了解当地文化特色，同时也可增加旅游景区的收入。因此，在文旅融合的背景下，加强旅游景区内非遗主题文创产品的开发与设计，无论对于旅游景区，还是对于游客而言，都是双赢的选择。

在文化传承的基础上，开发非遗主题文创产品，全面融合地域特色与市场价值，将地方文化符号活灵活现地展现在游客面前，能够满足人民群众日益增长的精神文化需求。如拈花湾景区在文创产品开发过程中具体的做法包括：一是设置非遗主题文化创意集市，景区依靠文化创意商铺和非遗传承体验室，为非遗主题文化创意集市的成长提供土壤；二是开发饮食类、传统工艺类、民俗类的非遗主题活动，邀请非遗传承人现场展示，增加游客与传承人的互动环节，让游客自己动手，提升游客的参与感和体验感；三是个性化的非遗主题创意定制活动，比如根据个人的年龄、兴趣、爱好定制不同的旅游活动，包括茶艺、花艺、拓印等旅游活动，还可以根据不同的受众，如亲子、好友、同事等，开展非遗主题的生活游、节日游、团建游等。

5. 红色旅游发展模式

红色旅游文创产品，简称红色文创，是关于红色文化的创意设计产品。红色旅游文创产品具有特殊的现实意义，具有其他主题文创无可替代的特殊作用。红色文创产品是指运用红色资源特有的文化主题，通过专业设计

① 江伟、周敏：《文旅融合背景下的非遗主题文创产品开发策略研究——以无锡灵山小镇·拈花湾为例》，《艺术百家》2020 年第 5 期。

手法把红色文物、红色故事、红色历史融入文创产品，使普通的文创产品具备红色文化的特殊属性。① 游客在欣赏、使用精美文创作品的同时，还能够感受到红色文化的力量。

各地依托红色文化资源特别是革命博物馆、纪念馆、党史馆、烈士陵园、革命遗址等红色旅游景点，开展了丰富多样的红色文创实践，开发了大量富有特色、受到消费者欢迎的红色文创产品。② 例如，仿制的革命年代瓷器、工艺美术品或者革命宣传画，伟人海报的复刻、红色文化珍藏册与纪念币、书籍、水晶制品等纪念收藏类产品；古风钢笔、红色元素丝巾、革命标语纸胶带、书包、雨伞、扇子、书签、冰箱贴等具有实用功能的产品；桌游、八音盒、魔方、手机壳、万花筒等兼具娱乐性、装饰性和创意功能的产品。

6. 节庆旅游发展模式

节庆活动是民俗文化传承的重要载体，民俗节日饮食、节庆仪式、节庆物品等蕴藏着深厚的历史文化，凝聚着先人们的生活经验和智慧。节庆旅游作为一种新型的旅游产品，具有贯穿旅游业吃住行游购娱等六大要素的综合性特点。节庆旅游文创产品已超越了狭义范围中的文创商品概念，从广义范围进行界定，是指依托节庆主题文化和举办地的地域特色文化，通过创意表达和转化形成让消费者获得文化体验的物质实体或者非物质形态的服务及过程。③ 作为节庆旅游消费体验的创意产品，节庆旅游文创是节庆文化作用下的特色化产物，是基于节庆旅游而衍生的文化创意产品。2022年春节，敦煌画院巧妙利用甘肃敦煌壁画中的九色鹿、千秋长命鸟等经典元素，开发设计了敦煌五福系列文创产品，将春节和壁画里的神兽结合起来，以活泼明艳的形式向人们传递新春祝福。

7. 旅游演艺发展模式

分为演艺观赏类产品和参与体验类产品，这类产品往往具有参与性、

---

① 李红超：《北京地区红色旅游文创设计研究》，《设计》2021年第11期。

② 《红色文创产品为何没那么“火”》，央广网，http://ent.cnr.cn/zx/20210204/t20210204_525407114.shtml。

③ 施爱芹、程成、刘嘉欣、蓝辉：《基于地域特色的节庆旅游文创开发策略》，《社会科学家》2021年第11期。

教育性和娱乐性，如艺术表演、科普教育活动、文旅活动等。[1]

如“只有河南·戏剧幻城”，其位于郑开大道的中段，与电影小镇、方特、绿博园等景区为邻，是建业集团联袂王潮歌导演打造的全景式全沉浸戏剧主题公园，项目占地622亩，总投资金额60亿元，是中国首座全景式全沉浸戏剧主题公园，也是目前世界最大的戏剧聚落群。“只有河南·戏剧幻城”以沉浸式戏剧艺术为手法，以独特的“幻城”建筑为载体，用全新的观演模式，讲述关于“土地、粮食、传承”的故事。21个不同剧场、900多名专业演员在这里表演，带领游客进入一个被戏剧包裹的时空之城，让游客重新感知河南。2021年6月6日，“只有河南·戏剧幻城”正式开城迎客，开业10天就7次登录央视，端午3天共迎客2.3万人次，一举成为河南乃至全国新晋网红打卡地。

8. 线下文创发展模式

线下文创指线下专卖店销售的物质形态的文创产品，是能够供消费者购买消费与体验，并可作为旅游行程收获带回家的商品或馈赠亲友的礼品。这类产品根据功能特点进行划分，大致可以分为生活日用类、文房文具类、服装配饰类、家居装饰类、工艺美术类、食品类以及出版类等多种创意载体类型。[2]

在法国，创意设计业是其文化产业的重点产业之一。而作为旅游大国，旅游与创意设计的融合，使其旅游纪念品设计凸显了“品种多、法国标签、思路新、实用性强和做工精细”等特征，形成了极具感官冲击力的旅游纪念品。除了建筑模型、明信片和钥匙链之外，生活和装饰用品如雕像、挂毯、打火机和布娃娃等均被纳入其中。而且在设计旅游纪念品时尤其注意突出“法国标签”，融合了巴黎圣母院、蒙娜丽莎像和葡萄酒等法国标志性旅游元素，蕴含着法国浓郁的文化特色和独特的浪漫气质，可作为人们永久收藏和馈赠亲友的佳品，也成为去法国旅游购物的重要内容。

9. 数字文创发展模式

随着互联网的发展，人工智能、5G、大数据兴起，文创产品不再仅限

---

① 李凤亮、杨辉：《文化科技融合背景下新型旅游业态的新发展》，《同济大学学报》（社会科学版）2021年第1期。

② 袁俊、刘建徽：《文化产业与旅游业互动发展模式研究》，《改革与战略》2011年第5期。

于线下售卖，在 VR、AR 技术的加持下，催生了数字文创产品。数字文创产品的开发不仅是一种传统文创产品的创新，更是一种迎合互联网时代的创新。数字类文创产品是指以数字信息技术为载体进行文化创意呈现的虚拟产品或无形服务，涉及的领域包括动漫、游戏、影视、App、微信小程序等，其品类随着互联网技术的发展不断扩展。数字文创产品的形式也变得更加多样，包括 3D 扫描、3D 打印、游戏动漫、表情包、数字插画、立体插画、动态壁纸等。在新冠疫情期间，敦煌研究院推出“云游敦煌”小程序，将敦煌壁画以动画的形式进行呈现，并对相关内容进行深入讲解。这种创新的文创形式可让更多用户以轻松愉悦的方式通过线上平台遨游在敦煌的文化艺术氛围中。

第四节　优化路径

文旅文创融合是产业融合大趋势下的产物，将推动产业融合创新发展，进而满足个体精神需求、民众追求幸福、社会良性运作等社会性需求。在对文旅文创融合问题诊断、动力系统、发展模式分析的基础上，可从环境营造、产业发展、品牌塑造、平台搭建、综合保障等方面优化文旅文创融合的路径。

一　环境营造

（一）打造创新环境

从社会层面分析，塑造自由宽松的社会环境，尊重和包容创意人才，积极打造创意生活圈，培养创意阶层，建设创意城市，有利于为创意人才成长提供良好的空间，进而为旅游业与文化创意产业的融合发展奠定良好基础。从政府层面分析，搭建良好的公共服务平台、加大知识产权保护力度对旅游业与文化创意产业的融合发展具有重要推动作用。此外，行业组织的支持以及良好的产业对接机制均有助于旅游业与文化创意产业的融合发展。[①]

① 鲁皓、张玉蓉：《旅游与文化创意产业融合发展动因实证分析》，《商业经济研究》2015 年第 13 期。

（二）提供政策支持

一是为鼓励旅游产业与直接、间接相关或非相关产业之间融合，政府在政策上要提供帮助、给予支持，为旅游产业融合搭建平台。二是发挥优惠政策激励作用，在旅游产业和文化产业融合的初级阶段，政府通过发挥诱导性产业政策的激励作用，营造良好的产业政策环境，通过财政补贴、税收优惠、土地优惠、信贷配给等优惠政策，大力促进旅游与文化的融合，鼓励相关企业发展文化旅游。三是积极推进产业监管政策的变革，为不同产业企业间协调合作创造条件，进一步为旅游产业融合创造宽松的发展环境。[①]

（三）创新管理体制

结合文化产业和旅游产业供给侧结构性改革，突破现行行政管理体制机制的束缚及条块分割的制约，建立一套符合市场规律，有利于融合发展的管理服务体系。[②]

一是转变政府在宏观行政管理中的职能观念。强化政府行政宏观管理、政策法规制定等职能，明确行政管理部门的职责，找准管理部门在市场发展中的角色定位，严格控制对文化旅游产业的直接行政干预。政府应尽快从文化建设的“主角”转变为合格的“辅助者”“指导者”；从注重具体微观的“管办一体”的行政职能，向更为宏观的大格局管理转变。

二是突破行政管理体制条块分割，创新体制机制。各部门机构设置重叠、职权交叉、职能划分不清、信息资源系统缺位等问题长期存在，在文化产业与旅游产业深度融合的当下，亟须创新管理体制机制，探索“大文化”管理模式，建立“大部制”管理体制。文化和旅游部的建立是政府在体制机制上改革与创新的完美开局，但合并不能仅停留在形式上，要从根本上突破文化与旅游部门原有的藩篱，建立真正统一、协调、高效的“大

① 曹世武、郑向敏：《旅游产业融合动力机制研究——博弈论的解释框架》，《求索》2011 年第 12 期。

② 范建华、秦会朵：《文化产业与旅游产业深度融合发展的理论诠释与实践探索》，《山东大学学报》（哲学社会科学版）2020 年第 4 期。

部制”管理体制。

三是强化政府行政宏观管理职能与职权。政府作为产业市场的管理者、产业政策的制定者及产业秩序的监管者，应对自身管理角色定位有清晰的认知，明确行政部门的职责。作为市场的管理者，应发挥政府的宏观调控职责，做好统筹规划，适度调控，确保文化产业与旅游产业在宏观管理层面上的有机融合；作为产业政策的制定者，政府应坚持“大文化”管理理念，对文化产业与旅游产业原有的产业政策、法规条例、财政经费、信息资源等进行有效整合，并在此基础上有针对性地制定切实有效的新政策、新法规、新条例以保障和助推产业持续有序健康发展；作为市场秩序的监管者，政府应充分利用和发挥行政管理职权的优势，坚持依法行政与管理，加大督查考核力度，持续关注重大项目建设进程，推进旅游示范区创建等重点工作，为文化产业与旅游产业的深度融合发展提供良好有序的市场环境。

（四）完善市场机制

文创产品开发面临商业模式不够成熟、运行效率和运行模式相对不够灵活、市场机制不健全等问题，市场化机制的建设涉及较多的环节。

一是市场资源配置。政府应不断简化文化旅游项目在选址、申报、立项、审批等方面的程序，加大扶持和引导的力度，充分发挥市场在资源配置中的决定性作用，让文化旅游产品经过市场的选择，将最有创意、深受游客喜爱的项目留下来，实现资源的优化配置。

二是产权制度保护。文化创意产业与旅游产业的融合是通过创意思维进行要素整合、主题策划和产业创新的结果，这种融合模式和创意成果的突出特点是极易被模仿和复制，因此法律要采取有效措施来对创意成果进行有效保护。具体而言，不仅要保护创意成果本身，还应保护包括由其衍生的知识产权、版权、专利权和商标权。只有这样，政府才能通过对知识产权的有效保护形成促进旅游产业与文化创意产业融合发展的法律环境和竞争环境。

三是授权合作方式。从目前国内外文创开发模式来看，对外授权的内容主要包括资源数字图像、商标、品牌等。因此，通行的授权合作模式主要有图像授权、品牌授权和合作开发三种模式。

四是审查机制。对文创产品品质和合作机构的审查是市场机制下保障文创产品文化价值、品牌内涵的重要环节。以北京故宫博物院为例，不管是图像或出版品授权、品牌授权，还是合作开发，都有严格的审查程序。

五是多样化的市场营销。借助互联网、新媒体以及其他传播渠道进行全方位、多样化的营销也是市场化机制的重要环节。

（五）加强人才培养

人才培养是关系到文化旅游产业健康稳定发展的重要一环，充裕的人才资源和从业人员良好的素质是旅游产业和文化产业融合发展的必要保证。人才培养机制需要从旅游教育、评价机制、培训体系等方面加以完善。一是要整合旅游教育资源，从培养目标、专业设置等方面入手，大力发展旅游职业教育，加强校企合作，理论结合实践，从根本上提高旅游教育水平。二是要健全文化旅游职业技能鉴定体系，优化人才的结构设置，统一规范从业人员的基本素质，提高文化旅游活动的服务质量和水平。三是充分利用人才优惠政策引进国内外有经验的专业人才，并借鉴国外先进的人才培养体系，激励更多优秀人才投身文化旅游事业。

（六）创新运营机制

首先对文化旅游资源进行所有权、管理权和经营权三权分立改革。在保证国家所有权不变的情况下，实行政府管理、企业化经营，让企业成为拥有充分自主经营权的市场主体。其次要整合、组建跨行业的产业集团。产业要实现融合发展，不仅要进行产业内部的整合，而且要进行更大的跨所有制、跨行业的整合，以实现资源共享、优势互补，形成较完整的旅游文化产业链，增强企业竞争力。①

二　产业发展

（一）延伸产业链条

文创产业融合了文化、艺术、旅游、生态等各类产业要素，是一种关

① 张海燕、王忠云：《旅游产业与文化产业融合发展研究》，《资源开发与市场》2010年第4期。

联和渗透性较强的产业形态，其与多产业存在纵横交错的网络连接。例如，《哈利·波特》原本是科幻小说，而由此衍生出来的电影、DVD、电子游戏等不同载体的文创产品，延伸和拓展了其产业链式发展。文创产业可依托区域空间内的文化内核，吸引和聚集关联企业进行相关衍生产品的开发和设计，以形成系列化的产品创意和内容，满足文创产品消费者的多元需求。如此，便会促成供需主体在空间上的聚集，通过纵向横向的产业交融和互促发展，延伸产业价值链条，为文创产品多品类开发和产业群落的建构提供重要基础。

（二）推动跨界融合

在共享经济的时代，文化和旅游行业的发展需要跨界融合，共荣同赢。跨界融合是指不同产业或同一产业不同行业间的相互渗透、相互交叉，最终融合为一体，逐步形成新的产业或增长点的动态过程。[①] 推动文化旅游产业的跨界融合，就是要以“文化 +”“旅游 +”“ + 旅游”“ + 文化”等模式助推文旅产业与相关产业的融合，从而衍生新业态，拓宽产业面，拉长产业链，构建现代文旅产业体系。要在大力促进“文化 + 旅游”产业融合发展的同时，加强旅游供给侧结构性改革，推进旅游结构调整和要素配置优化，推动产业向价值链的高端发展。推进组建跨界、跨域融合的创意产业集团和产业联盟，推动工业旅游、体育旅游、康养旅游、研学旅游等“旅游 +”产业跨界融合发展。大力发展体验性、参与性、交互性的文化旅游新业态，形成旅游与体育、娱乐、康复、餐饮、文化、传媒等融合的产业体系。让“旅游 +”逐步成为旅游产业升级扩容的新动力。通过跨界融合促进文化旅游产业与相关产业的共同发展。

（三）重视科技手段

随着信息技术的快速发展，以 5G、VR、无人机等科技手段提高旅游体验的“互联网 +”智慧旅游项目正在成为提高区域文化影响力、促进文旅产业转型升级的重要途径之一。支持文化和旅游数字化、网络化、智能化发展，推动人工智能、大数据、云计算等在文旅产业中的应用，发展 5G 智

---

① 黄永林：《文旅融合发展的文化阐释与旅游实践》，《人民论坛·学术前沿》2019 年第 11 期。

慧旅游，创新文旅产业体验模式，增加文旅融合的速度和深度，提升文化和旅游科技创新能力。[①]

首先要培育文化和旅游融合主体与新业态。推进文化和旅游业态融合、产品融合、市场融合，鼓励文艺院团、演出机构与演出旅游中介等以多种形式参与旅游演艺项目，加快文化遗产旅游、文化主题酒店等发展。结合“大众创业、万众创新”战略，培育小微文化旅游企业，推进文化旅游领域创新创业综合载体建设。鼓励建设集文化创意、旅游休闲等于一体的文化和旅游综合体。利用乡村文化、生态资源，培育乡村文化旅游业态。强化品牌营销，实现文化传承与旅游资源开发协同共进，培育具有丰富文化内涵的文旅融合品牌。

其次要加大数字文旅产业新型基础设施建设。创建数字智能景区，建设旅游产业大数据平台，精准判断用户需求偏好，为游客提供更便捷、更个性化、更友好的产品和服务。通过智慧文旅、数字化模式监控，更科学地探寻景区的舒适度，推行无纸化门票和身份证快速检票，减少排队的时间，改善节假日时旅游景区的拥挤状况，健全信息发布、风险评估等应急机制，提高游客的满意度。

最后要借助现代数字技术强化互动体验。结合 5G、VR、AR、AI 增设情景体验、影视场景，借助动漫形象、建筑景观和丰富的表演节目来激活文化，使游客获得完美的深度文化体验。实现技术与资本的有效对接，通过数字化的各种资讯和内容产品加速相关产业的联动，培育数字文旅消费新业态，实现数字文化产品消费带动上下游产业的发展，加快产业协作效率。

三　品牌塑造

（一）打造品牌 IP

IP 是英文 Intellectual property 的缩写，原意为知识产权，是指发明人对其智力劳动成果所享有的权利，包括文学、绘画、音乐、电影等方面的作品版权。[②]

① 赵东喜：《科技创新推进文旅融合的机理与路径选择研究》，《科技和产业》2021 年第 11 期。

② 李建军、王玉静：《基于文化 IP 赋能旅游文创产品开发研究》，《北方经贸》2021 年第 5 期。

IP 被视为营销活动的新能量源，将品牌 IP 化包装已成为大势所趋。以文化 IP 为标志的文化品牌发展业已延伸到文化旅游产业，成为大幅提升文化旅游产业和产品竞争力的重要手段。文化 IP 作为打造特色旅游文创产品的重要因素，不仅能提高文创产品的知名度和美誉度，而且能有效提高旅游文创产品的文化质量。

IP 不仅限于吉祥物、漫画卡通形象，也可以是物产、人物、文化或是特定的节庆活动等核心吸引物。成功的品牌 IP 如故宫博物院文创品牌，日本熊本熊 IP、角落生物 IP 等，均具有强烈的品牌个性。设计开发产品使用场景越多，越能“走心”出爆款，关注度自然也会上升，转化率高，品牌价值就会叠加，进而形成强势“网红”“打卡地”的旅游品牌。文化故事是文创产品最重要的 IP，而且文化故事一定是与景区本身属性相一致的，是一种文化内核的延展，游客在景区游览中通过购买其文创产品满足文化的归属感，不仅如此，还能把这种旅游乐趣通过文创产品带回家分享给亲朋好友等。

（二）提升品牌效益

2021 年 8 月，文化和旅游部等 8 部门联合印发的《关于进一步推动文化文物单位文化创意产品开发的若干措施》指出，要坚持把社会效益放在首位，实现社会效益和经济效益相统一，鼓励开发兼具艺术性和实用性、适应现代生活需要、符合市场消费需求的文化创意产品，再次强调了文创产品开发既要有文化品位，更要保证产品质量。尽管有较高的文化附加值，文创产品仍首先应该是产品。所谓产品是一个市场的概念，产品设计、创意的出发点是市场需求。[①] 市场需求是在一定价格水平下消费者愿意购买的数量。因此衡量文创产品的好坏主要看一定价格水平和质量档次条件下的市场效果，而不仅仅是艺术价值和文化价值。

2019 年 1 月，距离彩妆产品推出尚不足 1 个月时间，北京故宫文化服务中心官方微博发帖称：“感谢所有声音，每一条意见我们都有认真阅读记

① 黄敬惟：《文创产品：重“文”也要重“质”》，http://paper.people.com.cn/rmrbhwb/html/2021-10/08/content_25882378.htm。

录。故宫淘宝原创系列彩妆，从外观到内质仍有很多进步空间。所以我们决定全线停产，不断完善，直至把最好的推送给大家。”故宫淘宝的彩妆下架说明，文创产品不能成为拓展旅游资源的一次性吸睛商品，既要好看也要实用。在保证文化传承、创意融合的同时，也要保证产品的质量稳定；在形成关注热点的同时，还要在市场上站得稳。

文创产品与生俱来地肩负着宣传文化的使命，敷衍了事的设计只会令人反感，用心的设计才能真正发挥优秀文化元素的力量，让更多原本不了解、不感兴趣的消费者爱上这些文化瑰宝。开发设计文创商品，不能仅限于产品本身，而应围绕景区中“有趣”“有用”“有文化内涵”的内容来做文章，聚焦不同消费群体的“刚需”“痛点”“高频”的不同诉求点，开发设计出识别度高、形象鲜明、有正向价值观、高颜值的时尚创意产品。如故宫博物院出品的《谜宫·如意琳琅图籍》解谜游戏书，以真实历史事件为背景，将故宫文物作为素材融入其中，由读者扮演“侦探”，在推理解谜的过程中自行发现“紫禁城的秘密”，兼顾文化性与游戏性，受到好评。不少消费者得知第二部出版后便选择直接购入，成了产品的“回头客”，很多人也是由此萌生了对历史和传统文化的兴趣。

（三）加大品牌推广

纵观全球现代文化产业和文化旅游产业发展的历程，文化品牌和产业品牌发展应当是当今文化发展最重要的特质之一。全球最具有文化旅游产业竞争力的国家和地区，同样也是文化品牌价值最大、文化品牌数量最多和文化品牌衍生速度最快的国家和地区。对品牌进行推广可以扩大品牌的知名度，提升品牌的影响力。故宫博物院近年来也与许多软件品牌合作，推出联名版本，如与腾讯合作推出游戏《天天爱消除》的故宫主题版等，这些具有特色和热点的创新产品深受年轻人喜爱，也进一步激发了民众对于故宫博物院、故宫文化探索的兴趣，对故宫博物院进行了宣传和推广。[①]

---

① 刘雨朦：《文化创意产业品牌塑造的方式及存在的问题——以北京故宫博物院为例》，《中小企业管理与科技（上旬刊）》2021 年第 8 期。

（四）开展故事营销

故事营销是指用故事包装品牌，以向用户讲述故事来传达品牌文化内核。好的故事会带来品牌溢价。人们通常会以叙事性方式思考，也爱听故事，往往将道理通过故事的形式加以传递。也正因为文创产品具备的娱乐属性，品牌故事无疑是一个很好的切入点。所讲述的故事必须要与品牌定位相吻合，与目标市场的用户属性契合，与品牌形象契合。陕西呦呦鹿鸣创意文化传播有限公司出品的文创产品《物话天宝》礼盒。礼盒以李白从进入长安到离开长安这一路的所见所闻、所做所感为线索进行创作，礼盒中的鼠标垫、书签、U 盘、笔记本、眼罩与胶带等互相关联，让人们在使用这些日用品的同时仿佛也跟随李白到达长安，进入宫中，充满历史感与故事感。

（五）进行跨界营销

品牌 IP 的跨界创新是以多方参与的合作模式推送与 IP 相关的产品，使隐藏在产品中的内容被不经意间消费。IP 的跨界是 IP 与其他品牌的相互渗透和融合，能带给品牌 IP 一种立体感和纵深感。文旅文创品牌的跨界发展主要是 IP 与品牌跨界，其中最关键的是要找到 IP 和品牌深层次的内涵和精神价值对接。跨界是从内容制造、互动形式到媒体传播的跨界，每一步都需要精心策划。每个 IP 都有自身的定位，都有自己专属的受众，品牌的覆盖面也有一定限度。成功的 IP 跨界基于核心的共振，即针对相应人群进行价值观、文化内涵、文化元素等的统一输出。只有选择与品牌目标受众相一致的 IP，实现 IP 与品牌目标群体的共振，才能通过合作实现共赢。

故宫文创产品与彩妆护肤、游戏、动漫等领域进行了深度合作，以故宫和安踏的跨界营销为例。2020 年 1 月，安踏携手冬奥和故宫文创 IP 推出了全新“霸道”鞋款，以清代吉服褂为灵感，并将故宫吉祥元素、冬奥会元素与新年元素相结合，突出人们对于新年的美好希冀。故宫和安踏本身就极具粉丝号召力，一个是皇家文化的标志，一个是具有深厚底蕴的民族品牌，通过共同营造“东方之美”形成共振效应，使得故宫的粉丝认可了安踏这个民族品牌，安踏的年轻受众也为故宫的东方美学所折服。此外，故宫淘宝和腾讯合作推广的《穿越故宫来看你》以及故宫博物院与北京电视台合作出品的《上新了·故宫》《我在故宫修文物》，都是文创产品跨界合作的优秀案例。

（六）拓展渠道营销

主要包括微博、小红书、微信、B站等。[①] 微博具有流量大、即时性强的特点，所以主要进行话题的互动，一旦符合大众的触点就会引起大量的转载讨论；小红书上多为用户亲身经历的旅游、美食、穿搭等经验分享，非常容易吸引潜在消费者进行同样的经历体验；微信因为注重私域流量，更多是在朋友之间进行分享，所以故宫较多推送故宫历史的科普内容等信息；而在B站上年轻人更多，原创比例高，所以经常会发起视频话题，带来二次创作等创意传播。

（七）推动联合营销

故宫博物院也在线上开通了故宫淘宝、故宫商城等渠道，大幅提升了故宫博物院的市场覆盖范围，使得它的文化创意产品能够进入更多消费者的市场，同时故宫博物院也开通了官方微信、微博等社交平台，持续推送故宫博物院的最新动态，加强与消费者的互动沟通，在潜移默化中对品牌进行了推广。

四　平台搭建

（一）发挥文旅融合载体作用

在文旅融合发展的创新环境中，充分发挥旅游目的地“硬”建设和“软”推广的共同作用。塑造文化旅游融合发展的硬环境，就是增加公共文化空间，强化文化旅游设施、城市景观、图书馆、博物馆、大剧院、非遗馆等文化载体建设，利用文化载体吸引游客。营造文化旅游融合发展的软环境，即借助红色旅游、乡村旅游、非遗旅游等特色旅游发展，发挥公共艺术在城市氛围营造和地方特色打造中的促进作用，创造就业机会，增加市场价值。

① 刘雨朦：《文化创意产业品牌塑造的方式及存在的问题——以北京故宫博物院为例》，《中小企业管理与科技（上旬刊）》2021年第8期。

开发建设文创项目。支持文化创意和设计服务与相关产业融合发展，重点支持数字文化产业创新发展、文化文物单位文化创意产品开发、文化产业双创服务平台、众创空间建设等新兴产业项目。

（二）构建行业公共信息平台

旅游产业和文化产业分属两个不同的产业，为促进旅游产业和文化产业的有机融合，可在政府管理机制的推动下，构建旅游行业协会和文化行业协会联合的行业公共信息服务平台，代替政府发挥一定的服务作用。[①] 既可以使行业之间的信息及时流通，又可以实现企业经营者和旅游者对信息的收集和整合；不仅能为相关企业在发展和规划上提供一个参考依据，并结合自身发展需求做出创新选择，又可以通过信息平台接收旅游者的信息反馈，为旅游和文化企业有针对性地开发产品提供依据。由政府牵头，建立跨区域、跨行业交流合作平台，积极参与或组织各类论坛、年会、研讨会，促进各类机构之间的直接交流。

（三）打造优质投融资平台

落实产业扶持政策，撬动金融、社会资本以多种形式对有前景的文化创意企业进行股权投资，为文化创意产业发展营造一流的产业生态环境。着力开拓投融资渠道、创新模式、变通方法，确保产业融合发展中的资金需求，进一步完善文化创意旅游投融资体系。[②] 一是探索建立符合文化创意旅游企业特点的信用评级和信用评价方法，通过直接担保、再担保、联合担保、担保与保险相结合等方式为文化创意旅游企业提供融资担保服务。二是支持优势成长型中小文化创意旅游企业使用集合债券、私募债券等债权融资工具和股份转让系统挂牌交易等直接融资方式。

（四）协同文旅融合数字建设

文旅产业融合发展离不开数字化。数字技术的应用可以推动文旅产业

① 朱佳：《旅游产业与文化产业融合环境中的政府角色定位分析》，上海师范大学硕士学位论文，2012，第53页。

② 徐茜：《文化创意产业与旅游产业融合的机理和路径探析——以成都为例》，《中华文化论坛》2015年第6期。

创新发展，提升文旅数字化产品和服务品质，向数字化转型已成为产业升级、产业创新和产业融合的重要途径。① 将虚拟现实（VR）、增强现实（AR）、5G＋4K/8K 超高清、数字多媒体等技术运用在已有的历史文化建筑、文化主题公园、各类文化展馆等载体上，将静态的、单一的观看变成动态的、互动式参与和体验式文旅产品和服务，有利于促进文化旅游消费。

一是依托智慧城市建设和新基建，解决文旅融合中关键共性的数字化技术运用问题，完成数字网络的公共基础设施维护和更新。建立由文化旅游部门、教育与研究机构、文化旅游协会、科技企业、金融企业等组成的城市文化旅游网络生态系统，注入教育、科技、资本等要素，强化文化旅游合作的数字网络构建，促进行业交流和专业知识传播，提升文旅融合发展效率。引导文旅企业加大对数字技术的研发，提升企业自主创新能力，扩大优质文旅产品供给，推动形成贯穿全生命周期、全产业链的文旅产业新模式，为文旅产业融合注入新的动力。②

二是强化网络营销渠道与分销渠道的合作，将其作为文创产品销售的一个重要方向。苏州博物馆是国内博物馆中较早在天猫平台上开设旗舰店的博物馆之一。2019 年 6 月，阿里巴巴发布了《2018 年天猫博物馆文创数据报告》，该报告披露了在天猫平台上开设旗舰店的博物馆官方数据。苏州博物馆文创产品的在线销售和粉丝数稳居全国第三位。苏州博物馆文创产业近年来取得了可观的社会效益，对博物馆的观众培育和文化传播起到了相当大的作用。

五　综合保障

（一）优化市场产业体系

政府规制能够推动省域文化与旅游产业的动态融合进程。在产业演进

① 周锦、王廷信：《数字经济下城市文化旅游融合发展模式和路径研究》，《江苏社会科学》2021 年第 5 期。

② 夏杰长、贺少军、徐金海：《数字化：文旅产业融合发展的新方向》，《黑龙江社会科学》2020 年第 2 期。

融合期，政府应健全现代旅游与文化产业体系和市场体系，完善旅游与文化经济政策，并进行绩效评估、评测反馈和激励校准。同时，通过市场监管放松、政策引导干预、营商环境优化，构建文化与旅游产业的生产网络与经济空间，推进创新创业平台建设，培育新型文化业态。此外，政府应充分发挥对于文化市场秩序的响应与调适作用，创新文化管理体制与经济运行机制，规制文化与旅游产业从产业分立到多层面融合的动态过程。

（二）强化市场监管体系

建立文旅市场联合执法机制。落实《关于进一步深化文化市场综合执法改革的意见》《关于深化文化市场综合行政执法改革的指导意见》，规范文化和旅游市场投诉处理流程，联合各执法部门形成合力，推动执法队伍整合到位，加大文旅市场秩序整治力度，依法打击违法违规行为；建立文旅市场应急反应机制。制定文旅系统突发事件应急预案，督导文化市场、旅游景区等场所建立突发事件应急反应机制；建立文旅市场信息监督员制度。依据各地实际情况，建议在市县乡地区组织选任文化市场信息监督员，打造监管模式网格化、义务监督全员化、监督领域全面化的文旅市场监管体系。

（三）完善投融资体系

政府公共资金的投入对于引导文化和旅游融合发展具有重要作用。在这方面要整合原有文化系统和旅游系统的各项专项资金，完善公共资金的使用，并建立文化与旅游融合发展的专项基金，如成立产业融合基金会，并设立包括会展基金、动漫旅游发展基金、影视旅游发展基金、旅游演艺发展基金和旅游电子商务发展基金在内的多种专项基金。

引导金融机构加大对文化旅游融合发展示范项目、重点项目的信贷投放；发挥各地文化产业投资基金和旅游产业基金的撬动和带动作用，引导担保公司为文化旅游发展提供融资担保；鼓励银行业金融机构通过知识产权质押贷款方式支持文化旅游企业创新发展，积极运用直接债务融资工具，拓宽文化旅游企业的直接融资渠道；通过 PPP 模式推动文化和旅游融合发展，克服旅游领域的过度商业化和文化领域的低效率化。

第五节　区域实践

河南省委将文旅文创融合战略确定为“十大战略”之一，河南省委书记楼阳生在省委工作会议、省十一次党代会、省委十一届二次全体会议等不同场合，就实施文旅文创融合战略做出系统部署，提出要全力塑造“行走河南·读懂中国”形象品牌。河南省人民政府印发《河南省“十四五”文化旅游融合发展规划》，坚持前瞻性、全局性、系统性视野，为“十四五”时期河南文化和旅游发展明确了时间表和路线图。全省文化和旅游系统深受鼓舞，强力推进文旅文创融合战略实施，积极融入河南省“两个确保”大局，努力将河南建设成为中华文化传承创新中心、世界文化旅游胜地。①

一　战略意图

实施文旅文创融合战略是加强文明交流互鉴的必然要求，是坚定文化自信的重大支撑，是锚定“两个确保”、加快建设现代化河南的重要支点。

（一）实施文旅文创融合战略是加强文明交流互鉴的必然要求

2012 年 11 月，党的十八大明确提出要倡导“人类命运共同体”意识。当今世界正面临百年未有之大变局，政治多极化、经济全球化、文化多样化和社会信息化潮流不可逆转，不论人们身处何国、信仰如何、是否愿意，实际上已经处在一个命运共同体中。与此同时，一种以应对人类共同挑战为目的的全球价值观也开始形成，并逐步获得国际共识。构建“人类命运共同体”既是新形势下中国国际传播能力建设的目标与方向，也是讲好中国故事的突破口与立足点。为了使中国故事的内容及叙事更加丰富，需要从中国传统文化、中国与世界的交往以及人与自然的关系中寻找优质资源，同时进行国家议题及话语体系的挖掘，进行民间话语的建设，利用中国经

① 李延庆：《实施文旅文创融合战略 加快建设文化旅游强省》，河南省文化和旅游厅网站，https://hct. henan. gov. cn/2022/05 - 14/2448664. html。

验这一丰富的语料库，从人类共性、共情的角度体现中国作为世界大国的责任与担当。

随着丝路文化遗产日益成为世界各国和平合作、开放包容、互学互鉴、互利共赢的重要纽带，以新的文旅文创方式做好新时代文化遗产的保护与活化正成为全球共识。

河南省累计入选“全国十大考古新发现”的总数达到50项，稳居全国首位，彰显了河南文物大省、考古大省的地位，也证明了中原文明在中华文明中的核心地位。入选河南考古项目时间跨度从数万年前的旧石器时代一直延续到宋代，各个时期不断线，全面展现了在形成多元一体的中华文明格局中中原文化所具有的中心地位和主导作用。中华文明的起源长期以来是众人关注的焦点，国家也推出了“中华文明探源工程”，其中很多重要的考古发掘项目选在中原地区，一系列的古城、古墓、古聚落的考古发现，不仅为考证中华文明起源与早期发展提供了丰富的资料，而且表明正是在中原地区最早形成了成熟的文明形态、并向四方辐射其文化影响力，成为中华文明总进程的核心与引领者。

两汉时期，洛阳作为丝绸之路的东方起点之一，为丝绸之路的开辟、发展繁荣做出了突出贡献；隋唐时期，通过丝绸之路和大运河从四面八方而来的国内外客商云集洛阳，通商贸易、文化交流、人员往来日益繁盛。2007 年 4 月 15 日，“丝绸之路东方起点碑”在河南省洛阳市东郊唐寺门揭碑，标志着洛阳市被认作丝绸之路东端起点之一。2014 年，隋唐洛阳故城定鼎门遗址、汉魏洛阳城遗址、崤函古道石壕段遗址、新安汉函谷关遗址作为“丝绸之路：长安—天山廊道的路网”项目的组成部分被列入《世界遗产名录》。河南实施文旅文创战略有助于进一步挖掘丝路文化的丰富内涵，充分展现文明交流的魅力和互鉴的成果，加快推动中华优秀传统文化创造性转化、创新性发展，打造“十四五”文旅发展新高地。

（二）实施文旅文创融合战略是坚定文化自信的重大支撑

2015 年 11 月 3 日，习近平总书记在会见第二届“读懂中国”国际会议外方代表时强调：“中国有坚定的道路自信、理论自信、制度自信，其本质是建立在5000多年文明传承基础上的文化自信。”[①] 2016年11月30日，习近平在中国文联十大、中国作协九大开幕式上的讲话中指出：“文化自信，是更基础、更广泛、更深厚的自信。”[②] 张艺谋导演在解读2022年北京冬奥会开幕式时说：“作为亲历者，深深地体会到文化自信是多么重要。能够在大型的开幕式上反映出一种浪漫的情怀，其实就是文化自信最好的表现。”我国今天的国家治理体系是在历史传承、文化传统、经济社会发展的基础上长期发展、渐进改革、内生性演化的结果；只有坚持从历史走向未来，在延续民族文化血脉中开拓前进，我们才能做好今天的事业。因此，推动中华民族伟大复兴，必须要以文化自信做支撑，迫切需要从以中原文化、黄河文化为代表的中华优秀传统文化中汲取精神力量，找到思想源泉和实践路径。

近年来，河南大力推动传统文化的创造性转化和创新性发展，出现了一批富有历史文化气息又为人们所喜爱的“爆款”产品。《唐宫夜宴》《龙门金刚》等“中国节日”系列节目通过创意激活和科技赋能，加快将河南省得天独厚的历史文化资源转化为文化旅游产品，持续推动具有中原特色的国潮国风文化旅游业态出圈出彩，成为讲好中国故事的重要载体，展现出了满满的“文化自信”。河南电视台“中国节日”的持续出圈、河南博物院文创产品的空前火爆，表明河南正在探索走出一条文旅文创融合的“河南路子”，随着文旅文创融合战略的深入实施，文旅文创将成为推动社会经济发展的战略性支柱产业，推动各行各业在文旅文创融合领域持续创意创新、破题破冰、出圈出彩，一大批具有中原特色、体现国家高度的文化IP将不断被做大做强，成为坚定文化自信的重要名片。

河南是中华文化超级IP的集聚地。塑造“行走河南·读懂中国”品牌，坚定文化自信，面向世界讲好中国故事，需要从黄河文化、中原文化中汲取精神力量。“十四五”时期，河南将构建中华文化超级IP矩阵：聚焦以姓氏根亲为代表的老家河南、以天下黄河为代表的大河文明、以华夏

① 《习近平治国理政》第4卷，外文出版社，2022，第312页。

② 《习近平治国理政》第2卷，外文出版社，2017，第36页。

古都为代表的中国气象、以太极少林为代表的中国功夫，做好中国文化的国际化阐释和表达，打造全球著名的文化 IP。重点打造探寻中国文字起源的甲骨文文化 IP、彰显华夏之光的仰韶文化 IP、代表早期中国的二里头文化 IP、展示中国气象的隋唐洛阳城故文化 IP、蕴含中华美学的宋文化 IP、感知中国时间的二十四节气文化 IP、凝练东方智慧的道家思想文化 IP、传达中国意境的唐诗宋词文化 IP，提升这些 IP 的国际知名度和影响力。

（三）实施文旅文创融合战略是锚定“两个确保”、加快建设现代化河南的重要支点

2021 年 9 月 7 日，河南省委书记楼阳生在河南省委工作会议上指出：“依托河南省丰厚的历史人文和自然风光优势，把高能级文旅融合作为新的增长极，把文旅文创产业培育成支柱产业，既是应时合势之举，也是活跃全局之策。”河南省第十一次党代表大会确立了要确保高质量建设现代化河南、确保高水平实现现代化河南“两个确保”的奋斗目标，提出全面实施文旅文创等“十大战略”。

河南历史悠久、底蕴深厚、资源富集，是中华文明的重要发祥地，是中华文化传承发展、守正创新的重要历史轴心和地理枢纽，享有“地下文物全国第一，地上文物全国第二”的美誉。进入新发展阶段，要塑造河南在全国、世界的文化 IP 和旅游形象，就需要依托其文旅资源优势、历史基础、发展潜力精准定位。河南是黄河流域生态保护和高质量发展等重大国家战略的重要承载地，是构建具有国际影响力的黄河文化旅游带的核心示范区，是全国唯一兼具黄河、大运河、长征和长城四大国家文化公园的省份，先后获批宝丰说唱文化、河洛文化两个国家级文化生态保护实验区，拥有以开封宋都古城文化产业园区为代表的文化产业示范园区，文旅文创发展迎来了前所未有的国家重大战略和政策机遇。

目前，文旅文创融合正在成为政策的风口、行业的热点和经济社会的增长点，以及全省战略支柱产业和提升区域核心竞争力的关键变量。文旅文创融合战略的提出，意味着文化旅游上升到河南省的重大战略层面。河南作为一个“文化资源大省”，在迈向“文化强省”的过程中，“塑造全域旅游主题形象、打造国际级黄河文化旅游带、谋划建设休闲康养基地、发

展特色鲜明的全链条文创产业、壮大文旅文创市场主体”是主要任务，也是必经之路。旅游体验过程是人们接近文化、认识文化的方式和过程，文创作为文旅产品形式之一，无论是站在文旅产业发展的立场从完善产业链条的角度来看，还是站在游客的立场从游览体验的角度来看，文旅文创融合都是文旅产业高质量发展的重要组成部分。

二 战略研判

当前，河南省经济社会发展正处于“文化转向”的关键节点，文化和旅游将成为引领消费升级的主战场，“文旅文创出圈出彩”将成为今后一个时期的新常态。

（一）河南省经济社会发展正处于“文化转向”的关键节点

从国际来看，美国、日本、德国、英国等发达国家在后工业时代初期（1971～1992年），其服务业占GDP的比重从54.6%增加至65.4%，服务业占全部就业的比重从52.4%增加至65.1%。在这一时期（也称知识经济时代），发达国家的发展战略均出现了“文化转向”。美国学者约瑟夫·奈在20世纪80年代正式提出“软实力”（Soft Power）概念，文化、价值观、意识形态等文化软实力成为综合国力竞争的关键因素。美国、英国、日本、韩国等竞相将文化产业和旅游业上升到国家战略层面。美国的文化创意产品于1996年成为美国最大宗的出口产品。日本于1996年制定《21世纪文化立国方案》，英国于1996年成立创意产业特别工作组，韩国于1998年提出“设计韩国”战略并设立文化产业局。2007年韩国文化产业占GDP的比重已近7%，英国2008年创意产业对GDP的贡献率达8%。日本、韩国的入境游客接待量不断增长，分别从2004年的614万人次、761万人次增长至2019年的3188万人次、1460万人次（见图7－1）。

从国内来看，以第三产业产值占GDP的比重超过50%为进入后工业社会标志，北京（2000年达到55.6%）、上海（2000年达到52.4%）、深圳（2002年达到50.11%）、成都（2013年达到50.2%）、杭州（2011年达到50.02%）等在进入后工业社会以后，其发展战略也出现了“文化转向”。

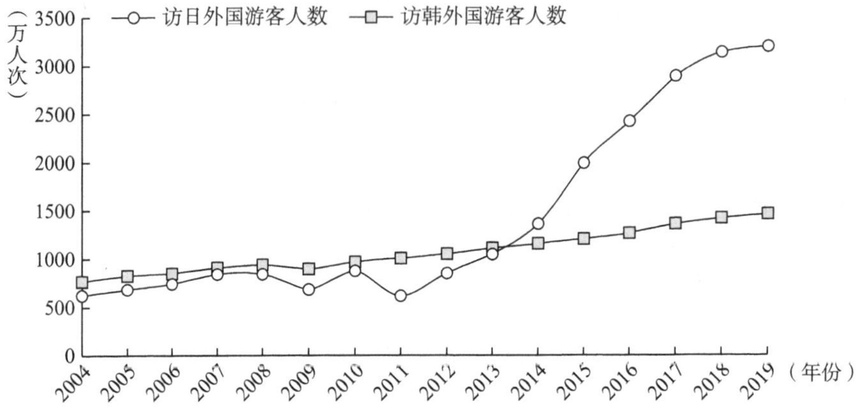

图 7-1　2004~2019 年日、韩入境游客人数增长情况

资料来源：笔者根据有关资料整理。

在联合国教科文组织发起实施的“创意城市网络”中，深圳、北京、上海分别于2008年、2010年、2012年被评为“设计之都”，成都于2010年被评为“美食之都”，杭州于2012年被评为“手工艺与民间艺术之都”。与此同时，在进入后工业时代以后，北京、上海、深圳、成都、杭州的游客接待量也进入较快增长期（见图 7-2）。

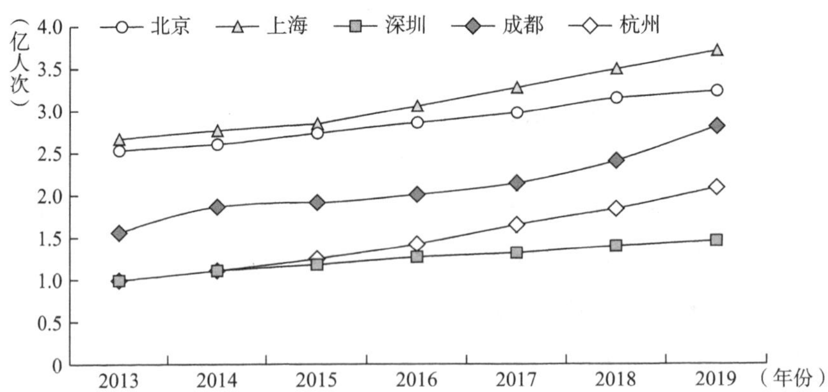

图 7-2　2013~2019 年北京上海深圳成都杭州游客接待量增长情况

资料来源：笔者根据有关资料整理。

2021 年，河南省的第三产业占 GDP 的比重达到 49.1%。预计“十四五”中期河南省第三产业占 GDP 的比重将超过 50%，迈入后工业社会。“文化转向”将成为“十四五”时期河南省文化和旅游发展的标志性特征，文化创意、旅游产业等将迎来快速增长，文化和旅游消费将成为拉动内需的重要引擎，文旅文创将成为战略性支柱产业，引领经济社会高质量发展和现代化河南建设。

（二）文化和旅游将成为引领消费升级的主战场

从恩格尔系数变化的国际经验来看，恩格尔系数低于 30% 以后，会出现消费升级领域的“文化跃迁”现象，文化（含旅游）消费支出占居民消费总支出的比例大幅攀升，高质量的文化和旅游消费成为居民生活必需品。按此划分标准，20 世纪 80～90 年代，美国的恩格尔系数已降至 20% 以下（16%），进入极其富裕阶段；欧洲、日本、加拿大等地区和国家一般在 20%～30%，处于富足阶段。

从人均 GDP 与居民消费的国际经验来看，人均 GDP 超过 5000 美元以后，社会将全面进入休闲时代，度假旅游成为首选，科普教育开始加速，文化娱乐消费占消费支出的比重达到 30%；人均 GDP 超过 8000 美元以后，全社会的文物保护意识会真正形成，艺术、收藏品等市场会出现繁荣。1983～1995 年，日本、德国、英国、法国、新加坡、韩国的人均 GDP 先后超过 1 万美元（见图 7－3）。在这一时期（20 世纪 80 年代中期至 90 年代中期），随着恩格尔系数的下降（低于 30%）与人均 GDP 达到 8000～10000 美元，美国、日本、德国、英国、法国、新加坡、韩国等国家的文化和旅游消费呈现较大幅度增长。特别是从主要博物馆游客接待量和出境游指标来看，在这一时期这些国家均保持了 7%～15% 的持续增长。

我国 2020 年恩格尔系数为 30.2%，我国城镇居民的恩格尔系数于 2014 年降至 30% 以下；河南省 2018 年恩格尔系数为 26.1%（根据《2018 年河南省居民消费发展报告》）。我国 2019 年人均 GDP 站上 10000 美元新台阶，河南省郑州、济源、焦作、许昌、洛阳 2019 年的人均 GDP 均超过 10000 美元。当前，我国经济正在由高速增长阶段转向高质量发展阶段。在消费升级的背景下，必将出现明显的“文化跃迁”现象，河南省文化和旅游将

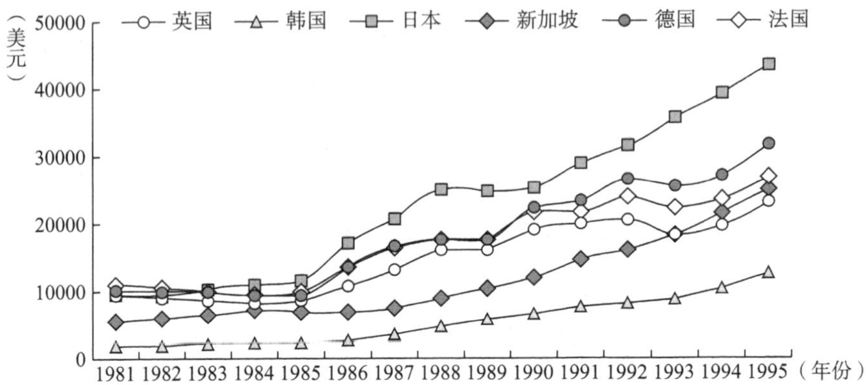

图 7－3　发达国家 1981～1995 年人均 GDP 变化情况

资料来源：笔者根据有关资料整理。

进入弯道超车、换道领跑的黄金机遇期。实施文旅文创融合发展战略，必须抢抓扩大内需机遇，积极融入以国内大循环为主体、国际国内双循环相互促进的新发展格局，如此，河南省文化和旅游有望在新的历史起点上实现跨越式发展。

从文化旅游对社会经济高质量发展的带动作用来看，发展文化旅游业有力地促进了国民经济转型升级和提质增效，丰富了人民群众精神文化生活，是激发文化创造力、推进文化强国建设的必然要求。未来文化旅游产业将深入融入国民经济体系，在服务国家重大战略、培育新的经济增长点、赋能经济社会发展方面发挥更大作用，成为经济社会发展和综合国力竞争的强大动力和重要支撑。人民对美好生活的向往首先表现在消费领域，立足新发展阶段，各种文旅文创新业态将成为推动文旅市场持续升温的关键力量，如长沙、成都等网红城市以其文创产业的集聚、文旅融合的创新，满足着不同游客多元化的文旅消费需求。

（三）“文旅文创出圈出彩”将成为今后一个时期的新常态

近年来，河南放大文化和旅游资源优势，坚持走文旅文创融合发展之路，在文化传播、文创开发、文旅演艺、主题公园建设等领域不断出新出彩，与武汉、西安等周边城市相比有异军突起之势，在全国文化旅游融合发展大潮中已“快进一拍”，“1+1>2”效应初步显现。特别是2021年以来，河南取材中华传统文化，推出春节、元宵、清明、端午四场中国节日系列节目，以传统文化的创新呈现、现代表达，引发广泛关注和热议，形成“破圈效应”。据统计，2021年河南春晚全网点击量超50亿、元宵奇妙夜全网点击量超30亿、清明奇妙夜全网点击量超25亿、端午奇妙夜全网点击量超50亿。以郑州国际文化创意产业园为代表的郑州东部文旅板块已经崛起：历时4年打造的“只有河南·戏剧幻城”是中国首座全景式全沉浸戏剧主题公园，是中国最大的戏剧聚落群，正成为文化旅游新方式。建业华谊兄弟·电影小镇以电影主题演艺为核心，已成为沉浸式电影潮玩地和网红打卡地。随着大批文旅新业态项目相继涌现，文旅文创产品“破圈”已成燎原之势。今后一个时期，河南将厚植文化和旅游资源优势，坚持走文旅文创融合发展之路，在文化传播、文创开发、文旅演艺、主题公园等领域不断出圈出彩，做新时代文化旅游融合发展新赛道的领跑者。

三　战略布局

（一）总体思路

前瞻30年谋篇、国际视野审视、对标对表一流，紧紧抓住构建新发展格局战略机遇，立足河南作为华夏文明主根、国家历史主脉、中华民族之魂的重要地位，围绕中华文化传承创新中心、世界文化旅游胜地两大战略定位，坚持以文化人、坚定文化自信，厚植历史文化资源优势，牢牢把握文旅文创高渗透性、强融合性、可跨越性特征，坚持以“文化创意+科技创新”为基本路线和主攻方向，在文旅文创融合领域持续创意创新、破题破冰、出圈出彩。以“行走河南·读懂中国”为主题，以保护传承弘扬黄河文化为主线，以黄河国家文化公园为主阵地，面向国际国内两个市场，坚持从供给需求两端发力，以价值为导向建立资源保护利用新机制，以场景为核心打造文化展示体验新空间，以创意为手段塑造内容创作生产新体系，以课程为引领建设国际研学旅游目的地，以品牌为统领构建全域形象推广新格局，着力培育具有国际影响力的“行走河南·读懂中国”形象品牌，加快建设中华文明连绵不断的探源地、实证地和体验地。

（二）战略定位

1. 中华文化传承创新中心

彰显黄河文化在河南所呈现的根源性、延续性、融合性、核心性四大显著特征，突出黄河文化在中华文明起源和发展进程中的重要地位，发挥黄河文化对于中华民族根和魂的塑造作用，以保护传承弘扬黄河文化为主线，以黄河国家文化公园重点建设区为载体，延续黄河历史文脉，讲好黄河故事，大力弘扬以黄河文化为代表的中华文化，建设中华文化传承创新中心。

一是根源性。三皇五帝等神话传说发生在河南，中华文明探源工程和夏商周断代工程的中心在河南，中国文字的发源地在河南。二是延续性。李家沟文化、裴李岗文化、仰韶文化、龙山文化等史前文化类型谱系完整。进入国家文明以后，从夏商周至唐宋先后有 23 个王朝在这里建都，历史性崛起史绵延不绝，文化世代传承。三是融合性。在历史的长河里，以汉民族为主干、多民族参与，在河南地区逐鹿、融合、扩散，形成了一干多枝的中华民族共同体。受中原先民南迁及丝绸之路、隋唐大运河影响，以河洛地区为代表的黄河文化向全国、全世界传播。四是核心性。在中华 5000 多年文明史中，河南黄河流域作为政治经济文化中心约 3000 年，在中国历史上建都朝代最多、建都时间最长、建都城市最多。

2. 世界文化旅游胜地

围绕黄河、根亲、功夫、古都、文字等享誉世界的中华文化 IP，展示中原地区在中华文明演进中取得的灿烂成就和对世界文明做出的积极贡献，建设一批具有世界影响力的文化旅游目的地，推出一批具有全球视野、国际水准的文化旅游精品线路，打造郑（郑州）汴（开封）洛（洛阳）世界文化旅游之都，优化国际人文环境，构筑文明交流互鉴高地，建设世界文化旅游胜地。

（三）发展目标

2022 年底，河南全省旅游综合收入迈入“万亿俱乐部”。到 2025 年底，全省旅游业综合贡献占 GDP 的比重将超过 12%（游客接待量和旅游综合收入年均增长率分别为 15% 和 20%），全省文化产业增加值占 GDP 的比重将超过 5%。国家文化公园建设保护任务全面完成，黄河文化旅游带的国际影响力不断彰显，以中原文化、黄河文化为主题的文化旅游优质内容生产形成规模，高品质、多元化的文化旅游业态谱系基本建立，文化旅游消费成为引领消费升级的重要阵地，“行走河南 · 读懂中国”文化旅游品牌深入人心，中原文化、黄河文化的国际影响力与日俱增，文化和旅游公共服务体系不断优化、效能不断提升，制约全省文旅文创融合发展的体制机制、政策环境等深层次问题得以有效破解。

到 2035 年，河南文化强省建设目标全面实现，以中原地区为代表的中华优秀传统文化全面复兴，具有中原特色的中华文化 IP 享誉世界，建成 10 个以上世界级文化旅游目的地，建成 3 ~ 5 个全球创意城市和 10 个以上具有世界影响力的人文旅居乡村，“行走河南 · 读懂中国”文化旅游品牌形象广受国际认同，人民群众的精神文化需求得以更好满足，文旅文创成为高质量建设现代化河南的重要支点。

到 2050 年，以中原文化、黄河文化为代表的中华文化成为世界广泛认同的文明形态。河南成为全球顶尖创意的集聚地，形成各种创意要素充分涌流的文旅创作生态环境，成为全球文化创意创新的策源地和展演展示首选地。文旅文创成为高水平实现现代化河南的重要标志。

（四）发展格局

以山川地理为骨架，以历史文化为脉络，打破行政区划，统筹重大国家战略和文化工程，发挥城市群、都市圈的增长极作用，助推乡村振兴，加快数字化转型，构筑以国家文化公园为轴带、以文化创意城市为节点、以人文旅居乡村为腹地、以世界级文化旅游目的地为支撑、以线上空间为延展的文化旅游融合发展新格局。

1. 建设国家文化公园

充分发挥黄河、大运河、长城、长征国家文化公园在河南的叠加优势，建设国家文化公园示范省。其一，黄河国家文化公园。构筑一核引领（郑汴洛)、三极支撑(豫晋陕、豫冀鲁、豫皖苏)的建设保护高地。构建三门峡—洛阳—郑州—开封—安阳世界级大遗址公园走廊。打造黄河干流和伊洛河、贾鲁河、古济水—沁河、洹河、漳河、黄河北流故道,以及黄河南流故道、沿豫北太行山、沿豫西秦岭余脉等10条展示支脉。其二,大运河国家文化公园。打造沿通济渠古都发展轴和沿永济渠古城发展轴,建设通济渠洛阳片区、郑州片区、开封片区、商丘片区和永济渠焦新片区、安鹤片区、濮阳片区。其三,长城国家文化公园。建设楚长城核心展示带(叶县、方城)及楚长城(叶县、方城)、魏长城(新密)、赵长城(林州、辉县)3个文旅融合区,打造驻马店象河关等10大形象标识点段。其四,长征国家文化公园。推出红二十五军长征步道体验线路,展示"北上先锋"品牌形象。

2. 建设文化创意城市

依托郑州都市圈和洛阳都市圈,规划布局世界级文化创意园区、国际艺术社区。支持郑州建设世界文化旅游枢纽和国家文化创新高地,支持洛阳建设国际人文交往中心、"东亚文化之都",形成文旅文创融合战略"双核"支撑。支持安阳、鹤壁、濮阳、商丘、周口、漯河、驻马店、信阳、南阳等建设不同主题的文化创意节点城市。打造浚县古城、道口古镇、朱仙镇等中原风格、国际风范的文旅文创名镇(城)。

3. 建设人文旅居乡村

以太行山、伏牛山、大别山为重点区域,打造一批彰显中原文化底蕴、承载现代生活方式的乡村旅居目的地,助推乡村振兴。其一,太行山国际山地度假旅游目的地。依托独特的山地环境,依山就势、以景筑居建设一批设施完备、功能齐全的石板民宿、悬崖客栈、乡村酒店、度假院落、主题农庄等精品民宿。其二,伏牛山国民休闲旅游度假地。立足夏季舒适凉爽、森林康养资源丰富、中医药底蕴深厚、杂粮膳食多样等特点,迎合追求远离尘嚣、回归自然、生态养生的需求,培育置身优美生态景观中而产生接近自然、放松愉悦、调节身心健康状态的场景,打造中医药养生、有机农业、绿色膳食为主的复合型康养旅游乡村。其三,大别山豫风楚韵·

红绿融合乡村旅游目的地。依托信阳毛尖、茶油等特色资源，推动茶园、油茶园等种植园、工业园旅游化发展。

4. 建设世界级文化旅游目的地

打造黄河小浪底、郑州花园口、开封东坝头三大文化旅游片区和黄河豫晋陕、冀鲁豫、豫皖苏三大文化旅游协作区，建设具有国际影响力的黄河文化旅游带，保护传承弘扬黄河文化。以“黄河魂·古都韵·中国情”为主题形象，建设郑（郑州）汴（开封）洛（洛阳）黄河文化国际旅游目的地，打造世界文化旅游之都。依托“天地之中”历史建筑群、河洛古国等著名文化遗产，大力发展考古遗产旅游，打造大嵩山国际文化旅游圈，建设华夏历史文明传承创新区。

5. 打造线上文化旅游空间

增强文化旅游虚拟与现实场景映射应用，把握“元宇宙”未来趋势，打造虚拟与现实结合的文化旅游线上空间。建设黄河、大运河、长城、长征国家文化公园（河南段）数字云平台。推动大遗址、古建筑、石窟寺、革命文物等重大文物和文化遗产以及大山岳、大河川、大景观等重大自然遗产资源实现数字化保护展示。建设河南省文旅文创融合数字创意中心，创作生产具有河南特色的网络演艺、网络视听、数字动漫、数字出版等，建设贯通科技、教育、文博、商业、旅游、娱乐的一体化线上文化虚拟平台。打造一批省级数字文旅智慧产业园区，实施一批科技创新重点项目，推动文化和旅游领域科技研发和成果有效转化，推动科技支撑河南旅游文化推广方式和方法创新。

四 战略举措

（一）全力塑造“行走河南·读懂中国”品牌体系

一是理资源。围绕“行走河南·读懂中国”品牌，以历史断代、历史事件、历史人物等为主题主线，系统梳理在中华文明演进历程中具有重大价值、突出影响、关键意义的历史文化资源，策划推出人类起源、文明起源、国家起源、逐鹿中原、追寻先贤、姓氏寻根、元典思想、治黄史诗、科技发明、中国功夫、红色中原、考古发现等16条主题文化线路，涉及578处文物和文化资源。

二是找载体。河南省是黄河国家文化公园重点建设区。要把黄河国家文化公园作为“行走河南·读懂中国”品牌落地的主舞台，谋划20条集中展示带、50处核心展示园、130处特色展示点。在此基础上，按照“有价值、有条件、能干成”的原则，遴选“行走河南·读懂中国”百大标识项目，率先实现“具象化、可感知、读得懂”。

三是数字赋能。2022年3月12日，河南智慧旅游大会采用元宇宙空间会议线上+线下、虚拟+现实的形式，让大家对文旅的新技术场景有了初步认识，对元宇宙空间有了新体验。全省紧紧围绕“创意引领、数字先行”总方针，重点在数字文创领域有所布局，面向文旅机构、文创企业、设计团队、非遗“匠人”等，搭建能够复用共享、实时在线的文旅文创云平台，推动文旅资源数字化和数字文旅资产化，实现河南文旅的全球创意和全球交易。

（二）建设以河南博物院为龙头的博物馆群

目前河南省已成立河南博物院新院建设领导小组和工作专班，完成项目选址、顾问团队组建、设计方案招标等前期工作。以河南博物院新院、黄河国家博物馆、河南省文物考古研究院新院等为龙头，依托各地级市博物馆、考古遗址博物馆及其他特色博物馆，打造洛阳“东方博物馆之都”、郑州“百家博物馆”。郑州商都遗址博物院已开馆。大河村仰韶文化博物馆、开封城摞城遗址博物馆、黄河悬河文化展示馆、州桥遗址博物馆、隋唐大运河文化博物馆、中国文字博物馆二期、安阳殷墟遗址博物馆等正在同步建设。

（三）打造郑汴洛国际文化旅游目的地

依托郑汴洛地区丰富的历史文化遗产、世界闻名的古都群落、举世瞩目的大遗址走廊，发挥国家中心城市（郑州）、中原城市群副中心城市（洛阳）等的引领作用，把郑汴洛作为实施文旅文创战略的龙头，以现代立体化交通与综合服务体系为支撑，按照一个产品体系、一个营销体系、一个交通体系进行布局，把郑汴洛联合打造成为具有重要影响力的国际旅游目的地——国际文化旅游之都。支持郑州建设国际旅游集散中心，以“只有河南·戏剧幻城”、方特为核心打造东部片区，以银基旅游度假区为核心打造西南片区，以荥泽古城、黄河天下文化综合体、黄河国家博物馆、大河村国家考古遗址公园等为支撑打造北部片区，以少林寺、三皇寨等为核心打造大嵩山文化旅游区。支持洛阳建设国家人文交往中心、“东亚文化之都”和国际消费中心城市，着重打造龙门、小浪底片区。支持开封建设世界文化名都，在做优做强“清明上河园”品牌的基础上扩容提升，打造宋文化主题旅游区。

（四）建设全国重要的研学旅游目的地

坚持在“聚焦一条线（黄河）、突破两座城（开封、洛阳）、点亮几颗星（林州、新县、鹿邑）”的基础上，加快建设“行走河南·读懂中国”研学课程体系，打造全国重要的研学旅行目的地。发挥世界研学旅游组织代表处落户洛阳的优势，组织召开世界研学旅游大会。引进专业研学机构，推出研学旅行营地、课程等。引进知名专业机构，打造一批主题鲜明的研学旅行营地，研发研学课程，推出一批研学线路。持续推进红色文化“进景区、进场馆、进企业”，传承红色基因，以加强党史、新中国史、改革开放史、社会主义发展史教育，讲好红色故事为导向，重点面向青少年群体开发红色旅游线路和红色研学基地。

（五）打造“三山”康养旅游集群

坚持县为主体、村为单元，将大别山、伏牛山、太行山作为河南省发展生态旅游的主战场，发挥功夫、温泉、中医药、茶食四大休闲度假康业优势，推动A级乡村旅游示范村建设，打造具有国际影响力的休闲度假康养基地。以焦作为核心、打造以民宿为主题的太行山康养旅游带；以洛阳、南阳等为支撑，构建以山居为主题的伏牛山康养旅游圈；依托信阳地区独特的气候生态资源，打造以原乡为主题的大别山康养旅游目的地。

（六）民宿发展争最快

2018年，河南省明确提出“民宿发展争最快”的目标，确定了以民宿业发展为抓手，强力推动乡村旅游、全域旅游发展的思路。2020年出台的《关于加快发展乡村旅游的意见》，要求丰富乡村旅游产品供给，提出到

2025年，创建1000家星级民宿的发展目标。目前河南持续开展“民宿发展走县进村”活动，打造了焦作的“云上院子”、鹤壁的“时光院子”、安阳的“淇心小筑”等一批品牌精品民宿。信阳以“民宿+美食”作为突破口；济源列支专项资金，支持各乡镇的1~2个村重点发展民宿；辉县已建成品牌民宿8个、新建品牌民宿9个、新增民宿400间；新安县已建成品牌民宿8个，在建10个；林州市坚持“一村一特色、一家一主题、一栋一风景”。今后将进一步结合乡村振兴战略实施，依托乡土文化底蕴和特色农业，以古今黄河流域为纽带，把发展民宿作为生态旅游的突破口，打造乡土中国体验旅游基地。持续开展“民宿走县进村”“文化走进民宿”等活动，重点打造“黄河民宿”“嵩山民宿”“太行民宿”“河洛民宿”“伏牛山居”等民宿集群，建设以民宿为核心的微型乡村度假综合体。

（七）打造交通和文化旅游融合发展示范区

秉持“道路就是风景线”的理念，以道路为纽带，用足用好山水资源，因景设线，为景建路，将公路服务区转变为游客中心，使路、渠、山、林、景融为一体，建设高品质生态旅游之路，实现“快进慢游深体验”，打造“行走河南·读懂中国”1号旅游公路。初步谋划“一廊一带”旅游公路体系：“一廊”即自三门峡至濮阳沿黄河1号旅游公路；“一带”指贯通太行山、伏牛山、大别山的“三山”1号旅游公路。树立“道路即产品”的理念。省交通运输厅、省文化和旅游厅已组建工作专班，专题编制1号旅游公路建设规划。

（八）实施黄河非遗点亮老家河南计划

近年来，河南省积极开展“黄河非遗点亮老家河南”全国大学生乡村振兴创意大赛，与浙江财经大学合作，选择浚县、温县、辉县，林州、栾川5县10个村，邀请高校设计院系师生与青年设计师联合驻村创作指导。2020年12月22日，由省文化和旅游厅、腾讯文旅联合打造的首个河南非遗数字馆官方微信小程序“老家河南黄河之礼”正式上线，为河南省优秀传统文化搭建起了数字化宣传、推广、交易平台，诠释传统文化新内涵，为文旅资源的活化利用提供更多的帮助，把黄河文明传承好，让中原文化走向世界。汴京八景汴绣丝巾套装礼盒、福慧圆满钧瓷茶具套装礼盒、气球造型唐三彩香薰器礼盒、仰韶彩陶办公套装礼盒、巩县窑陶瓷一脉五花茶具礼盒、太极拳主题怀药药食同源礼盒、仰韶彩陶办公套装礼盒等非遗文创新品线上线下齐亮相，用户可将“黄河之礼”带回家。

（九）实施文旅文创助推乡村振兴计划

推进乡村旅游示范村建设，以太行山、伏牛山、大别山为主战场，坚持“县为主体、村为单元”，重点推出 100 ~ 150 个 A 级乡村旅游示范村，给每村 1000 万元资金予以扶持。推进文化产业赋能乡村振兴，与清华文创院合作，在济源、修武、光山、栾川等选择 20 个村开展“乡创实践”；重点与今日头条合作开展“字节乡村”活动，与携程合作打造一批度假农庄。制定《乡村旅游示范村等级划分与评定》标准，从乡村环境，基础设施与公共服务，未来引领，共同富裕，乡村治理和乡村产业等方面进行评价，持续提升治理能力。

（十）建设国际考古旅游先行区

依托二里头、殷墟、夏商都城遗址、隋唐洛阳故城等，推出夏文化探索之旅、甲骨文之旅、早期中国之旅等专题考古旅游线路。依托河南省文物考古研究院新院，建设国际考古研学中心。依托系列夏商都城遗址，建设夏商国际考古研究中心。依托郑州、开封、洛阳、安阳四大古都，把郑州环嵩山地区、洛阳“五都荟洛”、开封“城摞城”、安阳殷墟及曹操高陵等打造成为国际知名的考古旅游目的地。推进大河村考古遗址公园、二里头夏都遗址博物馆、殷墟博物馆等建设。

当前，河南正站在新的历史起点上，文化旅游融合发展已经具备弯道超车的优势和条件，正在进入换道领跑新阶段。随着文旅文创融合战略的深入实施，河南厚重的历史文化优势将加速转化为发展优势，河南将以更加开放的文明态度、更加坚定的文化自信、更加出彩的文旅形象，领跑新时代文旅文创融合发展新赛道，奋力实现文旅文创成支柱、文旅融合看河南的远大目标！

等行业提供宣传，使其增加收入。

在数字乡村的实际建设与发展中，乡村产业网络化和数字化具体表现为以下几点。首先，乡村农业生产的网络化和智能化是现代科技在农业生产中创新应用的结果。其次，以农产品加工业为主的乡村第二产业，即乡村工业的网络化和智能化，是数字乡村建设的主要内容，以现代农业以及优质的农产品为基础，利用网络技术以及多种智能生产设备进行农产品加工，是数字乡村发展的重要体现。最后，乡村旅游业、餐饮业、住宿业等第三产业的网络化和智能化是建设数字乡村的重要方面。

第三，乡村居民生活信息化和智能化。建设数字乡村不仅要通过充分运用信息技术和数字技术改变乡村生产方式，提高农业和其他产业的生产效能，增加乡村居民收入，更要通过现代技术手实现乡村居民生活的信息化和智能化，缩小城乡之间的差距。

乡村居民生活信息化和智能化主要体现在乡村居民生活方式的信息化和智能化，以及乡村家居的信息化和智能化。首先，乡村居民生活方式的信息化和智能化可使乡村居民生活方式与城市居民生活方式相近，借由互联网技术和互联网在乡村中的普及实现网络化的生活方式，无论是消费方式、支付手段、娱乐手段还是获取信息的方式，基本都可通过互联网或相关技术平台完成。其次，乡村家居的信息化和智能化主要是乡村居民将家中的电器、检测设备和控制设备与互联网和物联网相互关联，形成完整的网络系统。

因此，可以给出“数字乡村”的完整概念，即数字乡村是通过系统性规划与配套，推动先进数字科技手段在农业农村经济和社会发展过程中的综合应用，提升农村居民数字化思维、素质与技能，进而增强乡村内生动力的构建，加快农业农村现代化发展的进程。

（二）数字乡村产业振兴的概念内涵

我国率先将数字技术应用于城市，催生了智慧城市，已经获得发展红利。当前，以大数据、人工智能为代表的新一代数字技术加速向农业农村渗透，为农业农村数字化建设提供了良好契机，也为数字赋能助推乡村振兴打开了广阔空间。数字乡村产业是指以物联网、大数据、人工智能、区块链等新一代数字化基础设施为硬件基础，以数据化知识和信息为关键生产要素，以数字技术创新为核心驱动力，以现代互联网信息平台为重要载体，通过将数字技术与农业农村发展深度融合，实现乡村生产科学化、治理可视化、生活智能化和服务便捷化，促进乡村产业兴旺、生态宜居、乡风文明、治理有效、生活富裕。

数字乡村产业振兴是云计算、大数据、人工智能等数字技术，在乡村发展、乡村建设、乡村治理中的应用及其成果，这既是乡村振兴战略的重要组成部分，又是建设未来乡村的战略需要。数字乡村产业振兴的内涵特征主要包括以下五个方面。

1. 以数字化基础设施为硬件基础

随着新一代数字技术在农村的广泛渗透，新一代高速光纤网络、高速无线宽带加快普及，物联网、云计算、大数据、人工智能等新一代数字技术的进步与渗透，推动了数字经济在农业农村领域的发展，从单一技术提升向综合集成应用转变，数字技术改善了农村基础设施条件，为农业农村发展提供了新引擎，不仅提高了农民的信息接入和获取能力，破解了信息获取的“最后一公里”难题，而且极大地提升了农业农村生活和生产的网络化、数字化、智能化水平和运行效率，深刻改变了农业农村的发展动力、发展方式。[①] 数字技术成为助推乡村产业振兴发展不可或缺的重要基础设施。

2. 以数据化知识和信息为关键生产要素

数据化知识和信息已成为新一代信息技术融合应用的焦点，将成为数字乡村振兴产业发展的关键生产要素。随着数字技术的不断演进和持续应用，大数据逐渐成为提升全要素劳动生产率、提升产业附加值的核心力量。随着数字技术渗透农业农村生产生活的各个方面，由网络所承载的数据、由数据所提取的信息、由信息所衍生的知识，正在成为农业生产、经营、

① 叶云、汪发元、裴潇：《信息技术产业与农村一二三产业融合：动力、演进与水平》，《农业经济与管理》2018 年第 5 期。

决策的新动力、农产品贸易的新渠道、乡村有效治理的新手段，带来新的价值增长。更重要的是，与土地、劳动力、资本等相比，数据化信息的可复制、可共享、无限增长和供给的特点，突破了土地、劳动力、资本等传统要素供给的限制，为农村经济的持续发展带来了可能。

3. 以数字技术创新为核心驱动力

新增长理论认为，推动经济增长的内生动力是技术进步，而现代农业技术的演进离不开信息化的强力支撑，数字技术创新已经成为推动乡村产业振兴发展的核心驱动力。数字技术的创新进步和普及应用，正是当下数字经济时代变迁的决定性力量。区别于以往的通用技术，不断更新迭代的数字技术对经济社会发展的引领作用更为凸显，在整合生产要素、促进经济转型、催生发展新业态、支撑决策研究等方面的作用越来越重要。数字技术创新为乡村产业振兴注入强劲的持续动力。

4. 以现代互联网信息平台为重要载体

数字经济时代，互联网信息平台已经成为资源分配和价值汇聚的中心点。一方面，互联网平台新主体快速涌现。中国涌现出一大批具有包容性创新特点的网络社交媒体和电子商务平台，为小农户对接广阔的外部市场提供了机会，为中国农业农村升级改造提供了便利。① 另一方面，传统企业加快平台化转型。互联网平台可以发挥供需匹配的集散功能，且交易双方可以直接输送农产品，无须到批发市场进行中转，流通环节的减少也有助于减少产品损耗和流通的时间，有利于提升产品利润率。②③ 互联网平台还可通过整合信息减少恶性竞争，促成交易协作，以共同应对外部环境的变化。平台本质上是共建共赢的生态系统，市场参与的多元主体基于数字技术和互联网平台，打通生产、流通、服务等领域，有效促进乡村形成一个多元共生、

① 何宇鹏、武舜臣：《连接就是赋能：小农户与现代农业衔接的实践与思考》，《中国农村经济》2019 年第 6 期。

② 王磊、但斌、王钊：《基于功能拓展的生鲜农产品供应商“互联网 +”转型策略》，《商业经济与管理》2018 年第 12 期。

③ 郭红东、曾亿武：《互联网背景下中国农业产业组织体系创新研究——基于农户的视角》，《新疆财经》2019 年第 2 期。

协同共进、开发互动的经济社会生态系统，产生可持续发展效益。

5. 以实现乡村全面振兴为目标

数字技术赋能乡村产业振兴是农业农村现代化发展中的一个进程，以促进实现乡村全面振兴为目标和落脚点。数字技术能够渗透乡村振兴的方方面面，产生巨大的资源优化与集成作用，带来颠覆性变革和创造性成果。数字赋能助推乡村振兴，即通过推动乡村产业、生态、文化、治理、服务等方面的数字化转型，实现乡村全面振兴。

作为数字中国的重点内容和乡村振兴的战略方向，数字乡村建设受到了国家和社会的高度重视，即要"着力发挥信息技术创新的扩散效应、信息和知识的溢出效应、数字技术释放的普惠效应，加快推进农业农村现代化"。数字乡村建设也将为乡村产业振兴注入新的活力，成为乡村产业兴旺的重要推动力。而且数字技术在乡村地区具有广阔的应用前景，能够有效推动乡村数字经济发展、提高乡村治理能力、缩小城乡数字鸿沟，将是实现乡村振兴战略的重要路径。

二　数字乡村产业振兴构成与趋势

乡村振兴是在坚持人与自然和谐共生的情况下，因地制宜地发展乡村经济，解决三农问题，是实现全体人民共同富裕的必然选择。党的十九大报告提出乡村振兴战略，并明确提出"产业兴旺、生态宜居、乡风文明、治理有效、生活富裕"的二十字总要求。相比于党的十六届五中全会提出的新农村建设总要求，党的十九大报告把"生产发展"升级为"产业兴旺"，表明新时期党和国家对农业农村经济发展提出了更高的要求，乡村产业发展被摆在了更加突出的位置。①

（一）数字乡村产业的构成

1. 数字乡村基础设施

现在网络已在全国普及，高速安全的基础信息网络也在乡村得到普及，

① 杨江华、刘亚辉：《数字乡村建设激活乡村产业振兴的路径机制研究》，《福建论坛》（人文社会科学版）2022 年第 2 期。

农村网络享受着与城市相同的质量、价格和服务，并且通过智慧水利、智慧电网等新型基础设施，支撑着农业的生产和农民的生活。

2. 数字农业生产经营

数字农业生产也是数字乡村产业的方向，从智慧农田、智慧牧场到智慧渔场，生产基本都采用了数字技术，而且为了打开销路，农村电商又为数字经营增添了一笔，让农产品借助互联网实现标准、品牌、价值化，促进了农民的增收。

3. 数字农业生产监管

农业物联网也开始普及，相关技术产品可以对农业实时信息化监管，可以做到化肥和农药减量不减产，还能对农村饮用水的水源进行检测保护，农村的污染状况也被全程监测，保障了农村的生态环境。

此外，数字基础设施已基本实现行政村级别的全国性覆盖，为乡村数字产业可持续发展夯实了基础。目前，我国行政村光纤和4G网络通达比例均已超过98%，宽带网络至少覆盖村委会、学校、卫生室等乡村的主要公共机构，网络接入能力达到12M以上，许多乡村地区平均下载速率超过70M，基本实现农村城市“同网同速”。此外，还有超过4.3万个建档立卡贫困村通了宽带，贫困村通宽带比例也超过98%。仅2018年，中国智能手机市场总销量就达到3.98亿部，智能手机在农村已经普及，移动互联网已经基本覆盖乡村所有家庭。

（二）数字乡村产业的趋势

回顾近年来数字乡村产业的创新和发展，可以看到云计算、大数据等信息技术的运用，不仅实现了乡村数字产业的信息收集和整理，而且将信息化渗透乡村文化旅游活动的全流程、多环节，为提升乡村文化旅游活动的品质、塑造乡村文化旅游的形象、拓宽乡村文化旅游产品的渠道等积蓄了动能。诸多的创新应用成果为数字乡村产业的创新应用积累了经验。产业兴、百业兴，近年来新的政策和文件不断出台，鼓励乡村产业的发展。随着数字乡村建设的推进，乡村产业在各个地区都有蓬勃的发展，数字乡村产业呈现三个方面的创新趋势。

1. 创新联结方式

越来越多的龙头企业主动完善带动农户、分享利益的联结机制，携手农民合作社、家庭农场等组建农业产业化联合体，以产业联盟的形式，将产业链条上的各主体联合起来，构建要素统一配置、生产专业分工、收益共同分享的“朋友圈”“生态圈”。

2. 创新产业业态

各类农业产业化组织践行产业融合发展理念，推动农业与文化、旅游产业“联姻”，发展休闲农业、观光农业、康养农业、创意农业等新兴产业。通过与“互联网＋”深度结合，发展线上生鲜、特产馆等农村电商，减少流通环节，降低中间成本，大大拉近了农田与餐桌的距离。

3. 创新生产模式

各类农业产业化组织把“绿水青山就是金山银山”的发展理念引入农业产业链条，积极发展循环农业、种养一体化，推进标准化、清洁化、绿色化生产，实现产业生态化，促进了经济效益、生态效益、社会效益的有机统一。

三　数字乡村产业振兴的动能

数字乡村作为一种新的数字化发展形态，其产业发展主要强调的是在技术、数据、人才、资金等方面的支持下，通过数字技术对农业农村进行改造和升级，数字乡村产业发展具有区别于其他乡村发展形态的内容。

（一）技术是数字乡村产业发展的动力来源

数字经济与乡村的融合，提升了乡村基础设施和各类硬件的建设，改变了乡村发展与城市相脱节的现象。各类信息化、数字化技术的投入，重塑了乡村的建设与发展。具体而言，一是大规模的物联网农产品观测体系采集信息自动化实现了准时、高效，为农技专家远程指导提供了基本信息。二是北斗卫星导航技术为农业机械装备插上“无人化”翅膀，无人机播撒、无人驾驶插秧机等设备，助益农民减少人力使用，提高农业生产效率。三是通信网络的基础设施建设覆盖乡村，让农村也用上4G、5G网络，令数据存储、传输更便捷，乡村居民的生活因数字技术的利用而变得更为便捷。此外，数字化技术对乡村一二三产业的改造升级，激发了各类传统要素的新活力，不断催生新产业、新业态、新模式，为乡村产业振兴提供了新的支撑。

（二）数据是数字乡村产业发展的关键要素

过去的信息服务，由于缺乏数据无法解决农村百姓关心的问题。如今，跨区域、跨平台、跨领域的数据采集系统为积累大数据提供了条件。通过改变原有的数据授权方式，增强了数据交流的交换性、共享性，数据查阅量与数据共享量相匹配，农业从业者获得对数据的主导权，促进精准种植养殖，提升生产经营效率，提升农产品质量安全。数据的投入以及将数字化技术做好、做大、做强，逐步提高农民解决实际问题的能力。目前我国共有农村基础数据采集统计系统 75 个，建设了 60 多个数据库。

（三）人才是数字乡村产业发展的主引擎

数字乡村的建设与发展离不开人才的支持。城市化的建设使得大量的劳动力逐渐向城市流动，乡村人口流失。在过去的 40 年，乡村向城市的流动人口从 600 多万人发展到将近 3.56 亿人左右，人口流动成了中国普遍的社会现象，给中国乡村的发展带来巨大挑战。乡村振兴战略的实施促进了各类技术人才向乡村回流。作为新型职业农人，各高校、企业、科研院所等机构培养的数字农业农村领域技术人才在对传统农业改造升级、开发新型产业、开拓农产品市场等方面做出了巨大的贡献，给乡村产业带来了新的面貌。与传统农民队伍相比，新型农民所受的教育程度较高、掌握的数字化知识较多，加速了数字乡村的建设与发展进程。

（四）资金是数字乡村产业发展的重要支柱

长期以来，乡村的建设与发展离不开金融资源的配置和财政的投入。在乡村振兴战略背景下，数字乡村的建设逐渐解决了融资难的困局。在金融服务方面，从种植、生产到加工环节农户都可以利用数字化的数据清晰地了解当前农作物的状态，还可通过这些数据提供的金融信息，解决农业新型经营主体贷款难、融资难的共有问题。政府通过财政支出重点向“三农”倾斜，加大强农惠农富农的政策力度，对农林渔业的补助资金，以及对农民的养老金、救济金和扶贫资金等不断增加，持续推进城乡基本公共服务均等化。

四　数字乡村产业振兴的特征

乡村产业振兴的过程实质上是乡村产业现代化的过程，数字乡村的建设是从专业化、融合化、信息化、集约化、绿色化五个方面对乡村产业振兴发挥关键性作用，进而推动乡村产业现代化。

（一）乡村产业专业化

乡村产业专业化是乡村商品经济快速发展和社会分工持续深化的必然结果。加强数字乡村建设，能推动各乡村基于自身的资源禀赋，进行不同产业和生产环节的分工协作，实现向专门化、集中化、特色化方向的转型。

促进乡村产业振兴需要因地制宜、突出特色优势，形成差异化、专业化的发展新模式。加强数字乡村建设，能激发乡村资源禀赋的比较优势，突破城乡经济发展机会在空间上分布不平衡的障碍，利用电子商务等方式，实现广泛快捷的市场接入。能利用更多样化的商业模式、更有效和更低成本的数字手段，消除物理隔阂，贯通连接渠道，打造高度互联的乡村产业供需系统，使原先难以利用的小众供需，实现“线上规模化、专业化”。近年来，一些乡村通过提供专业化产品和服务，实现了生产性、结构性的重大变革，成为专业淘宝村。

（二）乡村产业融合化

乡村一二三产业融合发展，是拓宽农民增收渠道、构建现代乡村产业体系的重要举措。加强数字乡村建设，能从产业关联和产业融合两个方面推动乡村产业新旧动能转换，实现乡村产业高质量融合发展。就产业关联而言，其反映了各产业间相互影响的内在联系，主要涉及产品关联和技术关联等，而技术进步是促进产业关联关系动态变化最重要的驱动力。利用数字技术对乡村产业进行数字化、网络化和智能化改造，将横向、纵向产业关联和正反馈效应扩散到与这些产业联系紧密的其他行业，拓展乡村产业的关联度。就产业融合而言，技术创新是影响产业融合最重要的因素。[①]

① 李国胜：《论乡村振兴中产业兴旺的战略支撑》，《中州学刊》2020 年第 3 期。

数字技术是新一轮科技革命的主导性技术，其通用性与高渗透性等特点，与乡村产业具有天然的融合性。随着数字技术向农业种植、农产品加工、乡村旅游、乡村康养等乡村产业延伸，跨界融合、产销融合与协同融合正成为乡村产业融合的新趋势。在数字技术支撑下，未来乡村产业结构将不再是各产业的简单加总，产业间的边界将日益模糊，最终形成农业与二、三产业交叉融合发展的格局。

（三）乡村产业信息化

信息化是乡村产业振兴的重要战略方向。加强数字乡村建设、构建完善的乡村信息基础设施和服务体系，能重构乡村产业发展的传统要素，催生新的要素组合，产生“裂变”效应，推动乡村产业信息化升级。

每一次技术革命都会带来产业变革，催生新的“技术—经济范式”。信息与通信技术是一种革命性技术，能渗透乡村产业发展的各个环节，并能超越线性约束实现指数性发展。在信息与通信技术的支撑下，乡村产业发展的市场时空制约被打破，信息搜寻与产品运输等成本不断降低，资源配置效率因去中介化而显著提高，并催生新产品、新业态、新模式。此外，数据、信息等新要素具有易复制、零边际成本、非损耗等特性，能突破资本、劳动力、自然资源等传统投入要素稀缺性的制约，以“数据红利”“信息红利”弥补快速消失的“人口红利”。在数字经济作用下，整个乡村的主导产业结构、商业模式、生产组织形式等，都将发生深刻调整，进而推动形成以信息化为主导的新乡村经济范式。

（四）乡村产业集约化

乡村产业集约化是破解资源约束、实现高质量发展的必然要求。加强数字乡村建设，使数字技术与乡村产业深度融合，把数据、信息等要素规模化地转变为现实生产力，可为乡村产业发展提供最新的技术产品、服务或解决方案，提升生产效率，促进乡村产业集约化发展。

大数据是数字经济最关键的要素，不存在边际产出递减规律，且容易存储、传输与共享。数据渗透乡村产业各领域，能降低信息不对称，提升乡村产业不同环节、不同经营实体间的关联度和供需的匹配度。尤其是数据要素供给可以无限增长，打破了传统要素资源有限性对乡村产业发展的制约，为乡村产业的持续发展提供了可能。在实践中，数字经济在促进乡村产业集约化发展方面已展现出强大的潜能，也促使人们重新认识各要素在乡村产业发展中的作用。

（五）乡村产业绿色化

构建绿色、生态低碳的现代乡村产业体系，是乡村产业振兴的重要引领。加强数字乡村建设，能为乡村产业绿色发展提供技术支撑，改变乡村产业低效率、高耗能、高排放的生产模式，推动互联网流量价值转化为经济价值和生态价值，为乡村产业创新绿色生产模式，提供新兴红利。

近年来，我国乡村产业在践行绿色发展上已取得一定成效，但“去能耗”“去污染”“绿色价值转化”的任务仍很艰巨。利用数字技术整合乡村产业线上线下、前端后端等环节，构建“生产—运输—消费—回收”全产业链条，能提高资源循环利用效率，遏制农业面源污染。利用数字技术开发乡村绿色产品 、打造乡村绿色消费平台，能强化绿色产品的应用，提升绿色理念认同感，形成绿色生产与消费的行动自觉。利用数字社交电商平台，以“田间地头直播”“乡土风情展播”“乡村手工艺直播”“线上云游”等方式传递“乡愁”，发掘乡村独特的自然景观、文化价值等，能拓展“绿水青山”向“金山银山”转化的通道。

五　数字乡村产业振兴的内容

（一）数字赋能产业兴旺：产业数字化

小农户在对接市场的过程中面临多方面的约束和障碍，涉及金融与农资服务支持、农产品市场、农产品流通等诸多环节的整个产业链条被分割在不同地区和部门，包括农业的所有环节和整个流程。[①] 农村产业发展瓶颈主要表现在：产前，小规模生产削弱了农民讨价还价的能力，致使农民在同农资销售商的对等谈判、获得金融机构的信贷支持、得到农业生产先进技术应用指导方面均不占优势，产前环节的农资供给和金融服务与农民

① 张在一、毛雪峰：《“互联网＋”重塑中国农业：表征、机制与本质》，《改革》2020年第7期。

脱节；[①] 产中，农业生产的自然属性强，而小农户抗风险能力弱，不具备生产过程标准化和质量监管的条件，产品质量难以控制，导致农业生产效率低下；产后，传统农产品流通中间环节多、流通时间长、流通成本高、产品损耗大，存在信息不对称等问题，农民信息获取不足，在市场中处于弱势地位，谈判力量薄弱，产品利润率较低。

产业发展是激发乡村生产力的基础，三产深度融合是乡村振兴的重要标志。[②] 农村借助数字技术，通过资源整合、信息共享和要素互联，健全一二三产业融合发展利益联结机制，推进农业产业全面升级，让农民更多分享产业增值收益，具体路径主要包括以下三个方面。第一，农业生产数字化。“互联网＋”在农业中的深层使用，提高了乡村在农业生产中对信息的抓捕能力，能够获取精确的农业生产数据，推动农业“精确化”生产，实现农业精准管控，合理调整农业生产布局，最大限度地减少农业能耗成本和降低农业经营中的不确定风险，保障农业生产高效。第二，农业经营数字化。数字技术为农业产前农资服务和产后销售提供了破解传统模式痛点的新思路。在数字技术的支持下，传统农资企业实施电商化转型，解决了传统农资市场中存在的信息阻塞、供需不均衡、中间渠道繁杂等问题，建立健全了农技推广体系，进一步完善了农机具的售后服务等事宜，提升了农户在农业产业链中的话语权，增强了小农户在产业链中获取收益分配的能力，进一步激发了农民的生产积极性。第三，农业服务数字化。凭借互联网平台公开、共享的禀赋，打破了农业技术的应用和服务壁垒，快速传递农户的技术需求，农户“足不出户”便可提升农业技术应用技能和水平，促进农业技术成果的快速应用。以数字技术为依托的数字金融，已经弥补了传统金融体系的缺陷。数字金融以较低的成本实现农村资金的供需配置，解决了农村的金融地域歧视和供给型金融抑制问题，扩大了农村金融的服

---

① 彭新宇：《农业服务规模经营的利益机制——基于产业组织视角的分析》，《农业经济问题》2019 年第 9 期。

② 赵霞、韩一军、姜楠：《农村三产融合：内涵界定、现实意义及驱动因素分析》，《农业经济问题》2017 年第 4 期。

务范围，提高了小农户获得金融服务的可能性，为乡村三产融合发展提供了有力支撑。①②

（二）数字赋能人才培养：人才数字化

乡村振兴，人才先行。为深入实施“乡村产业振兴”行动，促进创新链、产业链、人才链、政策链、资金链深度融合，进一步推动“数字乡村”试点示范建设，激发人才工作创新活力，乡村大数据中心积极响应人才引进号召，通过“外引内培”的方式，联合相关政府、院校建立数字乡村人才工作站，将人才服务充分融入农业乡村智慧化建设，为乡村振兴加速度。数字乡村的发展要结合乡村人才振兴，加大数字乡村复合人才的培养，支持数字乡村创新创业，推动数字乡村发展。同时要建设乡村产业赋能乡村振兴人才库，实施数字乡村发展创客行动等措施，推动人才流向乡村。借由乡村文化旅游发展，乡村发展环境不断优化，旅游发展带来的人流、物流、信息流和资金流让乡村成为年轻人返乡创业和就业的新空间。乡村旅游的发展改变了农村人才由农村向城市单向流动的局面，带动了乡村人才返乡投资兴业，为乡村振兴奠定了最为坚实的人才基础。

以数字乡村试点建设创新人才团队为技术核心，在原有人才基础上扩大引才规模，发挥现有人才资源，吸纳高校科研团队和专家人才，建立“合作＋聘用”“基地＋孵化”“选拔＋培养”“激励＋管理”的运营模式，围绕农牧种养循环和健康农牧业技术模式开发、成果转化中重大关键技术等问题，与本土人才开展联合攻关，并针对乡村振兴、数字乡村产业提供咨询和技术指导服务。加强专业人才培养，建设高素质人才队伍。鼓励企业和科研院校联合，建立产学研一体化专业技术人才培养机制。提高对高层次专业人才下乡的政策激励，鼓励专家学者、党政干部、企业家等各类人才加入乡村振兴发展队伍。打好“乡贤牌”，激活乡贤资源、凝聚乡贤智

---

① 张勋、万广华、张佳佳、何宗越：《数字经济、普惠金融与包容性增长》，《经济研究》2019 年第 8 期。

② 何宏庆：《数字金融助推乡村产业融合发展：优势、困境与进路》，《西北农林科技大学学报》（社会科学版）2020 年第 3 期。

慧、汇集乡贤力量，鼓励引导乡贤参与乡村振兴发展。

（三）数字赋能乡风文明：文化数字化

在快速城镇化的进程中，作为乡村文化载体的村庄数量大量减少，导致乡村文化的地域性、多样性和丰富性不断被削弱。[①] 同时，伴随现代化的推进、人口的外流，许多村庄呈现“空心村”趋势，一些具有历史感和归属感的乡村文化活动日益减少，祠堂、戏台、集市等具有地方特色的传统乡村公共设施和文化空间渐渐消失，地方戏曲等传统技艺面临后继无人的困境，乡村非物质文化遗产逐渐消弭。

乡村文化是乡村振兴的内在推动力。数字技术成为促进乡村文化发展的新动力，促使乡村传统文化业态升级。具体路径主要包括以下三个方面。第一，乡村文化资源数字化。基于数字技术的可再生性、非竞争性、高渗透性以及大数据自身的可复制性、多样性等特点，多媒体以更经济高效的方式记录有明显地方文化特色、有较高历史传承价值和人文价值的文化资源和非遗项目，如地方戏曲、传统技艺等非物质文化遗产以及庙宇、戏楼等物质遗存，共享数据资源创造的价值，破解文化遗产由于资金、技术、传承等问题而面临消失的难题。第二，乡村文化网格化。基于数字技术具有外部经济性、非排他性、较强的传播性以及高速性等特点，将数字技术嵌入乡村公共空间、公共设施，形成乡村智慧旅游、田园综合体、特色小镇等，健全乡村传播生态，利用数字技术传播和展示乡村文化的特色，提升乡村文化的表现力和吸引力，实现乡村文化振兴。第三，乡村民众文化素养提升。“乡风文明”建设本质上属于人力资本建设，提高农民的文化素质也是乡村文化建设的重要组成部分。[②] 互联网的普及提高了农民获取信息的能力，为农民培训提供了全新的模式和渠道，有助于培育一批新型职业农民。

（四）数字赋能生态宜居：生态数字化

由于大部分农村基础设施建设水平较低，农村区域难以完全消纳生产、

---

① 吕宾：《乡村振兴视域下乡村文化重塑的必要性、困境与路径》，《求实》2019 年第 2 期。

② 党国英：《中国乡村社会治理现状与展望》，《华中师范大学学报》（人文社会科学版）2017 年第 3 期。

生活废弃物，居住环境不断恶化。[①] 此外，乡村养殖产业发展迅速的同时，也给环境带来了问题，养殖设施陈旧造成了居住环境的局部恶化，病死畜禽处理的有害化以及水产精准饲喂技术缺失造成的水体富营养化，都引发了生态与环境的冲突。农村人居环境的现状已难以满足村民生产生活的实际需求，农村居住环境落后是城乡发展不均衡的突出表现，影响了农业农村现代化发展。

改善农村居住环境是“美丽乡村”建设的重要内容。实现提高“美丽乡村”建设水平的目标，具体路径主要包括以下两个方面。第一，农业生产方式绿色化。基于物联网的发展可以实现农业生产过程的透明化，协助在农业生产过程中对肥料、化肥、农药等生产要素的精细化操作，用精准化生产代替传统的粗放式生产，保护农村生态环境。基于互联网的信息共享与“锁定效应”倒逼农户采纳绿色生产技术，为绿色农产品质量安全提供保障。第二，乡村环保智慧化。根据数字化监测平台对农村污染物实施监测，有关部门应选择科学处理农村生活垃圾和污水治理的模式，借助新一代物联网和移动互联网，加强畜禽养殖资源化利用和污染防治，提高乡村生态环境整治的信息化水平。

六　数字乡村产业振兴的意义

（一）有助于加快实现城乡融合发展

城乡融合发展即着力重塑城乡关系，这关乎乡村振兴战略实施的成败，因而是实施乡村振兴战略的一项重大任务。而数字乡村建设是加快实现城乡融合发展的关键举措，数字乡村建设有助于促进全面重塑城乡关系，可以有效填平城乡之间的数字鸿沟，实现城乡之间商品、服务、信息和生产要素的自由有序流动，进而促进城乡要素配置合理化，发挥市场资源配置的决定性作用，最终缩小城乡经济社会发展差距。大力发展数字经济是顺应新一轮科技革命必由之路，是推动高质量跨越式发展的重要路径。以数

① 唐江桥、尹俊：《改革开放 40 年来城镇化背景下农村生态环境问题探析》，《现代经济探讨》2018 年第 10 期。

据新要素为支撑、以数字化应用为重点、以信息技术创新为动力，建设数字乡村发展新高地，有助于充分激发农村地区高质量跨越式发展的新动能。对于欠发达地区，更要紧紧抓住数字乡村发展的契机，通过推动数字乡村的高质量跨越式发展，带动实现整个农业农村现代化的高质量跨越式发展。

（二）有助于统筹推进数字中国建设

数字乡村建设是伴随网络化、信息化和数字化在农业农村经济社会发展中的应用，以及农民现代信息技能的提高而内生的农业农村现代化发展和转型进程，既是乡村振兴的战略方向，也是建设数字中国的重要内容。建设数字乡村，可催生农业农村新业态、新模式，培育发展新动能，为实现农业农村现代化提供有力支撑。实施数字乡村战略，可强化农村基层基础工作，提升乡村治理体系和治理能力现代化水平，为建设数字中国奠定基础。当前全球经济形势仍然复杂严峻，为应对疫情防控、贸易摩擦、国际关系等各方面的挑战，中国必须加快形成以内循环为主体、国内国际双循环相互促进的新发展格局。数字乡村发展有助于在城市与农村之间建立良性互补的城乡经济内循环。数字乡村发展通过促进农村产业线上与线下融合发展，推动消费品下乡和农产品上行，加速城乡之间的要素流和商品流，实现城乡市场一体化，有助于促进农民增收，同时充分发掘农村消费潜力，推动农村消费升级，释放更加广阔的消费空间，激发乡村内生发展动力，进而促进城乡之间经济内循环的形成与可持续发展。

（三）有助于形成强大有效的市场供给

构建新发展格局需要贯通生产、分配、流通、消费各环节，形成国民经济良性循环。但发展相对滞后的乡村经济，在城乡融合发展以及整体经济运行过程中，仍存在诸多堵点。数字乡村建设能推动农业实现数字化转型，一方面，通过科技创新和数字技术的应用，打通农业生产中的堵点，改变中国农业竞争力弱、资源消耗大的现状，助推中国农业高质量发展，在市场供给方面实现突破。另一方面，需要充分利用数字技术，发展生态经济以及休闲文旅产业，形成农村经济新业态，突破产业瓶颈，加强创新供给，进而有效提升供给能力。数字乡村建设致力于提供城乡统一的智慧公共服务，这可提升农村人口的幸福指数，也为农村劳动力要素畅通提供了良好条件，使劳动力有序流动。在数字乡村治理方面，数字技术助力构建农村宅基地、建设用地、农业用地等资源资产的数据管理平台，畅通城乡之间、产业之间的资源资产要素流通渠道，穿透经济循环中的堵点，形成强大有效的生产供给体系。

（四）有助于深度构建乡村治理体系

近年来，数字乡村建设逐步扩大了数字技术在农村社会治理、农村养老、生态保护、精准扶贫等领域的应用，信息化在推进乡村治理体系和治理能力现代化中发挥出基础支撑作用。事实上，伴随数字乡村战略的不断深化，越来越多地方开始认识到，不能简单地将数字乡村理解为现代信息化技术在乡村治理中的应用，而应看到其更多的是对乡村社会关系、社会结构的重塑。走向未来的乡村需要培育乡村发展新动能，这离不开创新驱动，离不开拥抱数字化浪潮，乡村治理数字化平台为实现“自治、共治、他治、民治、智治”提供助力，既响应了上级组织的号召，推进基层治理现代化，也为村居环境改善、乡村经营状况提升、乡村治理智慧化等全方位工作带来改变，引领基层治理模式变革。

七　数字乡村产业振兴的应用

以文化赋能乡村建设、推动乡村振兴是文旅产业一直努力的方向之一。从蒸汽时代到互联网时代，科技一直是支撑旅游行业发展的关键力量。大数据、云计算、物联网、5G 等新一代信息技术的快速发展，更是给旅游业转型升级提供了重要契机，使得旅游信息更透明、出行更畅通、服务更便捷、体验更新颖、游玩更放心。作为“绿水青山就是金山银山”的代表性产业，乡村文旅产业是释放乡村发展活力的关键力量。乡村文旅产业有助于改善乡村地区“以农为主”的单一化产业结构，辐射带动乡村地区经济、社会、生态、文明的全面提升，是乡村振兴事业的重要抓手。一方面，我国正大力构建内循环经济体系，文旅产业作为支柱性、综合性、带动性产业，是推动经济内循环、提升国民幸福感的重要力量。全球疫情冲击之下，跨境旅游市场暂时停摆，促使出境游消费需求回流，国内旅游市场在科学防疫体系的保障下加速回暖，并呈现逆势上扬的新趋势。另一方面，我国经济已从高速发展阶段迈入高质量发展阶段，居民对美好生活的需求逐渐增加，其消费重心朝着品质化、体验化、个性化转移。疫情背景下，短途游、周边游成为热门风向，乡村旅游凭借其便捷性、日常性、休闲性，成为文旅市场的主战场之一。

文旅文创在乡村的深度融合，不仅开拓了乡村经济发展模式，构建了乡村新体验空间，提升了乡村产业竞争力，优化了乡村产业结构，而且促进了乡村人才回流，为乡村振兴提供了切实可行的发展路径。文化融入乡村旅游可以赋予旅游发展新内涵、焕发乡村新活力，对发展乡村旅游有较强的现实意义。《乡村振兴战略规划（2018－2022年）》明确提出，特色保护类乡村，比如历史文化民村、传统村落、少数民族特色村寨、特色景观旅游名村等自然历史文化特色资源丰富的乡村，是彰显和传承中华优秀传统文化的重要载体，要坚持统筹保护、利用与发展的关系，努力保持乡村的完整性、真实性和延续性。[①] 合理利用村庄特色资源，发展乡村旅游和特色产业，形成特色资源保护与乡村发展的良性互促机制，使乡村文化与其优美的自然生态环境相得益彰，文旅文创融合发展正符合乡村振兴战略对于广大乡村的发展要求。

乡村文旅文创融合的有序发展是对实现乡村振兴目标的进一步推动，乡村振兴的繁荣则为文旅文创融合发展提供了条件保障，使得文旅文创融合能够更好地引领数字乡村建设的产业振兴。加快数字化发展和全面推进乡村振兴，是“十四五”规划的两个重大战略。抓住数字经济新优势，促进信息技术尤其是互联网技术、大数据技术、物联网技术、人工智能技术与农业农村发展的深度融合，则是乡村振兴的重要路径。

① 李文青：《传统村落文旅融合发展助推乡村振兴的路径研究——以黔东茶园山为例》，《南方农机》2021年第16期。

第二节　案例解析

乡村文旅文创融合发展兼顾了乡村文化的价值性和延续性、乡村旅游的多样化和品牌化，以生态保护为前提、以文化传承为核心、以乡村特色为主题、以文旅产品为载体、以服务体验为品质，使文化在旅游中得以保护与传承、旅游在文化中得到发展与升华。本节以特色数字乡村建设为例，以文旅文创融合为前提，从产业、人才、文化、生态四方面数字乡村产业振兴的发展类型出发，介绍促进数字乡村产业联动的德清实践、引领数字乡村人才建设的晋江实践、推动数字乡村文化振兴的屏南实践和打造数字乡村生态建设的安吉实践，从这些特色数字乡村的发展中总结数字乡村产业振兴建设的主要做法以及特色亮点，从而为其他数字乡村产业的建设提供经验和参考。

一　促进数字乡村产业联动的德清实践

（一）基本概况

德清县位于浙江北部，东望上海、南接杭州、北连太湖、西枕天目山麓，地处长三角腹地。德清素有“名山之胜，鱼米之乡，丝绸之府，竹茶之地，文化之邦”的美誉。德清县内有中国四大避暑胜地之一的国家级风景名胜区莫干山、“中国美丽湿地”下渚湖和素有“千年古运河、百年小上海”之誉的新市古镇。德清也是《游子吟》诗人孟郊的故居。德清历史悠久，有着良渚文化的遗迹和古代防风文化的传说。乡村旅游发展迅速，现有“农家乐”“洋家乐”近千家，其中以“洋家乐”为代表的精品民宿有100多家，以裸心谷、法国山居为代表的“洋家乐”享誉国内外，获得浙江旅游发展创新奖，连续两次荣登美国《纽约时报》，被其推荐为“2012年全球值得去的45个地方”之一。德清仍处在田园城市建设的进行时，未来5年德清将全力将全县打造成为“杭州城北后街”。

德清县深入贯彻“两山”理念，依托县域良好的生态资源，全面实施全域旅游发展战略，先后荣获浙江省旅游经济强县、全国休闲农业与乡村旅游示范县、浙江省首批全域旅游示范县创建单位等称号，着眼“环境+、文化+、体育+、项目+”，积极打造具有自身特色的文化旅游融合发展之路。同时坚持将以地理信息技术为基础而衍生开来的数字技术广泛运用到经济社会发展的方方面面，在浙江省率先构建“数字乡村一张图”，建成了全国首个渔业尾水治理全域智能监管平台，并以全县141个行政村为舞台，展开了一场大规模的“数字革命”，有效推动县域农村生产、生态、生活“三生空间”全面转型、深刻变革。① 2018年，全县共接待国内外旅游者2250.54万人次，同比增长13.44%，旅游总收入260.73亿元，同比增长22.40%。

（二）主要做法

1. 解码文旅基因，打造文化IP矩阵

围绕浙江省提出的全面推进“文化浙江”“诗画浙江”建设，德清打造了文化和旅游融合发展的IP工程。在德清旅游，游的不仅是“风景”，而且能感受到不同的文化。近年来，德清实施文化传承解码行动，推进节庆品牌升级，比如擦亮“蚕花娘娘”文化IP，推出蚕桑文化精品旅游体验项目，并成为全省十大运河节庆之一；传播运河诗路文化，精品打造大运河文化公园和3个文旅驿站，将旅游与运河文化融合，相得益彰；莫干山通过打造以萤火虫为核心的IP，点亮“山野”文化，“洋家乐”民宿和欧诗漫珍珠之源入选浙江省文化和旅游IP库；洛舍镇东衡村建设文化旅游创意街区，引进名人艺术家入驻，打造集精品民宿、特色餐饮、书画体验基地于一体的“赵孟頫”“管道昇”“你侬我侬”IP……德清通过解码文旅基因，加快文化基因转换利用，打造文化IP矩阵，建立地域文化品牌，将1000多项非物质文化遗产与小镇特色结合，使“一镇一节”独具魅力，以此引领德清旅游从单一景点向全域旅游转型升级。

2. 擦亮特色品牌，形成文旅产业联盟

文旅搭台，产业唱戏，高质量发展才是应有之义。2020年以来，德清

① 郑军南、徐旭初：《数字技术驱动乡村振兴的推进路径探析——以浙江省德清县五四村为例》，《农业农村部管理干部学院学报》2020年第39期。

先后发布《关于尽快恢复振兴文化和旅游消费市场 进一步激发文化和旅游消费潜力的实施意见》《关于促进全域旅游产业发展的十条意见》等文件，为文旅产业更添“一把火”。如今，正在积极打造莫干山产业联盟，推动民宿产业品质化、平台化、集聚化发展，实现产业提档升级、整体提升，进一步擦亮国际乡村旅游目的地这张“金名片”，聚集文旅产业链上下游服务商，专门为莫干山民宿提供全方位的服务。当前，文旅产业融合实验室正谋划落地，已与美团、飞猪、小红书、涂鸦智能、力时科技数据等公司进行深入沟通。让外地企业与年轻创客“走进来”，让德清的文旅品牌“走出去”，作为全国乡村旅游的引领地和全国民宿发展的标杆地，德清创建了一批闻名全球的文旅品牌，探索出了改革赋能的多项全国第一。数字化赋能、产业联盟等创建的“后效应”，正在为这“绿水青山”之地注入可持续发展的动力。

3. 推动“数智”融合，开启文旅2.0时代

如果说以历史文化、古迹资源为依托的旅游开发是文旅产业的“1.0版本”，那么“2.0版本”则已进入以文创、科技、资本、人才等全要素驱动、构建供需更高水平动态平衡的文旅融合新阶段。从修建全国首条跨城公交线路K588，到只有13分钟车程的杭宁高铁站，再到杭州“二绕”的开通，越织越密的交通网，让德清文旅产业接沪融杭的步伐越走越快，一批有影响力的地域文化品牌快速“出圈”。德清利用产业数字化和应用智能化，将AI、5G和云计算等前沿技术运用到景区的服务体验提升上，尤其注重地图服务、导览导购等方面的大众化应用。目前，德清县莫干山国际旅游度假区已在12个点位开展有声地图导览、有声场景建设、有声内容制作。同时推出“德清优品”“找绿道”“找厕所”等便捷旅游服务，多维度提升游客体验感。截至目前，“找绿道”“找厕所”功能累计服务超200万人次。在未来发展中，德清将建设产业融合发展示范区，引进国际一流水准的专业人才和团队，深度挖掘德清的文化资源，创新和丰富产业业态，努力打造覆盖“吃住行游购娱”全过程的高质量度假消费区，确保在全国提升影响、打响品牌。

（三）特色亮点

1. 产业规划数字化呈现

充分应用由德清县大数据局提供的时空信息云平台建设成果，以电子地图、遥感影像三维实景地图等多类型、多尺度、多时态的空间数据为基底，相加自然资源、农业、水利、交通建设、文旅、民政等各部门数据，构建数字乡村底图，在三维场景下展示村庄山水林田湖规划全貌，使村庄自然资源、项目布局、用地状况一目了然。同时，汇集村庄地理信息历史影像，直观呈现比对村庄变迁。平时则通过网格员采集或数据共享获取新建住房规划许可、房屋户主、面积结构、安全状况和宅基地等信息，实现农村住房数字化管理。采取 14136 模式为乡村振兴提供支持，即“一中心、四平台、一张图、三应用、六工程”数字乡村模式，完善乡村信息基础设施和数据资源体系，加快培育乡村数字经济新业态，不断创新乡村数字治理新模式，积极构建乡村智慧服务体系，全面提升农业农村治理数字化、生产智能化、经营网络化、服务便捷化水平，为实现乡村全面振兴提供有力支撑。

2. 产业发展数字化转型

通过乡村经营数字化模块，全面梳理村庄集体“三资”及收入组成情况，有效链接乡村企业、农业网区、家庭农场、乡村民宿合作社、农村电商。依据乡村康养和文创基地等经营主体土地流转、营收、就业人数等数据，综合分析农村劳动力就地就业或转移就业情况，推动乡村产业生产经营管理数字化转型，积极培育数字乡村新产业新业态。同时，深入实施智能农业三年行动计划和全国数字农业试点县建设项目，全县已建成 10 个数字农业示范园区、100 个数字应用示范园、3500 个农业物联网应用示范点。围绕水产、粮食、早园笋等 6 大特色产业开展智能管理建设，完善数字农业应用，基本实现了农业产业数字化改造全覆盖。创新推出了“芯片鱼”净养模式，其品质高、可溯源，销售价格是普通黑鱼的 2 倍。

3. 产业联动数字化管理

产业发展是激发乡村生产力的前提，通过对农业实施全产业链数字化管理，可以让农民熟练便捷地使用互联网，推动智慧型农业发展。德清县打出推动产业数字化提升、拉长特色产业链等一系列“组合拳”，推动产业融合。基于数字乡村一张图，汇聚县内种植业、畜牧业、渔业等领域的业务数据7亿多条，实现全县现代农业数据实时掌握，生产效率平均提高50%以上。智能大棚、温度环境自动控制、病虫害智能检测和农用无人机作业等已被广泛应用，提升了资源利用率和农业效率。通过构建“1+N”农村电商发展体系，打造一个农村电商产业园，建设新市镇万人网红直播培训基地、禹越镇百亿农村电商基地等N个支撑基地。农村电商创新创业氛围愈加浓厚，创新创业成果颇丰。2021年，德清县农产品线上交易额累计达12.8亿元。除了火热的电商产业，德清县还充分利用旅游资源，紧密结合莫干山民宿“IP”，实现农村电商与旅游业协同发展，接待游客数与营业额增幅明显。在飞猪平台开设全国首个民宿目的地官方旗舰店——莫干山旅游旗舰店，全县休闲农业与乡村旅游接待游客数累计超1300万人次。

二 引领数字乡村人才建设的晋江实践

（一）基本概况

晋江市为福建省下辖县级市，由泉州市代管，是闽南金三角的核心，素有“泉南佛国”“海滨邹鲁”的美誉。晋江位于福建省东南沿海，泉州市东南部、晋江下游南岸，三面临海；东北连泉州湾，东与泉州石狮市接壤，东南濒临台湾海峡，南与金门岛隔海相望，西与南安市交界，北和鲤城区相邻。在晋江中原文化、海洋文化、闽南文化、华侨文化、宗教文化等多元文化相互交融、相映生辉。晋江市全境地形比较平缓，主要以平原和丘陵为主，属亚热带海洋季风气候，主要特征是盛行风向季节交替，季风气候显著。晋江市以“产城人文”融合发展的理念，强化旅游业态、文旅设施、旅游品牌等建设，拥有全国乡村旅游重点村和国家3A级旅游景区。晋江将进一步发挥品牌优势和地理优势，加速创建国家4A级旅游景区，加深乡村旅游与传统村落经纬度融合，加强晋江旅游体系营销，打造“主客共享”的闽南乡村旅游景区“新样本”。

2002年，时任福建省省长的习近平同志深入晋江调研，亲自总结提炼了“晋江经验”，成为多年来晋江快速发展的行动指南和制胜法宝。20多年来，在“晋江经验”的指引下，晋江市持续加强“三农”工作，深化“三农”体制改革，积极引导大学毕业生等高端人才参与农村创业创新，综合开发利用农业农村生态涵养功能、旅游观光功能和文化教育功能，加快培育乡村产业发展新动能，为乡村全面振兴提供有力支撑。2020年，晋江市设立1000万元农业贷款风险补偿专项资金，建立高素质农业农村“双创”团队38个、大学生经营规模农场50家，实现全市农村居民人均可支配收入2.87万元，同比增长9.2%。

（二）主要做法

1. 搭建创业创新平台，汇聚各类优秀人才

一是搭建孵化共享平台。建设创意创业创新园、国际工业设计园、智能装备产业园、福大晋江科教园等科技创新载体，为农业农村各类人才创业创新提供空间。全市拥有众创空间和科技企业孵化器9家，场地面积超10万平方米以上，正在开展的创业项目200多个。二是搭建校地合作平台。与省内外11所高校签订农村双创合作协议，成立“福建农林大学大学生晋江创业基地”“福建农林大学研究生晋江工作站”“福建农林大学晋江研究院”，重点在现代农业、人才培养等方面开展深层次、高规格的战略合作。与福建省农科院建立合作创业创新平台，成立“福建省农科院专家（晋江）工作站”。

2. 培育创业创新主体，壮大乡村人才队伍

一是完善“人才创业创新”政策。以优越的政策吸引一批优秀人才回乡创业，为乡村振兴贡献力量。出台《晋江市农业农村创业创新三年行动方案》等政策措施，配套出台优秀人才认定标准、加快引进优秀创业团队和项目若干意见等优惠政策，实施青年人才“生根计划”，建设人才公寓，落实优秀人才10项生活保障。二是实施“人才反哺农村”计划。开展为期三年的“百生百村”乡村志愿服务等活动，2018～2020年，每年选派百名大学生服务农村建设，逐步引导“双创”人才向农村集聚。实施青年设计

师驻村计划，聘请10名设计师在省级乡村振兴试点村开展陪伴式服务。

3. 开展创业创新活动，培养卓越拔尖人才

一是开展农村创业创新竞赛。2017年以来，与福建农林大学、福建省农科院、台湾朝阳科技大学联合举办“海峡杯”现代农业创意创新大赛，征集海峡两岸农产品生产各环节和农业生产方式的创意创新作品179件，12家风投公司参与对接，取得明显效果。二是开展“五微五营双创”活动。通过开展“微景观、微菜园、微庭院、微森林、微墙绘”“大学生夏令营、国庆建造营、校园双微创意营、大树微景观工作营、大学生寒假社会实践营”“大学生农业农村创业创新营”等活动，进一步吸引大学生等人员到农村践行创意灵感，激发干事创业热情。近年来，共吸引300多支大学生团队、1000多名大学生参与创作了1406个原生态、乡土味的乡村微景观。

（三）特色亮点

1. 能人带头

深入发掘本土乡村文化能人、文艺爱好者等各方面的人才，在开展本土群众文化活动、发展农村文化事业、传播优秀道德文化等方面，起到凝心聚力、增光添彩和引领带动作用。加强与省、市对口部门沟通联系，积极争取文化工作者服务支持艰苦边远地区和基层一线专项工作项目，持续招募和选派文化志愿者参与图书、群文、文博、演出等文化活动，带动当地一批乡村文化能人、基层文化志愿者和文艺爱好者成长，开展丰富多彩的文化交流、表演和展示活动。晋江市以抓人才的思维来抓村党组织书记培养，出台30条措施，在全国首创农村治理人才认定机制，创新农村发展党员孵育机制，培养储备后备人才，引导一批懂经营、善管理、会运作、威望高的各界能人，加入乡村治理队伍。2018年村级换届中先后开展6轮协商，全市395个村党组织书记有近70%来自企业界、10%来自社会组织。

2. 专家指导

通过邀请院校（团）和专业机构老师授课，选派优秀文艺骨干到省内外高等院校和专业机构学习培训，使他们进一步拓宽视野，转变思维，提高业务水平和综合素质。注重让专业人做专业事，围绕人居环境、古村保

护、田园风光等重点领域，先后与18家高校、机构建立战略合作关系，引进了一批高端智库、专家学者，成立“三农”专家工作室，聘请建筑专家规划九十九溪田园风光项目，引进北京青普运营梧林古村落项目等。创新开展“五微五营双创”活动，吸引大学生创作实践，实现“一村一规划顾问、一村一法律顾问”。

3. 标杆示范

紧紧抓住“培养”和“聚集”两条途径，建立良性循环机制，着力营造重视人才、关爱人才、干事创业的浓厚氛围，努力构建文旅人才高地。强化党管人才原则，严格落实“一把手抓第一资源”责任，坚持把理论学习和业务学习作为重中之重来抓，有针对性地开展各类活动，组织本系统广大党员干部职工和社会人才参加，为各类人才脱颖而出创造条件。积极争取县委、县政府支持，通过公务员、事业单位招考和提供公益岗位等多种方式，引进一批高素质、复合型的文旅人才，为全县乡村振兴注入新的活力。2021年，紧抓福建全省大力实施百万农民培育行动机遇，全面推进高素质农民学历提升工程、高素质农民培训工程、农村实用技术远程培训工程“三大工程”，为加快农业农村高质量发展、促进乡村振兴提供人才和智力保障。

三　推动数字乡村文化振兴的屏南实践

（一）基本概况

屏南县位于福建省东部，隶属于宁德市。东南与宁德市蕉城区相连，东北与周宁县交界，北与政和县接壤，西北至西与建瓯市毗邻，西南至南与古田县相接。全境东西宽54公里，南北长50公里，总面积约1487平方公里。屏南地处霍童溪、古田溪上游，群山环抱，平均海拔830米，森林覆盖率达76.4%，年平均气温18℃，生态资源丰富。约1487平方公里的土地上空气清新，无工业污染，是天然氧吧避暑胜地。白水洋鸳鸯溪经过10多年的打造，已成为“国内一流、世界知名”的旅游品牌。屏南传统文化资源极为深厚，迄今屏南县境内依然保存着数以百计的传统古村，其中中国历史文化名村 3 个、中国传统村落 15 个。每个古村落都历史悠久，原生态尚存，人文氛围厚重，承载着中华优秀传统的丰富内涵。

自媒体时代的来临，使屏南摆脱了以往在物理空间上的地缘限制，实现了与世界零距离的资信平等。世界可以在第一时间了解屏南，生活在屏南的外地人或屏南本地人亦可在第一时间了解世界。物流、资金流、信息流、人流的高度便捷通畅，有效支持了屏南文化创意产业与旅游业的发展。随着高速公路、高铁的出现与电商时代的到来，屏南具备了物流、资金流、信息流发达和便捷的条件，这为屏南发展高附加值的文化创意产业提供了系统性的支持，使得屏南有条件发挥优势，发展文化创意产业。自 2015 年以来，屏南县乡村文创逐步搭建起“党委政府 + 艺术家 + 古村 + 村民 + 互联网”的发展模式，呈现“人来、村活、业兴、文盛”之势，形成区域内的乡村文创增长极。中央电视台曾先后 11 次聚焦屏南文创；住建部的全国传统村落保护发展培训班在屏南开展现场教学；《中华民居》在 2019 年和 2020 年推出两期“龙潭特刊”，系统解读“龙潭模式”“龙潭精神”“龙潭机制”，提出“文创乡建看屏南”；福建省委深改办将屏南文创助推乡村振兴的做法列为可复制推广的典型并上报中央深改办。[①]

（二）主要做法

1. 打造古村创意活动

在有着 800 年历史的四坪古村，由新村民发起的每月一次的古村创意集市，成了屏南新的文化现象。精心烹制的美食，随意品饮的黄酒，即兴演绎的音乐……多种元素碰撞下的热闹集市，展现着屏南文创、艺术、文化、生活，吸引各地游客纷至沓来，也拉动了当地村民柿子饼、笋干、黄酒等土特产的销售；创办“五一”系列活动。2019 年 5 月 1 日，龙潭美术馆正式对外开放，《龙潭里春 · 千年一遇》首展同时开幕，展出新老村民的油画、影像、音视频等作品。这些作品记录了屏南古村的变化，也记录了村民们的心路历程。夜幕下，一场融入多种艺术元素，新老村民共同演绎的

① 潘家恩、吴丹、刘坤：《乡村要素何以回流？——福建省屏南县文创推进乡村振兴的经验与启示》，《中国农业大学学报》（社会科学版）2022 年第 1 期。

实景演出，让新生后的龙潭村更具文化绽放的力量；在龙潭村，观看古老的四坪戏；在北墘村，品尝香醇的红曲酒；在巴地村，领略质朴的畲村风情；在双溪镇，体验“人人都是艺术家”的氛围…… 2019 年 10 月，“闽东之光——四季屏南 · 乡村有约”乡村文化旅游创意活动月，先后在熙岭、代溪、甘棠、双溪 4 个乡镇举办 20 多项大型活动，为广大游客带来了一场精彩纷呈的乡村文创盛宴。

挖掘乡土文化特质、淬炼乡村文化品牌。文创塑造了乡村品牌，成为聚人气、引投资的靓丽名片。催生了研学旅游、户外运动、艺术创作等“农业 + 旅游”“教育 + 旅游”“体育 + 旅游”“艺术 + 旅游”“康养 + 旅游”等乡村旅游新型业态。吸引了省委党校、南京先锋书店、宁德千乘桥文创公司、天津泰达当代艺术博物馆等一批机构落地乡村，逐步形成“一村一特、一村一品”发展格局。

2. 完善文旅文创设施

打造先锋厦地水田书店。在“屏南四大书乡”之一的厦地古村，一栋只剩下三面残墙的古宅，以全新的身姿矗立于水田之上，成为富有当代诗意的最美乡村书店。它和薛府的公益书屋、新村民的私人书屋，一起唤醒人们对乡土的亲近和对文化的自信，孕育出一份独特的屏南乡村记忆。创建社会美育综合实践基地——前汾溪谷。“行行重行行——社会美育的中国道路与未来想象”2018 社会美育国际工作论坛暨实践者会议、“共享 &参与：艺术的新常态——2019 社会美育国际工作论坛暨实践者会议”与《观溪问流——九位学生在前汾溪村的述与作》展览在这里成功举办。2019 年 10 月 5 日，前汾溪谷正式投入运营。这里将通过开展驻创、艺术教育等活动，提供教学研究、文化推广等社会服务，普及村民的艺术教育，拉动古村文创产业和各文旅产业项目发展，助推全域旅游。

乡村振兴，既要塑形，也要铸魂。乡村文化振兴是乡村振兴铸魂工程。屏南文创赋予乡村更优环境、更多内涵、更高格调，为乡村带来源源不断的人流、物流、信息流，催生主题体验、研学旅行、旅居养生、艺术创作、民宿餐饮及朋友圈经济、后备厢经济等旅游新业态，为全域旅游发展提供了重要支撑。

3. 由点到面发展策略

乡村振兴，全域旅游，不能只靠一个村，要同时搭台，一起唱戏。以龙潭村为例，2019 年其吸引的游客量在 15 万人次。对于地盘有限的单个古村落而言，其接待力是有限的。一旦超过承载力，公共服务、停车、住宿、吃饭等一系列问题将集中爆发，影响游客的体验感，甚至会让多年的文创成果功亏一篑。面对这一困扰，2019 年，屏南文创提出“由点到面”的发展策略。推动村落文创试点先行、示范带动，点上深化、面上扩展。将龙潭村作为核心区来打造，然后把周边的四坪村、墘头村以及三峰村也联结进来形成一个片。把龙潭的文创进行了扩容，形成一个承载区，把龙潭文创这样一个品牌做大做强。重点打造以双溪—寿山片区为中心的东北带、以龙潭片区为中心的东南带、以厦地—前汾溪片区为中心的西南带，努力走出一条具有闽东特色的屏南乡村振兴之路。

以龙潭、厦地、双溪为核心的三个文创片区形成三个有影响力和带动力的大型文创体验区，并以白玉、新田等 10 个省级乡村振兴试点村为支点，辐射带动周边村庄发展，形成连片联动发展格局，是屏南特色的乡村振兴之路的又一探索。除了“由点到面”的发展策略。屏南县还着力推进农村一二三产业融合发展项目试点县建设，打造乡村文化创意、高山特色农业、全域旅游示范三大品牌，培育“文创 + 农业”“文创 + 旅游”“文创 + 互联网”“文创 + 工业”“文创 + 文艺”等新模式新业态。

（三）特色亮点

1. 整合文化数字化建设资源

在数字乡村建设所涉及的村容村貌整治中，大量新型民居建设都以当地传统民居为基础，进行局部改良；村落墙绘、街容街貌治理等工作也结合了当地的地域文化。通过整合数字乡村建设中乡村文化的需求，系统性地对当地地域文化进行挖掘和整理，最大限度地避免了资源的浪费。同时，提前谋划乡村文化数字化建设规划，对于数字屏幕、展览馆、网络等组件，进行统一建设。在屏南乡村文创中，农业不再只作为“一产”，而是融合本地文化资源、生态资源、品牌资源的多产。参与文创的新老村民和村集体，不再局限于“自产自销”，而是作为生产者、经营者或消费者参与二三产融合的分工环节，获取远超过第一产业的收益。例如，屏南龙潭村新村民通过融合油画艺术、国家级非遗四平戏等元素，同时在包装等方面加以改进，使该村传统生产的黄酒售价提升了近10倍。

2. 完善文化数字化配套设施

乡村文化的数字化不仅仅是对乡村文化的挖掘和整理，更为重要的是对文化原色的提炼和展示，因此各类数字化配套设施的建设十分关键。为了完善乡村文化的数字化覆盖率，屏南古村加快对乡村地区通信网络的架设，大力推进乡村数字图书馆和电子阅览室建设，创建乡村文化数字化平台及其配套软件。屏南对古村保护拒绝“死保”和“硬保”，认为“活”的乡村应该与时俱进，需要增加其时代性和丰富性，需要在尊重基础上加以改造，特别要加强其生活气息，考虑其生活功能，让乡村不只是游客的乡村，而且是居住者的乡村。同时，把乡村打造成可以承载新生活方式和新创业方式的优质空间。例如，龙潭村出现了随喜书屋、贪生咖啡馆、四平戏博物馆、黄酒博物馆（品酒屋）、公益艺术教育中心等，这些平常只在城里出现的文化空间、娱乐空间，渐渐出现在古村落里，成为古村的新鲜事物，嵌入传统农村的日常生活。

3. 创新文化数字化传播渠道

运用新媒体业态传播最为真实的乡村文化，突破地理位置、交通条件、经济发展等不利因素的限制，向许多普通民众展示乡村传统文化。以短视频为主的新媒体业态，激发挖掘和传承乡村文化的主观能动性，使得乡村文化呈现“去中心化”和“去城市化”的趋势，从而激活乡村文化的底蕴。在屏南文创中，重复性和专业性工作将被技术迭代和人工智能取而代之，创意工作将承载人的价值，充当人类劳动的核心内容，创意不再是强者和天赋者所独占的能力，弱者和普罗大众也有产出创意的可能——只要更换坐标和用对方法。屏南文创团队倾向引导村民体察世界，让村民对于平日里熟视无睹的乡村生活，换一个角度观察，多一点情感表达。新老村民常常一边学画画，一边学微博、抖音。“线上与线下”以及“生意与生活”的融合，让屏南乡村文创在探索和传播方面产生了新的特点。

四　打造数字乡村生态建设的安吉实践

（一）基本概况

安吉县位于长三角腹地，隶属于浙江省湖州市，与浙江省的长兴县、湖州市吴兴区、德清县、杭州市余杭区、临安区和安徽省的宁国市、广德市为邻。境内天目山脉自西南入境，分东西两支环抱县境两侧，呈三面环山、中间凹陷、东北开口的“畚箕形”的辐聚状盆地地形。地势西南高、东北低。山地分布在县境南部、东部和西部，丘陵分布在中部，平原分布在西苕溪两岸的河漫滩。其属亚热带海洋性季风气候，总特征是：光照充足、气候温和、雨量充沛、四季分明，适宜农作物的生长。县域面积达1886 平方公里。安吉是“绿水青山就是金山银山”理念的发源地，是国家全域旅游示范区、全国投资潜力百强县、全国乡村治理体系建设试点单位、国家新型工业化产业示范基地、中国夏季休闲百佳县。

安吉县作为“两山”理论发源地，一直以来坚定不移地践行“绿水青山就是金山银山”的发展理念，全面实施国家乡村振兴战略和浙江省委省政府“万村景区化”决策部署，大力发展乡村旅游业，带动农民增收致富，促进美丽乡村建设，将“绿水青山”生态文化优势转化为乡村旅游的产业活力，走出一条乡村旅游助推产业振兴的安吉之路。[①] 以绿色发展为引领、以农业产业为支撑、以美丽乡村为依托，探索三产联动、城乡融合、农民富裕、生态和谐的科学发展道路，打通了绿水青山和金山银山的转化通道，打造了宜居、宜业、宜游的美丽安吉。在文旅文创融合发展的新形势下，安吉县以打造乡村振兴战略示范区和国家文旅融合示范县为抓手，积极探索乡村文旅文创融合发展，初步形成了安吉县的特色与经验。2020 年，全县休闲农业与乡村旅游总产值达 46. 6 亿元，游客接待量为 1056 万人次，营收 21. 48 亿元。

---

① 沈晨仕：《文旅融合视野下乡村振兴的策略与路径探索——基于“两山”理念诞生地湖州市的经验启示》，《湖北农业科学》2020 年第 19 期。

（二）主要做法

1. 科学规划，创新休闲农业与乡村旅游的安吉模式

坚持一张蓝图绘到底，“统一规划，统一品牌，统一运营”。一是在精准规划上发力。编制了《安吉县休闲旅游业规划（2011－2020年）》《安吉县休闲农业与乡村旅游规划》《安吉县乡村旅游发展专项规划》，初步形成三大中心、十个聚集地的乡村休闲旅游格局。涌现出鲁家村“家庭农场＋村＋企业”、目莲坞“农户＋村＋企业”、刘家塘村“慢生活体验区”等创新模式。二是在精准管理上用力。率先出台《乡村民宿行业的服务质量通用要求》《安吉县农家乐服务质量通用要求》等地方标准，规范服务。三是在精准扶持上聚力。每年投入超3000万元财政资金，支持乡村旅游基础设施建设、农家乐（民宿）提升、乡村人才引进等，其中对民宿村落项目按当年开业运营数给予所在乡镇（街道）50万元/项的奖励。

2. 多业融合，夯实休闲农业与乡村旅游的产业基础

因地制宜赋能“休闲农业＋”，推动乡村休闲旅游与农业产业交叉融合、互促互融。一是打造美丽乡村。深化“千万工程”，大力推进“三大革命”，实现全县美丽乡村建设全覆盖，打造县域大景区。二是厚植文化底蕴。注重农耕文明、田园风光、村落建筑、乡村生活等乡土元素保护，强化经营乡愁、经营文化的理念，建立了26个村落文化博物馆，丰富乡村休闲旅游的内涵和人文体验。三是强化产业融合。依托农业产业资源和山水风光，延伸乡村旅游产业链，大力发展涵盖研学旅行、农事体验等分享经济、体验经济，唱响“春赏花、夏嬉鱼、秋品果、冬食笋”的休闲农业四季歌。

3. 创新突破，充实休闲农业与乡村旅游的要素供给

加强政策引导，激发产业发展的内动力。一是创新要素供给。积极探索农村闲置农房（宅基地）流转、农业标准地等改革举措，在全国率先创新推出农业产业融合项目建设“标准地”以及农业标准地抵押贷款等举措，县内农业“标准地”实施主体整体授信额度达5亿元，有效解决产业发展“用地难、贷款难”问题。二是加强人才保障。坚持实施人才储备培养计划，融合部门优势，加强校地合作，联合开展从业人员培训。组织大咖公

开课，鼓励参加行业技能比赛，提升从业者归属感和荣誉感。广招贤才，在各类公开招考中，设立旅游专业人才岗位；在休闲经济奖励政策中开辟专项条款用以奖补旅游人才。三是丰富载体建设。每年举办“过个安吉年”“畲村三月三”等系列特色乡村节庆活动，以“一乡一节”推动本地特色文化活动进入旅游市场。在原生态特色基础上，立足村情，推出乡村品质游内容。如报福镇以“福”文化为主题，在全镇各村打造“休闲报福”“山水统里”“民俗中张”等十大不同景致。

（三）特色亮点

1. 提供政策要素保障

文旅文创融合促进乡村转型升级，带动乡村振兴高质量发展，增强政策供给有效性是关键。一方面，湖州市先后制定出台了《湖州市打造实施乡村振兴战略示范区行动方案》《加快文化旅游企业发展的扶持政策实施意见》《2019 年加快推进文旅融合发展示范行动方案》《湖州市乡村旅游促进条例》，通过创新政策举措，不断细化相关领域的政策与措施，统筹实施乡村振兴战略示范区和文旅融合示范市的创建工作，凝聚政策合力，有效引导和鼓励经营者利用丝绸、湖笔、茶、瓷、桑、基鱼塘等地域特色文化要素，以及历史文化传统村落、名人故居、文物建筑博物馆、纪念馆、非物质文化遗产等乡村文化资源，开发各具特色的乡村旅游项目和差异化体验产品。另一方面，积极搭建各类平台，创新服务，增强要素保障。如成立安吉县文旅产业绿色金融服务中心和乡村文旅创客研究中心，组建安吉县乡村旅游文化服务团，为乡村文旅融合发展提供广阔的平台与保障。

2. 创立特色发展模式

安吉县立足多年来美丽乡村建设的探索经验，根据不同的地域特色和生态优势，积极构建了差异化的文旅融合特色发展模式，并在乡村振兴实践中取得了丰硕成果。积极探索发展文化特色鲜明的文旅综合体，重点扶持文化影响力大、市场关注度高、发展趋势性强、主题特色鲜明和开发前景广阔的新兴文旅文创融合产业综合体，将乡村民俗体验馆、乡村文化艺术节、乡村文化创意馆、乡村文化文艺展出等文旅新业态、新体验进行有效嵌入，通过积极导入乡村文化，推进各具特色的乡村文化资源创意转化，全力打造集聚乡村文旅全业态带动力强、综合效益高的乡村文旅产业大平台。[①] 作为国家级全域旅游示范县，安吉以其独具的地域特色竹文化、茶文化为依托，建成了生态博物馆等地域文化展示馆，推出了昌硕故里游、竹叶龙民俗文化艺术表演等一批文化旅游精品产品和观赏体验项目，通过乡村旅游示范村建设，基本形成了“一村一品”“一村一景”“一村一韵”的以美丽乡村为带动的“生态 + 文化”模式。

3. 培育生态文明理念

美丽乡村创建的生命力在于乡村特色的彰显，生态文明理念的培养是建设美丽乡村的文化基础。乡村文化建设要将生态文明内涵融入旅游文化、群众文化建设的各个方面，处理好传统文化与现代文化的冲突，以生态价值观和环境道德为核心，牢固树立和培养生态文明理念。安吉县在美丽乡村建设过程中，注重对特色建筑的保护和对地方特色文化内涵的挖掘。全县各乡镇、村在推进美丽乡村建设过程中，注重对当地从古到今饱含历史印记和文化符号的古宅（昌硕故居）、老街（报福老店铺）、礼堂（双一文革大礼堂）、民房（姚村石片屋）等古迹、古建筑的保留，并结合当地经济社会发展赋予其现代的新内涵。安吉以生态文明理念为指导，将其贯穿于乡村政治、经济、文化、社会建设的各方面和全过程，以实现绿色、低碳、循环和可持续发展为目标。“安吉模式”演示了新时期中国农业、农村生态与产业协调发展的运作轨迹，体现了通过发展第三产业，特别是休闲农业和乡村旅游，增加农民收入的创新思路，实践了山区、半山区、丘陵地区推进生态文明的发展方式，具有较强的推广价值。[②]

① 叶敬忠：《乡村振兴战略：历史沿循、总体布局与路径省思》，《华南师范大学学报》（社会科学报）2018 年第 2 期。

② 苟民欣、周建华：《基于生态文明理念的美丽乡村建设“安吉模式”探究》，《林业调查规划》2017 年第 3 期。

第九章 文旅文创融合提升传统景区生活化消费实践

【案例导入】

湖南长沙——非遗馆让非遗项目活态发展

湖南雨花非遗馆是湖南省重点打造的文旅融合示范点，聚集了包括10个世界级非遗项目、55个国家级非遗项目在内的359个非遗项目。截至2019年，该馆已接待全国各地游客50万人次、研学体验学生10万人次，开展外事文化交流80多场，游客覆盖40多个国家，能满足市民游客“吃非遗”“玩非遗”“赏非遗”“学非遗”“购非遗”需求，是市民休闲会客的文化场馆。

湖南雨花非遗馆聚集了中国书法、剪纸、皮影戏等10个世界级非遗项目，湘绣、蓝染技艺、苗绣等国家级非遗项目55个。馆内非遗传承人广收学徒，免费传授非遗技艺。雨花非遗馆首创中国“非遗+”活态传承发展模式，通过社会化的策划与运营，构建起了非遗传承与传播功能兼备、本地居民文化消费与中外游客旅游消费并存的城市文化空间。雨花非遗馆将非遗及其衍生品与现代生活和市场接轨，实现了非物质文化遗产向民间生活的回归。创建了非遗主题城市文化消费场馆模式。经过近4年的运营，雨花非遗馆实现了社会效益与经济效益的统一，2018年馆内年总收入近2000万元，直接或间接带动区域文化消费收入近9000万元，形成了非遗资源带动城市周边文旅及各项产业增长的良好效应。作为最早开始探索非遗主题研学旅游的单位，已接待长沙市及湖南省内外中小学生10余万人次，馆内非遗传承人广收学徒，免费传授非遗技艺。同时，该馆还创建大学生创业基地10个，带动5000多人就业，形成了“产、学、研、销”链条体系。以非遗街区、非遗生活家为抓手，构建“文化+旅游”全产业链模式运营，实现传承人项目和非遗馆的共赢。

雨花非遗馆首创中国“非遗+”活态传承发展模式，将非遗及其衍生品与现代生活和市场接轨，致力于将非遗融入现代生活，为游客带来了丰富的文化旅游体验，也成为市民游客“家门口的诗和远方”。

（来源：央广网，http://travel.cnr.cn/list/20190610/t20190610_524644363.shtml，2019年6月10日）

随着旅游产业的发展，消费者意识的成熟以及市场需求的变化，观光型的旅游目的地逐渐演变为观光型和度假型相结合的旅游目的地，景区功能逐渐多元化。当前，旅游景区慢慢在朝着生活化发展，随着旅游消费需求总量的快速扩张，消费市场结构化以及消费品质化和个性化的转变，旅游消费已经成为一种生活方式，其核心特征就是旅游者在旅游目的地逗留的时间延长，有时会停留多日或一段时间。换言之，传统的旅游地有可能演变为现代生活的工作地或居住地。当旅游成为一种生活方式，旅游进入生活化阶段后，旅游和生活就不再是两种状态下的两种生活方式，而是合二为一，即旅游是生活，生活也是旅游。对于这种消费形式的变化，作为重要旅游目的地的景区，必须做出调整，这就是景区生活化的由来。

第一节　理论概述

传统景区生活化消费是旅游消费的一种形式。由于旅游产业的转型升级，对传统景区也有了更高的要求，生活化消费主要是针对传统景区提出来的，即要在自身旅游资源的基础上进行新的功能拓展。本节解析了传统景区生活化消费的概念、特点、动因、内容和主要做法，为促进景区生活化的建设提供理论基础。

一　传统景区生活化消费的概念

生活化消费是随着景区发展衍生出来的概念，旅游生活化代表了现代人的一种旅游方式，生活化的主要特点是在旅游目的地逗留的时间延长。旅游以原住户以及他们生活的空间为旅游业的物质基础和依托，游客在景区与当地老百姓共享传统的生活方式，共创一种全新的生活方式，这就是旅游景区生活化的场景，也是许多外来游客梦寐以求的诗意生活。随着景区生活化的发展，景区的功能会从单纯的观光游览转向更加多元的层面，游客通过景区发展的各种“生活化”产品，进行日常的消费，带动当地旅游业的发展，创造出居游共享的良好氛围。[①]

因此，传统景区生活化消费是指在旅游消费成为一种生活方式的基础上，根据传统景区的现状及资源存赋状况，对传统景区的功能进行拓展和创新，是旅游者在景区生活空间中进行消费的一个内容。

传统景区生活化消费的内涵可以总结为以下几点。第一，生活化消费是针对旅游景区提出的，是旅游景区的现状及发展所迫切需要的；第二，生活化不是一种开发手段，而是对景区资源的进一步利用，是旅游消费升级的需求；第三，促进生活化消费的途径是在景区资源本身的基础上进行新功能拓展；第四，生活化消费不仅仅是为了提升游客的体验、满足游客的消费需求，也是为了满足当地居民的需求，创造居游共享的和谐景区。

传统景区的生活化消费，需要构建各种形式的生活化场景，如可持续生态平衡的“低碳生活”，标签化的“场景生活”，小空间的“单体生活”，主客融洽的“社区生活”，契合处世价值观的“文化生活”，全天候、全时段、多场景的“区间生活”，等等。通过构建不同的生活方式，营造相应氛围的生活气息，促进景区功能的拓展。但在拓展景区功能时，不必过于刻意扩大某一种生活方式，各种生活方式可以根据景区的实际情况进行多元化的发展。

① 唐人文旅：《景区生活化》，搜狐网，https://www.sohu.com/a/283078116_822730。

二 传统景区生活化消费的特点

（一）综合性

传统景区生活化消费的综合性主要体现在其消费内容、消费对象及旅游结果上。首先，从消费内容来看，传统景区生活化消费包括对核心旅游产品、形式旅游产品和延伸旅游产品的消费；而核心旅游产品从类型上看，包含观光型、休闲度假型、消遣娱乐型、文化科普型、公务商务型及家庭个人事务型等。其次，从消费对象来看，为了实现旅游目的，旅游者必须凭借某种交通工具，在旅途中必须购买一定的生活必需品和旅游用品，解决吃饭、住宿等问题，是集食、住、行、游、购、娱于一体的综合性消费活动。最后，从旅游结果来看，生活化消费满足了旅游者的精神享受需要，陶冶了其情操，还使旅游者开阔了视野、增长了知识，能够让游客不仅仅从游客的角度认识景区，而且可以从居民的视角了解景区的文化。

（二）体验性

传统景区生活化消费主要是为了增强旅游者的旅游体验。无论是什么类型的旅游，旅游者在旅游的过程中都会得到一种或者几种旅游体验。虽然生活化消费在本质上属于精神消费，但旅游者在完成这种消费时必须以物质消费为载体，并可直接或间接地通过货币形式实现。在文旅文创融合的背景下，游客在景区体验的大多是文化类产品，在旅游过程中，文化是一直存在的，旅游者在旅游消费时体验到的是有关文化的产品，因此具有体验性。

（三）时效性

一般物质产品的生产、交换和消费是三个相对独立的环节，但传统景区生活化旅游消费，其对象在空间上是固定的，所以生活化旅游消费具有暂时性、异地性及与生产的共时性。旅游者必须离开常住地，亲自到旅游目的地才能实现旅游产品的交换和消费，旅游服务类产品的生产和消费几乎是同时进行的，具有极强的时效性。

（四）不可重复性

由于旅游产品的不可转移性和不可储存性，旅游者通常只有通过支付货币才能获得对消费对象观赏或者使用的权利，而对于购买的体验类旅游产品，消费者并不能像消费其他产品那样获得所有权，而只是暂时拥有使用权，一旦旅游活动结束，旅游者就会失去对旅游产品的使用权，若要再次享受该旅游产品，就必须重新购买。由于服务类旅游产品的时效性更突出，旅游服务产品的使用价值对旅游消费者来说是暂时的，一次买卖一次消费，生产和消费都具有不可重复性。①

三　传统景区生活化消费的动因

（一）美好生活的需求

党的十九大报告指出，如今我国社会的主要矛盾已经从人民日益增长的物质文化需要同落后的社会生产之间的矛盾，转化为人民日益增长的美好生活需要和不平衡不充分的发展之间的矛盾。

不平衡不充分的发展也是旅游景区的一个现状，不平衡指的是景区间的旅游资源不同、旅游开发状况不同，景区的发展现状也就不同。有些景区位置偏远但旅游资源丰富，有的旅游景区交通方便但资源同质化严重。我国各个地区之间旅游发展情况不同，每个地区的内部区域发展情况也不相同。不充分指的是现在旅游景区开发的功能尚不完全，不能够完全满足旅游者的消费需求。

要把握需求主导本质这一核心，始终从市场和游客的角度出发，顺应需求、引领需求、创造需求，开发满足多元化需求、适应个性化偏好的新产品、新业态，从需求侧发力牵动供给侧改革，形成新需求牵引新供给，而新供给又能在更高水平上创造与新需求的动态平衡。要在提高产品体验性、丰富度和吸引力上下功夫，推动旅游从单一场所场区向融合式、场景式、体验式转变，实现空间与时间的延展突破。

（二）田园生活的需求

随着社会的不断发展和城镇化进程的推进，许多人从农村到小城镇，再从小城镇转到大城市，生活一段时间以后由于交通的压力、房价的压力

① 肖怡然主编《旅游消费者行为学》，北京理工大学出版社有限责任公司，2017，第7~8页。

和各种社会的压力，往往又渴望回归郊区，回归乡村，这就是城市化发展进程中动态反复的一个过程。

在逆城市化发展进程中，需要提供一种迥然于城市单调生活的、具有乡村气息又有城市居住配套功能的产品，它既符合居住养老的市场需求，更符合当代人对乡村质朴生活的渴望。逆城市化主要面临两大问题：土地的自由买卖、人口的自由迁徙。随着社会管理成熟，这个政策界限迟早会放开；放开后，最早“出城”的会是先富起来的一批人，他们要到周围的田园乡村过郊区乡镇生活，这就是城市休憩群体的假日迁徙。随着社会的不断进步，这也逐渐演化为人们对于旅游生活化的一种需求。

（三）消费升级的需求

旅游生活越来越与日常生活消费重叠，旅游越来越变得像在自己家里一样。这就要创造一种跟日常的生活消费相类似，但是更高级、更有文化含量的场景，这是旅游消费升级的需求。现在的消费已经从传统的物品消费变为场景消费，场景消费也是景区对自己市场定位的再扩展，它通过产品的形式去深度剖析顾客购买或消费的目的或意义、顾客实质所需求的核心价值或利益。如去茶馆喝茶，可能主要目的不是喝茶，而是社交休闲；购买化妆品不只是为了化妆，而是希望完成美的梦想或彰显个性；挂上窗帘不只是为了遮光，其也是美化居室的装饰品，等等。场景设置正是针对游客需求或痛点提出的解决方案，是一种价值或意义主张的展现，是一种新生活态度或方式的诠释。场景赋予产品可购买的价值或意义，从而也就给了用户可购买的理由和欲望。[①]

消费场景的改变和消费的升级要求对景区的功能进一步拓展，要求景区更好地了解游客的需求，为游客提供更好的消费。

（四）产业转型的需求

旅游业的转型升级[②]依托的是整个经济社会的发展，以满足多元化、多

① 周忠兴：《消费场景到底是什么》，https://zhuanlan.zhihu.com/p/41624256。

② 《陈向宏：油腻旅游的生活突围 用旅游产品构建十种新生活方式》，搜狐网，https://www.sohu.com/a/209563724_476087。

层次、复合型的旅游需求为出发点，以提升服务质量为落脚点，通过旅游企业经营方式的创新、新型旅游产品的创造、政府部门旅游发展方式的引导，进而实现旅游服务水平的明显提高、旅游市场的明显净化、游客满意程度的明显增加，带动经济转型升级，使经济、社会、文化、生态效益得到全面体现。

在整个旅游活动中，景区需要对旅游资源进行开发，游客会对旅游资源进行游览，景区的转型升级要在生活品质、服务品质和产品差异性上下功夫，满足游客的生活化需求。

（五）旅居度假的需求

随着中国社会经济的稳中向好，在以新兴中产阶层为主导的休闲度假浪潮之中，“旅居度假”作为旅游供给侧改革和文旅消费端升级的耦合热点，在新时期文旅发展中备受关注。旅居度假是离开自己的永久居住地，到另一个地方住一段时间，进行一种异地生活方式或理想生活方式的体验。“旅居度假”并非单一的旅游吸引物和旅游环节，也非传统的旅游地度假，而是“特色资源 + 生活住宅 + 核心配套 + 目的地式主题体验”等要素的综合。根据资源、功能、主题等不同特性，可将旅居度假产品分为资源突出型（“暖冬”“避暑”旅居度假产品）、功能突出型（养生养老旅居度假产品）、主题突出型（田园式、文艺式旅居度假产品）。

旅和居是构成旅居度假的两个要素。旅，就要有旅游吸引物。在全资源观视角下，旅居地的生态文化资源、特色生活方式、社会资源及产业资源均构成旅游吸引物的部分，是区别于其他旅居度假地的特色灵魂。居，就要有住宿空间。度假行为以居为基础，社区、酒店、民宿、营地等住宿空间及相应的居住生活配套设施、服务内容、居住社群等构成了旅居度假的承载核心。综合来看，旅居度假是现代经济发展产生的时代热词，相对于传统社会的安土重迁来说，“旅居”的出现让中国人在“居家”的问题上有了第二选择。随着文旅产业的升级和国人精神世界的改变，旅居成为人类与自然和社会对话的新方式，并让生活变得更美好。

四 传统景区生活化消费的内容

（一）提高景区收入，开发文旅新产品

景区如果仅局限于游览观光层面，没有文化价值的沉淀，则游客只能进行“走马观花”式的旅游，很难产生二次消费。通过文旅文创融合发展，对景区进行生活化的改造，通过文化的沉淀、文创 IP 的引用，可以增强景区的文化内涵，延伸产业链条。文旅结合可以塑造景区品牌、扩大知名度，吸引更多游客进行二次消费。当旅游成为一种生活方式后，游客在景区进行消费就变成了一个很自然的事情，游客在游览过程中因感受到浓厚的风土人情和文化底蕴而增加了在旅游景区的消费，从而提高了景区的收入。

对传统景区进行生活化的升级和转型就需要更新旅游产品，深度结合当地文化，让游客感受到当地文化的特色，对旅游产品的要求也就更高。通过对旅游产品的进一步改造和升级，不仅可以增强游客体验，更能够提升景区的品质，进一步促进景区的转型升级。

（二）加快融合发展，丰富文旅新业态

在旅游高质量发展的过程中，传统的旅游要素已经难以满足游客体验本地居民生活方式多样化的要求。因此，一方面需要对“食住行游购娱”传统六要素中的每一部分进行丰富和深化；另一方面景区的旅游要素也要向康养、游学、商务、运动等多方面拓展。旅游目的地业态的不断丰富，是旅游“本地化”得以实现的重要依托。旅游业正从单一景点景区建设管理向综合目的地服务转变，从门票经济向全产业链条的城乡经济转变，从封闭式的观光游览活动向全天候全范围全业态的综合性旅游体验转变。当前旅行服务商混业经营态势明显，旅游住宿、旅游景区、主题公园等典型行业，开始从单一形态向复合型生活场景方向变迁，各城市也纷纷建设包含餐饮、娱乐、体育、休闲等多种功能的文旅综合体。更多的生活服务业态承担了旅游休闲功能。原来属于典型本地生活服务场区的百货商店、美容美甲店、按摩店、超市、传统小吃摊、夜市、菜市场等，也不断与旅游

业态融合发展，构成了主客共享的商业环境，取代了仅具有游览功能的景区，成为旅游消费的新聚集地。

旅游业具有带动性强、关联度广的典型特征。为适应旅游业“本地化”的新发展趋势，要持续加快旅游业与其他产业的融合发展，丰富产品体系，创新文旅业态。一是要坚持旅游业和城镇化建设相融合。建设美丽乡村、旅游小镇、风情县城、文化街区、宜游名城，支持建立旅游综合体、主题功能区、中央游憩区等，增强城市商业区的旅游服务功能。通过提升旅游目的地生活品质，以“宜居”带动“宜游”。二是持续推动文旅融合，大力推动旅游演艺、文化遗产旅游、文化主题酒店、特色节庆展会等提质升级，提升旅游产品的文化底蕴、地方特色，加强文化传播，支持建设集文化创意、旅游休闲等于一体的文化和旅游综合体，拓展文旅消费新空间。三是加强文旅产业和体育产业、养老产业、娱乐业、金融业等多种产业的业态融合、产品融合、市场融合。活化利用工业遗产，发展工业旅游；利用乡村文化资源，发展农业旅游；促进文教结合、旅教结合，培育研学旅行项目；结合传统体育、现代赛事、户外运动，实施文旅品牌培育升级。①

（三）完善公共服务，推进文旅新基建

“十四五”文化和旅游发展规划指出，要“培育主客共享的美好生活新空间”。随着旅游业“本地化”趋势的发展，建设主客共享的旅游目的地，既能够吸引游客，也能实现本地居民的文化权益和休闲需求的充分释放。一是要加强目的地公共服务体系建设，不仅需要建设景区景点和旅游项目，还要发展住宿、餐饮、休闲娱乐等多样化的生活服务，优化本地居民和异地游客的旅游休闲体验。二是要加速推进铁路、高速公路等交通基础设施建设，优化内部交通，增强景区景点的可达性，降低出行成本。三是紧紧围绕数字化发展，加强关键技术应用，推动5G、大数据中心、人工智能等新型基础设施建设，进一步加强旅游大数据分析和运用，有效提升旅游智慧化服务水平。四是加强旅游服务标准化工作，尤其要注重运用大数据等互联网技术，建设

① 《疫情常态化，旅游“本地生活化”的本质是什么?》，搜狐网，https://www.sohu.com/a/482192193_379534。

“互联网+旅游”服务标准，开展以游客评价为主的旅游目的地评价，并推动旅游市场监管向信息化、智能化方向发展，提升旅游配套服务水平。

（四）借力平台经济，增强发展新动能

近年来平台经济的快速发展从多个方面赋能旅游产业，为文化和旅游融合创新和高质量发展提供了新动能。今后要借助互联网平台和数字技术在数据分析、交易撮合、精细管理等方面的优势，降低消费者决策成本，增强旅游决策的确定性、合理性、便利度。通过管理数字化赋能传统旅游企业，创新商业模式，提高经营效率，持续提升其服务质量和经营管理能力，提高旅游休闲行业的有效供给。充分发挥平台经济的长尾效应，为旅游休闲及各类生活服务业的中小商户提供线上交易场所，不断丰富和完善本地生活服务及旅游产品，满足游客和居民的多样化、品质化需求。

（五）营造特色氛围，保护原生态环境

文化风貌是传统景区的灵魂，要保持景区氛围的原生性、鲜活性，景区的文化氛围透过肌理结构、建筑风貌、民俗风情、生活习惯、传统工艺等表现出来。文化氛围是景区核心吸引点所在，要深入挖掘其产业文化、历史文化、自然特征、民俗风情等资源，从其特色入手，把精髓形态意境化，将地域文化要素融入空间环境和品质特质中，提炼出景区文化氛围的总体定位，将其自身独特的文化资源塑造出“特”“美”“精”的地域文化和风貌特色。同时，要将旅游开发与生态保护紧密结合。要注意对旅游资源及其依托环境的保护，只有保护好旅游资源及其周围环境，才能更好地利用资源。在进行旅游开发前，必须认真进行开发项目的可行性研究，制定切实有效的保护资源措施，防止资源景观和景区环境遭到破坏。良好的生态环境是营造特色景区的前提条件，原生的景区环境更有利于特色氛围的打造。

第二节　案例解析

在传统景区生活化消费的实践中，本书以景区为例，介绍了发展低碳生活消费的莫干山景区、保持特色场景生活消费的西溪湿地公园、以村落小空间发展旅游消费的呈坎景区、富含文艺生活消费的苏州耦园景区、充满特色人文关怀生活消费的罗浮山景区、发展多元业态生活消费的乌镇景区。从这些景区的发展中，总结景区的概况、主要做法以及特色亮点，提炼其独特的文化特色和独特的发展模式。

一　发展低碳生活消费的莫干山景区

（一）基本概况

莫干山镇位于长江三角洲的杭嘉湖平原，境内群山连绵，环境优美，自然资源丰富，有山林 11.2 万亩，森林覆盖率达到 91.7%。除了千年银杏、千年红豆杉等珍贵树种外，大量的毛竹、茶叶、果树以及其他经济作物分布广阔。境内水资源丰富，共有水库 58 座，另有阜溪、埭溪两条溪流穿境而过。这里青山绿水，环境优美，空气质量好，负氧离子含量高，是一座天然氧吧。该镇地处亚热带季风气候区，四季分明，雨量充沛，阳光充足，年平均气温 16 摄氏度，气候十分宜人。

莫干山镇有古往今来无数文人墨客留下的足迹，拥有浓厚的文化气息，南北朝大文学家庾信、宋代武康知县毛滂等人都曾与该镇结下不解之缘。镇内留存的人文景观和历史文化遗址有始建于南宋时期的高峰禅寺、东周的冶铜遗址和建于后晋时期的铜山寺遗址等，为该镇增添了历史人文气息。筏头乡是南朝著名史学家、文学家沈约的故里，乡间文化底蕴深厚，人文景观丰富。

莫干山镇坐拥莫干山良好的山地自然生态资源，以悠久的避暑度假传统、深厚的人文历史资源、特色的精品民宿集群，以及乡野田园、生态农业、宗教文化等资源为依托，以诗意栖居度假方式为理念，打造集特色山居度假、户外山地运动、康疗养生、文化休闲、商务会议等多功能于一体的，具有世界水准、中国高度、浙江风格、德清特色的中国国际乡村旅游度假目的地。莫干山镇政府实施“生态立镇，旅游强镇”发展战略，全力打造“最美国际化休闲旅游风情小镇”，大力推动休闲度假旅游、文化产业、生态农业的发展。该镇现有莫干山黄芽精品园、义远有机生态园、阳光生态园等有机生态农业基地。[①]

（二）主要做法

1. 准确定位，吸引力强

在市场定位方面，莫干山主抓休闲旅游。低廉的消费水平可以满足普通游客的乡村游热潮，但无法满足处于消费高端的白领、金领及外国游客的需求。他们虽是相对的小众群体，但其巨大的消费潜力足够打造乡村旅游的新业态。莫干山立足于此，进行市场细分，通过营销宣传稳定客源，提供高品质旅游休闲服务。莫干山的环境与基础设施吸引力强，周边地区经济发达、交通便利，德清县位于长三角中心地带，距离上海、苏州、杭州的车程均在 2 个小时之内，随着该县“接沪融杭”战略的实施，莫干山最大限度地开发了区域经济中心的高端消费市场。

休闲旅游是一种积极参与、主动休息的旅游行为方式，属于满足高层次精神需求的活动，这种需求以高质量自然环境为基础。尤其是在雾霾等城市空气污染愈演愈烈的现阶段，城市高端消费者更加向往回归绿色自然之处，从激烈的市场竞争与快节奏的城市生活中抽身，远离城市，在隐秘舒缓的空间享受怡然自得的生活。高端人群的定位要求景区不能在绝对距离上过分远离区域经济中心，必须保证交通的可达性。然而休闲旅游领域最重要的新需求便是脱离城市高压，回归自然，而莫干山镇恰好能在适当的距离上为游客提供远离城市、隐秘幽静、静心享受的舒缓空间。

2. 低碳开发，就地取材

莫干山注重生态保护，为保护原有的生态环境，在建筑方面强调就地取材，低碳开发。莫干山景区内建筑原为当地废弃农房，改建的民房均保留原有的泥坯房材质；所有后期建造的别墅并非辟地营建，而是架空悬隐于山林之中，以充分保护植被，因而在整体格局设计上，现代建筑与自然环境完美融合，和谐雅静。此外，建筑均采用可持续使用的材料装卸组建，室内装潢及设施均强调就地取材，大多是从当地农家旧家具改造而来。例如以树墩做圆桌，用稻草编制灯罩，将农家土罐用作烟灰缸。莫干

① 《莫干山国际旅游度假区总体规划》，https://www.greepi.com/case_jq/201807/142.html。

山的民宿也推行“低碳住宿”。一天一洗的床上用品和卫浴用品往往导致水资源浪费与环境污染。“洋家乐”改变一天一洗惯例，减少一次性用品的使用，控制能源消耗。与传统高档度假酒店不同，莫干山民宿更多采用就地取材的方式，将现代科技介入的不和谐感降到最低程度，同时也降低了装修建设与能源消耗的成本，充分体现了经济、自然、环保的建设理念。

3. 特色活动，增强体验

莫干山采用低碳环保、增强体验的模式，如鼓励游客自己动手做饭；改建的农房没有空调、煤气，夏天靠电扇，冬天以木屑压制的柴火取暖；门前蓄水池承接雨水，循环使用；所有活动产生的垃圾将进行分类处理。所开发的休闲活动项目中几乎没有可供娱乐的景点设施，追求回归简单，游客通过爬山、垂钓等方式，既可保护原生态，又能舒缓身心。此外，“洋家乐”对游客提出诸多要求。旅客被要求节水节电，禁止在室内抽烟，没有电视。饮食可以自己动手，也可以请当地阿姨代劳，拒绝铺张浪费。在交通方式上，更是建议游客乘火车而非开私家车前来。①

（三）特色亮点

1. 民宿带动休闲度假发展

莫干山整个休闲度假路线已延伸至岭坑，共租用农房 14 幢，影响较大的除高天成投资的裸心谷外，还有老树林、枫华、西坡 29、香巴拉、小木森森等，美国《时代周刊》曾两次刊登图文介绍莫干山景区，其低碳生态的特色旅游已成为德清乡村旅游的一张金名片。

经过多年的摸索，莫干山镇凭借智慧突破了以往小农耕作的经济方式，率先开创了以“洋家乐”为代表的民宿经济，大力发展特色鲜明的休闲旅游业，带来了如奇迹一般的发展。莫干山全镇现已有以裸心谷、法国山居等“洋家乐”为代表的中高端低碳民宿 400 多家，仅 2016 年上半年就接待游客 106.7 万人次，旅游收入达 10.8 亿元。“洋家乐”深知游客享受自然和生态环境的需求，因而最大限度地保留了质朴民风、原有建筑及自然物，

---

① 姚志高：《低碳背景下休闲旅游消费模式的开发探究——以莫干山“洋家乐”为例》，《中国商论》2015 年第 Z1 期

并通过科学设计使得度假区整体规划布局和谐融洽。在服务细节上更是尽显环保之风。“洋家乐”在完善基础设施与接待设施时，采取就地取材、垃圾分类、提倡低碳等途径，引导游客注意卫生、享受自然。此举不仅提升了游客的旅游质量，也降低了旅游企业的运营成本。

2. 立足景区历史文化积淀

莫干山虽然无雄山峻岭，却依然能营造足够的生态魅力，青山、绿水、翠竹、鸟鸣，百品不厌。莫干山镇在保护好每棵树、每棵草的同时，还善于“无中生有”，引入连片花田、开拓极限基地、修复青砖绿瓦、完善基础设施，既有人文之美，又能融入自然。《纽约时报》评选的全球最值得一去的 45 个地方中，莫干山排名第 18 位，正是对此处环境优美的最好说明。

莫干山镇保留了每一处历史遗迹，也珍惜每片历史瓦砾。在细致入微地完成对老街的整修整改后，一个具有鲜明“民国建筑”风格的风情街呈现眼前。该镇还营造了国际范儿的洋文化，每一处景观不再局限于乡村的古朴，还透露着别样的异域风情，开启了闻所未闻的文化集市。休闲旅游项目同质化是我国休闲旅游业的重大缺陷。“洋家乐”则通过就地取材、变废为宝、创新设计的方式，挖掘地方民俗等资源进行独特的设计，实施差异化战略。“洋家乐”的实质并非照搬西方生活方式，而是以服务为本，充分保留“乡土味”“田园意境”，以此吸引都市人前来。

3. 旅游发展带动共同富裕

本是地方偏僻、山多不便的乡镇，却并未“削山填水”，而是通过智慧和双手保护好自然，改造旧房，完善设施，做起了民宿，带动了餐饮、商业，靠着“生态”发家致富，实现了真正意义上的“绿水青山”向“金山银山”的转变，是对“两山”理论的最好实践。德清作为浙江省体制改革试点，多项改革举措助推了莫干山镇的活力发展。在创新体制下，土地要素、环境保护、消防安全的高要求相辅相成。本身破旧的废弃宅院，经过设计摇身一变，成为一个个“摇钱树”。①

① 《莫干山镇：开创“洋家乐”为代表的民宿经济》，http://epaper.zqcn.com.cn/content/2017-04/11/content_37350.htm。

二　保持特色场景生活消费的西溪湿地公园

（一）基本概况

西溪湿地公园位于杭州市区西部，距西湖不到5公里，是罕见的城中次生湿地。这里生态资源丰富，自然景观质朴，文化积淀深厚，曾与西湖、西泠并称杭州“三西”，是国内第一个也是唯一一个集城市湿地、农耕湿地、文化湿地于一体的国家湿地公园，是我国首批以湿地生态为核心资源特色的国家5A级景区。城市湿地主要是城市及其周边地区被浅水或暂时性积水所覆盖的低地，有周期性的水生植物生长，基质以排水不良的水成土为主，是城市排毒养颜的肾器官，具有重要的水源涵养、环境净化、气候调节、生物多样性保护、教育科普等生态服务功能。西溪湿地作为杭州的“肾”，在很大意义上确实起到了这样的作用。①

西溪湿地公园推出了生态旅游产品和节庆旅游产品。西溪湿地公园常年推出“渔夫之旅”“向晚游”等生态旅游活动，游客可提前向景区预定，乘坐西溪湿地公园的摇橹船，跟随渔夫体验捕鱼的乐趣，同时可在景区安排的餐馆食用午餐。西溪湿地公园针对景区景色季节特点，在不同时节推出节庆旅游产品，代表性的有：2~3月的探梅节；4~5月的“花朝节”；端午节龙舟盛会；9~10月的“火柿节”；11~12月的“听芦节”等。西溪湿地公园保留了浓厚的农耕文化，大部分的景点都是由之前在此居住的居民留下的民房改建而成。例如，景区的景点“烟水渔庄”就完完全全地反映了当时村民生活居住的情况，许多农耕用具都真实地还原在了游客的眼前。景区推出“渔夫之旅”的旅游活动，许多游客也乐于体验一把“渔夫之乐”。西溪人文，源远流长。景区的二期工程完全体现了西溪湿地浓厚的文化气息，高士奇的府邸——高庄、洪钟别业等大批古代文人留下的遗迹成了景区进行宣传的重点，也是景区打造的重要品牌之一。

---

① 马伟杰、高静、胡芳芳等：《杭州滨水旅游景区品牌形象定位研究——以西湖、西溪湿地、大运河为例》，《北方经贸》2013年第8期。

（二）主要做法

1. 保护湿地生态

西溪湿地公园的管理始终兼顾生态效益、社会效益、经济效益。西溪湿地作为社会公共资源，对它的管理和利用必须坚持公共为先、政府主导的管理方针。西溪湿地建立了综合保护工程领导小组和市区两级指挥部，全面负责保护湿地的指导和建设。组建了湿地公园经营公司，负责开发西溪湿地公园旅游产品、投资经营西溪湿地公园旅游项目，并由该公司适当引进企业，参与经营湿地公园旅游产品和项目。建立由湿地生态、动植物、水文地理、历史文化、生态设计、环境保护、园林规划、风景旅游等方面专家组成的西溪湿地专家组，负责西溪湿地生态资源保护利用的咨询、论证和监督工作。加强对湿地景观建设的控制。在保护区外确定景观控制区，设置外围生态带，通过制定控制性详规，使之成为城市与湿地之间的过渡带、缓冲区，成为城市新的生态空间。

外围生态带内新建的建筑，必须满足西溪湿地公园对城市景观控制的要求，在规模、布局、体量、高度、风格等方面都有定性定量的规定，必须与风景旅游城市的要求相适应，不得有碍西溪湿地公园的观瞻，尽量缩小工厂企业、居住建筑等开发用地，不准新建可能污染环境的工厂企业，限期治理现有污染状况，建立动植物生态系统，保护山体、水文、植物、动物，不准开山采石、污染水源，不准毁林垦荒、破坏植被，不准狩猎打鸟。同时打造科普基地，西溪湿地公园作为湿地知识普及和生态道德教育场所，定期向社会公众开放。成立湿地观鸟协会、动植物保护协会等群众组织，引导公众关心湿地、爱护湿地。建立湿地生态环境科学实验基地，吸引更多大专院校、科研单位对湿地生态过程、湿地价值和湿地的可持续利用等进行科学研究。①

2. 突出文化特色

西溪湿地有悠久的历史，起步于汉晋，发展于唐宋，兴盛于明清、民

① 《中国公园》编辑部：《科学保护与合理利用的和谐统一：杭州西湖西溪湿地公园的建设》，《中国公园协会 2005 年论文集》，2005。

国初期，衰落于抗战时期。西溪湿地文化底蕴丰厚，自古以来是文人墨客必经之处。通过组织开展西溪风情调研活动，西溪湿地公园收集民间家具和农具，较好地展示了不同历史时期的古建、民居风格和民情风俗；合理安排渔事、养蚕等农事活动，保护好当地住民长期生活劳作而形成的农耕文化、乡土田园文化；最大限度地展示民俗风情的生态形态，如河渠行舟、网鱼、社戏和龙舟竞渡等。在挖掘文化遗存时，坚持“前期介入、中期监督、后期管理”方针，进行了大量的实地考察、历史考证、编辑书籍、恢复遗存等工作。通过挖掘历史文化内涵，形成了“秋雪八景”“曲水八景”“西溪草堂”“梅竹山庄”以及沿山河景观等；较好地指导了植物配置、古建筑恢复和景点建设工作。通过寻访和恢复历史文化遗存，发现了越剧首演地陈万元古宅等数处有文物保护价值的老民宅建筑、河埠头、驳坎和古桥，挖掘保护了一批碑刻、浮雕、历史典故和传说，论证命名了一批楹联、匾额、船名、桥名，编纂出版了《西溪纪胜》和西溪文化系列丛书。

龙舟竞渡是西溪湿地公园的一大品牌，每年端午节期间，四乡八邻的村民划着龙舟汇集在蒋村乡深潭口村，开展龙舟比赛，热闹非凡，传说乾隆皇帝也观赏过龙舟竞渡并题写了“龙舟胜会”四字。经西湖区西溪文化研究会考证，蒋村街陈万元古宅是越剧首次试演地，古宅历经130余年，保存完好。这里的古诗、古词、古画、古碑刻等艺术作品都是民族传统艺术文化的结晶。还有东岳庙会、三方庙会、北上灯会等风土民情，并有“一园五地”，即供园、词人神圣地、水浒孕育地、越剧首演地、文人逍遥地、民俗文化浓缩地等。如果说西湖是杭州的文化宝库，西溪则是杭州的文化沃土。[①]

（三）特色亮点

1. 风景优美，景观独特

西溪湿地公园是国内第一个也是唯一一个集城市湿地、农耕湿地、文化湿地于一体的国家湿地公园。水是西溪的灵魂，园区70%的面积为河港、池塘、湖漾、沼泽，整个园区六条河流纵横交汇，水道如巷，河汊如网，

① 单金发：《西溪湿地生态文化资源的保护与开发》，《中国古都文化与现代旅游发展研讨会论文集》，2005年。

鱼塘栉比如鳞，诸岛棋布，形成了西溪湿地公园独特的湿地景致。西溪三堤十景，吸引了大量游客。因湿地环境保护的相对完整，景色非常漂亮，每年都会举办摄影展等活动来记录西溪的美丽景色。景区内部还有植物园，每年四五月份举办的花朝节更是西溪湿地美的象征，那时整个景区都沉浸在一片花海中，游客来此游玩十分享受。

2. 湿地场景，吸引游客

作为杭州“双西合璧”之一，“休闲”“惬意”“慢生活”是西溪湿地公园给游客们留下最多的感知印象和旅游体验。西溪湿地公园有着得天独厚的资源优势，公园内多是原生态的草地、树林、河道，适合游客们放松与游玩。西溪湿地公园巩固和强化旅游目的地品牌的“生态休闲”定位，结合生态休闲旅游空间的打造手法，为在城市快生活节奏下生活的人们，提供了一个亲近自然、放松身心、感受野趣的地方，使游客们能够享受回归自然、轻松和谐、人水相亲的意境。通过新媒体营销，当游客们想往休闲、闲逸、慢生活时，会在第一时间联想到杭州西溪湿地公园。①

同时，西溪湿地公园也具有湿地的文化场景。西溪湿地公园的旅游形象定位是“留下湿地只为你”和“都市湿地看西溪”，西溪湿地公园70%是水域，水是西溪湿地的灵魂。西溪自古就是文人的隐逸之地，有许多文人在此筑屋隐居，研究学问，留下大批的诗文辞章。西溪湿地公园重视这方面的建设，让旅游者能感受到古代文人的那种情操；在西溪湿地公园还能感受到许多民风民俗，每年端午节西溪湿地公园都会举行龙舟盛会，还有一些当地农家生活劳动场景，这为西溪品牌建设提供了重要的资源，加强民风方面的建设，让旅游者体会到了农家生活、农家文化。

三　以村落小空间发展旅游消费的呈坎景区

（一）基本概况

呈坎是中国传统古村落，是中国历史文化名村。南宋著名理学家朱熹

① 陈天琪、张建春：《基于文本挖掘的景区旅游形象感知研究——以杭州西溪国家湿地公园为例》，《资源开发与市场》2021年第6期。

称赞“呈坎双贤礼，江南第一村”。呈坎古名龙溪，又称潨川，始建于东汉末年，距今已有1800多年。从地理自然上看，呈坎村依山傍水，符合古代风水理论，地理位置四通八达，交通方便，气候舒适，这使呈坎成为徽州绝佳的风水宝地。从村落构建上看，当初罗氏祖先精密选址，在呈坎定居下来，经过精心规划、精雕细刻和世世代代的精细管理及长期建设，终于建成如今的呈坎。呈坎山水环境秀美清幽，村落建筑错落有致，街巷纵横交错，移步换景，风光迷人。从古建筑角度，呈坎村有数量众多的元、明、清时期古建筑，类型多样，内涵丰富，特色显著，被称为中国历代古建筑艺术博物馆。从消防安全层面看，呈坎村保留下来的古代消防信息资源最丰富、最典型、最完整，被誉为中国古代消防博物馆。丰厚的历史文化特征使呈坎有着“江南第一村”“国宝之乡”的美誉。此外，呈坎村一直有村民居住，现在呈坎村共有700多户、4000多人居住，75%的人口姓罗，同宗同族，聚族而居，较好地保留了古村落的生活样貌，是不可多得的活态古村落。

呈坎有丰富的物质文化遗产和非物质文化遗产。作为全国保存最完好的古村落，呈坎村共有古建筑约160处，其中国家级重点文物保护单位2处，包括明代修建的罗东舒祠。呈坎村拥有宋代建筑2处、元代建筑2处、明代建筑23处、清代建筑130多处。呈坎村是现存徽州地区古建筑最集中、最富有特色、最具观赏价值的村落之一。徽州地区历史悠久，文化深厚，非物质文化遗产十分丰富。主要有民间传颂的徽州九绝，包括木雕、竹雕、砖雕、石雕、歙砚、徽墨、武术、新安医学、理学等。由于呈坎地处徽州地区，深受徽州文化的深厚影响。呈坎古村落遗存了许多非物质文化遗产，主要包括徽州四雕和手撕书法等。由于呈坎村保留了众多完好的明清建筑，其中主要装饰是木雕工艺，因此呈坎村的木雕技艺传承和发展较好，既创造出精湛的木雕工艺品，又培育了一批雕刻专家。①

---

① 方彬：《古村落发展如何实现多元主体共建共享——安徽黄山市徽州区呈坎镇呈坎村保护与开发调查》，《社会治理》2020年第3期。

（二）主要做法

1. 对文化遗产进行保护开发

呈坎村有国家级文物49处，省部级文物近100处，享受国家和省部级文物保护补贴。以2019年为例，政府投资1500万元对呈坎村内钟英楼、上更楼、下更楼等古建筑进行修缮，并对古村落基础设施进行修整；投资2000万元对呈坎古建筑群消防工程，即呈坎古建筑群报警系统、消防栓、消防管网设施系统加以完善；投资249万元对呈坎古建筑群实施防雷工程，即在古建筑安装离子接地极、引下线等防雷设施等；投资350万元对呈坎古建筑群排水系统进行整治，对现有排水管道进行维修、更换及疏通。虽然国家、省部级和村委会对呈坎村古建筑给予大量的经济投入，但对于拥有众多古建筑的呈坎村来说，这些投入对物质文化遗产的保护依然是杯水车薪。呈坎村村委会对村里古建筑也进行了再利用，引进民营企业的力量，扩大经营型收入，主要以集体资产盘活、村里集体资产对外出租来增加村集体收入。

在非物质文化遗产保护和传承方面，徽州木雕、竹雕、砖雕、石雕是徽州地区特色，当地政府重视对徽州传统手工艺的保护和发展，特别重视徽州木雕工艺的保护与传承，在徽州雕刻技艺上给予大力扶持。2000年以来，当地镇政府着力推动呈坎古村落的雕刻技艺与文化的传承与发展，从资金上提供大量支持，从场地上提供土地和房屋，在呈坎古村落里成立了徽派雕刻研究所。由于政府的大力支持，还有雕刻手工艺者自身的努力，2012年雕刻家曹永盛被评为徽州三雕（木雕）国家级非遗传承人。

民营和私营企业对非物质文化遗产进行大量宣传和推广。在企业旅游与培训项目中，邀请国家和省市级非遗大师、当地特色民间手艺人给学员和游客展示非物质文化遗产技艺，让他们学习传统工艺，亲身体验，同时也传播了非物质文化遗产。让中华民族优秀的传统手工艺在民间“留下来、活下去、走出去”，这对非物质文化遗产的传承具有重要意义。

2. 以旅游发展促进乡村振兴

呈坎镇的村民瞄准灵山乡村旅游发展商机，创办了农家乐。随着乡村旅游不断丰富和延伸，乡村旅游也带动了当地农副产品的热销，30余户贫困户与当地农家乐建立了长期供销关系，贫困户自家种植的蔬菜、瓜果和饲养的鸡鸭牛羊等农产品有了稳定的销售出路，原本农户自供自给的贡米、笋干、茶油等土产品成为"抢手货"，2020年，乡村旅游直接带动贫困户销售农特产品8万余元。为进一步拓宽贫困群众的增收渠道、巩固脱贫攻坚成果，该镇还积极引导贫困群众把自己的山场作股，支持当地旅游景区开发，其中，呈坎景区、野狼谷旅游基地每年支付村集体5万~6万元用于资产收益分红，户均收益在600元左右。该镇还将20名贫困户的土地打包流转给农庄、农场等经营主体开展生态旅游，3处农场每年支付租金2万余元。

呈坎镇借助独具特色的旅游资源优势，不断探索乡村旅游发展新模式，走出一条"旅游富民"新路径，带动村民实现持续增收致富，真正实现了在家门口吃上"旅游饭"。①

（三）特色亮点

1. 建筑富有徽州特色

呈坎村现存有元、明、清不同时期的祠堂、古社屋、古民居、亭、桥、更楼等古建筑130余处，其中"罗东舒祠"和"呈坎村古建筑群"为国家级文物保护单位。还有28处明清建筑物单体有待公布为"呈坎村古建筑群"的扩展名录。其巧夺天工的雕刻、彩绘等工艺将徽州古建筑的古朴、优雅等特征体现得淋漓尽致。文化内涵深厚的村落空间格局和形态肌理、珍奇的明清古建筑、深厚的徽州历史文化积淀共同构成了呈坎古村落不可取代的独特地位。

2. 活化保护文化遗产

徽州文化历史是徽州地区古村落的精神内核。因此，在呈坎古村落文化遗产保护和活化中，需要突出传统文化保护和地方特色展现。第一，保护古村落的传统文化和空间布局。在古建筑的修缮中，遵照修旧如旧的原则，保持其古朴原貌，同时运用传统审美，对村落形态和外部环境进行修

① 《黄山徽州区呈坎镇：从"旅游扶贫"到"旅游富民"》，央广网，http://www.cnr.cn/ah/jhfc/20200520/t20200520_525097039.shtml。

整与完善，再现完美布局。第二，展现徽州文化特色，打造旅游品牌。旅游业的发展可以使历史文化被赋予新的社会经济价值，使徽州文化得到振兴。一是继续开发非物质文化遗产体验项目，邀请国家和省级非遗大师展示徽州九绝，让游客亲眼所见、亲身体验，热爱和传播非遗文化；二是从现代需求的角度，尊重人们注重健康养生、回归自然和追求原生态的需求，打造呈坎村观光度假型生态乡村旅游品牌，开发呈坎“农家乐”项目；三是充分利用重大节庆开展民俗文化活动，借助古村落戏台推动民间文化发展，发扬呈坎古风民俗，如晒秋、宗祠堂会等活动，让游客体验呈坎深厚的民俗文化。

3. 发展特色研学旅游

呈坎利用当地特色的徽州文化和徽州传统建筑开发研学旅游，在2018年入选了全国中小学生研学实践教育基地名单，呈坎在研学旅游中开发古建筑写生，体验当地“晒秋”活动，了解撕纸书法，近距离感受徽州的古建筑，景区建筑是历史宝贵的遗留，参加研学旅游活动能够带来最为直观的视觉冲击和第一体验。将景区内的古建筑和其中的文化内涵深度挖掘，并体现在研学体验活动之中，将历史建筑及知识最大限度地活化，让孩子体验徽州建筑的魅力所在。

四　富含文艺生活消费的苏州耦园景区

（一）基本概况

耦园位于苏州市东北隅小新桥巷6号，处于平江历史文化保护区，东临姑苏区环古城健身步道、相门城墙、护城河，南临城市主干道干将路，西临著名的平江路历史街区，北靠拙政园、狮子林、苏州博物馆。耦园前身为清顺治年间的涉园，是保宁知府陆锦的别业。同治十三年，苏淞太道沈秉成（字仲复）归隐苏州，购城东涉园旧址，聘请画家兼好友顾沄参与设计，在涉园基础上扩地增筑，形成住宅居中、东西两园分置成双的格局，遂将园易名为耦园。耦园整体布局呈规则式，东西宽100米，南北深80米，占地7800平方米。2000年，耦园作为第二批苏州古典园林扩展项目，被联合国教科文组织列入《世界遗产名录》，2001 年又被列为全国重点文物保护单位。

与苏州园林常用的“前宅后园”造园手法不同，耦园中部为住宅区，东西两侧各有一座花园，园宅之间有重楼贯通。宋朝戴复古有诗“东园载酒西园醉”，耦园与此极为吻合。这种独特的构思，在众多姑苏名园中几乎找不到第二个实例，与众不同的布局自然成为耦园的一大特色。园北背河的二层建筑为楼厅，呈凹型，两边分别和东西侧楼相通，往东可达东花园最东端的双照楼；往西便是西花园的藏书楼，这种以一曲贯通三个建筑群的楼廊，俗称“走马楼”，在现存的苏州古典园林中属唯一。

耦园地处苏州古城东北隅小巷深处，三面临水，一面临街，南北均建有水埠码头，保持着苏州水城建筑的历史风貌。现在仍可通过水路与外界联通，古朴的水乡特色摇橹船往来于间，清风徐来、水波荡漾，一曲吴侬软语，让人尽情感受“苏州人家尽枕河”的水乡风光。

（二）主要做法

近年来，耦园不断挖掘历史文化内涵，将园林文化、文人文化、非物质文化等融合在旅游中，借助园事活动、节庆活动，充分展示全域的文旅融合特色项目，注重游客的感官体验和文化体验，将苏州园林艺术演绎游推上了新的高度。

1. 利用平台展示主题品牌

2015 年秋，耦园利用十一黄金周长假节庆，首次推出“耦园追梦”品牌，基于耦园独一无二的爱情主题园林内涵，结合我国优秀的婚礼文化，向市民游客展示清代士大夫婚礼。此活动中的另一个亮点、爆点是将耦园三面环水的独特布局无声地融入活动中，婚礼通过水乡特色摇橹船，从大新桥巷水路迎亲，引导周边游客“随船”跟进，欣赏婚礼仪式、体验活动。活动吸引了大量线上线下媒体集中报道。经多年的持续举办及活动内容的不断提炼升华，“耦园追梦”已成为耦园全年的活动品牌，并配合市场需求，衍生出“耦园中式婚礼”“耦园明制婚礼”“耦园青年联谊会”等体验产品及二级消费产品。2020 年十一黄金周，推出“明制汉族婚礼”，以宋家礼为本、以明俗为引、以近世为现，再现汉式明制婚礼的古典、庄重与浪漫。并全球免费征集新人体验参与，富有文化内涵的朝代婚礼吸引80多对新人报名。不断创新的内容与形式，提升了园林婚礼产品内涵及游客体验度，也提高了耦园品牌的文化附加值。

2. 双遗融合催生演艺品牌

耦园坐落在历史文化底蕴深厚的苏州，旅游资源丰富，经济实力雄厚，在发展文旅融合型产业方面有着得天独厚的条件。耦园深度挖掘自身特色，在“天堂苏州，百园之城”的园林城市，根据自身鲜明主题实施差异化发展，推出多款文旅融合的项目。虽然部分项目刚起步，还需要逐步探索，比如，浓缩的微型原创实景剧《耦园梦忆》力图实现“昆曲是可以听的园林，园林是可以看的昆曲”，该剧的舞美场景和抒情结构可谓以景品园、以情感人、移步换景、曲随情转。此剧仅在端午节亮相，后期考虑将定向定时推出。又比如，利用景区开放时间之外的清晨或傍晚，推出“晨安版”“黄昏版”“四季版”“国际版”等定制版剧场，控制最佳欣赏名额，提升感知体验度，配以精致茶水点心、衍生文创产品等，设定不同VIP价位。通过新媒体、自媒体前期进行宣传，并利用官方公众微信号等开放预约名额，通过演绎节目的精品化、品牌化，丰富景区线路产品，提升耦园景区品牌影响力。

3. 创建特色旅游商品品牌

景区开发设计旅游商品、创建旅游商品品牌是景区品牌发展不可或缺的一部分。对于旅游景区和游客来说，旅游商品最重要的不仅是实物价值，更重要的是景区品牌价值，而旅游目的地的文化特色则是旅游商品的基本内容。耦园策划设计商品时以游客的需求为基础，融入园林元素、耦园爱情元素、诗画元素、布局元素等，并密切结合现代理念、创意，形成具有特色品牌的旅游商品。耦园的历史内涵丰富，文化资源充足，景区可以与文化创意公司或高校进行合作，设计既能体现江南文化和耦园特色，又能与当前时尚审美相结合，集实用、美观、品质于一体的文创商品，并及时对所创商品进行知识产权保护和商标注册，形成景区文创旅游品牌，并在景区实体店和网络端同时销售，延伸耦园文化品牌的产业链条，提升旅游景区的品牌影响力和推介力。

（三）特色亮点

1. 挖掘历史内涵，实景演绎文旅项目

随着文旅融合的发展，旅游和节庆、假日深度结合，耦园将高品质的有特色的景区文化旅游产品进行策划整合，吸引大量媒体进行宣传报道，迅速扩散活动的覆盖率，提升知名度，并升华特色旅游节庆品牌。耦园坚持爱情主题品牌定位，持续举办耦园追梦园事活动，提炼不同节庆的特色部分加以深化、细化，强化其与耦园的内核联结。借助世界遗产园林的优势，基于耦园独特布局、沈秉成严永华夫妇的爱情诗篇，深入研究中国婚礼文化、传统服饰文化、礼仪文化、器物文化，结合新时代游客婚礼需求及体验感官度，将耦园打造成江南地区唯一的"中国传统婚礼基地"。作为中国唯一一座纯粹浪漫的爱情园林，无论是"佳偶天成"的园子命名，还是"双对成偶"的园中构筑布局，都唯美呈现了耦园主人淡出仕途、归隐山林的文人情结，尽心诠释了园主沈秉成、严永华夫唱妇随、琴瑟和鸣的爱情理想与风雅情致。非物质文化遗产之昆曲流丽婉转、一唱三叹、诗情怡然、动人心扉，冥冥之中似乎注定了是为演绎红尘之恋而生。

2020 年端午佳节，耦园推出文旅融合创新项目——实景版昆曲《耦园梦忆》，戏曲演绎定格于 1895 年，园主沈秉成 70 余载人生的最后一次回眸时刻。利用原景曲径通幽、得天独厚的场地条件，适度运用和融入了"意识流""蒙太奇"等艺术元素和表现手法。园林水池、曲径回廊、亭台楼榭、山水花鸟即为舞台，观众与演员虽近在咫尺，却处在一种遥不可及的"虚拟现实"状态中，一种别样而深刻的生命体验让人回味无穷。该原创微型剧仅有 30 分钟，但剧情陈述完整、构思独特、诠释精简，在精致小巧的耦园实景演绎可谓恰到好处。

2. 活化传统文化，唱响经典爱情诗篇

中华民族历经几千年的沉淀发展，留下众多优秀传统文化，尤其历史文化遗产更是民族的文化瑰宝，弥足珍贵。2017 年，习近平总书记强调，

力让人造工程融入自然景观，这不仅能让游人体会到自然和谐之美，而且还原了景区内许多自然之美。通常，人们感受步行距离的长短会受到主观因素的影响，很多时候看上去平直、不长的一段景区会让人产生不想继续走下去的疲倦感，然而若这段路上有很多别致的小景，会不断给人带来惊喜与感叹，那么同样长度的道路就会让人觉得很短。罗浮山在进行道路设计时尽量做到有的放矢、因地制宜、因景而设，景区中道路所呈现的是一个环状的网络图，四通八达，能够让旅客感受到整个园区的联通性，每个人可按照不同的需求进行选择。

2. 活动空间人性化设计

营建满足不同人群活动的空间、多样空间及复合空间。在罗浮山风景区的景观设计中，充分考虑到景区游客的不同类型而营建了适合老年人进行运动休息的场所，以及儿童娱乐场所、青年情侣静谧的休憩场所和针对高端人群的休闲度假场所等，以层次化、多样化的空间营造为游客提供个性化的空间。

3. 景区景观人性化设计

罗浮山景区在对植物景观进行设计时，注重合理选择植物材料，对植物的选择及配置都经过精心考虑和安排，对道路旁的植被、边坡植被、水景观植物、建筑周边植被等都做了不同的设计，充分利用植物的季节变化来进行景区色彩的变化，从而使景区景观不仅四季分明，而且植物景观层次更加鲜明，色彩更加绚烂，既体现罗浮山丰富的植物特点，又保证符合景观主题、四季常绿。

罗浮山景区在对水体景观进行设计时，注重安全、舒适、具亲切感和观赏性。罗浮山公园的水体景观设计除了考虑以上几点，还赋予这些景观浓郁的地方特色，将粤东文化中具有代表性的小型雕塑与水体结合，或将粤东地区关于水的神话传说、民间故事、道教典故等与水体结合，突出地方文化特色，水景观也更具备观赏性和历史文化底蕴。

罗浮山景区在对建筑景观进行设计时，其要点是：亭子要能遮阳避雨，要有座椅休息，要能方便到达，面积大小要适中等，罗浮山景区内的亭台设计思路充分考虑到亭子的空间以及私密性，在亭台的尺度选择上，通常选择4平方米以下的小亭作为单个人或几个熟悉的人的休息场所，同时也布置一些4平方米以上的亭子作为半公共空间，让两组以上不熟悉的人群在同一个空间活动。景区内的亭台位置一般都设在安静的区域，通常置于山腰、水边、林缘、林中、山顶。同时进入亭子会有便捷道路通达，道路的入口不宜离亭子太远，而在凉亭的选材上，主材会选用木材或其他复合材质，看起来古朴典雅，与周围的自然环境融为一体。

罗浮山景区在对道桥景观进行设计时，重视道路的自然化设计、道路设施设计、文脉设计、健康设计、无障碍设计、可识别性设计、便捷设计、环路设计、路面设计、步石之间距离的设计、道路级别设计、道路坡度设计、道路绿化设计等，人性化地安排游览路线，减少木栈道的设置。遵循"便捷安全、路线科学、富有特色、美观健康"的基本原则，路线材料使用环保材质，同时设立盲道和无障碍道路，方便残疾人使用，道路两旁合理设置路灯，方便游客夜晚行走，同时最优化设计线路，让游客在充分观赏美景的同时能够较快到达景点。

4. 地域特色人性化设计

塑造具有地方特色的地形、植物景观、建筑景观、设施景观、小品景观，经营地方特色的小商品。罗浮山景区内部的景观设计处处体现对当地文化的融合，无论建筑物、设施、小品还是植物景观等，都在外形、色彩、纹路、造型等各方面体现粤东地区的民俗文化、罗浮山道教文化。景观的人性化设计不仅能充分满足人们物质消费的最大需求，而且能满足人们精神文化享受的需求，并彰显个性，给游览者留下与众不同的深刻印象。为此在进行实际的景观设计过程中，对风景区的景观生态文化进行了认真剖析和判别，通过各种设计手法、技巧，寻找风景区最佳的布局模式，创造人性化的环境，并将蕴含于自然界中的景观加以提炼、变换、再创，充分提高了土地的综合使用率，满足了游客多样化的物质和精神需求，从而起到延续文脉的作用。①

① 张东哲：《广东罗浮山风景区人性化设计研究》，华南农业大学硕士学位论文，2016，第64～65页。

（三）特色亮点

1. 自然资源独特

罗浮山自然资源独特。近几年，罗浮山先后成功举办了第三届和第五届中医科学大会、第三届国际养生大会、第十一届春兰杯世界职业围棋锦标赛决赛、2014～2018年连续5年举办了中国健身名山登山赛暨罗浮山登山节、2015～2018年连续4年举办罗浮山大盆菜节、“喜迎十九大·全景看罗浮”广东省摄影大赛、全国扁带精英赛、中国风景名胜区协会第五届理事会第三次工作会议、全省全域旅游工作现场会、罗浮山首届帐篷节暨电音节等重要会议和节庆活动，罗浮山因活动的精彩纷呈而名扬国内外。

近年来，罗浮山相继又获得了“中国天然氧吧”“第二批港澳青少年游学基地”等全国性的荣誉称号；景区以雄伟挺拔的山峦、清静幽秀的洞景、泉挂峰侧的瀑布以及名泉、中草药库和神仙洞府等特色，吸引着越来越多的游客前来旅游观光、康养度假。景区休闲观光游、自驾体验游、学生研学游等都取得了快速发展。

2. 康养文化突出

随着我国老龄化趋势越发明显和城市病的不断增多，越来越多的人开始追求养生，并期望从传统的中医文化中寻求健康的方法，康体养生越发受到人们的关注和重视，康养产业成为自然禀赋较好之地打造的重点产业，养生旅游越来越受到人们的欢迎。道教作为我国传统文化之一，与养生具有天然的关系，道教对自然生命的敬畏和热爱对发展养生旅游具有重大的影响。罗浮山景区结合中医药文化特别是“艾”文化，增设手工作坊。为让游客、中小学生深入了解和体验罗浮山中医药文化和“艾”文化，开辟搭建手工作坊，制作艾板、艾香囊、干草药香囊等手工缝制文创产品，让游客、研学学生、各类团队参与其中，丰富体验感，参与手工体验制作，带走相关产品，产生第二次消费。[①]

① 管春枫：《惠州罗浮山风景区旅游营销策略研究》，广东工业大学硕士论文，2019年，第33、42页。

六　发展多元业态生活消费的乌镇景区

（一）基本概况

乌镇景区位于浙江省嘉兴市桐乡境内，处在苏浙沪“金三角”之地，被称为“中国最后的枕水人家”。主要由东栅、西栅、南栅、北栅组成。西栅景区位于西大街，毗邻京杭大运河。建有72座古桥，河道密度之高、石桥设计之巧，充分体现了江南水乡的真正风貌。经由二期保护工程，在保护自然文化环境的基础上开发了特色民宿、度假酒店、商务中心等配套设施。是一个综合性的人文体验型景区。

乌镇曾名乌墩和青墩，具有6000多年悠久历史。是全国二十个黄金周预报景点及江南六大古镇之一。乌镇是典型的江南地区汉族水乡古镇，有“鱼米之乡，丝绸之府”之称。

东栅水乡风貌完整，生活气息浓郁，手工作坊和传统商铺各具特色，各类展馆琳琅满目。游客们在欣赏原汁原味水乡风景的同时也可以尽享旅游购物和美食之乐。相比于西栅，东栅小而精悍，适合忙里偷闲的游客抽出一两日的时光来领略水乡古镇风情。

历时四载磨砺、投资10多亿元打造的西栅景区占地面积4.92平方公里，由12个碧水环绕的岛屿组成，真正呈现了中国江南水乡古镇的风貌。西栅街区存留了大量明清古建和老街长弄，古建筑外观上保留了古色古香的韵味，而在内部则有选择地充实进了现代化的配套设施，在极大改善原有住户生活居住条件的同时，也给游客提供了舒适的居住环境和全方位的休闲娱乐。在这里，你既可以深入体验淳朴清新的水乡生活，又可以安享现代生活的舒适与便利。[①] 可以说，西栅是一个远离都市喧嚣的安谧绿洲，是一个完美融合了观光与度假功能的旅游目的地。

（二）主要做法

1. 资源保护，创新古镇保护方法

乌镇是江南古镇里唯一一个由政府直接参与进行保护开发的古镇。政

① 《乌镇简介》，乌镇旅游官方网站，http://www.wuzhen.com.cn/web/introduction?id=2。

府专门成立古镇保护与旅游开发管理委员会并起草一系列专门文件指导古镇的规划开发工作，以政府规章的形式严格规范保护及开发行为。政府的统筹协调能力以及控制力和强制力在景区保护开发工作中发挥了积极作用。

乌镇保护开发遵循“生态保护、环境第一”的原则。对居民对古屋、老街等进行的不适当扩建或整修全部予以拆除。例如东栅开发时就曾将镇区内的水泥路全部拆除，重新铺回石板路；景区内改建成水泥桥的应家桥也被拆掉，用旧料按原样重建。针对古建筑严重损毁或人为拆除导致街区内部出现较大范围的断层或空白处，本着“修旧如旧，以存其真”的原则，用原有材料和传统工艺对破败的民居、老街、帮岸、桥梁等进行修缮，恢复其原貌。或根据县志等相关文献的记载，适当进行补建，以保证街区建筑整体的完整性和连贯性。在街区风貌外观的修饰上，乌镇是国内首个将各类电线、管道全部地埋铺设的景区。对于景区内所有建筑物的高度、色彩、装修风格提出强制性的控制要求。对于尚未开发为景区的南栅和北栅，公司会定期安排人员对住户的旧房进行修缮。也出资选择性地收购周边居民外售的房产地产。一方面为景区未来进一步开发建设争取空间，另一方面避免周围出现工厂或楼盘大拆大建而破坏景区周边环境的情况。

2. 功能拓展，持续注入发展活力

乌镇开发采用“历史街区再利用”的保护思路。对历史街区的保护和开发是动态和渐进式的。整个过程循序渐进，各项措施具有针对性和灵活性，有政府、开发商尤其是当地居民的多方参与。历史街区所具有的极富地方特色的传统生活方式、民风民俗、民间节庆、乡土艺术、手工特产作坊等得到充分的挖掘和激活。东栅景区至今仍保留200多户原居民，西栅景区开发建设完成后也有选择地接收外迁居民回迁。既减少了开发改造过程中引发社会不安定的情况，也在一定程度上保证了当地传统生活方式和民风民俗的延续。[①] 同时旅游者与当地居民近距离接触，也可以提高他们对乌镇旅游感知的真实性和生动性。

具体措施分为两个方面。一方面，恢复景区内部原有功能。景区内一

① 《乌镇经验模式总结》，http://www.lwdoc.com/mxiezhuo/2019/98985.html。

部分老宅子进行整修之后直接作为景点博物馆，如东栅江南百床馆、茅盾故居，西栅的喜庆堂、厅上厅等；另外一部分老建筑则将其开辟成表演场地，开发当地特色的传统娱乐项目进行演出，借以吸引游客。如东栅翰林第的皮影戏、修真观古戏台的戏曲表演等。此外，依托当地优势文化资源，展示和挖掘当地完整的生活形态和深厚的地域文化，坚持精细开发，充分发扬“名人文化”“民情民俗文化”，将蓝印花布、酒作坊、糕点作坊、竹刻、乌陶制作等有机融入古镇，着力开发多种休闲体验功能与参与项目。另一方面，在尊重街区传统景观形象和历史文化氛围的同时，顺应时代要求，对传统功能衰退或消失的历史文化街区进行引入新功能的开发。乌镇历史文化街区的传统功能有居住功能，商业功能，交通功能。随着旅游开发的深入，尤其是西栅原居民全部外迁之后，西栅历史街区传统的交通功能、商贸功能被削弱。景区开发过程中，采取了多种举措为街区增添休闲娱乐、文化体验、商务会议等多种新功能。东栅开发时重修了修真观前的广场和古戏台，现在成为当地居民重要的休闲集会场所。在西栅，公司通过统一的设计和规划，将传统民居改造成独一无二的古镇特色民宿区；昭明书院在改进后既作为昭明太子读书处供游客参观，也是配有电子阅览室并对外开放的公共图书馆；景区内建有酒吧一条街、养生 SPA 会所、足浴馆等养生休闲场所以及国乐剧院、水剧场、乌镇大剧场等娱乐场地，不仅作为西栅景点供游客参观，且平时安排有评弹、露天电影播放，游客和居民均可进入欣赏；乌镇大剧院播映国内外最新电影，对游客及居民均有售票。

此外，乌镇努力突破古镇开发核心区的局限，将开发扩展到外围区域，实行古镇全区域开发。针对古镇外围的开发有三个方向，分别是中市，休闲商业区方向，包含古镇夜市、国际餐饮、酒店等业态；南栅，市井主题体验区方向，以水上市场、虚拟明清街市为特色，包括水上集市、休闲茶馆、特色酒吧等业态；北栅，创意集聚区方向，以艺术工坊、民俗手工作坊、动漫展演为特色，包括艺术工作室、艺术展览馆、艺术酒店、服装创意园等业态。

传统功能的恢复既增强了游客旅游活动的参与性、丰富性，又传承和发扬了特色鲜明的地域文化传统。新功能的注入增强了景区的旅游吸引力。

这一系列措施及工程有利于将乌镇打造为文化产业富集的文化小镇，实现其从“观光古镇”向“休闲古镇”“文化古镇”的转型升级，有利于实现街区旅游的可持续发展。

3. 发展旅游，统筹兼顾居民利益

我国历史文化街区保护及旅游开发在发展初期，在一定程度上缺乏完善的法律规范和保障。对开发者与当地居民各自的分工、彼此之间的责任和义务等没有明确的界定。旅游开发给当地居民带来益处的同时也会带来一些负面的影响。当地居民对旅游发展的态度也对景区的开发和发展产生一定程度的影响。

乌镇在进行旅游开发的过程中，遵循这样一个原则，即“旅游开发不要成为游客的风景、住户的尴尬”，乌镇政府充分考虑当地居民的要求和利益，包括拆迁后的安置、外迁居民的生活和就业保障等方面。以西栅景区为例，西栅景区采取的是整体产权开发模式，即先投资收购拟开发区域的房屋、土地等产权，然后进行统一规划。对迁出去的居民，公司建设专门的公寓和公房，并低价出售或出租给住户。西栅开发完成后，外迁的住户可以以民宿房东的身份回迁，作为旅游公司的员工负责民宿的日常经管，获得较高的收入。这样的方式既最大限度地照顾了居民的利益，又使乌镇得到了保护与开发的空间。

4. 主题分明，构建体验型旅游产品

历史街区类景区多数以一日游、两日游的观光游居多，游客停留时间较短，行程紧，对景观的感知度较低。旅游消费多集中于餐饮和购物。乌镇历史文化街区发展时间较久，相对成熟，依靠浅层的观光旅游产品无法实现景区的长远发展。乌镇在景区开发过程中，考虑到东栅景区已经是典型的观光型旅游景区，因而在二期西栅的开发中瞄准了另外一个方向。

西栅景区开发的目标是融合景区的观光与度假功能，打造“观光休闲体验型”景区，同时将提供高质量的商务旅游产品和服务纳入规划范围。景区内除了有名胜古迹、经典展馆等观光项目，还开发了传统的手工作坊，复兴香市节、童玩节、水灯会等传统的民俗活动以及水乡夜景。建有民宿、客栈、酒店、中西餐厅、咖啡馆、酒吧、会所等住宿和休闲场所，是典型的休闲度假旅游目的地。整个景区共有大小不同规模的会议室100余个，配有用于接待各种类型会议的完善的基础设施及配套服务设施，包括同声传译厅等，具备承办多种类型及规模商务会议活动的实力。

乌镇依托当地文化资源，开发了一批特色鲜明的旅游主题产品。如以赏花灯、听评弹、做乌陶、看皮影等体验民俗风情为主题的旅游产品；以乌镇香市节、童玩节、湖羊文化旅游美食节、长街宴等为代表的特色民俗节庆主题旅游产品；以乌镇国际戏剧节、茅盾文学奖颁奖仪式、国际互联网大会为代表的大型文化会展类旅游主题产品等。

（三）特色亮点

1. 打造特色夜游经济

乌镇西栅夜间旅游已成为热门“文旅IP”。白天的乌镇西栅给游客以原汁原味的江南水乡风情感受，夜晚的乌镇则辅以灯光渲染、文娱活动，带给游客迥然不同的风情。乌镇如意桥夜市、梅花洲推出的北极光之夜，为景区夜间旅游引流。入夜之后，除了欣赏西市河两岸的璀璨夜景，还可前往囍庆堂、乌镇邮局等地进行体验。景区开展如露天老电影、巡更、桐乡花鼓戏、乘船夜游、提灯走桥等精彩纷呈的夜间表演与活动。乌镇西栅景区通过发展夜间旅游，成功地从“单一门票型目的地”转变为“综合型目的地”。游客会主动增加在景区停留的时间，这一现象扩大了景区的品牌影响力，通过消费带动了当地经济的发展。如今，多个地区都在开发夜间旅游项目，乌镇西栅景区要想在竞争中脱颖而出，就要充分利用现有的资源和自身的品牌优势，建立起一整套的产品体系，打造出持续健康的夜间旅游项目。

在乌镇西栅景区规划建设之初，已经计划开展夜游活动，以进一步挖掘游客旅游消费的潜力，包括率先在古镇布局高质量的灯光亮化项目，开展夜游活动、推出夜游门票，大力开展夜游活动的宣传推广，打造乌镇西栅夜游品牌。通过整合和植入“白+黑”旅游模式，可以有效实现全时性和全域化，帮助景区扩充旅游容量，延长游客旅游的时间，让乌镇西栅夜间旅游产生价值裂变，并实现可持续发展。据初步测算，乌镇景区夜游接待的游客人数和夜游收入已占乌镇旅游收入总数的1/3以上。乌镇西栅景区推出“宿在乌镇，枕水江南”的夜间旅游产品，达到和乌镇东栅原汁原味的江南水乡风情错位发展的目的。乌镇西栅景区夜游项目日益丰富和完善，游客量逐年上升。

夜游西栅的感受和白天出游是全然不同的，夜幕降临之时，景区内的灯光把西栅全景勾勒出来，画面晶莹剔透，宁静而美好。景区在规划之初就考虑到了夜间旅游的发展，通过精巧的构思、恢宏的建筑和精致的夜景来展现江南水乡的原始风貌，在保留当地文化和传统习俗的基础上进行夜间旅游活动策划。

2. 挖掘地方文化内涵

几千年的历史奠定了乌镇独有的文化内涵。木心美术馆、古戏台、叙昌酱园、三寸金莲馆等热门IP讲述着乌镇悠久的历史文化。乌镇西栅景区还在完善地域特色夜间景观，提升景区差别度和竞争力。乌镇一直以来致力于推动文化和旅游的融合，实现两者共同发展，近年来不断地丰富文旅项目的体验感、加大参与度，优化文旅产品的结构，积极实现乌镇文化体验化、游乐化和景观化，落实好文化变现、文化与旅游有机融合，深度挖掘地域文化的独特魅力，将区域内优势资源与“夜元素”进行创新整合，提升综合影响力，增加旅游吸引力，促进当地居民与外地游客的旅游消费。①

3. 拓展不同旅游业态

乌镇的东栅和西栅是两种不同的发展模式，两个景区虽然相隔不远，但有完全不同的定义，东栅定位是原住户的生活区以及观光区，比较小巧，更为原生态；西栅的定位是水乡古镇休闲度假区，特点是精致，古朴。乌镇推出了多元化的产品、业态和营利模式，用观光、休闲、度假、商务、会展、文化等多种业态，多业态复合持续为乌镇注入新的文化内涵，满足了各类游客的消费需求，提升了乌镇在海内外市场的知名度和影响力。②

① 万思思：《古镇夜间旅游意象要素感知与营造》．江西财经大学硕士学位论文，2021，第35页。

② 董雪旺、徐宁宁、陈觉、李艳杰：《基于游客地方感的水乡古镇开发模式——兼论乌镇模式的可复制性》，《经济地理》2018年第38期。

第十章 文旅文创融合盘活城市存量资产更新实践

【案例导入】

“城市更新盘活存量资产，文化场景再造城市繁荣”主题论坛成功举办

2021年9月9日，由全联房地产商会城市更新分会、筑福（北京）城市更新建设集团有限公司、北京福动体育有限公司、梦想书坊、全民畅读书店联合主办的以“城市更新盘活存量资产，文化场景再造城市繁荣”为主题的论坛在首钢园区三高炉举行。

筑福城市更新事业部总经理范志超在发言中说道：城市更新的定义有多种，但本质都是对城市中不适应当前生产、生活的区域进行外观、功能等各方面改造，使之更适应城市发展。“一方水土养一方人”，每个城市都拥有独一无二的地域文化，地域文化是一个城市最重要的名片。文化赋能是城市更新的重要环节，未来将以文化为抓手，摸清城市的基本信息，从经济、空间、人群、大数据及文化五大领域入手，为城市更新提供前瞻性、科学性、人文性兼具的顶层设计，之后再逐步专项落实，把人、空间、文化融为一体，唤醒城市记忆，发扬城市精神，构建以人为本的城市文化场景。

高质量发展是时代主题，城市更新正在从传统拆旧建新的硬件思维向产城人文一体的软件思维转型，文化也正通过文艺、创意、时尚、活力等

新元素反哺城市更新，生动延续城市的文脉和历史底蕴。本次论坛的举办深度分享与交流了城市更新政策对城市发展、文化、基建的影响。

（来源：中国青年网，http://d. youth. cn/xw360/202109/t20210910_13213560. htm，2021 年 9 月 10 日）

随着城市发展尤其是现代化国际大都市的崛起，城市的文化旅游功能日渐突出，文化旅游在促进城市经济发展、提高市民生活质量、提升城市内涵中的地位和作用越来越重要，越来越成为后工业时代城市实现繁荣发展的利器，更成为传统城市实现复兴、重获活力的关键途径。与此同时，与文化创意相关的产业已经成为带动都市经济发展的重要动能型产业、服务市民美好生活的幸福产业，都市文化旅游已成为经济、社会发展大局中的重要内容。

第一节　理论概述

城市更新经历了政府主导下的一元治理、政企合作下的二元治理和多方协同下的多元共治三个阶段，并逐渐发展到存量更新时代，在文旅文创融合的时代背景下，对城市更新的概念、类型、特点等理论进行与时俱进的阐述，有助于更好地厘清城市更新脉络、把握城市更新内在肌理、掌握其发展规律，推动文旅文创与城市更新的良性互动。

一　城市更新概念阐述

经过 30 余年的快速发展，中国城市野蛮生长的阶段已基本走到尽头，资源环境约束越来越明显，城市病频发，城市发展进入存量更新时代。我国城市更新研究始于 20 世纪 80 年代，陈占祥最早提出城市更新的概念，把城市更新比喻为城市新陈代谢的过程。20 世纪 80 年代末，吴良镛基于菊儿胡同整治更新实践，提出“城市细胞有机更新”理论，认为城市是一个有机体，城市更新是在“细胞”更新的基础上，谋求在一定地区范围内建立新的“有机秩序”。①

《中华人民共和国国民经济和社会发展第十四个五年规划和2035年远景目标纲要》指出，要加快推进城市更新，改造提升老旧小区、老旧厂区、老旧街区和城中村等存量片区功能，推进老旧楼宇改造。《“十四五”文化产业发展规划》提出要促进文化产业融入新型城镇化建设，鼓励利用城市历史建筑、工业遗产、旧厂房、旧街区、旧仓库等存量空间发展文化产业，促进城市更新和产业升级，助力老工业城市和资源型城市转型。

存量发展和存量规划是与城市更新密切相关的概念，强调对城市现有空间土地实行更为集约化、高效化的利用。城市更新不仅仅是对土地利用方式的转变，还包含城市品质提升和功能、活力的创造；不仅具有经济意义，还有丰富的社会、文化内涵，是国际通行的学术概念。广义的存量发展超越了传统城市更新的研究范畴，狭义的存量发展则只指城市更新工作的一个方面。在当前以经济增长为目标、以提高用地效益为导向的语境下，存量发展与城市更新的内涵往往具有高度的重合性和一致性。②

从城市转型的本质含义来理解存量发展，就是指不依赖建设投资增量而是通过对城市现有存量资产的经营和管理来获取稳定持续的现金流，保证城市正常运转并实现城市资产保值增值的方式，也就是城市更新2.0版本的运营模式。但现阶段国家工业化和城市化进程还未完成，还很难实现这种模式的根本性转换。当下普遍讨论的城市发展模式转型，重点还是强调土地利用方式由粗放向集约、由重规模向重内涵的转变。狭义的存量发展概念，是指在不新增加建设用地的前提下，通过存量用地的挖潜提效来实现经济增长。无论是2015年中央城市工作会议提出的“框定总量、限定容量、盘活存量、做优增量、提高质量”要求，还是上海等城市制定的“总量锁定、增量递减、存量优化、流量增效、质量提高”新策略，都是针对

---

① 吴良镛：《从“有机更新”走向新的“有机秩序”——北京旧城居住区整治途径（二）》，《建筑学报》1991年第2期。

② 邹兵：《存量发展模式的实践、成效与挑战——深圳城市更新实施的评估及延伸思考》，《城市规划》2017年第1期。

建设用地规模的管控和使用效率的提高，并不指向人口规模、产业经济规模和开发建设规模的增减。现阶段的存量规划，实际是面向存量建设用地的规划，其重点聚焦于建设低效土地的再开发和闲置土地的再利用，还很难将城市存量资产的维护、运营、管理作为规划的工作内容。

城市在发展，就会形成增量；城市有历史，就会形成存量。增量规划是以新建用地为主要供应手段，主要通过扩大城市用地规模、拓展城市用地空间来实现。存量规划是在保持城市建设用地总体规模不变的情况下，对现有土地加以盘活、优化、挖潜的规划。增量用地只是存量用地的一种短暂过渡形式，存量用地的建设利用才是城市更新的常态。这也是对早期城市更新中盲目扩张、大拆大建等模式的一种反思，反映出理论界和实业界的理性回归。① 自 2007 年深圳市开启存量规划实践后，就对与存量规划有关的法律制定开始了思考和探讨，但效果尚不明显，原因主要在于学界尚未对存量规划思想形成统一的表述，这方面的实践探索还不够成熟，地方立法还存在很大欠缺等，甚至在最先开展存量规划探索的城市至今都尚未对“存量”做出明确规定。②

当前，城市更新与创新创意相结合的研究主要集中在创意社区或创意城市建设方面③，在文旅文创融合的时代背景下，将文化、文创融入城市文化建设的更新实践中，更加关注文化产业与其他关联产业如城市规划、商业规划等的关系，对于促进城市总体发展战略、规划的完善，加强相关部门、领域的衔接与合作，增加城市流动性，促进城市文化多元融合，加强城市文化的包容性等意义重大，文旅文创赋能城市更新已成为大势所趋。

二　城市更新历史演进

城市是有生命的，不仅在于它是人类的栖居之所，更在于它如有机体

① 邹兵：《增量规划向存量规划转型：理论解析与实践应对》，《城市规划学刊》2015 年第 5 期。

② 魏书威、陈恺悦、田姗姗等：《地方性国土空间规划立法中存量规划入法研究》，《规划师》2020 年第 23 期。

③ 王丽艳、薛颖、王振坡：《城市更新、创新街区与城市高质量发展》，《城市发展研究》2020 年第 1 期。

一样会随着环境而改变，经历形成、发展、成熟、衰退或复兴的生命周期。任何一座城市自始至终都会面临一个共同的主题，那就是为了存续，如何完成自我更新、迭代升级，以避免日渐丧失可识别性乃至最终消亡的危险。城市更新作为城市新陈代谢的核心工具，是延缓城市经济衰退、缓和社会矛盾、避免文化冲突、实现可持续发展的必经之路，贯穿城市建设的始终。二战后，许多城市普遍面临城市修复和转型的问题，一些欧美国家最先出现了大规模、短周期、粗放式的城市更新政策和实践行动，并推出了多元城市更新政策和方法。从最初大规模、整片区的“推倒重建”，到后来小规模、分阶段和渐进式的改善，从政府一元主导到政府、企业、社会等多元主体共同参与，从注重物质改善、经济提升，到注重解决社会问题、满足文化诉求，世界城市更新运动整体呈现一种关注人文、以人为本的精神，注重城市内涵与品质的提升。①

相较于西方国家，我国城市更新工作的起步较晚，新中国成立以来，我国城市更新的空间治理大致可分为三个阶段：第一阶段（1949～1989 年）为政府主导下的一元治理；第二阶段（1990～2009 年）为政企合作下的二元治理；第三阶段（2010 年至今）为多方协同下的多元共治。②

（一）第一阶段（1949～1989年）：政府主导下一元治理的城市更新

新中国成立初期，我国整体经济水平低，城市居民聚居区建设水平不高、基础设施落后。1953 年，中央政府提出了第一个五年计划，城市建设以“变消费城市为生产城市”“城市建设为生产服务、为劳动人民服务”为主要方向。③ 城市建设资金主要用于发展生产和新工业区的建设，对旧城采取“充分利用，逐步改造”的政策。在该阶段，旧城改造主要着眼于棚户区和危房简屋改造，如北京龙须沟改造、上海肇嘉浜棚户区改造和南京内秦淮河整治等。

改革开放以后，国民经济日渐复苏，城市建设速度大大加快，城市更

① 宗祖盼、蔡心怡：《文旅融合介入城市更新的耦合效应》，《社会科学家》2020 年第 8 期。

② 王嘉、白韵溪、宋聚生：《我国城市更新演进历程、挑战与建议》，《规划师》2021 年第 24 期。

③ 阳建强、陈月：《1949－2019 年中国城市更新的发展与回顾》，《城市规划》2020 年第2 期。

新也成为当时城市建设的重要组成部分。由于旧城区建筑质量和环境质量低下，难以适应城市经济发展和居民日益提高的生活水平需求①，“全面规划、分批改造”是这一阶段旧城改造的重要特征，旧城改造的重点转为还清生活设施的欠账、解决城市职工住房问题，开始重视修建住宅。

第一阶段我国城市更新的治理目标是解决国民最基本的民生问题。这一阶段的城市更新主要采用政府主导的一元治理模式，城市更新治理机制还不成熟，政府财政资金有限，改造工作大多是由政府通过自上而下的强制性政令安排推动。由于这一阶段的管理体制不完善，忽视了社会和市场的力量，对各利益主体意愿不够重视，产权保护观念淡薄，建设项目存在各自为政、标准偏低、配套不全、侵占绿地、破坏历史文化建筑等问题。②

（二）第二阶段（1990～2009年）：政企合作下二元治理的城市更新

1990～2009 年，我国城市发展处于总体增量开发、局部存量发展的阶段。20 世纪 90 年代初期，随着改革开放后市场经济体制的建立，城市经济实力不断增强，土地有偿使用和住房商品化改革为过去进展缓慢的旧城更新提供了强大的动力，释放了土地市场的巨大能量和潜力。随着城镇化进程不断加快，我国一些特大城市在城市建设和扩张过程中，最先面临土地资源紧缺、已建设用地利用低效等问题，迫使地方政府开始逐步探索城市更新机制，以突破土地供应瓶颈，促进土地集约利用。同时，借助多种市场化手段，地方政府与市场主体合作，推动以城中村改造、旧工业区改造、历史文化街区改造等为重点的城市更新，这种政企合作模式有效解决了存量改造所需资金规模庞大、完全依靠政府投入难以持续的问题。

第二阶段我国城市更新的治理目标主要为推动城市经济的快速发展。这一阶段的城市更新主要采用政企合作下的二元治理模式。这种模式有助于拓宽融资渠道，吸引更多的社会资本进入城中村改造、商业区改造和历史文化街区更新等项目，有效缓解了政府的财政压力。政企合作模式的投

---

① 林辰芳、杜雁、岳隽、王嘉：《多元主体协同合作的城市更新机制研究——以深圳为例》，《城市规划学刊》2019 年第 6 期。

② 耿宏兵：《90 年代中国大城市旧城更新若干特征浅析》，《城市规划》1999 年第 7 期。

资主体多元，有助于合理分担成本，降低政府独自承担投资不利的风险。依据不同更新模式所带来的不同收益，以及社会公平性、土地财政、现阶段地块开发需求等多方面的影响，政企合作模式大体可分为“政府引导，市场运作”与“政府主导，市场参与”两大类型，主要采用 PPP、BOT、PUO 等市场化运作手段。[①] 政府政策支持与社会资本运作的结合大大提高了这一阶段城市更新的发展速度，然而对经济利益的过度追求，促使政府和开发商结成“行政权力与资本的利益增长联盟”，导致增值利益分配不均衡，对权利主体和公共利益保障不足。

（三）第三阶段（2010 年至今）：多方协同下多元共治的城市更新

我国城市发展处于从粗放化、外延式增量转为精细化、内涵式存量提升发展的阶段。2011 年，我国的城镇化率首次超过 50%，随着城镇化率的不断提升，过去由市场驱动、以创造增值收益为特征的城市更新模式已无法解决我国城市面临的众多问题。在此背景下，保障民生、改善人居环境、强调社会治理成为城市更新行动的重要目标。2020 年中国共产党第十九届五中全会通过了《中共中央关于制定国民经济和社会发展第十四个五年计划和二〇三五年远景目标的建议》，明确提出“实施城市更新行动”，这是党中央对进一步提升城市发展质量做出的重大决策部署。在这一阶段，我国的城市更新更加关注城市内涵发展，更加强调以人为本，更加重视人居环境的改善和城市活力的提升。第三阶段的城市更新主要聚焦老旧小区改造、低效工业用地盘活、历史地区保护活化、城中村改造和城市修补等。

第三阶段我国城市更新的治理目标在于促进以人为本的高质量发展。这一阶段的城市更新主要采用多方协同下的多元治理模式。通过建立由政府、专家、投资者、市民等多元主体共同构成的行动决策体系，利用“正式”与“非正式”的治理工具来应对复杂的城市更新系统，政府自上而下地统筹城市更新，运用容积率奖励、产权变更、功能区兼容混合和财政奖补等手段，平衡政府与开发商、居民之间的利益分配，如各地分别出台了《深圳市城市更新单元规划容积率审查规定》《上海市城市更新规划土地实

---

① 喻燕：《“城中村”改造 PPP 模式探析》，《国土资源科技管理》2007 年第 1 期。

施细则》《济南市既有住宅增设电梯财政补助资金实施细则》等文件。各类社会主体通过成立工作坊和自治会、社会调查、设立基金等方式，参与社区营造、历史遗产保护活化、公共空间设施更新等涉及民生和公共利益的城市更新活动。然而，目前自下而上的多方协同机制仍处在探索阶段，缺乏政策、制度的支持和保障，公共利益的保障力度仍显不足。

在三个阶段中，国家也通过积极出台一些政策法规来支持城市更新的具体实践，如表 10－1 所示。

表 10－1　新中国成立以来我国城市更新的政策支持

阶段划分	治理模式	重要节点
第一阶段（1949～1989 年）	政府主导下的一元治理	1962 年，第一次全国城市工作会议；1963 年，第二次全国城市工作会议
		1980 年，国家建委发布《城市规划法（草案）》
		1984 年，国务院发布《城市规划条例》
		1989 年，《中华人民共和国城市规划法》发布
第二阶段（1990～2009 年）	政企合作下的二元治理	1994 年，国务院发布《关于深化城镇住房制度改革的决定》
		2004 年，国务院发布《关于深化改革严格土地管理的决定》
		2007 年，《中华人民共和国城乡规划法》发布
		2009 年，广东省发布《关于推进“三旧”改造促进节约集约用地的若干意见》；深圳市发布《城市更新办法》
第三阶段（2010 年至今）	多方协同下的多元共治	2013 年，国务院颁发《关于加快棚户区改造工作的意见》；国土资源部印发《开展城镇低效用地再开发试点指导意见》
		2014 年，中共中央、国务院印发《国家新型城镇化规划（2014—2020 年）》；国务院办公厅发布《关于推进城区老工业区搬迁改造的指导意见》
		2016 年，2 月国务院发布《关于进一步加强城市规划建设管理工作的若干意见》和《关于深入推进新型城镇化建设的若干意见》；11 月国土资源部印发《关于深入推进城镇低效用地再开发的指导意见》
		2017 年，住房和城乡建设部发布《关于加强生态修复城市修补工作的指导意见》
		2018 年，住房和城乡建设部发布《关于进一步加强城市既有建筑保留利用和更新改造的通知》
		2019 年，7 月住建部会同国家发展改革委、财政部联合印发《关于做好 2019 年老旧小区改造工作的通知》；12 月的中央经济工作会议首次强调了“城市更新”这一概念

续表

阶段划分	治理模式	重要节点
第三阶段（2010 年至今）	多方协同下的多元共治	2020 年，国务院办公厅发布《关于全面推进城镇老旧小区改造工作的指导意见》
		2021 年，7 月《中共中央关于制定国民经济和社会发展第十四个五年规划和二〇三五年远景目标的建议》；9 月住建部发布《关于在实施城市更新行动中防止大拆大建问题的通知》；11 月住房和城乡建设部办公厅发布《关于开展第一批城市更新试点工作的通知》

资料来源：笔者根据有关资料汇总。

三　城市更新实施流程

不同地区、不同运作模式下的城市更新，其实施流程存在着细微差异，比如拆除重建类项目会涉及搬迁补偿、产权注销、回迁安置等事项，而综合整改类项目不涉及相关产权、土地使用权的变更，但总体来说，城市更新实施流程主要包括九大环节（见图 10－1）。

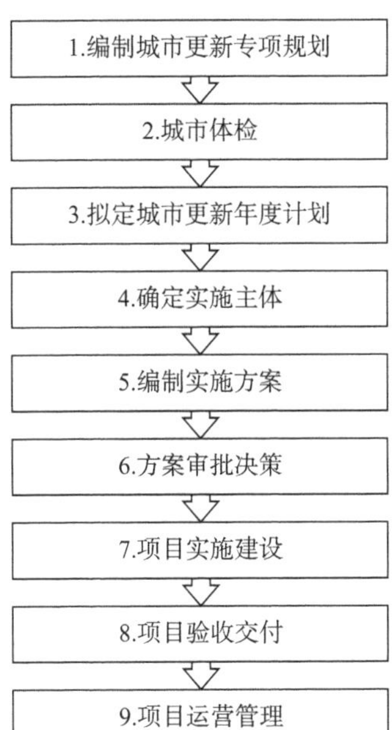

图 10－1　城市更新实施流程和主要环节

资料来源：笔者根据有关资料自制。

四　城市更新主要类型

城市和文化都是历史地发展和建构的，不同城市的历史发展建构了不同的城市形态，塑造了不同的城市空间，并在其历史过程中塑造和积淀了具有自身特色的城市文化。城市与文化的关系始终是一种相互生产和创造的关系，正如马尔科姆·迈尔斯在《城市与文化》一书中所论述的，城市生产文化，而文化又再生产城市，这是一种历史的共生关系。[①] 随着城市更新研究的深入和细化，国内外针对不同类型的城市更新改造进行分类研究也成了必然的趋势，主要可归纳为历史城市、街区、建筑的更新改造研究，老工业城市与城市棕地的改造和再开发，以及城市“贫民窟”的更新问题。对国内城市更新而言，也逐渐分化为城市文保区和历史街区更新、产业类历史建筑及地段更新以及城市“边缘化”空间改造这三个主要类型，并可进一步划分为旧城更新模式、休闲街区模式、文创园区模式、文旅地产模式、产业新区模式、老破旧改造模式（见图 10－2），可见剔除体制机制因素的影响，城市发展的一般规律是相似和可循的[②]，本章第二节将就具体模式及对应的实践案例展开阐述。

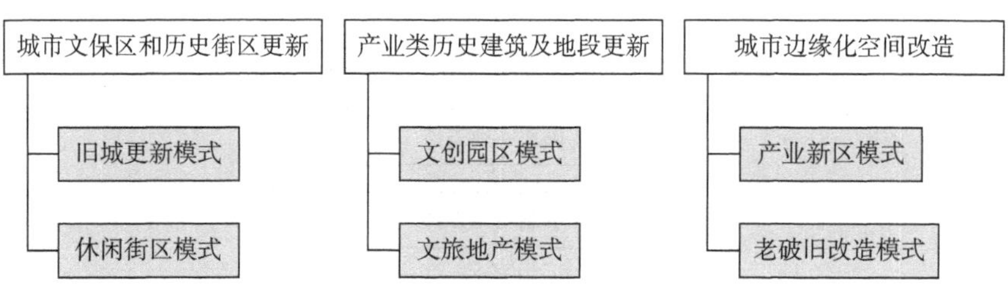

图 10－2　城市更新的类型及模式

资料来源：笔者根据有关资料编制。

① Malcolm Miles, *Cities and Cultures*, London and New York: Routledge, 2007, p135.

② 闫晋波：《在我国城市更新中城市营销与建筑策划的互动研究》，清华大学博士学位论文，2013 年，第 21 页。

第二节　案例解析

本节主要以部分景区及地区为例，介绍旧城更新模式、休闲街区模式、文创园区模式、文旅地产模式、产业新区模式、老破旧改造模式的案例，主要思路为先对景区或地区进行概况介绍，总结其在文旅文创融合发展时代背景下的主要做法，并指出其发展亮点，以期为同类景区或地区建设提供部分参考。案例包括促进旧城保护更新的平遥古城实践、打造文旅新地标的洛阳古城街区实践、焕发工业遗址地活力的陶溪川实践、活化城市存量用地的周庄古镇实践、推动产业提质升级的天府新区实践及推动城中村更新改造的大冲村实践。

一　促进旧城保护更新的平遥古城实践

（一）基本概况

平遥古城位于山西省中部，是国内保存最为完整的明清时期古代县城，始建于西周宣王时期（公元前 827 年 ~ 公元前 782 年），据史书记载，西周宣王五年（公元前 823 年），为抵御北伐入侵的玁狁族，曾派大将军尹吉甫率军反攻至此（《诗 · 小雅 · 六月》），筑西、北两面城垣，权作防御工事，成为平遥古城的最早雏形。自公元前 221 年中国实行“郡县制”以来，平遥一直作为“县治”的所在地，延续至今。明代洪武三年（1370）扩建。现城内保存古建筑 3798 处，古城墙、古县衙、古票号、古民居、古寺庙等古建筑完整呈现汉民族明清时期的建筑风貌。1997 年 12 月，平遥古城同周边的双林寺、镇国寺一同被列入《世界文化遗产》名录，联合国教科文组织对平遥古城给予高度评价：平遥古城是中国汉民族城市在明清时期的杰出范例，平遥古城保存了其所有特征，而且在中国历史的发展中为人们展示了一幅非同寻常的文化、社会、经济及宗教发展的完整画卷。

（二）主要做法

1. 开展古城保护，坚持立法先行

平遥古城是政府主导模式下进行整体申遗的古城更新模式，自 1998 年山西省人大常委会首次通过《山西省平遥古城保护条例》以来，到2018年完成第5次修订，对保护范围、传承利用、管理监督等做出的规定更加明确具体，城乡规划、城乡建设主管部门和古城保护管理机构制定古城区的防火安全保障规定，落实工作责任制。古城文化遗产保护有了与时俱进的法律依据，也开创了古城保护和利用的新局面。2014年8月，在平遥县人民政府和联合国教科文组织共同发起、中国华夏文化遗产基金会和全球文化遗产基金会资助下，同济大学编制了《平遥古城传统民居保护修缮及环境治理管理导则》，该管理导则与平遥县人民政府颁布的《平遥古城传统民居保护修缮工程资金补助实施办法》相配套，实现了遗产保护和居民生活改善的双重目标。

在此基础上，平遥古城建立起更加整体的科学保护体系。一是保护内容体系化，包括保护"堡寨相错，龟城稳固"的防御型制特色，保护"布局对称，县制完整"的功能布局特色，保护"街巷有序，坊里井然"的街巷格局特色，保护"合院严正，楼阁巍峨"的建筑空间特色，保护"砖瓦青灰，琉璃绚烂"的整体色彩特色。二是保护要素类型化，对文物保护单位、传统院落、工业遗产、非物质文化遗产进行梳理和评价认定。三是保护措施具体化，对各类保护对象分门别类制定保护措施，建立数字信息库。

2. 打造文创之旅，传承古城风骨

人们来到平遥，从古建筑里感受古代城市恢弘的气势，从珍贵的文物古迹里感受历史的沧桑。"文化＋创意"和"情境＋体验"，使平遥展现出前所未有的亲和力和多元化，将城市与人的距离拉得更近。在空间结构上，平遥古城强化"干字形"商业街功能，并将旅游功能拓展至城南堡游客中心、东关郊野和柴油机厂文化创意中心。同时强化文庙、武庙的文化功能，加强主要街道的肋向联系。增加古城旅游服务设施，科学引导民宿发展，设计多种主题的旅游线路，进一步完善了文化旅游产业布局。

同时，平遥县政府积极引进新思想、新理念为平遥规划蓝图，不断整合旅游资源，挖掘文化内涵，在全国首家引进故宫文创研发交流中心参与平遥文创活动，推出平遥3D灯光秀，制作平遥古城动画片，定制平遥艺术博物馆、科技秀，打造平遥古城形象会客厅，双林寺整体改造提升，扩展凌空小火车、雕塑节、电影展、直升机低空游等功能业态，平遥古城以昂扬的姿态走出了一条更加朝气蓬勃的道路。在2020年5A级景区文创排行榜上，由故宫文创、山西文旅和平遥联合打造的纸雕灯、平遥红彩妆和“合吾情系列银饰”三件文创产品位居前列，展现了平遥古城在文化创新中的积极探索，设计不仅融入了现代人的审美与艺术理念，而且更加注重产品的实用性，将平遥古城厚重的历史文化融入设计，更好地助力平遥文创产业发展，助力平遥在传承中创新。

3. 开办大型节事，营造沉浸体验

保护历史文化名城，不仅要保护其传统的形态和样貌，还要将文化旅游深度融合，在保护传承中创新发展。一是“平遥国际摄影大展”从2001年至2020年已举办20届，马克·吕布（法国）、苏珊·梅塞勒斯（美国）等诸多国际摄影大师都曾在平遥展出作品，美国《国家地理》、法国《巴黎竞赛》等摄影机构，也都在平遥举办过各种展览及活动。二是成功举办“平遥中国年”，从2006年“平遥中国年”活动开始，活动一年一个主题，不断整合“旅游+文化”产业资源，在全国“春节主题游”中脱颖而出，先后获得“中国十佳民俗节庆”“中国十佳品牌节庆”等殊荣；2015年，平遥被选为全球中华春节文化符号推广基地；2019年春节期间，平遥古城年俗活动在13小时内10次登上央视新闻频道，提升了“平遥中国年”的品牌知名度。三是大型情境体验剧《又见平遥》获得成功，截至2019年4月23日，《又见平遥》已累计演出4600余场，观演人数达308万人次，演出收入达4.7亿元，已经成为山西省由能源大省向文化大省转型的重要旅游发展标杆项目之一。四是“平遥国际电影展”成为平遥打开的又一扇国际文化交流之窗，来自中国、美国、塞尔维亚、以色列、法国、意大利、巴西等10多个国家的电影在这里如火如荼地展映，并共同角逐各项荣誉大奖；影展主题从“平遥元年”到“电影回归市集”，从“大家和大家”到“电影，从来不是孤城”，连续四届平遥国际电影展热搜霸榜，引起了世界电影界的热议。

（三）特色亮点

1. 旅游资源丰富，整体优势明显

平遥古城旅游景区规模宏大、资源集中，容易在旅游市场的激烈竞争中发挥出整体优势。平遥县1260平方公里的境内保存有5处国保、4处省保、90处县保和260余处未公布的文物，文物资源的密集性在国内同类县城实属罕见。① 平遥古城是目前国内仅有的两座以整座古城列入世界文化遗产的古城之一，方圆12华里的古城墙内，以4大街、8小街、72条蚰蜒巷为主的古街巷和20余座古寺庙、3797户古民居、挨门逐户林立的古店铺，基本保存了明清时期古城的完整风貌。以古城为中心，加上周围众多文物景点共同构成古城旅游区域，它不同于单体的旅游景点，而是一个完整的旅游景区，与其他景点相比，平遥古城更具区域性、规模性和整体性的优势与特点。

2. 历史遗迹众多，文化底蕴深厚

平遥古城历史遗迹内涵深厚，品位极高，游客容易在观光旅游中感受回味不尽的文化底蕴。平遥古城墙是目前我国保存最为完整的明代城墙，双林寺被誉为“东方彩塑艺术宝库”，镇国寺万佛殿是国内最早的木结构建筑之一，日升昌是中国民族银行业的开门鼻祖，古城集票号文化、建筑文化、饮食文化、民居文化、佛教文化、吏治文化于一体，随着文化资源的不断挖掘利用，平遥古城将成为文化与旅游相互交融完美组合的展示之地。

3. 民俗特色鲜明，名人效应显著

平遥古城民俗风情颇多，特色鲜明，游客容易在不断参与中激发更大的旅游兴趣。平遥古城至今仍保留着明清时期的传统文化与民风民俗。高跷、龙灯、秧歌、背棍等民间文化极富地方特色，民间剪纸、手工制鞋、黄酒酿制、银器加工等传统工艺项目极具参与性与吸引力，推光漆器、平遥牛肉、长山药等名优特产享誉全国；侯外庐、郭兰英、李琦、阎维文等英才辈出，180余种地方风味小吃及独特的婚丧嫁娶方式都使游客产生极大

---

① 李定武：《高扬世界品牌　锻造三晋龙头——平遥古城保护与开发之我见》，《生产力研究》2004年第3期。

的兴趣。如今，以平遥古城为龙头的晋商文化旅游区已经形成，它对晋中乃至山西旅游业发展有着举足轻重的作用，党和国家领导人及法国前总统德斯坦、泰国公主诗琳通等，先后考察过平遥古城并给予了高度评价，这种名人效应为古城孕育了更大范围的潜在客源市场，平遥旅游业必将呈现更加光明的发展前景，发展成为支撑全县经济的支柱产业。

二　打造文旅新地标的洛阳古城街区实践

（一）基本概况

洛阳自古有“九州腹地”“十省通衢”的美誉。洛阳古城历史文化街区历史悠久，底蕴深厚，为金兴定元年（1217）在隋唐城遗址上兴建而成，是洛阳迄今尚存的唯一一座古代城池。街区共有各级文物保护单位及不可移动文物点 32 处、历史建筑 81 处，街道肌理逾 800 年仍然保存完整。2006 年，洛阳老城东、西南隅被列为洛阳市历史文化街区。

洛阳古城历史文化街区主要涵盖东西大街、兴华街、民主街、洛邑古城等主要区域，是游客到洛阳的必游之处。东西大街长约 1300 米，为洛阳市历史文化街区的主干道，主要以出售洛阳特产、工艺品、特色餐饮、文房四宝、文创产品为主。兴华街南北长约 150 米，以夜市小吃闻名全国。民主街、明新街长约 350 米，以传统小吃、餐饮及特色旅游产品为主。洛邑古城建筑面积约 4 万平方米，引入唐白瓷、汝阳刘、白马寺金银器等国家级、省级、市级非物质文化遗产，成功打造集游、玩、吃、住、购于一体的综合性人文旅游观光区。街区具有稳定的游客量，年游客量约为 700 万人次，淡季游客量在 1 万人次左右/天，节假日高峰期间可达 5 万人次左右/天。2020 年，街区荣获“河南省文化产业示范基地”“河南省夜间文旅消费集聚区”等荣誉称号。2021 年 1 月，被河南省商务厅列入“河南省第一批试点步行街”名单。2022 年 2 月，文化和旅游部、国家发展改革委发布公告，洛阳古城历史文化街区入选国家级首批旅游休闲街区。

（二）主要做法

1. 坚持高位规划，延续历史文脉

深入挖掘古城历史文化资源，编撰完成《洛阳古城》系列丛书。委托

东南大学建筑设计研究院编制《洛阳市东西南隅历史文化街区保护规划（2018－2035）》。编制完成《洛阳市东西南隅历史文化街区修建性详细规划（2019－2035）》。自古城保护与整治项目启动以来，坚持以“留住老洛阳的底片，建好新洛阳的客厅”为指导，投资约 8 亿元，以文峰塔为主，对新潭、金元古城墙遗址进行修复，采取“政府主导、公司管理、市场运作”的方式，引入中渡景区管理公司，对洛邑古城一期实施市场化运作。依托上位规划积极谋划实施洛邑古城一期续建工程、老字号集聚区、千宿百景、周南驿文化产业园项目，为古城整体提升谋篇布局。

2. 注重基础提升，完善服务设施

2015 年，对丽景门、鼓楼、十字街实施整体亮化工程，提升夜游品质。2018 年，对民主街实施整治提升，通过外立面改造及业态调整，使民主街旧貌换新颜，与洛邑古城、东西大街形成旅游环线。2019 年，实施步行街改造工程，对东西大街的交通、风貌、绿化、亮化、美化进行提升改造，通过设置电子桩、回形廊，将东西大街等主干道改为步行街区，实行限行措施。

3. 坚持文旅融合，树立品牌形象

坚持以文塑旅，以旅彰文，结合中国洛阳牡丹文化节、河洛文化节及春节、中秋节等传统节日，组织开展“河洛文化大集”“春节文化庙会”等节庆活动；结合“古都夜八点”主题，开展“‘金秋有礼·洛邑有爱’购物消费节”“花倾城·原创音乐节”“洛阳影视节”“啤酒音乐节”等主题活动；结合建党百年主题，举办“千人同书·百年辉煌”书法活动、“建党百年·花满洛城”摄影展、“听见百年·百年百歌”歌手大赛、“霞客带你游老城”等特色活动，融传统与创新于一体，实现古城文化与旅游休闲的深度融合，提升游客的参与度和体验感。通过主流媒体平台，如央视《新闻联播》、央视中秋晚会、央视新闻《云游中国》直播栏目、河南卫视《端午奇妙游》《七夕奇妙游》、洛阳电视台《古都夜八点》系列节目宣传推介，树立了洛阳古城文化旅游品牌形象。

4. 树立夜游品牌，展现古街风情

十字街夜市聚集了 180 家餐饮小吃，是洛阳夜间旅游的网红打卡地，

2015 年被《人民日报》官方微博评为“国内十大美食街”之一。结合“古都夜八点”主题，增加文峰塔灯光秀、新潭水幕电影、园区夜间演艺，提升酒吧、VR 体验馆、推理馆等夜经济业态，鼓励行为艺术、文化演出等特色节目，充分发挥夜经济力量，展现古城的烟火气。

（三）特色亮点

1. 突出河洛文化主题，汇聚非遗特色

古城街区聚集着国家级、省级、市级非物质文化遗产及老字号，形成以宫灯、水席、剪纸、纯德堂、殷氏喉科、李占标膏药、小米黄酒等为代表的非遗文化业态，突出河洛文化主题。洛邑古城引进汝阳刘、唐白瓷、杜康酒、白马寺金银器等代表性非遗特色产业，全力打造非遗文化产业精品园区。围绕“非遗文化”主题，以互动体验等形式，特别推出非遗研学文化旅游，开设非遗历史文化讲堂，并创新推出多彩多样的非遗主题文创旅游产品。组织开展“非遗日”主题活动，为非遗文化交流展演提供了平台。

2. 引入大数据管理模式，创建智慧型文化园区

采用全国首创的“征信 + 大数据”旅游管理模式，通过与美团合作，打造“云古城”运营模式。采取统一支付、结算、推广、维权等集约化管理模式，构建“互联网 + 大数据科技管理”为一体的智慧园区大数据平台，实现游客消费、商铺运营、公共服务、咨询投诉等信息的实时采集、发布与调控，建设智慧型园区。设置街区监控室和应急管理中心，推出“古城记忆 · 历史文化街区数字化服务平台”，借助智慧化平台，提升管理服务效率。

3. 注重保护与修补，展现古城历史风貌

坚持以保护为主，拓展文物合理适度利用的有效途径。一方面加强对文峰塔、府文庙、妥灵宫等文物建筑的维护和保养，对新潭遗迹、金元古城墙遗址、四眼井遗址进行修复，增加文物的可读性和可视性。另一方面通过科技创新与传统文化相结合的方式，将文峰塔、金元古城墙遗址、新潭遗迹、妥灵宫、文庙、四眼井等保护遗址与以新潭—护城河水系相联结，

链接各商服业态，让老建筑与新建筑相互辉映，既体现洛阳传统文化底蕴，又不失现代气息。与此同时，通过3D光雕投影灯光秀、全息影像、定向传感音效等新兴科技技术，让洛邑古城所有文物活起来，实现整个园区一步一景，人文气息浓厚，成为洛阳老城区文物保护、旅游开发的新亮点。

三　焕发工业遗址地活力的陶溪川实践

（一）基本概况

“陶溪川”的名字有着深厚的陶瓷文化底蕴，意指一陶一瓷，以瓷为魂，百溪之水，千川之土，要让景德镇千年陶瓷文化如涓涓溪流汇聚成川，造福大众。陶溪川位于江西省景德镇市珠山区，其前身为景德镇宇宙瓷厂，曾被外商誉为“中国皇家瓷厂”。20世纪90年代，因改制整个厂区被废弃，再无人气和生机。2012年前后，陶溪川创始人团队对陶瓷工业遗址进行再认识和再定位，凝心聚力将其成功打造成为一个陶瓷文化氛围浓厚、年轻人大量集聚、街区游人如织的城市新地标和充满活力的陶瓷文创产业平台。2017年，陶溪川入选国家工业和信息化部认定的第一批国家工业遗产名单，荣获联合国教科文组织2017年度亚太地区文化遗产保护奖之项目创新奖。[①]

2012年10月到2016年10月，景德镇市政府着力梳理和保护城市工业遗产，完成陶溪川一期工程建设。陶溪川一期建设空间总面积达18万平方米。原宇宙瓷厂厂区呈正方形，有南北两个大门，两个大门由贯穿南北的大道所连接，22栋老厂房分布于大道两旁，厂房主体建筑按照陶瓷生产工艺流程从东向西顺序布置，分别为原料加工和存储车间、现代制胚车间、窑炉车间、彩绘和包装车间等。厂房具有建筑结构坚固、承载力强和层高、跨度大、柱距宽的特点，内部空间布置灵活，老瓷厂原有的青灰色窑砖墙、裸露在外的各式管道、高大的烟囱具有鲜明的工业美学特征，加上还有相对开阔的部分平地空间为空间改造提供了良好基础。2019年12月启动陶溪川二期建设，拟完成50万平方米左右的建设，包括为研学旅行的学生、景

① 李海东、欧阳桃花、张纯、曹鑫：《从工业遗产到文创产业平台：资源拼凑理论视角——以景德镇陶溪川为案例》，《管理学报》2021年第3期。

漂青年、驻场艺术家提供安全舒适生活创意空间的陶公寓，整合“网红+电商+直播+集群”的直播基地，打造配套的网红食堂、健身基地及发布大厅，建成适合陶瓷、玻璃、金工、木工等多个艺术门类创作的艺术综合体，以此吸引国际一流艺术家、国际艺术院校学子前来驻留创作等。

（二）主要做法

1. 认知工业遗产价值，加强改造规划

陶溪川创建于2012年2月，原名宇宙瓷厂，起源于景德镇陶瓷界与创始人对工业遗产传统低效粗放开发模式的集体反思。陶溪川创始人在其担任景德镇市陶瓷产业发展局副局长期间，了解到国内外在工业遗产改造方面的相关实践知识，形成了对景德镇闲置陶瓷工业资产价值的再认知。2012年8月，陶溪川一期规划项目正式启动，邀请国内外知名规划设计机构基于最小干预原则，对原宇宙瓷厂厂内的22栋老厂房、工业建筑，以及煤烧圆窑、隧道窑等工业设施进行保护修缮、功能性改造利用，设计成一个独特的、能够全方位展现景德镇深厚陶瓷文化底蕴的文创平台。同时，为了丰富陶溪川文创业态，陶溪川还与国内多家设计企业、艺术机构，以及多名韩国艺术家签订入驻协议。

2. 植入多元文创资源，丰富文化内涵

在陶瓷文创产业平台架构设计初步完成后，为打造吸引人的场景，陶溪川围绕陶瓷文化空间赋能，激活陶瓷文化资源，吸引平台多边利益主体参与“五大导入一输出”资源整合行动，推动由陶瓷工业遗址向文创产业平台转型。主要采取了以下措施：一是导入年轻人，激发平台活力；二是导入多元文创，丰富平台创意体验；三是导入学术研究，提升平台发展层次；四是导入跨界活动，推进平台业态跨界融合；五是导入高品质配套，塑造平台新形象；六是对外输出陶溪川品牌，整合外部资源。经过平台初创期的前瞻性设计规划，以及成长期的创新性开发，陶溪川在较短的时间里，成长为“现代陶瓷工业遗产保护新典范、中国陶瓷文化新地标、传统陶瓷产业转型升级新样本”。陶溪川先后引入品牌企业173家，其中文化企业141家；街区内从业人数接近5200人，形成了具有“国际范、强体验、混合业态、跨界经营”的城市创意综合体。陶溪川的年接待游客量超过100万人次。其中，每年举办的“春秋大集”特色文化活动吸引的游客就多达30余万人次。

3. 创新遗产文创研究，建设持续平台

DIBO平台是以规划咨询设计（Design）为主导，投资（Investment）、建造（Building）、运营（Operation）协同，在遗产观的统率下共同对遗产地发挥作用，该平台由清控人居遗产院、清华大学文化创意发展研究院联合发起，旨在架起科研平台、政府机构、社会组织与企业之间的桥梁，促进其在文化遗产保护与活化项目开展过程中达成共识，推动并保障文化遗产地保护与活化过程中的优质资源对接、高质量落地与可持续管理，让文化遗产有尊严地融入城乡人民生活。陶溪川文创园区一期的规划思路包括以下几个步骤：营造宇宙瓷厂工业场景——植入适应年轻人的内容（业态）——激活业态、吸引源源不断的“景漂”走进来——构建陶溪川IP——带着品牌走出去，这是DIBO模式的成功实践。在设计端，政府在决策层面给予了重要支持，使整个厂区免于拆除，工业遗产保护成为建设主题，设计师则在设计、建造、运营）过程中全程跟进；在投资端，采取政府独资、DIBO联盟指导的方式，于2015年成立景德镇陶文旅集团，服务于陶溪川的建成和运营；在建造端，陶溪川文创园区的业主和设计方均深度参与了建造工程，在施工现场不断进行方案优化调整，现场跟进指导施工成为设计工作的常态；在运营端，经历了外包式运营、业主全盘运营、联合运营三个阶段，目前采用的是专业团队和业主团队的联合运营，并策划了“邑空间”项目，为“景漂”人群提供了实体空间，打造O2O平台，并于2018年4月在天猫、京东正式上线。

（三）特色亮点

1. 捕捉时代气息，打造陶瓷文化传播空间

陶溪川陶瓷文化传播空间主要由工业遗产博物馆、美术馆、“七十二坊陶冶图”全景展厅以及其他各具时代特色的典型陶瓷厂房建筑构成，打造成为一个“承古塑今”的陶瓷文化大观园。工业遗产博物馆坐落于原来的烧炼车间，保留了古老的圆窑、煤烧隧道窑和汽烧隧道窑三种不同时期的

窑炉，窑炉与高高耸立的烟囱使观者体会到陶瓷是活的艺术。通过实物（陶瓷生产机器、十大瓷厂成立的批文、信笺和生活用券等）、场景再现（陶瓷生产工艺）、图片资料（职工信息表、照片和感人故事等）等各种形式，展示了20世纪以来景德镇陶瓷工业文化遗产，参观者驻足在这些真实场景和珍贵文物前，感受景德镇陶瓷工业历经的百年沧桑，使观者领会到景德镇在继承与创新过程中所焕发出的光彩。[①] 陶溪川美术馆以现代陶瓷艺术为主要展示对象，通过定期组织举办优质陶瓷艺术展览和教学讲座，提升受众的艺术品位。如“文明的回响：致匠心”展览，通过不同的当代艺术表现形式，阐述对“工匠精神”的感悟，对传统技艺的创造性转化与创新性发展起到了很大的推动作用。“对话：景德镇古瓷片视觉艺术展”，展示了景德镇各个时期的粉彩、青花、刻花等多种表现手法的人文类型瓷片，这些瓷片在展现陶瓷精湛工艺的同时，运用当代艺术表现形式再现生活场景，使观众体会人文生活方式。与中央美院合作举办了10多场展览和讲座，为现代陶瓷文化的传播起到了很好的作用。

2. 提供交流平台，打造陶瓷文化创意空间

陶瓷文化的发展离不开创意，创意需要人与人的交流，进行不同思维方式的碰撞。为此，陶溪川引入10多家国内外陶瓷艺术设计和研究机构，如中央美术学院陶瓷艺术研究院、B&C国际设计中心和北欧艺术中心等，邀请国内外著名的设计师和学者驻场创作，进行中西方文化交流，定期免费开展讲座和展览，引领景德镇现代陶艺的发展。

邑空间由20世纪50年代的老厂房改建而成，设计成创意孵化器。创客队伍包括了景德镇高等院校的大学生和来景德镇做艺术创作的外地“景漂”艺术家，“景漂”艺术家大多以前从事其他艺术创作，如油画、国画、书法和雕塑等，由于对陶瓷艺术的向往而来到景德镇，这群人创新意识强，在陶瓷装饰、绘画和造型上勇于尝试，为景德镇陶瓷带来活力，使得陶瓷艺术生活化进一步深入。

---

① 肖绚、曹昕、陈致敏：《基于空间生产的陶溪川陶瓷文化空间研究》，《陶瓷学报》2018年第4期。

3. 引入园林水系，打造陶瓷文化旅游空间

景德镇作为千年古镇和国家首批历史文化名城，其独特的陶瓷文化吸引着越来越多的游客前往。每天来陶溪川旅游观光的人络绎不绝，年营业收入已达近6亿元，成为景德镇新地标。陶溪川引入园林水系，辅以各具特色的雕塑，随意一个角落都能让游客体验艺术的优雅。老瓷工可以在“包豪斯”风格老厂房、老窑炉、烟囱和水塔以及厂房墙上的老标语这里触景生情，追忆年轻岁月和昔日荣光；游客可以体验亲自动手创作陶瓷艺术的乐趣，观赏各具特色的陶艺作品，感悟景德镇陶瓷工业经历的百年沧桑。除展示弘扬陶瓷文化，陶溪川还为游客打造了“创意集市”与“邑空间”商城，在邑空间可以购买到各种风格、品种丰富的生活用具和陶瓷手工艺品。创意集市逢周末开市，除了展示销售创意和传统陶瓷，还出售其他类型的工艺品。陶溪川还有咖啡馆、书店、酒吧、陶瓷3D打印体验中心等配套旅游设施，经过空间外观设计和陶瓷文化内涵的结合，陶溪川已经成为文化旅游的景观空间。

四　活化城市存量用地的周庄古镇实践

（一）基本概况

周庄古镇位于江苏省苏州市昆山东南部，处于长三角地区的核心地带，为全国首批十大历史文化名镇。旅游发展前，周庄古镇是一个典型的江南水乡小镇，因便利的水路交通而兴于明清，商业与居住高度融合，户主身份为划分民居的主要依据。新中国成立后，私营个体经济衰落，供销社成为本地商业体系的主体。居住与商业空间发生分离，前店后居、下店上居的商住融合现象消失。特殊时代下的房改政策，将大量住宅改造为集体企业及职工宿舍，或以“间”的形式按需分配给有住房需求的镇区居民，打破了原先一家一户的居住格局，尤其是院落式住宅均转变为多户共享的空间。四面环水不通公路的交通条件，使经济整体发展缓慢，1986年镇区人口仅1036人，历年的无序拆建，造成居民居住水平差异悬殊、建筑风格混杂、环境杂乱无章。此时，除了零星的艺术家、学生来此采风写生外，基

本没有旅游活动。且自20世纪80年代以来，农村经济迅速发展，江南地区掀起了乡镇企业的建设高潮，由于缺乏合理的规划与管理，加上人们对历史文化意义的认识不足，许多古镇遭到建设性破坏。1989年，在阮仪三教授及其学生的大力倡导下，周庄开江南水乡古镇旅游之先河，积极推进古镇旅游开发，经过20余年发展，成功打造了“中国第一水乡”的旅游品牌。古镇的游客接待量也从1989年的5.5万人次/年增至2013年的435万人次/年，旅游收入达20亿元。[①]

（二）主要做法

1. 把握自身定位，坚持规划先行

从1983年到2008年，周庄古镇规划共编修了8次，每次规划的核心都涉及古镇保护。1984年，周庄首次提出保护古镇、开发旅游、确立“旅游立镇”的发展方向，提出实行“保护古镇、建设新区、发展经济、开辟旅游”的十六字方针。1986年，在周庄总体规划研讨会上，通过了阮仪三教授主持的《周庄总体及保护规划》，明确将发展以古镇为资源的旅游业。1992年，昆山市批准了面积为0.676平方公里的《周庄风景旅游开发区规划》。1999年，成立古镇保护委员会。2004年，成立首个国内文化名镇保护基金会，制定《古镇保护条例》。2017年，阮仪三城市遗产保护基金会周庄工作站揭牌仪式在周庄举行。至此，依托古镇旅游资源发展旅游、依靠旅游发展反哺古镇保护、保护与发展并重的“周庄模式”正式起步。

2. 实施分区管理，保护历史环境

在1985年周庄镇的保护规划中，明确提出将全镇分为三个区：老区——传统街区商业中心，新区——行政中心，急水港以北地段——工业区，同时限制机动车进入老区。[②] 它使得当时正蓬勃兴起的乡镇企业发展避开了古镇，既避免了水污染对古镇的影响，又避免了工业建筑对古镇风貌的影响，为进一步保护古镇以及发展旅游争取了宝贵的时间和空间。规划

---

① 吴骁骁、苏勤、姜辽：《旅游商业化影响下的古镇居住空间变迁研究——以周庄为例》，《旅游学刊》2015年第7期。

② 阮仪三、邵甬：《精益求精返璞归真——周庄古镇保护规划》，《城市规划》1999年第7期。

中，周庄古镇本身就被作为三级保护区加以保护，同时划定一级保护区范围为银子浜沈万三水底墓、双桥、沈厅、张厅等。二级保护区是沿街沿河重点风貌地段等。此外，还对周庄镇中心的南北市河进行了详细规划，将南北市河划分为“双桥胜景”“桥楼叠翠”“曲桥烟雨”三个以桥文化为主题的景区，分别将古镇的风味、古镇的文化、古镇的生活纳入其中。结合这个规划，在古镇区内做出了一系列的决定：修复沈万三故居——沈厅七进；修复张厅；搬迁中小学校；修建南湖公园；修复双桥；修复富安桥四桥楼；修复老区街道、石驳岸；制定古镇保护公约，不搞建设性破坏；远期规划则是修复南市街、北市街明清街的特色，大力发展旅游事业。

3. 改造基础设施，保护整体风貌

要彻底解决基础设施的问题，不能因陋就简，必须采取革命性的措施。但同时必须妥善解决现代化市政工程设施与古镇风貌保护的矛盾，因此必须结合水乡古镇特点，因地制宜，寻找最有利的技术途径，节省用地、投资和运行费用，同时做到技术上安全可靠，维护管理方便。具体采取了如下方案。一是在地下水源取水口附近，划定一定范围的水源保护区，防止对地下水的污染。二是采用雨污分流的排水体制。三是建立小型污水处理厂。四是对管线综合布置，恢复石板铺路，市政工程管线敷设充分利用石板路的特点，采用部分管线综合管沟与地下直埋相结合的方式，即在主要道路下将给水管、燃气管共同敷设在雨水沟渠内作为综合管沟；其他电力线、电话电缆（有线电视）、污水管直接埋在地下。穿越河道时，都从河底经过，不架设管桥或沿桥过管，以保证水路游览路线和景观的呈现，同时，去掉严重影响景观的电视天线和电线水泥杆，消除了发生线路火灾的隐患。

（三）特色亮点

1. 尊重历史，实现古镇可持续发展

保护规划明确周庄古镇的保护内容应包括各级文物点的保护、古镇空间格局的保护、古镇天际轮廓线的保护、古镇传统文化的继承和传统经济的发展。保护规划强调，周庄古镇保持居民的居住，并要让居民生活得更好，从而真正使古镇成为一个生活的场所，是一个具有永恒生命力的有机体。对整个历史环境的尊重和珍惜使得整个古镇以一个整体的形象出现在世人面前，有中心，有街市，有边界，有生活的气息，有生命的灵魂。同时还确定了着重体现周庄古镇特色的主题：江南典型水乡之镇、明清繁华贸易之镇、文人雅士寄寓之镇、民风淳朴生活之镇。

2. 与时俱进，建立全方位保护体系

《周庄总体及保护规划》明确提出了“保护古镇，开发新区，发展旅游，振兴经济”的十六字方针。至此，依托古镇旅游资源发展旅游、依靠旅游发展反哺古镇保护、保护与发展并重的“周庄模式”正式起步。周庄古镇保护模式有以下几个重要的特点。一是建立起一套完整的古镇整体保护规划，规定了周庄0.47平方公里的古镇保护区，对古镇区进行整体性保护，同时在古镇区之外另辟新区，进一步细化古镇保护的各项规划要求，有效地约束了政府，使古镇保护不因地方政府领导人的更迭而受到影响。二是建立一套政府主导的古镇保护组织机制，1999年，周庄成立古镇保护委员会，委员会由镇建设管理所、旅游公司、居委会、土地管理所、工商所、派出所等成员单位组成，镇长担任古镇保护委员会主任。周庄古镇保护委员会下设办公室（简称古保办），对古镇保护工作实施管理、监督和指导。此外，还成立古镇保护专家组，指导周庄的古镇保护工作。三是成立全国第一家古镇保护基金会，2000年，在中国科学院院长路甬祥的倡导下，周庄成立了全国第一家古镇保护基金会，规定将周庄每年旅游门票收入的10%划入该基金。这种用旅游收入反哺古镇保护的做法，为古镇保护提供了资金保障，也获得了古镇居民的拥护。四是出台周庄古镇保护地方法规《周庄古镇保护暂行办法》，并于1999年由昆山市政府第十五次常务会议讨论通过，成为正式的地方法规。五是发展周庄论坛，论坛通过聚焦以江南水乡名镇为代表的中国历史文化名镇近30年来在保护与发展过程中遇到的各种问题，邀请国内外的专家和名镇名村代表共同参加，为中国名镇名村的保护和发展创立一个交流平台，从而切实推动中国名镇名村的保护与发展。

3. 居游共享，处理好主体间的关系

周庄古镇几十年的保护和发展为周庄打开了一个很大的旅游市场，同时尝到了由旅游带来的许多好处，但是不可避免地也受到了另外一种破坏，那就是旅游设施的充斥、无特色旅游商品的泛滥、高峰期的人满为患、旅线路安排的走马观花以及“人人皆商”的浓重商业气息，这些都在不知不觉中侵蚀着古镇的原真性。古镇是一个居民仍在居住生活的镇，保护与更新并不对立，必须妥善处理好居住者与旅游者之间的关系。在保护古镇诗情画意的同时，对于居民房屋结构的加固，对于基础设施的完善，尤其是对于污水的妥善处理都是应该而且必要的，同时有助于塑造古镇更协调，更卫生，更优美的环境，如此也才能使古镇具有持续鲜活的生命力。

五　推动产业提质升级的天府新区实践

（一）基本概况

四川天府新区包括双流、龙泉驿、新津、简阳、彭山及仁寿县相关乡镇，面积 1578 平方公里。天府新区所在的成都市位于四川盆地西部，地处一级阶地向二级阶地过渡带。市域西部为龙门山、邛崃山高山区，东部为冲积平原、台地和低山丘陵。高低悬殊、错落有致的地质背景，构成了成都独特的立体地貌景观和立体气候体系，“东暖西凉”的气候格局和动植物的环境序列，为成都发展多元化旅游提供了极为有利的条件。成都地处长江流域上游和都江堰灌区，江河纵横、水系发达，同时位于亚热带温润地区，自然环境优美，生态良好。成都市已被国务院确立为西南地区“两枢纽三中心”，并作为中国战略发展第四增长极——成渝经济圈的重要支撑，成为引领西部发展的核心增长极、西部经济中心和西部重要的商品集散地，并确定了成都未来的发展目标：一个面向新经济的世界引领城市、国家创新基地、高新技术产业基地、现代服务业基地、国际多元文化中心、国际贸易和商务枢纽城市、国际旅游消费中心。

（二）主要做法

1. 生态优先，坚持绿色发展

以“世界向东，中国向西，成都向南”规划建设天府新区，被誉为一项千年立城、泽被后世的重大历史性工程。成都在规划中突出“生态优先、产城融合、三位一体”等主要理念，坚持“随山势、走水形、建城郭”，不浪费财力去随意挖填，而是让城市保持原有的自然特色，让居民望得见山、看得见水、记得住乡愁。天府新区的主题定位为“国际都市田园休闲度假旅游目的地”，这是由于天府新区拥有得天独厚的旅游发展优势，拥有成都平原的重要生态屏障——龙泉山，自然生态与天府新区的产业集群深度结合可以重点发展文化旅游、都市休闲、生态度假、国际商务。例如将龙泉打造为高端工业旅游示范区，以旅游综合配套改革试点为契机，进一步优化旅游产业结构，在天府新区率先实现旅游产业的集群化和高端化。

天府新区的形象定位是“时尚都市·蜀山锦水·诗意田园交响曲”，这是对整个区域旅游特点进行研讨的结果。时尚都市就是要突出“新城”特点——新天府、新城市、新旅游；蜀山锦水要表达“蜀韵”，挖掘蜀文化，彰显蜀文化特色，培育蜀韵魅力；诗意田园交响曲则是要构建田园城市形态、田园旅游精品、田园时尚生活。

2. 文化复兴，挖掘历史底蕴

新区不“新”，也并非全是人造景点。中国天府第一名镇——黄龙溪古镇，古名“赤水”，建镇已有 1700 多年。古镇内到处可见明清时期的建筑，一条清泉穿街而过，形成了“一半街巷一半水，纵水宽歌慢生活”的生活文化。古代的黄龙溪镇不仅是重要的军事屏障，更是以其便利的水利运输铸就了“千年水码头”的美名。黄龙溪因龙得名，因龙而灵，龙佛、龙寺、龙灯、龙舟构成了丰富多彩的龙文化，这里也被称为“中国民间艺术火龙之乡”。天府新区文旅板块还拥有丰富的三国文化、民俗文化、川剧文化、生态农耕文化，以及被评为 2018 年国内十大考古发现的张献忠沉银遗址、彭山长寿文化等，这些都值得细细品味。不仅拥有丰富文化底蕴积淀，天府新区文旅板块还凭借“全域旅游”发展新契机，在新时代焕发出新生机。板块重点项目天府恒大文化旅游城的核心配套项目——恒大童世界中，拥有由 13 个以中华文化为主题打造的游乐项目集群“璀璨中华区”，其将成为弘扬中华文化的重要窗口。

3. 科技赋能，打造产业集群

《成都市数字文化创意产业发展“十四五”规划》提出，成都将打造千亿元级数字文创产业集群，到 2025 年，形成比较完善的现代市场体系、要素支撑体系和政策保障体系，数字文创产业发展主要指标位居全国前列。天府新区依托天府数字文创城，以视频、音频为产业重点细分领域，构建“平台驱动层 + 核心产业层 + 关键功能层 + 衍生应用层”的网络视听产业生态圈，建设中国视听谷；布局中意文化创新产业园、中交 5G 数字文创谷、成都广电融媒体基地等数字文创重点项目，打造世界级数字文创 IP 孵化地；依托成都科学城，瞄准 5G 通信、人工智能、软件开发、信息安全、网络视听等新一代信息技术，打造数字经济、新经济和人工智能产业园；推进天府数创智谷、天府海创园、川港设计创意产业园、蓉港青年创新创业梦工场等数字文创基地建设。

（三）特色亮点

1. 气候宜人，生态优势明显

与其他国家级新区比较，天府新区旅游具有历史、文化和自然生态的优势。比如相比浦东新区，天府新区拥有龙泉山、三岔湖、龙泉湖等有优势的自然生态资源，此外还有黄龙溪古镇、彭祖山、北周文王碑、石经寺等文化历史资源。天府新区的旅游规划从可持续发展角度出发，坚持高端化、特色化、低碳化原则，在打造精品旅游项目上坚持“高端化的城市业态、田园化的城市生态、特色化的城市文态、现代化的城市形态”四态合一，以生态为本、以文态为魂。并依托区域绿道，打造“三横四纵”的七条旅游线路，分别为“198”生态绿楔旅游线、中部国际娱乐旅游线、南部养生文化旅游线、锦江多元文化旅游线、鹿溪河科技田园旅游线、东山自然生态旅游线、龙泉山度假休闲旅游线。并且在天府新区五大旅游区中包括了“两湖一山”国际旅游功能区、国际都市旅游休闲区、现代田园旅游体验区、高端工业旅游示范区、天府文化旅游休闲区，可谓各具特色，最大亮点就在于“两湖一山”国际旅游功能区，规划将把龙泉湖、三岔湖、龙泉山打造成国际一流的旅游目的地，主要功能包括休闲度假、会议展览、文化交往、高端居住等。

2. 规划前沿，配套设施完备

2018 年，国务院办公厅印发《关于促进全域旅游发展的指导意见》，

“全域旅游”上升到国家战略层面。有着超前规划理念的天府新区则早在两三年前就为大力发展旅游业态埋下伏笔。在《四川天府新区总体规划（2010－2030年）》中，天府新区就提出以“国际都市田园休闲度假旅游目的地”为发展主题。2016年11月，天府新区签约7大文化旅游项目，签约总金额达2518亿元，包括天府恒大文化旅游城、法国勒芒文化体育园区项目、黄龙溪新型文化旅游城镇化综合项目等。同时，天府新区依托双流机场和天府铁路新客站，规划了两个大型旅游集散中心，在双流、龙泉、三岔湖、黄龙溪、籍田镇五处区级服务中心规划了5个旅游集散地，提供旅游交通的保障。

3. 全新路线，公园城市启航

2018年成都提出公园城市概念，迎来全新发展路线，天府新区也将全力打造生态大城。周围已形成三横四纵的交通路网，地铁5号线、地铁6号线、K4快线都将相继开通，同时规划了华西天府医院、成都市第七人民医院、万达英慈国际医院等重量级生活配套设施，成为天府新区积极打造新时代文旅生态生活大城的首选之地。超大规模的天府恒大文化旅游城遵循板块核心发展主题——旅游，不仅将打造辐射半径约500公里、辐射人群约8000万人、落成后预计年游客量达2000万人次、年消费总额超200亿元的大型童话神话乐园——恒大童世界，而且还规划了婚礼庄园、运动中心、文化娱乐综合体、主题博物馆群等娱乐商业配套。此外项目还将打造拥有主题酒店、主题商业街、会议饮食中心、运动中心、儿童游乐城全配套的恒大文旅小镇。

六　推动城中村更新改造的大冲村实践

（一）基本概况

大冲村改造前为深圳的城中村，地处深南大道沿线城市景观带上，毗邻科技园。村内楼房密集、小巷狭窄、街道凌乱、居室昏暗，与周边现代、整洁的城市风貌形成鲜明反差。村民的“握手楼”存在一定的消防隐患，成为基层社会治理的难点。原大冲集体经济发展主要来自集体商铺、厂房的出租，但随着金融危机的来袭，很多工厂撤离大冲，或搬到租金更便宜的地区甚至倒闭，集体经济受到冲击。村民长期依赖收取房租为生，过于安逸的生活催生了大批“收租二代”，村民每天的生活无外乎喝茶、逛街，“就业”成为村里年轻人的尴尬话题。

大冲村的第一次重要变迁源于1985年深圳科技园的设立，园区建设和运营迎来大量的务工人员。凭借优越的交通条件和区位，这个位于深圳市南山区的城中村成了众多怀揣“深圳梦”的“打工人”落脚深圳的第一站。在此背景下，来自社会底层的主观能动性被动觉醒，在村集体和村民自发自觉的自我更新下，大冲村迎来了野蛮生长的阶段。大量村民自建房与村集体矮楼拔地而起，原居民与外来居民的比例达到了1∶35，人口结构呈现强劲的生机和发展潜力。大冲村超过70%的村民物业都是用来出租的，房租便宜，交通便利，菜市场、小吃店、百货店、小商品市场遍布街头巷尾。由于缺少科学的统筹规划，市政设施严重匮乏，建筑密度大，安全隐患严重，社会治安混乱，是典型“脏、乱、差”的城中村，其残败坍圮的城市风貌与比邻而居的现代化高新园区形成鲜明对比。

为了突破大冲村的发展困境，早在1992年农村城市化改造后，大冲的旧改就被提上议事日程；1995年3月，原市规划国土局明确了大冲村的旧村改造；1998年被纳入旧改计划；2002年3月，南山区政府委托市城规院编制大冲旧村改造规划，拨出200万元专款作为启动资金。许多年来，大冲改造一直得到市、区有关部门高度关注和重视，多次传出旧改消息，但往往雷声大、雨点小，一直未取得实质性进展，更让人头疼的是，每次风声一过就冒出不少违章建筑，也为日后的更新改造埋下了伏笔。

（二）主要做法

1. 有机更新，打造城市人文归属地

大冲村的第二次关键转折出现在2007年，源于深圳城市更新议程的提出，以及日后的一系列创新实践所形成的由法规、政策、技术标准和操作四个层面组成的“深圳城市更新政策体系”。面对深圳城市发展的需求与趋势，结合大冲村的发展困境，当地政府希望通过城市更新的方式，完善片

区道路交通组织，提升公共配套服务水平，将片区打造成为集大型商业、办公和居住为一体的城市复合功能区，为高新技术产业园区和华侨城景区提供综合配套服务。

基于对华润“10年筑城”万象城模式的认同，在通过实施主体确认的程序，取得权利主体协议同意后，政府选择了华润置地（深圳）有限公司作为大冲村旧改的项目实施主体，并在政策上给予了一定的支持，如在城市更新项目的地价收取上采取优于招拍挂项目的计算方法，根据项目改造类型和开发容积率区间进行修正，以减少实施主体的开发成本。2007年3月，大冲村村委会旗下的大冲实业股份公司与华润签约，初步确定合作意向。2009年，项目取得了实质性的进展——大冲实业股份公司与华润集团正式签订《大冲旧改合作意向书》。为推进大冲旧改项目，华润置地（深圳）有限公司在深圳注册诞生，注册资本达3.8亿港元。该公司专门负责深圳南山区大冲村旧城改造项目。自2010年开始，大冲村的房屋开始腾退清空，但仍有部分居民居住。2011年12月20日上午，大冲村整体改造奠基典礼举行，项目破土动工，并命名为“深圳·华润城”。

2. 齐头并进，蓄力多元性主体合作

大冲村旧改项目难度极大，也极为复杂，在深圳乃至广东全省的城市更新中具有里程碑式的意义。旧改项目实施过程中，“政府主导、市场化运作、股份公司参与”的运作模式获得空前成功。2007年3月19日，华润集团和大冲股份公司确定合作意向后，大冲村旧改正式拉开帷幕。2008年7月，南山区政府派出30余人的驻点工作组，进驻大冲村指导和协调合作双方开展工作。从此，旧改三方团队携手并肩，攻坚克难，推动大冲村旧改一步一步向前迈进。在村民、政府、企业三方中，“村民受益”被摆在了首要位置。大冲旧改，村民可以获得货币补偿和物业补偿。旧改完成后，大冲的环境将极大改善，村民还能参与回迁物业、写字楼和酒店的管理。改造完成后，不仅大冲村的基础设施配套完备、功能齐全，而且大王古庙和郑氏宗祠两个历史建筑的重建还为大冲人守住了精神家园和历史记忆。

3. 创新机制，提供对话交流的平台

为了更好地协调各方利益和加速项目改造进度，南山区政府成立由区旧改办、粤海街道办、大冲实业股份公司和华润集团组成的联合工作组，主要负责对村民的改造讲解、意愿征集与利益协调，以及防止违章建筑和处理钉子户等工作。利益协调机制初步建立以后，村民的利益诉求有了有效的协商路径，村民个人利益与集体利益、合理诉求与无理诉求也得以区分。为了形成合理并可接受的拆赔和安置标准，大冲项目通过三方工作小组来协调各方利益，搭建由政府、华润和村民组成的沟通平台。此外，华润还主动将村民的意见纳入开发决策的体系中，在项目重要节点以及设计方案编制过程中，坚持“请进来、走出去”的开门规划方式，积极与大冲实业股份公司及原村民进行沟通，通过村民和部门访谈、媒体宣传、模型展示、多机构参与、现场解答等多种方式，为政府、专家、村民、社会公众及开发商搭建起一个多方沟通、共同协商的平台，同时迅速对村民的合理意愿做出反馈与开发调整，积极协调各层面的矛盾与冲突，并通过股东大会和股东代表大会的制度来议定重要事项，有效推动了大冲村旧改项目工作的开展。

（三）特色亮点

1. 牵涉主体多，规模难度空前

大冲村旧改具有规模大、涉及面广、困难多、复杂程度高、投资额大、风险高的特点，城市更新项目占地面积68.5万平方米，动迁居民1300户，拆除房屋1500多栋，总规划建筑面积达280万平方米。按照进度计划，华润置地（深圳）公司将用三年时间先期完成村民回迁物业及大冲市政道路、配电、供水等公共设施建设，用八年时间完成核心商务、商业及商品房建设，确立了“三年见成效，五年大变样，八年换新貌”的更新目标，最终总投资逾450亿元，是当时广东省旧城改造之最。华润集团致力于将其打造成为深圳乃至全国城市更新项目的标杆和典范，成为与深圳市未来形象相适应的新型、时尚、现代化的超大规模商业商务中心及居住社区，成为深圳高新区和华侨城旅游景区的重要配套基地。

2. 全方位推进，改造卓有成效

大冲村改造改变了原来楼房密集、小巷狭窄、街道凌乱、居室昏暗的空间环境，使之成为与深圳整体城市形象相适应的新型、现代化的商业商务中心及居住社区，成为深圳高技术产业园区。该片区将拥有集零售、餐饮、娱乐、休闲、文化及康体于一体的超大型购物中心和国际标准甲级写字楼群、不同档次组合的高品质酒店群，以及新型现代化高尚居住社区，提升了该片区整体城市空间品质。

经济发展方面，旧改之后大冲实业股份公司的集体物业将囊括写字楼、酒店、回迁自住区、体育馆等，集体物业的租金能达到旧改前的4倍，集体经济实力将大大增强，村民个人也因单位面积物业租金提升而提高收益。华润自有物业万象天地开业及高端写字楼入伙后，预计在税收方面将带来约13亿元的增长。与此同时，随着商户的进驻和企业的入驻，将直接或间接带动就业人口增长约4.3万人。

社会效益方面，大冲村旧改将彻底改变大冲未来的经济模式和生活观念。未来大冲的村民将有机会参与更高层次的管理，大冲的经济结构也将不再单纯依赖物业，大冲将真正实现人和经济社会的同步现代化。新大冲还将给村里的年轻人提供更多的就业机会，旧改以后大冲居民可以参与物业管理及酒店和写字楼的管理。充足的现代化配套设施极大地丰富了居民的物质文化生活。

3. 柔性化安置，彰显人文关怀

后期开发建设用地将选址靠近公交站点和城市道路的区位，拆除部分是户型较差的住宅，保留部分质量较好的住宅重新装修，增设活动设施、医疗配套与绿化广场。为减少建筑拆除对未签约村民及安置区村民的影响，华润集团要求拆迁公司全过程进行洒水降尘。如果在施工中发生水管断裂，华润集团会负责送水进户，确保居民饮水不受影响。除了高标准改善安置区的硬件环境，华润集团还主动提升社区运营水平，引入自己的物业管理公司为社区日常管理提供服务，营造温馨舒适的社区氛围。这些贴心的安排，使得安置区内经常能够看到老人们悠然闲聊和小朋友们游戏嬉闹的情景，更重要的是过渡安置区的存在，让村民拥有一个延续传统和相聚言欢的场所。社区构建获得了意外的成功和好评，为华润集团赢得了民心。

第十一章
文旅文创融合激发考古旅游市场实践

【案例导入】

神秘的三星堆，引发了一场“考古旅游热”

2021年3月20日，国家文物局、四川文物局在“考古中国”重大项目工作进展会上通报了四川广汉三星堆遗址重要考古发现与研究成果。2019年11月至2020年5月，新发现6座三星堆文化“祭祀坑”，已出土500余件重要文物。

据了解，被誉为“世界考古第9奇迹”的三星堆古遗址位于四川省广汉市鸭子河南岸，距今已有5000年历史，是迄今在西南地区发现的范围最大、延续时间最长、文化内涵最丰富的古蜀文化遗址。从1934年开始，考古队就开始对“三星堆遗址”进行发掘和保护。自20世纪八九十年代起，三星堆遗址迎来了长达20年的大规模发掘，考古队清理出成片新石器时代的房址遗迹，出土标本上万件，“三星堆文化”由此得名。

多个平台数据显示，在“三星堆遗址”的新发现不仅再次受到世界瞩目，而且走进了大众的心里。截至2021年3月28日，短视频抖音平台上，关于话题#三星堆的播放量为12.4亿次；新浪微博数据显示，话题#三星堆遗址考古重大发现阅读量为11.9亿次、讨论量为14.4万次；百度指数近一个月数据显示，关键词“三星堆”的信息指数日均值为7167。

互联网的发展、短视频的兴起让考古与大众之间的距离越来越近。新发现中最受欢迎的是黄金面具，网友们更是饶有兴趣地玩起了“金面具P图大赛”。另外，一头画风清奇的猪形象也吸引了大众的目光，圆圆的脸、小小的眼睛、大大的鼻孔和泛着笑意的嘴角竟然撞脸“愤怒的小鸟”。有网友表示，其儿子9岁，天天要上抖音看“三星堆”，还说以后要成为一名考古学家。也有网友表示，已经迫不及待地想要去“三星堆遗址”处一睹真容了。更有网友表示，虽然文物已经有几千岁了，但也可以萌萌哒，请多多开发可爱的考古IP。

一般考古都是越挖越明白，三星堆遗址却是越挖疑问越多，而正是这些未解之谜的神秘感更加激发了大众的好奇心。“三星堆”的走红，也让“考古旅游”成为2021年清明节假期的一大出游热点。同程旅行数据显示，3月20日零点至3月25日零点，同程旅行小程序、App等平台上三星堆博物馆及周边住宿、交通票务等关键词搜索访问量增长了800%。携程数据则显示，不少游客不惜打飞的前来一睹神秘的“古蜀文明”。从门票客源来看，约五成游客来自四川本省，江苏、北京、广东、重庆、上海的游客订票最多；从年龄来看，“80后”“90后”人群对考古探索最有兴趣。

3月25日，三星堆博物馆副馆长朱亚蓉表示，三星堆博物馆与四川省考古院将联合建立一个开放式文物保护修复馆，预计4月试运营，5月18日正式开放。据悉，三星堆文物保护修复馆设有文物储藏室、陶器修复室、玉器修复室、金属类修复室、象牙修复室等，可以对不同类型的文物进行保护修复。开放后，游客可以在这里直观感受到文物的修复过程、方法和技术，了解文物修复与保护知识。

面对正在筹建中的面积约为3万平方米的三星堆博物馆新馆，也有业内人士提出质疑，考古有考古的规律，不能单纯为了发展旅游经济仓促上马，而搞错了侧重点。从另一个角度看，对于以往以团队游为主的旅行社来说，这很可能是一次新的机会。过去一年多的时间里，众多旅行社都在国内寻找可以转型的细分市场。而“考古旅游”因其产品的特殊性，从活动开展、统一管理等多方面来看，更适合开展团队性旅游活动。

（来源：品橙旅游网，https://www.pinchain.com/article/243075，2021年3月29日）

随着社会经济的发展和进步，人民的物质文化水平不断提高，对精神文化的需求也越来越强，文化旅游日渐兴起。考古旅游的开发能够很好地满足人民群众日益提高的文化旅游需求。以考古活动、考古发现、文物展览等为主要内容的考古旅游，作为一种重要的文化旅游形式，已成为旅游业发展中一项重要的特色旅游产品。考古旅游市场在不断拓展，高品质的考古旅游产品受到了公众和市场的追捧。

党的十八大以来，我国文物事业得到很大发展，文物保护、管理和利用水平不断提高。2021 年，习近平总书记主持召开中央全面深化改革委员会第二十二次会议，审议通过《关于让文物活起来、扩大中华文化国际影响力的实施意见》。习总书记强调，要让收藏在博物馆里的文物、陈列在广阔大地上的遗产、书写在古籍里的文字都活起来，丰富全社会历史文化滋养。

第一节　理论概述

考古旅游作为文化和旅游产业相融合的产物，将中国优秀传统文化创造性转化、创新性发展，兼具文化价值、艺术价值、科研价值和教育推广价值。文旅融合为考古旅游的发展提供了新的机遇。考古旅游的开发，能够通过旅游的形式，深入挖掘考古旅游资源，传播我国悠久丰富的文化内涵，让文物把历史的智慧告诉人们，进而激发民族自豪感和自信心，坚定人们实现中华民族伟大复兴的决心。

一　考古旅游的概念界定

考古活动主要是指根据田野调查和挖掘寻找的方式，来发掘获取古代遗址遗迹、文物遗存等物质文明遗址，并在此基础上进行考古研究的活动。考古旅游是一种以考古活动、考古发现等古代物质文化遗存为旅游吸引物，具有游览观光、学习求知、参与体验、休闲娱乐等功能的旅游。①

① 王京传：《考古旅游：互动视野下的考古与旅游》，《旅游学刊》2009 年第 8 期。

古代遗址遗迹包括古代城址、宫殿遗址、村落遗址、墓葬、窑址、祭坛、石窟、洞穴等。文物遗存指可移动的古代器物，包括工具、武器、装饰品等，大多在博物馆内进行保存、保护和展览。在进行考古旅游开发过程中，针对古代遗址遗迹和文物遗存可开发出不同类型的考古旅游项目，包括考古活动之旅、考古遗迹之旅和考古文物之旅。考古旅游还可以发展出考古研学之旅、考古科普之旅、考古探险之旅等。

二　考古旅游的主要特点

（一）文化性与教育性显著

与一般旅游活动相比，考古旅游是一种高层次的文化旅游，具有更显著的文化性和教育性。从本质属性上来看，考古旅游是考古文化的拓展，能够反映区域悠久的历史文化，通过遗址和文物的形式，展现不同时期的文化形态，能够对游客进行深入的文化教育。游客在参与考古旅游的过程中，要想看得懂遗址遗迹和历史文物，需要具备一定的专业知识。因此考古旅游更强调在旅途中的学习，需要专业性、针对性、适用性强的导游提供讲解服务，才能使游客既能对历史进行缅怀追忆、对考古旅游活动进行参与体验，又能从考古旅游中获取新知。

（二）真实性与体验性突出

考古旅游的形式具有明显的教育性，与传统的通过教科书和影像资料学习传统文化历史知识有所不同的是，考古旅游使游客能够近距离观察古代遗址遗迹和出土遗物，感受中华先民的日常生活，体会辉煌灿烂的中华文明，为游客提供一种身临其境的真实感、参与感和体验感，增强游客的文化自信。

（三）神秘性与创新性明显

考古旅游具有天然的神秘性，就像“盲盒”一样，遗址遗迹、古代文明的未解之谜不断吸引游客去探索、去发现。在考古旅游的开发中，让用户体验到别样的创新是至关重要的。考古旅游的开发必须不断顺应时代潮流，识别受众需求，科学开发，主动创新。一方面对于文物发掘考古、保护修复、监测评估、体验利用等环节采用新技术进行创新性管理和保护开发；另一方面对于文物的衍生产品进行多元化、多视角、创新性的文创开发，推动中华传统文化的创新性转化，使其兼具明显的创新性。

三　考古旅游的价值意义

（一）文化教育价值

文化是国家发展的支撑力量，文物能够传承历史文化，维系民族精神。通过考古文物的新探索、新发现，可以扩充、丰富国家文化内涵，揭示古代文明的奥秘，验证未解之谜，推动国家文化发展。考古旅游是进行考古传播的一个重要途径，能让更多的人理解和传承文化遗产，能够使被封闭在“象牙塔”内的考古文化走向大众，向公众展示、传播我国悠久的文化，引导公众形成正确的历史观和文化观。

旅游者在开展考古旅游活动时，受参观、体验旅游项目文化性、独特性的吸引，会产生获取与藏品、文化等相关纪念品的需求。通过开发设计具有较强吸引力和丰富内涵的考古旅游产品和文创产品，能够帮助旅游者对深层次的历史文化进行学习和了解，通过生动形象的方式，在动态展示和创意传播的过程中，达到良好的教育效果。依托这些考古旅游的文创产品，可以传播相应的主题文化知识，使考古旅游的教育功能得到进一步拓展和延伸。

（二）科学研究价值

考古遗址、遗迹、遗物本身具有深厚的历史积淀，有重要的历史考古价值和科学研究价值，能够为研究历史和文化提供可靠的科学依据。考古旅游可以通过组织学术论坛、研讨会议、专题报告会等形式，吸引对考古领域感兴趣的专业人员。一方面可以对考古资源进行系统研究，另一方面也可以通过旅游的形式，对考古和文物的历史文化价值和科学研究价值进行传播。

（三）文物保护价值

考古旅游的开发及发展是以文物保护为前提的，这就促使文物保护部门与城市建设和旅游部门共同承担起文化遗产保护与传承的责任。只有实现考古旅游资源的永续利用，才能够保障考古旅游的可持续发展。通过各种新型技术，可以加强对考古现场和文物的保护，延长文物的生命周期；通过宣传教育，可以引导旅游者形成良好的保护意识，实现考古资源与文物资源的保护与利用；通过数字技术，为游客提供虚拟参与考古旅游的机会，既保障了良好的参观游览效果，又避免过多的游客会给文物造成的各方面损害。

（四）产业经济价值

文旅融合为考古旅游的发展带来了新的机遇，提升了考古遗址公园、博物馆等文化设施的服务能力和服务价值。通过考古旅游的发展，可以带动区域经济发展，解决考古遗址公园、博物馆运营及维护的资金问题。考古遗址公园和博物馆承担着宣传、保护、科研等诸多职能，在发展过程中需要较多资金。而通过开发考古旅游产品和文旅文创产品，可提升其旅游经营意识，使之获得相应的资金收益，进而拓展资金来源。

以四川宣汉罗家坝遗址为例。在对四川宣汉罗家坝遗址进行考古研究的基础上，充分利用宣汉罗家坝遗址的考古成果，召开宣汉罗家坝遗址与巴文化的学术研讨会，出版论文集，搭建研究高地，将巴文化元素注入宣汉巴山大峡谷景区开发中，将巴山大峡谷打造成5A级景区，带动了宣汉县的经济社会发展。

四　考古旅游的开发内容

（一）遗址的保护性开发

考古遗址以其鲜明的文化特色、悠久的文化历史和深厚的文化内涵为考古旅游的发展提供了优质资源。在考古旅游开发的过程中，对考古遗址进行保护性开发，是考古旅游开展的基础。目前对我国考古遗址进行保护性开发，主要是通过建立考古遗址博物馆和考古遗址公园的形式。

（二）考古遗物开发

考古遗物主要是指在考古过程中挖掘发现的古器物，包括工具、武器、装饰品等。对考古遗物进行开发，一方面是在博物馆内进行主题展示和展览；另一方面是对考古遗物进行文化元素的提取和加工，打造出新型的考古文化旅游商品。

（三）考古旅游文化教育活动

为了加深考古旅游的影响力，在考古旅游开展的过程中，开展一些大型文化文艺类教育活动和一些具有针对性的研学活动，能够增加游客对旅游目的地历史、文化和风俗的理解，感受传统文化的魅力和艺术的气息，获取人类进化、历史文化、考古文化等相关知识。

考古旅游场所具有一定的研学教育功能，同时对受众有一定的文化知识素养要求。因此，许多博物馆、考古遗址公园都开发了研学旅行产品，设计了与考古旅游文化主题相关的研学旅行课程，通过遗址讲解、文物展览、情景游戏、实践操作、绘本阅读等活动形式，丰富青少年研学旅行内容，提升青少年参观游览兴趣，达成在研学旅行中进行研究、学习、宣传教育的目的。

（四）配套旅游景点及服务设施开发

在考古旅游产品开发的过程中拓展服务类型、增加服务项目，可以为考古旅游经营主体带来更多利润。对考古旅游配套旅游景点和服务设施的开发主要包括延伸考古旅游的产业链条，增加餐饮、住宿、文创产品研发体验等内容。

考古旅游场所在初期经营阶段，仅为游客群体提供参观、浏览等观光类服务，其他配套服务内容较少。随着经济的发展，游客的需要也在不断提高和增多，考古旅游配套服务设施的开发，应当围绕旅游六要素“食、住、行、游、购、娱”，不断拓展服务内容和服务品类。

（五）考古旅游商品的开发

“购物”作为旅游的六大要素之一，是旅游产品开发过程中重点开发的内容。在考古旅游开发的过程中可以打造独具文化 IP 的文化创意商品进行售卖。随着传统文化在我国各行各业中越来越受到重视，在对许多考古旅游商品开发的过程中，都将考古旅游资源的历史文化内涵与现代生活相融合，将文物元素与旅游购物商品、日常用品设计相结合，与人们的生活相对接，打造出既有创意又有内涵的文化创意产品。

五　考古旅游的开发模式

考古旅游最初是依托于博物馆展览和考古遗址公园的形式进行开展，近年来，随着科技的发展与进步，考古资源保护与利用的理念不断更新，新的考古旅游形式不断涌现，如开放型游览模式、云游博物馆模式、创意产业型体验模式等。

（一）考古遗址开发模式

考古遗址开发模式是指依托考古遗址展开考古旅游的模式。这种模式主要展示考古发掘后遗址原貌或对部分遗址进行展示。

1. 考古遗址公园开发模式

2009 年，国家文物局正式提出“国家考古遗址公园”的概念，在此之前已有一些考古遗址进行了公园式的开发探索，例如圆明园遗址公园。截至 2017 年 12 月，全国有 36 处国家考古遗址公园，其中良渚、殷墟等 7 处被列入世界遗产名录。

考古遗址公园开发模式是指在以重要遗址为依托的基础上，整合周边的旅游资源，综合科学研究、观光游览、生态体验、科技研学等功能进行公园开发，打造成为复合型的公园。在这种模式中，特别突出旅游配套设施的建设，力图为游客提供良好的旅游体验。在考古遗址公园内，既有考古现场的露天陈设或室内保护性陈设，又有具体遗址历史文物的展示空间。考古遗址公园开发模式能够满足游客多层次的旅游需要，能为文化爱好者和普通观光旅游者提供合适的旅游产品和服务。

考古遗址公园在开发考古旅游时具有得天独厚的优势。考古遗址公园既具备“考古遗址”元素的历史性和文化性，又具备“公园”的可游性和大众性；既能够实现对考古遗址的保护和利用，又可充分将旅游的功能与考古遗址保护融合在一起。在许多考古遗址公园建设过程中，特别注重对历史场景的构建和复原，通过声、光、电、VR、AR、3D 等多种技术方式重构历史场景。

例如河南安阳的殷墟遗址公园。在公园范围内规划有文物区、文化区、休闲互动区、创意区、旅游配套区。其中，包括殷墟博物苑、王陵遗址在内的文物区是其核心区，其发展定位是成为全国最大的集文物博览与服务、遗址展示、文化休闲、园林绿化和环境保护于一身的古遗址公园。[①] 由于遗址区域分布较分散，且多为墓坑，地面遗存少，游客难以全部参观。河南安阳殷墟博物馆采用多媒体技术向游客展示重点景区和文物，既保护了深埋于地下的遗址、遗物，又取得了良好的展示效果，提高了考古文物遗址的可观赏性。

2. 考古遗址博物馆开发模式

考古遗址博物馆开发模式主要是指在考古遗址上覆盖以建筑，在建筑物里面展示遗址的全部或局部。例如秦兵马俑博物馆、金沙遗址博物馆等。考古发掘后的遗址展示区，往往是考古旅游最核心的旅游吸引物，在考古旅游开发中占有非常重要的地位。具体的考古工作发掘面积较大，但往往只保留遗址最核心的部分进行遗址展示，其他部分会进行回填保护。这种模式往往位于城市中区位交通较不发达的地方，可进入性较差。考古遗址博物馆参观的游客群体，一般是对考古旅游资源较感兴趣的学生和高学历人员。

考古遗址包括了古建筑遗址、河道遗址、墓葬遗址、祭祀遗址等。考古遗址的旅游开发使游客不再仅能隔着玻璃窗观赏文物，而且可在考古发掘现场参观考古遗址，乃至于参与模拟考古。考古遗址博物馆可以很好地对考古遗址进行保护，保留其初始发现状态，还可以使旅游者一睹考古现场真容，在考古现场更加直观地获取关于遗址遗迹的历史、地理、人文知识。旅游者近距离地观察考古遗迹和出土文物，可更深切地体会遗址价值，进而感受中华先民的日常生活，体会辉煌灿烂的中华文明，增强文化自信。

（二）考古遗物开发模式

考古遗物开发模式主要是指依托考古遗物开展旅游的方式，又被称作

① 张明灿：《殷墟，探索保护与开发的协调之路》，《中国旅游报》2008 年 8 月 4 日。

博物馆开发模式。

1. 博物馆参观模式

博物馆参观模式是一种传统的考古旅游模式，这种模式主要依托于博物馆来发展考古旅游。为了对考古发现的遗物进行保护和利用，这些考古遗物会被放置在城市综合类博物馆、历史类博物馆内进行保存、展示和研究。[①] 这种模式主要以博物馆藏品为参观内容，向游客展示古代物质文化生产过程、生产生活所用器物，进而反映文化内容与历史事件，属于观光类考古旅游产品。博物馆往往位于城市中区位交通较发达的地方，可进入性较好。博物馆参观模式的游客群体一般具有较高的文化水平，对考古旅游资源较感兴趣，能够独立地认知和解析考古资源的文化内涵。

过去的博物馆参观模式缺乏较强的体验性和趣味性，展览多为静态的橱窗陈列方式，导游讲解内容过于专业，游客体验较差。随着科技的发展和进步，许多博物馆改变了过去的展览方式，电子导游、多媒体展示、虚拟场景、模拟考古等新元素已经逐步被考古旅游广泛应用。博物馆利用声、光、电等现代科学技术和多媒体，以及 VR、AR、MR、3D、4D 等技术手段，还原考古遗物存在的地理空间，为游客再现遗物生产的历史场景，使游客身临其境地感受博物馆文化氛围。例如我国首都博物馆在“王后·母亲·女将——纪念殷墟妇好墓考古发掘40 周年特展”中采用 VR 技术，将当时的建筑和文物进行科学复原，向游客展示了妇好墓的建筑构造，以及当时极其隆重的葬礼。

除了展览方式的改变，现代科技也让游客参观时的互动参与性更强。许多博物馆在展览过程中融合博物馆的文化特点，结合概念设计、内容制作和各种数字科技，例如触控交互、体感交互、3D Mapping、动态投影、VR、AR、MR 、全息成像、多通道投影拼接融合技术等，为游客提供参与互动的沉浸式体验。例如，开封博物馆在对《清明上河图》进行展示的过程中，在环形的大屏幕上显示清明上河园的流动图景，观众通过手动点击面前的小屏幕，可以观看短视频，从而了解《清明上河图》中所表现的内

① 王京传：《考古旅游：互动视野下的考古与旅游》，《旅游学刊》2009 年第 24 期。

容。例如短视频《十千脚店门口酒店伙计》中，一个穿着围裙的伙计会用开封话，将他所从事的送餐业务绘声绘色地向游客进行讲述，增添了游客游览博物馆的体验性和趣味性。

除此之外，许多博物馆也在展示考古遗物的过程中，将展示过程进行故事化编排，或故事化设计，像《国家宝藏》那样为文物还原前世今生，加深观众对考古遗物的理解。或让参观者穿戴 VR 设备进入展厅，以当事者的身份，沉浸式的体验博物馆的虚拟世界，激发旅游者的情感共鸣和历史记忆。

2. 云游博物馆参观模式

云游博物馆是随着科技发展而形成的新概念，它借用了互联网领域“云端”的概念，主要是指游客通过数字网络的媒介，以互联网客户端为载体，在“云端”参观游览博物馆。为了满足游客云游博物馆的需要，博物馆需要通过拍照、摄影、直播等方式，对博物馆现有文物资源、文化活动等进行加工，在网络虚拟空间开设虚拟展厅、数字展览，通过博物馆网络直播、短视频展示和图文展示等方式，向大众提供博物馆线上参观游览。

云游博物馆已成为文物博物馆行业数字化发展的新趋势。云游博物馆同样具有一定的互动性，在对重要文物进行 3D 扫描重新建模后，云游博物馆的参观者可以通过随意旋转和放大，欣赏高度还原的文物，让观众从视觉、听觉和触觉全方位去参观、感受博物馆内的文物。

云游博物馆的载体主要包括网站、App 等博物馆自建平台，微信小程序、快手、新浪、一直播、淘宝等博物馆账号。在博物馆自建平台上，游客可以对各种产品进行 360 度的观看，可以听到专业人员的讲解；在社交媒体、视频 App 和购物软件的博物馆账号上，游客可以观看博物馆各类主题的直播。这种云游博物馆的方式，依托于博物馆对虚拟文化空间和文化场景进行的建构，为人们通过网络实现远程文化参与和文化体验提供了可能性。

3. 文物修复馆展览模式

针对修复现场观摩的考古旅游模式还不是特别成熟，仅有少数博物馆开始尝试“边修复、边展出”的展览模式。博物馆在展览区内开辟专门的文物修复场所向游客开放，游客在这里可以观看不同类别、不同材质的文物修复过程，能够直观感受到文物的修复方法和技术。文物修复馆展览的模式，将文物修复从“后台”搬到展厅，提高了大众对文物修复工作的关注度，可以将文物保护的理念传达给游客，让游客近距离观察考古文物工作者精湛的文物修复技艺，提升其文物保护意识。

例如三星堆开放式文物修复馆。修复馆分为文物储存区、陶器修复室、玉器修复室和金属修复室等几个区域，在不同区域内针对不同类型的文物开展保护修复工作。馆内采用玻璃隔断，观众可以在现场沉浸式观摩文物修复师所进行的文物修复工作。再如陕西历史博物馆，在130平方米的文物保护修复室内，集中展示了书画、金属、陶瓷和杂项4个方面的文物修复技术，将三维扫描与3D打印技术运用到文物实体修复和虚拟修复过程中，游客可以观看展厅文物修复室内修复师的工作，同时近距离感受新技术和新材料在文物保护修复工作中的效用。

（三）创意产业开发模式

1. 考古旅游纪念品开发模式

考古旅游纪念品的开发是考古旅游重要的利润点，能够有效对考古遗物的文化内涵进行挖掘和加工，促进文化传播与文化变现。考古旅游纪念品主要以考古遗物为原型，进行艺术的加工设计，将考古遗物的文化元素融入文创旅游纪念品的设计开发中。这些文创旅游纪念品囊括了工艺品、伴手礼、文具、服饰、书籍、特色饮食等。

旅游纪念品的购买是游客参与考古旅游的一个重要方式，是游客旅游体验的重要环节。旅游纪念品的特色开发是考古旅游开发模式中不可或缺的一个部分。考古旅游场所商店和网店的建设也是考古旅游业发展不可或缺的环节。通过对考古旅游纪念品进行创意性开发，可以使相关文创产品给公众带来新奇的文化体验，加深公众对历史文化内涵的理解，提升人们的生活趣味。

2. 考古创意体验模式

考古创意体验模式是依托考古遗址的文化内涵，运用文化创意，融合现代科学技术进行的一种深度体验型旅游模式。其考古旅游产品主要包括主题公园、4D 影院、5D 影院等。考古旅游创意体验模式将考古旅游资源与主题教育、主题游乐、主题演艺相结合，融展示、科普、游乐和休闲于一体。这种模式将考古文化与创意体验相结合，为游客提供了个性化、全方位、多感官的旅游体验，充分满足游客深度体验、自主互动和精神层面的需求。

一些考古旅游场所的开发非常注重博览、娱乐及科普空间的构造。运用情景营造手段，再现古代特有的生存环境、生活环境和生产环境。通过高科技手段、多媒体技术和声光电的运用，结合影视成像、卡通动画、互动游戏，突破传统考古旅游以简单的观赏、观摩为主的形式，使考古旅游对游客有更强的吸引力和震撼力。

河南省南阳市中国西峡恐龙遗迹园就是这方面的一个典型代表。西峡恐龙遗迹园是一座以西峡恐龙蛋化石为主要展出特色的恐龙主题公园。景区内有一座以恐龙蛋化石原始埋藏状态为特色的恐龙蛋遗址展馆，还设置有动感 4D 影院、仿真恐龙园和以展示地球沧海桑田变化和生物复杂演化主题的时空隧道，使游客既能够亲手触摸原始埋藏状态的恐龙蛋，又能够在时空隧道中感受时光穿梭的震撼魅力，使游客可以有极强代入感地观看仿真恐龙园内的恐龙大战。

六　考古旅游的开发原则

（一）保护与利用相结合原则

在考古旅游开发的过程中，要正确贯彻保护与利用相结合的原则。对考古遗址和考古遗物的保护是考古旅游发展的前提条件。任何可能对考古遗址和考古遗物带来破坏的行为，都应当被禁止。考古旅游产品的吸引力来自考古遗址和考古遗物所蕴含的文化内涵本身，遗址和遗物是文化的载体。因此必须在对遗址和遗物进行妥善保护的前提下，对考古旅游资源进行科学的开发利用。

（二）可持续发展原则

所有的旅游资源开发都应当遵守可持续开发原则，尽可能地实现旅游资源的合理开发和永续利用，实现近期利益和长期利益的统一。考古旅游资源与其他旅游资源不同的是，考古遗址遗迹和考古遗物具有脆弱性，很容易因为旅游经营者的开发行为和旅游者的游览行为受到破坏。而且考古旅游资源是不可再生资源，同时也是民族和国家的宝贵财富，因此必须严格注意保护考古旅游资源的安全。

（三）真实性和完整性原则

在开展考古旅游开发的过程中，对于考古遗址和考古遗物的开发必须遵循真实性和完整性原则，既保证考古遗址的原始状态不被破坏，又要确保周围的环境不被破坏。考古旅游资源的真实性和完整性决定了其生命力，也是考古旅游资源的独特吸引力所在。对考古旅游资源进行真实、完整的展示，既能够树立考古旅游景区良好的文化形象，又能够为旅游者提供完整真实的考古旅游体验。

（四）市场导向原则

市场需求是考古旅游开发的出发点和落脚点，只有开发出的考古旅游产品符合市场需求，考古旅游的经营主体才能够实现预期的文化推广宣传目标，获得预期的经济收益。对考古旅游资源进行开发，目的就是在对考古遗址和考古遗物进行保护的同时合理利用考古旅游资源，带动区域经济发展。因此，在对考古旅游产品进行开发的过程中，必须对客源市场有明确的认识，对游客需求有准确的分析，依据旅游者的文化旅游需求和生态旅游需求，进行考古旅游产品的开发与设计。

（五）综合开发原则

在对考古旅游资源进行开发时，应当注重对考古文化旅游资源的创新性开发、综合性开发，将考古旅游资源与周边区域的其他资源相结合，打造出具有一种或多种文化主题，能够集旅游、度假、休闲、娱乐、研学等多种功能于一体的考古旅游综合体。通过综合性开发，可将多种类型的考古旅游产品融合在一起，满足多层次游客的旅游需求，进一步扩大旅游客源市场。

第二节　案例解析

在文旅文创融合激发考古旅游市场实践的案例中，本节着重介绍考古遗址开发模式、考古遗物开发模式、创意产业开发模式的案例，主要包括国家级考古遗址公园开发的河南仰韶村实践、考古遗址博物馆建设的金沙实践、考古遗物开发的河南博物院实践、文化 IP 打造的故宫博物院实践和数字化展示的临淄齐国故城考古遗址公园实践。主要思路为先对发展概况进行介绍，总结其在文旅文创融合发展时代背景下的主要做法，然后提炼其发展亮点，以期为其他地区的考古旅游发展提供参考和借鉴。

一　国家级考古遗址公园开发的河南仰韶村实践

（一）基本概况

仰韶村遗址是黄河流域新石器时代仰韶文化的发现地和命名地，位于河南省渑池县城北 6 公里的仰韶村，面积 30 万平方米。仰韶村遗址对于研究华夏文明起源具有很高的文化和学术价值。1921 年，瑞典学者安特生、中国地质学家袁复礼对其进行了首次发掘，这里是中国考古学的诞生地。由于仰韶村遗址发现较早、内涵丰富、意义重大，1961 年被国务院公布为第一批全国重点文物保护单位。

河南仰韶村国家考古遗址公园是国家文物局第三批国家考古遗址公园立项项目，规划总面积约 2800 亩，是集遗址保护、价值阐释、科学研究、教育科普、休闲观光为一体的国家级考古遗址公园，于 2021 年 10 月 17 日建成开放。园区内风景如画、文化标识明显、考古特质突出，可以进行多方位展示，为游客提供游览观光、休闲游憩、科普宣传和研学旅行等服务。河南仰韶村国家考古遗址公园通过科学的方式，对考古遗址和周边环境进行了展示与保护，充分发挥了考古文化遗产的社会价值、环境价值、旅游价值和教育价值。

渑池县于 2020 年被河南省文化和旅游厅列入首批“省级全域旅游示范

区创建单位”名录，渑池县在全域旅游发展的过程中，注重立足当地文化资源优势，发挥地域特色，深入挖掘仰韶文化内涵，打造仰韶文化品牌。仰韶村国家考古遗址公园在开发建设的过程中，积极融入渑池县全域旅游发展，规划与县域旅游发展相配套的基础设施、交通设施和文化标识。通过考古遗址公园的建设，营造渑池县深厚、浓郁的文化旅游氛围，提高渑池县文化旅游的游览品质。在县域旅游开发的过程中，全面考虑考古遗址公园的道路建设和客流控制，宏观把控考古遗址公园的客流量，提高游客在考古遗址公园的游览体验。

（二）主要做法

1. 保护为基，文旅赋能

从1921年瑞典考古学家安特生和中国考古学家的第一次发掘，到1951年中国现代考古学的奠基人之一夏鼐带队的第二次发掘，再到1980～1981年河南省考古研究所等进行的第三次发掘，再到2008年启动的第四次发掘，在每次发掘过程中，考古团队和当地村民始终注重对考古遗址区域的保护。村民采用了挪动道路、避开遗址的方式，避免了交通问题对遗址保护造成的破坏；为了考古遗址公园的发展，在考古遗址公园区范围内居住的村民迁出41户，腾出院落39个。在考古发掘方面，采用数字化、多学科、多技术相结合，体现了新时代考古发掘工作的进步。

在仰韶村国家考古遗址公园开发的过程中，坚持保护为主、考古先行，注重对遗址原真性的保护，为遗址的保护、研究和展示预留出相应空间，对参观游客量进行严格控制。2017年底，仰韶村国家考古遗址公园被国家文物局列入第三批国家考古遗址公园。公园采用点、线结合的形式，将仰韶文化博物馆、发掘纪念点、文化层断面、考古展示区等串联起来，形成“一中心（游客服务中心）、两馆两环（仰韶文化博物馆、安特生纪念馆、仰韶环壕、龙山环壕）、三广场（韶源广场、韶乐广场、韶华广场）、四点（仰韶村遗址四次发掘纪念点）、五园（考古展示园、考古体验园、原始聚落园、仰韶陶醉园、韶脉水乐园）”的展示结构，通过旅游赋能文化的方式，打造了具有休闲观光功能的考古旅游景观。

2. 展陈布局，科学合理

仰韶文化博物原馆面积不大，陈展方式落后，在斥资 3000 万元进行重新升级布展后，博物馆展览的外延性和科普性都得以提高。新馆布展以“仰韶和她的时代”为主题，分为三个展厅：第一展厅展出仰韶村遗址三次发掘的主要成果；第二展厅展出仰韶村遗址发现者、瑞典学者安特生在仰韶村和中国其他地方的主要考古活动；第三展厅展出中原地区各个仰韶文化典型遗址出土的 226 件代表性文物。整体按照考古圣地、文化坐标、黄河儿女、最早中国、世界的仰韶五个部分进行布展。为了增加博物馆的科普性，还专门设置了考古书房，有各类考古书籍可供翻阅。因仰韶文化博物馆陈展质量高，被定级为国家三级博物馆。

除此之外，仰韶村国家考古遗址公园内还设置有“1921 彩陶艺术展”，展示了三门峡市仰韶文化（彩陶文化）代表性传承人刘新安和他的团队富源研发的 1921 件仰韶彩陶作品，由于不同时期、不同地点出土的仰韶文化彩陶被收藏在世界各处，所以通过仿制彩陶的展示，能够让国内外的爱好者近距离观赏彩陶神秘奇妙的纹饰，集中全面地感受仰韶文化。

仰韶村国家考古遗址公园的优质文物陈展是在对遗址和出土文物深入研究的基础上，根据游客的需要，为游客提供人性化的展览布置和详细的讲解，解答游客的疑问和困惑，增强了博物馆的趣味性和体验性，让游客有良好的博物馆观展体验，用优质的文化感染游客。

3. 特色活动，类型丰富

为了发展考古旅游，为广大游客提供多种多样的文化旅游体验，仰韶村国家考古遗址公园不断探索开展特色活动。游客可以在仰韶村国家考古遗址公园内开展研学旅行活动，进行沉浸式考古旅游体验，还可以在考古体验园内模拟考古，进行陶艺制作、绘制纹饰体验等。

2021 年“十一”国庆长假期间，仰韶村国家考古遗址公园推出了“陶醉渑池 品味仰韶”2021 仰韶特色美食节、黄河奇石根雕艺术展、“百年考古、璀璨仰韶”灯光秀、“星月闪耀，点亮仰韶”仰韶村国家考古遗址公园夜游项目等特色文化活动，吸引了大量游客前往。通过“文旅融合”，将考古圣地与现代旅游业、休闲业的发展紧密相连，吸引了大量游客前来参观游览。

（三）特色亮点

1. 突出文化元素

仰韶村国家考古遗址公园在建设过程中注重突出仰韶文化的文化元素应用，遗址公园内的基础设施、景观小品、园林绿化、地形地貌等都充分展现了仰韶文化考古元素。例如：利用写实、抽象的多种展示手法，从灯杆、座椅、垃圾箱、窨井盖等基础设施，到彩陶罐、彩陶盆、小口尖底瓶雕塑，制陶、酿酒场景人物群雕和各种类型的景观小品，再到利用地势形成的仰韶文化彩陶纹饰等，都应用了仰韶文化的元素，极大地提高了公园的文化标识度。在公园内部，无论是考古体验区的时光廊道，还是人行步道的路面、建筑物墙体，全都呈现黄土色的陶色，这也是仰韶文化彩陶元素表达的一种方式。入园的路边是一条长 88 米、高 1.5 米的文化墙，墙体上下两截的镂空展示了仰韶彩陶元素符号。

2. 营造文化氛围

整个考古遗址公园从景观设计、遗迹展示，到园区布局、功能配置，都围绕“考古文化氛围”的营造进行建设，充分地表现了考古文化的内涵。在仰韶村国家考古遗址公园内，处处散发着仰韶文化的独特魅力。园区内通过人物群雕的方式，再现了第一次和第二次考古发掘现场的场景，在第三次考古发掘纪念碑前设置了很大的彩陶雕塑。游客在园区内，可以领略数千年前的文物，聆听数千年前的韶乐，置身其中的游客可以直观感受博大厚重的仰韶文化所带来的震撼冲击，使游客仿佛梦回仰韶时代，与几千年前的先民进行一场跨越时空的对话。在遗址公园内，还对园区考古遗址的发掘清理工作和文物出土情况向游客进行讲解说明，让游客充分了解考古活动的目的、考古保护的方式和社会意义，提高游客对仰韶文化和考古文化的理解，提升游客的文物保护意识，培养其对考古文化的浓厚兴趣。

二　考古遗址博物馆建设的金沙实践

（一）基本概况

金沙遗址是中国进入21世纪后第一个重大的考古发现，于2001年在成都市被发现。现已发现的重要遗迹有大型建筑基址、祭祀区、一般居住址、大型墓地等，出土金器、铜器、玉器、石器、象牙器、漆器等珍贵文物数千件，还有数量众多的陶片、象牙、野猪獠牙和鹿角。金沙遗址表明这里极有可能是继三星堆之后，古蜀国的又一政治、经济、文化中心，是古蜀国在商代晚期至西周时期的都邑所在，也是中国先秦时期最重要的遗址之一。

金沙遗址博物馆是在商周时期金沙遗址原址上修建的博物馆，2007年4月对外开放，是一座为保护、研究、展示金沙文化和古蜀文明而兴建的遗址类博物馆，占地面积30万平方米，总建筑面积为38000平方米，由遗迹馆、陈列馆、游客中心、文物保护与修复中心、金沙剧场、园林区等组成，是一座集教育、研究、休闲于一体的现代化园林式博物馆，并成为代表成都悠久历史的标识性景观。博物馆现为全国重点文物保护单位、国家一级博物馆、国家首批考古遗址公园、国家4A级旅游景区。

金沙遗址博物馆的两大主体建筑分别是遗迹馆和陈列馆。遗迹馆是一座呈斜坡状的半圆形全钢架建筑，建筑面积为7588平方米，展示了金沙遗址大型祭祀活动场所的发掘地，馆内以发掘现场的原生态保护展示为主，游客置身遗迹馆可亲身感受3000年前古蜀王国气势恢宏的滨河祭祀场面，了解2001年以来考古发掘工作缜密繁复的过程，目睹众多珍贵文物的出土原址。陈列馆是一座呈斜坡状的方形全钢架建筑，建筑面积16000平方米，主题陈列“走进金沙”由“远古家园”“王国剪影”“天地不绝”“千载遗珍”“解读金沙”等五个展厅组成，以重要遗迹、遗物为主要内容，利用现代科技手段，生动形象地从生态环境、建筑形态、生产生活、丧葬习俗、宗教祭祀等多个角度，全面展示了古蜀金沙的灿烂与辉煌。

（二）主要做法

1. 保护开发，规划先行

在2001年2月8日发现金沙遗址后，成都市人民政府暂停了遗址周边所有的建设项目，并于当年年底组织文物保护、考古发掘和城市规划等方面的专家对金沙遗址的保护进行论证。2003年1月，成都市政府正式决定建设金沙遗址博物馆保护设施和展示设施。2004年9月，《金沙遗址保护总体规划》经四川省文物部门批准实施，对金沙遗址片区原有建设规划进行全面调整，停止相关房地产开发项目，对456亩原属于多家企业产权的土地进行置换和回购，妥善安置居民620人，确保了金沙遗址保护范围和金沙遗址博物馆建设用地的需要，将金沙遗址摸底河以南保存较好的祭祀遗迹区，整体划入金沙遗址保护范围，保护范围内只允许修建与发掘、保护相关的设施，而文物陈列馆、文物保护中心等设施则规划建在摸底河以北的一般保护区内。2005年3月，在金沙遗址原址上，金沙遗址保护工程及博物馆建设正式启动，并对长达10余公里的摸底河进行全面疏浚、截污、绿化，改善和优化了金沙遗址的文化景观环境。2006年4月，占地30公顷的金沙遗址公园和建筑面积约4万平方米的金沙遗址博物馆建成并对外开放。其中金沙遗址博物馆遗迹馆，采用建筑最大跨度120米的钢结构建筑设计，将金沙遗址已探明的祭祀遗迹分布集中区全部覆盖，有效地改善了祭祀遗迹的保存环境，为进一步开展考古发掘工作创造了条件。①

2. 展示体系，立体多元

近年来，金沙遗址博物馆一直以自身特色为依托，紧紧围绕学术主题组织展览，发挥博物馆在城市文化传承创新中的作用，探索文化遗产活化阐释新方法、新理念、新形式，结合室内室外、线上线下、静态活态，延伸展览展示新空间，构筑起“5+1”金沙特色展示体系，形成“重要考古发现”“中国区域文明”“世界文明”“文物专题”“艺术金沙”“古蜀文明”系列原创展。例如，“霸：迷失千年的古国”“发现·中山国”等重要考古发现系列特展，首创“考古科普”阐释新方法，通过对考古故事的重

① 单霁翔：《大型考古遗址公园的探索与实践》，《中国文物科学研究》2010年第1期。

构，结合卡通导览的形式，实现让考古成果向公众转化的良好传播效益。再如，以“玉汇金沙——夏商时期玉文化特展”“金色记忆——中国出土14世纪前金器特展”为代表的文物专题系列大展，依托本馆馆藏文物特色，组织国内多家博物馆共同打造，在展览规模、展品组织、时间及地域跨度上，均开国内同类展览之先河，同时还配套举办国际学术研讨会，达到以展览促学术的目的，带动了博物馆研究等业务工作的开展。[①]

3. 智慧管理，先行先试

2014年，成都金沙遗址博物馆被国家文物局列为全国7家智慧博物馆试点单位之一，将智慧化建设全面引入博物馆管理体系之中，并延展至管理模式、观众服务、业务开展等各个方面。例如，金沙遗址博物馆在管理过程中，创新智慧金沙管理模式，利用文物数字化保护应用总线实现系统间的互联共享，使博物馆管理更便捷、更科学、更高效。再如创新古蜀文明的在线解读，与百度、腾讯、《人民日报》等多种媒体合作，从大众、专家、青少年等多视角出发，用文物三维、增强现实、虚拟漫游、视频等多种形式的观展和解读方式，开启博物馆参观新体验，为博物馆未来的创新发展开拓全新途径。

（三）特色亮点

1. 深化文旅融合，提高品牌效应

金沙遗址博物馆深挖遗址文化内涵，以“金沙太阳节”为契机，创新引领文旅共融新模式，率先推出“夜游金沙”博物馆夜间开放新模式，利用传统灯组、主题演艺、园林造景、互动游乐等文化产品和服务供给，以包容共生和文化共融的全球视野，将文物特展与文化节庆完美结合，实现了文博资源的活化利用，放大了博物馆的文旅引领功能、国际文化交流功能、城市形象宣传功能。

与此同时，金沙遗址博物馆还不断寻求文创产业的多元跨界合作形式，将文旅融合引入博物馆运营机制，利用文化遗产资源，在积累音乐剧、动

---

① 朱章义、郑漫丽：《遗址与城市共生，传统与未来互融——成都金沙遗址博物馆创新实践之路》，《艺术市场》2020年第6期。

漫电影、歌舞、弦乐、网易游戏等 13 项艺术表达形式之上，又推出以金沙为主题的国际考古诗会、金沙当代艺术季等，以突破文物和历史局限的语言，阐释遗址美学内涵，搭建起传统与现代、历史与艺术对话交流的平台，将以中国文化遗产标志——太阳神鸟为代表的金沙文化 IP 推向全域发展新阶段，让古老文明在现代社会迸发出全新活力。[①]

2. 借助考古旅游，强化公众传播

成都金沙遗址博物馆紧跟公众对文化需求的转变，开通全国首趟“太阳神鸟”号金沙文化地铁专列和艺术站点，形成“移动的博物馆”新标识；创新馆校合作模式，在校园建设“金沙迷你博物馆”，构建起全国独有的教育展览新空间；创新教育形式，让金沙文化以儿童音乐剧、舞台剧形式走进学校，点亮社区；盘活本地区文博资源，串联国内外其他文博艺术机构，策划输出“神与人的世界”等 15 个主题展览，开启了古蜀文明全球巡展的新征程。从博物馆到大千世界，从国内展示到国际传播，文物、彩灯、图片或 3D 打印品等越来越丰富的展品形式，展示和阐释着金沙的文化内涵，满足了国内外不同地区、不同层次群体与博物馆交流和对话的新需求，铺设了古蜀文明公众传播和对外传播的新渠道。[②] 成都金沙遗址博物馆，现已成为成都市不可或缺的古蜀文化展示与研究中心、青少年社会教育基地以及游客参观休憩的重要场所。

3. 利用文化遗产，构建城市认同

金沙遗址文化形象和文化品牌的不断提升，不但为金沙遗址保护营造了良好气氛，而且提升了大遗址保护的社会价值，为成都城市美誉度的提高发挥了重要作用，通过文化遗产的开发，凝聚了城市精神，用多元化的方式复活失落的历史，构建了公众对于成都的城市认同，使考古遗址博物馆成为连接城市历史与未来的文化纽带。

---

① 朱章义、郑漫丽：《遗址与城市共生，传统与未来互融——成都金沙遗址博物馆创新实践之路》，《艺术市场》2020 年第 6 期。

② 朱章义、郑漫丽：《遗址与城市共生，传统与未来互融——成都金沙遗址博物馆创新实践之路》，《艺术市场》2020 年第 6 期。

从3000年前古蜀文化出发，与当代城市生活共融是金沙遗址博物馆自开馆以来所秉持的创新发展理念。金沙遗址从发现之日起，即以独特的方式为宣传成都城市文化形象发挥着作用，海内外多种媒体对金沙遗址的报道有上千次。2005年8月16日，金沙遗址出土的“太阳神鸟”金箔图案，被国家文物部门确定为中国文化遗产标志。2011年12月，中国文化遗产标识——金沙遗址出土的“太阳神鸟”金饰图案，又被确定为成都市城市形象标识的核心图案。[①]“太阳神鸟”的图案被广泛运用在城市建设、景观建设之中。“太阳神鸟”不再是一件冰冷的文物，而是一个有温度的城市符号。[②]

三　考古遗物开发的河南博物院实践

（一）基本概况

河南博物院创建于1927年，是我国成立较早的博物馆之一。河南博物院现有馆藏文物17万余件（套），尤以史前文物、商周青铜器、历代陶瓷器、玉器及石刻最具特色。精品文物数量多、种类全、品位高、价值大，是见证中华文明发展轨迹、展示中国历史发展脉络的文化艺术宝库。现开放有基本陈列《泱泱华夏 择中建都》和专题陈列《明清河南》《中原古代石刻艺术展》《丹淅吉金——中原楚国青铜艺术》《巧工遗珍——院藏明清珍宝展》《出彩中原——河南红色文化陈列》《国宝特展》等。并有与展览相配套的“社会教育体验厅”和“华夏古乐厅”。智慧导览、5G互动、3D展示等新功能，带给游客全新体验。

河南省博物院近年来关注文创产品的开发，寻找传统文化与现代生活的契合点，进行传统文化的创造性转化和创新性发展。依靠科技赋能，实现让文物藏品活起来，让公众体验到发现“文物”的惊喜感、代入感和满

① 郑漫丽：《浅谈博物馆在构建城市文化认同中的作用——以金沙遗址博物馆为例》，《中华文化论坛》2014年第1期。

② 童芳：《成都：金沙太阳神鸟，一个有温度的城市符号》，《新华每日电讯》，2022年3月21日。

足感，激活年轻人的好奇心与求知欲，以年轻人喜闻乐见的方式唤醒年轻人的历史记忆和文化认同，让更多的人对文物亲而近之，使古今对话变得真实可感，从而产生审美愉悦和情感共鸣。

（二）主要做法

1. 结合流行元素，打造文创产品

河南博物院在主展馆提升改造的过程中，利用配楼打造社会教育体验厅，模拟考古现场，设置考古坑，并配备洛阳铲、手铲、毛刷等考古工具，让中小学生身临其境，体验考古的过程。河南博物院借鉴流行的盲盒元素，推出“失传的宝物”系列考古盲盒，这一系列的盲盒采用区别于常规意义的盲盒形式，充分融合文物考古特色，把青铜器、元宝、玉器、铜鉴等“微缩文物”藏进土块中，配备洛阳铲、竹签等工具，让消费者在开盲盒的过程中体验考古乐趣，提升了公众参与感，也吸引了更多人主动了解中华文明、中原文化。河南博物院通过开发考古盲盒等特色文化创意产品，打造“动态文创”产品。考古盲盒作为一种旅游纪念品或考古旅游的文创产品，成功地将考古的工作特点与盲盒的固有属性结合，抓住了消费者和旅游者热衷于考古和文博的心态。通过深入挖掘文物背后的故事，进行艺术创作，将考古发掘融入“拆盒”过程，让曲高和寡的考古遗物“活”起来，让购买者在这样一个个独立的“考古现场”中感受发现历史的瞬间，为消费者带来了“沉浸式”的文创新体验。考古盲盒的开发适应了时代特征，引爆全网，带动河南省博物院出圈出彩，为河南省博物院吸引了大量的粉丝，也使得“考古旅游”更加深入人心。

2. 复原文物乐器，演绎华夏古乐

河南博物院所收藏的音乐文物展品年代横跨新石器、夏商周、汉魏、隋唐、宋等时期，能较为全面地展现中原音乐从史前时代到唐宋时期的发展变化。重要展品包括 1923 年河南新郑李家楼郑公大墓出土的特镈、1987 年河南舞阳市贾湖遗址出土的骨笛，以及 1996 年河南新郑金城路祭祀坑出土的青铜乐钟等。2000 年 4 月，河南博物院华夏古乐团正式成立，将这些珍贵的音乐文物进行遗产转化和复原，通过全新阵容、全新设备、丰富的内容，对中国传统的音乐文化进行动态解读，实现了让文物“唱歌”。通过音乐展示，让人们直观感受传统音乐文化的震撼。

古乐厅对华夏古代音乐文物进行复原，通过古乐文物展演将史前、秦汉及唐宋的古乐一一展现。华夏古乐团复原演绎贾湖遗址的骨笛、仰韶文化的红陶鼓、商代的陶埙和石磬，西周的骨排箫，以及春秋战国时期的王孙诰编钟、虎座凤鼓、彩绘漆瑟等古乐器，极具感染力。由中国知名的音乐史学家对古代乐曲的研究、创编、配器，使土鼓陶埙奏出史前先民与大自然息息相通的天籁之声。近几年，华夏古乐团还开发、排演了多部舞台艺术精品项目，推出了不同主题的音乐会，逐渐成为中原文化对外交流的特色品牌，迄今已演出上万场。

自2020年疫情以来，华夏古乐团开始采用短视频和直播的方式，为游客提供线上云赏乐的服务，在清明节举办“雅乐祈福·天耀中华——庚子清明华夏古乐云赏”音乐会，在端午节举办“祈福端阳”音乐会等。2020年4月18日，华夏古乐团利用“博物馆在移动”平台直播《博物院奇妙乐——华夏古乐云赏》；2021年3月5日，用复原的文物演奏《清平乐》，引发了网友对河南文化的讨论和赞赏。

3. 文物修复过程，公开全面展示

在《国家宝藏》节目中，河南博物院馆藏文物春秋云纹铜禁的修复过程引发了公众的关注。春秋云纹铜禁见证了中国第一个禁酒时代，是河南博物院的镇馆之宝，是中国发现的最早的失蜡法铸件。失蜡法是中国古代发明的三大铸造方法之一，它是利用蜡的可熔性来铸造结构复杂并且不易分离物品的一种铸造方法。这件铜禁发掘出土时，禁体破裂成十余块，铜梗残断，云纹剥落，附兽、座兽全部从本体脱落并且大部分残缺不全，已成数百块碎片，铜梗和铜渣装了几个袋子。河南博物院高级技师王长青先生，带着他的几位徒弟，用了4年时间，通过拼接、矫形、粘接、翻模、补配、做旧处理等手段，最终将云纹铜禁完整修复，使铜禁恢复原貌。

为了更好地向公众展示文物的修复过程，满足旅游者对考古文物修复的好奇心，在河南省博物院的文保楼中，专门开设“历史教室——文物保护观摩实验室”。河南省博物院把修复文物的过程也作为基本陈列的一部分，面向特定公众进行展示。实验室将无机文物、有机文物修复室内侧墙壁设置成透明玻璃展示窗，在确保文物安全的前提下，向参观学习人员展示文物保护修复过程，将文物保护的政策法规、修复理念及文物保护修复技术，变为展现的组成部分，深化文物保护的社会教育功能。

（三）特色亮点

1. 依托网络平台开展云考古

通过互联网平台，采用虚拟考古的形式，能够消解考古的严肃性和学术性，更好地开展公共考古宣传，获得广大人民群众的喜爱及踊跃参与。2021 年 9 月，河南省博物院与支付宝平台合作，推出“一起考古吧”在线考古盲盒，将首批数十款馆藏文物，如镇院之宝莲鹤方壶、武则天金简、杜岭方鼎、贾湖骨笛等文物元素充分融入产品中，打造“数字考古盲盒”，让用户可随时随地通过手机“在线考古”。用户作为数字“考古官”，可以在网络模拟考古现场内，还原常用的考古器具进行宝物探索。用户在“挖”到相关的宝物之后，可以获得宝物的介绍，并可一键分享给更多的人了解。这让原本专业性极强的考古工作，变得生动有趣。在随后 2021 年国庆节 7 天假期内，吸引了 3000 万人次“在线考古”。

这种“云”考古的互动方式非常新颖，并在年轻人当中迅速流行开来，为河南省博物院官方小程序带来的访问量超过 500 万，河南省博物院小程序在 2021 年国庆假期也成为支付宝景区行业小程序的收藏量冠军。河南博物院支付宝官方小程序上文创产品的交易量平均比其他平台高出 100～200 笔/天。[①]

对于受众来说，“云”考古打破了时空界限，只要有手机客户端就可以直接参与，非常便捷且花费低廉，能够为公众提供较好的参与感和体验感。“云”考古也带动了公众到各个博物馆和考古旅游景区实地进行参观游览，在公众之中掀起了一股爱文化、爱考古的热潮，为考古旅游的进一步发展奠定了良好的群众基础。

---

① 《河南博物院再出圈 吸引 3000 万人“在线考古”》，大公中原网，https://www.dgbzy.com/259044.html。

2. 依托区块链发布数字藏品

2021 年 12 月 16 日，河南博物院推出首个 3D 版数字文创“妇好鸮尊”，收藏者可在支付宝搜鲸探小程序购买，每份售价 19.9 元。首批限量发行 1 万份，上线即售罄。这是河南首件 3D 数字文创产品，由蚂蚁链提供底层技术和平台实现其数字版权保护、收藏与分享。[①] 数字藏品“妇好鸮尊”的独特性在于，每件藏品有唯一的数字凭证，且不可篡改、不可分割、不可相互替代。这使得数字藏品在发行、购买、收藏和使用等全生命周期都成为真实可信之物，有效解决了国宝数字化之后的版权保护问题，有效保护了河南博物院的版权与消费者权益。

数字藏品是使用区块链技术生成的数字凭证，对应特定的作品、艺术品，在保护其数字版权的基础上，实现真实可信的数字化发行、购买、收藏和使用。数字藏品品类丰富，包括但不限于数字图片、音乐、视频、3D 模型、电子票证、数字纪念品等各种形式。[②] 近段时间以来，数字藏品的社会关注度非常高，尤其是在旅游、文创领域得到广泛应用。

对考古旅游产业来说，涉及更多的是文物数字藏品。文物数字藏品多指运用数字技术对产品信息进行采集，将文物进行三维立体模型展示，利用区块链技术进行认证加密，生成唯一数字凭证，为文物数字藏品提供数字证书以保护其数字版权。通过数字藏品的设计、制作，可以借助数字技术的手段，让文物更好地活起来，让文物突破时间和空间的限制，与受众产生更多的链接，将文化以更加年轻化的方式传播出去。数字藏品作为一种新的文创形态，可以让文物不受时空限制，受到了当下年轻人的喜爱和追捧。

通过数字藏品的发布和发售，将文物背后的历史文化展现出来，这种创新的手段和年轻的方式契合了年轻人的消费习惯和接受习惯，也实现了

① 王文洁：《河南博物院首个数字藏品“妇好鸮尊”上线》，河南手机报，https://www.hnsjb.cn/content/hnsjb_remote/20211216/1069464.html。

② 夏晓伦：《数字技术激活传统文化 国内博物馆试水数字藏品》，人民网，http://finance.people.com.cn/n1/2021/1222/c1004-32314696.html。

考古旅游资源的跨界开发。既吸引了更多年轻人对传统文化的关注，又提升了年轻人的文化获得感和自豪感；既挖掘了历史文化资源和文物的传统文化价值，又赋予其具有时代意义的数字价值，推动了考古旅游领域的数字化发展。

3. 依托融媒体做好数字传播

《唐宫夜宴》是河南卫视 2021 年春晚播出的一支以隋唐乐舞俑为原型的古典舞，它的意外“出圈”，瞬间掀起一股新的博物馆热。“唐宫小姐姐”迅速走红网络，登上微博热搜，引起了广泛的转发与关注。《唐宫夜宴》舞蹈的创作灵感来自现存于河南省博物院的隋代乐舞俑，这些乐俑姿态各异、表情不一，舞蹈使这些乐俑“复活”，实现了完美的古今对话。

河南电视台创造性地把这一古典舞搬上春晚的舞台，通过文物放大、人物缩小的艺术手法，在《唐宫夜宴》的舞蹈中展示了“妇好鸮尊”“莲鹤方壶”“贾湖骨笛”等诸多河南省博物院的馆藏文物，将传统文化元素与现代科技方式相结合，用精致有趣、灵活生动的舞蹈编排和引人入胜的高科技特效，引发了人们的情感和文化共鸣，吸引了更多游客到河南省博物院进行线下参观游览。节目热播后，河南省博物院申请注册“唐宫夜宴”“唐宫小姐姐”等相关商标，并迅速上新了唐宫夜宴侍女乐队系列盲盒。

2021 年春节过后，河南省委宣传部、河南省文化和旅游厅即召集文化、文物、旅游、新闻出版、广播电视等部门，讨论如何将“唐宫小姐姐”打造为长久的可持续的文化 IP，于是就有了在短短 5 天之内推出的河南省博物院《元宵奇妙夜》，“唐宫小姐姐”在博物院“复活”，在文物之间穿梭转场，虚拟场景和现实舞台相结合，歌舞被放进了博物院场景中，制造出了一种博物院奇妙夜的感觉，演绎了一场诙谐幽默、别开生面的晚会。

《唐宫夜宴》和《元宵奇妙夜》成为现象级爆款节目，一方面是因为节目本身对传统文化进行了创意加工；另一方面也是因为借助了网络平台和融媒体的力量。在传播的过程中，通过云传播助力，电视端、移动端等多渠道同时播放，借助网络与公众互动交流，提升了文物数字传播的传播效果。

四　文化IP打造的故宫博物院实践

（一）基本概况

北京故宫是中国明清两代的皇家宫殿，旧称为紫禁城，位于北京中轴线的中心，是中国古代宫廷建筑之精华，是世界上规模最大、保存最完整的木结构宫殿建筑群。北京故宫博物院建立于1925年10月10日，是在明朝、清朝两代皇宫及其收藏的基础上建立起来的综合性博物馆，也是中国最大的古代文化艺术博物馆，其文物收藏主要来自清代宫中旧藏。截至2022年5月，故宫博物院有馆藏文物1863404件（套）。

近年来，故宫博物院积极开展文旅文创产品开发，打造故宫IP矩阵，将厚重的历史文物和文化资源进行年轻化开发，改变了故宫博物院传统"高冷"的形象，实现了对传统文化的宣传和推广，给故宫博物院带来了巨大的经济收益。

（二）主要做法

1. 活化古老的空间和文物

在故宫博物院建院初期，故宫仅仅开放了前三殿（太和殿、中和殿、保和殿）、后三宫（乾清宫、坤宁宫、交泰殿）、东六宫、西六宫以及御花园。至2010年，故宫博物院的开放面积仅仅只有故宫的30%左右，只有0.5%的文物对外展示，99.5%的文物都"沉睡"在博物院的库房里。[①] 2014年是一个转折点，故宫博物院开放面积第一次超过一半，达到52%，以后开放面积逐步扩大，2015年达65%，2017年达76%，"南大库"开放后，故宫博物院的开放面积达到80%。

近年来，故宫博物院将一些过去不开放或废弃的宫殿逐步整治清理，在其中设立综合性历史艺术馆、绘画馆、青铜器馆、明清工艺美术馆、铭刻馆、玩具馆、文房四宝馆、珍宝馆、钟表馆和清代宫廷典章文物等展览。2018年，故宫南面、东面和北面城墙全部开放，游客可从午门登城楼，沿

① 《单霁翔：故宫实际展出的藏品仅占全部藏品的0.5%》，中国新闻网，https://www.chinanews.com.cn/cul/2015/10-13/7565917.shtml。

城墙一路行至东华门，直至神武门。在清空的角楼内，用 VR 影片还原角楼的营造过程，向观众讲述古建木结构是如何不靠钉子修建起来的。文物库房宝蕴楼已被改造为文化展览空间；故宫博物院通过 VR 技术“复活”了延禧宫中的水殿灵沼轩，让历史建筑跨越时空再次呈现在人们眼前。游客可以通过扫码看到用虚拟技术还原后的灵沼轩。通过对故宫古老空间的活化，为游客提供深度感受故宫文化魅力的旅游体验。

故宫博物院拥有超过 186 万件/套藏品，目前已经建立起详细的数字文物库，内含数字展品 83008 件。为了进一步活化典藏，以“小”空间呈现“大”库藏，故宫博物院利用网络平台推出“故宫名画记”“数字文物库”“数字多宝阁”，三者各有侧重，游客只要轻轻滑动鼠标，便能零距离“触摸”文物。在博物院线下展陈方面，故宫博物院也根据具体的展览内容设置展厅主题，努力消除观众的博物院审美疲劳，在展陈中展示出文物的情境与故事，通过立体展览的方式，让故宫博物院中的文物“活”起来。

2. 文化创意促进文创产品设计

2010 年 10 月，故宫淘宝开始在线上售卖旅游纪念品，最初的旅游纪念品特色不明显，缺乏创意，价格高昂。2013 年，故宫淘宝以“卖萌”的姿态展现在公众面前，打造了“朕知道了”胶带、“朕就是这样的汉子”折扇、朝珠耳机等系列“萌”系亲民文创。截至 2022 年 4 月，故宫授权的文创产品淘宝店已达 6 家，包括故宫淘宝、故宫博物院文创旗舰店、博物院“上新了·故宫”旗舰店等。这些不同的网络店铺，针对不同的产品线进行不同风格和系列的开发设计，进一步提升了品牌高度和群众基础，提升了文化创意产品的文化体验。

在故宫博物院新产品面世之前，设计师会做好消费者调查，针对不同消费者群体设计不同的系列产品，因此诞生了为“武林高手控”设计的大内侍卫系列，为“美女控”设计的 12 美人系列的美女药皂、面膜，为孩子设计的皇帝童年系列，为喜欢时尚的年轻人设计的太尚皇系列。故宫文创产品在开发过程中，格外注重将趣味性与实用性相结合，打造了 480 种不同款型的手机壳、“正大光明”充电器。在强化相关产品文化属性的同时，强调创意性及功能性，真正满足了市场的需求。

截至 2017 年底，故宫文创产品数量已经突破 1 万种，销售收入已达到 15 亿元。[①] 2018 年故宫文创产品在淘宝“双 11”“双 12”活动中，均为文创类店铺销量之冠。从故宫博物院的文创产品出圈、走红可以得到启示，如果文创产品只注重历史性、知识性、艺术性，但缺少趣味性、实用性、互动性，就无法获得广大消费者的青睐，只有在强化相关产品文化属性的同时，强调创意性及功能性，才能真正满足市场的需求。

3. 打造文化创新类真人秀节目

《上新了·故宫》是一档由故宫博物院出品的文化创新类真人秀节目。节目中，嘉宾作为新品开发官跟随故宫文创开发员进宫识宝，探寻故宫的历史文化，在镜头前真实展现故宫内部场景。每期节目中，嘉宾步入某处具有历史意义的场所，或驻足于某文物之前，先通过背景讲述解说还原历史真相，再通过小剧场情景演绎再现历史事件，激发观众对于历史文化的情感记忆和历史想象，最后由嘉宾、设计师联手设计一个引领热潮的文化创意衍生品。这种方式充分发挥了节目嘉宾的流量带动效应，吸引更多年轻人关注故宫文化创新，形成了良好的宣传效果。

在播放《上新了·故宫》节目之外，故宫博物院还通过社交媒体推送《上新了·故宫》文创产品的相关信息，网友们可以在微博、微信、今日头条等平台，对文创产品进行评价和投票，实现了节目的多屏互动。《上新了·故宫》对文创产品在淘宝众筹平台上发起众筹，众筹金额达到一定数量之后，进行该文创产品的实体产品生产。通过这种方式对文创产品进行推广，既充分考虑了目标用户的需求，又进一步推广了故宫的品牌形象，为考古旅游资源的变现提供了良好的途径。

（三）特色亮点

1. 打造文创 IP 矩阵

IP（知识产权）主要是指创作人对其创造的智力成果所拥有的财产权

① 刘琼萍：《故宫文创产品年销售收入达 15 亿元》，长沙晚报网，https://tour.rednet.cn/c/2019/02/21/4828155.htm。

利，是一种无形资产。在考古旅游市场上，文旅文创 IP 的价值主要体现在能为考古旅游及其他行业和产品提供创意与内容来源，深入挖掘 IP 价值，可进行全产业链的产品开发和结构优化。

在考古旅游市场上，博物馆 IP、考古遗址公园 IP 的打造与发展，一方面依托于文创产品的开发，另一方面依托于影视综艺等节目的宣传推广。通过 IP 开发，可以对考古旅游资源进行深入挖掘，将考古旅游资源的文化内涵赋予文化产品，通过跨界融合的方式，实现考古旅游 IP 的价值变现。也可通过授权给相应的设计人员和设计公司来进行 IP 开发，考古旅游场所将已注册好的商标、品牌、文物藏品形象及内容等授予被授权者，进行文创衍生品的开发和售卖，考古旅游场所获取相应的利润分成。

故宫博物院内的藏品囊括了中国文明发展的各个阶段和各个门类，故宫博物院基于这些国宝文物进行元素提取和创意开发，然后与制造商供应链相结合，打造出种类繁多的文创产品。针对不同的顾客群体，故宫推出了“可萌可雅”各有侧重的文创产品系列。“故宫淘宝”店铺主推萌系列文创产品，迎合了年轻消费群体的需求，价格亲民。“故宫博物院文创旗舰店”主推雅系列文创产品，针对传统文化爱好者提供品质较高的文创产品。除此之外，故宫还先后与时尚芭莎、稻香村、Kindle 等品牌合作推出联名款产品，吸引了众多消费者的青睐与购买。故宫文创产品的数量早已超过了 1 万种。

考古旅游的文创 IP 是基于考古旅游的文化内涵进行产品设计、研发的，一方面具有艺术价值和文化价值，同时也具有应用价值和实际价值。在文创产品的开发中，将传统文化元素与实用性强的生活用品相结合，与具体的考古旅游展览、活动相结合，不断开拓创新机制，征集创意产品，可以更好地弘扬中华传统文化。

随着《我在故宫修文物》《国家宝藏》《上新了 · 故宫》等与故宫相关的纪录片和综艺节目的播出，故宫博物院考古旅游的热度越来越高，通过这些影视节目的播放，带动了更多游客选择故宫博物院开展考古旅游，也使故宫博物院的考古旅游 IP 得到更多粉丝的认可。

2. 举办特色展览活动

一直以来，故宫博物院主要以线下展览为主，既有在故宫博物院区内的常设展和临时展览，又有在世界各地举办的数百项展览。近年来，故宫博物院也开设了多项网上展览。2020 年，故宫博物院整合、开发博物院数字资源，积极探索创新线上展览形式，推出多样化的线上服务，如“云游故宫”“数字故宫”等，获得观众广泛好评。故宫博物院在疫情期间发布《“云游”故宫指南》，包括“贺岁迎祥——紫禁城里过大年”“须弥福寿——当扎什伦布寺遇上紫禁城”“全景故宫”等 5 个在线展览及数字全景展厅备受瞩目。2021 年，故宫与腾讯合作，推出“故宫腾讯沉浸式数字体验展”。受疫情影响，2020 年中国的博物馆出境展览屈指可数，所以故宫博物院举办的“星槎万里——紫禁城与海上丝绸之路”和“一代昭度——故宫博物院藏清代帝后服饰”两场出境展览，均备受关注。

打开故宫博物院官网和官方微信，便能随时随地来一场“深度游”。进入以高清影像记录故宫各个院落的“全景故宫”栏目，全部开放区域以及养心殿、重华宫等暂未开放区域的外部空间和内部空间可尽收眼底。同时，观众可以跨越时空，欣赏故宫一年四季之美景。通过“V 故宫”，观众可以身临其境般地深度探访颇具人气的养心殿、虚拟修缮后的“水晶宫”灵沼轩、乾隆“秘密花园”中的倦勤斋等“神秘”宫殿，在沉浸式互动体验中多层次了解皇家生活以及建筑背后蕴含的历史文化。①

2019 年春节期间，故宫博物院推出“紫禁城里过大年”活动，展览面向公众开放。活动期间，宫殿门口张贴着各式春联和门神年画，廊庑下悬挂着华美的宫灯，乾清宫丹陛上下树立着高大的天灯和万寿灯，在午门和雁翅楼举办“贺岁迎祥——紫禁城里过大年”展览。展览分为文物展览和实景体验两部分。文物展品主要精选自故宫博物院珍藏，以“祈福迎祥、祭祖行孝、敦亲睦族、勤政亲贤、游艺行乐、欢天喜地”六大主题，全面展现清代皇宫过年习俗。除了展厅内的文物展陈，整个紫禁城的开放区域

---

① 《故宫博物院——数字展生机 文化添活力》，人民网，http://jx.people.com.cn/n2/2020/0301/c186330-33839709.html。

都是展览的实景体验部分。2019 年元宵节期间，中共北京市委宣传部和故宫博物院共同举办文化活动“紫禁城上元之夜”，活动邀请劳动模范、北京榜样、快递小哥等各界代表参加，同时对部分普通游客免费预约开放。这是故宫近百年来的第一次“灯会”，也是紫禁城古建筑群首次在晚间大规模点亮。这些特色活动在促进文旅融合的基础上，拉近了故宫与游客和市民之间的距离，进一步满足了公众的文化需求、情感需求，使公众更加直观、真切地体验到了故宫紫禁城的历史盛况和文化魅力。

3. 优化游客数字体验

故宫博物院官网还推出虚拟展览——《淳化阁帖》版本展等。《淳化阁帖》版本复杂，该展汇集故宫博物院藏品，分为宋刻《淳化阁帖》、明刻《淳化阁帖》和清刻《淳化阁帖》三个部分高清展示各版本细节，方便观众直观地进行对比欣赏。同时，为让观众有机会“重回展厅”，“故宫展览”App 集合“贺岁迎祥”“须弥福寿”等 2015 年以来推出的 76 个主题各异的展览，观众可在展厅全景中虚拟漫游，全方位了解展览、展品信息，让展览真正实现“不落幕”。

除此以外，故宫博物院官网推出的“视听馆”，使观众可以聆听故宫博物院研究人员对古代名画的解析，聆听中国传统音乐以及现代年轻人用音乐诠释古代名画中的故事及意蕴。“文创”栏目下的“故宫壁纸”，将古代精品文物设计成可供下载的电脑和手机壁纸；“故宫回声”则以连载漫画的形式，呈现了抗战时期故宫国宝南迁及西迁的故事……可以预见，随着时代发展，故宫博物院数字体验的内容和层次还将不断丰富。

故宫博物院基于考古旅游资源先后开发了一系列的特色游戏，网页版的游戏包括《太和殿的脊兽》《宫门关》《曲水流觞》《明帝王图》《九九消寒图》《皇子的课表》《金嵌宝“金瓯永固杯”》《胭脂红蓝地轧道珐琅彩折枝花纹合欢瓶》《乾隆帝田黄三联玺》《五彩加金鹭莲纹尊》《檀香木“皇帝之宝”》，特色游戏类型 App 包括《皇帝的一天》《紫禁城祥瑞》《胤禛美人图》《宫廷建筑》《韩熙载夜宴图》《清宫皇帝服饰》等。这些网页游戏和 App 手游通过现代科技，对传统文物、文化进行游戏化开发，为游客带来了艺术与娱乐的多元化体验，有助于公众更深入地了解文物蕴含的深意，对旅游者有良好的宣传营销效果。

以《皇帝的一天》游戏为例，采用了有趣的交互式地图，用户可以通过移动客户端探寻皇帝在紫禁城里一天的生活轨迹。游戏里还原了养心殿、乾清宫、御花园、畅音阁等重要建筑，设置有200多个大小交互点可进行互动，将文物收集与畅游建筑相结合，极大地提高了游戏的可玩性和趣味性，改变了故宫博物院传统的刻板严肃的形象，吸引了更多年轻的游客。

五　数字化展示的临淄齐国故城考古遗址公园实践

（一）景区概况

临淄齐国故城是周代至汉代的临淄城所在地，地处山东省淄博市临淄区的西面和北面，北至古城村北，南至西关村南，西依系水（即泥河），东临淄河，故名临淄。临淄齐国故城包括大城和小城两部分，大城东临淄河，小城位于大城西南部，总周长约21.3公里，总面积达16平方公里，保存完整。临淄齐国故城见证了齐鲁文化的起源与传承，地上地下文物古迹丰富，在中国文化史上占据着重要地位。2021年10月18日，临淄齐国故城入选全国“百年百大考古发现”。

临淄齐国故城考古遗址公园依托全国重点文物保护单位临淄齐国故城遗址而建，由国家文物局于2013年12月批复立项，规划占地4000亩，2019年1月被评为国家4A级旅游景区。现已建成五大展示区，包括以桓公台为核心的宫殿遗址展示区、以大小城交界处为中心的小城城墙遗址展示区、以阚家寨冶铸遗址为中心的手工业作坊遗址展示区、3号排水道口展示区、齐景公墓殉马坑展示区等，以及遄台、稷下学宫遗址、晏婴墓、孔子闻韶处等23个展示节点。

其中，齐国故城考古遗址公园排水道口园区，已于2018年6月8日开园。大城西墙排水道口位于临淄齐国故城大城西北部，分进水道、进水口、过水道、出水口、出水道五部分，修建于春秋中晚期，沿用至宋元时期，是我国排水设施建设和城建史上的杰作。展示区占地38亩，有排水道口、城墙遗迹现场展示，恢复了城内外水系、城墙，主体展览名为《齐人智慧杰作，世界城建奇观》。①

近年来，在齐国故城考古遗址公园的建设中，充分运用了沉浸体验科技②，对考古发掘成果和齐国800多年的辉煌历史和灿烂文化进行了充分的展示，走出了一条数字化考古遗址公园的建设之路。

（二）主要做法

1. 通过VR游戏，优化研学体验

为满足青少年研学旅行群体的文化体验需求，在齐国故城考古遗址公园内研发设计了《大齐箭侠》《跨马游齐都》的VR体验游戏，让前来参观的学生能够在游戏场景中，体验春秋战国时期的战斗场景和齐国都城的景象。使用VR技术，模拟出虚拟世界的事物和环境，给游客带来身临其境的感觉，使游客能够与虚拟世界的事物和环境进行交流互动。这种VR电子游戏的形式，增添了体验互动的趣味性，优化了青少年在考古旅游场所的研学体验。

《大齐箭侠》在游戏中复原了齐国故城的城壕防御体系，讲述了齐国军事历史故事，还原了齐国历史上的军事战役。游客通过佩戴VR眼镜同时使用游戏手柄的方式，在虚拟的战斗氛围中模拟体验古代的城防战斗。游客可以身着战国时期士兵的甲胄、手执盾牌，通过传感器来实现拉弓射箭的动作场景，感受战争的激烈和紧张，使游客对历史中的战争背景、战争历史、战争文化有更深的了解，给游客留下深刻的印象。

《跨马游齐都》的VR体感游戏设置在齐景公墓殉马坑遗址区内，是游客佩戴设计的VR眼镜坐在马鞍上即可进行体验的游戏项目。根据该遗址的文化主题，游客配戴眼镜后，可以观看临淄齐国故城范围内的宫城建筑、民居建筑、城墙水系等景观，给游客带来穿越时空的游览体验。

① 赵瑞雪、李胄：《齐国故城国家考古遗址公园开园》，齐鲁网，http://zibo.iqilu.com/zbgushi/2018/0612/3947860.shtml。

② 于焱、毕恭：《沉浸体验科技在考古遗址公园的探索与实践》，《中国文物报》2021年12月10日。

2. 使用 AR 平台，复原历史场景

由于临淄齐国故城遗址公园范围较大，且遗址点展示较为分散，无法在每一处考古遗址处建设永久性保护建筑，因此设计开发了基于 AR 的“V-Roomage”遗址场景复原展示平台。AR 是通过虚拟数据模型的建构，为游客提供多感官的体验，实现虚拟信息与现实世界的人机交流互动。

“V-Roomage”遗址场景复原展示平台为游客搭建了半开放式的展示屏，内部设置有 360 度可视屏幕，占地面积不足两平方米，游客操作使用十分便捷。游客在齐国故城遗址参观游览时，只要拿出手机扫描二维码即可进行历史场景的沉浸式体验。目前在齐国故城的宫殿遗址和排水道口遗址两处都设置有“V-Roomage”遗址场景复原展示平台，第一处为游客展示了气势恢宏的宫殿建筑，让游客穿过历史的长河，“触摸”齐国的砖瓦；第二处为游客展示了齐国故城西墙排水道口处城墙内外的景象，游客可以看到春秋时期护城河围绕城墙缓缓流过的独特风景。将古文化遗址展示与现代科技手段相结合，为游客提供了身临其境的场景体验。

3. 使用 L 幕投影，打造实景沙盘

在临淄齐国故城考古遗址公园的核心展示馆内，打造了“齐国故城 L 幕投影实景沙盘”。利用投影机和齐国故城的物理沙盘模型相结合，通过精确对位，制作动态平面动画，并投射到物理沙盘和“L”型幕布上，从而产生动态变化的新的物理模型。

L 幕投影画面具有超高分辨率，能够给游客带来强烈的视觉冲击力和无与伦比的沉浸式体验。L 幕实景沙盘是通过墙面或者地面上大面积的投影或者 LED 播放系统来展示数字化信息，游客能够一边观看影片，一边观看实景沙盘。游客站在观景平台上，可以从多种视角来观看与沙盘相结合的多媒体影片，全面了解临淄齐国故城的营造建设、发展变迁，以及齐国的政治、经济、军事、历史、名人故事等相关知识。

（三）特色亮点

1. 科技赋能全沉浸式参观体验

1964 年，在齐国故城东北部的河崖头村发现了震惊中外的东周齐景公墓殉马坑，殉马总规模 600 匹，由此可见齐国的雄厚国力；1990 年，在齐陵街道后李村，发现了临淄春秋车马坑，车马坑内有 10 辆古车、32 匹殉马，被列入 1990 年全国十大考古发现。

齐景公墓殉马展示区对原殉马坑遗址进行了改扩建，为了给游客打造沉浸式的参观体验，在陈列馆“门”字形西侧马坑本体南端，利用 150 平方米的展厅空间，在马坑本体上使用钢化玻璃地面，在马坑东西截面立面上布置了大型通电玻璃隔断，断电状态下地面为雾化玻璃地面，正面视角为投影屏幕，观众在此封闭空间较暗的环境下观看《殉马奇迹天下无》的三维数字电影，在影片结束后，配合展厅灯光，通电玻璃通电变为全透明的透光状态，观众俯视脚下为马坑的殉马马骨本体，正视前方瞬间向前延展为 36.5 米的马坑坑本体，106 匹殉马在灯光照亮的配合下一览无余，通过声光电配合营造了“全沉浸”于遗址实景的视觉观览效果。《殉马奇迹天下无》三维数字电影通过三维模型还原地下夯土主墓的筑造过程，600 匹战马的殉葬过程，以及整个陵园的形制，向观众阐释春秋晚期齐国的贵族墓葬陵寝规制和文物价值。①

2. 挖掘历史文化开发研学课程

在临淄齐国故城考古遗址公园内开展公共考古活动和研学课程。青少年研学旅行者和他们的家长在来到遗址公园后，均可以获得一枚考古纪念章。通过聆听讲解人员讲解，了解考古遗址内具体考古发掘的基本情况。游客还可以跟随讲解人员有序进入考古发掘现场，近距离地观察考古发掘中发现的夯土基址、水井、灰坑的遗迹现场。在遗址公园内的发掘区之外，游客可以亲身体验考古工具洛阳铲的使用，体验感受考古发掘的魅力；可以参与对陶器碎片的拼接，从而更贴近地体验文物。② 考古遗址公园内研学课程的开发设计，为青少年提供了课程依托，将考古研学旅行与青少年文

① 于焱、毕恭：《沉浸体验科技在考古遗址公园的探索与实践》，《中国文物报》，2021 年 12 月 10 日。

② 于焱、王国坤：《童心系考古，爱我齐故城——临淄齐国故城公众考古暑期活动成功举行》，搜狐网，https://www.sohu.com/a/330166975_120060057。

化教育相结合，成为极好的历史文化、考古文化的教育教学载体。

3. 遗址发展融入区域旅游发展

淄博市临淄区有着内涵丰富的齐文化，围绕齐国故城遗址着力打造齐国故城历史文化区。齐国故城历史文化区主要由临淄齐国故城考古遗址公园、齐都文化城、淄河生态景观区三个部分组成。淄博市政府在对临淄齐国故城考古遗址公园进行旅游开发的过程中，一方面融入齐国故城历史文化的主题，同时注重融入整个淄博市打造的“齐风陶韵、生态淄博”城市发展主题，在旅游宣传活动中注重与寨里窑址和磁村瓷窑址的共同营销，实现了对两个遗址知名度的共同提升。[①]

① 昝金国：《淄博地区遗址类全国重点文物保护单位的展示和利用研究》，山东大学硕士论文，2018，第 68 页。

第十二章 文旅文创融合助力公共文化服务创新实践

【案例导入】

浙江永嘉以文旅融合助推公共文化服务模式升级

以文化和旅游的融合发展推动供给侧结构性改革，更好地满足人民日益增长的美好生活需要，是新时代文旅融合背景下公共文化服务提质增效的客观要求。近年来，浙江省永嘉县以构建现代公共文化服务体系示范区为载体，围绕延伸公共文化服务触角，坚持“主客共享”的发展理念，借助旅游资源，提升旅游服务品质特色，创新公共文化服务和旅游融合新路径，以优质文化和旅游服务不断提升百姓和游客的精神文化生活，真正让居民和游客共享诗与远方的“慢生活”。

“城市书房”进酒店，打造诗意栖居空间

来永嘉的大部分游客应该都入住过永嘉钱塘世纪大酒店，但近两年酒店有了大变化。永嘉钱塘世纪大酒店通过打造“山水诗歌”主题，引入山水诗文化、永昆元素，提升了人们的文化体验。此外，酒店大厅设置面向全民的城市书房，打造出永嘉市首家数字化城市书房体验馆，成为浙江省首家设置城市书房的星级酒店。通过设置24小时不打烊的阅读服务，永嘉钱塘世纪大酒店荣获“2019温州市十大公益阅读空间”，成功获评全省金鼎级“山水诗歌”特色文化主题酒店，形成“山水永嘉、诗意栖居”的品牌特色，有力提升了酒店的美誉度和入住率。2018年，温州开始创建国家公共文化服务体系示范区，永嘉同步联动，积极鼓励社会力量参与公共文化服务体系示范区创建，同时加强对社会力量参与公共文化阵地建设的引导。钱塘世纪大酒店抓住时机，依托永嘉是中国山水诗的故里、灵山秀水孕育了“永嘉诗派”这个有利条件，决定同步打造“中国首家山水诗歌特色文化主题酒店”，走出文旅融合公共文化服务的新路。

钱塘世纪大酒店总经理彭瑞光说：“钱塘世纪大酒店不仅是一个提供住宿餐饮的服务单位，更是一个公共文化服务空间，在这里，客人除了可以住宿、餐饮，还可以得到精神上的滋养、情感上的抚慰、文化品位上的提升。”这从客人的留言簿上可窥一斑，不少具有文化气质的客人下榻钱塘世纪大酒店，良好的文化氛围让他们迸发了创作灵感，于是在酒店的诗斋挥毫泼墨，恣意抒情。酒店选取其中佳作裱好挂到墙上，宾客俱欢颜。而其他客人入住时，满眼皆是诗词，也让他们无形中受到了熏陶。据酒店统计，这两年入住客人的素质明显提高，不文明的现象明显减少。同时，酒店提供特色文化宴，借用永嘉“中国长寿之乡”的美誉，从菜品文化、台面艺术方面来展示永嘉深厚的饮食文化内涵。总而言之，作为公共文化服务空间的钱塘世纪大酒店依托文化的力量为传统酒店开启了文旅融合的创新模式，破解了酒店服务无特色、经营无亮点的窘境。

“送书下乡”进民宿，阅读厚重的永嘉文化

伴着优美诗句游览名胜风景是一种怎样的体验呢？如果游客来到永嘉，就可以实地体验一把当地旅游民宿景点的“有声图书馆”服务。永嘉积极探索“文旅＋科技”创新举措，与国内规模最大的在线移动音频分享平台喜马拉雅合作，打造全市首批旅游民宿景点有声图书馆。在线上建立内容丰富的永嘉县有声文化资源库，在线下为试点民宿量身打造有声图书墙。具备有声图书馆服务的首批试点民宿，均设置有精美的导读有声二维码，游客扫一扫二维码就可轻松进入有声图书馆，不仅能在线收听国学经典、文学名著等，还可以收听由永嘉文广旅体局联合喜马拉雅推出的“诗文里的永嘉”“丝竹里的永嘉”等与永嘉文化相关的音频内容。

此举通过线下为试点民宿量身打造有声图书墙、线上建立内容丰富的永嘉县有声文化资源库，实现线上有声内容和线下有声图书墙的互联，以有声阅读赋能永嘉地区文化。2020年以来，已为云上·宿、遇见·双溪映月、凡璞山社等10家精品民宿建立有声图书馆，“听见永嘉”电台作为温州政务系统首个品牌电台，通过挖掘永嘉山水诗歌、非遗曲艺等文化元素，推出“诗文里的永嘉”“丝竹里的永嘉”等主题有声内容专辑，总收听量达到11万余次，为群众提供新颖、便捷、高效的公共文化服务，有效推动全民阅读普及，大力提升全民数字化阅读率。据了解，这是温州市首批旅游民宿景点有声图书馆，此举也是温州公共文化服务体系示范区创建工作首个文旅融合创新项目。

除此之外，作为党和国家实施的文化惠民工程内容之一，永嘉县政府向乡村地区配送图书总计46万余册，基本解决了农民读书难的问题，但在取得突出成绩的同时，也面临书屋荒废等亟待解决的问题。为推动农家书屋提档升级，永嘉县委宣传部与永嘉县图书馆积极探索“书屋+”创新模式，共同推进公共阅读资源向社会专业领域延伸，在民宿企业公共区域中引入农家书屋，打造“楠溪书吧”图书角，并对周边村民和游客免费开放，真正让村民和游客共享诗与远方的“慢生活”。“楠溪书吧”不仅具备农家书屋的一切基本功能，而且拥有舒适的阅读环境，这也离不开民宿团队的精心维护。让农家书屋“住”进民宿，不仅使图书馆的馆藏图书得到合理流通和有效利用，增加了民宿企业的服务项目和服务内容，同时也大大丰富了县域乡村旅游的文化底蕴和精神内涵。“楠溪书吧”进民宿的文旅模式已在云上·宿、楠溪若舍、君兰小样青年旅舍等多个民宿实施开展。

“送戏下乡”进景区，共享美好人文生活

为传承永嘉地方特色文化，永嘉加大政府采购公共文化服务的力度，利用丰富的民间剧团资源，打造楠溪江古村落地方特色文化剧目——“楠戏琴山”，在旅游旺季和节假日为丽水街等古村落景区送去永嘉昆曲、永嘉乱弹等戏曲和综艺文化演出，实现古村和古韵的完美结合。剧目推出以来，已开展演出150余场，吸引当地居民和广大游客10余万人次观看，为楠溪江旅游增添了一道靓丽的风景线。

凄美婉约的曲调、古典曼妙的身段、风姿绰约的身影，在花亭、丽水桥、琴山戏台一幕幕展现，通过光影之间的变幻与融合，一幕幕场景演绎了不一样的《牡丹亭·惊梦·游园》，带给每一位观众极大的震撼和视觉冲击。永嘉通过推出实景版《牡丹亭·惊梦·游园》旅游演艺，以沉浸式互动、光与影结合，展现原汁原味的古村意蕴、永昆魅力，让山水与文化相依、日游与夜赏相连，着力打造独具特色的楠溪花月夜和楠溪小夜曲，为打响“夜游楠溪”品牌提供人文助力。

（来源：董秀燕：《浙江永嘉 以文旅融合助推公共文化服务模式升级》，《文化月刊》2021年第1期）

2011年，文化部和财政部共同开展国家公共文化服务体系示范区（以下简称“公共文化示范区”）创建工作。党的十七届六中全会和《国家“十二五”时期文化改革发展规划纲要》要求“推进国家公共文化服务体系示范区创建”，标志着该项工作由部委行为上升至国家战略。[①] 2015年，中共中央办公厅、国务院办公厅印发《关于加快构建现代公共文化服务体系的意见》，要求进一步推进国家公共文化服务体系示范区创建，从国家顶层设计角度肯定了公共文化示范区在国家公共文化服务体系建设中的重要作用。

党的十八大将“加强重大公共文化工程和文化项目建设，完善公共文化服务体系”列为全面建成小康社会的目标与要求，党的十九大进一步将“完善公共文化服务体系，深入实施文化惠民工程”作为坚定文化自信、实现全面建成小康社会的重要任务，肯定了公共文化工程和项目对于推动全面建成小康社会的积极作用。文旅文创深度融合发展，将更有利于统筹文化事业、文化产业发展和旅游资源开发，提高文化软实力和文化影响力，能更好地满足群众更高的精神需求，也有利于推动城乡基础公共文化服务设施建设，促进文旅文创与公共文化服务的空间融合、业态融合、服务融合，让人们既看得到美丽风景，又能感受到美好生活。

① 李国新：《创新发展　引领示范》，《图书馆论坛》2018年第6期。

第一节　理论概述

文化是一个社会的灵魂，提供良好的公共文化服务是社会稳定、和谐、健康发展并形成社会凝聚力的最基本要素，是发展先进文化、构建和谐社会、建设强大社会主义国家的前提。因此，必须明确公共文化服务的一些基本概念，摆脱公共文化服务的附属地位，让公共文化服务成为常态，才能让公共文化服务真正促进社会的健康发展。

一　公共文化服务概述

（一）公共文化服务概念

“公共文化服务”这一概念是我国在社会主义建设过程中创造性地提出来的，《公共文化服务保障法》第二条明确指出，公共文化服务是指“由政府主导、社会力量参与，以满足公民基本文化需求为主要目的而提供的公共文化设施、文化产品、文化活动以及其他相关服务”，这本身就是立足于中国国情进行的语义创造与理论创新。[①]

《国家基本公共文化服务指导标准（2015—2020 年）》指出公共文化服务的具体内容为：读书看报、收听广播、观看电视、观赏电影、演地方戏、设施开放、文体活动、硬件设施、文化设施、广电设施、体育设施、流动设施、辅助设施、人员配备、人员编制、业务培训。[②]

（二）公共文化服务特性

1. 平等性

公共文化服务提供的一切产品都属于公共产品，都具有公共产品的属性，即非竞争性和非排他性，不论是设施、活动，还是其他相关的服务，社会大众不论贫穷富贵、身份高低，都能得到没有任何区别的公共文化

---

① 刘晓东：《打造公共文化服务创新实践的示范样板——国家公共文化服务体系示范区创建的成效、经验与创新意义》，《图书馆论坛》2021 年第 7 期。

② 张仁寿、李红：《温州模式研究》，中国社会科学出版社，1990，第 6 ~ 7 页。

服务。

2. 多样性

公共文化服务的对象是全体公民，目的是满足他们的文化需求，服务对象的非单一性决定了其提供的服务和产品是丰富多样的，不同群体的文化需求是不同的，都要兼顾。

3. 公益性

公共文化服务不以营利为目的，不追求经济效益，属于国家基本公共服务范围，保障的是人民最基本的文化需求，主要由公共部门提供相关服务，政府职责和财政投入发挥着主要作用，因而公共文化服务具有公益性质，强调全民共享文化成果，增加社会效益。①

（三）公共文化服务功用

文化的根本作用是以文化人，对人进行塑造。文化的最大特质就是具有极强的渗透性、持久性，能以潜移默化的方式深刻作用于经济社会发展和人们的生活。公共文化服务的功能作用发挥可分为以下三个层次。

1. 基本保障功能

保障人民群众基本的文化权益，满足群众基本的文化需求，满足人们对美好生活的期待，增强人民群众的文化获得感和幸福感。

2. 文明提升功能

陶冶文化情操，净化思想灵魂，提升全民人文素养，促进人的全面发展，从而提高社会文明程度。

3. 发展引擎功能

公共文化通过唱响时代主旋律，弘扬社会主义核心价值观，激发群众创新创造活力，起到凝聚社会共识、汇聚各方力量的作用，以形成推动经济社会发展的强大力量。

进入新时代，客观要求公共文化在增强人民群众文化获得感和幸福感的同时，发挥以文化人的功用，凸显公共文化引领风尚、教育人民、服务社会、推动发展的作用，为加强社会主义精神文明建设、推动城市快速发

① 尚红梅：《公共图书馆文化服务创新研究》，山东大学硕士学位论文，2021，第11~12页。

展提供有力的文化支撑。①

（四）公共文化服务机构

公共文化服务包含许多方面的内容，综合来讲，包括公共图书馆、文化馆、博物馆、美术馆、科技馆、纪念馆、青少年宫、工人文化宫、文化合作社、基层文化服务中心等类型。其中，图书馆又包括公共图书馆、高校图书馆、城市书房等类型。公共文化服务机构在文旅融合背景下焕发出了新的生命力。

例如，图书馆中的公共图书馆在发展过程中形成了新的模式，主要包括"图书馆+景区""图书馆+地铁""图书馆+酒店""图书馆+民宿""图书馆+公园""图书馆+研学旅游""图书馆+美丽乡村""主题图书馆"等，极大地方便了人们的文化阅读，对公共文化服务的创新有促进作用。再比如，高校图书馆文旅融合可以促进高校图书馆文化资源得到更好的开发利用，增强创新服务作用；也有利于提高公众的参与度，更好地实践公共文化服务创新。高校图书馆文旅融合的方式主要有研学旅游、文化旅游、观光旅游等。

（五）现代公共文化服务体系

现代公共文化服务体系中的"现代"是相对于"传统"而言的，蔡武认为，现代公共文化服务体系是运用现代科技手段丰富文化产品服务的生产和供给，目的是适应当代人民群众的文化需求，可以理解为是在传统的基础上使公共文化服务体系升级换代。② 李国新认为，现代公共文化服务体系应坚持政府主导、政事分开的原则，坚持以人民为中心的导向；既着眼于提高公共文化服务效能，建立协调机制和资源整合，又着眼于体制机制创新，建立法人治理结构和培育非营利文化组织；发展技术先进、传播快捷、覆盖广泛的现代传播体系，建立多样化的传播载体和形式；既关注群众需求导向的评价，又关注服务效能导向的评价；以建设社会主义核心价

---

① 杨晓泉：《"十四五"时期公共文化服务高质量发展思考：破解老问题，应对新挑战》，《图书馆论坛》2021年第2期。

② 《蔡武：构建现代公共文化服务体系包含四个关键词》，中央政府门户网站，www. gov. cn。

值体系、建设社会主义文化强国为目标。[①]

由此可见，现代公共文化服务体系具有时代性，既继承传统，又适应现代，还顺应未来，其核心是实现服务水平与现有经济社会发展水平和所处发展阶段相适应。构建现代公共文化服务体系，必须树立新的理念，才能完成新的目标任务。

构建现代公共文化服务体系是党的十八届三中全会提出的时代任务，既是国家治理体系现代化的组成部分，也是国家治理能力现代化的必要环节。现代公共文化服务体系的特征主要包括均等化、标准化、法制化、大众化、信息化、多元化、民主化七个方面。

1. 均等化

从服务目标层面看，现代公共文化服务最基本的要求是均等化，这是首要的问题。

由于我国存在城乡二元结构问题、地区发展不平衡问题，公共文化服务在城乡之间、地区之间以及社会不同群体之间存在较大差距。要解决这个结构性矛盾问题，促进公共文化服务均等化必须实现资源配置均等化。当然，均等化是相对的，而不是绝对的，均等化不是简单的平均化，也不是说无差异化。资源配置均等化原则上应以当地常住人口计算，使广大人民群众不论民族、区域、收入和地位如何，所享受的基本公共文化服务权利水平大体相当，差距不大，但是要使农村地区以及老少边穷地区人民群众能够享有的文化资源与大城市完全一致，这在当前我国国力情况下是难以实现的，只能补齐短板，逐步缩小差距。

我国还处于社会主义初级阶段，这一国情决定了均等化是在最基本公共文化服务意义上的均等化，还不能有过“高”标准，更不能提任何高端化、国际化的公共文化服务，从一定程度上来说，还只是为老百姓“兜”住享受基本公共文化服务的“底”。

实现均等化过程中一方面要着重考虑特定社会群体，如城市农民工、农村留守妇女儿童、残疾人、老年人等，要保障这些特殊群体享受基本公

① 李国新：《现代公共文化服务体系的内涵与标志》，《经济日报》2013 年 11 月 28 日。

共文化服务的权利；另一方面要编制贫困地区尤其是边远贫困农村基本公共文化服务专项实施方案，有针对性地向这些地区提供基本公共文化服务，这实际上也是实现精准文化扶贫的过程。

2. 标准化

从服务内容层面看，现代公共文化服务最基本的依据是标准化，这是实现基本公共文化服务均等化的前提条件。有了标准才能做到有章可循，因此标准化也是实现均等化目标的有效措施。目前国家已经出台了统一的基本公共文化服务标准，各省区市在实施国家标准的基础上，应以需求为导向，突出区域特色、本土特色，制定与本地区经济发展水平相适应的基本公共文化服务标准。同时，逐步建立健全基本公共文化服务标准的动态调整机制，使之与经济发展水平相适应。为实现构建现代公共文化服务体系的目标，中共中央办公厅、国务院办公厅印发了《国家基本公共文化服务指导标准（2015—2020 年）》。

这个指导标准非常具体详细，关于服务项目与内容有 14 个方面的 22 条规定。一是基本服务项目，包括看电视、看电影、听广播、读书看报、文体活动、送地方戏、设施开放七个方面共 12 条规定；二是硬件设施，包括体育设施、广电设施、文化设施、流动设施、辅助设施五个方面共 7 条规定；三是人员配备，包括人员编制、业务培训两个方面共 3 条规定。另外关于标准的实施，也做了四个方面的规定。标准出台后，全国许多省区市已经根据各自情况制定了符合本地实际情况的标准。如山东省于 2015 年 6 月出台了《山东省基本公共文化服务实施标准（2015—2020 年）》，广东省、上海市、黑龙江省也相继印发了基本公共文化服务实施标准。

3. 法制化

从制度建设层面看，现代公共文化服务的核心内容是法治化，现代化政府必须是法治化政府，国家治理能力现代化的关键是法治化，而法治化的前提是法制化。现代公共文化服务体系中制定的各种政策制度，如果是需要各方共同遵守的章程和行为规范，就必须形成相关法律，即法制化。目前我国在这一方面的政策条文较多，但形成法律条文还有待进一步加强。

为了保证对各类公共文化服务主体都是公平公正的，必须要有健全的法律法规体系。因此要制定和完善相关法律法规体系，保障现代公共文化服务体系建设顺利进行。如尽快出台公共文化服务保障法、公共图书馆法等重要法律法规，为现代公共文化服务体系建设提供法律支撑，使公民的基本文化权利保障有法可依。总之，构建现代公共文化服务体系，必须加快建立健全有利于中国特色社会主义文化建设的文化法律制度，特别是要加快制定地方性公共文化服务法律规范，以提高现代公共文化服务领域的法治化水平。

4. 大众化

从服务理念层面看，现代公共文化服务最基本的理念是以人民为中心实现大众化。构建现代公共文化服务体系，一方面是为了满足广大人民群众最基本的文化需求，如读书看报学习文化知识、娱乐休闲怡情养性、体育锻炼强健体魄、相互交流获取信息等；另一方面也是广大人民群众提升自我的需要，通过丰富多彩的公共文化活动，形成广大人民群众乐意参与的公共文化生活和不同层次的公共文化空间，以提升全国各民族人民精神文化生活的质量。从更高层次看，有利于传承中华优秀传统文化，促进全国各族人民对社会主义核心价值观的认知与认同。

因此，现代公共文化服务体系建设必须尊重人民群众的主体地位，各地在制定公共文化服务标准时，要力求做到通俗易懂、简便易行，加强宣传引导，提高群众的知晓度和满意度。坚持文化发展为了人民大众、文化发展依靠人民大众、文化发展成果由人民大众共享，使现代公共文化服务体系既能丰富人民大众的精神文化生活，又有助于培育和弘扬社会主义核心价值观。如在全国许多省区市开展的全民阅读活动，就是一项值得推广普及的举措，既有利于提高广大人民群众的文化素质，又有利于实现现代公共文化服务的大众化。

5. 信息化

从服务手段层面看，现代公共文化服务重在以技术现代化为核心，实现信息化。因此，构建现代公共文化服务体系，要建立覆盖面广、传播速度快、技术过硬的现代化传播体系，具备多样化的传播载体和传播形式。

首先，要建立互联互通的公共数字文化服务网络，实现全国文化信息资源共建共享，提高政府公共文化资源供给能力，使“微时代”生活方式下广大青年群体能及时享受公共文化资源；其次，在城镇智能社区中，要加快推进数字文化资源的应用，构建现代文化传播体系，拓宽公共文化资源传输渠道，保障信息传播的安全有序和高效快捷，提升现代公共文化服务传播能力；最后，在农村要努力实现广播电视户户通，大力推进直播卫星建设，强化数字电视覆盖建设，同时努力建设有线广播村村响工程，在村民不能按时收看电视新闻、定时阅读报纸、及时上网浏览信息的时候，村里的有线广播既能帮助村民及时了解相关政策法律、法规信息，也有助于基层政府发布信息和宣讲政策，提高地方政府处理公共事务的效率。

6. 多元化

从供给主体层面看，现代公共文化服务体系最重要的举措是实现供给主体多元化。这主要是指公共文化产品和服务的供给。以往有这样的认识误区，政府既然承担着提供公共文化服务的责任，理所当然也是公共文化服务产品的唯一提供者，这可以说是对“政府主导”的一种误解。政府主导不是政府包办，政府供给不等于政府直接供给。政府始终是管理者、服务者，但不一定要直接管理和服务；政府一定是公共文化服务产品的提供者，但不一定是公共文化服务产品的直接供给者。应充分调动第三方力量，积极参与公共文化服务产品的提供，如社会组织、企业单位，使公共文化服务提供主体和提供方式多元化。政府不可能包揽所有的公共文化服务，正如市场不是万能的，会有“失灵”的时候，政府也有可能“失职”，由于受能力和预算制约，即便在发达地区政府也难以做到包揽所有事项，供给主体多元化可以有效地解决这些难题，实现公共文化服务水平质量和效率的提高。

7. 民主化

从运行机制层面看，现代公共文化服务最基本的程序要求是民主化。从公民基本文化权利到国家保障提供公共文化服务的各个重要环节，都必须做到运行机制民主化，这样才能体现现代公共文化服务的公共性，确保现代政府的服务效能。

首先，要提高决策透明度，从事公共文化服务的单位在服务与运行过程中，要始终坚持开放透明的原则，让广大公众知情、参与和监督；其次，以公益性为主旨，明确公共文化服务单位各个利益相关者的责、权、利，同时完善激励机制和监管机制；最后，要建立健全公共文化服务的民主管理体制，如公众监督、信息披露、年度报告、组建相关理事会，吸纳有关各方群众参与公共文化服务管理，当然吸纳社会参与需要明确参与政策、创新参与方式、制定市场环境下的参与措施，实现决策、管理、监管三者相互制约，最终形成公共文化服务单位自我管理、自我发展、自我服务、自我监督的体制机制，这样才能不断提升政府公共文化服务的质量和效率。

总之，现代公共文化服务体系是一个庞杂而又严整的体系，其表现出的特征也是多样的。其中，大众化是灵魂，也是永恒的主题，体现了现代化政府的人文关怀；均等化是发展目标，体现了现代化政府的治理水平；标准化和信息化是双轮双翼，体现了现代化政府手段举措；多元化和民主化是体制机制建设，体现了现代化政府治理的广度和深度；法制化是制度保障，体现了现代化政府治理的法治水平。这些基本特征，在现代公共文化服务体系中，虽然承担着不同的功能，但它们是相互联系、相互作用、相辅相成的，统一于现代公共文化服务体系之中，共同推进我国现代公共文化服务体系的建设。①

二　公共文化服务理论创新

在创新意识备受重视的今天，各行各业都在紧随创新的时代潮流，公共文化服务也不例外，尤其是在文旅文创融合发展的背景下，探究公共文化服务创新是很有必要的，是引领公共文化服务不断创新实践的理论基础。

公共文化服务理论的创新是建设“具有中国特色的现代公共文化服务体系”。公共文化服务体系指由生产、运营和保障公共文化服务的相关系统

---

① 李旺珍、吴理财：《试析现代公共文化服务体系的内涵与特征》，《理论月刊》2016 年第 5 期。

（部门）构成的有机整体，这些系统包括公共文化内容、基础设施、运营组织、人力资源、资金保障、政策理论等方面。

“具有中国特色的现代公共文化服务体系”是指以邓小平理论、“三个代表”重要思想、科学发展观为指导，贯彻落实党的十八大和十八届三中、四中全会精神，贯彻落实习近平总书记系列重要讲话精神，以保障人民群众基本文化权益、建设社会主义文化强国为主要目标，以正确导向、政府主导、社会参与、共建共享、改革创新为基本原则，逐步建成覆盖城乡、便捷高效、保基本、促公平的现代公共文化服务体系。其核心内涵主要包括以下几个方面。

（一）以人民为中心

以人民为中心是具有中国特色的现代公共文化服务体系的最根本特征。习近平总书记指出：“人民对美好生活的向往，就是我们的奋斗目标。”“为了谁的问题”是根本的价值判断和实践的首要问题。

在过去很长一段时间里，公共文化服务建设更多是政府本位、资源本位，缺少以人民群众为中心的理念和意识，这从根源上导致了文化服务供需错位、效能不高。社会主义文化的根本特点是文化发展为了人民、文化发展依靠人民、文化成果由人民共享。只有坚持以人民为中心，才能从根本上把握中国特色现代公共文化服务体系的特征。

（二）以核心价值观为引领

以核心价值观为引领是具有中国特色的现代公共文化服务体系的内在灵魂。社会主义核心价值体系是社会主义先进文化的精髓，决定着中国特色社会主义的发展方向。必须倡导富强、民主、文明、和谐，倡导自由、平等、公正、法治，倡导爱国、敬业、诚信、友善，发展先进文化，创新传统文化，扶持通俗文化，引导流行文化，改造落后文化，抵制有害文化，巩固基本文化阵地，壮大主流思想舆论，如此才能构建起中国特色的现代公共文化服务体系，为实现中华民族伟大复兴的中国梦提供强大的精神动力和文化支撑。

（三）以均衡发展为要求

以均衡发展为要求，是具有中国特色的现代公共文化服务体系的本质属性。社会主义的本质是要消除两极分化，最终达到共同富裕。改革开放以来，我国公共文化服务在地区间、城乡间和不同群体间的差距日益拉大，严重影响了文化惠民的效果，极大制约了文化民生的水平。随着国力的提升，消弭服务鸿沟、推进均衡发展，成为当务之急。就当前而论，均衡发展的关键在基层，只有把工作重点放到基层，通过标准化推进基本公共文化服务的均等化，才能真正促进公共文化服务均衡发展，体现出社会主义制度的优越性。

（四）以改革创新为动力

以改革创新为动力，是具有中国特色的现代公共文化服务体系的活力源泉。政府管理部门和文化事业单位关系不清、文化资源分散、供需错位、无法可依等问题，是困扰我国公共文化服务发展中的顽症。只有推进改革，实现公共文化服务机构从事业体制向现代服务体制转型，构建起政府、社会和群众等主体间的良性互动机制，只有推进创新，促进文化与科技深度融合，促进文化事业和文化产业协调发展，才能加快构建起具有中国特色的现代公共文化服务体系，进而不断提高服务效率和效能，满足人民群众多样化的文化需求。

（五）以公共文化立法为保障

以公共文化立法为保障，是具有中国特色的现代公共文化服务体系的战略基石。推进公共文化服务立法，是保证文化建设健康有序发展的制度基础与规范保障。党的十八届四中全会提出依法治国要立法先行，并将文化立法作为重点立法领域。因此，在公共文化领域，必须形成以宪法为根本，以公共文化服务基本法律、专门法律和行政法规为主干，以地方性法规和行政规章为补充的、完备的、与时俱进的现代公共文化服务法律体系，让法律为公共文化建设保驾护航。①

三　公共文化服务模式创新

（一）资源融合发展模式

在进行文化产业开发时，如果文化产业带有强烈的地方属性和地域文

① 公共文化立法课题组、范周：《创新驱动公共文化服务体系现代化探析》，《现代传播（中国传媒大学学报）》2015 年第 5 期。

化优势，可以依靠其特色打造一条将文化产业和公共文化服务与旅游产业和旅游公共服务深度融合的发展道路，将文化中的价值转化为旅游产业和旅游公共服务的价值，提升旅游产业整体格调，增添旅游产业和旅游公共服务的附加值。

例如在尊重少数民族文化的基础上，可以对少数民族活动，如达斡尔族的冬捕和开江仪式、云南傣族泼水节及其他类似的重大节日和民族活动进行包装挖掘，除了保证这些活动和民俗特性的原汁原味外，开发与此相关的纪念品等也要跟上，这就需要旅游产业和旅游公共服务跟上文化发展的脚步，塑造良好的旅游形象，打造亮眼的旅游文化，并带动公共文化服务水平同步上升。

（二）信息技术发展模式

全球化进入一个新的水平，信息化与网络化也要跟上全球化的水平，技术的重要性在这个过程中愈发明显。加快文化产业和公共文化服务与旅游产业和旅游公共服务深度融合的脚步，加大文化和旅游产业与公共服务中信息技术的比重，可以使产业经营范围外延、产业和公共服务的内部结构优化，使产业和公共服务的运行得到新鲜血液。智能化整合各个关键元素与节点，不断扩大旅游产业和旅游公共服务与文化产业、公共文化服务、制造业、农业、房地产等相关行业的融合范围与程度，促进旅游产业与公共服务的全面繁荣，最终提高公共文化服务水平。

因此，在“互联网＋”思维的指导下，将信息化技术有机地渗透各个部分，充分挖掘互联网技术在旅游公共服务和文化公共服务中的潜力，在物联网、云计算、大数据以及虚拟现实技术的辅助下，建立旅游所在地的基础数据库，搭建智慧旅游公共信息服务平台、旅游质量监督平台，开发或完善与旅游相关的个性化应用，实现旅游数字化管理和优化，使旅游公共服务进入新阶段，促进公共文化服务发展。可以考虑建设旅游公共服务和政务门户网站、掌上导游，有条件的可以利用虚拟现实技术建立景区自动全景展示等智慧旅游平台，利用网络渠道宣传并邀请消费者进行新奇的智慧体验；建设旅游服务企业线上服务平台，与大型网络公司合作推出旅游一卡通，实现一站式集成服务；利用网络技术将酒店入住环节简化，让老商业、管理、运营模式和服务平台焕发新生。①

（三）多元互动治理模式

随着改革的不断推进，我国逐渐形成了文化事业单位自主创收加财政拨款的模式，这种模式虽然改变了原有公共文化供给的低效模式，减轻了财政的压力，但是也有一定的弊端，例如普遍存在文化建设的短视行为，缺乏全盘和长期规划，缺乏发展后劲等。要解决这些问题，就需要对传统文化治理模式进行创新。

构建新公共文化服务体系，需要大量公共文化资源的投入，这仅靠有限的财政投入是不够的，必须要激发社会力量参与公共文化体系建设。因此新的公共文化服务体系，是一种多元互动的综合性文化治理模式，必须形成政府主导、多方参与的公共文化供给新模式。

需要理顺政府、市场和社会力量之间的关系。政府在发挥提供公共财政基础作用时，通过减免税收、荣誉表彰等吸引鼓励社会资金、资源进入公共文化体系。通过合理、有效的配置文化资源，形成多元互动、广泛参与和合作互补的新型公共文化服务体系。例如，大型企业和事业单位一般都有职工社区，企业文化活动向社区拓展，既可以实现企业文化建设的效用最大化，又可以减少对公共文化资源的经费投入。再如，普遍存在社会资本投资的电影院，这是公共文化设施的重要组成部分。另外，要鼓励推动民间文艺组织的繁荣发展，增强民间文艺组织与社会的互动。②

四　公共文化服务路径创新

（一）融入旅游要素，助推公共文化服务转型

第一，借助优势资源，开展旅游宣传推广。公共文化机构拥有良好的群众基础，在信息传播和资源整合开发等方面具有独特优势，是传播旅游

① 许迪文：《基于文旅融合背景下的公共文化服务探究》，《百花》2021 年第 1 期。

② 周海鸥：《河北省公共文化服务体系创新研究》，《河北大学学报》（哲学社会科学版），2014 年第 4 期。

信息和展示旅游资源的重要阵地。一方面可通过设立旅游咨询点、设置旅游主题专栏、展陈全域旅游景区模型沙盘等方式，宣传地区旅游；另一方面可将地区旅游资源和信息推介嵌入公共文化机构的讲座、活动和展览等常规工作中，将文化融入旅游服务，实现二者互动融合，发挥公共文化服务的旅游宣传推广功能。

第二，加快数字建设，推动实现智慧云游。充分运用大数据、云计算等技术，通过线上线下“并轨联动”，促进旅游元素融入公共文化服务，依托官方网站、微信公众号、抖音等推出的“云直播”“VR 全景游”等云游览模式，将旅游景区素材转换成影像、动画、音频等形式，提供给居民和游客观赏；建立旅游专题数据库，在公共文化机构放置全域旅游自助终端一体机，展播旅游主题宣传片，推进公共数字文化服务平台提质增效。辅助景区规范旅游线路、创新文旅项目和编印旅游资料等，构建全域旅游的文化内核，助推文化旅游产业融合发展。

第三，融入旅游元素，打造特色文化服务。开发古镇、古村落的旅游功能，规划具有地方特色的旅游路线，将特色节庆、非遗文化、民风民俗、戏曲演出、地方特产等融入其中，使旅游者深入体验当地文化氛围；打造文化有内涵、生态有魅力、产业有支撑的特色村庄，实现乡镇和村居基层综合文化服务中心具备文化服务和旅游服务的双重功能，推进乡村旅游实现高质量可持续发展，助推乡村振兴战略实施。[①]

（二）赋能文化内涵，促进旅游公共服务转型

第一，拓展文化空间，提升文化旅游体验。旅游公共服务机构是实现“主客共享”的重要窗口，是向居民和游客展示本地文化底蕴和旅游资源的关键部门。为实施文化和旅游公共服务融合，应对旅游服务中心的文化空间进行扩容增值和升级迭代，运用创新性思维，围绕“文化主题、文化功能、文化展示、文化体验”，开发文创产品的旅游功能，丰富文创产品品类，提高文创产品文化内涵；利用现代化科学技术，研发新型旅游文创产品，促进传统文化与现代元素的完美结合，吸引公众了解和关注文化旅游，

① 庄孔韶主编《人类学通论》，中国人民大学出版社，2016。

增强全域旅游的人文体验度。①

第二，设立文化馆和图书馆分馆，营造书香文化氛围。旅游机构与文化馆、图书馆、博物馆等公共文化服务机构深化合作，以馆藏资源为媒介，在有条件的旅游服务中心、游客中心、景区等地设立文图分馆（网点）。呈现形式可以是具有地方特色的文图室，也可以是小型文图空间，还可以是自助文化一体机。展出具有特色的民俗文化和非遗文化，凸显“书香之域”的文化特色，构建“全民阅读”的书香氛围。②

第三，共享平台资源，建好文化宣传阵地。利用“线上＋线下”的旅游服务平台，与公共文化机构实现资源共享，在线上以微信公众号、官方微博为基础，增设抖音、哔哩哔哩等新媒体宣传平台，形成对外传播的有效窗口。线下在各旅游咨询服务点、游客中心加快建设文化宣传阵地，在发布文化信息、宣传文化活动、推广文旅节庆等方面发挥高效作用，推动线上线下共同实现文旅融合。③

（三）渗透融合理念，培养公共文化复合人才

公共文化服务体系的建设要充分秉承“能融尽融”的工作理念和工作方法。在具体工作当中，要保护好历史文化，还要增加对现有文化的利用度，尽可能地寻找和旅游行业同步发展的一些项目，推进文旅融合发展。要重视对旅游与公共文化复合型人才的培养，一方面在高校进行培养，另一方面也要在实践当中加强对这些复合人才的培养，包括培养文旅背景下适合现代公共文化服务体系建设的专门化人才。

在具体工作过程当中可以看到，旅游与文化的融合是一个必然的趋势，文化能够为旅游增加内容支撑，而旅游能够为文化带来较高的经济效益和宣传效应。公共文化与旅游相结合已经迫在眉睫，也已成为时代发展的主流。在工作实践过程当中要不断创新人才培养体系，要选择一些有经验的

① 戴斌：《数字时代文旅融合新格局的塑造与建构》，《人民论坛》2020 年第 Z1 期。

② 刘玉堂、高睿霞：《文旅融合视域下乡村旅游核心竞争力研究》，《理论月刊》2020 年第 1 期。

③ 朱刚：《文旅融合背景下城市公共文化发展新思路》，《文化产业》2019 年第 5 期。

人才，包括既有广电工作经验又熟悉旅游工作的员工，进行相互探讨和学习。在具体交流过程当中熟悉彼此的业务，建立起统一和融合化的工作思路和方法，在具体工作过程中增强人才的综合管理能力和实践应用能力。

（四）优化系统机制，革新公共文化服务体系

陈旧的公共文化服务体系限制了文化与旅游产业的融合发展。革新公共文化服务体系，才能更好地推动文化与旅游的融合。针对旅游公共文化，从计划实验到后期的统计分析再到未来的提升与全面性发展，要制定出具体可操作性的策略。设定合理的预期目标，确保整个计划在执行过程中一一落实。同时还要完善硬件设施和软件设施，加强对旅游公共文化的分支管理，便于加强后期的综合性管理。

政策的指引是文旅文创融合发展的重要方向。首先，在管理机制上要有所创新，创新的基础是要有充足的资金和完善的基础设施。其次，要注重对人才的培养，无论是高校还是具体的工作单位，都要注重对人才的培养和引导。最后，要重视城乡化体制的综合性建设，要听取当地群众的反馈和建议，而且在建设过程中，要结合当地的实际需求，这样才能够在文旅产业融合背景下设计和建立更加符合市场化的公共文化服务体系。①

（五）做好规划设计，盘活旅游公共文化资源

在文旅产业的融合过程中，公共文化服务体系建设的参与者有政府管理部门、文旅项目研发企业、景点园区运营方及各项服务支持企业等。其中管理部门，要做好顶层规划，认清、盘活区域内自然、历史、文化资源，做好产业研发报告，做好政策引导，并积极掌握当今文旅产业发展新趋势、新风尚，找准地区自身文旅产业的优势与特色，建立政府文旅服务信息咨询、服务监督、意见建议征集等网络系统，注重总体的旅游路线设计与创新旅游者体验方式方法，提升文旅产业中公共文化的产品质量与服务质量，从顶层指导文旅产业的有序发展。

---

① 高梦婷：《文旅融合视阈下公共文化服务体系建设路径研究》，《今日财富（中国知识产权）》2021 年第 2 期。

（六）创新表达方式，搭建旅游公共文化平台

在夯实文化资源保护与开发政策的基础后，引入市场资源与人才，打造充满吸引力的文旅产品，是建立公共文化服务体系的重要环节，用年轻人喜欢的方式对深厚的文化传统加以诠释，让传统文化真正“活起来”。如云南泸沽湖周边的民族习俗游览，游客不仅可以进入少数民族居民的家中做客、访谈，也可置身诸多特色节日的娱乐活动中，体验和感受民族文化的魅力。又如茶马古道表演秀，表演场地结合了多种丰富的舞台灯光技术，让千年厚重的文化底蕴通过歌舞表演艺术为游客带来一场集观赏、娱乐、科普于一体的文化艺术盛宴。

融入新兴科技力量，搭建文化服务信息平台。首先，在信息技术发达的今天，旅游行程中所涉及的住宿、交通、景点、评价等信息几乎都可以从网上获取。因此，完善文旅产品的网络综合介绍页面，及时更新各旅游景区的网络平台，提供热情专业的在线咨询服务，能够让游客在计划阶段就通过网络感受到景区的服务能力与态度。其次，搭建文化服务信息平台也有利于文旅产业的数据研究和长期发展，还能提升游客服务感知体验。在小长假期间，人山人海的旅游景点总是会登上头条被报道。预测人流量、分流人群，对游客出行时间、规划给出合理建议，这就要依靠大数据监测、调查与人工智能的科技力量。最后，新媒体技术带来的巨大宣传效果不容小觑。比如，随着近几年短视频的火爆，各大旅游景区借助自媒体将各地的自然风光，人文风貌带到了广大网友面前，起到了很大的宣传作用。①

五　公共文化服务主体创新

现代公共管理科学认为，服务型政府提供公共服务应该采用包括政府、社会、市场和个体参与的多元化供给模式。② 这既有利于公共文化资源的高效配置，又能减轻政府的财政压力，真正实现公共文化产品的有效供给。

---

① 胡江霞：《文旅融合背景下的公共文化服务体系探索》，《文化产业》2021 年第 27 期。

② 杨琳瑜：《和谐社会视角下公共文化服务体系建设的机制创新》，《内蒙古农业大学学报》（社会科学版）2010 年第 3 期。

现行的公共文化服务体系依然是以政府为主导，其主要原因在于政府能够以财政保障的方式进行公共文化资源的投入，而鼓励个人和社会充分参与公共文化服务体系建设的相关政策或缺失或不到位，导致社会各方参与公共文化建设的动力不够。因此，应激发多元主体参与公共文化建设的积极性和创造性，对多种资源进行合理整合和有效利用，凝聚社会各方力量参与和推动公共文化服务体系的建设。

（一）政府主导

公共文化体系建设中，政府是主体，公共财政是支撑，以财政支持的文化事业单位和旅游相关部门是骨干。应进一步加大财政投入，对现有文化实体资源进行改造升级，进一步强化和整合公共文化网络。

（二）民间组织参与

扶持现有自发成立的民间艺术团体，通过向民间艺术团队购买服务，达到繁荣群众业余文化生活的目的。城乡中活跃着大量的民间业余文艺团体，有的民间业余文艺团体还肩负着非物质文化遗产传承的责任。鼓励、资助这些团体，不仅有益于艺术的传承，而且由于其扎根基层，来自民间，更能够丰富人民群众的文化生活。

鼓励和扶持社会各界、民间团体和公民个人从事公益性文化事业。公共文化体系建设过程中，要创新投入竞争机制，将公有、民营和股份合作制引入公益性领域。此外，应积极引入市场机制，加强和促进公共文化部门的良性竞争，从而提高公共文化的服务质量和服务水平。

（三）企业社区互动

企业和社区互动，需要鼓励企业积极参与社区的公共文化服务。引导企业参与职工社区公共文化建设，一方面有利于企业文化的扩展，另一方面也丰富了社区群众的业余生活，社区群众和企业职工在接受文化熏陶的同时，企业和社会的文化价值也得到了潜移默化的传播。[①]

① 周海鸥：《河北省公共文化服务体系创新研究》，《河北大学学报》（哲学社会科学版），2014 年第 4 期。

六 公共文化服务机制创新

（一）创建广泛的参与机制

公共文化服务体系的服务对象是社会公众，广大公众对于自己的文化事务有管理权，也最有发言权。只有确保公众与政府相关部门密切互动，公众能够及时反馈自己的需求和意见，公共文化事业的公共性才能体现出来。

对此，中共中央办公厅、国务院办公厅 2015 年 1 月发布的《关于加快构建现代公共文化服务体系的意见》（以下简称《意见》）明确提出："创新基层公共文化管理机制。发挥城乡基层群众性自治组织的作用，推动开展公共文化服务参与式管理，推广居民、村民评议等行之有效的做法，健全民意表达和监督机制，引导城市社区居民和村民参与公共文化服务项目规划、建设、管理和监督，维护群众的文化选择权、参与权和自主权。"

同时，还要吸引社会力量参与公共文化服务体系建设，探索公益性文化事业资本投入的多元化途径。要按照《意见》要求："鼓励和引导社会力量参与。进一步简政放权，减少行政审批项目，吸引社会资本投入公共文化领域。建立健全政府向社会力量购买公共文化服务机制。出台政府购买公共文化服务指导性意见和目录，将政府购买公共文化服务资金纳入财政预算。推广运用政府和社会资本合作等模式，促进公共文化服务提供主体和提供方式多元化。"

（二）发展全面的投入机制

在保障财政投入方面，首先，要改革财政管理制度，适当增加政府可支配的财力，落实提供基本公共文化服务项目所必需的资金，确保"财权"与"事权"相匹配。其次，要建立财税倾斜机制，利用财税杠杆，落实鼓励社会组织、机构和个人捐赠公益性文化事业所得税税前扣除政策规定。再次，加大政府性基金与一般公共预算的统筹力度。最后，要拓展资金来源渠道，创新公共文化服务投入方式，采取政府购买、项目补贴、定向资助、贷款贴息等政策措施，支持包括文化企业在内的社会各类文化机构参与提供公共文化服务。

在保障人才投入方面，第一，要完善选人用人机制，要严格落实“逢进必考”制度，并按照一定的学历结构、专业结构来选拔录用人才。第二，要特别创设对人才的定向培养机制，确保每年引入一定比例的专业艺术院校应届毕业生，尤其是艺术专业“尖子生”和研究生。第三，要根据实际情况相应调整公共文化机构人员编制标准。第四，要把人才与作品紧密挂钩，按照“出人出作品”要求考核人才。第五，要完善人才轮训机制。

（三）建设强力的法治机制

可以制定专门的财政法，对公共文化财政投入加以刚性约束，尤其要保障地区、城乡公共文化财力支持力度相对均衡。严格执行落实公共文化服务体系保障法，明确公共文化服务领域的法律责任，确保公共文化服务的每一个环节有法可依，违法必究。

（四）设立标准的评估机制

要建立一套系统化的绩效评估指标体系，使得考核公共文化服务领域的每项工作有具体抓手，能够有效问责、高效追责。绩效评估指标体系要将公共文化服务工作分层分项，既要有便于量化考核的工作指标，也要有非量化考核的民意指标；既要有硬性指标，也要有弹性指标。有了这样一套科学的绩效评估指标体系，公共文化服务体系的要点才能全方位地反映出来，公共文化服务体系的效能才能得到切实保障。①

第二节 案例解析

近年来，随着文旅融合的进一步发展，全国各地对公共文化服务越来越重视，对文旅融合发展不断进行探索创新，形成了各具特色的建设模式和范例，本书选取六个典型案例从基本概况、主要做法、特色亮点三个方面来做具体介绍，以期为其他地区的公共文化服务体系建设提供借鉴。

① 徐望：《江苏公共文化服务体系保障机制创新升级对策》，《艺术百家》2014 年第 S1 期。

一　书香乡村建设的山东平度实践

（一）基本概况

推广乡村阅读，建设书香乡村，对于培育文明乡风、助推乡村振兴、提升基层公共文化服务水平、促进文化和旅游发展意义重大。针对广大乡村阅读基础和阅读氛围与城市差距较大的实际，2017 年以来，山东省平度市实施了“行走的书箱”乡村阅读推广项目，按照“让书箱走得更远，让乡村流溢书香”的思路，通过政府、社会组织和专家团队三方合作，设计了学校、村庄两条行走路线，培养了一支领读人队伍，有效激发了乡村阅读热情，打通了乡村阅读的“最后一公里”。迄今为止，“行走的书箱”已走进全市 220 个村庄、30 所乡村学校，累计图书借阅量超过 50 万册。

（二）主要做法

1. 三方高效联动，“行走的书箱”落地开花

平度市位于胶东半岛西部，面积 3176 平方公里，是山东省面积最大的县级市，有 298 个行政村，全市 119 万人，其中农村人口有 67 万。近年来，经过多方努力，平度市实现了行政村农家书屋全覆盖，但普遍存在书屋场地狭小、图书流失、开放时间受限等问题，导致部分农家书屋“只挂牌、常关门”，无法满足村民的阅读需求。

为破解难题，2017 年，平度市选取全市“面积区域最大、扶贫任务最重、群众阅读需求最多”的旧店镇作为试点，成立了由平度市政府、青岛快乐沙爱心帮扶中心和“微笑彩虹”阅读志愿者服务队三方合作的运营组织团队，推动“行走的书箱”落地生根、健康行走。

一是政府主导推进。首先是科学规划。文化、教育等部门经多次调研后制定《行走的书箱可行性报告》《书香平度·行走的书箱方案》等文件，明确项目实施主体及具体内容。其次是保障经费。自 2017 年开始，平度市财政将“行走的书箱”纳入民生实事，连续 5 年投入资金 900 余万元，配足书箱、补充及更新农家书屋图书，并在全市 18 个镇（街道、开发区）建立图书馆分馆，为“行走的书箱”有效行走备足“粮食”。

二是社会组织实施。青岛快乐沙爱心帮扶中心和“微笑彩虹”阅读志愿者服务队，先后组织开展“志愿者陪伴阅读”“小志愿者读绘本”“亲子课堂”等志愿服务项目，得到家长和社会赞誉。在“行走的书箱”策划中，志愿者服务队通过入户走访、调查问卷等形式，对旧店镇178个村庄和20所学校进行调研，摸清实况，绘制路线，掌握群众阅读种类，编制培训手册，做好各项数据的统计和有关指标的分析，为项目具体实施提供了翔实的第一手资料。

三是专家团队指导。青岛快乐沙爱心帮扶中心聘请5名全国阅读专家成立专业团队，负责项目的科学策划和全程指导。专家们研究确定了项目名称——“行走的书箱”，并设计制作简便、美观实用的手提式书箱，采用色彩鲜亮的红、黄、蓝三种颜色，吸引民众的关注。每个书箱配备10册图书，这些图书是根据群众点单、专家推荐后配置的优质书籍，分文学类、少儿类和科技类三种，每种颜色的书箱配不同种类的图书，方便不同群体阅读。书箱内还配有《导读手册》、借阅登记本、《书箱使用注意事项》、图书登记表，对每个书箱、每本图书都进行统一编号和编目，防止流失。

2. 两条行走路线，实现乡村阅读全面覆盖

旧店镇由3个乡镇合并组建而成，镇域面积达400.2平方公里，是山东省陆域面积最大的乡镇，辖区有178个行政村，是平度市村庄数最多的镇。为确保“行走的书箱”全镇覆盖，及时将图书送到有需求的群众手中，经充分论证，确定书箱“行走”路线分村庄和学校两条，并制定了具体行走路线、行走方式和相关制度。

一是合理布局。为不让一个村庄和学校掉队，项目组按照“二线一图”，经过多次的实地跑线，绘制了《平度市“行走的书箱”管区行走路线图》和《平度市“行走的书箱”学校行走路线图》，实现了村庄和学校全覆盖。

二是村庄行走。村庄的行走路线以工作区（按照乡镇区域设定）为单元，工作区内各村庄所配置的书箱相同，借阅周期为3个月。根据行走路线图，将旧店镇区域划分为18个工作区，每个工作区安排一名志愿者为区长，

负责组织该区域内的领读人进行图书配送。行走中注重考虑不同群体的特殊性，针对种（养）户群体，行走的路线需要到达田间地头或养殖地点。针对老年人、留守儿童、贫困群众、残障人士等群体，行走的路线需要延伸到这些特殊群体家中，保证他们及时看到所需书籍。仅 2017 年，1267 个书箱完成 178 个村庄行走，村庄平均借书量为 34 本，最高借书量达 117 本。

三是学校行走。旧店镇共有 3 所幼儿园、12 所小学和 4 所中学，行走的路线以学区为单元，根据学生人数为每个年级提供 3 ~ 6 个书箱，借阅周期为 3 个月。为增强学生阅读兴趣，红色书箱配少儿类书籍、黄色书箱配文学类书籍、蓝色书箱配科技类书籍，学生们只要看到书箱颜色，就能自行挑选所喜欢的图书，班级平均借阅量达到 120 本，每本书平均借阅 3.5 次以上。

（三）特色亮点

1. 一支领读人队伍，营造乡村阅读浓厚氛围

平度市在“行走的书箱”实施过程中，通过组建乡村领读人队伍，发挥领读人榜样力量，在乡村营造出浓厚的阅读氛围。

一是组建队伍。从 2017 年开始，项目组着手组建领读人队伍，试点当年，就吸引本镇 401 人自愿报名。这些领读人均来自本村本土或学校，有的是农家书屋管理员和农村党员，有的是退休干部和退休教师，有的是热爱读书的热心公益人。这是“行走的书箱”项目组织实施的关键队伍，不仅承担保管和回收书箱、讲解图书、登记借阅等工作，还要向项目组和专家反馈群众的需求和意见，以便及时调整书籍，更精准地满足群众阅读需求。

二是加强培训。为确保领读人顺利行走，合作三方联手对 400 余名领读人分批次进行培训，对图书如何装箱、推荐及行走等进行详细讲解，让领读人认清意义、掌握方法、建立联系。为方便交流，志愿队建立三个微信群，定期电话回访，进行总领读人培训。领读人充分利用微信群等交流行走心得，汇报回访成果，及时反馈意见。

三是培树典型。在推行“领读一百天，改变人生路”过程中，平度涌现出一大批优秀的领读人，如旧店镇徐里村领读人张康伟，奔走于大街小

巷、田间地头、校园内外、村民家中，无论群众何时需要借书，都尽量在第一时间满足群众阅读需求。该村大棚种植户从图书《设施蔬菜栽培》中学习到新技术后，其纯收入比往年增加近30%。

2. 让书箱走得更远，让乡村流溢书香

自2017年在旧店镇试点以来，平度市3020个“行走的书箱”相继走进云山、田庄、同和、南村等镇街的220个村庄、30所学校，举办“领读人”培训班67期，培训领读人1250人，图书累计借阅量超50万册。

同时，平度市政府先后邀请知名儿童作家、少儿图书编辑等，到平度开展阅读名家进乡村、乡村阅读论坛等活动，2018年还联合人民日报出版社在北京举办首届乡村阅读推广论坛，吸引业内百余名学者参加。与会专家学者认为，“行走的书箱”项目对提升农民素质、培育文明乡风、实施乡村振兴战略起到很好作用。

经过几年的实施，“行走的书箱”在激发群众阅读热情、助力乡村振兴方面发挥出越来越重要的作用。如旧店镇石楼院村村民徐兆鹏通过“行走的书箱”开阔了眼界，为自己的蜜桃产业规划三产融合的发展路子，成立专业合作社，承包土地1100亩，带领本镇种植蜜桃9000多亩，在当地形成了优势特色农业种植。他还把书箱引入合作社，让社员通过学习掌握农技知识。

为推动“行走的书箱”走深走实，平度市建立图书漂流站、流动书屋、图书驿站等图书流动阅读点13个，正在探索将市图书馆、镇图书馆分馆和农家书屋有效链接，同时在镇图书馆分馆设立“行走的书箱”驿站，既作为领读人的培训中心，也作为“行走的书箱”图书配备中心，确保让最新的图书行走到群众身边，推动“让书箱走得更远，让乡村流溢书香”。①

二　“图书馆+民宿”的浙江青田实践

（一）基本概况

青田县图书馆积极推进文旅融合，创新探索“图书馆+民宿”，以“一

① 《第三批全国农村公共服务典型案例 | 山东平度：“行走的书箱”带“活”乡村阅读》，https://www.ndrc.gov.cn/fzggw/jgsj/zys/sjdt/202201/t20220127_1313537.html? code=&state=123。

民宿一特色、一民宿一主题”方式，致力打造不同的主题民宿图书馆9家，其中有祯旺乡革命老区的红色主题民宿图书馆、方山乡的农耕主题民宿图书馆、章旦乡的欧陆情主题民宿图书馆，以及较为典型的腊口镇下官村以“爱”为主题的隐居民宿图书馆——坐忘阁。这些不同主题的民宿图书馆，能够进一步推动文化和旅游多角度、全链条的深度融合。

（二）主要做法

1. “民宿 + 书屋”，开启文旅新型融合

在民宿经济快速发展之时，在公众对文化需求日益增长之际，将书屋与民宿融合，是公共图书馆与社会协同发展的新模式，是公共图书馆与旅游深度融合的新路径，也是公共图书馆全域服务的新形态，是文化旅游在宾馆空间重塑的新场景。青田县图书馆主动创新实践，将书屋嵌入民宿、融入景点，让书香散布在民宿之中。

例如，位于大山深处的坐忘阁，以父爱为名，以书屋为主题，建成了集小隐度假和阅读分享为一体的空间。建筑主体由一栋藏书阁和一栋民宿组成，总占地面积2000平方米，藏书阁分为三层，高12米，总面积为400平方米左右，有藏书5万多册。坐忘阁主要针对读书爱好群体和文艺爱好群体，并致力于将此打造成为国内读书爱好者度假旅游的特色基地。两年累计接待游客达2.4万人次。坐忘阁以特色化的民宿服务和专业化的阅读服务为亮点，是青田县图书馆对“图书馆 + 民宿”模式的首次尝试。坐忘阁曾多次登上《瑞丽》《生活周刊》等著名杂志，2018年还被新微设计评为全国最美民宿图书馆之一。

2. “线上 + 线下”，提供优质阅读服务

新媒体具有多元化、交互性、分众化、个体化、跨时空、低成本的特点，互联网技术和智能科技的发展，为阅读服务智能化提供了有力的技术支撑。[①]

一方面，青田县图书馆以微信、手机客户端等为游客读者提供“线上”交流互动平台，同时，青田县图书馆还开通了手机移动图书馆服务和“你

---

① 汤青：《“互联网 + 图书馆”服务模式的应用与思考——以厦门市图书馆为例》，《图书馆研究与工作》2017年第11期。

选书我买单”服务平台，以读者需求为导向，读者可对自己感兴趣的书籍下单购买，不断充盈民宿图书馆馆藏。截至 2018 年底，图书馆微信公众号关注用户 17399 人，年度点击量 162 万人次，移动图书馆用户 15950 人。

另一方面，图书馆以不同形式的活动为载体，主动开展“线下”阅读活动。“以书为媒，阅读分享”是青田县图书馆重点打造的民宿服务品牌，以定期召开读书分享会、交流会等形式，以书会友，分享阅读心得。

此外，2018 年 2 月，图书馆还利用手机 App、微信订阅号等平台推出“点单”式阅读服务功能，根据读者的需求开展针对性强、特色化的阅读服务活动，受到了游客读者的一致好评，每年吸引近 6000 名游客读者参与活动，营造了良好的个性阅读氛围。

3. “共建 + 共享”，联动社会各界力量

共建共享有利于资源的充分利用，有利于形成强大合力，是“图书馆 + 民宿”实践的重要方式和创新举措。

一方面是图书馆与民宿之间的共建共享。图书馆为民宿提供阅读服务，增加阅读功能，为坐忘阁扩充具有地方特色的图书 100 多册、其他图书 1.2 万册、期刊报纸 10 余种；民宿为图书馆提供阅读活动场地和阅读推广平台。青田县图书馆联合青田读书会、我爱星期二、声入人心朗读社等社会团队，在民宿举办培训、论坛、讲座、作者见面会等各类阅读活动。以坐忘阁为主的特色民宿，现已被正式授牌为民宿图书分馆。图书馆和民宿两者的共建共享，有利于客户和读者享受更加专业化的阅读服务和民宿服务，成为最终受益者。

另一方面是与读者之间的共建共享。民宿图书馆的书籍，除了由青田县图书馆提供，还有部分来自社会各界捐赠。如青田县图书馆联合侨联、作家协会、团县委等 16 家单位联名发起赠书活动，募捐了 8392 册图书；坐忘阁通过微信平台先后 4 次向社会各界募捐书籍 9867 册，且仍在不断接受全国各地读者、作者的图书捐赠，而一次性捐赠 10 本图书的读者可成为其读书会员，享受优质服务。

“阅读漂流笔记”是书屋的一大亮点，读者可以在自己捐赠的书上注上

阅读笔记，分享阅读心得，让书籍得以共享，让感悟得以传递，让每一本书更有温度。迄今为止，坐忘阁共募集图书 5 万多册，其中读者捐赠注上阅读笔记的书籍近 2 万册。

4. “文创 + 体验”，发扬地方特色文化

随着品质消费时代的到来，文创的潮流也随之到来，文创产品成为新一代的消费热点。文创要以消费者为核心，打造属于自身的 IP，以满足消费者对个性的独特追求。[①]

民宿图书馆积极探索“文创 +”，把石雕文化、瓯江文化、名人文化等元素融入纪念品中。同时，开展“文创 + 非遗”手工制作活动，如制作百鸟灯、鱼灯小物件、戏曲服饰剪纸等，让游客在动手的过程中了解青田文化，传承非遗文化。民宿开展的活动体验项目，有利于增加民宿的活力和特色。因此，民宿图书馆着力打造一系列品牌体验活动，如“以书交友”相亲大会、婚礼摄影大赛、青田石雕鉴赏制作体验、品咖啡红酒体验、青田侨乡生活、“农耕体验”抓田鱼和制作青田鱼灯活动等，把青田文化贯穿体验中，吸引游客读者 8352 人次。

（三）特色亮点

1. 文化特色是旅游发展的重要支撑

文化特色是民宿营销的重要“卖点”，是民宿发展的核心元素之一。民宿最大的特点就是地方性和特色性，民宿的外观、建筑风格、内部设施等承载着本土文化特色，是展示、宣传本土文化的重要窗口。民宿特色图书馆保存着地方特色馆藏、传承了当地的风俗民情和特色文化，是游客读者了解地方历史和地方特色文化的重要途径。

青田民宿的图书馆宣传、展示了华侨文化、石雕文化、稻鱼共生文化等地方文化，使得这些民宿散发出文化香味，有着浓厚的文化氛围，让旅客不仅实现身体上的远行，而且得到心灵上的充实和享受。如青田县北山镇建设的咖啡书吧，以宣传千峡小镇文化与华侨文化吸引游客驻足；方山

① 钟伟：《公共图书馆文化创意产品开发与推广研究——以广州图书馆为例》，《图书馆工作与研究》2018 年第 5 期。

乡龙现村建设的农耕书屋生动地展现了农耕文化、稻鱼共生文化、“两山”文化。

2. 客户需求是民宿发展的重要导向

随着人们物质生活水平的提高，人们对精神与情感上的追求不断增加，更多的人出游选择民宿，是因为民宿有着“诗和远方”的情怀，有着奔波旅途中家的温馨。

民宿图书馆应建设成为一个集知识传播、文化体验、互动交流和文创展示于一体的文化综合体，以文化内涵与人文情怀提升客人的满意度、归属感和幸福感，满足新时代游客对旅行的全新定义和个性化需求，让旅行更能丰富体验、增加交流、寄托情感。如坐忘阁以读书爱好群体和文艺爱好群体的需求为导向，设置较低的门槛，为读者提供静谧良好的阅读环境，杜绝打卡式到此一游，满足读者对书香和静心时光的需求。

3. 整合资源是提升效益的重要手段

“图书馆＋民宿”以图书馆“出书”、民宿“出空间”的方式，整合文化资源，互惠互利，合作共赢，是提高资源利用效率的有益尝试。

一方面，图书馆如果单独租用场地开设分馆，租金、人力费用、设计费用等都很高，而与民宿共建“书房”，只需要提供书籍、设备、阅读服务，就可获得事半功倍的效果。

另一方面，图书馆为民宿增加本地乡村地方特色书籍和相关主题各类阅读活动，让游客可随时进行阅读体验，增加了民宿的文艺气息和浪漫气息，增强了民宿的吸引力，使得民宿成为文艺青年和文化爱好者的首选之地，从而带动民宿经济效益的提高。

4. 品牌活动是增加活力的重要途径

品牌是一种识别标志、一种精神象征、一种价值理念，是品质优异的核心体现。民宿图书馆开展特色品牌活动丰富游客体验，有利于增加民宿吸引力，提升民宿生命力，真正让民宿成为“有期待、留得住、有念想”的向往之地。

因此，民宿经营要注重品牌的打造，要把图书馆已有的品牌活动融入民宿活动中，如“指尖上的文化课堂”手工制作活动、“赏·读”读书会等，让读者能通过这些活动遨游在知识的海洋，也能开怀畅谈。同时，民宿经营也要不断提升品牌创意，创新开展游客读者喜闻乐见的活动。如为禅修游客提供书法、弹琴、茶艺体验课；为亲子游客提供果园采摘、特色美食品尝；为年轻游客提供影院、视频分享、晚会等。有动，有静，有独处，有交流，让游客获得多形式、多元化的体验，收获更多的感悟。①

三　群艺馆协同发展的吉林长春实践

（一）基本概况

随着社会的创新转型，时代赋予了文化工作者新的课题。当前正值文化和旅游深度融合发展的起步时期，这是深入推进公共文化服务改革、守正创新、开放发展的重大契机，长春市群众艺术馆顺应文旅融合发展的时代要求，立足于长春丰富的自然资源和人文资源，深入挖掘多样化的历史文化、民族文化、乡村文化等优秀传统基因，走出一条文旅协同发展之路。将旅游要素、全域理念等融入群艺馆的建设和服务中，推进理念创新、方式创新，做好非物质文化遗产保护和开发，不断挖掘文化内涵，推进社会公共文化服务的融合发展，通过文旅融合不断满足人们对美好生活的追求。

（二）主要做法

1. 文旅融合发展，打造民生工程

党的十九届五中全会把“不断增强人民群众获得感、幸福感、安全感，促进人的全面发展和社会全面进步”作为奋力开启新征程的出发点和落脚点，提出了一系列改善民生福祉、提高社会建设水平的新举措，处处回应人民群众对美好生活的新期待。长春市群众艺术馆作为长春市公共文化服务的龙头单位，2020 年承担了长春市多项民生重点工作，为推进长春市的文旅深度融合做出了积极的尝试。

“最美人间四月天”——长春市系列春季文旅活动以春天的名义，以文

① 刘文华、叶靓：《以书为媒　文旅融合——青田县“图书馆 + 民宿”的实践与启示》，《图书馆研究与工作》2019 年第 9 期。

旅传播的表现形式，开展了“春之声”“春之旅”“春之夜”“春之颂”“春之舞”五大主题活动。一台通体由春燕和花朵画面点缀的粉红色钢琴，是扮靓春天的特制钢琴，被赋予林徽因笔下“你是一树一树的花开，是燕在梁间呢喃”的诗意。2020 年 4 月，这台“网红钢琴”在长春市不同旅游景点现身，奏响城市精神的号角。谷雨当日，百余只五彩缤纷、造型各异的传统风筝和现代风筝乘风而上，扮靓了南溪湿地公园的上空。

“最美人间四月天”为长春市的旅游景点赋予了文化的气息，漫天飞舞的风筝向市民播撒了国泰民安的种子，流淌的音乐坚定了群众战胜疫情的信心，市民群众和各方来客共享春天，共赏美景。整个活动中群众既是普通的参与者，又是公共文化服务的志愿者；既是公共文化的获得者，又是公共文化服务的主体和创造者。文化作为旅游的灵魂，在疫情下的春天，以更具包容度、多元化的艺术元素，为市民群众提振信心、播种希望，点燃了群众对美好生活的向往和热情，助推了社会百业复苏兴旺。

2. 文旅融合发展，助力乡村振兴

《中共中央国务院关于实施乡村振兴战略的意见》指出：深入推进文化惠民，公共文化资源要重点向乡村倾斜，提供更多更好的农村公共文化产品和服务。支持“三农”题材文艺创作生产，鼓励文艺工作者不断推出反映农民生产生活，尤其是乡村振兴实践的优秀文艺作品，充分展示新时代农村农民的精神面貌。

近年来，长春市对乡村文化建设大力投入，组织文艺小分队走进乡村演出，建设文化大院、农家书屋，举办农民文化节系列活动，将文化带到了田间地头。经过调研发现，农民变化特别大，如今他们扭秧歌、跳广场舞、吹拉弹唱，业余文化生活越来越丰富了，活动中也诞生了许多文艺骨干。农民歌手大赛应运而生，长春市群众艺术馆为农民歌手搭建了一个通往梦想的平台，自觉承担起举旗帜、聚民心、育新人、兴文化、展形象的使命，把文化的种子送进千家万户。

为了让文化与旅游在区域内深度融合，农民歌手大赛的决赛分别在九台、双阳、榆树等地举办，让村民与游客共享文化大餐，不断提升乡村文化的魅力和旅游的吸引力。连续举办七届的农民歌手大赛使品牌活动深入人心，舞台上惊喜连连，放牛娃、村小教师、种地能手……凭着对歌唱的一腔热情，赢得了专家与观众的认可，农民歌手展示了农村文化的建设成果，展示了新农民的风采，用歌声唱出了农民当下的幸福生活，用歌声表达着对音乐梦想的追求，他们也将带着这份热情继续投入乡村文化建设中。

（三）特色亮点

1. 弘扬传统文化，促进非遗传承

文化自信是更基础、更广泛、更深厚的自信，是更基本、更深沉、更持久的力量。文化自信来自博大精深的中华传统文化，这就是最深厚的软实力，是文化自信的坚实根基和突出优势。

非物质文化遗产是中华优秀传统文化的重要组成部分，不仅提供了源源不断的精神食粮，也是重要的旅游资源。长春市群众艺术馆作为长春市的非遗保护中心，负责长春市非遗项目的普查、挖掘、评定、传承等工作。

长春市拥有国家级非遗代表性项目 3 项，省级非遗代表性项目 36 项，市级非遗代表性项目 40 项；国家级、省级和市级代表性传承人 25 名，省级非遗传承基地 4 个、传习所 5 个。为了给长春市民群众打造一个全新的非遗体验基地，也为了给非遗技艺及作品提供一个展示展销的平台，长春巴蜀映巷非物质文化遗产传承交流中心挂牌成立。该中心作为长春特色文化旅游商业街示范景区，位于长春市东南板块生态旅游核心区位。

长春市群众艺术馆抓住契机，积极探索非物质文化遗产的旅游化利用，首批引进 15 位省级、市级非遗传承人入驻巴蜀映巷。一方面，让更多的人了解、喜爱有着浓郁地方特色的非物质文化遗产；另一方面，也为非物质文化遗产提供生存的产业依托，拓展其传承空间。在文化和自然遗产日，长春市群众艺术馆和巴蜀映巷共同组织开展了线上、线下相结合的纪念活动，有 10 个主题非遗展馆、12 项手工艺体验课程培训、20 家民间手工艺人进行互动体验。通过参观、培训、互动体验，既提升了游客对长春文化的体验和认同，也提升了市民群众对长春文化的认知度和传播度，有效地拓宽了非物质文化遗产融入社会、走进人们日常生活的路径。

2. 举办节庆活动，提升城市魅力

统筹推进“五位一体”总体布局，协调推进“四个全面”战略布局，文化都是重要内容；推动高质量发展，文化是重要支点；满足人民日益增长的美好生活需要，文化是重要因素；战胜前进道路上各种风险挑战，文化是重要力量源泉。

文化是软实力，增强文化软实力却是硬任务。随着长春国际化步伐的加快，爵士乐演出与教学在长春这片沃土上不断发展，长春爵士音乐节作为长春市群众艺术馆的品牌活动，至今已成功举办了五届，先后有法国、波兰、匈牙利等20多个国家的50余支爵士乐队来到长春，为市民和乐迷们献上多场精彩演出。

自2016年起，一年一度的爵士乐文化盛典在长春这座具有丰富近现代文化历史的城市里飞速成长，引领市民提高艺术鉴赏和审美能力，成为具有一定规模和城市文化影响力的、全民喜闻乐见的重要文化品牌。文旅融合并不是文化和旅游的简单相加，而是文化和旅游的深度相融。

2020年，作为第24届长春冰雪节主题活动之一，爵士音乐节的精彩演出不仅丰富了长春市旅游的内涵，也成为反映长春文化旅游特色的亮点。让来长春的游客不仅感受到长春冰雪的魅力，也感受到了长春城市文化的魅力。文化是旅游最好的资源，旅游是文化重要的载体，文旅彼此融合、交相辉映。

推动文化和旅游融合发展是新时代建设文化强国的顶层设计和重大举措，是为实现“十四五”规划和2035年远景目标开好局、起好步的着力点和好抓手。长春市群众艺术馆立足融合发展，在开展民生服务、助力乡村振兴、弘扬传统文化、提升城市魅力方面，做出了积极的努力和尝试。可以预见，在“十四五”时期，公共文化服务发展的一个重点方向就是有效地促进文化旅游产业深度融合，提高公共文化服务的效能。促进文化和旅游公共服务高质量发展任重而道远，作为群文人必将为之上下而求索。①

① 李欲伟：《文旅融合背景下文化馆创新发展的路径探析——以长春市群众艺术馆为例》，《参花（上）》2021年第12期。

四　图书馆服务创新的天津泰达实践

（一）基本概况

2003年，泰达图书馆成立，地处天津开发区行政、金融、文化中心，建筑面积2.67万平方米，规划藏书量150万册。经过多年的探索与实践，在企业信息服务、政府决策服务、社区公众服务等多方面积累了有益经验，其已成为区域投资环境不可或缺的重要组成部分和标志性“名片”。

（二）主要做法

1. 搭建平台，科技查新开创园区图书馆企业信息服务新领域

泰达1984年建区，为天津市滨海新区的重要组成部分，也是中国首批14个国家级经济技术开发区之一，在全国国家级开发区、工业园区投资环境评价中，已连续15年位居第一。随着滨海新区纳入国家总体发展战略，作为滨海新区的核心区域，这里的高新技术产业发展势头强劲。

截至2011年底，全区已入驻35家工程技术研究中心、32家企业技术中心和55家跨国公司研发中心、58个企业博士后工作站、23个高科技创业孵化基地、80家风险投资公司，累计引进高级人才880名，院士20名，拥有在站博士后74名。[①] 随着这些高新技术企业的不断涌入，其对科研立项、成果鉴定、申报奖励所需的科技查新需求日益凸显，但通常人们只能到50公里以外的天津市区或者到更远的北京去申办查新事宜，造成时间和人、财、物的严重浪费。企业迫切希望开发区拥有自己的查新服务机构。

2006年，泰达图书馆本着资源共享、协同服务的想法，经过多方调研，首选与南开大学图书馆合作，面向开发区及滨海新区企业提供科技查新服务，不仅为入区企业节约了成本，免除了企业赴京、津“排队”查新的劳顿之苦，同时也迈出了公共图书馆，特别是工业园区图书馆开展深层次企业信息服务的第一步，直接服务于园区科技创新和经济建设。同时，也拉近了公共图书馆与高校图书馆的距离，促成了文化部与教育部所辖资源、服务的共享、合作。截至2013年上半年，泰达图书馆累计为滨海新区300

---

① 天津市科技史志编修办公室：《天津科技年鉴2012》，方志出版社，2012，第386页。

余家科技型企业的586个项目进行了科技查新，协助企业完成了353个项目立项、166个成果鉴定和67个项目申报奖励。

在服务过程中，泰达图书馆坚持经营事业的理念，精心策划每一个服务细节，为每一家企业制定管家式的服务措施。一是为企业开辟绿色科技查新服务通道，企业无须到馆委托，通过电子邮件或在线提交方式即可进行查新委托，通过电子邮件和电话方式沟通技术细节，节省了科研人员的时间；二是建立科研项目信息预警机制，为项目委托人开通VIP信息检索账号，使科研人员能够及时查询到与本项目相关的技术信息，查询费、文献传递费全部由政府支付，使企业科研效益最大化；三是为企业提供上门服务，根据企业需求对科研人员进行信息素养培训，为提高企业核心竞争力提供情报服务支撑；四是对查新企业进行行业归类，并按照行业类别编辑信息简报和专题情报研究资料，从而构建了区域支柱行业信息服务体系。

2. 塑造品牌，高端决策情报服务成就文化服务新品牌

对于泰达经济开发区而言，招商引资、招贤引智，促进区域产业发展，从而提升区域综合竞争力，是其一以贯之的中心工作。因为，国内外投资环境、投资政策、同类区域的经济举措、产业发展状况、企业投资动态等，始终是决策者关注的重点。

2008年，泰达图书馆与开发区投资促进局合作编辑周刊《信息摘编》，报送开发区、滨海新区及市委、市政府领导和有关部门，为各级领导提供及时有效的决策信息支持。至今已出版600余期，彰显了泰达图书馆的信息服务水平，这也成为泰达图书馆决策信息服务的一张王牌。此后，开发区、滨海新区以及滨海新区的多个功能区都与泰达图书馆合作，先后创办了《泰达低碳》《责任关怀》等10种情报刊物，进一步助力区域经济社会发展，成为滨海新区高端、优质的信息支持平台。

3. 文化惠民，社区分馆延伸数字公共文化服务新触角

“全国文化信息资源共享工程”是文化部三大基础数字文化惠民工程之一。泰达经济开发区将其列入2008年天津开发区改善投资环境、构建和谐泰达12件实事之一。开发区教育文化卫生体育局、城市管理局和泰达图书

馆三方联动，齐抓共管，全力推进项目建设，努力建立区域数字文化服务体系，形成了以图书馆（支中心）为核心，以各分馆、基层服务点为节点，惠及整个区域的数字公共文化服务网络，并使服务工作社会效益最大化。以天津开发区康翠社区为例。该社区是一个新兴社区，入住家庭4219户，总人口1.1万人。2009年社区成立之初，泰达图书馆就为其建立了“泰达图书馆康翠社区分馆”和“文化信息共享工程康翠社区基层服务点”，创办了一间拥有15台电脑的电子检索室，申请10M光纤入户，通过VPN链接进一步使电子阅览室成为“数字分馆”，并建立了藏书3000多册的图书阅览室。同时，该社区还自行配备了2台电视机、1套音响和投影仪等设备，进一步提升了分馆和基层服务点的硬件条件。社区设置了专职技术人员负责设备运行维护和日常管理。泰达图书馆对社区管理人员和计算机管理志愿者进行培训和指导，进一步提升了基层服务点的管理技术水平。社区公共电子阅览室始终坚持弹性无假日免费开放，电脑设备使用率达到98%以上，免费培训居民累计500多人次。

借助文化信息共享工程和本馆自身丰富的数字资源，泰达图书馆协助康翠社区编印了社区合唱队、舞蹈队专用教材，培育出各类社团组织21个。很多老人还学会了开微博、上论坛、加入老友QQ群等。以开发区公共数字文化服务体系为平台，康翠社区先后建立了亲子家园、青少年社会实践基地，孩子们在这里可以感受信息化发展所带来的乐趣，社区又可以通过“社区绿色网吧”防止青少年上网成瘾。如今，社区公共电子阅览室已成为最受居民欢迎的文化休闲场地。

此外，泰达图书馆坚持开展文化精品服务活动，组织开展了周末免费放映电影、公益讲座、专题书展、新市民服务、青少年读书夏令营、“好书伴我成长”中小学生系列读书活动等一系列丰富多彩的公共文化精品活动；坚持为读者和用户送书上门，服务触角延伸至高校分馆、社区分馆、驻区部队、老年公寓和部分公共场所；努力将图书馆展厅打造成天津市和滨海新区知名的展览高地，先后举办大中型展览120多次，日益成为人们读书学习和文化休闲的首选之地。

（三）特色亮点

1. 构建“与巨人同行”的资源体系和服务模式

善用、共享国家级海量文献信息资源应是国内各级公共图书馆在资源体系构建方面低投入、高产出的战略选择。泰达图书馆通过共建共享，先后与中国国家数字图书馆、国家科技图书文献中心、全国文化信息资源共享工程、国家数字图书馆推广工程等国家顶级信息服务机构及项目合作，分别建立了分馆、服务站、支持中心和试点单位。

这种共建共享方式，使“常人”得以与“巨人”同行，迅速拥有了国内外一流的专业文献资源体系，极大地提升了基层图书馆的服务水平和服务能力。依托这一庞大有效的资源体系，泰达图书馆可以进一步结合行业和细分领域，选择重点项目推进板块式服务，更加充分和深入地服务本地区战略性新兴产业发展，借助“巨人”的力量，提供文献检索、提供各种行业的深耕服务。

2. 利用社会力量共建共享，实现可持续发展

提供免费、均等、便捷、率先和创新的公共文化服务，是公共图书馆的一项基本职责，也是公共图书馆的服务规范。在推广公共文化服务体系建设的道路上，单纯依靠政府投入显然不足，而充分利用社会力量共建共享，才是科学的可持续发展的双赢模式。

泰达图书馆建设工作采取数字文化服务与传统服务相结合的方式，互为补充，互为促进，通过开展培训、讲座播放等方式，将数字资源实体化，让公众真实地体验到线上阅读和查询的方便和快捷，再利用实体馆藏开展形式多样的读书活动，提高人们的数字素养，有效推进知识信息的传播，达到公共文化服务体系建设的最终目的，使全区公共文化服务体系建设不断取得更加出色的新成就。

3. 采取“需求引导服务、资源保障服务、服务满足需求”的运营模式

作为国内第一个开发区创办的公共图书馆、作为天津开发区投资环境不可或缺的组成部分，泰达图书馆开展了一系列行之有效的公共文化服务。

实践证明，经济开发区的公共图书馆开展公共文化服务，单纯照搬传

统的坐等上门的被动式服务模式是行不通的，需要遵循“基于客户需求导向”的市场准入与发展原则，采取“需求引导服务、资源保障服务、服务满足需求”的运营模式，以经营事业的理念经营图书馆，抓住用户需求，主动规划，全面保障，大力开发信息服务产品，科学配置信息资源和人力资源，创新服务模式，实施品牌战略，才能取得最大的社会效益。

4. 建立激励机制，永葆社区自身文化创建活动的积极性

泰达图书馆每年定期开展分馆及共享工程基层服务点评比表彰活动，开展优秀社区读者表彰活动，激励了社区工作者和读者的参与热情。开展社会义工活动、小小志愿者服务活动，为区域志愿者活动搭建平台，使志愿者团队与图书馆融为一体，共同服务社区文化建设，不仅大大提升了图书馆的服务效能，而且推动全区公共文化服务体系建设迈上新台阶。①

五　主题教育创新的辽宁抚顺实践

（一）基本概况

雷锋同志是全国人民学习的光辉榜样，他的宝贵品质和感人事迹影响着一代又一代中国人，他的精神已经成为中国人的道德坐标。雷锋在抚顺工作和学习了两年零四个月，1962 年 8 月 15 日在抚顺因公牺牲。为了永远纪念雷锋、学习雷锋，1964 年 8 月 15 日，抚顺市开始修建雷锋纪念馆，1965 年 8 月 15 日正式开馆，成为全国最早建立的雷锋纪念馆。经过半个多世纪的发展，如今的抚顺市雷锋纪念馆已经成为全国爱国主义教育示范基地、全国文明单位、国家 4 级旅游景区、全国红色旅游经典景区，是宣传雷锋事迹、弘扬雷锋精神的主阵地。

（二）主要做法

1. 完善各项制度，管理水平稳步提升

健全的工作制度是良好发展的保障。近年来，抚顺市雷锋纪念馆不断完善各项工作职能，制定详细的工作制度，管理水平不断提升。2017 年，

① 田忠强、刘云鹏：《现代图书馆公共文化服务的创新路径及其实践意义——以天津泰达图书馆为例》，《高校图书馆工作》2014 年第 3 期。

雷锋纪念馆对各科室职能进行了细化明晰，对干部职工的职责进行了明确定位，多方位保障工作平稳有序进行。一是在原有工作制度基础上进一步细化了考勤制度和工作制度；二是完善了应急演练预案和消防疏散预案；三是对保安、保洁公司进行了重新招投标，对职工食堂进行了物业化管理；四是建立了园林、保安、保洁定期考核制度、交接班制度、日常巡查制度，对馆内外设施设备及时进行维修维护；五是定期开展消防、反恐知识培训和演练，提高职工安全意识。

2. 提高服务质量，对外形象不断提升

近年来，抚顺市雷锋纪念馆始终把提高服务质量作为重要工作，不断改进和提升服务质量，受到了观众的广泛好评。

第一，提升讲解服务水平。抚顺市雷锋纪念馆十分重视讲解服务质量，对讲解员进行有针对性的培训，外塑形象、内修素质，使讲解员在能力、素质、着装等方面都有了很大提升。讲解员除了每天固定讲解 6 场以外，还根据观众情况增加讲解场次，并提供分段讲解和有针对性的讲解服务，做到了接待、讲解、服务工作零投诉。

第二，提供更多便民服务。为了方便观众参观游览，抚顺市雷锋纪念馆提供免费停车、免费讲解、免费发放宣传资料等服务，开通 024－56658816 旅游投诉和咨询预约电话，增设服务台，增加咨询服务，咨询电话延时至晚 8 点。

3. 加大宣传力度，对外影响力逐渐扩大

2017 年，抚顺市雷锋纪念馆提出了提升“六个一”的工作思路，即提升一馆、一网、一坛、一屋、一队、一刊的整体宣传水平，不断扩大对外宣传影响力。

第一，建设新媒体宣传网络。2017 年，抚顺市雷锋纪念馆对外宣传实现了多维立体化。通过雷锋纪念馆官方网站、网上展馆、微信公众号，及时宣传和展示最新的动态及学雷锋成果。

第二，成立“雷锋书屋”和“雷锋主题邮局”。2017 年 8 月，“雷锋书屋”和“雷锋主题邮局”成立，为观众提供线上线下阅读学习雷锋的各类书籍，拓宽了宣传雷锋精神的渠道，填补了雷锋纪念馆雷锋文化产品的空白。观众也可以在“雷锋主题邮局”买到更多有关雷锋的文化产品。

第三，加大雷锋精神巡展力度。2017 年 9 月，抚顺市雷锋纪念馆与天津自然博物馆联合举办了“时代的精神·永远的雷锋”主题展，生动、翔实的展览受到广大观众的好评。同时，“一带一路·雷锋同行”系列活动走进新疆，抚顺市雷锋纪念馆精心组织筹办了“永恒的丰碑——雷锋精神专题展”，将雷锋的事迹和抚顺市以及全国学雷锋的成果传播到了新疆。2018 年 3 月，“一带一路·雷锋同行”走进马来西亚，雷锋纪念馆筹办了“中国雷锋故事图片展”，精心选取了 136 件雷锋生前的照片和相关艺术品到马来西亚进行展出，并在展览中首次使用视频、二维码等陈展方式，将雷锋精神传播到了海外。

此外，雷锋纪念馆还开展了新时代学雷锋宣讲“五进”活动，即进机关、进乡村、进企业、进学校、进社区，先后将“永恒的丰碑——雷锋精神专题展”带到了哈尔滨市继红小学、辽宁何氏医学院、抚顺市职业技术学院、抚顺市学院附小、大连海事大学外国语学院、大连市白山路街道中山路社区等地，真正做到了传承红色基因、广播雷锋精神种子。

第四，编辑出版雷锋书籍。2017 年，抚顺市雷锋纪念馆根据中宣部的要求，撰写了《全国爱国主义教育示范基地巡礼——雷锋纪念馆篇》，全书 5 万余字，精选照片 40 多幅，内容丰富，可读性强。抚顺市雷锋纪念馆与雷锋杂志社合作《见证人讲述——雷锋日记》一书，完成了雷锋在抚顺部分的 10 篇重要经典日记幕后故事的撰写工作，生动再现了雷锋日记背后的感人故事。还与抚顺学雷锋典型联合会合作推出《学雷锋画刊》杂志，充分展示抚顺市学雷锋活动的重要成果。

第五，办好“雷锋讲坛”。“雷锋讲坛”是抚顺市雷锋纪念馆于 2009 年创新打造的雷锋文化品牌。至今已累计开讲 50 余场，受众 10 余万人次。

（三）特色亮点

1. 全面升级设施，展陈内容丰富

抚顺市雷锋纪念馆自 1965 年开馆以来，先后进行了四次大规模的改扩

建。2014 年 5 月，雷锋纪念馆在第四次改扩建中对雷锋事迹陈列馆进行了改陈布展。

2015 年 3 月 2 日重新开馆，新馆展览面积达 4100 平方米，展线长度 1000 米，可同时容纳 3000 人参观。改造后的展馆藏品丰富，展出了大量雷锋生平史料，包括雷锋的照片、用过的劳动工具、读过的《毛泽东选集》和开过的推土机等。新增了 29 件艺术品，共展出 73 块文字版、82 张报纸影印件、40 份日记影印件以及大量的视频资料，这些都填补了雷锋纪念馆展陈历史的空白。此次改造还增添了组合场景“雷锋与母亲诀别于家中”“爱岗敬业的推土机手”“雷锋在军营中学毛选”“雷锋做报告”，以及环幕影片《信仰的力量》和尾厅雕塑《升腾的支点》等，这些实景布局成为改造后展馆的亮点。

2017 年 5 月，抚顺市雷锋纪念馆启动了园区环境修缮改造工程。包括广场硬化翻新工程、园区绿化美化工程、展馆园区环境改造工程、雷锋纪念碑和雷锋墓修缮工程、园区信息化提升工程五项重要工程，使雷锋纪念馆以崭新的面貌迎接国内外观众。硬件设施的全面升级、展陈内容的丰富完善，使雷锋纪念馆焕然一新。无论是前来参观视察的各级领导，还是前来参观和旅游休闲的普通大众，都对雷锋纪念馆的大变化赞不绝口，越来越多的人将这里作为教育、休闲、旅游的目的地。

2. 发挥教育职能，更好服务大众

纪念馆是一处重要的教育场所，它将有卓越贡献的人或重大历史事件集中展现，既是旅游景区，也是公共服务设施。充分发挥教育职能、更好地为社会大众服务是新时期雷锋纪念馆的重要工作。

第一，创新志愿服务。为了在全市中小学生中更好地传承和弘扬雷锋精神，抚顺市雷锋纪念馆从 2016 年开始展开小志愿者招募活动，经过层层选拔，共确定了 45 名小志愿者为纪念馆讲解员。雷锋纪念馆针对他们的年龄特点，开展了形体训练、吐字归音、绕口令、唱红歌、讲解礼仪等专业培训。培训达到了良好的效果，每名小志愿者都能独立完成整个展厅的全程讲解。2018 年，小志愿者共讲解 500 余场，收到表扬信 145 封，受到社会各界群众的一致好评，成为雷锋纪念馆中一道新的风景线。

第二，开展主题活动。开展形式多样的主题活动是丰富纪念馆教育功能的重要手段。近年来，抚顺市雷锋纪念馆先后参与策划了“相聚在雷锋叔叔身边”——全国小学生夏令营活动，辽宁省暨抚顺市各界、抚顺市历届“百姓雷锋”代表、学雷锋志愿服务团队、雷字号单位代表祭扫雷锋墓活动，辽宁省“争做巾帼雷锋”启动仪式，“弘扬雷锋精神，传播正能量”非遗项目展示展演活动等。还与辽宁石油化工大学共建研究生培养基地，与辽宁省公安消防总队共建思想政治教育基地，与抚顺市东洲区委党校共建党员干部教育基地，与锦州市国税局共建学雷锋合作基地，进一步扩大了雷锋精神的对外影响力。

第三，举办临时展览。临时展览是对纪念馆基本陈列的补充和拓展，丰富了纪念馆的展览内容。2017 年，抚顺市雷锋纪念馆先后与抚顺市纪委、抚顺市委宣传部等联合举办“抚顺市廉政文化书画作品展”“永远的记忆——抚顺市雷锋文化藏品专题展”等六个临时展览。2018 年初，雷锋纪念馆还承办了“抚顺百名书法家书写党的十九大报告经典语录优秀作品展”“魅力抚顺地，锦绣雷锋城——赵世华油画写生作品展”“‘不忘初心、牢记使命’主题教育专题展”，进一步增加了雷锋纪念馆的公众吸引力。①

六　文化合作社建设的河南平顶山实践

（一）基本概况

在文旅文创融合背景下，河南省平顶山市紧随时代发展潮流，积极建设基层公共文化服务体系。乡村振兴，文化先行。平顶山市遍布的“文化合作社”正是文化先行的表现。以农村文化艺术队伍为依托，掌握文化技能或有共同文化爱好的农民自愿自发成立并开展自娱自乐活动的群众“文化合作社”已经成为平顶山乡村振兴的火车头。以高质量公共文化服务为牵引，平顶山市的文化生产力和消费力大幅提升，也让乡村不再是文化建设的薄弱地带。

① 徐明：《浅谈雷锋纪念馆的公共服务建设》，《文物鉴定与鉴赏》2018 年第 14 期。

（二）主要做法

1. 紧抓试点以一带多，变“末梢”为“前端”

别具一格的汝瓷、韵味十足的戏曲、催人奋进的红色文化……平顶山文化资源极为丰富，但在过去，基层公共文化制度保障不够健全、文化专员相对匮乏、公共文化服务手段陈旧等问题，导致乡村公共文化服务供给不足、质量不优、文化活动开展不活跃、设施利用率不高等现象，困扰了这一地区的发展。

一方面是乡村振兴的迫切需求，一方面是公共文化服务效能亟待提升，双向驱动之下，乡村文化合作社应运而生。几个资源丰富、基础较好的村子率先起步，很快就将试点建设的经验推广开来。

平顶山群众艺术馆副馆长潘峰介绍，平顶山选定试点村至少要“四看”：看村民文化需求以及乡镇、村干部的工作状态；看本村及周边村文化资源等基础条件；看是否有可培育文旅融合发展的产业支撑和契机；看为村民提供公益性文化服务的文化志愿组织参与活动的积极性。基于这些方面的良好表现，再通过各县（市、区）推荐、实地走访、考察和座谈研究，最终确定了文化合作社试点村的建设。

2. 结合本地资源，成立特色合作社

文化合作社由群众结合本地资源组建，在已有民间文艺队伍的基础上成立各类不同特色的专业合作社，也可成立包含多种文化门类的综合性合作社；人数少、距离近的村可由多个村联合成立合作社；“文化合作社”负责人由合作社成员协商选出，可由村干部兼任，也可由本村文化管理员、“村宝”、非遗传承人、乡贤、退休教师、志愿者等人员担任。平顶山投入120万元对12个乡村的“文化合作社”给予8万元至10万元不等的奖励，并先后印发《平顶山市乡村文化合作社实施方案》《乡村文化合作社章程》《乡村文化合作社社长岗位责任制》等文件予以规范。

3. 以“试点＋推广”为路径，促进乡村文化供给改革

平顶山整体规划、统筹推进、重点保障，发挥基础条件较好的试点乡村带动作用，鼓励创新实践，积极探索乡村文化供给侧结构性改革实践。

从2020年9月实施乡村文化合作社试点工作至2021年6月1日，平顶山已建成乡村文化合作社78个，成立汝瓷文化、非遗、戏曲、书法、摄影、红色文化、文旅发展等92个分社，拥有各种文化团队117支，组织开展各种活动累计达210余场，受益群众达100万人次。乡村文化合作社成为乡村文化建设的新模式和重要抓手，原先一直处于“最后一公里”的乡村公共文化服务建设，由“末梢”走向“前端”，积极主动地开展各项工作。

（三）特色亮点

1. 内容形式创新，激发内生动力

乡村文化合作社不仅是一个以人民为中心的组织，还是一支高频运转的队伍；不仅是一方文艺天地，还搭建了文化生产和消费的舞台。其内容和形式正是公共文化服务融入乡村综合治理的直观体现，为乡村振兴添香增味。

目前，平顶山市各县（市、区）将公共文化服务与乡村文化和旅游产业、非物质文化遗产、农业以及所在区域自然资源优势紧密结合，形成了一批特色化、差异化的服务品牌。

宝丰县清凉寺村的文化合作社打破地域界限，整合资源，抱团发展，将该镇白石坡村、韩庄村等村周边多家汝窑企业、作坊、汝瓷艺人等吸纳到文化合作社，社员之间互帮互学，并进行辅导培训，已破解汝瓷技术难题10余项，为汝瓷企业协调解决了20多个问题，成功举办了汝瓷展销会和区域“村晚”，在促进非遗技艺传承发展的同时，极大提升了汝瓷的产业带动力。

郏县邱庄村建成了河南省第一家农村公益书吧——“一鸣书居”，并开设“一鸣书居”图书馆民宿。郏县党委、政府联合民宿创始人组建邱庄乡村文化合作社，探索乡村文旅融合发展新模式。村民津津乐道村庄的变化，对阅读、茶叙、民宿、餐饮等综合服务的新模式有着极高的热情。

获“中国乡村文化能人”称号的周莹贤当选鲁山县瓦屋镇楼子河村文化合作社社长，他先后成立了农民艺术团和非遗、农贸销售分社。在他的带动下，戏曲名家来此创办了“文化合作社戏曲培训基地”，吸引十里八乡近万名群众慕名而来，场面十分热闹。与此同时，外出创业者纷纷返乡，投资建设红色教育基地、开办企业，为乡村文化振兴立起更多坐标。

素有“红九军诞生地”之名的叶县辛店镇桐树庄村依托红色文化，打造了红九军纪念碑和纪念墙等，坚持保护传承和开发利用两手抓，开辟出一条集红色教育、休闲民宿、旅游观光、生态养殖为一体的综合发展道路，让有形的乡土文化留得住，让活态的乡土文化传下去，走上了自主管理、自主造血发展的新轨道。不少乡村不断增强公共文化服务内生动力，推动文化生产力和消费力提升，让农民从乡村文化建设中获得了实实在在的好处。

2. 产业协同发展，建立激励机制

“现在，明显感到村民之间、村落之间，甚至是城乡之间的对话、交流、合作更加频繁了，村民的文化自信和文化认同更强了。”在潘峰看来，乡村文化合作社为处理好乡村文化振兴中的供需问题提供了一个思路：以乡村文化为鲜活载体，村民为主体，政府搭台引智，形成有特色、有互动的新型乡村公共文化空间，借助文化活动和文化创作，提升村民文化素养，培育创新精神，使村民以更加积极的姿态，建设具有浓厚文化氛围和富有活力的乡村。

乡村文化合作社为农村经济发展提供智力支撑，在保障基本文化权益、丰富业余文化生活、满足精神文化需求、促进产业发展的同时，也为乡村振兴提供了强大的内在动力和重要的精神支撑，生成了新的文化业态，借助文化产业、民宿集群、乡村旅游等协同发展，推动农村全面发展。

打造一批示范样板村庄之后，平顶山还将以文化志愿服务为补充力量，将这一模式扩展至城市，以社区、乡村综合文化服务活动中心为阵地，强化文化合作社之间的交流，加快文化与旅游的功能融合。同时，建立服务激励机制，对服务时间较长、业绩突出、社会影响较大的文化合作社及其成员给予褒扬、奖励，将更多成果转化为新时期的发展动力，形成城乡公共文化服务一体化新格局。①

---

① 王彬：《河南平顶山的乡村“文化合作社”》，《中国文化报》2022 年 2 月 28 日。

第十三章
文旅文创融合推动沉浸式体验项目建设实践

【案例导入】

华侨城欢乐海岸——国内十大沉浸式文旅标杆之一

欢乐海岸作为华侨城集团第四代创新型文旅融合产品，以聚合业态构建特色场景服务体系，以创新规划引领城市综合区域开发建设，创造多维度的生活体验场域，成为国内首创的都市文商旅综合体项目。欢乐海岸地处深圳湾商圈核心位置，位于深圳华侨城主题公园群与滨海大道之间，坐落于深圳湾畔重要地块，是深圳市“塘郎山—华侨城—深圳湾”城市功能轴的起点，是深圳市致力打造的高品质人文旅游、国际创意生活空间的中心。这也是华侨城集团集商务、商业、休闲、旅游、文化为一体的文商旅类综合体项目的开山之作，可谓中国此类型项目的鼻祖。

欢乐海岸汇聚全球大师智慧，以海洋文化为主题，以生态环保为理念，以创新型商业为主体，以创造都市滨海健康生活为梦想，开创性地将主题商业与滨海旅游、休闲娱乐和文化创意融为一体，整合零售、餐饮、娱乐、办公、公寓、酒店、湿地公园等多元业态，形成独一无二的“商业+娱乐+文化+旅游+生态”的全新商业模式，真正实现了主题商业、时尚娱乐、健康生活三位一体的价值组合，创造出独特的滨海健康生活体验，成为最具国际风尚的都市娱乐目的地，推动了中国主题商业的创新和发展。

欢乐海岸采用不收门票的模式，降低了进入门槛，首先吸引巨大的人流，然后通过流量实现商业变现。以顺德欢乐海岸 PLUS 为例，相关数据显示，2019 年中秋小长假期间，顺德欢乐海岸 PLUS 试营业三天接待游客超 16 万人次；2019 年国庆七天假期累计接待游客量超 60 万人次，成为佛山市国庆接待游客量最多的重点旅游景区；在开业后的 110 天里，游客量已达 368 万人次，旅游总收入突破 6400 万元。

旅游业在过去的两年中面临重重困境，大商场则在网购盛行的今天沉寂了十几年。近些年来，乐园、商场、小镇和情景式演艺项目纷纷在困境中寻找出路，沉浸式体验文旅项目无疑成为一根重要的救命稻草，救活了众多面临困境的项目，在元宇宙和 5G 的助推下，未来的沉浸式体验文旅项目将会更加丰富多彩。①

（来源：网易新闻，https://www.163.com/dy/article/GRC4J2JB0524VDUC.html，2021 年 12 月 16 日）

文旅产业是典型的综合性服务产业，涉及面广、带动性强、开放度高，具有“一业兴百业旺”的乘数效应。随着内需市场潜力的不断释放和大众消费能力的提升，文旅产业将迎来新一轮快速发展期。数字化、智能化正成为文旅产业发展的重要趋势之一，同时也是贯彻落实国家打造数字经济新优势决策部署的重要举措，其在丰富文旅业态、优化调整文旅产业结构、推动文旅产业提档升级、培育新的经济增长点等方面具有重要作用，是推动文旅产业高质量发展的关键抓手。②

文化产业和旅游产业复苏势头良好，沉浸式文旅项目在产业振兴和高质量发展、满足人民群众文化生活需要方面发挥了积极有效的作用。应注重运用新技术发掘和弘扬中华优秀传统文化，把其蕴含的价值内容与新技术、新形式、新要素相结合，实现创造性转化、创新性发展。要推进沉浸

① 《国内 10 大沉浸式文旅标杆，窥见沉浸文旅的未来》，网易新闻，https://www.163.com/dy/article/GRC4J2JB0524VDUC.html。

② 刘一煊：《文旅消费新格局正加速形成》，《经济》2021 年第 10 期。

式产业与文化旅游的深度融合，扩展其在城市空间、城市综合体、文化场馆、景区街区等文旅场景中的应用，与互联网旅游、智慧旅游等新模式联动发展，不断创造新的消费场景，满足消费需求。随着技术的发展，场景驱动和创新成为产业的发展驱动力，加之我国新基建的发展，创新生态重新改变，沉浸式产业大大提升了核心竞争力，将成为文旅体验经济未来发展的产业制高点。①

第一节　理论概述

一　沉浸式体验的发展背景

（一）政策背景：国家出台系列利好政策

2018 年文化部和国家旅游局整合重组为文化和旅游部，“文旅融合”成为中国文旅行业政策调控、产业转型和项目创新过程中最基本的战略共识和市场共识。近年来，国家出台了一系列利好政策推动文旅深度融合、创新发展。2019 年 8 月，科技部等六部门在《关于促进文化和科技深度融合的指导意见》中提出：“突破文化艺术、文化旅游等领域系统集成应用技术，开发内容可视化呈现、互动化传播、沉浸式体验技术应用系统平台与产品；利用 VR/AR 技术实现内容传播精细化与沉浸化。”国务院办公厅印发《关于进一步激发文化和旅游消费潜力的意见》，提出支持“线下经营实体加快新理念、新技术、新设计改造提升，向场景化、体验式、互动性、综合型消费场所转型”。同时在关于加快发展流通促进商业消费的意见中提出，鼓励“发展基于 5G、超高清、增强现实、虚拟现实、人工智能等技术的新一代沉浸式体验性文化和旅游消费内容”。2020 年，文化和旅游部出台《关于推动数字文化产业高质量发展的意见》，支持文化文物单位、景区景点等运用文化资源开发沉浸式体验项目，开发沉浸式旅游演艺、沉浸式娱

① 范晓纬、李泽召、王艺峰、宋辰：《沉浸式视听技术在文旅项目中的投入与产出研究——以实景演出〈又见江南〉为例》，《中国民族博览》2022 年第 1 期。

乐体验产品等。2020 年 7 月，文旅部产业发展司通过国家文化科技创新服务联盟牵头成立了沉浸式文旅新兴业态培育平台，并提出到 2021 年通过平台培育 30 个示范项目和 10 个孵化基地，到 2023 年培育 100 个示范项目和 30 个孵化基地，在未来 3 年带动投资 60 亿～100 亿元。2021 年 3 月 25 日，国家发展改革委等 28 部门印发《加快培育新型消费实施方案》，在深入发展数字文化和旅游部分提到："加快文化产业和旅游产业数字化转型，积极发展演播、数字艺术、沉浸式体验等新业态。"2021 年 6 月 2 日，文化和旅游部公布《"十四五"文化和旅游发展规划》，提出要完善现代旅游业体系，鼓励定制、体验、智能、互动等消费新模式发展，打造沉浸式旅游体验新场景。并在健全现代文化产业体系的部分特别强调了要在"十四五"期间完成"100 个沉浸式体验项目"。2021 年 6 月 7 日，文化和旅游部产业发展司公布了《"十四五"文化产业发展规划》，对"100 个沉浸式体验项目"做了规范描述。"十四五"期间，实施文化产业数字化战略，加快发展新型文化企业、文化业态、文化消费模式被写入了满足人民文化需求、推进社会主义文化强国建设的战略部署。而沉浸式体验正成为拓展文旅产业发展领域的重点，将是引领产业未来发展的热点方向。

河南省积极响应国家政策，2021 年 9 月 7 日，河南省委工作会议提出实施"文旅文创融合发展战略"，为河南文旅产业的转型升级指明了方向。会议指出，要锚定"两个确保"（确保高质量建设现代化河南，确保高水平实现现代化河南），全面实施包括文旅文创融合战略在内的"十大战略"。2021 年 9 月 10 日，河南省文化和旅游厅在郑州召开全省文旅文创融合战略动员会。河南省文化和旅游厅党组书记、厅长姜继鼎在会上指出，要聚焦重点、强化责任，推动文旅文创融合战略全面落实；要坚持创新为要、结果导向，促进文化旅游高质量发展；要把创新摆在发展的逻辑起点、现代化建设的核心位置，引入新模式、优质团队，形成良性的推进机制，要上下一心、全力以赴抓好文旅文创融合战略的落实。河南省人民政府印发《河南省"十四五"文化旅游融合发展规划》，坚持前瞻性、全局性、系统性观念，为"十四五"时期河南文化和旅游发展明确了时间表和路线图。

发展规划中提出，以“行走河南·读懂中国”为主题，以保护传承弘扬黄河文化为主线，以黄河国家文化公园为主阵地，面向国际国内两个市场，坚持从供给需求两端发力，以价值为导向建立资源保护利用新机制，以场景为核心打造文化展示体验新空间，以创意为手段塑造内容创作生产新体系，以课程为引领建设国际研学旅游目的地，以品牌为统领构建全域形象推广新格局，着力培育具有国际影响力的“行走河南·读懂中国”形象品牌，实施中华文化超级IP工程，构建4+8+N中华文化超级IP矩阵（即4个全球著名的文化IP、8个国际知名文化IP，以及19个全国一流文化IP）。加快将河南建设成中华文明连绵不断的探源地、实证地、体验地和中华文化传承创新中心、世界文化旅游胜地。

文旅文创融合战略的提出意味着文化旅游上升到河南省重大战略层面。河南作为一个“文化资源大省”，在迈向“文化强省”的过程中，“塑造全域旅游主题形象，打造国际级黄河文化旅游带，谋划建设休闲康养基地，发展特色鲜明的全链条文创产业，壮大文旅文创市场主体”是主要任务，也是必经之路。近年来，河南放大文化和旅游资源优势，坚持走文旅文创融合发展之路，在文化传播、文创开发、文旅演艺、主题公园等领域不断出新出彩，与武汉、西安等周边城市相比有异军突起之势，在全国文化旅游融合发展大潮中已“快进一拍”，“1+1>2”效应初步显现。特别是2021年以来，河南取材中华传统文化，推出春节、元宵、清明、端午四场中国节日系列节目，以传统文化的创新呈现、现代表达，引发广泛关注和热议，形成“破圈效应”。据统计，2021年河南春晚全网点击量超50亿、元宵奇妙夜全网点击量超30亿、清明奇妙夜全网点击量超25亿、端午奇妙夜全网点击量超50亿。以郑州国际文化创意产业园为代表的郑州东部文旅板块已经崛起：历时4年打造的“只有河南·戏剧幻城”，投资60亿元，是中国首座全景式全沉浸戏剧主题公园，是中国最大的戏剧聚落群，已成为文化旅游融合新方式。建业华谊兄弟·电影小镇以电影主题演艺为核心成为沉浸式潮玩地和网红打卡地。随着大批文旅新业态项目相继涌现，文旅文创产品“破圈”已成燎原之势。

（二）市场背景：游客追求“身临其境”感觉

近几年在科学技术提高和生活方式转变背景下，居民的精神追求和消费需求也相应改变，大众对旅游认知及内心需求从景观化、普遍化向体验化、个性化转变，比起观览自然风光更喜欢激发情感的体验式游览。目前国内文旅消费群体呈现年轻化、国际化趋势，审美水平和产品要求不断提升，消费者愈发追求品质性、体验性消费内容，旅游产品由传统一代“新、奇、特”转向互联网一代“酷、爽、嗨、萌”，景点旅游模式转变为无景点旅游模式。《2021 年上半年全国文化消费数据报告》显示，九成受访者在旅游过程中进行文化休闲活动，其中 46.7% 的游客有参观文化场馆的行为，超过 50% 的游客打卡文艺目的地，44.8% 的游客参与看剧观展等活动，表明文化体验有效带动了旅游消费。调查显示，超过 50% 的受访者文化消费支出占旅游消费支出的 10% ~30%，超过 35% 的受访者文化消费支出占旅游消费支出的 30% ~60%，85% ~93% 的受访者表示，在未来会增加文化消费频率和文化消费支出。“走马观花”式的旅游正逐渐向深度游、文化游、定制游过渡，游客更加关注旅游活动中的体验和感受，同时重视自己给旅游环境带来的影响。文化和旅游融合的效果正在逐步彰显，文化和旅游融合的体验成为拉动消费的主要内容。

沉浸式娱乐作为一种创新型娱乐方式，在体验感、互动性与场景感等方面优势突出，迎合了当下消费者消费升级的需求。沉浸式旅游的出现，将声电光影与艺术、文化紧密结合到一起，做到“融情于景”，利用多种媒体技术手段实现从传统“观看模式”到现代“体验模式”的转变，能给游客带来新鲜感和体验感。从专业角度而言，沉浸式体验与旅游相结合，拓展了旅游的内涵与表现形式，在有形或无形的场域内探索、沉浸，赋予旅游者不可复制的旅游体验。从个人角度来说，沉浸式旅游营造出身临其境和心临其境的完美体验，满足了游客“求新、求奇、求知、求乐”的心理。

（三）技术背景：科技赋能文旅产业转型升级

习近平总书记强调：“科技兴则民族兴，科技强则国家强。实现‘两个一百年’奋斗目标，实现中华民族伟大复兴的中国梦，必须坚持走中国特色自主创新道路，面向世界科技前沿、面向经济主战场、面向国家重大需求，加快各领域科技创新，掌握全球科技竞争先机。这是我们提出建设世界科技强国的出发点。”“十四五”规划提出要加快数字化发展。发展数字经济，推进数字产业化和产业数字化，推动数字经济和实体经济深度融合，打造具有国际竞争力的数字产业集群。由此可见，数字经济已经成为全球新一轮产业竞争的制高点和促进实体经济振兴、加快转型升级的新动能。《数字中国指数报告（2020）》显示，文旅产业的“用云量”呈显著增长趋势，增速超 400%。文旅产业要实现产品形态不断升级、产业结构深入优化、商业模式创新转型，就需要借助数字技术这个“快车道”，以实现文旅产业高质量、高水准发展。①

沉浸式体验为文化旅游开辟了崭新的发展路径，科技创新更是为文化旅游插上了腾飞的翅膀。科技破解了文化旅游在时间和空间上的局限，通过线上线下融合，营造出沉浸式文旅消费新模式，旅游不仅好看而且更加好玩，游客融入情境中，大呼过瘾。在消费升级的大趋势下，科技赋能给文化旅游带来新的消费浪潮。沉浸式旅游要利用科学技术，这些技术包括高精度投影技术、传感技术、5G 传输网络、AI 计算能力、机器学习、智能机器人、实时 3D 技术以及自动化工程等。沉浸式体验就是打破原有的旅游体验局限，把游客带入活动、故事、旅游产品中，从而带来全新的视觉、听觉体验。沉浸式体验已经成为文旅消费者特别是年轻消费者追求的热点，带动了文旅消费提质升级。沉浸式产业大大提升了核心竞争力，将成为以后文旅体验经济发展的产业制高点，未来或将有更多硬核科技融入沉浸式娱乐产品。

（四）产业背景：中国文旅发展进入4.0时代

我国文旅产业 40 多年的发展经历了三个阶段，即起步阶段（1.0 阶段）、高速成长阶段（2.0 阶段），成熟阶段（3.0 阶段），如今中国旅游即将迈入第四个阶段——跨界融合阶段（4.0 阶段）。总体来看：1.0 阶段主要为一

---

① 《以“科技 + 文化”推动文旅产业转型升级的思考》，重庆市科学技术协会网站，http://www.cqast.cn/htm/2021 - 12/27/content_51833284.htm。

般景点；2.0 阶段主题更加鲜明；3.0 阶段具有持续经营的高颜值特征；4.0 阶段形成平台化、IP 化特点。过去旅游是带着“学而时习之不亦乐乎”的古训对孔庙的瞻仰；是高喊着“不到长城非好汉”而义无反顾奔赴长城的人山人海；是惦记着“五岳归来不看山，黄山归来不看岳”而游遍五岳，再去欣赏黄山的云海。新时代背景下的旅游是而立之年去环球影城买一个哈利·波特的魔法棒以实现年少时的梦想，是偕妻带子去拥抱融创 IP 阿狸的温暖，是全家总动员一起去洛宝贝乐园体验成长。过去的游客去景区，是“我来了，我标记了，我走了”；今天的游客去景区，是“我来了，我又来了”，甚至是“我一直都没有离开过”。过去的旅游景区是有严格定义的，是圈起来的，是和周边的环境有严格区分的；现在的旅游景区，对于越来越多的游客来说，是没有边界没有范围的，景区就是有核心吸引力的、可以去玩的、能让人开心的地方。

如今的游客需要旅游景区“给我一个去的理由”。这个理由不再是以前的“世界唯一”“全国独一无二”，也不再是旅游景区门前一块或“世界级”或“5A 级”的牌子，而是创新的内容、共情的氛围和可以伴随长久的记忆。去吃一碗“种草”很久的网红面，去和威震天聊两句天，去体验一把当演员的感受，都能成为游客出游的动机。那些有热面、有威震天、有生活的样子、有烟火气息的地方就是景区。合生汇、文和友会成为网友眼里别样的景区，祥源旗下的合肥星球花园、南京熙南里、建业电影小镇都能成为游客的心头之好。过去旅游景区是旅游的核心载体，现在旅游景区则有可能是包含所有生活内容的吸引物。不断满足游客美好生活需求、持续进行内容创新的旅游景区才会是有着无限未来的景区。①

中国旅游 4.0 阶段，就是以互联网、物联网、大数据、智能化等现代科技为支撑，以消费者驱动为理念，以大旅游产业为核心，通过旅游供应链上下游利益相关者线上线下的平台化运营实现跨界融合，共同打造互利共赢生态圈，迈向以跨界发展、全域旅游为标志的新时代。中国旅游进入 4.0

---

① 《红色旅游、冬奥会、乡村旅游和主题公园如何把握旅游需求和消费市场的新变化?》，腾讯网，https://new.qq.com/omn/20220317/20220317A0923T00.html。

阶段的标志是跨界融合，特点是“旅游+”。旅游通过跨界，与文化、健康、农业、体育、生态、考古、研学等融合发展，形成文化旅游、健康旅游、养生旅游、休闲农业旅游、生态旅游、非遗主题旅游、研学旅游等多个新兴产业。[①] 伴随着中国文旅产业向纵深化方向发展，新时代、新需求、新业态、新特点层出不穷，文旅4.0体验经济时代正在到来，沉浸式体验成为文旅演艺、实景娱乐等行业的发展热点，同时也为商业空间、文旅目的地等升级发展创造新的契机。国内线下商业空间发展至今面临着重新升级和改造的问题，对IP、内容引入有着强烈诉求，而沉浸式娱乐产品有丰富的内容和较高的流量属性，对商业地产引流也能起到至关重要的作用。

二　沉浸式体验的概念界定

沉浸式体验是指通过环境渲染、场景塑造、内容IP等，使受众在与现实世界存在有限边界的物理空间进行互动性体验的娱乐项目，最终达到“心流”的状态。

沉浸式娱乐从20世纪50年代开始萌芽，发展历程基本围绕技术发展和场景延伸两条主线不断推进。在技术方面，XR技术普及为沉浸式娱乐发展奠定了基础。在场景和产品端，1955年全球第一个迪士尼主题公园落地，标志着线下沉浸式实景娱乐的出现。

沉浸式体验的本质是通过特殊的环境打造互动叙事形式、丰富的感官刺激为受众提供代入感的共情体验，实现体验者在欲望和梦想层面的收获，以及情感上自我价值的满足。在沉浸式的文化旅游体验中，旅游者会忘记参与之外的固有身份，被文化旅游对象的符号意义所“淹没”。其本质上是一种沉浸式交互体验，是真正实现人、媒介、信息和空间融合交互的手段。

沉浸式文旅体验项目注重的不仅仅是“情”的表达，更注重的是“感”的体验。即通过全景式的视、触、听、嗅觉交互体验，使游客有一种“身临其境”的感觉。“沉浸式体验”一词一经诞生，便被迅速应用至旅游领

① 童昌华：《中国旅游4.0：中国旅游业发展进入跨界融合新时代》，《当代旅游（高尔夫旅行）》2017年第11期。

域，从吃、住、行到游、购、娱，贯穿了旅游行业的全要素。在全息投影技术、裸眼 3D 技术、互动体验技术、数字动画技术、5G、AI、AR、VR、MR、人工智能等高新技术的助推下，沉浸式数字艺术展览、沉浸式数字艺术演艺、沉浸式数字艺术戏剧等产品层出不穷。应用场景也从城市转战到旅游景区，成为文旅项目吸引人气的新选择。

三　沉浸式体验的主要特点

（一）交互性—解构化

沉浸式体验表达的不是真实的世界，而是通过放大、复制、扭转、叠加的方式重新定义我们所生活的环境。实现多种媒介的优势互补，搭建全方位的信息传播空间，为受众营造身临其境般沉浸式体验氛围。此外，通过 VR、AR 和全息投影等各种“声”“光”“电”技术的媒介融合，以及人工智能等相关媒介技术实现了信息与受众的真实互动交流。

（二）场景性—体验化

沉浸式文旅体验通过多媒体融合和媒介设备，搭建了场景式的虚拟信息空间，使受众能够沉浸在信息组建的艺术产品氛围内，全身心淋漓尽致地感受艺术产品的魅力。参与者与真实世界完全隔离，不会受到外界的干扰，依据相应的输入和输出设备，参与者沉浸在整个虚拟世界中。

（三）沉浸式—故事化

沉浸式文旅体验通过跨媒介沉浸式交互空间的搭建，带领受众参与“真实”的虚拟信息世界，使其置身于由信息营造的虚拟艺术空间，获得前所未有的感官体验，对信息产品本身产生良好的互动反馈。它打破依靠视觉、听觉获取信息的传统传播方式，将观展者变为参展者，最大限度地给予观众参与感、体验感。每一个沉浸式体验展览，都是一次故事性的实体化，游客可以亲身体验到设计者的理念或者文学作品的故事情节。

（四）代入感—角色化

虚拟世界中的整体氛围、故事情节和节奏等让参与者有更深层次的代入感，通过各种体验的实现，使得参与者沉浸其中。在沉浸式体验中能找到自己，会凸显个人的自我认同感。人们在现实中一直都在搜寻其他人与自身相同的特征，寻找社会认同感，但很少会找到，而沉浸式体验给了受众找到的机会，而且是完全复刻的自己。

（五）宽领域—多元化

一是通过包裹式手段，全方位调动观众视觉、听觉和触觉，从表层的感官体验到深度的哲理体验，使之忘我地进入预先设计的情境中。二是利用集成新型视听、人工智能、高仿真、混合现实、人机互动等先进技术，进入人的肉眼和耳朵无法达到的广阔领域，包括微观和宏观领域，形成超级奇观效果。三是超越观众在自然界和日常生活中获得的体验程度，达到极致化的高强度和宽领域体验，以现代逻辑（包括符号思维、关联逻辑、多值思维等）作为内在的架构，形成一个虽然奇幻却更为真切并且能够自主运行的视听世界。

四　沉浸式体验的技术支持

在沉浸式体验的发展过程中融合了很多先进的技术，包括 3D 全息投影技术、多通道和激光投影成像技术、增强现实技术、虚拟现实技术、混合现实技术等。这些技术的使用，扩大了沉浸式体验的方式和形式，改变了沉浸式体验的结构和内容。

（一）3D 全息投影技术

3D 全息投影是通过数字化的视听手段再现真实物体的成像技术，运用干涉、衍射原理将画面映射到大型或者多面的幕布或建筑上，然后再借助多通道投影融合技术，使游客仅凭肉眼就可以看到 3D 立体的虚拟影像，同时再配合灯光、音响、烟雾等，打造沉浸式的体验。日益走向完善的全息投影技术，凭借其逼真、清晰、立体的表现手法，在沉浸式的夜游体验中发挥着巨大作用。能够全面覆盖观者视角，调动游客的视觉、听觉和触觉等，并且通过互动感应系统智能控制与游客产生互动，促使游客自发地沉浸在预先设计的情境中，极大地激发了观者的好奇心和自由想象力，使观者产生进入虚拟时空的沉浸式错觉。《银瑚》是基于现代 AI 技术，由百度通过深度学习创造出的互动光影作品。在该作品中不仅能够观赏到海底珊瑚群群簇簇的美丽景观，还能引发观者对于“海洋环保”的相关思考，思索人与自然密切相关的联系。

（二）多通道和激光投影成像技术

5G 技术的发展与普及，为多通道和激光投影成像技术的使用提供了更好的条件。多通道投影是使用多台投影设备组合形成多通道显示屏幕，激光投影技术是以三基色为光源的投影显示技术。这些投影技术的广泛使用，能够在水幕、多立面建筑物上，投影呈现梦幻的视觉效果，实现更具震撼力的表现。Moment Factory 利用光、影等成像技术，为泰国曼谷的 EM-Quarter 商场披上一件华丽多变的外衣，使其在众多商场中别具一格，脱颖而出。科技感十足的线条、每次组合变化形成的影像，都能让游客们驻足观赏，享受一场视觉盛宴。Moment Factory 还利用光影交互技术为韩国零售巨头 Shinsegae Corporation 的商场设计了一个沉浸式的投影柱。投影柱每隔一段时间，就会根据现场出现的人和事物变化风格和与现实不同的影像，互动感十足，创造了 360 度购物新体验。

（三）VR/AR/MR 技术

虚拟现实技术（VR）可以从视听角度建立和体验仿真的虚拟现实世界，借助人工智能的手段生成模拟环境，用于呈现交互式的三维动态视景及实体行为。多媒体设计师通过 VR 技术将数字化空间与现实存在的自然空间巧妙结合，通过交互性的手段，把想象出来的虚拟概念变为可以触摸、可以感知的现实，实现虚拟与现实之间的跨时空交互。

增强现实技术（AR）是一种将现实世界中原本存在的实体元素，如色彩、造型、材质等，通过建模、运算、混合等数字手段，进行模拟仿真化，并融入设计者重新再添加的数据、色彩、造型等，一同进行整合再叠加到同一时空中。这种将原有的现实融合部分虚拟的元素进行现实增强的效果，能够被参观者更好地感知，相比于平面的二维效果，更有立体感、真实感，为参观者提供超现实的交互体验。

混合现实技术（MR）可以理解为虚拟现实 VR 技术的进一步演变，将 VR 虚拟画面与观者的视频画面混合输出，在现实和虚拟基础上形成高度沉浸感的超现实可视化环境，成功地在现实、虚拟、观者三者之间搭起交互反馈的桥梁，使观者和虚拟现实对象之间进行密切交互、互动。

多媒体的科学技术应用，为体验者营造了虚拟空间，更好地辅助游客参与故事情节的叙事与互动之中。[①]

五　沉浸式体验的基本类型

（一）按照感知层次分类

按照感知层次，可以分为信息沉浸、感官沉浸和精神沉浸三种类型。

1. 信息沉浸

信息沉浸是沉浸体验的初级阶段，主要是指在日常生活中可以接触到的信息并且能很快投入最初接触的信息当中，可称为信息沉浸，这是沉浸体验的最初层次。当下各种社交软件充斥着生活，在刷微博、聊微信时，很容易被其所传递的信息吸引，从而忽略了周围的人和物，沉浸在社交软件带来的不同感觉中。

2. 感官沉浸

感官沉浸主要指在特定环境中，视觉、听觉、触觉、味觉、嗅觉受到某些事物的刺激，产生一系列感官上的反应，使人沉浸在当时的环境中。在感官沉浸中能够切身感受到这一切，并且身体与感官会对感受到的事物做出相应的反应。在品尝美食时，视觉会被餐厅的环境、装修风格、菜品的外观吸引，嗅觉会被美食散发出的香味诱惑，味觉会被美食的口感、味道吸引，在视觉、嗅觉、味觉的共同作用下，受众被深深地吸引并沉浸在享受美食的喜悦中。互联网技术的发展、虚拟现实技术的出现，推动了感官沉浸的发展，使各种感官融合，达到多感官的沉浸。

3. 精神沉浸

精神沉浸是指人类对某种情境或活动全神贯注的投入，是从一种精神状态到另一种精神状态发展、变化和过渡的过程。在这个过程中，人的每

① 柴彦宇：《交互叙事视角下数字化夜游的沉浸式体验设计策略研究》，江南大学硕士毕业论文，2021，第46～50页。

一个感官、每一个细胞、每一个接收信息的感受器，都在提醒个体并使其沉浸在某个世界里。精神沉浸不一定需要绝对意义的沉浸技术，但是对沉浸的系统性、体验性具有特别高的要求。

（二）按照感知器官分类

按照感知器官，可以分为视觉、听觉、触觉、嗅觉、味觉五种体验类型。

1. 视觉体验

视觉是人类接收符号信息最多、获取信息最快的感官渠道，也是最直接的感官体验，是产生沉浸体验的重要因素。体验者在参观新媒体艺术作品时，首先通过视觉观察，眼睛将观察到的信号传递给大脑产生认知和审美体验，大脑再将信息传达给身体，由此产生接触、互动等行为，与其他感官共同作用，迷幻人的大脑，最终产生沉浸的效果。土耳其艺术家 Refik Anadol 的作品《无限空间》，是一个以视觉为主的沉浸式艺术作品，艺术家利用光作为创作的主要元素，在封闭的空间内，利用四台激光投影仪把影像投在空间墙壁上，地面和天花板是反光镜，空间中播放着类似于呓语的音乐，体验者在虚拟的空间中仿佛被包围，视觉产生迷幻，完全沉浸在这奇妙的空间中。

2. 听觉体验

听觉和视觉一样，也是人类在日常生活中接收信息和感知世界的重要途径。听觉是体验者在艺术实践过程中参与艺术体验的重要感知能力，主要来自声音产生的刺激，人耳对 30 ~ 20000 赫兹的声音频率比较敏感，环境中恰到好处的声音刺激会给体验者在感官上带来深度听觉体验。声音的加入突破了以往艺术体验中感官单一性的特点，声音可以与其他元素配合营造氛围、烘托效果，增加艺术感染力，给人类带来喜怒哀乐等一系列情绪体验。不同的声音、节奏、韵律会给体验者带来不同的感受，弥补视觉感知带来的局限，激发人们的想象力。法国艺术家塞来斯特·布谢 - 穆日诺的声音装置作品《趋势》，就是将许多白色的、大小不一、高低不同的瓷碗放在蓝色圆形水池中，随着池水循环更迭，瓷碗会在池子中自己旋转，水流声和瓷碗相互碰撞摩擦产生悦耳的声音，声音会在麦克风的作用下被放大，体验者聆听着美妙的声音，看着不停旋转的白色瓷碗，精神得到放松，沉浸其中，可以体验静止与流动之间的微妙关系。

3. 触觉体验

触觉体验可以引起人的生理、心理以及情感上的一系列反应。柔软的、顺滑的、冰冷的、坚硬的、粗糙的以及其他的触觉体验，都会通过触觉神经传递到大脑，大脑再由此给出判断，身体随之做出相应的反应。体验者可以通过触摸、按压、书写等肢体行为去感受艺术作品，与作品进行互动，产生触觉体验。这种方式缩小了体验者与艺术作品之间的距离，调动了体验者参与作品的积极性，让大众能通过触摸或者身体接触的方式，得到更好的体验效果。2018 年，在北京嘉德艺术中心，日本艺术家村松亮太郎和他的团队利用“全息数字投影技术”打造沉浸式艺术展《寻梦海底两万里——深海之光》中的“水母之家”，当体验者用手轻轻触摸，沉睡的水母就会从梦中醒来，并且还会不时地变换颜色。艺术家用特殊材料打造水母墙，摸起来就同触摸真实水母一样，当体验者用手触摸墙面时，墙面会发生震动，艺术家用这种技术将生命更加真实地表现出来。

4. 嗅觉体验

嗅觉可以加深人对环境的体验和记忆。气味通过鼻子刺激人类的大脑，触发记忆，激起人们的情绪体验，嗅觉在艺术作品中的运用，为新媒体艺术带来无限生机。由于气味可以随着空气流动，保存难度较大，所以，大部分嗅觉都是在新媒体艺术作品的展览现场出现，并通过一些科技手段辅助来实现体验。《气味魔盒》是 2018 年深圳“平行世界的非分之想”沉浸式体验展中的作品，空间中有五个盒子，体验者可以将头从盒子底部探入，每个盒子都有不同的味道，还伴有水流的声音，在其中，体验者可以体验到不同味道带来的感受。

5. 味觉体验

由于味觉在五感中获得信息最少，所以味觉在艺术实践中的使用具有一定限制。味觉是一种能够与个人情感和经验相连接的感觉。在艺术作品中味觉的应用，主要依靠刺激其他感官产生联觉。例如美国洛杉矶冰激凌博物馆举办的 The Pint Shop 互动概念式沉浸式艺术展，博物馆的场景十分梦幻，整个场景都是以冰激凌为主题，以粉色、黄色、淡蓝色、薄荷绿等颜色营造了一个十分甜蜜的体验空间，置身于博物馆中会让体验者联想到查理的梦幻巧克力工厂，通过视觉感知，体验者可以感受到冰激凌甜甜的味道，沉浸在甜蜜的空间中。[①]

（三）按照产品类型分类

按照旅游产品类型，可以分为纯空间沉浸式体验、交互性沉浸式体验和叙事性沉浸式体验三种类型。

1. 纯空间沉浸式体验

纯空间沉浸式体验是指通过舞蹈演出、装置艺术、气味、光影等，将内容展现给参展者，向互动型、全景型方向转变，增强体验感和参与感。为了营造沉浸式空间，设计者通常会先明确一个核心主题，再围绕主题灵活选择包裹式特效、多屏显示以及镜像多重反射等手段。如在国际上大获好评的有“永远淋不湿的倾盆大雨体验”之称的沉浸式装置《雨屋》，它是由兰登国际利用水、注塑贴砖、钢梁、电磁调节阀、水处理系统、3D 追踪摄像头、定制软件、格栅地板等打造的。正是因为装置中隐藏着大量会对游客运动进行实时监控的 3D 系统，才可确保雨水不会淋湿观众身体，该装置也才得以风靡全球。

2. 交互性沉浸式体验

交互性沉浸式体验是基于人机互动技术而产生的。它融入了新型视听表达、光学三维捕捉动作系统等技术，在人与人、人与电脑、人与环境之间打造别具一格的新体验。沉浸式儿童戏剧表演《魔毯梦花园》是由世界知名的艺术团体意大利 T. P. O. 剧团创作的。英国《卫报》评价说：“我们仿佛闯进了一个色彩缤纷的真实花园，每一个动作触发的情景变化都像突然绽放的生命。”安装在魔毯上的 108 个传感器创造出这一妙趣横生的神奇

① 艾婷婷：《新媒体艺术中的沉浸式体验研究》，大连工业大学硕士毕业论文，2019，第 16 ~ 29 页。

景象。领队的美术家赫尔博构建了依次代表着爱、大地、海洋和森林的红黄蓝绿四色花园，把小观众带入一个纯真梦幻又触手可及的童话世界。小观众们作为故事主人公，可通过任意的姿势、表情与魔毯互动，毫无拘束地释放情感；还能在花园中拥有与海洋、森林、大地进行有趣对话的机会，仿佛做了一场香甜的美梦，这一梦境往往会长留小朋友心间。

3. 叙事性沉浸式体验

叙事性沉浸式体验的核心在于讲故事，采用叙事性的手法将空间进行折叠。时间与空间仿佛两张手帕，可以采用对角、对开、扭曲、多重等诸多折叠形式将两种手帕进行折叠，引导观众在折叠时空中体验真切的梦幻世界，并沉浸其中。观演者通过不断穿梭不同的空间，进入不同的剧情，体验一对一、一对多的故事情节。《爱丽丝冒险奇遇记》为大型沉浸式戏剧，它拥有33个独特空间，且各空间都与剧情紧密关联，但又是独立存在的。观众有不同的选择，剧情空间的呈现也会有所差异，可实现一对一体验互动；观众也可以踏上精心设计的路线，在不同空间里“穿梭冒险”。

六　沉浸式体验的发展举措

（一）推动机制改革，创建发展体系

沉浸式体验是拓展体验领域的重要一步，是引领消费升级的热点方向。沉浸式体验火爆的背后，实则是消费需求的改变。在文旅融合的时代背景下，旅游需求逐步升级，旅游市场需要进一步分层，旅游边界需要扩展，旅游发展品质需要提升，这都对旅游产品提出了多元的要求，为新的发展方向指明了道路。这就需要推动文化资源的旅游化开发，建设一批沉浸式文化旅游景区，开发一批沉浸式文化旅游名城名镇名村，形成特色鲜明、类型多样、可满足不同群体需求的沉浸式文化旅游产品体系；丰富沉浸式活动，推出精品线路，打造沉浸式文化旅游节庆会展活动品牌，打造高水平的沉浸式旅游演艺品牌；拓展沉浸式文旅融合空间，建设配套齐全、功能完善、特色鲜明的沉浸式文旅融合核心区或沉浸式文旅产业聚集区；借助大数据分析加强市场调研，开发适销对路的沉浸式文化旅游产品，拓宽

沉浸式文旅消费领域，大力扶持沉浸式文化旅游融合发展重点项目。

（二）重视内容生产，提升发展质量

沉浸式产业的发展要将文化 IP 的挖掘、体验和价值转化作为核心，防止单纯秀科技、秀声光电而忽略文化内涵及价值体现。尤其在文旅景区“去门票”趋势下，对于消费者来说，内容和体验性至关重要。因此，除了精彩绝伦的技术支持，还要立足于文化植入，着重打造“沉浸式”精品 IP。中国大运河沉浸式博物馆用新技术活化千年历史文物，重塑大型沉浸式古代场景，设计“知识展示 + 密室逃脱”的互动体验，让观众在游戏的乐趣中获得个性化的文化教育体验；打造 360 度多媒体循环剧场，让观众在多维的空间中全面感知文化的生命力；独创“三维版画”数字媒体语言，通过多视角的递进体验，营造“人在画中游”的沉浸式体验。

（三）打造精品项目，建设发展载体

文化的传播和传承需要载体，应依托有形或者无形的文化旅游资源，采用数字技术开发沉浸式文旅产品项目。可认定一批规划策划（设计）完善、文化特色鲜明、互动体验性强、综合带动力大、市场前景良好、消费者评价高的沉浸式文旅融合示范项目，及时总结沉浸式文旅融合成功的经验与模式并予以重点扶持和示范推广。应加强信息化、标准化和文化消费大数据平台建设，提升智慧旅游和智慧文化发展水平；实施沉浸式文旅品牌引领战略，规范管理提高沉浸式文旅融合质量，推动沉浸式文旅高质量融合发展，发挥沉浸式文旅融合示范作用。在技术层面，可委托第三方文化创意类公司及沉浸式相关技术运营商，开发设计相关景点。例如迪士尼就委托沉浸式体验娱乐制作方打造线下多人 VR 体验大空间。

（四）推动产业融合，创新发展体系

沉浸式产业范畴广泛，包括沉浸式主题乐园、沉浸式剧场演艺、沉浸式文化旅游、沉浸式艺术展览、沉浸式影视娱乐，以及沉浸式教育培训、沉浸式主题餐饮等。“沉浸 +”正在成为一种风潮，带动着其他行业的升级，融合科技和游戏设计的沉浸式戏剧、游戏设计、虚拟现实、艺术博物馆、VR 体验等沉浸浪潮的发展势不可当。旅游目的地应着力推动沉浸式

"VR + 旅游""剧本杀 + 文旅""演艺 + 旅游"以及沉浸式主题公园等产业融合，创建沉浸式发展新体系。

应壮大文旅市场主体，培育一批覆盖旅游投资、旅游经营、文化创意、文化娱乐、影视制作等领域的综合性沉浸式文旅企业集团；培育一批文化旅游一体化发展、具有较强竞争力的大型沉浸式文旅企业集团；培育一批沉浸式文化旅游品牌企业。推动文旅产业融合，以"文化 +""旅游 +""+ 旅游""+ 文化"助推沉浸式产业融合和转型升级，衍生新业态，拓宽产业面，拉长产业链，构建现代沉浸式文旅产业体系，谋求多元化发展。

（五）关注市场需求，聚焦发展项目

发展沉浸式体验必须高度关注年轻一代的需求，尤其要把握"85 后""90 后""00 后"等"千禧一代"大规模进入文化消费市场的趋势。"千禧一代"具有接受多元、喜爱刺激、迎合时尚、泛娱乐化、喜欢互联网、熟悉二次元和多次元、愿意为优质文化服务付费等鲜明特点。根据联合国贸易和发展会议颁布的《世界投资报告（2017）》，数字经济已经成为全球经济发展和社会发展的新动能，"科创 + 文创"正在成为主要国家争夺的产业制高点。许多发达国家和新兴经济体依托数字经济，开发智慧型、科技型、创意型的文化消费产品。根据"创新英国"的有关报告，英国是目前世界上创意经济最发达的国家。英国斥资 1000 万英镑打造的"未来故事学院"，重点支持沉浸式叙事的创意培训和研究计划，还资助了 32 个探索沉浸式体验的创新性试点项目。这其中既有探索全新沉浸式马戏团体验的项目，也有采用虚拟现实方法的博物馆珍贵藏品体验项目等。

（六）深化改革创新，优化发展环境

沉浸式体验的重点在于环境和氛围营造。《"十四五"文化和旅游发展规划》提出未来要完善现代旅游体系，鼓励定制、体验、智能、互动等消费新模式发展，打造沉浸式旅游体验新场景。在管理体制方面，制定、颁布和推行相关优惠政策与法规；在规划编制方面，将沉浸式文旅项目置于区域发展的整体规划中，提高各部门的重视程度；在观念引导方面，政府应充分发挥舆论宣传作用，要深化文旅融合，着力打造"颠覆性创意、沉浸式体验、年轻化消费”文旅新业态，为文化旅游产业融合发展创造良好的社会舆论环境。此外，为保障沉浸式文旅产业健康发展，需要政府主管部门制定出台相应的指导细则，从思想导向、创作内涵、审批监管、模式创新等方面做出相应规定，推出高水平体验项目。

第二节　案例解析

如今各类旅游目的地亟须用更鲜明的独有标签与个性去打动、吸引新的消费者，利用“沉浸 +”为文商旅赋能，在经典之外再添“网红 IP”。有鉴于此，本节介绍沉浸式主题公园的环球影城实践、沉浸式旅游演艺的武汉“知音号”实践、沉浸式夜游体验的大唐不夜城实践、沉浸式戏剧的“只有河南 · 戏剧幻城”实践、沉浸式场馆的中国大运河博物馆实践、沉浸式中国节日系列节目的河南卫视实践等沉浸式休闲文旅消费新场景、新业态，“以文兴旅，以旅促商，商旅融合”，以期为旅游市场的复苏带来一股强劲的消费新活力与韧性。

一　沉浸式主题公园的环球影城实践

（一）基本概况

北京环球度假区（Universal Beijing Resort），亦称北京环球影城，位于北京市通州区，毗邻东六环和京哈高速公路，是中国第一座、亚洲第三座、全球第五座环球影城主题乐园，目前也是全球占地面积最大的环球影城主题乐园。2001 年，北京市政府和美国环球主题公园度假区集团签署了合作意向书。2015 年，签署了合资协议；同年 11 月，基础工程启动建设。北京环球影城项目工程建设分为三个阶段：第一期是环球影城主题公园；第二期为融入西游记等国内经典主题的中国主题公园；第三期是水上乐园。

经过近 6 年的建设，北京环球影城第一期工程完工，环球影城主题公园在 2021 年 9 月盛大开业，北京环球影城主题公园、两家度假酒店、北京环球城市大道正式向公众开放。其中，北京环球影城主题公园有 7 大主题景区、24 种不同的演出和娱乐场所、37 个集成设施、80 家餐饮门店。作为全球顶级大型主题游乐园，北京环球影城分为好莱坞、小黄人乐园、侏罗纪世界努布拉岛、变形金刚基地、功夫熊猫盖世之地、未来水世界、哈利·波特的魔法世界等 7 大园区，不仅有多样的游乐设施、丰富的现场表演、精致的各国美食，还有超多4D 体验和互动节目。电影迷可以在哈利·波特区感受魔法世界的神奇；游客可去侏罗纪世界近距离接触迅猛龙，或是到功夫熊猫的盖世之地和阿宝来一场功夫对决，抑或是在变形金刚基地的霸天虎过山车上感受肾上腺素飙升的刺激；小朋友们则可以在小黄人乐园里畅玩一整天，甚至体验一把自己当小黄人的感觉。[①]

携程发布的《秋游及中秋预测数据报告》显示，北京环球度假区位列中秋节最热旅游目的地。自官宣正式开业之日起，北京环球度假区的搜索量相比前几日增长 300%，在携程平台近期目的地访问热度中，北京连续多日稳居第一，搜索热度遥遥领先其他城市。一方面，北京环球影城助推了“北京旅游热”，激活了疫情之下群众出游的热情；另一方面，国内的环球迷们不用出国便能体验“哈利·波特”“变形金刚”“小黄人”等众多热门 IP 项目，因而在正式开业前，能够拥有一张内测票成了最值得炫耀的事情。北京环球影城于 9 月 20 日正式开园，门票在正式开售 1 分钟内就售罄。[②]

当前，中国正处于消费升级的浪潮中，旅游产业对经济发展的助推作用愈加凸显。各大主题乐园纷纷依据自己的特色打造不同的 IP 属性，但是随着主题乐园的热度越来越高，其同质化现象也愈加严重，这要求主题乐园必须朝着多元化方向发展。对于中国游客来说，北京环球影城的出现为他们带来了全新的主题公园体验，丰富了娱乐活动。环球影城正是通过打造特色鲜明的 IP 形象、利用高度融合的科技技术、文创产品的不断创新、与当地企业的合作共赢、沉浸式体验项目等，将产业迅速扩张到全球并保持了持续向好的趋势，这也为中国本土主题公园将 IP 形象融合、打造富有体验感的娱乐项目提供了借鉴。

---

① 《环球影城》，《国际品牌观察》2021 年第 28 期。

② 哀佳、石丹：《解码“环球影城热”》，《商学院》2021 年第 10 期。

（二）主要做法

1. 打造特色鲜明的 IP 形象

近几年主题公园对于 IP 形象融合的重要性日渐重视，IP 形象的文化内涵决定了 IP 的质量，同时也决定了 IP 的长远发展，一个成功的主题公园项目不只是把 IP 形象包装在游乐设备上，更重要的是营造沉浸式氛围，并使其具有优质的服务、舒适的环境、原生态的深度体验项目等。北京环球影城有哈利·波特的魔法世界等 7 大主题园区。每个园区都有一个属于自己的 IP 形象，利用 IP 形象将整个园区串成一个故事线，突出了园区独一无二的特性。

2. 利用高度融合的科技技术

数字服务是打造游客融入感的前提，高科技和文化的相互融合是必然的发展趋势。北京环球影城内的每一个娱乐项目都融合了科技手段，对于不太热门的项目，比如神偷奶爸小黄人闹翻天，同样也是利用 5D 技术让游客体验成为“小黄人”的乐趣，这些项目的成功在于将科技运用到以 IP 为支撑的游乐项目上。游客可以从官方 App 和微信小程序上在线购票和预约，提前了解园区内的每一个项目，官方给出的等待时长可以缩减游客排队的时间以及减缓项目的客流压力，实时的定位能够给游客提供准确的地理位置信息。

3. 文创产品的不断创新

北京环球影城以 IP 为基础卖点，以科技为推动力量，将文创产品融入园区内，从而增加游客对文创商品的消费。北京环球影城衍生产品的发展模式是在 IP 形象的基础上，打造与景区项目融合的产品，同时根据游客的购买水平和数量，不断地对产品进行升级和更新，从而达成从“门票经济”到“溢出经济”的转型升级。环球影城将 IP 形象从电影中分离出来，运用到产品开发上。这些衍生产品受到了影迷、游客的喜爱，甚至常常出现供不应求的现象。根据 DT 财经数据统计，最受女孩欢迎的是哈利·波特和小黄人 IP 形象的衍生产品，其中哈利·波特的 IP 形象位居前四位，哈利·波特魔法棒的销量位居首位。从游客对 IP 形象衍生产品的购买量可知，IP 形象衍生出的产品能够带来巨大的“溢出经济”利润。游客会对自己喜爱的IP形象衍生品进行大量采购，且很少考虑价格因素。环球影城从影视同款、IP形象出发，融入科学技术，创作出与景区项目融合的衍生产品，达到产品、游客和景区的三重互动，引发消费热点，再根据游客需求创造新的衍生产品，形成闭合。

4. 与当地企业的合作共赢

在餐饮、保险保障服务、社会公益活动、数字化设备提供等方面，北京环球影城与多家中国企业进行合作。环球影城城市大道从多方面引进合作的商户，拉动周边经济的增长，从餐饮、购物等方面吸引游客，打造一体化游乐项目。与当地企业的合作，减少了投资方的投资成本，实现了与当地企业的互利共赢。

5. 沉浸式体验项目

北京环球影城最大的成功在于擅长营造沉浸式体验氛围，将游客带入故事情景之中，增强了游客体验的真实感、融入感、科技感和互动感。例如未来水世界景区从视觉、听觉上给游客带来最真实的震撼，那种压迫感、激烈感、紧张感让游客完全融入其中。同时北京环球影城内的演员时刻与游客保持高度的互动，充分调动游客参与的积极性，让游客在主题公园的情景中获得不同的体验。①

（三）特色亮点

1. 国内首创，融入大量中国元素

北京环球影城有一个全室内景区，步入其中，仿佛闯入一个梦幻般的东方仙境，这里被原汁原味的中国元素所环绕，这就是备受关注的功夫熊猫盖世之地景区。这一景区取材于以中国功夫为主题的梦工厂动画电影《功夫熊猫》，是环球影城首个以功夫熊猫为主题的景区，也是北京环球影城为中国观众量身打造的专属景区之一。

据介绍，功夫熊猫盖世之地是环球影城与“中国式传奇体验”相结合

① 吴宪、刘丽梅：《北京环球影城对中国本土主题公园发展的启示》，《内蒙古财经大学学报》2022年第20期。

的初次尝试，园区再现了功夫熊猫系列电影中的故事情节与场景，众多的骑乘娱乐项目都以功夫熊猫的电影情节展开。功夫熊猫盖世之地景区基于全室内景点打造，是目前环球影城最大的室内主题景区，在不同季节和各种天气状况下都能保证游客获得比较舒适的体验，为游客带来一段美妙绝伦的东方传奇之旅。

北京环球影城主题公园拥有 37 个景点和娱乐设施，许多是初次亮相、与众不同的骑乘娱乐体验，其中就包括功夫熊猫盖世之地景区里一个人气火爆的项目——灯影传奇。灯影传奇是国内首创的设备，它融入了大量的中国元素。整套设备参照中国传统灯笼的造型，座舱参考中国传统建筑元素设计，连灯笼上的图案也融入了中国皮影戏的文化元素，颇具创新意味。为了达到最佳效果，项目团队从灯笼骨架的设计、布料的选择、图案的印刷工艺、缝制工艺到灯光的变色控制等，都经过了反复测试和改良，力求完美展现中国传统灯笼的效果。

2. 设施设计，适合国人人体特征

北京环球影城的小黄人乐园是全球最大的小黄人乐园。环球影城的设计团队专门设计制作了 1000 多种中国专属的电影主题纪念品，仅在北京环球影城有售，目前最受游客欢迎的就是小黄人集市售卖的小黄人十二生肖系列。小黄人十二生肖系列产品的灵感来自中国的十二生肖文化，包括小黄人十二生肖的 T 恤、背包等多种品类，还有小件纪念品，如钥匙链、冰箱贴等。

除了颇有中国特色的纪念品，小黄人乐园的游乐设施也是全新设计。在超级萌乐岛上有一个名为超萌漩漩涡的项目，能 360 度鸟瞰整个超级萌乐岛，适合全家人一起来体验。超萌漩漩涡是国内首个 64 座大型自控飞机类项目，也是全世界最大、乘坐人数最多的自控飞机类项目。在座椅设计方面考虑到中国人的体型特征，通过多次的人体工学试验，对座椅、安全带带扣和组件等细节的设计都做到了精益求精，设备还通过了严谨的拉力测试、应力测试、气动系统测试、刹车装置测试、安全带手动解锁及防潮测试、噪声测试等，在保证安全的前提下，力求让游客的体验达到最佳效果。

3. 场景震撼，凝聚中国智慧

走进北京环球影城侏罗纪世界努布拉岛，古藤缠绕的老榕树、随处可见的火山石，让人仿佛穿梭在侏罗纪时代的原始森林，不少游客直呼“真实”“过瘾”。这些震撼的场景全部靠影视场景主题建筑还原技术实现，其中也凝聚着中国智慧。还原电影里的建筑仅仅是第一步，将绿植、道路、壁画等主题元素合理点缀在建筑上，一座主题公园才能生动起来。在侏罗纪世界和小黄人两个主题公园，有近1000棵乔木及仿真树，还有大面积的灌木丛与草坪，将品类繁多的苗木顺利种下去可不是件容易的事，尤其是要防止树木种植时与地下市政管线等发生碰撞。于是，“苗木数字化规划及精细化种植技术”应运而生。项目团队要根据每棵树木的图纸定位及树球大小建立模型，然后与整个园区各专业模型综合嵌套对比，成功规避树木种植中可能与地下市政管线、基础设施等碰撞的问题，最终实现数字化规划及精细化种植。

4. 数字服务，便捷得如影随形

行走在偌大的北京环球影城，除了能接连不断地与富有新意和特色的游乐项目相遇，数字服务也是如影随形。去主题公园游玩，排队等候往往是令游客最为头疼的事，而北京环球影城推出了官方App和微信小程序，游客可以通过它了解骑乘娱乐项目的预计等待时间，从而规划好自己的游玩线路，优化游玩体验，提升游玩效率。这些信息也可以在园区内的智慧显示屏上随时获取。在北京环球度假区官方App和微信小程序上，游客还能在线购票、预约、了解演出时间并查询度假区相关信息，甚至获取园区内的导航服务来帮助安排规划出游行程。另外，如果在游玩之前游客在App或小程序里上传了自己的照片信息，还能在入园时享受便捷的刷脸入园服务。不仅如此，在环球影城内购物时，游客会发现许多商户里的智慧显示终端产品代替了传统的纸质标牌，游客能更便捷地了解商品详情。这种数字化的创新展示形式，不仅减少了纸质物料的浪费，也为游客创造了一个更加环保和高效的游玩环境。

二　沉浸式旅游演艺的武汉“知音号”实践

（一）基本概况

武汉作为长江中游旅游城市群龙头，依托长江黄金水道，发挥立体交通网络优势，向文化、旅游融合发力，旨在打造连接东西、贯通南北的文化轴旅游。武汉是有着3500年历史的文明古城，清末洋务运动奠定了武汉在近代中国的重要经济中心地位；作为中国民主革命的发祥地，武汉几度成为全国政治中心。根据武汉江城资源特点打造文化轴，通过《知音号》等文化演艺项目、“7·16”渡江公园等主题文化景观、江滩系列文化艺术雕塑、文化节庆等活动，打造延续历史脉络、引领时代精神的文明之轴。通过长江文化轴提炼周边历史文化脉络，串联现代文化元素与沿线老汉口、汉正街、武昌古城、汉阳旧城等文化片区以及长江文明馆等公共文化设施，形成世界级城市滨水文化旅游目的地。

“知音号”以知音文化为纽带，展示两江四岸历史风貌和文化特点，再现了近代大武汉的繁荣，成为长江文化主轴重点建设项目。“知音号”之名源于武汉素有“知音之城”的美誉。“知音号”其实是仿照1912年生产的武汉民生公司的“江华轮”而打造的一艘复古蒸汽游轮，在登上游轮之后还可以观看一部与船同名的长江文化大剧。该剧以知音文化为灵魂，以大汉口长江文化为背景，以爱国情怀和城市故事为底色，淋漓尽致地再现了20世纪20～30年代的武汉历史风情。《知音号》是著名导演樊跃继“印象系列”之后的全新转型之作，他创造性地使用了倒叙、插叙及人景互动等电影表现手法，船上不分表演区和观众区，人们可以在船上自由穿梭，分层移步观看触及心灵的武汉故事。

作为长江首部漂移式多维体验剧和全国独有的文化和服务双IP模式，“知音号”已经成为武汉城市文化旅游新名片。作为我国沉浸式旅游演艺的代表作之一，《知音号》不仅承载了大武汉的城市记忆，也唤醒了人们心中久违的灵魂情感。[①]

（二）主要做法

1. 顶级策划，挖掘本土文化资源

旅游演艺产品的开发必须立足于本地IP文化资源，通过挖掘文化资源进行创意开发，才能形成独具地域特色的文化创意产品。《知音号》总导演

---

① 徐祖莺：《沉浸式旅游演艺游客体验研究》，华中师范大学硕士论文，2020，第39页。

樊跃集合国内顶尖的文学、戏剧、音乐、舞美等创作团队，创意设计了一台将轮船作为主剧场，将武汉两江四岸及历史文化街区作为大背景，集体验、观光、休闲于一体，具有独特性、创新性、时尚性的“漂移式多维体验剧”。顶级项目团队策划、挖掘知音文化资源，打造沉浸式、体验式旅游演艺产品。在表演创意上，导演采取穿越时空的方法，围绕知音文化主题，以20世纪初汉口码头工人的故事为主线，把具有鲜明时代特征的码头和轮船作为主剧场，从知音号码头露天部分拉开序幕，为游客设置了鲜活的老码头实景体验区，使游客获得身临其境的体验感。《知音号》将征集到的老武汉“知音故事”以独特的舞台手段呈现给游客，打动了人心，赢得了市场，创新了旅游演艺产品的开发。

2. 智慧旅游，“文化+服务”双IP战略

武汉是首批“国家智慧旅游试点城市”，“知音号”依托政府政策，搭建智慧旅游平台，注重旅游体验、旅游管理、旅游服务和旅游营销。基于武汉外地游客对知音文化旅游体验感的考虑，“知音号”借助“主客共享”的知音理念，整合互联网及传统媒体，打造了全国独有的“一剧多版”模式。同时还设计基于互联网概念的“云端剧场”及青少年戏剧实验剧场——Q版《知音号》等。

“知音号”实行全国独有的“文化+服务”双IP战略，以大剧《知音号》项目为引爆点，扩大文化辐射范围，在新时代背景下开创全新的商业模式，“短平快”与“高大上”齐头并进。“服务IP”的最大亮点就是设计“知音礼遇”配套服务，围绕吃、住、行、游、购等旅游要素开展。通过“知音礼遇”微信公众号平台，为游客提供旅游体验路线、出行攻略、订购景区联票等服务。实践高标准、细致化、人性化、有温度的服务理念，让从未来过武汉的游客通过线下服务、线上平台等，感受到如知音老友一般的接待。当前我国旅游演艺服务标准参差不齐，“知音号”首创知音礼遇服务，为旅游演艺产品提供经验借鉴。

3. 立足本土，全球化思维、立体化宣传

在旅游营销方面，“知音号”围绕“立足本土、紧贴市场、地方推广、

全球扩散、融媒体并进”的全球化立体宣传思路进行项目推广宣传。“知音号”系长江主轴文化亮点项目，以“长江文化”“知音文化”为品牌灵魂，在宣传策略上，“知音号”立足本土，以武汉为中心，同时面向海内外辐射，全方位推广这一武汉文化新地标。

首先，立足本土。“知音号”与本地媒体合作开展多项活动，建立品牌形象。如通过“寻找城市记忆”活动，征集近千件老物件，在船舱四层打造“城市记忆博物馆”；在“寻找城市故事”活动中，征集近600个与武汉有关的城市故事，成功建立“邻里化、温暖”的品牌形象；借势大型活动，通过华博会、武网开幕仪式、渡江节等活动，扩大对“知音号”的宣传。

其次，全国宣传。中央电视台、新华社、中新社、旅游卫视、《中国文化报》、《中国旅游报》、《新京报》、《南方都市报》等国内主流媒体，多次从不同角度报道“知音号”，其中，央视新闻频道更是在《改革在哪里》节目中，将“知音号”评价为“既传统又现代的中国范儿”，将“知音号”的影响力渗透全国。

最后，国际宣传。“知音号”登陆美国纽约时代广场大屏，亮相新加坡、泰国等境外媒体，中国香港大公网、中国台湾《中国时报》等主流媒体纷纷报道“知音号”。此外，在《人民日报》（海外版）、《中国日报》、新华社推特号等境内媒体海外平台上，“知音号”也频繁被报道。除了媒体直接报道，“知音号”积极接待文化名人、各高校艺术学院学者、央视导演、外国领事等，赢得专业人士的口碑。举办一系列大型活动，依托省市文旅部门加强国内及国际宣传，通过央视、重大展会、城际互动模式推广“知音号”项目，做强“知音号”IP。

4. 管理运营，全方位与网格化管理体系

在管理运营方面，做到360度全方位的管理，围绕演出强化安全、秩序、标准、质量、服务操作体系，建立科学管理系统。打造“120分、360度”满意体系和“360度”管理评价体系，保持“零事故、零投诉、零容忍、零负面”的管理体系，创建高于行业的“知音礼遇”服务标准。争取实现服务零差评，并实施黏性服务、邻里化知音式服务，树立国内文化演艺管理服务标杆。为确保管理目标的实现，不断提升公司内部管理质量及效率，推动“知音号”项目的各项目标体系确立和持续性发展，积极转变管理模式。以事件为管理内容，以处置部门为责任人，运用数字化、信息化手段，将过去被动应对问题的管理模式转变为主动发现问题和解决问题；对部门进行指标化管理，用行业最高标准去要求服务和管理，落实无缝隙的四级监督制度，即员工自查、主管部门巡查、质监部检查、总经理审查制度；区域全覆盖，每天有通报，每周有总结，每月有大通报；构建网格化管理体系，做到时间网格化、区域网格化；建立信息收集制度，构建灵活的问题发现、反映、处理、纠正体系。

（三）特色亮点

1. 理念创新：挖掘武汉文化精髓

文化是旅游的灵魂，文化的内涵魅力与吸引力是旅游的核心竞争力。武汉傍水而生，长江是武汉的灵魂与精神母体，武汉是一座凝聚江河记忆的城市，水和船是武汉人民最初的成长记忆。流传千年的知音文化是武汉历史中的重要元素，深深融入城市肌体之中，并且成为全人类共同的“精神瑰宝”。日本大分市、法国波尔、德国和韩国等地都有古琴台，都流传着知音的动人故事。寻觅知音、珍视情谊是全世界人民的共同愿望。因此，“知音号”项目以武汉的长江文化和码头文化为切入点，凝练知音文化“知己、知意、知心”核心内涵，将具有世界文化共鸣及武汉本土文化经典特征的知音文化作为项目的灵魂，串联现代文化元素与传统文化，创造了知音文化新的载体——文化社交新空间，构建城市公共文化空间和城市记忆，发展武汉的滨水文化旅游。“知音号”所承载的知音文化不再是狭义化、故事化、符号化的，而是中国传统文化内涵的国际表达，是“互联网＋”创新时代的文化新精神。它更加精准地浓缩了武汉文化的脉络精髓，符合全球化时代气息，凸显了武汉大城崛起的效应。

2. 主体创新：唤醒武汉市民文化记忆

武汉作为中国中部地区的中心城市，在城市气质、文化及对外输出上迫切需要独特的城市文化名片。“知音号”将人们心中对知音文化的追溯，打造成一座漂移的城市记忆博物馆，唤醒人们对武汉的记忆，形成独特的城市文化精气神。旅客登上船，置身于20世纪二三十年代的老汉口，有穿梭卖报的报童、吆喝哈德门香烟的小贩、提皮箱戴礼帽的绅士、穿旗袍的淑女……既展现了老武汉一幕幕生动的场景，也勾勒了老武汉的繁盛，建立起地方文化记忆在几代人之间的对话。船上的城市记忆博物馆，展出了来自民间的武汉老物件、老故事，将“文化 +”从水面向地面延伸，在新旧文化的碰撞中构建武汉人民共同的记忆，并潜移默化地将其注入青年一代的成长空间。大剧《知音号》也不再是一场简单的文艺展演，而成为实现武汉城市复兴梦想的文化行动。

3. 产品创新：策划全时空知音产品

“知音号”项目不仅仅有实景演艺，而且设置了20世纪二三十年代风格的水塔、吊车和绞盘的蒸汽趸船，依托这一物质载体，挖掘老武汉文化，开发文创衍生品，更加完整、细腻地表达了主题文化的精髓，既可以实现营利，又能促进实景演出的二次或多次传播。围绕知音、长江、码头等老武汉系列文化，以文化社交新空间为产品定位，突出时代性、趣味性和全域性特点，利用“知音号”自身硬件及双IP优势，开发除正剧《知音号》之外的十大板块产品，包含长江主轴系列产品参观体验、大汉口戏码头、儿童Q版剧、知音婚典、长江盛会等。通过有效利用“知音号”的空间，让游客全方位地感受“知音号”的配套产品特色和服务特色，拓展文化演艺产业链，丰富营利模式，有效提升产品收益。

4. 营销管理：品质化与知音礼遇服务

在营销方面，采取邻里化的营销推广方式。为做接地气的文旅项目策划了一系列本土活动。首先，建立本地市民与“知音号”的联系，开展面向武汉市民的老照片、老物件、老字号以及与武汉的知音故事等征集活动，极大拉近了“知音号”与市民的关系，形成了“亲切的、邻里化”的品牌形象。其次，开展全民营销管理，联动武汉本地各大商场、售票点位等的一线市民作为推广口径和载体，实现人人都是武汉城市名片代言人，进行推广合作，互利共赢。最后，“知音号”轮船还将作为移动的城市名片，开赴重庆、上海、南京等地进行巡演，有效增强邻里关系，扩大营销范围。

在服务标准上，采取品质化“温度+”知音礼遇服务。当前实景演艺市场上尚没有形成完善的服务标准体系，服务标准参差不齐。与知音文化主题相适应的更加舒适化、更加人性化、更加标准化服务的建立，不仅能增加观众黏度和口碑效应，也容易实现项目的二次传播以及二次消费。努力打造一套有温度的超五星级服务标准，整合吃、住、行、娱等一条龙服务，打造“知音礼遇”城市形象品牌。观众在观演《知音号》的同时，还可入住与“知音号”风格匹配的特色酒店套房，吃地道的汉味美食等，享受贴身细致的VIP服务，让第一次来武汉的外地游客，也有被亲朋好友接待的感觉，在这座城市处处都能遇到“知音”。“知音号”不仅代表武汉特色，同时承载着武汉城市形象及文化名片，以“服务+产品+文化”的立体式高标准运营，对服务设施、服务质量等进行高标准要求，不断提升演出和服务品质，有利于提升游客的体验，感受有温度的服务。①

三　沉浸式夜游体验的大唐不夜城实践

（一）基本概况

西安大唐不夜城位于西安市曲江新区的核心地带，由于该商业街处于城市新区的核心位置，是城市核心节点和地标性的商业中心，因此大唐不夜城积极响应西安市大规模旧城改造计划中的“皇城复兴计划”，以浓郁的盛唐文化为背景，以唐风元素为文化主线，通过空间形态的合理布局，将不同商业形态联系起来，使旅游资源和文化产品有机地融为一体，以此形成唐文化、休闲文化、园林文化相结合的综合性城市景观。

大唐不夜城是西安目前第一条也是唯一一条融合文化商业旅游于一体的步行街，更是商务部授予的全国11条示范步行街试点之一。其南北长2100米，东西宽500米，毗邻著名历史古迹大雁塔，总建筑面积65万平方米，是目前亚洲最大、街景最长，也是面向国际、多方位、多层次、高品质的文化消费型商业步行街。大唐不夜城以千年古都的历史文脉和文化为

① 纪东东、宓天姝：《文化创意旅游的“知音”模式》，《文化软实力研究》2017年第6期。

轴线，建有大雁塔广场、贞观广场、玄奘广场、新时代广场等四大广场，陕西大剧院、西安音乐厅、太平洋电影城、西安美术馆等四大文化馆，与大唐佛文化、大唐群英谱、贞观之治、武后行从、开元盛世等五大文化雕塑共同构成了亚洲规模最大的雕塑景观街区。

"全国示范步行街""国家旅游科技示范园区""陕西省旅游休闲街区"是对西安大唐不夜城在文化、旅游、夜经济与科技深度融合及应用实力的肯定。大唐不夜城一直致力于打造沉浸式的盛唐文化旅游体验，"国家旅游科技示范园区"也是大唐不夜城的魅力之一：可触控电子屏方便市民和游客全方位游览；数百根集成杆集无线网、音乐广播、视频监控、人脸识别于一体；按下可视对讲报警按钮便可一键连接安保指挥中心，安保中心随时为游客安全游览街区保驾护航；VR 体验中心让游客在虚拟现实的世界里感受科技的魅力……在保护盛唐文化原生态韵味的同时，大唐不夜城用各种方式将街区的美食、建筑、演出、文创、科技融入盛唐文化氛围中，带给游客沉浸式的文旅体验。

2019 年，国家相继出台《关于进一步激发文化旅游消费潜力的意见》（国办发〔2019〕41 号）和《关于加快发展流通促进商业消费的意见》（国办发〔2019〕42 号）两个政策文件，明确鼓励发展夜间文旅经济，鼓励开展各类夜间文旅活动，带动夜间消费。为贯彻落实这两个文件，各地纷纷做出了尝试。在"夜景""夜演""夜市""夜展"等核心夜间文旅业态中，涌现了一批夜间文旅体验消费场景，带动了夜间文旅消费。千年古都西安作为四大文明古都之一、世界著名旅游城市，有悠久的历史沉淀和丰富的人文资源和绝佳的自然资源，大唐不夜城的夜间文旅项目也就在这一背景下应运而生。

（二）主要做法

1. 坚持"因地制宜"的设计原理

大唐不夜城在总体布局上采用"因地制宜"的设计原理，具体表现在以下三个方面。一是大唐不夜城北起玄奘广场、南至开元广场、西起慈恩西路、东至慈恩东路，总占地面积 64.49 公顷，地块呈长方形，在轴线布置上，大唐不夜城的轴线贯穿三个广场，与大雁塔北广场及西安的一条主轴线重合在一起，充分利用了城市的轴线和具有浓厚文化底蕴的大雁塔以及被人熟知的大雁塔南北广场形成向量空间，以简洁清晰的特征吸引了来自世界各地的游客。二是在游览路线上，大唐不夜城将本无直接联系的大雁塔景区、唐城墙遗址公园、曲江池遗址公园串联起来，游客在大雁塔游览完毕后可以直接到大唐不夜城继续游览，形成一个连续的游览路线，满足了游客游览的需求，有利于游客的聚集。三是在文化背景选取上，唐朝是我国最繁盛的朝代之一，大唐不夜城是以盛唐文化为背景，唐风元素为主线，营造具有盛唐风采的城市夜景景观。大唐不夜城总体布局与唐长安城的城市肌理一脉相承，在延续了原有城市规划轴线对称的同时，强调与城市文脉的协调统一，很好地挖掘了地方优势，突出了地方特色，“因地制宜”地营造出具有地方特色的城市夜景景观。[①]

2. 强化细节设计，优化夜游环境

西安位于黄河文明的中心，土黄色不仅是皇室最具代表性的颜色，是西安长达千年的封建统治的象征，而且也充分表现出黄土大地的形象美。土黄色成为这座城市尊崇的色彩，现存的大雁塔、小雁塔等著名古迹都是以此颜色为主。赭石色是汉唐时期建筑所采用的主要色彩，通过与当时科学技术的结合，使得这一时期的都城建筑呈现出典雅、庄重、生动的形象。[②]

西安大唐不夜城商业街的设计主要是考虑到了以上特点和因素，在建设时大多以灰白色、土黄色和朱红色为核心色调，采用重檐式屋顶造型，还建造了仿唐代的高台，并且所有建筑都形成了中轴对称的布局。对大唐不夜城中的大部分基础设施也都采用唐文化符号进行了统一的二次设计，对街区路面、硬件设施、科技、艺术氛围灯光、音乐表演、商业业态等多方面进行深化，并且点亮了街区 3000 多棵树木，增加投影射灯以加强地面渲染。同时在两侧建筑原有的斗拱、椽梁等构件基础上增加了中国红色彩，

① 赵艳丽：《西安大唐不夜城夜景景观设计研究》长安大学硕士学位论文，2020，第 87 ~ 92 页。

② 胡欣萌、彭军：《传统商业街风貌形象改造初探——以西安大唐不夜城设计为例》，《天津美术学院学报》2020 年第 6 期。

并全部挂上了红灯笼，凸显中国风。所有的氛围灯光可根据不同季节或者不同主题，调整不同色调效果，让游客每次来不夜城都能有新鲜感。每当夜幕降临，这里便成了灯的海洋，用夜色成就西安，用夜色吸引四方游客，为曲江新区的旅游业带来了大丰收，也让大唐不夜城步行街享誉世界。通过这种方式，传统商业街建筑群不仅实现了历史文化的传承，而且将西安历史文化古都的面貌很好地向外界彰显出来，提升了该商业街的认知度和西安城市的整体形象。

3. 传统文化与现代艺术的完美交融

大多数来到大唐不夜城的人第一眼都会被这里绚烂的灯光所吸引，宽阔整洁的街区、气势恢宏的唐式建筑，再现了一幅长安不夜城的绝美画卷，但是只有璀璨的灯火还不足以撑起这幅盛唐画卷，中央景观带的主题雕塑是这条街文化厚重的源头。贞观广场主要由四大文化场馆和贞观之治主题群雕组成。这里有西安美术馆、太平洋影城、西安音乐厅和陕西大剧院，形成了一个文化矩阵，成为国际艺术展示平台和现代艺术交流中心。俗话说民以食为天，在陕西八大怪中有一多半都是与饮食相关的文化，现如今的大唐不夜城也是非遗文化的承载区和聚集区。这里有四家百年老字号，分别是同盛祥、德发长、春发生和西安饭庄。大唐不夜城还为游客提供了各式各样的文创产品。

大唐不夜城步行街是一个商业与文化完美结合的街区，人们在这里能够感受到特殊的时代和文化气息。第五届丝绸之路电影节、第二届西商大会、西安国际马拉松等重大活动都相继在大唐不夜城举办。从 2018 年起，曲江开始举办“中国年文化”活动，大唐不夜城步行街为广大市民和全球的游客打造了最具中国味儿、最显中华魂、最传西安情的年俗文化盛宴。为期 66 天的“中国年文化”活动，街区接待游客量约 1689.42 万人次，春节七天就达到了约 412.34 万人次，元宵节当日更是突破了 84 万人次，创下了活动以来单日游客量最高纪录，大大提升了街区在国内外的知名度。2022 年不夜城作为展示“中国年文化”的引领区和示范区，再次成为春节期间全国年味儿最浓、人流量最大、关注度最高、传播面最广、点赞率最多的热点和亮点街区。[①]

4. 动静结合设计趣味体验项目

大唐不夜城利用动静结合的设计原理，增强游客的参与感与体验感。在大唐不夜城主题雕塑和街道两边的间隔空间，布置了多个大小不等、风格多样的表演舞台，同时邀请各类表演艺术家前来表演，展示不同艺术的独特魅力，在这里游客不仅能得到视觉上的享受，还可以听到美妙的音乐。在大唐不夜城的不同区域，还有既能展示唐文化又能与人互动的不倒翁小姐姐、悬浮的诗仙李白、石头人等行为艺术表演，这些大唐不夜城的夜景景观元素迅速在网络上引起轰动，成了著名的网红打卡地，集聚了众多游客纷纷前来打卡体验，许多人前来只是为了牵一下不倒翁小姐姐的手或逗石头人笑一笑。

大唐不夜城还利用光的动态变化，在大唐不夜城中轴线上绿化和雕塑两边的地面上，安装了钢琴键盘灯带和格子灯带，当人们踩到不同的琴键上，会发出不同的声音和变换不同的颜色，这些都增强了景观的趣味性。沿着步行街景观大道一直向南，沿途刻有古诗词的雕塑坐落于喷泉流水之中，与整个雕塑主题、灯光场景融为一体，并在夜色里与道路两旁的镜面水池相映成趣，营造出和谐欢快的气氛。开元广场上设有旱喷泉，总占地面积为1000平方米左右，共有28个喷口。喷泉主要利用冷雾系统，通过高压造雾形成雾境景观，烘托出盛唐时期的壮丽景象，使美丽的大唐不夜城更加耀眼夺目。

（三）特色亮点

1. 注重城市历史文化的挖掘

大唐不夜城是影视剧《长安十二时辰》中长安舆图里晋昌坊和通济坊的拍摄地，整个街区在建设中，以盛唐文化为主线，在景观设计、空间布局和主题产品打造中，都注重了对西安唐文化的展示和体验。大唐不夜城以丰富的历史文化古迹为基础，景观建筑中融合了大量盛唐的印记，上到

① 《我跟党走家乡蝶变——大唐不夜城步行街　文化与现代交融　打造旅游新标杆》，https://baijiahao.baidu.com/s?id=1703435793506825047&wfr=spider&for=pc。

飞檐斗拱，下到唐代名人像，都充满浓浓的文化韵味。大唐不夜城整体布局为线性布局，以大雁塔南广场到古城墙遗址之间的连线为轴线，由北向南分别为商业步行街、贞观广场、文化交流广场、庆典广场、古城墙遗址公园五个景观区域，共同展现了千年古都的历史文脉和文化轴线，全方位展示和传播了西安的历史与文化。它承载的不仅是商业功能，而且还有展示城市个性特色的功能。

2. 突出文化创意

通过对传统文化的创新挖掘，抓住自媒体时代的发展机遇，大唐不夜城巧妙地开发出“不倒翁小姐姐”等行为艺术表演，再依托网络平台实现裂变传播，逐渐形成了新的 IP。在市场定位上，更加注重吸引年轻游客群体，在丰富的历史文化资源基础上，融入了多元的夜间旅游产品，如音乐喷泉、灯光秀、唐文化演艺及特色体验类活动等。大唐不夜城以个性化的文化夜游定位为导向，构建了由盛唐非遗传统文化、中华传统美食文化、国际表演艺术文化、时尚都市休闲文化组成的多维品牌传播内容矩阵。为了充分调动公众的传播热情，大唐不夜城近两年节庆活动不断，长安夜游嘉年华、中国年活动、西安独立咖啡节、盛唐电音节等让观众亲身参与演出和巡游，新奇的观众体验容易产生一传十、十传百的传播影响力，使得传播效果指数式扩大。与此同时，文化创意设计大赛、“唱响不夜城·好声音 show”、互动喊泉体验大赛、最美不夜城拍照摄影赛、车厢好物市集、行为艺术体验者征集等赛事接连不断，引导了民众的人际互动，在不同的领域实现了圈层式传播，共同推动文旅品牌传播从精英模式过渡为大众模式。

3. 科技赋能强化文化认同

随着游客对于旅游体验需求的日益上升，拥有丰富旅游经验的旅游者已不再满足于无差别的一般性旅游，他们对个性化体验旅游的追求程度比以往任何时期都要高，仅依靠传统观赏式游览项目吸引游客的城市逐渐失去了核心竞争力和目标消费者。为了能够满足不同群体和年龄段游客对于身体感官和精神情感深度体验的个性化需求，大唐不夜城设置了民俗、现代、唐文化等多个体验区，设计了各种形式的体验活动。以体验唐文化为主的体验区，临街开设了唐服体验馆，游客可以亲自试穿唐服，感受唐朝的礼仪服饰和审美，还可通过品尝唐茶唐酒了解盛唐时期的茶酒文化；在以未来高新科技为主的体验区，利用 AR、VR 技术与唐文化元素结合，让游客穿越时空隧道，“看见”了盛唐历史的传说，这些集五感为一体的文化体验，在无形中加深了游客对特色地域文化的认同，也让游客对西安有了不同于其他城市的定位。①

4. 文旅反哺商业

文旅项目很难赢利是世界难题，更何况大唐不夜城中所有项目基本都是免费的。文旅项目要想实现变现，只能在引流方面下大力气，只有获得了顶级流量，配套商业才具有价值。大唐不夜城放弃了传统的商业配合旅游项目的模式，转而引进更为大众化、年轻化、专业化的“大盒子”综合体，不仅给游客提供了不亚于繁华商圈的服务，也成为本地居民新的消费聚集地。②

四　沉浸式戏剧的“只有河南·戏剧幻城”实践

（一）基本概况

“只有河南·戏剧幻城”作为河南省文化产业重点项目，由建业集团联袂王潮歌导演共同打造，是王潮歌导演继“印象”“又见”之后打造的全新文化作品——“只有”系列的扛鼎之作。“只有河南·戏剧幻城”位于河南省郑州市中牟县平安大道与广信街交叉口西北角，是一座有 56 个空间、21 个剧场的戏剧幻城，也是中国最大的戏剧聚落群。整个项目占地 622 亩，总投资 60 亿元。可同时容纳观众近 5000 人，每天演出可达 125 场，有 900 多名专业演员参与。

---

① 姚星宇：《基于地域文化视角传播城市旅游形象——以西安大唐不夜城为例》，《艺术品鉴》2020 年第 5 期。

② 《西安这条步行街的重生之路》，https://baijiahao.baidu.com/s? id = 1651902082550376360&wfr = spider&for = pc。

“只有河南·戏剧幻城”以中国棋局的“方”为主题，着重强调“大棋盘”的设计理念，构成丰富而又捉摸不定的“迷阵”。其中规划布局的56个格子空间，从上往下俯视犹如星罗棋布。每个格子大小和场景各不相同，相当于构成了56个不同的世界，观众游览于幻城之中就像在探索迷宫，在时空碎片里移步换景，带给人沉浸式的戏剧体验。在56个格子空间中，有一个空间将河南省上至市下到县、镇、村完整的名单刻在四面夯土墙上，这是对河南区域历史的展示。黄土夯成的围墙同样也是对黄河文化建筑符号的展现。白天它们只是普通的围墙，到了夜晚，灯光秀《清明上河图》《千里江山图》以投影的形式呈现在城墙上，古老与科技的碰撞，把悠远的历史投影到当下，坐在百亩麦田一侧的观众席上，你会被眼前的场景所震撼。

“只有河南·戏剧幻城”是国内第一次将高雅、严肃的戏剧艺术形式作为“被消费主体”，而不是为景区配套的文化旅游“目的地作品”。它具有超前的、引领式的艺术价值和社会价值。“只有河南·戏剧幻城”不仅关注外在演出效果，更直抵中原文化、黄河文明的内核。戏剧围绕“黄河、土地、粮食、传承”的主线，抓住黄河流域生态保护和高质量发展上升为国家战略的重大历史机遇，以讲述黄河故事、传承黄河文化为基调，打造具有世界影响力的文化精品。它更像是一座“流动的”河南博物馆，以人们更容易接受的方式还原了河南历史上举足轻重的一幕幕场景。“只有河南·戏剧幻城”对于树立河南文化自信、促进郑州建设国家级中心城市、加速中原崛起具有重要意义。

作为一部极具创新力的文化作品，“只有河南·戏剧幻城”长期以来备受社会各界的关注，开业后品牌声望持续攀升。“只有河南·戏剧幻城”拥有员工1400余人，直接带动就业8000余人。项目于2021年6月5日开城首演，6月6日正式开城纳客，开城首演直播全网播放量达4160万次；开业10天内，项目七次登上央视，《人民日报》、新华社等中央媒体相继发布专题稿件和多语种稿件；微博话题“有21个剧场的戏剧幻城”阅读量达3.7亿，累计6次登上微博同城热搜第一；抖音热度排名本地第一，在全国景区中仅次于上海迪士尼；抖音官方账号粉丝12.7万，POI增长至3.9亿。

从行业发展层面，有越来越多的景区、旅游目的地以及文旅企业把旅游演艺作为提振二次消费的收入、吸引客源的重要项目在运作。可以说经过多年发展，旅游演艺已从简单的故事表演变成一个可以带动旅游业和文化产业共同发展的融合产品。特别是随着夜间经济的发展，未来旅游演艺将会拥有更为广阔的舞台和成长空间。当下的中国，演艺类消费已经由高端、低频悄然走进大众生活，当各类戏剧节受到中国文艺爱好者的追捧，当戏剧类节目成为荧屏热播节目，当沉浸式表演被越来越多观众所熟悉和喜爱，与旅游需求结合的演艺作品就成为一个新风口，“只有河南·戏剧幻城”的创新实践便是紧紧抓住并拥抱了这个风口。“只有河南·戏剧幻城”以沉浸式戏剧艺术为手法，以独特的“幻城”建筑为载体，通过讲述关于“土地、粮食、传承”的故事，致力于让更多人感受到戏剧文化的魅力。①

（二）主要做法

1. 设计“新·观演”

“只有河南·戏剧幻城”中绝大部分戏剧演出的场地和环境并没有拘泥于常规剧场和镜框式舞台，而是在非常规剧场与特殊场域中上演的浸没式戏剧作品，不同于传统镜框式舞台的“对向式”观演关系，“幻城”的特殊观演关系使其沉浸感十足。

首先，在演出空间范围上，非常规剧场的浸没式戏剧最大限度地打破了演员和观众之间的壁垒——“第四堵墙”，演出空间不再有明确的区域划分，而是相辅相成，融为一体。如小剧场戏剧《张家大院》的演出场地，就是在夜间的户外街头，是由公共空间的开放环境改造的固定演出空间，也是创作者为之营造的戏剧环境，全剧围绕着一场特殊的豫商晚宴展开。舞台与观众席之间没有明显的界线，演员与观众的活动空间得到延展，身着旗袍的貌美夫人们与观众擦身而过，观众仿佛作为一个角色置身于这场晚宴中，与剧中人一同经历在军阀割据的动乱年代下的抉择与牺牲。这使

① 郑蕾、珍妮：《“只有河南·戏剧幻城”背后的故事》，《文化月刊》2021年第8期。

得观众与演员的物理距离与心理距离被缩小，让更多人参与戏剧交流之中，将“有国才能有家”的豫商精神展现得淋漓尽致。

其次，观演距离的缩短和观演互动的增加使观众的沉浸感、体验感更强。如三大主剧场中的火车站剧场和李家村剧场，采用行进式的观演方式，观众摆脱了固定方位的“第三方视角”，不只是单纯地听和看。换言之，观众不仅可以“零距离”“面对面”地观看演员表演，而且可以成为所演事件的见证者，也可以成为某个情节的参与者与演员交流互动，甚至可以作为戏剧的一部分参与整个演出。在火车站剧场，观众跟随“村民”随机进入不同房间，每个房间里都上演着不同的情节——在大饥荒下，每户村民家中都有着不同的不幸和苦痛。这种特殊性和不确定性，激发了观众想要了解其他剧情的欲望，增加了戏剧产品的二次上座率。随着剧情发展，观众同“村民”一齐奔跑抢粮以及因李十一的壮烈牺牲而被震撼静立时的动作与表现都构成了戏剧表演的一部分，此刻的观众便是李家村饥民中的一员，观与演的对立关系被打破。在这样的观赏距离下，演员的表演更具冲击力和感染性，观众配合演员完成情绪的表达并做出直接的反馈，强化了观众的体验感与和表现力。

最后，沉浸感也体现在“演员”的范畴内。“幻城”的“演员”不是常规意义上的“演员”，这个空间中的每一个个体都是演出的构成者、参演者，包括建筑景观、物品道具、一草一木，以及观众。“幻城”内随风浮动的麦穗、厚重的夯土高墙、古色庄重的建筑和眼前可见的一切，都是戏剧的有机构成部分，园内所有的色彩、造型等内容和形式都是围绕既定主题表现的。小剧场戏剧《红庙学校》带观众进入学生时代的课堂，可以说是“幻城”中最具互动性的戏剧作品。当观众在“老师”的引导下配合“学生”做出相应的动作时，自己也成了“表演者”之一，共同完成戏剧表演的呈现。在这一过程中，观众的身份属性更加丰富，从一个被动的旁观者转变为主动探索的参与者，成为整个空间和作品的有机构成部分，成为戏剧《红庙学校》的核心。每个观众的独特性与创造性，使得每场演出的效果都独一无二，观众得到不同的审美体验，其现场性和真实感使得无数观众在演出结束时，感叹仿佛又回到了那段青葱岁月。

2. 打造“幻·空间”

“幻城”的戏剧演艺空间从剧场延伸至特色建筑，延伸至街道的每一个角落。戏剧空间的结构形态影响着演员和观众的参与方式，也同样影响着观众的参与程度。每个空间既独立又相互联结，承载着不同的时间坐标，却都体现着过去与今天的对话、历史与当下的交叠。因此观众在“幻城”之中穿行，在移步换景间撞击历史，哲思当下，放眼未来。

由于观众介入演出的框架范围，可以受表演区包围或者两者交错、渗透或叠合，形成了包围式、道行式、复合式等演出空间，并且“幻城”内每个非常规剧场提供的演出空间具有特殊的环境气氛，使观众的身体与心理更易沉浸其中，达到观演体验的一致性。如小剧场戏剧《下沉岁月》，使用下沉的长廊作为主体空间设计，观众站在二层连廊上俯身观看演出，戏剧表演与铺满 LED 屏的地板呈现的变幻莫测的画面完美配合，其独特的观看视角和视觉效果，给观众带来新奇的体验。

“幻城”的戏剧空间，除了真实空间，还有虚拟空间。小剧场戏剧《前生来世》《天子驾六遗址坑》等作品在时空处理上，打破了传统舞台时空的幻觉性，使观众的思维和意识不受客观现实时间和空间的束缚。当物质空间与想象空间并置，整个场域便成了一个超越真实与想象的虚拟空间，在这个真实的场所并置了现实和虚拟、事件和想象、历史和故事、叙述和残片、过去和现在，赋予了生命更为丰富的时空经历。由此“幻城”的“幻”便在真实空间与虚拟空间的交错中展现出来。

3. 融合“新·科艺”

除了独特的观演关系和戏剧空间，数字科技的参与也加强了观众的沉浸体验。“幻城”的“幻”还体现在科技和艺术的相互融合与“物质”和“虚拟”相融并存共同营造出的奇幻感官体验上。不得不提的是，“只有河南·戏剧幻城”做到了极致的舞美，主创团队用先进的演艺设备、前沿的舞台科技、特殊的物质材料，打造出一场舞台艺术的视听盛宴。虽然运用了大量技术手段，但并没有因此喧宾夺主，科技与艺术的完美融合让观众忽略了技术本身。

在舞台灯光方面，“幻城”空间内是“见光不见灯”，景观照明、建筑外立面照明、室内照明等基础照明和演艺灯光，在保留建筑整体风貌的同时呈现最佳戏剧效果，在不同时间段创造出不同的视觉画面，营造全景式沉浸体验氛围。如小剧场作品《乾台》，在作为主要演出空间的户外小亭台中隐藏着上万台定制灯具，其四周地面无缝拼接的灯光工艺与景观完全融为一体。白天是中国韵味的亭台景观，夜幕降临，配合灯光效果和武术演员的表演，即可瞬间变幻为动态玄妙的舞台，流光溢彩间展现出光阵与太极的互动、意象与具象的交融，引人哲思。

在多媒体技术方面，主创团队利用数字媒体技术将现实与想象的事物通过影像呈现出来，除了 LED 屏，还将静态和动态视频画面投影在墙面地面、山体草木上。同时在非常规介质上进行视觉创作，如流动的水、浮动的烟雾、破碎的镜体、移动的人群等，甚至在不可能成像的介质上呈现复杂的影像演绎，如吸光性的黑丝绒面、极细的铁丝网、无实体的空间等，能够达到亦真亦幻、虚实难辨的效果，神奇的感官体验给观者带来深度的沉浸式体验。如闭园秀《文明之光》将《清明上河图》《千里江山图》以投影的形式，幻化在 328 米的夯土墙上，奇美壮丽的画面与天幕、远山和整个“戏剧幻城”融为一体，视频投影技术变成现场的“表演者”。

在舞台机械装备方面，主创团队应用了大量前沿的舞台机械装备辅助、参与表演。舞台机械作为艺术表现的基础载体，通过成熟的舞台机械技术与其他演艺装备密切配合，如与灯光、视频和水雾烟火气等特效技术的密切配合，甚至直接作为戏剧的一部分参与艺术表演，产生了意想不到的演出效果。如李家村剧场中车站剧场智能翻板配合 56 道机械麦穗吊杆，通过智能控制呈现波澜壮阔的麦浪翻滚景象。在演出中，通过各式升降台、旋转台、机械臂等舞台机械设备，使辉煌的宫殿不断旋转起落，象征着王朝的兴替和时空的转换。同时，配合视频技术与构成了色彩和影像变换的幻影空间，千年往事如同过眼云烟般地展现在观众面前，使其身历其境般地陶醉其中。

（三）特色亮点

1. 覆盖群体广泛，满足不同需求

除了“天时、地利”，“只有河南·戏剧幻城”还有“人和”的优势。目前国内市场中部分公园主题雷同、产品单一，缺乏个性特色和文化内涵，而“只有河南·戏剧幻城”在主题策划上具有很大的创新性。它具备全新的主题和模式——演艺作品不再只是主题公园的配套项目，而是将戏剧作为被消费的主体。高质量、高含量的创新产品开发出一部分没有被传统游乐主题公园挖掘的新消费群体，也为消费者提供了多元化的选择和新型的主题公园消费方式。既有个性化又有普适性的“只有河南·戏剧幻城”，对所有年龄段的游客都极具吸引力，因此覆盖的观众群体十分广泛。其中的戏剧作品既可营造沉浸式的感官体验，又兼具丰富的文化内涵，可以对应并满足观众不同的游园需求。正如王潮歌导演所说：“浅者看了不深，深者看了不浅。”

2. 集散型演出模式，产品灵活度高

“只有河南·戏剧幻城”作为一个大型戏剧演出的聚合体，其优势在于它集散型的演出模式和高灵活度的产品。公园核心区域呈“大棋盘”形，其内划分为几十个独立且相通的格子空间，剧场建筑分布紧凑有序。园内演出的形式和类型丰富多样，从白天到夜晚，从室内到户外，皆有不同规模的演出，观众可以选择不同的路线行进观看，搭配组合不同的剧目，随机多线的行进方式形成了不同的观剧体验。多样化、个性化的线路特点，保证了产品具有丰富的层次和可体验的厚度，在给予游客自主选择弹性空间的同时，也契合了当下流行的“盲盒式”沉浸体验。

3. 商业模式创新，产品合理搭配

相较于传统主题公园，“只有河南·戏剧幻城”商业模式的创新使其更具竞争力。首先，园内演出涉及的内容丰富，演出时间长。其单日演出总时常可达 4050 分钟，理论上讲，看完所有演出需要三天的时间，这使得游客停留时间被延长，再通过联合餐厅、酒店、商铺等场所，带动了食、住、行、游、购、娱等方面的消费。除此之外，沉浸式戏剧每场次的独特性和季节性活动的创新举措，也可以提升项目的重游率。其次，公园不以门票收入作为主要的经营收入，也就是说“只有河南·戏剧幻城”不但内容丰富、体验感强，而且门票价格实惠，可以吸引更多消费者群体。

4. 文化深度活化，中国特色公园

在“娱乐至死”的时代，商业气息过于浓厚、娱乐属性相对强烈、对于文化的发掘明显不足是目前国内主题公园存在的主要问题之一。“只有河南·戏剧幻城”深挖中原文化，通过戏剧艺术的形式，将文化深度活化，展现出民族文化价值、文化自信，具有强烈的中国特色文化属性。同时，其内容弘扬中国历史文化、爱国主义，也具有一定的教育性，可以达到寓教于乐的效果，是一座具有中国特色的主题公园。另外，“只有河南·戏剧幻城”对戏剧艺术和地方文化的广泛普及也起到了推动作用。它将过去被打上“精英”“门槛高”标签的“小部分人的戏剧艺术”变成了随时可以体验、可以令更多观众接受且共鸣的艺术，将普通观众和此前从未接触过戏剧的观众变成了戏剧爱好者，也让更多的人认识河南、了解河南。“只有河南·戏剧幻城”彻底改变甚至颠覆了旅游受众的旅游内容，直接获得“旅游演艺”产品的审美体验和文化感受。毕竟审美体验才是人从自然、从世界、从社会、从消费产品中获得的最高体验，没有审美的体验，只能是低档次的“无感”体验。①

五　沉浸式场馆的中国大运河博物馆实践

（一）基本概况

中国大运河博物馆，简称“中运博”，全称“扬州中国大运河博物馆”，位于江苏省扬州市广陵区开发东路（三湾湿地公园西北侧约 150 米），占地 200 亩，总建筑面积约 8 万平方米，隶属江苏省文化和旅游厅，是集文物保护、科研展陈、休闲体验为一体的地方现代化综合性博物馆。作为世界文化遗产的大运河是中华文明的精神标识之一，2017 年被列入国家文化公园名单。

① 《主题公园与戏剧艺术双视角下的“只有河南·戏剧幻城”分析报告》，https://www.sohu.com/a/532571938_99984275。

扬州中国大运河博物馆是大运河国家公园中的一个重大建设项目，具有鲜明的标识性和可视性，成为中国大运河悠久历史和灿烂文化的象征以及传承民族文化记忆的重要载体。大运河扬州段自古至今对繁荣民族经济发挥了重大作用，也创造出了独特的运河文化与生活。在与运河同生共长的历史文化名城扬州设计建造的中国大运河博物馆，自然应该与扬州城市文化特色相协调，反映现代扬州的时代风貌，并为扬州城市的社会经济发展做出贡献，为人民群众的文化休闲生活提供多彩的元素。[①] 项目在选址、布局、形体、风格、景观诸方面都力争将空间与时间关联、历史与现代融合、建筑与环境协调，保持从宏观整体到微观细节的有机统一。2021 年，扬州中国大运河博物馆先后入选江苏“运河百景”标志性运河文旅产品公示名单、江苏省省级水情教育基地名单、江苏省爱国主义教育基地。

“十四五”期间，“实施文化产业数字化战略，加快发展新型文化企业、文化业态、文化消费模式”被写入了满足人民文化需求、推进社会主义文化强国建设的国家战略规划中。以体验式表演、体验式影视等为代表的“体验式 + 行业”在拓展文旅产业发展领域方面发挥着重要的作用，在市场的催化下，体验式旅游的边界不断地延伸，与之相关的各种产品及衍生产品频频问世，学术界在这方面的研究也在不断深入。“沉浸式 + 博物馆”就是其中一个创新发展，于 2021 年 6 月中旬开馆的中国大运河博物馆是一个典型的案例。它契合了时代的需求，提供了公众喜闻乐见的旅游产品。在科技进步迅猛发展的今天，信息化、可视化技术正在越来越多地被运用于博物馆的展览之中，仿真、虚拟、无展板技术带来的动态、交互等活化表现方式为观众带来历史和文物无缝结合的体验。[②]

（二）主要做法

1. 将运河文化融入景观设计

中国大运河是世界文化遗产，具有强烈的文化景观色彩，大运河及其

① 中国建筑西北设计研究院有限公司：《扬州中国大运河博物馆》，《建筑学报》2022 年第 3 期。

② 张情绰、王磊、苏琪、戴颜羽、谭坤娇：《博物馆体验式旅游感知度影响因子分析》，《当代旅游》2022 年第 10 期。

流经的线性区域所孕育的文化蕴含着中国传统文化基因。在规划初期，张锦秋院士以打造城市文化景观为设计构思，将中运博选址在扬州运河三湾风景区内：博物馆与运河水利风景、公园文体空间、自然生态廊道浑然一体，体现出园中有馆、馆中见园的意趣；博物馆旁规划建造一座大运塔，塔与北面的文峰塔、南面的高旻寺天中塔遥相呼应，三塔如三颗明珠，构成了“三塔映三湾”的文化景观；观众登塔可俯瞰古运河水工智慧——“三湾抵一坝”的历史景观。

中运博总建筑面积约8万平方米，由展馆、内庭院、馆前广场、大运塔和今月桥五部分组成。独特的地理位置、充足的建筑空间使得运河文化被更好地融入景观设计，景观设计也更好地阐释了运河文化。整体建筑风格选择了新唐风的雄浑质朴、宏伟大气，展示了盛唐时期运河城市扬州的多元、开放、自信与包容，同时也体现了当今中华民族伟大复兴的新时代精神。建筑融合传统与现代之美，其中馆、塔、桥与运河相得益彰：建筑矗立在流淌的古运河畔，展现其与大运河共生共存的关系；由今月桥连接的博物馆与大运塔，四面成景，现代艺术与历史文明交相辉映；大运塔亭亭玉立，逐层递收，展示了扬州诸塔的挺秀；今月桥状如古琴，立面形似圆月，犹如穿越的唐时之明月。

作为扬州“城市文化客厅”，与运河主题相契合、形式丰富的博物馆空间是中运博的一大亮点。博物馆空间包括了公共空间和展厅空间，所有空间的文化景观设计均融入运河元素。如内廷花园和楼顶花园展示了运河城市扬州的园林特色；分布于馆内外空间的现代雕塑艺术品，以运河文化为创作主题，有效地提升了博物馆的艺术氛围，营造出运河文化的美学属性。

2. 文旅融合，促进遗产开发

随着大运河申遗成功，大运河遗产的价值得到了国内外更广泛的认可，越来越多的文化项目在大运河沿线城市落地生根。作为新时代文旅融合在大运河文化展示中的创新尝试，中运博致力于弘扬运河文化遗产特色，成为满足观众参观需求的旅游目的地以及大运河国家文化的展示场所。

为此，中运博在运河文化遗产的阐释方面充分考虑地域的差异性，在展示手段上兼顾观众的多样性，在观众服务上探索需求的综合性。如“大运河非物质文化遗产”作为反映运河沿岸非遗项目的专题展，从音乐戏曲、传统工艺和节庆习俗三个层面，重点展示代表性的国家级或地方性非遗项目。从北京的京剧、山东的琴书、扬州的清曲到苏州的评弹，从天津的杨柳青年画、河南的朱仙镇年画到苏州的桃花坞年画，展示内容无不充分考虑观众地域的均衡性，在展厅还可随处听到南北各地的方言和民谣。展示手段更是丰富多样，有常规的展柜展示；有非遗作品的半成品或制作工艺的展示；有活态展演展示，如展厅现场搭建戏台由非遗演员现场表演传统戏曲；有数字多媒体展示等，观众既可在沉浸式主题空间欢庆传统节日，还可以参与丰富的互动体验，如动手体验木偶戏表演等。

3. 美育课程，讲述运河历史

中运博深入发掘本馆展览、藏品等资源特色，并进行有效梳理，从展览阐释到美育课程开发，讲好大运河故事，树立“大运河博物馆”文化品牌形象。如“大明都水监之运河迷踪”是以青少年为目标群体的互动体验展，展厅为密室逃脱空间，体验者化身为古代监水使者，带着卷宗游历大运河，通过闯关打卡在潜移默化中了解大运河的历史文化、水利科技等知识。展览以大运河“百科全书”的文化属性指导单元游戏设计，将趣味知识串联进展厅空间，为新时代博物馆的美育课程开发与展览策划的多元结合提供了创新思路。展览不仅提升了参与游戏的青少年自主探索学习的兴趣，也提供了一种良好的参与体验。

在互动展览之外，中运博还开发了一系列主题课程活动，如依托“中国大运河史诗图卷”展，结合中小学语文学科，开发了“古代文学家与文学名篇”主题活动；围绕“隋炀帝与大运河”展中隋炀帝墓出土文物、隋炀帝开通大运河等知识点，结合初、高中历史学科，开发与之相关的主题活动；围绕“运河湿地寻趣”展中运河湿地的代表性动植物，结合地理、生物等学科知识，开发以低年龄段学生为主的主题活动等。为了更加深入发掘和整合运河沿线丰富的历史文化，中运博与南京博物院联合大运河沿线 32 家博物馆，成立了“大运河博物馆联盟”，以推进运河沿线博物馆在展览、教育、文创、宣传等方面的资源共享与协同发展。

4. 艺术创作，解读运河文化

中运博的展厅总面积约为 2 万平方米，共规划为 14 个独具特色的展示空间，从历史、人文、非遗、自然、艺术等多重视角，全面反映大运河世界文化遗产价值以及大运河带来的美好生活。为了更好地解读运河主题，中运博以现代视角，年轻化、艺术化的语言，解构传统的运河文化，将之创作为绘画、雕塑等当代艺术作品，也为博物馆增添了靓丽的色彩。

如“形影——运河主题多媒介艺术展”，就是艺术家创作的当代雕塑、陈设作品展。艺术创作者根据运河文化中水、船、人等元素，提炼出具有象征意义的造型，以大运河作为艺术交流融通的纽带，将当代雕塑家对运河传统文化的思考一一呈现，开启一场关于历史文化与传承、传统与现代碰撞的对话，展现大运河生生不息的活力与精神，勾勒出人们对美好未来的憧憬与期待。

再如《中国大运河史诗图卷》不仅是展览，也是作品，还是解读大运河文化传承发展的艺术缩影。画卷全长 135 米，高 3 米，包括书法所题的作品名称、序、跋，以及上卷“中国古代伟大创举”、下卷“新时代辉煌篇章”，诗、书、画、印和谐交融。作品以江苏省书画家为主创成员，由大运河沿线 8 省市 15 位书画家共同参与，历经一年半，数易其稿而成。画卷通过艺术家全新的视角，从时间、空间、历史、人文、自然等多个维度，勾勒出大运河开凿与发展的漫长历史，呈现运河沿岸的自然风光与繁华景象，是跨越千年时空凝聚而成的艺术结晶，诉说着大运河过去、现在与未来的故事，也呈现大运河这样的历史文化积淀对当代新风貌、新气象的深厚影响。①

（三）特色亮点

1. 数字展览的“独特性”

中运博采用数字与实物展品结合、推理式游戏数字展示、沉浸式全空

① 郑晶：《大运河文化如何开发？——以扬州中国大运河博物馆为例》，《美术观察》2021 年第 10 期。

间数字展示三种模式，打造了独具特色的数字展览。位于博物馆一层的“运河上的舟楫”展厅，内部空间分为沙飞船全景3D体验区和运河船模展示区。沙飞船是明清时期扬州至杭州一带的舫船，品格较高，是大户人家娶亲或看戏之船，也是康熙南巡时的伴驾之船。展览复原了沙飞船船体，观众可以移步上船欣赏周围船行运河的影像投影，仿佛置身在真正的运河之舟。博物馆二层的“河之恋”展厅拥有挑高宽阔的圆形建筑空间，主题为“水、运、诗、画”，数字化情境式展示了悠悠的运河情怀。青少年互动体验展“大明都水监之运河迷踪”的策展思路对年轻人有较大的吸引力，展览位于负一层，布局结构紧凑，场景与数字技术手段结合，营造出充满神秘感的探索空间。

科普类展览“湿地寻趣”主要展示与运河相关的动植物标本、生态环境和活态动植物。大运河流经华北平原和长江下游平原，沟通了海河、黄河、淮河、长江、钱塘江五大水系，穿越了温带和亚热带。大运河滋养孕育了多元化的生态环境，各种动植物在此存续繁衍，自然环境充满勃勃生机，为了体现这一特色，自然展厅内设置上下水以模拟湿地环境进行活态养殖。圆弧形是充满张力的自然形态，展厅空间用两个大圆弧作划分，主空间地面下沉模拟湿地环境，周围展示动植物标本和养殖的动植物，整个展厅一派自然生趣。①

2. 参观体验的“丰富性”与“趣味性”

新时代背景下，博物馆的展品内涵越发丰富，展览阐释更加注重分众体验。博物馆的发展应注重特色和多样性，不能完全以文物为最基本的生产材料来发展，而应将博物馆融入社会发展中，以多元的展示手段满足观众多样性的参观需求。中运博的展览体系架构立足于观众体验视角，14个展示空间的设计主题鲜明、风格迥异、展示手段丰富且充满趣味，给观众带来最佳的体验效果。如“运河湿地寻趣”是专为儿童打造的自然生态类体验展，“大明都水监之运河迷踪”是专为青少年打造的密室逃脱类互动解

① 张乐：《探索契合的展陈空间与公共空间——以中国大运河博物馆为例》，《东南文化》2021年第3期。

谜体验项目，“河之恋”是为年轻人和时尚文化爱好者打造的数字多媒体沉浸式体验展。

“运河湿地寻趣”作为反映中国大运河沿线自然生态景观的儿童体验展，展厅空间构思新颖，融知识性、观赏性、趣味性为一体，以儿童的语言和视角拟定外环与内环两个展示空间：外环主题为“长长的运河 满满的湿地”，展现运河流域从北到南四个地理空间的典型动植物风貌，展品不仅有野猪、麋鹿、白鹭、丹顶鹤等珍稀濒危动物标本，还有蚊子、蚕、蜜蜂、蜻蜓、蝴蝶等体现生长过程的标本，造型均生动有趣；内环主题为“鱼儿的乐园 鸟儿的天堂”，设计为湿地生态环境的活态微缩场景再现，内有湿地代表性植物、动物及其他生物，如芦苇、莲、菱角、水藻、青蛙、小龙虾、螺蛳、鱼等，小朋友可以走进湿地真实、直观地感受运河生态环境。“大明都水监之运河迷踪”是面向 10~15 岁青少年群体的互动解谜体验项目，以“二次元+古风”的设计风格复原运河沿岸的衙署，设计游戏互动、解密通关，打造一个个沉浸式空间，以游戏方式将青少年带入虚拟的历史故事中。“河之恋”是数字化专题展厅，为年轻观众打造有创意、有新意的沉浸式体验，采用“科技+艺术+文化”的手段，以运河流动变幻的水及水上花、船等抽象化、符号化元素，提炼大运河“水”“运”“诗”“画”的象征意义，融自然、艺术与美感于一体，让观众在极具视觉冲击力的空间中与运河文化进行艺术对话。

3. 旅游服务的“休闲式”和“一站式”

在文旅融合背景下，博物馆不仅是展览空间，还是文化空间、旅游空间、休闲空间以及购物空间。中运博致力于打造综合文化休闲空间，为来自各地的观众提供集展览、学习、活动、剧场、文创、餐饮于一体的“一站式”服务。

如“应运而生——大运河街肆印象”引入“实体”经营和“活态”展演模式，展厅可参观、可体验、可互动、可餐饮、可购物，观众在展厅中可享受文化休闲和旅游的“一站式”服务。展厅以大运河沿线典型城镇村落为依据复原街巷建筑空间，如街道、商铺、码头、米店、戏楼、民居、牌坊等，观众可在街巷中穿梭游览。该展厅注重观众的穿越式情景体验，运用科技手段模拟昼夜变幻的真实场景氛围，从建筑形式、装饰元素、游戏互动到店铺商品均蕴含时代特征，观众可在茶馆喝大碗茶、听相声和评书。中运博为观众营造沉浸式氛围，展厅中隐现有地域方言特色的叫卖声，观众可买到大运河沿线的特色非遗小吃和工艺品，如点心、酱菜、剪纸、风筝、荷包、布鞋等，而对于一些需要现场加工的特色美食，则可以通过购买“交子”样式的卡券到公众餐厅兑换品尝，以增加餐饮的趣味性。①

六　沉浸式中国节日系列节目的河南卫视实践

（一）基本概况

中国传统文化蕴含了中华民族特有的精神智慧，要传承好、发展好中国传统文化必须要推动其创造性转化、创新性发展。河南是华夏文明发源地之一，承载了中华民族的历史文明，孕育出诸多优秀的文化产品。2021年，河南卫视持续打造了一批富有文化内涵兼具创新性的中国节日系列节目，掀起了一股文化自信的热潮。

河南卫视秉承“依托文化、构思精巧、技术赋能、制作精良”的创作理念，以蕴含优秀传统文化的中国节日为主线，先后推出春晚、元宵、清明、端午、七夕、中秋、重阳7场“中国节日”系列节目，吸引社会大量关注，并获得强烈反响，彰显了传承与发扬中华传统文化的自信心，引发广大观众好评，被多家主流媒体报道并给予高度评价，取得良好传播效果。其中，河南春晚全网点击量超50亿、“元宵奇妙夜”全网点击量超30亿、“清明奇妙游”全网点击量超25亿、“端午奇妙游”全网点击量超50亿，各媒体及网站纷纷关注、推介。这些节目能够“出圈”，在于其创作者深入挖掘中华优秀传统文化，并创新性地采取多样化的表达方式进行呈现

河南卫视“中国节日”系列节目在引起民众关注的同时，也带动了河南省文旅产业的发展。在2021年十一黄金周，河南实现旅游收入322.32亿元，与2019年国庆假期相比，全省接待人次增长0.65%，旅游收入恢复至

① 田甜：《中国大运河博物馆多重视角下的展览体系架构》，《东南文化》2021年第3期。

64.21%；与2020年中秋及国庆8天假期相比，接待人次增长5.44%，旅游收入增长2.12%。对于河南文旅来说，数字涨幅的背后是人们对文化需求的真实写照。河南卫视“中国节日”系列节目打开了河南优质文旅资源向全国人民输送传播的新窗口，让游者能够“看得见”，进而激发旅游者出游动机，吸引旅游者前来观光，促进了河南文旅产业的高质量发展。

新时代我国主要社会矛盾是人民日益增长的美好生活需要和不平衡不充分的发展之间的矛盾，因此文旅市场的大众传媒与文旅产业亟待进行合作创新，创造更高层次的文旅产品，以满足旅游者精神文化需求。①中国传统节日是中华民族悠久历史文化的重要组成部分，而节日类文化电视节目为大众喜闻乐见，是展示中国文化底蕴、传承和弘扬中国传统文化的重要表现形式。河南卫视大胆创新，以市场竞争机制为手段，破除创作观念、审美趣味、表达形式等方面的藩篱，充分利用新媒介传播矩阵效应，拓展衍生节目产业链。其“中国节日”系列节目以创新手法将唐宫IP和中国节日文化搬上荧屏，接连“破圈”，对中华文化的当代性表达进行了有益的探索。②

（二）主要做法

1. 融入民族意象，引起观众共情

河南卫视“中国节日”系列节目坚持文化定位，立足民族精神与艺术本质，将民族意象和谐地融入叙事之中，节目中时空不断交错，人物、文物与时空交相穿插、相映生辉，引发观众群体共情。

（1）服化道高度还原民族意象

节目制作团队通过在服装、化妆、道具等方面全方位编设民族性审美意象，引发观众共情。在服装方面，广泛选取极具民族特色的传统服饰，重现中华灿烂历史景观。春晚节目《唐宫夜宴》中，采用唐朝对襟齐胸衫

① 李志敏：《基于广播电视传媒分析区域文旅发展的经验与启示——以河南卫视“中国节日”和河南文旅为例》，《旅游纵览》2022年第1期。

② 鲁乾辉：《文化类电视节目“破圈”的创新路径——以河南卫视“中国节日”系列节目为例》，《新闻潮》2022年第1期。

裙进行编设，服饰颜色选取唐三彩为原型，使得画面极具历史感和视觉冲击力，突出盛唐之美；“元宵奇妙夜”节目《芙蓉池》中，舞者服装由汉代的曲裾改良而成，以宫廷黄为主色调，烘托出汉代的雍容华贵之感。在化妆方面，演员扮化对应年代的传统妆容，极力还原民族传统人物容貌。“端午奇妙游”节目《丽人行》中，舞蹈演员妆容的元素来自始于魏晋南北朝、兴盛于唐朝的“斜红”妆容——贴花钿、描蝴蝶唇、扎双垂髻，演员们的扮化还原了唐朝宫女的容貌，进一步突出唐朝的繁盛。在道具方面，大量使用中华民族传统器具，全方位展现民族文化神韵。“清明时节奇妙游”节目《纸扇书生》以中华传统民族器具纸扇为主体道具展开演绎，将纸扇中蕴含的传统文化韵味与灵动的现代舞蹈动作相结合，传递出和谐的中华文化之美。节目通过演员服装、化妆和道具对民族意象的还原，让观众从这些民族意象中感受到浓浓的“中国味”，感受到自己作为中华民族一员而具有的那份强烈的民族自豪感。

（2）演绎充分融合民族意象

在节目演绎过程中，将民族意象巧妙融入其中，推动节目情节的发展，丰富节目的表达方式，诠释节目的文化内核，增加节目的厚重感和感染力，从而引起更多观众内心的共鸣。春晚节目《唐宫夜宴》将历史文物唐三彩、传统戏曲豫剧、传统乐器琵琶、传统建筑宫墙等元素充分融入其中，令观众感受到别具中华民族魅力的“豪华盛宴”，激发起观众强烈的民族自豪感。“元宵奇妙夜”节目《斗转星移》将天文气象与中华传统武术紧密结合，通过武术演员的演绎将传统武术中的尚武精神和中华儿女的团结精神完美展现出来，唤醒观众内心对传统文化的热爱和强烈的家国情怀。“端午奇妙游”节目《洛神水赋》以三国时期文学家曹植名篇《洛神赋》中对于水神形象的描写为依据进行水下舞蹈演绎，使观众在感叹优美的水下舞蹈造型和动作的同时，再次感受到中华传统文化的深厚积淀和其中的美学意蕴。

2. 坚持形式创新，提升传播效果

河南卫视“中国节日”系列节目秉持创新理念，在节目的整体设计构思上突破传统电视综艺节目样式，融入二次元、网剧、网综等流行文化，以动漫版及真人版 IP 角色“唐小妹”剧情化的方式作为整个晚会的线索，取代传统晚会中的主持人，串联起一个个具有创新品质的文艺节目，将动画性、故事性与综艺性等艺术手法有机的融合，形成了一种独特的“晚会”形态，呈现出了综艺剧情化、视听科技化、影像风格诗化等美学特点。

（1）综艺剧情化

2021 年河南卫视春节晚会《唐宫夜宴》的火爆出圈，成功推出了 IP 角色“唐宫小姐姐”，其憨态可掬的形象、玲珑曼妙的舞姿、活泼俏皮的个性深受广大观众及网友的喜爱。河南卫视捕捉到这一信息，决定在后续的“中国节日”系列节目中都把“唐宫”文化作为主线串联整台晚会。在接下来的元宵奇妙夜中，河南博物馆的“陶俑美人”复活变身为“唐宫小姐姐”，她们穿越千年，上演了一出“博物馆奇妙夜”，不仅展示了莲鹤方壶等一批国之重器，而且带观众一起亲历大唐繁华盛景，最终“唐宫小姐姐”回到博物馆幻化为守望千年的“陶俑美人”。在“清明时节奇妙游”中，“唐宫小姐姐”变身二次元的“唐小妹”，以动漫角色的形象串联整个晚会。此后，节目组发出“江湖征集令”在线征集“唐小妹”的名字，于是在“端午奇妙游”中就有了热爱音乐的宫廷乐师的女儿唐小彩，喜欢美食的街头艺人唐小可，天不怕地不怕的码头女孩唐小玉，聪颖自信、医术精湛的唐小竹。她们每个人的身世都用真人演绎的剧情化方式来表现，让“唐小妹”具有了鲜明独立的个性，形象更为立体，观众在观看文艺节目的同时还附加了追剧的心态，希望能够更深入地走进“唐小妹”的生活，关注她们的命运。在“端午奇妙游”的结尾处，四位“唐小妹”被召进宫，埋下了后续故事的伏笔。这种创新节目形态将综艺晚会的娱乐性、丰富性与剧情片的情节性、情感性相结合，发挥了各自艺术形式的优势与特点，形成了复合的吸引力效果。

（2）视听科技化

在“中国节日”系列节目中，创作团队运用增强现实、数字着色、子弹时间等多种数字化技术手段，丰富视听表现的形式，呈现具有科技风貌的文化盛宴。春晚节目《唐宫夜宴》通过增强现实技术再现博物馆场景，赋予文物活化的三维立体感，使节目中的唐朝女乐官自在地穿梭于文物之中，并且将多个时空串联在一起。演员与虚拟场景高度融合，为观众呈现高度逼真的观看效果，彰显了科技加持下的视觉想象力。“七夕奇妙游”节目《龙门金刚》，通过数字化技术对龙门石窟进行三维建模、染色，以实现“复原”，将虚拟与现实两个空间无缝链接，飞天仙女与金刚力士置身其中，呈现出亦真亦幻、亦实亦虚的画面效果。此外，在特殊镜头设计上，创作团队运用子弹时间技术，将舞蹈演员腾空而起的瞬间进行360度全景展示，将舞者同一时间的画面从不同观看角度呈现给观众，超越观众常规的视觉认知经验，使观众从被动的“观看者”转变为主动的“参与者”，带来了突破二维屏幕的沉浸体验。技术赋能之下的拟像美学全面提升了画面的表现力和感染力，为观众带来了超真实的审美体验。

（3）影像风格诗化

唯美诗意的影像风格浸润着观众的心灵，在浪漫与诗意的展示中，观众产生了强烈的情感共鸣，或是被美学意境所洗礼，或是为真挚的情感所感动，或是对传统文化表示由衷的赞叹。曹植在《洛神赋》中用“翩若惊鸿，婉若游龙”来形容洛神的绝美形象，而“端午奇妙夜”舞蹈节目《洛神水赋》则为观众诗意化地呈现了这一美学意境。另外，创作团队在舞蹈创作上抓住了《洛神赋》中“竦轻躯以鹤立，若将飞而未翔”的描述，将其作为创作的基点，展现洛神将飞未飞的华美瞬间。“七夕奇妙夜”的节目《龙门金刚》选择了龙门石窟进行实景拍摄，突破了演播室空间的限制，运用情境化的叙事方式烘托气氛。在音乐方面，节目也做了大胆的突破与创新，在传统民乐的基础上融合了呼麦、打碟、唢呐等音乐元素，呈现了既有民族韵味又有独特艺术感染力的音乐质感。在传播形式上，创新性运用融媒体传播策略顺应观影趋势。河南卫视改变传统传播策略，从电视单向度传播转为融媒体传播，从大屏端优先转为以新媒体移动平台端为先锋反哺大屏端。河南卫视选在节目开始前进行直播预热，如“元宵奇妙夜”在节目正式开始之前90分钟就在大象新闻客户端全程直播，并且选择在电视端和微博、B站、快手、大象新闻客户端等新媒体移动平台进行首发。晚会播出的同时将节目单独拆分为短视频，制作成纯享版、高燃版、精简版、超清版等多个版本结合周边花絮视频进行多平台即时推送，方便观众在这些新媒体移动平台观看与分享。同时设置许多话题吸引大众的关注与讨论，例如在微博设置“唐宫夜宴演员为看起来丰满而往嘴里塞棉花”“如何评价河南卫视端午奇妙游”“金刚不坏河南不败”等多个相关热搜话题，总讨论量过亿，进一步扩大了传播范围。同时，由点及面地将观众引流到河南电视台其他节目，实现了对电视台大屏端的反哺，使传播效果得到全面提升。

3. 打造节目品牌，发挥规模效应

河南卫视“中国节日”系列节目在制作过程中注重打造自身品牌、树立良好的品牌形象，通过使用统一名称强化品牌辨识度，塑造人物形象提升品牌亲和力，立足传统节日提升品牌传播力，将众多节日类节目串联成一个有机的整体，充分发挥整体节目带来的规模效应，进一步扩大了河南电视台节目的影响力。

（1）使用统一名称强化品牌辨识度

河南卫视“中国节日”系列节目采用相对统一的“奇妙”系列名称，通过推出“元宵奇妙夜”“清明时节奇妙游”“端午奇妙游”“七夕奇妙游”等多个节目不断强化品牌特征。河南卫视的“奇妙”系列节目，一方面通过使用统一的名称，增强了品牌的辨识度，不仅便于传播过程中的编码和译码，而且便于观众在网络平台进行检索。另一方面通过“奇妙”二字传递出节目的“趣味性”这一主要特征，进一步激发观众的观看兴趣；同时暗含系列节目将传统文化与现代流行元素深入融合之意，在传统节日弘扬传统文化之际，同样重要的是做好传统与现代的完美融合，用源源不断的创意来提高节目的艺术性，满足甚至超越观众期待，带给观众更佳的视听体验。

（2）塑造人物形象提升品牌亲和力

河南卫视“中国节日”系列节目坚持塑造“唐宫小姐姐”人物形象，将这一形象贯穿多个节目之中，赋予形象可爱、俏皮等特征，拉近与观众之间的距离，提升品牌亲和力。春晚节目《唐宫夜宴》将“唐宫小姐姐”即“女乐官”形象呈现在荧屏之上，演员通过精湛的演技将这一形象憨态可掬、俏皮可爱的性格特征充分展现给观众。节目播出之后，“唐宫小姐姐”就收获了一大批忠实粉丝。河南卫视顺势抓住这一契机，在后续的其他“中国节日”系列节目中巧妙植入“唐宫小姐姐”形象，让这一形象贯穿整个系列节目的始终。例如“元宵奇妙夜”和“端午奇妙游”的开场动画将“唐宫小姐姐”塑造为尽显萌态的动画形象，使“唐宫小姐姐”动画形象将“元宵奇妙夜”和“端午奇妙游”这一节目主题带到荧屏中来。在“清明时节奇妙游”节目中，“唐宫小姐姐”则变身为二次元的“唐小妹”，被设计为更加真实的漫画人物形象，“唐小妹”出现在每一个小节目的开头，把整个节目有机地衔接起来。这些形象的出现，不仅强化了节目的品牌，还更加拉近了节目与观众的距离。

（3）立足传统节日提升品牌传播力

河南卫视牢牢树立了“中国节日”这一品牌形象，将中国传统节日作为内容主题和播出节点产出相应内容，全面提升节目的品牌传播力。河南卫视将春节、元宵节、清明节、端午节、七夕节等中国传统节日作为系列节目内容的创作核心，并在传统节日的“黄金时间”节点播出，一方面满足了传统节日期间观众对优秀传统文化的观赏需求，烘托出了节日氛围；另一方面通过制作系列节目，使传统节日本身成为河南卫视系列节目的重要标识。观众在传统节日到来之前就对河南卫视的系列节目产生期待，并在节目播出之后获得相应的满足。通过在传统节日这些关键节点上播出节目，多次强化观众记忆，从长期来看，有助于在观众心中进一步塑造河南卫视“中国节日”系列节目的品牌形象。①

（三）特色亮点

1. 内容为王，增强中华文化生命力

“中国节日”系列节目以“依托文化、构思精巧、技术赋能、制作精

---

① 孙斌：《优秀传统文化在电视节目中的突围与创新——以河南卫视“中国节日”系列节目为例》，《中国电视》2022 年第 1 期。

良”为创作理念，找准风气方向、人心所向、审美取向，在文化遗产、文物考古、文学艺术、典籍著作、人文风俗等方面深耕，生动演绎了武术、戏曲、书法等优秀传统文化符号，赋予其鲜明的时代意义，让每一个节目都有文化的灵魂，讲好中华民族的故事、中华文化的故事、中国精神的故事。

2. 青春表达，增强中华文化吸引力

当代年轻人有着较高的文化素养和审美水平，愿意接受并参与优秀传统文化内容的创作与传播。“中国节日”系列节目策划时树立场景思维、垂直思维、极致思维、美学思维，向年轻、时尚群体靠近，吸引年轻人参与并成为中华文化的接受者和传播者。河南卫视首创“网剧 + 网综”的晚会节目样态，用故事串联，让文化藏在故事里，透过故事表达情感；加持多元、新鲜、时尚的表现元素，为年轻观众营造熟悉的场景，更具沉浸感、代入感和亲切感。

3. 科技赋能，增强中华文化感染力

在 5G、AR、VR、MR、XR 等技术的加持下，“中国节日”系列节目将中华文化与现代艺术相结合，通过跨时空转换、二次元衔接，把琴棋书画、诗词歌赋变成看得见、摸得着、可体验的融媒产品，让技术有了思想，让视觉有了灵魂，使收藏在博物馆里的文物、陈列在广阔大地上的遗产、书写在古籍里的文字都活了起来，让优秀传统文化成为年轻一代喜爱的“新国潮”。

4. 精准触达，增强中华文化影响力

酒香也怕巷子深。为使“中国节日”系列节目能够更精准地触达年轻受众，河南卫视始终围绕移动端的应用场景来策划选题、制作内容，把“小屏”放在传播首位。通过植入交互、开放、共情等互联网传播基因，剪辑出最核心、最精彩的内容，以精短、直观、便捷的视听传播形态迅速传播，持续发酵，打造长尾效应，实现传播效果最大化。河南卫视把握互动化这一趋势，主动挺进年轻人聚集的网络平台进行话题设置、互动传播，加大内容发布频率和互动交流力度。特别是高度重视超级传播者的催化作用，借助网络大 V、权威媒体及有影响力的社会公众人物增强影响力。

5. 改革破局，增强中华文化创新力

“中国节日”系列节目实现从“清流”到“顶流”的跨越，根本原因在于河南卫视贯彻落实习总书记关于改革创新管理机制、推动媒体融合朝着正确方向发展的重要指示精神，抓住广播电视传播供需主要矛盾，大胆推进供给侧改革，推进宣传思维模式、管理方式、生产方式、讲述方式的改革，建立多劳多得的薪酬激励制度、建立人尽其才的项目化择优机制、建立优质资源整合机制，为传承发展中华优秀传统文化提供了机制支撑。[①]

① 李波：《河南广电：弘扬传统文化 再造媒体生态》，《传媒》2022 年第 4 期。

图书在版编目（CIP）数据

文旅文创融合发展 ：理论诠释与实践探索 / 程金龙等著. -- 北京 ：社会科学文献出版社，2023.3（2024.2 重印）
ISBN 978 - 7 - 5228 - 1072 - 0

Ⅰ.①文… Ⅱ.①程… Ⅲ.①旅游文化 - 文化产业 - 产业发展 - 研究 - 河南 Ⅳ.①F592.761

中国版本图书馆 CIP 数据核字（2022）第 215761 号

文旅文创融合发展
——理论诠释与实践探索

著　　者 / 程金龙　王淑曼　张　瑞　等

出 版 人 / 冀祥德
组稿编辑 / 仇　扬
责任编辑 / 王小艳　张苏琴
责任印制 / 王京美

出　　版 / 社会科学文献出版社 · 当代世界出版分社（010）59367004
地址：北京市北三环中路甲 29 号院华龙大厦　邮编：100029
网址：www.ssap.com.cn
发　　行 / 社会科学文献出版社（010）59367028
印　　装 / 北京虎彩文化传播有限公司

规　　格 / 开 本：787mm × 1092mm　1/16
印 张：40.75　字 数：602 千字
版　　次 / 2023 年 3 月第 1 版　2024 年 2 月第 2 次印刷
书　　号 / ISBN 978 - 7 - 5228 - 1072 - 0
定　　价 / 198.00 元

读者服务电话：4008918866